신용 상담사

PASSCODE

한권으로 끝내기

시대에듀

머리글

국가공인자격증 '신용상담사 한권으로 끝내기' 교재를 통해서 여러분을 만나게 되어 크나큰 기쁨과 보람을 느낍니다.

신용상담사 자격증은 개인의 신용문제 발생 예방은 물론 개인의 채무불이행 상태를 해소시키는 것을 지원하는 전문 상담사를 양성할 목적으로 신용회복위원회가 2010년부터 매년 자격시험을 통해 인증해 오고 있습니다.

신용회복위원회의 신용상담사 자격은 지난 2016년 10월 4일 금융위원회의 공고로 국가공인을 취득했으며, 국가공인을 취득함에 따라 사회적 통용성이 더욱 높아질 것으로 기대됩니다.

이 자격을 취득하는 경우 개인의 신용문제나 재무관리, 채무조정제도 등에 대한 상담 전문성을 확보하게 되므로 금융회사는 물론 대출중개업, 채권추심업, 개인의 신용문제나 채무문제를 다루는 법률서비스업의 경우에도 신용상담사 자격취득자의 활용도가 커질 것으로 예상됩니다. 또한 사회취약계층을 지원하는 유관기관 및 소비자단체에서도 신용상담사의 자격취득자를 활용하게 될 전망입니다.

다양하고 복잡한 현대 신용사회는 누구나 신용관리를 하지 않으면 인간의 보편적 행복을 추구할 수 없는 상황에 직면할 수 있는 시대를 살고 있는 지금, 우리는

Always **with you**

사람의 인연은 길에서 우연하게 만나거나 함께 살아가는 것만을 의미하지는 않습니다.
책을 펴내는 출판사와 그 책을 읽는 독자의 만남도 소중한 인연입니다.
시대에듀는 항상 독자의 마음을 헤아리기 위해 노력하고 있습니다. 늘 독자와 함께하겠습니다.

개인과 가정의 재무건전성을 확보하고 안전한 신용상태를 유지하기 위하여 반드시 신용관리를 해야 하기 때문에 앞으로 신용상담사의 역할과 사회적 필요성은 날로 확대될 것입니다. 또한 국가공인 신용상담사 자격증 소지자의 활동 범위는 계속적으로 넓어질 것이며 유래 없는 취업난을 극복할 수 있는 수단으로서도 유망한 자격증이 될 것입니다.

본서는 국가공인 신용상담사 자격시험을 준비하는 분들에게 희망을 드리고 의미 있는 도움이 되고자 출간되었습니다. 자격시험의 합격은 물론 합격 후에 실무에 도움이 될 수 있도록 다년간 대학교 및 기타 기관에서 신용상담사 양성과 정의 강의 경험을 통해 모아진 정보와 정리된 내용을 참고하여 심혈을 기울였습니다.

전 세계가 저성장으로 취업난이 계속되는 시대입니다. 주변에 젊은 청년들이 일자리를 찾지 못하고 희망을 잃어 가는 모습을 쉽게 목격하게 되는 이 시대 어른으로서 안타깝고 미안한 마음을 금할 수 없습니다.

그래도 우리는 꿈을 이루기 위해 조금 더 준비해야 합니다. 간절하면 결과를 얻을 수 있습니다. 국가공인 신용상담사 자격시험에 도전하는 수험생 여러분께 본 교재가 희망의 기회로 작용되기를 소망합니다. 본서로 학습하는 모든 분들이 부디 합격의 영광을 누리시고 신용사회 각 분야에서 보람을 느끼며 눈부신 활동을 펼치게 되기를 기원합니다.

마지막으로 본서가 나오기까지 도움을 주신 신용회복위원회와 물심양면으로 격려를 보내주신 시대에듀 임직원 여러 분께 진심으로 감사의 말씀을 드립니다.

편저자 구 자 헌 올림

자격시험안내

✳ 신용상담사란?

신용상담사는 과중한 채무와 신용문제로 어려움을 겪고 계시는 분들에게 신용회복과 경제적 재기를 지원해드리는 신용회복위원회에서 주관하는 국가공인 자격이며, 신용상담사는 신용관리, 재무관리, 신용문제 진단, 채무조정 및 복지 지원 등에 대한 상담서비스를 제공하여 개인의 신용문제 발생 예방 및 과다채무자 회생을 돕는 신용상담 전문자격입니다.

✳ 시험구성

구분	시험과목	시험내용
제1과목	신용상담의 이해	신용상담의 의의와 필요성
		신용상담방법 및 윤리
제2과목	신용상담을 위한 재무관리	가계재무관리에 대한 이해
		신용 및 부채에 대한 이해
제3과목	신용상담 관련 법규	채권 · 채무의 발생과 담보
		채권 · 채무의 관리와 이행
제4과목	다양한 채무자구제제도	국내 · 해외 채무자구제제도
		다중채무자 금융 · 복지지원제도
객관식(5지 선다형) / 과목당 25문항 / 각 문항 1점 / 시험시간 : 100분		

✳ 2024 시험일정

접수기간	시험일시	시험지역	시험장소	합격자 발표
7. 24(수) ~ 8. 23(금)	9. 28(토) 14:00 ~ 15:40(100분)	서 울	추후공지	10. 11(금) 10:00
		인 천		
		수 원		
		대 전		
		대 구		
		춘 천		
		광 주		
		부 산		

※ 상기 시험일정은 협회 사정에 따라 일부 변경될 수 있으므로 다시 한 번 홈페이지에서 정확한 일정을 확인하시길 바랍니다.

✱ 자격종류

국가공인 민간자격(금융위원회 제2022-1호)

✱ 자격발급기관

신용회복위원회(www.ccrs.or.kr)

✱ 합격기준

매 과목 40점(100점 만점) 이상으로서 전 과목 평균 60점 이상 득점

✱ 자격유효기간

자격의 유효기간은 3년이며, 보수교육 이수 시 3년간 연장됨

✱ 응시자격

제한 없음

※ 단, 가. 자격등록 취소 및 부정행위 처분이 있은 날로 3년이 경과되지 않은 자
    나. 파산자로서 복권되지 아니한 자
    다. 피한정후견인 및 피성년후견인은 응시가 제한됨

✱ 원서접수

- 인터넷홈페이지(www.educredit.or.kr)에서 접수(증명사진 첨부/jpg, png, gif파일)
- 수험표 출력 : 신용상담사 → 원서접수 → 수험표출력 메뉴 이용(시험시행 10일 전부터 출력 가능)
- 자격취득을 위한 총비용 : 4만 7천원
  - 응시(검정)료 : 4만원(2024년 면제)
  - 자격증 발급비 : 7천원

✱ 수험자 유의사항

- 지참물 : 신분증(주민등록증, 운전면허증, 여권, 공무원증 등), 수험표, 컴퓨터용 사인펜 등
- 시험시작 30분 전까지 입실완료
- 시험장 : 주차불가 / 대중교통 이용

※ 기타 자세한 사항은 시험공고 또는 전화(02-750-1147)로 문의

자격시험 관련 Q&A

CREDIT COUNSELOR

> 국가공인 신용상담사 자격시험에 합격의 이점에는 어떤 것들이 있는지 궁금합니다.

우선 신용상담사 자격시험 합격자는 신용회복위원회 입사 전형 시 가산점이 부여됩니다. 또한 자격을 취득하는 경우 개인의 신용문제나 재무관리, 채무조정제도 등에 대한 상담 전문성을 확보하게 되므로 금융회사는 물론, 대출중개업, 채권추심업, 개인의 신용문제나 채무문제를 다루는 법률서비스업의 경우에도 신용상담사 자격취득자의 활용도가 커질 것으로 예상됩니다. 아울러, 사회취약계층을 지원하는 유관기관 및 소비자단체 등에서도 동 자격취득자를 활용할 수 있을 것으로 기대됩니다. 더 나아가 학교, 기업체, 문화원 등의 신용관리 전문 강사 활동 및 신용관리상담소 개설 운영도 가능합니다.

신용상담분야
신용회복위원회, 금융회사 서민금융 상담창구(희망플라자 등), 신용회복지원협약가입기관 담당자, 금융복지 상담센터 상담원, 금융회사가계여신 담당자 및 퇴직 예정자

채권추심 분야
CA(신용정보회사)사 상담원, 금융회사 가계여신 사후관리자 및 채권추심 담당자

취업 등 사회취약계층 상담분야
사회복지사, 직업상담사, 한국사회보장정보원 사례담당자, 자활센터, 건강 가정센터, 다문화 가족센터, 고용복지 센터 종사자, 소비자 관련업무 종사자, 보험설계사, 금융회사나 사회복지 시설 취업을 준비하는 대학생 등

교육훈련 분야
서민금융진흥원, 한국보건복지 정보개발원(희망복지사업단) 사례관계자, 자활센터 사례관리자의 신용상담사자격취득 시 보수교육 면제 활용

Q2 보수교육, 자격증 갱신에 대해 설명해주세요.

신용상담사 자격기간 연장을 위해서는 자격 취득일을 기준으로 정해진 기간 이내에 소정의 보수교육을 수강해야 하며 보수교육은 인터넷을 통해서 손쉽게 수강하고 수료할 수 있도록 최적화된 교육 시스템으로 구성하였으며, 무료로 실시합니다. 보수교육을 수료하시면 자격증 갱신을 하지 않더라도 자격 유효기간은 보수교육 수료일을 기준으로 3년간 연장됩니다.

보수교육 대상	보수교육 유효기간	자격의 종류
2010년 ~ 2016년 자격취득자	3년	등록 민간자격
2017년 이후 자격취득자	3년	공인 민간자격

- 자격의 유효기간 : 합격일로부터 3년
- 보수교육 유효기간
  유효기간 만료일 3개월 전 보수교육 이수자 : 만료일로부터 3년간 연장
  유효기간 만료일 경과 후 보수교육 이수자 : 보수교육 이수일로부터 3년간 연장
- 보수교육 수강가능기간 : 유효기간 만료일 3개월 전부터
- 보수교육 미이수자 : 만료일 다음날부터 보수교육 이수일까지 자격정지

Q3 신용상담사 시험에 합격하기 위해서는 얼마 동안 어떻게 공부를 해야 하나요?

신용상담사 자격증 시험에 합격하기 위해서는 통상 2주 이상의 학습기간이 필요합니다. 본 교재에서는 2주 완성 학습플랜을 수록하여 제공하고 있습니다. 본 교재의 워밍업! 핵심정리, 과목별 핵심이론, 출제예상문제, 최종모의고사 순으로 플랜을 따라 성실하게 학습한다면 어려움 없이 합격할 수 있습니다. 더 나아가 '신용회복위원회'가 제공하는 과목별 '다운로드 수험서'를 통해 잘 이해가 안 되는 부분을 한 번 더 체크하고 넘어간다면 합격률을 더욱 높일 수 있습니다.

Q4 신용상담사 자격증 시험에 대한 문의를 어디로 해야 하나요?

신용상담사 자격문의(02-750-1147)
신용회복위원회 홈페이지(www.ccrs.or.kr)
신용교육원 포털(www.educredit.or.kr)

과목별 학습전략

1과목 | 신용상담의 이해(25문항)

1장 | 신용상담의 의의와 필요성

현대 신용사회의 신용문제, 신용상담의 의의, 신용상담의 필요성 등 현대사회의 신용문제와 관련된 내용을 다룬다. 난이도는 평이하므로 고득점을 획득할 수 있다.

2장 | 신용상담 방법론

신용상담을 하기 위한 고객특성 파악하기, 다중채무자의 특성과 상담 시 유의점, 상담의 기초이론, 신용상담기법, 대상별 상담에 관한 내용을 다룬다. 신용상담의 특징과 유의점에 대한 이해를 높이는 것에 중점을 두고 학습해야 한다.

3장 | 신용상담과 윤리

신용상담을 함에 있어서 상담사가 지켜야 할 윤리에 대한 내용을 중심으로 학습해야 한다. 아울러 신용사회에서 신용상담사의 역할과 전망에 대한 내용을 해외 사례와 함께 살펴보도록 한다.

2과목 | 신용상담을 위한 재무관리(25문항)

1장 | 가계재무관리에 대한 이해

신용상담을 하기 위한 기초 재무관리로서 개인과 가계재무관리의 실제에 대한 특성과 개념을 설명하고, 이를 통한 가계의 재무적 안정을 도모하는 내용으로 구성하였다. 특히 가계재무관리의 구성을 이해할 수 있는 문제 위주로 비교적 많은 문제를 수록하였다.

2장 | 신용에 대한 이해

효율적인 신용상담을 위한 신용정보 및 신용평가에 따른 관리방법과 내용에 대한 해설 위주로 수록하였다. 신용정보관리와 평점관리 등의 내용은 반드시 숙지해야 한다.

3장 | 부채에 대한 이해

신용카드, 부채의 개요 및 부채의 통제 등 가계재무관리와 부채문제 해결을 위해서 중요하게 관리되어야 하는 내용을 위주로 수록하였다. 가계재무 건전성을 높이기 위해서 반드시 알아야 하는 내용이니 만큼, 각 맥락에 대한 이해를 필요로 한다.

3과목 | 신용상담 관련 법규 (25문항)

1장 | 채권 · 채무의 발생

신용상담과 관련한 법규로서 채권과 채무, 여신거래계약의 유효요건, 여신거래계약의 대리인 및 대리권의 제한 등에 관한 사항을 중심으로 수록하였다. 여신거래와 관련하여 다양하게 나타나는 문제에 대한 법률적 규정을 비교적 상세히 알고 있어야 하므로 암기부담이 있다.

2장 | 채권 · 채무의 담보

채권 · 채무의 저당권 및 관리, 담보와 보증관계 등 여신거래과정에서 일어나는 각 사항에 대한 법적 효력과 권리를 다루는 내용을 위주로 수록하였다. 법률 규정의 이해와 암기가 필요하며, 상대적으로 많은 문제풀이를 통해 관련 법규정에 익숙해지도록 한다.

3장 | 채권 · 채무의 관리

여신거래계약의 변동, 여신채무자의 변동 등에 관한 법률적 내용을 중심으로 수록하였다. 특히 채무자의 사망에 따른 상속의 법률관계를 잘 이해하고, 상속과 유증에 따른 채권 · 채무의 관리 등의 내용은 반드시 알아두어야 한다.

4장 | 채권 · 채무의 이행

채권 · 채무의 이행, 채권자의 강제이행 등에 관한 법률적 책임과 의무와 관련한 내용을 중심으로 수록하였다. 이는 여신거래의 채무자 · 채권자 간에 빈번하게 발생되는 사안인 동시에 이해관계가 첨예하게 대립되는 점을 고려할 때 상당히 중요한 내용으로서 각각의 법률규정에 대한 전체적 맥락을 이해해야 한다. 법률용어나 서술 내용의 이해가 어려운 과목으로 상대적으로 많은 문제를 수록하였다.

4과목 | 다양한 채무자구제제도 (25문항)

1장 | 국내 채무자구제제도

신용상의 문제를 해결하기 위한 채무자구제제도로서 개인워크아웃, 공적 채무자구제제도의 처리절차(지원절차 및 신청절차 등)에 관한 내용을 위주로 서술하였다. 특히 우리나라의 채무자구제제도를 통해 다중채무조정을 위한 기구의 필요성을 이해하고, 다양한 채무자구제제도(개인워크아웃, 개인회생, 개인파산)의 특징을 비교해보고 숙지하는 것이 무엇보다 중요하다.

2장 | 해외 채무자구제제도

미국, 일본, 프랑스, 독일, 영국 등 해외 주요국의 사적 · 공적 채무조정제도에 대한 소개와 설명이 수록되어 있다. 비교적 이해하기 쉬운 부분이므로 고득점을 획득하기에 좋다.

3장 | 채무자 금융 · 복지지원제도

신용회복위원회의 소액금융사업을 비롯한 서민금융지원, 저신용자 대상 금융지원, 사회복지지원 등 다양한 다중채무자를 위한 금융 · 복지지원제도를 취급하는 기관 및 이용 방법과 절차에 대한 자세한 설명을 수록하였다. 이 또한 신용상담사가 반드시 숙지해야 하는 내용이므로 이해도를 높여 고득점을 획득해야 한다.

2주 완성 플래너

CREDIT COUNSELOR

목표일	학습 범위	학습한 페이지	공부한 날	완료	복습
DAY1	워밍업! 핵심정리노트	~	월 일	☐	☐
DAY2	1과목 신용상담의 이해	~	월 일	☐	☐
DAY3		~	월 일	☐	☐
DAY4	1과목 전체 복습	~	월 일	☐	☐
DAY5	2과목 신용상담을 위한 재무관리	~	월 일	☐	☐
DAY6		~	월 일	☐	☐
DAY7	2과목 전체 복습	~	월 일	☐	☐
DAY8	3과목 신용상담 관련 법규	~	월 일	☐	☐
DAY9		~	월 일	☐	☐
DAY10	3과목 전체 복습	~	월 일	☐	☐
DAY11	4과목 다양한 채무자구제제도	~	월 일	☐	☐
DAY12		~	월 일	☐	☐
DAY13	4과목 전체 복습	~	월 일	☐	☐
DAY14	최종모의고사 & 오답노트 정리	~	월 일	☐	☐

이 책의 구성

① 워밍업!
핵심정리노트로 시험 맛보기!

워밍업! 핵심정리노트에는 각 과목별 꼭 숙지하여야 할 내용들을 담았습니다. 본격적인 학습 시작 전 과목별 시험을 위한 핵심적인 흐름을 파악할 수 있습니다.

② 단기에 핵심을
파악할 수 있는 핵심이론

방대한 분량의 이론을 꼭 알아야 할 내용만으로 압축·서술하여 수험생들이 최단시간에 최대의 효과를 볼 수 있게 구성하였습니다.

③ 최신 출제경향이 완벽하게
반영된 출제예상문제

각 과목별 이론학습 후에는 핵심정리와 핵심문제로 복습하세요. 놓쳤던 내용을 되새기고 재정리할 수 있습니다.

④ 실전감각을 높여주는
최종모의고사

최종모의고사로 출제율이 높은 문제를 섭렵하여 학습을 마무리하고 최종 합격에 한걸음 더 다가가실 수 있습니다.

CREDIT COUNSELOR

워밍업! 핵심정리노트 · 3

1과목 　신용상담의 이해

1장　신용상담의 의의와 필요성 · 59
2장　신용상담 방법론 · 65
3장　신용상담과 윤리 · 96
출제예상문제 · 100

2과목 　신용상담을 위한 재무관리

1장　가계재무관리에 대한 이해 · 123
2장　신용에 대한 이해 · 151
3장　부채에 대한 이해 · 165
출제예상문제 · 174

3과목 　신용상담 관련 법규

1장　채권 · 채무의 발생 · 195
2장　채권 · 채무의 담보 · 222
3장　채권 · 채무의 관리 · 243
4장　채권 · 채무의 이행 · 253
출제예상문제 · 280

4과목 　다양한 채무자구제제도

1장　국내 채무자구제제도 · 307
2장　해외 채무자구제제도 · 354
3장　채무자 금융 · 복지지원제도 · 365
출제예상문제 · 382

부록 　최종모의고사

최종모의고사 · 407
정답 및 해설 · 443

워밍업!
핵심정리노트

제1과목 신용상담의 이해

제2과목 신용상담을 위한 재무관리

제3과목 신용상담 관련 법규

제4과목 다양한 채무자구제제도

신용상담의 이해 25문항

01 현대사회의 신용문제는 내용상 (　　　　　)의 문제, (　　　　　)의 문제, (　　　　　)의 문제, 과도한 부채부담 문제, 연체와 채무불이행 문제, (　　　　　)의 문제, (　　　　　)와 관련된 문제 등으로 분류할 수 있다.

02 (　　　　)이란 신용거래와 관련된 정보를 교환하고 신용문제의 해결을 위한 협의과정으로, 소비자가 신용사회에 적응할 수 있도록 전문가가 기술적인 방법을 통해 조언을 통해 문제를 해결하도록 돕는 과정이다.

03 신용상담은 문제의 평가로부터 시작하며, 재무적 혼란과 파탄을 극복할 수 있는 (　　　　)을 활용하는데 초점을 맞추고 있다.

04 신용상담의 형태는 (　　　) 신용상담, (　　　) 신용상담, (　　　) 신용상담으로 나누어 볼 수 있다.

05 의사결정과정이란 희소성의 법칙으로 인해 기회비용을 최소화하기 위한 선택을 하는 일련의 과정을 말하며, (　　　　) → (　　　　) → (　　　) → (　　　) → (　　　)의 순을 따른다.

06 의사결정원칙에는 (　A　)과 (　B　)이 있다. 이 중 (　A　)은 한 평가기준(속성)에 대한 긍정적 평가가 다른 평가기준(속성)의 부정적 평가를 보상할 수 없는 평가방법으로 비교적 간편한 방법이다.

07 비보상적 결정원칙에는 (　　　　)방법, (　　　　)방법, (　　　　)방법 등이 있으며 피시바인의 다속성태도모델은 (　　　　) 원칙에 포함된다.

정답

01 신용이용 제한, 신용이용 계약상, 신용비용, 신용정보 관리, 신용카드
02 신용상담
03 가계자원
04 치료적인, 생산적인, 예방적인
05 문제인식, 정보탐색, 대안의 평가, 선택과 실행, 실행 후 평가
06 A : 비보상적 원칙, B : 보상적 원칙
07 순차 제거식, 결합적, 비결합적, 보상적

08 (   )이란 대안의 평가과정에서 필요한 여러 요인을 동시에 고려하지 않고 경험, 직관, 육감, 추측 등을 통해 문제를 단순화시켜 비교적 간단한 기준으로 어림 계산하여 만족할 수 있는 대안을 선택하고자 하는 방법이다.

09 다양한 자극이 지각되고 정보로 변화되어 저장되는 일련의 과정을 정보처리과정이라고 하며, (   ) → (   ) → (   ) → (   )의 단계를 거치게 된다.

10 성격유형에 따른 재무 관련 태도 및 행동연구에서는 융(C. Jung)의 심리유형이론을 바탕으로 1900년에서 1975년에 걸쳐 만들어진 심리도구인 (   )를 이용하고 있다.

11 소비자 스스로가 자신의 문제를 해결하기 위하여 의도적으로 자신을 자극이나 정보에 노출시키는 것을 (   ) 노출 혹은 목적적 노출이라 하고, 원치 않더라도 수많은 자극과 정보에 노출되는 것을 (   ) 노출이라 하며, 수많은 자극에 노출되지만 불필요한 노출은 가급적 회피하고 필요한 것에만 노출되는 것을 (   ) 노출이라고 한다.

12 대인관계의 상호작용에 영향을 주는 5가지 보편적인 원칙에는 (   ), (   ), (   ), (   ), (   )이 있다.

13 다중채무자는 다중채무원인에 따라 현실적 필요에 의하여 빚을 진 (   ), (   ), (   )과 자신의 욕망을 조절하지 못하거나 강한 충동적인 성향으로 인해 빚을 진 (   ), (   ), (   )으로 구분된다.

14 이상적인 상담관계에는 6가지 요소인 (   ), (   ), (   ), (   ), (   ), (   )가 포함된다.

15 전략적 4단계를 통한 상담과정은 (   ) → (   ) → (   ) → (   )의 순이다.

정답

08 휴리스틱
09 노출, 주의, 지각, 기억
10 MBTI(Myers−Briggs Type Indicator)
11 의도적, 우연적, 선택적
12 상호성의 원칙, 희소성의 원칙, 권위의 원칙, 신뢰성의 원칙, 비교가능성의 원칙
13 생계유지형, 사업투자형, 위기대처형, 투기도박형, 사치낭비형, 유흥방탕형
14 개방성, 현실적 기대, 체계, 영향력, 다양성의 인정, 고객의 참여
15 시작, 탐색, 이해, 실행

16 ☐×☐ 재무상담모델은 '자료수집 → 고객목표 형성 → 정보의 분석과 처리 → 전체적인 계획 제시 → 계획의 실행 → 계획의 모니터링'의 6단계로 이루어져 있다.

17 ☐×☐ I-Message기법으로 말할 경우, 문제가 되는 상대방의 문제행동과 상황을 평가나 비판을 포함해서 구체적으로 말하도록 한다.

18 상담학에서 (   )이란 상담사들을 지도감독하는 일을 말한다.

19 ☐×☐ 비참해 하는 고객을 상담 시 현재시제를 사용하여, 고객이 좀 더 긍정적인 자세로 발전할 수 있도록 한다.

20 ☐×☐ 필요한 제품의 카테고리만 정해 놓고 점포 내에서 탐색한 정보에 기초하여 구매하게 되는 경우를 계획충동구매(Planned Impulse Buying)라고 한다.

21 (   )는 사회활동을 통해 지위와 권위를 얻고자 하는 사회적 욕구로 인해 유행상품을 선호하는 현상을 의미한다.

22 수직적인 지위상승을 하려는 특성 때문에 제품의 가격이 비싸면 오히려 구매가 증가하는 현상을 (   )라고 하며, 이런 재화를 (   )라고 한다.

23 ☐×☐ '충동구매'는 제품 자체에 대한 욕구는 적고 주로 낮은 자아존중감이나 심리적 긴장해소를 위해 구매한다는 점에서 제품 자체에 대한 갈망이나 자극에 의해서 구매하는 '구매중독'과 차이가 있다.

정답

16 × ▸ 재무계획모델의 6단계에 해당한다. 재무상담모델은 '관계형성 → 진단과 목표의 설정 → 대안의 설정 → 대안의 선택 → 대안의 실행 → 평가'의 6단계로 이루어져 있다.

17 × ▸ I-Message기법으로 말할 경우, 문제가 되는 상대방의 문제행동과 상황을 구체적으로 말하도록 한다. 이때 어떤 평가나 비판, 비난의 의미를 담지 말고 객관적인 사실만을 말하는 것이 좋다.

18 수퍼비전(Supervision)

19 × ▸ 고객이 힘들었던 일을 과거로 느끼게 하기 위해 "힘드셨던"이라는 과거시제를 사용한다.

20 × ▸ 제품의 종류만 계획(Planned product category)에 해당한다. 계획충동구매(Planned Impulse Buying)란 구매의사결정과정의 일부분은 계획적이었으나 나머지 부분이 무계획적인 경우를 말한다.

21 밴드웨건효과(Bandwagon effect)

22 스놉효과(Snob effect), 베블렌재(Veblen's good)

23 × ▸ '충동구매'와 '구매중독'에 대한 설명이 바뀌었다. 즉, 주로 낮은 자아존중감이나 심리적 긴장해소를 위해 구매하는 것은 '구매중독'에 해당하는 설명이다.

24 신용상담사의 (   )는 직무수행 중의 갈등을 어떻게 처리해야 하는지에 대한 기본 입장을 결정하는 토대가 되며, 구체적으로 신용상담사의 (   )을 통해서 실천될 수 있다.

25 상담사가 고객과 래포를 형성하는 지름길은 인본주의 심리치료자인 칼 로저스(Carl Rogers, 1951)가 주장하는 (   ), (   ), (   )의 3가지 태도를 지니는 것이다.

26 채무자의 심리적 특성은 채무불이행 후의 대응행동에 따라 노력형, 회피형, 좌절형, 배짱형, (   ), (   ), (   ) 등으로 다중채무자를 유형화할 수 있다.

정답

24 직업윤리, 윤리강령
25 고객에 대한 긍정적 존중(Positive Regard), 공감적 이해(Empathetic Understanding), 진솔성 또는 솔직성(Genuineness)
26 위장형, 외부전가형, 애원형

신용상담을 위한 재무관리 25문항

01 가계재무관리는 가계의 욕구를 충족시키기 위해 직업을 선택하고, 직업을 통해 소득을 획득하며, 효율적인 소비를 실천하여 궁극적으로 (   )을 구축하는 것이다.

02 ○✕ 가계재무관리는「관련 자료수집 및 재무상태의 평가 → 재무목표의 설정 → 재무목표 달성을 위한 대안모색 및 평가 → 재무행동 계획의 실행 → 재무행동 계획의 재평가와 수정」의 순으로 진행된다.

03 (   )란 현재 가지고 있는 자산과 부채규모가 어느 정도인지 파악하는 표로서, 한 시점을 정하여 기록하고 주기적으로 검토해야 한다.

04 ○✕ 가계수지상태표란 가계의 소득과 지출을 알아보기 위한 표로서, 일정시점의 소득과 지출액을 파악한다.

05 자산상태표에서 순자산이란 (   )에서 (   )를 차감한 금액을 나타내며, 가계수지상태표에서 (   )이란 총수입에서 총지출을 차감한 금액을 나타낸다.

06 (   ) 또는 (   )이란 경제활동의 수준이 상승과 침체를 반복하는 현상을 말한다. (   )에는 소득과 소비가 증가하고 투자도 증가하며 실업은 감소하게 된다. 반면에 (   )에는 소득과 소비, 투자가 감소하며 실업은 증가한다.

07 ○✕ 자발적 실업에는 마찰적 실업과 구조적 실업이 있다.

정답

01 재무적 안정
02 ○
03 자산상태표
04 ✕ ▸ 가계수지상태표란 일정시점이 아닌 일정기간(주로 1개월)의 소득과 지출을 파악하기 위한 표이다.
05 총자산, 총부채, 손익결산
06 경기변동(Business fluctuation), 경기순환(Business cycle), 호황기, 불황기
07 ✕ ▸ 구조적 실업은 비자발적 실업에 해당한다. 자발적 실업에는 마찰적 실업과 탐색적 실업이 있으며, 비자발적 실업에는 구조적 실업, 경기적 실업, 계절적 실업이 있다

08 ☐☒ 소득은 가계 내로 유입되는 돈을 의미한다는 점에서 수입과 동일하지만 가계의 순자산을 증가시키지 않는 것은 소득에 포함되지 않는다.

09 빈곤층에 대한 정부보조, 상속이나 증여 등의 형태로 주어지는 소득 등 아무런 대가를 치르지 않고 일방적으로 주어지는 소득을 (   )이라고 한다.

10 물가수준에 따른 실질 구매력을 고려하지 않고 화폐의 액면가치 그대로 나타낸 소득을 (A   )이라고 하며, (A   )을 소비자물가지수로 나눈 뒤 100을 곱하면 (B   )이 산출된다.

11 케인즈(Keynes)에 의한 (   )은 인간의 기본적인 심리상태는 소득증가가 아니라 소득증가로 인한 (   )에 초점을 두고 있다고 보고, 다른 조건이 일정하다는 가정 하에 소비는 (   )의 함수라는 가설이다.

12 ☐☒ 평균소비성향(APC)은 소득의 증가분에 대한 소비의 변화를 나타내며, 0＜APC＜1의 값을 가진다.

13 (   )란 소득이 증가함에 따라 일단 높아진 소비수준을 소득이 감소해도 다시 종전의 수준으로 감소하지 않고 과거의 최고 소비수준에 의해 영향을 받게 되는 소비행동을 말한다.

14 프리드먼의 항상소득가설에 따르면 항상소득보다 현재소득이 많다면 (   )을 하게 되고, 반대로 항상소득보다 현재소득이 적다면 (   )이 발생하게 된다.

15 (   )이란 가계는 전 생애의 만족을 극대화하기 위해 소비를 평활화하고자 하며 이는 기간 간 자원 배분, 즉 저축과 차입행동을 통해 소득을 현재소비와 미래소비를 위해 적절하게 배분함으로써 가계가 만족할 수 있다는 가설이다.

정답

08 ○
09 이전소득
10 A : 명목소득, B : 실질소득
11 절대소득가설, 소비증가, 현재소득
12 ✕ ▸ 한계소비성향(MPC)에 대한 설명이다. 평균소비성향(APC)은 소득에 대한 소비의 비율을 나타내며, APC의 값은 MPC의 값보다 크다고 본다.
13 비가역성 톱니효과
14 저축, 차입
15 생애주기소득가설

16 ☐○☐✕ 방문판매에 의한 구매 시 충동구매를 하였다고 판단되면 제품을 받은 후 14일 이내에 청약철회가 가능하다.

17 ☐○☐✕ 전자상거래 시 충동구매를 하였다고 판단되면 제품을 받은 후 7일 이내에 청약철회가 가능하다.

18 금융상품의 이자에는 이자소득세 (   )%가 부과되는데, 이를 전혀 내지 않는 상품을 비과세 금융상품이라 한다. 비과세 금융상품의 종류에는 (   ), (   ), (   ), (   )이 있다.

19 복리효과는 저축금액이 (클수록/적을수록), 이자율이 (높을수록/낮을수록), 저축기간이 (길수록/짧을수록), 복리로 계산하는 단위가 (길수록/짧을수록) 더욱 커진다.

20 ☐○☐✕ 72법칙은 저축한 돈에 이자가 붙어서 2배가 되는데 걸리는 시간을 계산하는 방법으로 72를 단리 또는 복리로 나누어 구한다.

21 라이프사이클은 인간발달단계에 기초하여 (   ) → (   ) → (   ) → (   ) 의 4단계로 구분되며, 생애의 특징적인 사건을 기초로 (   ) → (   ) → (   ) → (   ) → (   ) → (   ) → (   )의 단계로 구분된다.

22 우리나라는 2016년 이전까지는 가계의 복지정책을 위한 빈곤선을 정하는데 있어서 3년마다 최저생계비를 실제 계측하여 사용하였으나, 앞에서 살펴본 바와 같이 2016년 1월부터는 (   ) 수준을 빈곤가계로 정하여 복지사업을 펼치고 있다.

23 개인위험은 크게 손실의 가능성도 있지만 이익의 가능성도 있는 (A   ), 손실만 얻게 되는 (B   ) 으로 나눌 수 있으며, (B   )는 다시 (   ), (   ), (   )으로 구분된다.

정답

16 ○ ▸ 다만 광고 내용과 다른 상품을 받았을 때는 상품을 받은 후 3개월 이내에, 혹은 광고 내용과 다른 사실을 안 날로부터 30일 이내에 청약철회가 가능하다.
17 ○ ▸ 다만 광고 내용과 다른 상품을 받았을 때는 상품을 받은 후 3개월 이내에, 혹은 광고 내용과 다른 사실을 안 날로부터 30일 이내에 청약철회가 가능하다.
18 15.4, 예탁금(저축은행 제외), 농어가목돈마련저축, 장기저축성보험, 생계형저축
19 클수록, 높을수록, 길수록, 짧을수록
20 ✕ ▸ 72법칙은 복리로 이자를 계산할 경우에만 성립한다.
21 아동기, 청년기, 중·장년기, 노년기, 출생, 성장, 결혼, 자녀출산, 자녀교육, 자녀독립, 은퇴(노년)
22 기준중위소득의 50%
23 A : 투자위험, B : 순수위험, 인적위험, 재산위험, 배상책임위험

24 ⬜O ⬜X 손실규모가 작으면서 자주 발생하거나, 자주 발생하지 않아도 손실규모가 큰 경우에는 보험 등과 같은 위험전가수단을 사용한다.

25 분산투자 시 고려해야 할 요소는 투자대안의 (   ), (   ), (   )이다.

26 ⬜O ⬜X 보험자는 자기명의로 계약을 체결하고 보험료를 지불하는 등 계약상 일체의 의무와 권리를 지닌 사람을 말한다.

27 보험의 대상으로 보험위험을 보유하고 있는 목적물을 (   )라고 하며, 보험사고 발생 시 보험회사로부터 보험금을 지급받는 사람을 (   )라고 한다.

28 ⬜O ⬜X 보험의 목적물이란 보험사고의 대상이 되는 객체를 의미하는데, 손해보험의 목적물은 피보험자의 재산이고, 인보험의 목적물은 피보험자의 생명 또는 신체이다.

29 보험은 크게 사회보험(공보험)과 민영보험(사보험)으로 나누어지며, 보험가입의 주목적에 따라 (   )과 (   )으로, 계약의 강제성 여부에 따라 (   )과 (   )으로 나누어지기도 한다.

30 보험계약은 (   ), (   ), (   ), (   )의 4가지 특성이 있다.

31 보험계약의 법적 기본원칙에는 (   ), (   ), (   ), (   )의 4가지 원칙이 있다.

32 (   )은 보험계약자가 보험자에게 보험계약을 요구하는 일방적인 의사표시이며, (   )은 보험자가 청약을 받아들인다는 표시이다.

정답

24	○
25	수익성, 안전성, 유동성
26	✕ ▶ 보험계약자를 말한다. 보험자(보험사)는 보험을 제공하는 사람이나 조직으로 보험사고 발생 시 보험금을 지급할 책임을 지닌 당사자를 말한다.
27	피보험자, 보험수익자
28	○
29	보장성보험, 저축성보험, 강제보험, 임의보험
30	요행계약, 개인계약, 조건부계약, 부합계약
31	피보험이익의 원칙, 손해보상의 원칙, 최고신의의 원칙, 대위변제의 원칙
32	청약, 승낙

33 보험계약자는 보험증권을 받은 날로부터 (　　　　) 이내에, 청약일로부터 (　　　　) 이내에 청약철회가 가능하다.

34 일 년에 4천만원을 벌던 가구주가 부인과 두 자녀를 두고 사망했다고 할 때 물가상승률이 5%이고 앞으로 20년 동안 더 일할 수 있다고 가정한다면 필요보험금은 (　　　　)이다.

35 보험설계는 (　　　　) → (　　　　) → (　　　　) → (　　　　)의 4단계로 진행된다.

36 (　　　)이란 장래 어느 시점에 그 대금을 지급할 것을 약속하고 현재의 가치를 획득할 수 있는 능력으로 개인의 경제적 활동에 대한 사회적 평가를 말한다.

37 아무리 신용정보주체에게 불리한 정보라도 문제가 해결된 시점부터 해당 정보를 보존할 수 있는 기간은 최장 (　　)년을 초과하지 못한다.

38 연체금액에 상관없이 연체정보 등록일로부터 (　　) 이내에 연체금액을 갚거나 대출연체 등록금액이 (　　) 이하인 경우, 신용카드연체 등록금액이 (　　) 이하인 경우에는 해제와 동시에 삭제된다.

39 연체금을 상환하지 않은 채 (　　)년이 경과하면 신용정보관리규약상의 기간경과 해제에 해당되어 자동 해제되며 해제일로부터 (　　)년이 지나면 동 내용은 자동 삭제된다.

40 ⓞⓧ 채무재조정 시 연체정보는 해제된다.

정답

33 15일, 30일
34 3억 7,380만원
※ 필요보험금 = 연간 세후소득 × 0.75 × Interest factor

$$= 4천만원 \times 0.75 \times 12.46 (= \frac{1 - \frac{1}{(1+0.05)^{20}}}{0.05}) = 3억 7,380만원$$

35 목표설정, 목표달성을 위한 보험계획(보험금·보험료 산정), 보험계획을 실행(보험가입), 보험계획의 평가
36 신용
37 5
38 90일, 1,000만원, 500만원
39 7, 1
40 ○

41 (   )란 은행, 보험사, 우체국이 보유하고 있는 예금, 보험금 등에 대한 채권 중 관련 법률의 규정에 의하여 청구권의 소멸시효가 완성되었으나 찾아가지 않은 예금 또는 보험금계좌를 말한다.

42 (   )란 금융회사 등에서 지불능력이나 지불의사에 대한 사회적 신뢰를 얻지 못하여 신용제공을 받을 수 없는 상태를 말한다.

43 일정한 절차를 통해 개인의 신용상태를 점수로 산출하고 이를 데이터베이스화 시켜 점수에 따라 대출여부를 결정하는 제도 전반을 (   )라 한다. 즉, 직업, 소득 등 개인신상정보와 신용정보기관의 신용정보, 은행거래실적을 종합적으로 분석하여 각각의 가중치를 달리하고 이렇게 산출된 총 신용평점에 따라 대출승인한도와 점수별 금리를 차등적으로 적용하게 된다.

44 신용평가를 담당하는 기관을 (   )이라고 하는데, 공적 CB인 한국신용정보원은 개인신용을 평가하지 않고, 대표적인 민간 CB인 (   )과 (   )에서 하고 있다.

45 (   )는 소비자가 충동적으로 할부구매를 하였을 때 이를 되돌릴 수 있는 소비자의 권리를 의미하며, 계약서를 받은 다음 날부터 날짜를 세서 (   ) 이내에 하여야 한다.

46 (   )이란 할부거래 계약 시 판매자가 계약서 상 약속한 사항을 이행하지 않을 경우, 계약 사항을 완전히 지킬 때까지 소비자는 나머지 할부금을 연체 없이 지급하지 않을 권리를 의미한다.

47 ○⨯ 해외에서 신용카드 이용 시 환율이 하락세면 결제 시 현금결제보다 신용카드 결제가 유리하다.

48 가계부채 중 (   )은 주로 가계의 소비지출에 필요한 자금을 위한 것으로 보통 규모가 작으면서 무담보 신용대출인 경우가 많고, (   )은 주로 주택을 담보로 한 대출로 개인 혹은 가계가 상환을 완료하면 자산이 늘어나는 효과가 발생하기 때문에 투자로 간주된다.

정답

41	휴면계좌
42	금융채무불이행자
43	개인신용평점제도(CSS ; Credit Scoring System)
44	개인신용평가기관(CB ; Credit Bureau), 한국개인신용(KCB), 한국신용정보(NICE)
45	청약철회, 7일
46	항변권
47	○
48	소비자신용, 주택금융

49 ( )이란 물건을 구입하거나 서비스를 이용하고 그 대가를 나중에 지불함으로써 발생하는 가계부채이다.

50 (A)이란 금융회사가 고객의 신용도를 판단하여 대출금액과 금리를 결정하는 대출을 의미하며, (A)에서 고객의 신용도 파악 시 중요한 것은 직업의 유무이다. 반면 (B)이란 채무자가 금전을 갚지 않을 경우에 대비하여 채권자가 그 변제를 확보하기 위해 사전에 강구하는 수단으로 (A)보다 장기간이고 금액이 크며 대출금리가 낮은 것이 일반적이다.

51 과다 부채문제 진단도구 중 ( )은 소득 대비 부채비율을 파악하여 부채수준을 진단하는 도구로써, 월가계소득에서 총월부채상환액이 차지하는 비중이 ( )%를 초과하지 않아야 한다.

52 ☐O☐X 적정부채수준은 신용도 등을 기준하여 실제 빌릴 수 있는 액수를 의미한다.

53 만기일시상환방식의 대출비용은 ( )의 공식으로 계산된다.

54 '(원금 × 이율(1 + 이율)연수)/((1 + 이율)연수 − 1) × 연수'의 방법으로 대출비용이 계산되는 대출상환방식은 ( )이다.

55 은행에서 대출받은 고객이 대출금을 미리 갚을 경우 은행이 고객에게 물리는 벌금을 ( )라고 한다.

56 적정부채의 기준은 총월부채상환액/총월가계소득 < ( )이며, 총부채/총자산 < ( )이다.

49 판매신용
50 A : 신용대출, B : 담보대출
51 부채경고등, 25
52 X ▶ 적정부채수준은 상환능력을 근거로 빌릴 수 있는 액수를 의미한다.
53 원금 × (1 + 이율 × 연수)
54 원리금균등상환법
55 중도상환수수료
56 0.25, 0.8

01 (   )(이)란 특정인이 다른 특정인에 대하여 급부·급여·작위·부작위 등 특정의 행위를 청구할 수 있는 권리를 말한다.

02 채권의 효력 발생 요건에는 (   ), (   ), (   ), (   )이 있다.

03 (   )(이)란 특정인이 다른 특정인에 대하여 일정한 작위 또는 부작위를 하여야 하는 의무를 말하며, (   ), (   ), (   ), (   )로 구분된다.

04 금전채권이나 금전 이외의 채권을 발생시키는 원인은 우선 크게 법률행위와 법률의 규정으로 나누어 볼 수 있다. 그리고 법률행위는 다시 (   )과 (   )로 나누어 볼 수 있고, 법률의 규정은 다시 (   )와 (   )으로 나누어 볼 수 있다.

05 당사자의 합의만으로 성립하는 계약을 (   )이라 하고, 합의 이외에 인도 및 급부를 하여야만 성립하는 계약을 (   )이라 한다.

06 영리를 목적으로 하는 금전의 수요와 공급에 따른 경제현상을 총칭하여 (   )이라고 한다.

07 ○× 대출은 고객에게 돈을 빌려주는 것만 뜻하며, 주체가 반드시 금융기관이어야 한다.

08 ○× 은행만이 영업으로서 타인에게 신용을 공여할 수 있다.

정답

01 채권
02 확정성, 실현가능성, 적법성, 사회적 타당성
03 채무, 국가채무, 보증채무, 채무보증, 부외채무
04 계약, 단독행위, 불법행위, 부당이득
05 낙성계약, 요물계약
06 금융
07 × ▶ 여신에 대한 설명이다. 대출은 돈이나 물건을 빌려주는 것과 빌리는 것 모두 포함되며, 주체도 금융기관뿐만 아니라 일반 개인도 될 수 있다.
08 × ▶ 은행만이 영업으로서 타인에게 신용을 공여할 수 있는 것은 아니고 은행이 아니면서 타인에게 영업으로서 신용을 공여하는 비은행 여신공여자도 있다.

09 ☐○☐× 법인의 대표자의 경우 본인 확인 및 권리능력 확인을 위해서는 법인등기부가 필요하다.

10 행위능력이란 단독으로 완전·유효한 법률행위를 할 수 있는 지위 또는 자격을 말하며, 행위능력이 완전하지 못한 자인 (　　　　　)로는 현행법상 미성년자·피성년후견인·피한정후견인 및 피특정후견인의 4종류가 있다.

11 미성년자는 법정대리인의 동의가 있어야만 스스로 완전히 유효한 법률행위를 할 수 있는 것이 원칙이나, 미성년자라도 의사능력이 있으면 (　　　　　) 행위, (　　　　　) 행위, (　　　　　) 행위는 예외적으로 법정대리인의 동의 없이 스스로 완전히 유효한 법률행위를 할 수 있다.

12 ☐○☐× 미성년자와 체결한 대출계약은 당연 무효인 것으로 된다.

13 미성년자와 대출계약을 체결한 상대방을 보호하기 위해 (　　　　　), (　　　　　), (　　　　　), (　　　　　), (　　　　　) 등의 제도를 두고 있다.

14 취소권은 추인할 수 있는 날로부터 (　　　) 내에 법률행위를 한 날로부터 (　　　) 내에 행사하여야 하며, 이 기간이 지난 때에는 그 취소권은 소멸하게 되어 이후 취소할 수 없게 된다.

15 피성년후견인은 스스로는 완전히 유효한 법률행위를 할 수 없는 것이 원칙이다. 피성년후견인이 한 법률행위는 피성년후견인 자신이나 그 (　　　　　)이 취소할 수 있으며, 취소하면 처음부터 (　　　　　)인 것으로 된다.

16 ☐○☐× 가정법원에 의하여 선임된 특정후견인은 후견이 필요한 사항에 대하여 대리권을 가질 뿐 피특정후견인의 법률행위에 대한 동의권이나 취소권을 가지지 않는다.

정답

09 ○
10 제한능력자
11 단순히 권리만을 얻거나 의무만을 면하는, 법정대리인이 범위를 정하여 처분을 허락한 재산의 처분, 법정대리인으로부터 특정의 영업을 허락받은 경우 그 영업에 관한
12 × ▸ 미성년자와 체결한 대출계약은 당연 무효는 아니고 일단 효력을 발생한 후 미성년자 자신이나 그 법정대리인의 취소가 있음으로써 비로소 처음부터 무효인 것으로 된다.
13 취소권 배제, 추인여부에 대한 최고권, 법정추인, 계약의 철회권, 취소권의 단기소멸
14 3년, 10년
15 법정대리인, 무효
16 ○

17 의사와 표시의 불일치는 표의자가 스스로 불일치를 알고 있는 경우 (   )와 그러한 불일치를 모르고 있는 경우(   )로 나뉘며, 전자는 다시 상대방과 통정한 것(   )과 그러하지 아니한 것(   )으로 나뉜다.

18 ⊙Ⓧ 진의 아닌 의사표시는 당사자 사이에서 언제나 무효이며, 그 무효를 선의의 제3자에게는 대항하지 못한다.

19 ⊙Ⓧ 통정허위표시는 당사자 사이에서 언제나 무효이며, 그 무효를 선의의 제3자에게는 대항하지 못한다.

20 ⊙Ⓧ 착오로 대출계약이 체결되었다 하더라도 그 대출계약은 일단 유효하게 효력을 발생한다. 다만 착오가 대출계약의 중요부분에 관한 것이고 착오를 한 자가 그 착오를 한 데에 중대한 과실이 없으면 대출계약을 취소할 수 있으며, 취소가 있으면 그 대출계약은 처음부터 무효인 것이 된다.

21 착오로 인한 취소권은 추인할 수 있는 날로부터 (   ) 내에 의사표시를 한 날로부터 (   ) 내에 행사하여야 한다.

22 하자있는 의사표시란 타인의 위법한 간섭으로 말미암아 방해된 자유롭지 못한 상태에서 행하여진 의사표시로 (   )에 의한 의사표시와 (   )에 의한 의사표시로 구분된다.

23 ⊙Ⓧ 상대방의 사기 또는 강박에 의하여 이루어진 의사표시는 취소할 수 있으며, 취소가 있으면 그 의사표시는 처음부터 무효인 것으로 된다.

24 ⊙Ⓧ 제3자의 사기 또는 강박에 의하여 이루어진 의사표시는 제3자의 사기 또는 강박을 그 상대방이 알았거나 알 수 있었던 경우에 한하여 취소할 수 있으나, 강박이 의사결정에 관한 자유를 완전히 박탈하는 정도에 이른 때에는 의사표시를 할 내심의 의사가 결여된 것이므로 그 의사표시는 처음부터 당연무효인 것으로 보아야 한다.

정답

17 의사와 의식적 흠결, 의사의 무의식적 흠결 즉, 착오, 통정허위표시, 진의 아닌 의사표시
18 ✕ ▸ 의사표시는 표의자가 진의 아님을 알고 한 것이라도 그 효력이 있으나, 표의자가 진의 아님을 알고 한 의사표시라도 그 상대방이 표의자의 진의 아님을 알았거나 이를 알 수 있었을 경우에는 무효로 한다.
19 ○
20 ○
21 3년, 10년
22 사기, 강박
23 ○
24 ○

25 ☐○☐× 대출계약이 당사자 일방 또는 제3자의 사기나 강박으로 무효로 된 경우 이미 이행을 완료한 부분(대출금의 일부 지급)이 있는 때에는 잔여부분의 이행이나 이행청구를 중단하고 이행된 부분의 원상회복을 하여야 한다.

26 ☐○☐× 사기 또는 강박을 받은 계약당사자는 대출계약이 무효로 됨에 따라 받은 손해를 사기나 강박을 한 계약당사자나 제3자에게 민법 제750조에 의하여 배상청구할 수 있다.

27 대출계약체결은 (   )에 의한 계약체결, (   )에 의한 계약체결, (   )에 의한 계약체결, (   )에 의한 계약체결, (   )에 의한 계약체결의 5가지 유형이 있다.

28 약관의 명시·교부 의무의 예외 사항은 (   ), (   ), (   ), (   )의 사업자의 경우이다.

29 약관에 의한 계약체결 시 고객 보호를 위한 약관의 해석원칙에는 (   )의 원칙, (   )의 원칙, (   )의 원칙이 있다.

30 집행력을 가지는 공정증서에는 (   ) 공정증서, (   ) 공정증서, (   ) 공정증서의 3가지가 있다.

31 ☐○☐× 확정일자가 있는 사문서는 그 작성일자와 그 문서의 내용에 대한 공증력이 있다.

32 현행법상 확정일자가 있는 사문서상에 인정되고 있는 효력에는 (   )과 (   )이 있다.

33 대리는 (   ), (   )의 2가지 중요 기능이 있다.

정답

25 ○
26 ○
27 구두, 문서작성, 약관, 공정증서, 확정일자 있는 문서
28 여객운송업, 전기·가스 및 수도사업, 우편업, 공중전화 서비스 제공 통신업
29 개별약정우선, 객관적·통일적 해석, 작성자 불이익 해석
30 금전소비대차, 어음 또는 수표, 유체동산의 인도 또는 반환 청구권
31 ✕ ▶ 확정일자가 있는 사문서는 그 작성일자에 대한 공증력이 있는 것일 뿐 그 문서의 내용에 대한 공증력은 없다.
32 지명채권 양도 등의 제3자 대항요건으로서의 효력, 주택 또는 상가건물 임대차보증금의 우선변제를 받을 수 있는 효력
33 사적자치의 확장, 사적자치의 보충

34 임의대리가 발생하는 경우에는 본인의 (   )에 의한 경우, 본인의 (   )에 의한 경우, (   )에 의한 경우가 있다.

35 (   )이란 대리인이 한편으로는 본인을 대리하고 다른 한편으로는 자기 자신의 자격으로 자기 혼자서 본인·대리인 사이의 계약을 체결하는 것을 말하고, (   )란 대리인이 한편으로는 본인을 대리하고 다른 한편으로는 상대방을 대리하여 자기만으로 쌍방의 계약을 체결하는 것을 말한다.

36 ○× 자기계약과 쌍방대리는 무조건 금지된다.

37 ○× 대리인의 의사표시의 효력이 의사의 흠결, 사기·강박 또는 어느 사정을 알았거나 과실로 알지 못한 것으로 인하여 영향을 받을 경우에 그 사실의 유무는 본인이 아니라 대리인을 표준으로 하여 결정한다.

38 대리인의 대리권 없는 대리행위에 대하여 본인이 책임을 지는 경우를 (   )라 하고, 그렇지 않은 경우 즉 대리인의 대리권 없는 대리행위에 대하여 본인이 책임을 지지 않는 경우를 협의의 (   )라고 한다.

39 표현대리에는 (   ), (   ), (   )의 3가지 유형이 있다.

40 ○× 표현지배인은 상대방에게 경과실만 있어도 대리행위의 유효를 주장할 수 없다.

41 법정대리가 발생하는 경우는 (   ), (   ), (   ), (   )로 분류된다.

42 ○× 법률의 규정에 의한 대리인 중 본인이 제한능력자인 경우의 법정대리인은 제한능력자가 미성년자이면 친권자 또는 미성년후견인이다.

43 본인이 부재자인 경우의 법정대리인은 (   )이며, 자연인이 사망한 경우의 법정대리인은 (   ) 또는 (   )이며, 부부간의 일상가사에 관한 법률행위의 경우의 법정대리인은 (   )이다.

44 ☐○☐× 미성년후견인이나 피성년후견인 또는 피한정후견인이 미성년자나 성년후견인 또는 한정후견인이 이해상반행위를 하거나 영업에 관한 행위 등 중요행위를 미성년자나 피성년후견인 또는 피한정후견인을 대리하여 함에는 일정한 제한이 있다.

45 ☐○☐× 성년후견인이나 한정후견인이 피성년후견인을 대리하여 피성년후견인이 거주하고 있는 건물 또는 그 대지에 대하여 매도, 임대, 전세권 설정 등을 함에는 가정법원의 허가를 받아야 한다.

46 ☐○☐× 친권자는 자(子)의 근로계약을 대리함에 있어 미성년자의 동의를 받아야 하고, 자(子)와 이해가 상반되는 행위에 대하여 대리권이 없다.

47 ☐○☐× 성년후견인이나 한정후견인이 피성년후견인을 대리하여 피성년후견인이 거주하고 있는 건물 또는 그 대지에 대하여 매도, 임대, 전세권 설정 등을 함에는 가정법원의 허가를 받지 않아도 된다.

48 (   )는 채무자의 책임재산에 제3자의 책임재산을 추가하는 방법에 의한 담보이며, (   )는 어느 특정채권자가 담보의 대상인 특정재산을 현금화한 대금으로부터 다른 채권자보다 우선변제 받도록 함으로써 채권변제의 확실성을 높이는 수단의 담보이다.

49 (   )이란 물건의 경제적 효용가치인 사용가치와 교환가치 중 어느 하나의 가치만을 지배할 수 있는 권리를 말하며, (   )이란 사용가치와 교환가치를 모두 지배할 수 있는 권리를 말한다.

50 ☐○☐× 제한물권은 물건의 교환가치만을 지배할 수 있는 권리인 담보물권과 사용가치만을 지배할 수 있는 권리인 용익물권으로 구분한다.

정답

43	부재자재산관리인, 상속재산관리인, 유언집행자, 타방 배우자
44	○
45	○
46	○
47	× ▸ 가정법원의 허가를 받아야 한다.
48	인적담보, 물적담보
49	제한물권, 소유권
50	○ ▸ 사용가치만을 지배할 수 있는 권리(용익물권), 교환가치만을 지배할 수 있는 권리(담보물권)

51 담보물권은 약정담보물권과 법정담보물권으로 구분되며, 약정담보물권으로는 다시 (   ), (   ), (   ), (   ), (   )의 5가지가 있다.

52 보증이란 주된 채무자가 그의 채무를 이행하지 않는 경우에 이를 이행해야 하는 채무를 말하며, (   ), (   ), (   )으로 구분된다.

53 O X 연대보증은 주채무자와 연대하여 채무를 부담하는 것으로 채권자의 보증채무 이행청구에 대하여 보증인이 최고의 항변권과 검색의 항변권을 행사할 수 있다.

54 보증은 채권자와 채무자 사이의 특정채무를 주채무로 하는 (   )과 채권자와 채무자 사이의 계속적 거래관계로부터 발생하는 현재 및 장래의 불특정채무를 주채무로 하는 (   )으로 구분된다.

55 O X 한정근보증이란 근보증 계약을 체결하기 전에 이미 맺어져 있는 것은 물론이고 근보증 계약을 체결한 후에 새로이 맺어지게 되는 것까지를 포함하는 여러 종류의 거래계약과 관련하여 채권자와 주채무자 사이에 일정한 기간 동안 발생하는 채무를 일정한 한도액 범위에서 보증하는 경우를 말한다.

56 O X 은행법의 적용을 받는 은행의 경우는 소비자를 대상으로 하는 여신공여에 있어서는 원칙적으로 개인을 보증인으로 세울 수 있지만, 기업을 대상으로 하는 여신공여에 있어서는 원칙적으로 개인을 보증인으로 요구할 수 없다.

57 O X 특정채무보증의 경우 주채무자가 변제기에 채무를 변제하지 않으면, 채권자는 보증인에게 보증채무의 이행을 청구할 수 있는데, 이 경우 연대보증인은 채권자에게 최고의 항변권과 검색의 항변권을 행사할 수 있다.

정답

51 질권, 저당권, 전세권, 동산담보권, 채권담보권
52 보통보증, 연대보증, 공동보증
53 X ▸ 연대보증의 경우 채권자의 보증채무 이행청구에 대하여 보증인이 최고의 항변권과 검색의 항변권을 행사할 수 없다. 보통보증의 경우 채권자의 보증채무 이행청구에 보증인의 최고의 항변과 검색의 항변권을 행사할 수 있다.
54 특정채무보정, 근보증
55 X ▸ 포괄근보증에 대한 설명이다. 한정근보증의 경우 '여러 종류의 거래계약과 관련하여 → 그 밖의 일정한 종류의 거래로서'로 수정하여야 한다.
56 X ▸ 은행법의 적용을 받는 은행의 경우는 소비자를 대상으로 하는 여신공여에 있어서 개인을 보증인으로 세우지 않는다.
57 X ▸ 보통보증인은 채권자에게 최고의 항변권과 검색의 항변권을 행사할 수 있으나, 연대보증인은 행사할 수 없다.

58 ⬜○⬜× 근보증의 경우 채권자는 피보증채무의 확정시에 근보증거래기간 중 근보증계약으로 미리 정하고 있는 채권자와 주채무자 사이의 거래계약으로부터 발생한 주채무를 근보증한도액의 범위에서 보증인에게 변제할 것을 청구할 수 있다.

59 보증인의 권리로는 (   ), (   ), (   ), (   ) 등이 있다.

60 부동산담보의 대상목적물은 그 특성에 따라 크게 (   ), (   ), (   ), (   ), (   )으로 분류할 수 있다.

61 부동산상의 권리 중 담보의 대상목적물이 되는 것은 (   )과 (   )에 한한다.

62 부동산을 대상으로 설정할 담보권에는 (   ), (   ), (   )이 있다.

63 ⬜○⬜× 저당권은 채권자의 입장에서 가장 합리적인 담보제도이다.

64 저당권은 채무자에 대한 현재 및 장래의 특정한 채권을 담보하는 (A   )과 일정한 거래 관계로부터 발생하는 유동·교체될 수 있는 다수의 채권을 일정한 한도액까지 담보하는 (B   )으로 구분된다. (B   )은 피담보채무의 범위를 어떻게 정하고 있는지에 따라 (   ), (   ), (   )으로 구분된다.

65 하나의 목적물을 대상으로 설정하는 저당권을 (   )이라 하고, 2개 이상의 목적물을 대상으로 설정하는 저당권을 (   )이라고 한다.

66 ⬜○⬜× 은행법의 적용을 받는 은행의 경우에는 원칙적으로 포괄근저당권설정이 금지되어 있다.

정답

58 ○ ▶ 피보증채무의 확정이란 근보증인이 변제할 의무를 부담하는 주채무의 원금이 증감변동하는 것을 멈추고, 그 합계액으로 확정되는 것을 말한다.

59 부종성에 기한 항변권, 보충성에 기한 항변권, 보증인의 구상권, 보증인의 대위권

60 부동산 자체, 부동산의 공유지분, 부동산상의 권리, 부동산과 동산 등의 복합체, 특수한 물권

61 지상권, 전세권

62 저당권, 가등기담보권, 양도담보권

63 × ▶ 저당권은 민법이 인정하는 전형담보로 담보권자와 담보제공자의 이해관계를 가장 잘 조절해 놓았다는 점에서 가장 합리적인 제도이나, 채권자의 입장에서 양도담보권이나 가등기담보권의 경우보다 채권담보의 효력이 다소 떨어진다.

64 A : 보통저당권, B : 근저당권, 특정근저당권, 한정근저당권, 포괄근저당권

65 단독저당권, 공동저당권

66 ○

67 보통저당권은 설정당사자가 정한 특정한 채권의 원본과 부수채권인 이자, 위약금, 연체이자 및 저당권의 실행비용을 담보한다. 다만 (　　　　)는 설정자 겸 채무자를 제외한 이해관계인에 대한 관계에서 원본의 이행기일을 경과한 후의 1년분에 한하여 담보한다.

68 ⃞O⃞X 저당권의 효력은 저당부동산에 부합된 물건에 미치게 되나, 부합물이라 하더라도 타인이 그 권원에 의하여 부속시킨 것에는 저당권의 효력이 미치지 아니한다.

69 ⃞O⃞X 저당부동산의 종물에는 저당권의 효력이 미치지 않는 것이 원칙이다.

70 ⃞O⃞X 과실에는 저당권의 효력이 미치지 않는 것이 원칙이다.

71 저당권은 원래의 목적물뿐만 아니라 그 가치대표물에도 효력이 미치는데, 저당권자가 저당목적물의 가치대표물에 저당권을 행사하는 것을 (　　　　)라 한다.

72 저당목적물의 매각대금으로 저당권자보다 우선배당을 받게 되는 채권으로 (　　　　　　), (　　　　　　), (　　　　　　), (　　　　　　)이 있다.

73 ⃞O⃞X 유가증권은 유가증권담보의 대상이 되고 유체동산담보의 대상이 되지 않는다.

74 ⃞O⃞X 금전(외국통화 포함)은 그 자체가 가치를 측정하는 일반적 기준이기 때문에 금전채권의 담보로 하는 것이 무의미하다는 점에서 유체동산담보의 대상이 되지 않는다.

75 유체동산담보의 대상목적물에 설정할 담보권으로는 (　　　　), (　　　　), (　　　　)이 있다.

정답

67 연체이자
68 O
69 X ▸ 종물이란 주물인 저당부동산의 상용에 이바지하고 있는 물건을 의미하며, 이러한 저당부동산의 종물에는 저당권의 효력이 미친다.
70 O ▸ 과실이란 물건으로부터 생기는 경제적인 수익을 의미한다.
71 물상대위
72 경매 부동산에 저당권자보다 선순위로 등기되어 있는 다른 저당권자의 담보채권, 전세권자의 전세금반환채권, 가등기담보권자의 담보채권, 등기한 주택임차인이나 상가건물임차인의 보증금반환채권
73 O
74 X ▸ 내국통화가 아닌 외국통화의 경우는, 환율변동에 따라 이해관계가 달라질 수 있으므로, 경우에 따라서는 유체동산 담보의 대상이 될 수 있다.
75 질권, 양도담보권, 동산담보권

76 질물의 인도방식으로는 (   ), (   ), (   ), (   )의 4가지 방식이 있으나, 동산질권설정의 요건으로서의 인도에는, (   )가 금지되어 있다.

77 ☐Ⓞ☒ 질권에 의하여 담보되는 채권의 범위는 연체이자가 설정자 겸 채무자를 제외한 이해관계인에 대한 관계에서 원본의 이행기일을 경과한 후의 1년분에 한하여 담보한다.

78 질권실행의 원칙적인 방법은 (   )이나, 그밖에 질권자가 법원의 허가를 받아 감정인의 평가에 의하여 질물로 직접변제에 충당하는 (   )의 방법과 질권자에게 채무의 변제에 갈음하여 질물의 소유권을 취득하게 하거나, 법률에 정한 방법에 의하지 아니하고 질물을 처분하게 하는 (   )에 의한 실행의 방법이 있다.

79 양도담보권의 실행은 양도담보권자가 이를 적절한 방법으로 매각 또는 평가해서 피담보채권의 변제에 충당하는 방법으로 한다. 매각해서 피담보채권의 변제에 충당하는 것을 (   )청산 또는 (   )청산이라 하고, 평가해서 피담보채권에 충당하는 것을 (   )청산 또는 (   )청산이라고 한다.

80 양도담보물에 대하여는 조세징수기관이 설정자의 체납조세로서 ❶ 체납조세의 법정기일이 양도담보권설정일 (이전/이후)이고 ❷ 설정자의 다른 재산에 체납처분을 집행하여도 징수할 금액에 (부족/과다)한 경우에 ❸ 양도담보권자에게 제2차적인 (   )를 고지하고 그 납부가 없을 경우에 한하여 양도담보물의 매각대금으로부터 체납조세를 징수할 수 있는 예외를 제외하고는, 설정자의 다른 채권자가 강제집행을 할 수 없고 나아가 양도담보권의 실행 시 양도담보물의 가액으로부터 배당참가를 할 수 없다는 점에서 질권이나 동산담보권보다 담보적 효력이 강하다.

81 ☐Ⓞ☒ 동산담보권의 경우 담보권설정의 공시방법으로 담보권설정자로부터 담보권자에 대한 담보목적물의 인도를 요한다.

---

76 현실의 인도, 간이인도, 목적물반환청구권의 양도, 점유개정, 점유개정의 방식에 의한 인도
77 ✕ ▸ 질권에 의하여 담보되는 채권의 범위는 저당권에 의하여 담보되는 채권의 범위와 대체로 같다. 다만 특정채무담보를 위한 담보권에 있어서 저당권의 경우는 채무불이행으로 인한 손해배상 즉 지연배상에 대하여는 원본의 이행기일을 경과한 후의 1년분에 한정하여 담보되는 것으로 하고 있음에 대하여 질권의 경우는 이와 같은 제한을 두지 아니하고 전액 담보되는 것으로 하고 있다는 점에 양자의 차이가 있다.
78 경매, 간이변제충당, 유질계약
79 매각, 처분, 평가, 취득
80 이전, 부족, 물적납세의무(양도담보목적물의 가액을 한도로 하여 양도담보권자에게 부과하는 납세의무)
81 ✕ ▸ 질권이나 양도담보권의 경우 담보권 설정의 공시방법으로 담보권설정자로부터 담보권자에 대한 담보목적물의 인도를 요하는 반면, 동산담보권의 경우는 담보권설정의 공시방법으로 담보목적물의 인도가 아닌 등기를 요한다.

82 채권에는 누가 채권자가 되는가에 따라 특정인이 채권자가 되는 (   ), 특정인 또는 그가 지시(또는 지명)하는 자가 채권자가 되는 (   ) 및 특정인이 채권자로 지정됨이 없이 증권의 소지인이 바로 채권자가 되는 (   )의 3종류가 있다.

83 □○□× 지시채권과 무기명채권은 이른바 증권적채권으로서 유가증권담보의 대상이 된다.

84 □○□× 지명채권담보의 대상이 되는 것은 노무의 제공을 목적으로 하는 채권, 물건의 인도를 목적으로 하는 채권, 금전의 지급을 목적으로 하는 채권으로 한정된다.

85 □○□× 양도가 금지된 지명채권은 담보제공도 금지되는 것으로 보아야 한다.

86 (   )이란 재산적 가치가 있는 사권(私權)이 표창된 증권으로서 그 권리의 발생·행사·이전의 전부 또는 일부를 증권에 의하여 하게 되는 것을 말한다.

87 국채에 대한 담보권설정의 대상에는 (   ), (   ), (   )의 3가지 유형이 있다.

88 □○□× 증권 현물이 발행된 기명식 등록국채를 대상으로 하는 담보권설정은 설정당사자가 질권설정계약 또는 양도담보계약을 체결하고, 그 사실을 갑종국채등록부에 등록하는 방법으로 설정한다.

89 등록국채에 대하여 질권설정등록 또는 양도담보권설정을 위한 이전등록을 청구하고자 하는 자는 청구서에 당사자 쌍방이 기명날인하고 이를 (A   )에 제출하여야 한다. 그리고 이에 따라 질권설정등록 또는 이전등록이 끝나면 (A   )은 질권자 또는 양도담보권자에게 (   ) 또는 (   )를 교부한다.

정답

82 지명채권, 지시채권, 무기명채권
83 ○
84 × ▶ 지명채권 중 노무의 제공을 목적으로 하는 채권은 양도성이 없어 담보로 할 수 없다. 따라서 지명채권담보의 대상이 되는 것은 물건의 인도를 목적으로 하는 채권과 금전의 지급을 목적으로 하는 채권으로 한정된다.
85 ○
86 유가증권
87 무기명식 현물국채, 증권 현물이 발행되지 않은 기명식 등록국채, 증권 현물이 발행된 기명식 등록국채
88 × ▶ 증권 현물이 발행되지 않은 기명식 등록국채를 대상으로 하는 담보권설정 방법이다. 증권 현물이 발행된 기명식 등록국채를 대상으로 하는 담보권설정은 담보권자의 주소와 성명을 당해 국채증권과 을종국채등록부에 기재하지 아니하면 정부 기타 제3자에게 대항하지 못한다는 점에서 무기명식 국채증권의 경우와 다르다.
89 A : 한국은행, 질권설정등록필통지서, 이전등록필통지서

90 공사채란 (　　　)가 발행한 채권, 특별법에 따라 (　　　　)이 발행한 채권, (　　　), 외국정부, 외국의 공공단체 또는 외국법인이 발행한 채권으로서 (　　　　)가 지정한 것, (　　　)를 총칭하는 개념이다.

91 ☐○☐× 공사채권자는 증권을 기명식 또는 무기명식으로 한정한 경우를 제외하고는 기명식의 증권을 무기명식으로, 무기명식의 증권을 기명식으로 할 것을 당해 공사채의 발행인에게 요구할 수 있다.

92 ☐○☐× 공사채는 그 발행자가 반드시 채권 현물을 발행하여 권리자에게 교부하여야 한다.

93 공사채의 등록기관으로 지정될 수 있는 자는 (　　　　　), (　　　　　), (　　　　　), (　　　　　)이다.

94 운송증권이란 (　A　)과 (　B　)을 총칭한다. (　A　)이란 육상물건운송계약에 있어서 운송물의 인도청구권을 표창하는 유가증권을 말하고, (　B　)이란 해상물건운송계약에 있어서 운송물의 인도청구권을 표창하는 유가증권을 말한다. 그리고 (　　　　　)이란 창고업자에 대한 임치물반환청구권을 표창하는 유가증권을 말한다.

95 (　　　　　)이란 여신거래약정으로 정한 상환기일이 도래하지 않음으로써 여신거래의 당사자가 받는 이익을 말하며, (　　　　　)이란 채무자가 약정된 상환기일까지 채무를 이행하지 않아도 되는 이익을 잃고 기한 전에 채무의 이행을 하여야 하는 의무를 부담하게 되는 것을 말한다.

96 (　　　　　)란 일정한 한도와 거래기간을 미리 정해놓고 그 한도범위에서 채권의 발생과 소멸이 수시로 일어나는 형태의 거래를 말한다.

97 ☐○☐× 연대보증인이나 물상보증인이 있는 계속적거래의 거래기간을 채권자와 채무자가 단축할 경우에는 연대보증인이나 물상보증인의 동의를 받아야 한다.

정답

90 지방자치단체, 법인, 사채권(社債券), 금융위원회, 양도성예금증서
91 ○
92 × ▶ 공사채는 그 발행자가 반드시 채권 현물을 발행하여 권리자에게 교부하여야 하는 것은 아니며, 채권자·질권자(質權者) 및 그 밖의 이해관계자가 원하는 경우에는 발행자가 미리 지정해둔 등록기관에 등록을 함으로써 현물 발행이나 교부를 하지 아니하고 권리의 이전이나 변경 또는 설정을 할 수 있다.
93 한국예탁결제원, 은행법에 따른 은행, 한국산업은행, 중소기업은행
94 A : 화물상환증, B : 선하증권, 창고증권
95 기한의 이익, 기한이익의 상실
96 계속적 거래
97 ×

98 ◯✕ 특정근보증이나 특정근담보의 경우 채권자와 채무자가 연대보증인이나 물상보증인의 동의 없이 계속적거래 계약의 거래기간을 연장한 때에는 연대보증인이나 물상보증인은 그 연장된 거래기간 중에 발생한 채무에 대하여 보증채무나 담보책임을 부담하지 않는다.

99 신규대출을 하여 기존대출을 상환하는 대환의 법률적 성질에 관하여는 대환이 내규상의 제한 등으로 대출채무의 변제기한을 연장할 수 없는 경우에 있어 현실적인 자금의 수수 없이 형식적으로는 신규대출의 형식을 취하나 실질적으로는 기존 채무의 변제기를 연장하기 위한 것이면 신구 대출 사이에 동일성이 유지되는 (　　　　)로 보아야 하고, 신규대출을 하여 기존대출을 상환하기는 하지만 신구 대출 사이에 대출과목, 대출원금, 이율 및 지연손해금율 등이 서로 달라 동일성이 유지되는 않는 경우는 (　　　　)로 보는 것이 타당하다.

100 ◯✕ 채무자가 제공한 담보는 인수계약이 채권자·인수인 사이에서 이루어진 경우에는 존속하고, 채무자·인수인 사이에서 이루어진 경우에는 소멸한다.

101 ◯✕ 중첩적(병존적) 채무인수와 이행인수 모두 채무자와 인수인 사이의 계약이다.

102 ◯✕ 이행인수의 경우 인수인이 기존의 채무관계 내에서 채무자와 함께 채무자와 동일한 내용의 채무를 채권자에 대하여 부담하는 관계이다.

103 자연인이 사망하면 생전에 가지고 있던 권리·의무는 모두 소멸하고 그 상속인이 상속의 법리에 따라 (　　　　)으로 승계한다. 상속의 제1순위는 피상속인의 (　　　　), 제2순위는 피상속인의 (　　　　), 제3순위는 피상속인의 (　　　　), 제4순위는 피상속인의 (　　　　)이다.

104 ◯✕ 태아는 상속순위에 관하여 이미 출생한 것으로 본다.

정답

98　◯
99　준소비대차, 경개
100　✕ ▸채무자가 제공한 담보는 인수계약이 채권자·인수인 사이에서 이루어진 경우에는 소멸하고, 채무자·인수인 사이에서 이루어진 경우에는 존속한다. 그러나 전 채무자의 채무에 대한 보증이나 제3자가 제공한 담보는 채무인수로 인하여 소멸하는 것이 원칙이다.
101　◯
102　✕ ▸중첩적(병존적) 채무인수에 해당하는 내용이다. 이행인수의 경우는 인수인이 기존의 채무관계 외에서 제3자의 지위에서 채권자에 대한 채무자의 채무를 변제하여 채무자를 면책시킬 의무를 채무자에 대하여 부담하는 관계이다.
103　포괄적, 직계비속, 직계존속, 형제자매, 4촌 이내의 방계혈족
104　◯

105 ○✕ 피상속인의 배우자는 직계비속과 동순위로, 직계비속이 없으면 피상속인의 직계존속과 동순위로, 피상속인의 직계존속이 없으면 피상속인의 형제자매와 동순위로 공동상속인이 된다.

106 (   )이란 상속인이 될 사망자의 직계비속 또는 형제자매가 상속개시 전에 사망하거나 상속결격자가 된 경우에 그 직계비속이 있는 때에는 그 직계비속이 사망하거나 결격된 자의 순위에 갈음하여 상속인이 되고, 상속개시 전에 사망 또는 결격된 자의 배우자도 그 직계비속과 함께 동순위로 공동상속인이 되며, 그 직계비속이 없는 때에는 단독상속인이 되는 것을 말한다.

107 (   )이란 유언자가 유언에 의하여 그 재산상의 이익을 수증자에게 무상으로 증여하는 단독행위를 말하며, (A)과 (B)으로 구분된다. (A)은 적극재산과 소극재산을 포괄하는 상속재산의 전부 또는 일정한 비율로 하며, (B)은 개개의 재산상의 이익을 구체적으로 특정한다.

108 유언은 (   ), (   ), (   ), (   ), (   )의 5가지 방식으로 한다.

109 (A)제도는 피상속인의 자의로부터 법정상속인을 보호하기 위하여 피상속인의 재산처분의 자유에 일정한 제한을 두는 것을 말한다. 피상속인의 직계비속은 그 법정상속분의 (   ), 피상속인의 배우자는 그 법정상속분의 (   ), 피상속인의 직계존속은 그 법정상속분의 (   ), 피상속인의 형제자매는 그 법정상속분의 (   )을 (A)으로 한다.

110 ○✕ 제1순위 상속인인 직계비속과 배우자가 있는 경우에는 제2순위 상속인인 직계존속은 유류분권을 행사할 수 없다.

111 ○✕ 태아도 출생을 조건으로 직계비속으로서 유류분을 가지며, 대습상속인도 피대습자의 상속분의 범위내에서 유류분을 가진다.

112 법정상속분은 배우자 (   ), 다른 공동상속인 (   )의 비율이다.

정답

105 ✕ ▸ 피상속인의 배우자는 직계비속이나 직계존속이 모두 없으면 단독상속인이 된다.
106 대습상속
107 유증, A : 포괄적 유증, B : 특정적 유증
108 녹음, 자필증서, 공정증서, 비밀증서, 구수증서
109 A : 유류분, $\frac{1}{2}$, $\frac{1}{2}$, $\frac{1}{3}$, $\frac{1}{3}$
110 ○ ▸ 유류분권을 행사할 수 있는 자는 재산 상속의 순위상 상속권이 있는 자이어야 한다.
111 ○
112 1.5, 1

113 상속인의 단순승인이나 한정승인 또는 포기는 상속인의 상속개시가 있음을 안 날로부터 (   )내에 하여야 한다.

114 상속재산의 분할방법으로는 (   )에 의한 분할, (   )에 의한 분할, (   )에 의한 분할의 3가지가 있다.

115 상속재산의 분할을 청구하기 위해서는 (   )이 확정되어 있어야 하며, 피상속인으로부터 (   )의 유언이 없어야 한다.

116 ○× 상속재산의 분할은 상속이 개시된 때에 소급하여 그 효력이 있다.

117 상속인의 확인은 법정상속의 순위에 따라 (   ) → (   ) → (   ) → (   )의 순서로 확인하면 된다.

118 ○× 자신이 상속인이라는 사실을 알면서 상속의 포기나 단순승인을 하지 아니하고 법정된 일정 기간이 지나면 상속의 한정승인이 되어 사망한 자의 모든 채무를 승계하여 변제책임을 지게 된다.

119 잘 모르겠으나 상속이 재산상 유리할 것으로 판단되면 (   )승인, 적극재산이 소극재산을 초과하는 경우에는 (   )승인, 소극재산이 적극재산을 확실히 초과하는 경우에는 (   )하는 것이 좋다.

120 채무자가 채무의 내용에 따른 이행을 하고 채권자가 이를 수령하여 채권의 만족을 얻음으로써 채권·채무가 소멸하는 현상을 (   )라고 한다.

121 유효하게 변제를 수령할 수 있는 변제수령권자는 원칙적으로 (   )와 그 (   )이다.

정답

113 3월
114 유언, 협의, 조정 또는 심판
115 공동상속인, 분할금지
116 ○
117 직계비속과 배우자, 직계존속, 형제자매, 4촌 이내의 방계혈족
118 × ▶ 상속의 포기나 한정승인을 하지 아니하고 법정된 일정 기간이 지나면 상속의 단순승인이 되어 사망한 자의 모든 채무를 승계하여 변제책임을 지게 된다.
119 한정, 단순, 포기
120 변제
121 채권자, 대리인

122 ☐○☐✕ 채권자가 그의 채권자로부터 채권의 압류나 가압류를 당한 때에는, 채권자라도 채무자로부터 변제를 수령할 수 없게 된다.

123 (   )란 채권의 변제를 수령할 수 있는 권한이 있는 듯한 외관을 가지나 실제로는 권한이 없는 자를 말하며, 채권을 사실상 행사하는 채권의 (   )와 변제의 수령을 증명하는 문서를 소지한 (   )가 해당한다.

124 (   )이란 채무자가 동일한 채권자에 대하여 동종의 목적을 가지는 여러 개의 채무를 부담하는 경우, 또는 1개의 채무의 변제로서 여러 개의 급부를 하여야 하는 경우에 채무자가 변제로서 제공한 것이 채무 전부를 소멸시키기에 부족한 때에, 그 변제를 일정한 순위에 따라 여러 채무에 순차로 충당하는 것을 말한다.

125 (   )란 주된 채무자가 아닌 제3자가 주된 채무자의 채무를 변제하는 것을 말한다.

126 ☐○☐✕ 채무의 변제는 제3자도 할 수 있다. 그러나 채무의 성질 또는 당사자의 의사표시로 제3자의 변제를 허용하지 아니하는 때에는 그러하지 아니하다.

127 ☐○☐✕ 대위변제한 제3자는 채무자에 대하여 대위변제한 금액을 구상할 수 있다.

128 이해관계가 있는 제3자가 대위변제를 한 때에는, 변제자는 대위변제한 채권 및 그 담보에 관한 채권자의 권리를, 자기의 권리에 의하여 구상할 수 있는 범위에서 당연히 승계하여 행사할 수 있다. 이와 같이 대위변제로 채권자가 가지고 있었던 채권 및 그 담보에 관한 권리가 법률상 당연히 변제자에게 이전하는 것을 (   )라고 한다.

정답

122 ○
123 표현수령권자, 준점유자, 영수증소지자
124 변제의 충당
125 대위변제(제3자의 변제)
126 ○
127 ○
128 법정대위

129 이해관계가 없는 제3자가 대위변제를 한 때에는, 변제자는 변제와 동시에 채권자의 승낙을 얻어야만, 대위변제한 채권 및 그 담보에 관한 채권자의 권리를, 자기의 권리에 의하여 구상할 수 있는 범위에서 승계하여 행사할 수 있다. 또한 이 경우 변제자가 채권 및 그 담보에 관한 권리의 승계를 채무자 및 제3자에게 대항하려면, 지명채권양도에 준하는 대항요건도 갖추어야 한다. 변제자가 이와 같은 절차를 거쳐 채권자가 가지고 있던 채권 및 그 담보에 관한 권리를 승계하는 것을 (   )라고 한다.

130 ⊙✕ 채권의 일부에 대하여 대위변제가 있는 때에는 대위자는 그 변제한 가액에 비례하여 채권자와 함께 그 권리를 행사한다.

131 ⊙✕ 일부대위자는 대위한 권리가 가분이라도 단독으로 행사하지 못하며 변제에 관하여는 대위변제자가 채권자보다 우선권을 가진다.

132 (   )란 채권자와 채무자가 서로 동종의 채권·채무를 가지는 경우에 어느 한 당사자 일방적 의사표시에 의하여 그 채권·채무를 대등액에서 소멸시키는 것을 말하며, (   ), (   ), (   )의 3가지 기능이 있다.

133 ⊙✕ 고의의 불법행위에 의한 손해배상채권을 자동채권으로 하여 상계하는 것은 금지된다.

134 ⊙✕ 사용자는 전차금(前借金)이나 그 밖에 근로할 것을 조건으로 하는 전대(前貸)채권과 임금을 상계하지 못한다.

135 ⊙✕ 상계의 의사표시를 하는 방식에는 아무런 제한이 없으나 구두에 의한 상계는 후일 입증상의 문제가 생길 수 있으므로 서면으로 하는 것이 좋다.

136 상계의 의사표시가 상대방에게 도달하면 당사자 쌍방의 채권은 그 대등액에서 소멸하며, 채권소멸의 효력은 (   )이 있었던 때까지 소급한다.

정답

129 임의대위
130 ○
131 ✕ ▸ 변제에 관하여는 채권자가 대위변제자보다 우선권을 가진다.
132 상계, 간이결제적 기능, 공평유지적 기능, 담보적 기능
133 ✕ ▸ 고의의 불법행위에 의한 손해배상채권을 수동채권으로 하여 상계하는 것은 금지된다. 고의의 불법행위로 인한 손해배상채권을 자동채권으로 하는 상계 및 과실의 불법행위로 인한 손해배상채권을 수동채권으로 하는 상계는 금지되지 않는다.
134 ○
135 ○
136 상계적상

137 ◯✕ 대상채권이 상계적상에 있다면 자동적으로 상계의 효력이 발생한다.

138 (   )이란 강제집행의 전단계로서 채무자에 대한 소재파악 및 재산조사, 채권에 대한 변제 요구, 채무자로부터 변제 수령 등 채권의 만족을 얻기 위한 일체의 행위를 말한다.

139 ◯✕ 채권추심자는 동일한 채권에 대하여 동시에 2인 이상의 자에게 채권추심을 위임하여서는 아니된다.

140 ◯✕ 채무자 또는 관계인을 폭행·협박·체포 또는 감금하거나 그에게 위계나 위력을 사용하여 채권추심행위를 한 자는 3년 이하의 징역 또는 3천만원 이하의 벌금에 해당하는 형사처벌을 받는다.

141 (   )이란 채권의 존재를 증명하는 서면 즉 강제집행에 의하여 실현시킬 사법(私法)상의 이행청구권의 존재와 범위를 표시하고, 그 청구권에 집행력을 인정한 공정의 문서를 말하며, 확정된 종국판결 중 (   )이 가장 대표적이다.

142 ◯✕ 재판상의 화해조서, 청구의 인낙조서, 확정된 화해권고결정, 조정조서와 확정된 조정에 갈음하는 결정 등은 확정판결이 아니면서도 확정판결과 동일한 효력을 가지고 있어 채무자의 재산에 강제집행을 할 수 있는 집행권원에 해당한다.

정답

137 ✕ ▸ 상계의 효력은 대상채권이 단순히 상계적상에 있다는 사유만으로 자동적으로 생기는 것이 아니고, 반드시 상계적상에 있는 양채권의 당사자 일방이 상대방에 대하여 상계의 의사표시를 하여야 생기게 된다.

138 채권의 추심

139 ◯

140 ✕ ▸ '5년 이하의 징역 또는 5천만원 이하의 벌금'에 해당하는 내용이다.

> ※ 3년 이하의 징역 또는 3천만원 이하의 벌금에 해당하는 형사처벌을 받는 경우
> • 변호사가 아니면서 채권추심과 관련하여 소송행위를 한 자
> • 채권추심법 제9조 제2호부터 제7호까지를 위반한 자
> • 채무자 또는 관계인의 신용정보나 개인정보를 누설하거나 채권추심의 목적 외로 이용한 자
> • 무효이거나 존재하지 아니한 채권을 추심하는 의사를 표시한 자

141 집행권원, 이행판결

142 ◯

143 집행문은 (A)과 특별한 집행문으로 구분되며, 특별한 집행문은 다시 (   ), (   ), (   ), (   )으로 구분된다.
(A)은 집행권원에 표시된 채무자에 대한 강제집행을 실시하기 위하여 집행권원에 표시된 채권자에 대하여 부여하는 집행문으로, 공정증서 이외의 집행권원에 있어서는 당해 사건의 소송기록이 있는 법원의 법원사무관 등이, 공정증서에 있어서는 그 원본을 보존하고 있는 공증인 등이 기록 기타 증서에 기하여 그 요건구비 여부를 조사한 후 내어 주게 되어 있다.

144 (   )라 함은 금전채권에 기한 장래의 강제집행을 보전하기 위하여 미리 집행가능한 채무자의 재산에 관하여 그 처분권을 채무자로부터 **빼앗아** 두는 것을 말한다.

145 가압류절차는 강제집행의 부수절차로써의 성질을 가지는 것으로, 그 절차의 내용은 신청의 당부를 심리하여 가압류명령을 할 것인지의 여부를 판단하는 가압류(   )절차와 발령된 가압류 명령을 집행권원으로 하여 그것을 강제실현하는 가압류(   )절차로 나뉘어진다.

146 ○× 압류금지재산(압류금지부동산, 압류금지동산, 압류금지채권 등)에 대하여는 가압류도 허용되지 않는다.

147 ○× 가압류로써 보전할 수 있는 채권자의 권리는 금전채권이나 금전으로 환산할 수 있는 채권에 한한다.

148 일반적으로는 가압류의 이유가 있는 것으로 인정되는 경우라도 채권자가 (충분한/불충분한) 담보를 가지고 있는 경우, 채권자가 집행권원을 가지고 있고 즉시 강제집행을 할 수 있는 경우, 변제기가 매우 (가까운/먼) 장래일 경우 등 특별한 사유가 있는 때에는 가압류의 필요성이 없는 것으로 보아야 한다.

149 ○× 가압류명령이 있어도 집행되지 아니한 동안에는 그 내용에 따른 효력이 생기지 않으며, 집행이 완료된 후에야 비로서 이를 가지고 채무자와 제3자에게 대항할 수 있다.

150 ○× 유체동산에 대한 가압류의 집행은 가압류재판에 관한 사항을 등기부에 기입하는 방법으로 한다.

정답

143　A : 통상의 집행문, 조건성취집행문, 승계집행문, 여러 통의 집행문, 재부여된 집행문
144　가압류
145　소송, 집행
146　○
147　○
148　충분한, 먼
149　○
150　× ▶부동산에 대한 가압류의 집행방법에 해당한다. 유체동산에 대한 가압류는 가압류하고자 하는 유체동산의 소재지를 관할하는 지방법원에 소속되어 있는 집행관에게 채권자가 서면으로 그 집행의 위임을 하여야 실시된다.

151 ⃞ ⃠ 가압류명령의 집행이 있을 경우 채무자가 가압류 목적물을 다른 데에 양도하거나 담보로 제공하면 절대적으로 무효가 된다.

152 ( )이란 채권자가 자신의 채권보전을 위하여 채무자가 가진 권리를 행사할 수 있는 권리를 말한다.

153 ⃞ ⃠ 채권자대위권을 행사하는 채권자로서는 제3채무자에 대하여 채무자에게 채무를 이행할 것을 청구할 수 있음은 물론이고 직접 자기에게 이행할 것을 청구할 수도 있다.

154 채권자취소권이란 ( )와 ( )의 두 가지를 소구할 수 있는 채권자의 권리를 말한다.

155 채권자취소권의 성립요건에는 ( ), ( ), ( ) 등이 있다.

156 채권자취소소송의 피고는 언제나 ( ) 또는 ( )이며 ( )를 피고에 포함시키지 못한다.

157 채권자취소권은 채권자가 취소원인을 안 날로부터 ( ), 법률행위 있은 날로부터 ( ) 내에 행사하여야 한다.

158 채권자취소권의 행사효과는 모든 ( )의 이익으로 돌아가며, 사해행위의 목적물은 ( )에게 반환되어야 함이 원칙이다.

정답

151 ✕ ▶ 가압류명령의 집행이 있으면 채무자는 가압류의 목적물에 대하여 이를 다른 데에 양도하거나 담보로 제공하는 등 일체의 처분행위를 할 수 없게 되지만 이러한 효력은 상대적이다. 즉 채무자가 가압류 목적물을 다른 데에 양도하거나 담보로 제공하더라도 절대적으로 무효가 되는 것이 아니라 가압류채권자에 대해서만 대항할 수 없을 뿐이다. 따라서, 채무자의 처분행위가 있은 후에 가압류의 집행이 취소되면 그 처분행위는 완전히 유효한 것이 된다.

152 채권자대위권

153 ○

154 사해행위의 취소, 일탈재산의 원상회복

155 채무자의 재산상의 행위가 있을 것, 채권자를 해하는 행위일 것, 채권자를 해하려는 의사가 있을 것

156 수익자, 전득자, 채무자

157 1년, 5년

158 채권자, 채무자

159 (　　　　)란 권리자가 그의 권리를 행사할 수 있음에도 불구하고 일정한 기간동안 그 권리를 행사하지 않은 상태 즉 권리불행사의 상태가 계속된 경우에 그 자의 권리를 소멸시키는 제도를 말한다.

160 소멸시효기간은 민법과 상법 및 그 밖의 개별법에서 정하고 있는데, 그 일반적인 기준은 민사채권은 (　　　)이고 상사채권은 (　　　)이며 그밖에 3년, 2년, 1년, 6월의 단기시효기간을 정하고 있다. 금융거래 에서 발생하는 여신채권 중 증서대출에 의한 채권의 소멸시효기간은 원금은 (　　　), 약정이자는 (　　　), 연체이자는 (　　　)이다.

161 소멸시효의 중단 사유로는 (　　　　　), (　　　　　), (　　　　　), (　　　　　), (　　　　　), (　　　　　) 등이 있다.

162 ☐O☐X 소멸시효기간의 만료 전 6월 내에 제한능력자의 법정대리인이 없는 때의 정지기간은 그가 능력자 가 되거나 법정대리인이 취임한 때로부터 1월이다.

163 ☐O☐X 소멸시효로 채무를 면하게 되는 자는 기산일 이후의 이자를 지급할 필요가 없게 되나 시효소멸하 는 채권이 그 소멸시효가 완성하기 전에 상계할 수 있었던 것이면 채권자는 상계할 수 있다.

164 ☐O☐X 소멸시효완성 전의 포기는 신용완성 후의 포기와 달리 유효하다.

165 ☐O☐X 변제부분에 대하여서만 소멸시효이익을 포기하겠다는 의사인 때에는 잔여금액에 대하여는 소멸 시효완성의 이익을 주장할 수 있다.

정답

159　소멸시효
160　10년, 5년, 5년, 3년, 5년
161　재판상의 청구, 재판외의 청구(최고), 지급명령 · 재판상의 화해 · 조정의 신청, 압류 · 가압류 · 가처분, 승인, 소송고지
162　✕ ▶ 그가 능력자가 되거나 법정대리인이 취임한 때로부터 6월이다. 참고로 재산을 관리하는 부, 모 또는 후견인에 대한 제한능력 자의 권리는 그가 능력자가 되거나 후임의 법정대리인이 취임한 때로부터 6월, 부부의 일방의 타방에 대한 권리는 혼인관계 의 종료된 때로부터 6월, 상속재산에 속한 권리나 상속재산에 대한 권리는 상속인의 확정, 관리인의 선임 또는 파산선고가 있은 때로부터 6월, 천재 기타 사변으로 인하여 소멸시효를 중단할 수 없는 때에는 그 사유가 종료한 때로부터 1월이다.
163　O
164　✕ ▶ 소멸시효완성 후의 포기는 시효완성 전의 포기와 달리 유효하다. 즉 소멸시효의 이익은 시효기간이 완성하기 전에는 미리 포기하지 못한다.
165　O

166 (　　　　　　　　)란 재산명시절차에서 채권자가 채무자의 주소 등을 알 수 없어 법원의 주소보정명령을 이행할 수 없거나 채무자의 명시기일불출석 또는 허위재산목록제출 등으로 재산명시신청의 실효를 거둘 수 없는 경우에 채권자의 신청으로 법원이 개인의 재산 및 신용에 관한 전산망을 관리하는 공공기관·금융기관·단체 등에 채무자 명의의 재산에 관하여 조회할 수 있게 함으로써 채권자가 강제집행대상재산을 찾는 것을 용이하게 하는 민사집행법상의 제도를 말한다.

167 ｜O｜X｜ 토지와 토지의 정착물 중 등기된 것과 등기가 가능한 것은 부동산집행의 대상이 되나 등기가 가능하지 않은 것은 부동산집행의 대상이 되지 않는다.

168 ｜O｜X｜ 경매개시결정은 경매절차를 개시함과 동시에 대상부동산을 압류하는 효력이 있다. 다만 이 압류의 효력은 경매개시결정이 부동산의 소유자에게 송달된 때 또는 경매개시결정등기 촉탁에 의하여 경매개시결정의 등기가 된 때에 생긴다.

169 ｜O｜X｜ 경매개시결정에 따른 압류의 효력이 생긴 때에는 집행법원은 절차에 필요한 기간을 감안하여 배당요구를 할 수 있는 종기(終期)를 첫 매각기일 이후로 정한다.

170 집행법원이 정할 수 있는 매각방법으로는 (　　　　　　　), (　　　　　　　), (　　　　　　　)의 3가지가 있다.

171 최저매각가격으로 압류채권자의 채권에 우선하는 부동산의 모든 부담과 절차비용을 변제하고도 남을 것이 있다고 인정하거나 압류채권자가 소정의 매수신청을 하고 충분한 보증을 제공한 때에는 직권으로 (　　　　)과 (　　　　)을 정하여야 한다.

정답

166 재산조회제도
167 O
168 O
169 X ▶ 종기(終期)를 첫 매각기일 이전으로 정한다.
170 매각기일에 하는 **호가경매(呼價競賣)**, 매각기일에 입찰 및 개찰하게 하는 기일입찰, 입찰기간 이내에 입찰하게 하여 매각기일에 개찰하는 기간입찰
171 매각기일, 매각결정기일
　• 매각기일 : 집행법원이 경매부동산에 대한 매각을 실시하는 기일
　• 매각결정기일 : 매각기일의 매각절차에서 최고가매수인이 있을 때에 집행법원이 출석한 이해관계인의 진술을 듣고 매각절차의 적법여부를 심사하여 매각허가 또는 매각불허가의 결정을 선고하는 기일

172 ○× 배당요구의 종기까지 경매신청을 한 압류채권자, 첫 경매개시결정등기 전에 등기된 가압류채권자, 첫 경매개시결정등기 전에 등기된 우선변제권자, 국세 등에 기한 참가압류권자는 배당요구를 하여야 배당에 참가할 수 있다.

173 ○× 유가증권으로서 배서가 금지되지 아니한 것, 토지에서 분리하기 전의 과실로서 1월 내에 수확할 수 있는 것은 민법상의 동산이면서도 유체동산집행방법을 취하지 않는 것이다.

174 ○× 동시압류는 먼저 압류한 물건에 대한 매각기일에 이르기 전까지만 할 수 있고, 또한 그 성질상 집행장소가 동일한 경우에 한하여 먼저 압류한 물건에 대한 매각기일 전에 신청하여야 한다.

175 압류 유체동산의 현금화는 (   ), (   ), (   )의 방법으로 한다.

176 ○× 강제집행의 대상이 되는 지명채권은 양도할 수 있는 채권이 아니어야 하고, 법률상의 압류금지채권이 아니어야 한다.

177 ○× 금전채권의 현금화방법으로 이용되고 있는 추심명령과 전부명령을 비교해보면, 추심명령은 제3채무자에게 송달된 때에 그 효력이 생기나, 전부명령의 경우는 제3채무자에게 송달된 후 확정되어야 효력이 생긴다.

178 ○× 현금화된 지명채권의 배당이 이루어지는 경우는 추심명령의 경우에 한하고 전부명령의 경우 다른 채권자가 배당참가를 할 수 없으므로 배당이 있을 수 없다.

179 ○× 집행권원상의 금전채무를 6월 이내에 이행하지 아니하거나 재산명시절차에서 감치 또는 형사처벌의 대상이 되는 행위를 한 채무자는 채무불이행자명부에 등재되어 공시되는 불이익을 받는다.

정답

172 × ▶ 배당요구를 하지 않아도 집행법원에 의하여 당연히 배당요구한 것으로 되어 배당참가하는 채권자에 해당한다. 배당요구를 하여야 배당에 참가할 수 있는 자는 집행력 있는 정본을 가진 채권자, 경매개시결정이 등기된 뒤에 가압류를 한 채권자, 민법·상법 그 밖의 법률상의 우선변제청구권자, 국세 등의 교부청구권자이다.

173 × ▶ 유가증권으로서 배서가 금지되지 아니한 것, 토지에서 분리하기 전의 과실로서 1월 내에 수확할 수 있는 것, 등기할 수 없는 토지의 정착물로서 독립하여 거래의 객체가 될 수 있는 것은 민법상의 동산은 아니면서도 유체동산집행 방법을 취하는 것이다.

174 × ▶ 경합압류(이중압류)에 대한 설명이다. 동시압류란 집행관이 여러 개의 채권 또는 여러 명의 채권자를 위하여 동일한 재산을 동시에 압류하는 것을 말하며 공동압류라고도 한다.

175 호가경매, 입찰, 특별현금화

176 × ▶ 양도할 수 없는 채권이 아니어야 한다.

177 ○

178 ○

179 ○

180 ⬚○⬚✕⬚ 당좌수표의 발행인이 결제자금부족으로 수표를 부도낸 때, 사용자가 근로자에게 임금을 지급하지 않은 때, 채무자가 강제집행을 면탈행위를 한 때, 재산명시기일에 채무자가 거짓의 재산목록을 낸 때에는 민사책임이 따른다.

181 개인정보의 보호를 받는 자는 정보주체이다. 정보주체란 처리되는 정보에 의하여 알아볼 수 있는 사람으로서 그 정보의 주체가 되는 사람을 말한다. 개인정보를 보호하여야 하는 자는 (   )이다. 개인정보처리자란 업무를 목적으로 개인정보파일을 운용하기 위하여 스스로 또는 다른 사람을 통하여 개인정보를 처리하는 (   ), 법인, 단체 및 개인 등을 말한다.

182 개인정보처리자는 개인정보의 처리 목적을 명확하게 하여야 하고 그 목적에 필요한 범위에서 (   )의 개인정보만을 적법하고 정당하게 수집하여야 하는 등의 의무가 있다.

183 개인정보처리자는 정보주체의 동의를 받은 경우 또는 법률에 특별한 규정이 있거나 법령상 의무를 준수하기 위하여 불가피한 경우 등 개인정보보호법에 규정하고 있는 경우에 한하여 개인정보를 수집할 수 있으며 그 (   )의 범위에서 이용할 수 있다.

184 개인정보처리자가 개인정보를 수집하는 경우에는 그 목적에 필요한 최소한의 개인정보를 수집하여야 한다. 이 경우 최소한의 개인정보 수집이라는 (   )은 개인정보처리자가 부담한다.

185 개인정보처리자는 정보주체의 동의를 받는 경우 또는 법률에 특별한 규정이 있거나 법령상 의무를 준수하기 위하여 불가피한 경우 등 개인정보보호법에 규정하고 있는 경우에 한하여 정보주체의 개인정보를 (   )에게 제공(공유를 포함한다)할 수 있다.

186 개인정보처리자가 정보주체의 개인정보를 제3자에게 제공하기 위하여 정보주체의 동의를 받을 때에는 개인정보를 제공받는 자와 제공받는 자의 이용 목적 등 소정사항을 (   )에게 알려야 한다. 소정사항의 어느 하나를 변경하는 경우에도 이를 알리고 동의를 받아야 한다.

정답

180 ✕ ▸ 예외적으로 형사처벌을 받는 경우에 해당한다.
181 개인정보처리자, 공공기관
182 최소한
183 수집 목적
184 입증책임
185 제3자
186 정보주체

187 개인정보처리자로부터 개인정보를 제공받은 자는 ① 정보주체로부터 별도의 동의를 받은 경우 ② 다른 법률에 특별한 규정이 있는 경우의 어느 하나에 해당하는 경우를 제외하고는 개인정보를 제공받은 목적 외의 용도로 (   )하거나 이를 제3자에게 제공하여서는 아니 된다.

188 개인정보에 관한 분쟁조정 업무를 신속하고 공정하게 처리하기 위하여 개인정보분쟁조정위원회에 의한 분쟁조정제도와 (   )분쟁조정제도를 두고 있다.

189 개인정보의 수집·이용·제공 등에 대한 준법정신과 경각심을 높이고, 동일·유사 개인정보 소송에 따른 사회적 비용을 절감하기 위하기 일정한 요건을 구비한 소비자단체 또는 비영리민간단체가 제기할 수 있는 (   )를 두고 있다.

190 개인정보처리자의 고의 또는 중대한 과실로 인하여 개인정보가 분실·도난·유출·위조·변조 또는 훼손된 경우로서 정보주체에게 (   )가 발생한 때에는 법원은 그 손해액의 3배를 넘지 아니하는 범위에서 손해배상액을 정할 수 있다.

191 정보주체는 (   )의 고의 또는 과실로 인하여 개인정보가 분실·도난·유출·위조·변조 또는 훼손된 경우에는 300만원 이하의 범위에서 상당한 금액을 손해액으로 하여 배상을 청구할 수 있다.

192 개인정보보호법 위반자에 대한 제재로서 최대 10년 이하의 징역 또는 1억원 이하의 벌금에 해당하는 (   )제도와 5억원 이하의 과징금 부과제도 및 최대 5천만원 이하의 과태료 부과제도를 두고 있다.

193 개인신용정보란 신용정보 중 개인의 신용도와 (   ) 등을 판단할 때 필요한 정보로서 기업 및 법인에 관한 정보를 제외한 개인에 관한 신용정보를 말한다.

194 신용정보란 금융거래 등 상거래에 있어서 거래 상대방의 신용을 판단할 때 필요한 ① 특정 신용정보주체를 (   )할 수 있는 정보 ② 신용정보주체의 거래내용을 판단할 수 있는 정보 ③ 신용정보주체의 신용도를 판단할 수 있는 정보 ④ 신용정보주체의 신용거래능력을 판단할 수 있는 정보 ⑤ 그 밖에 ①~④와 유사한 정보를 말한다.

정답

187 이용
188 집단
189 단체소송제도
190 손해
191 개인정보처리자
192 형사처벌
193 신용거래능력
194 식별

---

195 신용정보법에 의하여 개인신용정보를 보호하여야 하는 자는 신용정보회사등 이다. 신용정보회사등이란 신용정보회사, 신용정보집중기관 및 신용정보제공·(   )를 포괄하는 개념이다.

196 신용정보회사등은 신용정보를 수집·조사 및 처리함에 있어서 신용정보법 또는 정관으로 정한 업무 범위에서 그 목적을 명확히 하여야 하며, (   ) 및 개인정보보호법에 따라 그 목적 달성에 필요한 최소한의 범위에서 합리적이고 공정한 수단을 사용하여야 한다.

197 신용정보회사등이 개인신용정보를 수집하는 때에는 법률에 특별한 규정이 있거나 법령상 의무를 준수하기 위하여 불가피한 경우 등 신용정보법에서 정하고 있는 경우를 제외하고는 해당 (   )의 동의를 받아야 한다.

198 신용정보회사등은 신용정보의 정확성과 (   )이 유지될 수 있도록 신용정보의 등록·변경 및 관리 등을 하여야 하고, 신용정보제공·이용자는 신용정보를 신용정보집중기관 또는 신용조회회사에 제공하려는 경우에는 그 정보의 정확성을 확인하여 사실과 다른 정보를 등록해서는 아니 된다.

199 신용정보제공·이용자가 개인신용정보를 타인에게 제공하려는 경우에는 대통령령으로 정하는 바에 따라 해당 신용정보주체로부터 서면이나 공인전자서명이 있는 (   ) 등의 방식으로 개인신용정보를 제공할 때마다 미리 개별적으로 동의를 받아야 한다.

200 신용정보회사등은 개인신용정보의 제공 및 활용과 관련하여 동의를 받을 때에는 대통령령으로 정하는 바에 따라 서비스 제공을 위하여 (   ) 동의사항과 그 밖의 선택적 동의사항을 구분하여 설명한 후 각각 동의를 받아야 한다.

201 개인신용정보는 신용정보법이 특별히 정하고 있는 경우를 제외하고는 해당 신용정보주체가 신청한 금융거래 등 (   )관계의 설정 및 유지 여부 등을 판단하기 위한 목적으로만 이용하여야 한다.

202 신용정보회사등과 신용정보의 처리를 위탁받은 자의 임직원이거나 임직원이었던 자는 업무상 알게 된 타인의 신용정보 및 사생활 등 개인적 비밀을 업무 목적외에 (   )하거나 이용하여서는 아니 된다.

정답

195	이용자
196	신용정보법
197	신용정보주체
198	최신성
199	전자문서
200	필수적
201	상거래
202	누설

203 신용정보회사등은 개인신용정보를 이용하거나 제공한 경우 대통령령으로 정하는 바에 따라 다음의 구분에 따른 사항을 신용정보주체가 (   )할 수 있도록 하여야 한다.

204 신용정보회사등이나 그 밖의 신용정보 이용자(수탁자 포함)가 고의 또는 중대한 과실로 신용정보법을 위반하여 개인신용정보가 누설되거나 분실·도난·누출·변조 또는 훼손되어 신용정보주체에게 피해를 입힌 경우에는 해당 신용정보주체에 대하여 그 손해의 3배를 넘지 아니하는 범위에서 (   )할 책임이 있다.

205 신용정보주체는 ① 신용정보회사등이나 그 밖의 신용정보 이용자가 고의 또는 과실로 이 법의 규정을 위반한 경우와 ② 개인신용정보가 분실·도난·누출·변조 또는 훼손된 경우의 2가지 요건을 모두 구비한 경우 신용정보법 제43조에 따른 손해배상을 청구하는 대신 (   ) 이하의 범위에서 상당한 금액을 손해액으로 하여 배상을 청구할 수 있다.

206 신용정보법 위반자에 대한 제재로서 최대 (   ) 이하의 징역 또는 1억원 이하의 벌금에 해당하는 형사처벌제도와 매출액의 (   ) 이하 등에 해당하는 금액의 과징금 부과제도 및 최대 5천만원 이하의 과태료 부과제도를 두고 있다.

정답

203	조회
204	배상
205	300만원
206	10년, 100분의 3

제4과목 다양한 채무자구제제도 _{25문항}

01 신용회복위원회는 신용회복지원의 극대화를 통하여 채무불이행자의 경제적 재기를 지원하고 가계파산을 예방하며, 서민의 금융상담 및 신용관리교육을 전담하는 (   )로서의 기능을 수행함으로써 (   )에 기여함을 목적으로 하고 아울러 참여금융회사의 부실채권 축소 및 회수비용 절감을 통하여 (   )에도 기여함을 목적으로 설립되었다.

02 CCCS(Consumer Credit Counseling Service)는 미국의 (   )을 지원하는 대표적 (영리/비영리) 민간단체로서 150개 이상의 회원단체들이 1,400개 이상의 신용상담소를 운영 중이며, 채무관련 상담 및 자료의 제공, 채권자와 접촉하고 상환조건의 협상 및 상환을 대행하여 주는 채무관리프로그램(Debt Management Program)을 운영하고 있다.

03 ☐○☐✕☐ 개인워크아웃제도는 대출금의 종류, 총채무액, 변제가능성, 담보, 채무자의 신용 등을 고려하여 채무조정을 하게 되며, 조정된 채무에 대하여 상환기간연장 및 분할상환(무담보채무 최장 10년, 담보채무 5년 이내 거치 후 10년 이내 분할상환), 변제기유예(최장 1년), 이자율 조정, 채무감면 등의 지원을 하게 된다.

04 신용회복지원 절차는 「채무조정 신청 → 접수(   ) → 채권(   ) → 심사(채무조정) → (   ) → 채권기관의 (   ) → (   ) 작성 → 확정통지 → 변제계획 이행 → 지원종료」의 순으로 진행된다. 절차 중 결격사유, 부결, 부동의, 미작성 등의 사유 발생 시 신용회복지원은 기각되며, 변제계획 이행단계에서 (   ) 이상 미납 시에는 효력이 상실되고, 실직·질병 등이 발생 시에는 (   ) 신청을 하여야 한다.

05 개인채무조정 신청대상자는 채권기관에 대한 총채무액이 (   )억원 이하이어야 하며, 총채무액 중 무담보채무는 (   )억원 이하, 담보채무는 (   )억원 이하이어야 한다.

06 ☐○☐✕☐ 신용회복지원을 신청하여 최근 1년 이내에 기각된 자는 신용회복지원 신청제외 대상자이다.

정답

01	신용관리전문기구, 서민생활 안정, 자산건전성 제고
02	소비자회생, 비영리
03	✕ ▶ 담보채무는 5년 이내 거치 후 35년 이내 분할상환해야 하고, 변제기유예는 최장 3년이다.
04	통지, 신고, 심의, 동의, 채무조정합의서, 3개월, 재조정
05	15, 5, 10
06	○

07 ☐○☐☒ 신용회복지원 신청인의 재산과 관련하여 채권금융기관이 사해행위 취소의 소를 제기한 사실이 있다면 신용회복지원협약 등에서 정하고 있는 신용회복지원 신청부적격사유에 해당한다.

08 협약 외 채권자에 대한 채무액이 총채무액원금의 (　　)% 이상인 경우에는 신청할 수 없으며, 개인채무조정 신청 전 6개월 이내에 발생한 채무의 원금이 원금총액의 (　　)% 이상인 경우에도 신청할 수 없다.

09 ☐○☐☒ 채권기관이 신용정보(채권추심)회사와 채권회수위임계약을 체결하여 추심을 의뢰한 경우에는 채권의 소유권은 여전히 채권기관에게 있으므로 신용회복지원 신청대상에 포함한다.

10 ☐○☐☒ 조세에 대한 보증, 채무자의 근로자의 임금·퇴직금에 대한 보증, 재해보상금·임치금 및 신원에 대한 보증 등에 의한 대지급금 채권과 고의 또는 불법행위로 인한 손해배상에 따른 구상채권은 채무조정에 포함하지 아니한다.

11 신청인의 채무변제 여력을 고려하여 원금채권은 상각채권에 한하여 원금의 (　)~(　)%까지 채무감면을 지원한다. 단, 국가로부터 생계에 필요한 급여를 지원받고 있는 기초수급자 및 장애인 연금을 지원받고 있는 중증장애인이 채무원금이 1천 5백만원 이하인 경우에 상각채권에 한하여 최대 원금 (　)%까지 감면한다.

12 채권의 종류·담보, 채무자의 총 채무액·변제가능성 등을 고려하여 채무자가 채권금융 회사에 대하여 부담하는 채권의 상환기간을 연장하여 분할상환할 수 있도록 무담보채권은 최장 (　)년, 담보채권은 최장 (　)년까지 연장 가능하다.

13 ☐○☐☒ 채권의 잔존상환기간이 20년을 초과하는 채권은 잔존기간까지 분할상환을 지원할 수 없다.

정답

07 ✕ ▸ 신용회복지원 신청인의 재산과 관련하여 채권금융기관이 사해행위 취소의 소를 제기한 사실만으로는 신용회복지원협약 등에서 정하고 있는 신용회복지원 신청부적격사유에 해당되지는 않는다.

08 20, 30

09 ○

10 ○

11 20, 70, 90

12 8, 35

13 ✕ ▸ 지원할 수 있다.

14 담보채권이 채무조정에 포함되는 경우에 거치기간과 원리금상환기간에 적용되는 이자율을 약정이자율의 (　　　) 범위 내에서 인하하되, 최저이자율은 연 (　　　)% 적용하여 분할상환을 지원한다.

15 채무자가 소득감소, 실직 등으로 일시적으로 채무상환이 불가한 경우 최장 (　　) 범위 내에서 채무의 상환을 유예할 수 있다. 다만, 채무자가 변제금을 총 (　　) 이상 납입하였거나, 국가 또는 지방자치단체가 추진하는 자활근로 및 자산형성 프로그램 참여자에 한하여 최장 (　　) 범위 내에서 채무의 상환유예가 가능하다.

16 ☐○☐× 채무자가 재조정 직전 원금을 상환한 기간이 24개월 이상인 경우 유예기간의 이자는 면제한다.

17 ☐○☐× 대출금의 종류, 총 채무액, 변제가능성, 담보 여부, 채무자의 신용 등의 각 사정을 고려하여 비용은 최대 80%까지 감면할 수 있다.

18 사회소외계층 중 채무액이 (　　) 이하인 생계급여 및 장애인연금을 지원받는 기초생활수급자 및 중증장애인은 (　　)%, 기타 기초수급자, 중증장애인 1~3급, 70세 이상 고령자의 경우에는 원금의 최대 (　　)%, 기타 사회소외계층은 원금의 (　　)%까지 감면할 수 있다.

19 원금 채권 감면이 가능한 (　　　) 이라함은 채권금융회사가 장기간 채권회수가 불가능하여 회계상 손실처리한 채권을 말한다.

20 채무과중도는 채무원금과 채무자가 보유한 재산의 소득환산액을 반영한 (　　) 을 고려하여 산정한다. 계산된 채무과중도에 따라 기본감면율을 (　　)~(　　)% 범위 내에서 산정하며, 연체기간, 자영업 여부 등 변수를 고려한 가산감면율을 최대 (　　)%p 내에서 추가하여 기준감면율을 결정하되, 사회취약계층이 아닌 일반 채무자의 상각채권 최대 감면율은 70%를 초과할 수 없다.

정답

14 $\frac{1}{2}$, 5

15 3년, 48개월, 3년

16 × ▸ 채무자가 재조정 직전 원금을 상환한 기간이 24개월 이상인 경우 유예기간의 이자율은 연 1.0%를 적용하고, 채무자가 사회취약계층에 해당하거나 재조정 직전 원금을 상환한 기간이 48개월 이상인 경우 유예기간의 이자는 면제한다.

17 × ▸ 비용은 감면하지 아니한다. 이자채권은 전액, 원금채권은 상각채권에 한하여 20~70%까지 감면할 수 있으며, 이자 또는 연체이자만으로 구성된 채권은 당해 채권의 최대 90%까지 감면할 수 있다.

18 15백만원, 90, 80, 70

19 상각채권

20 가용소득, 20, 70, 10

21 채무감면은 ( ), ( ), ( ) 순으로 하며, 비용은 감면율 산정에서 제외한다.

22 ( )이란 채무자가 변제계획 이행 중 부득이한 사유(질병, 재난, 소득감소, 기타 긴급비용의 발생 등)로 변제금 상환을 지체하여 채무조정 효력이 상실되는 것을 막고, 채무자가 계속하여 채무상환을 할 수 있도록 상환계획을 변경하는 것을 말한다.

23 특정 채권에 대해 채무자와 당해 채권금융회사가 확정된 채무조정안의 수정에 합의한 경우 (A) 절차를 통해 확정된 채무조정안을 변경할 수 있다. (A)의 사유로는 ( ), ( ), ( ), ( ), ( ) 등이 있다.

24 ⃞O⃞X 채무조정 신청 시 제출한 자료나 진술 등이 허위로 판명된 경우 또는 채무자가 신용회복지원 조건을 이행하는 과정에서 허위신고, 재산의 도피, 은닉, 기타 책임재산의 감소 등의 사실이 발견된 경우에는 채무조정 효력이 상실된다.

25 ⃞O⃞X 효력상실 사유가 개인회생 및 소비자파산신청인 경우에 한하여 신용회복지원 효력이 상실된 날로부터 6개월이 경과한 채무자는 1회에 한하여 신용회복지원 재신청이 가능하다.

26 ⃞O⃞X 변제계획대로 1년 이상 성실히 납부한 자가 잔여 상환기간이 6개월 이상인 경우 잔여채무액의 전부를 일시 변제하고자 할 때 상환기간에 따라 감면율(10~15%)을 차등 적용하여 추가로 감면해준다.

27 조기상환에 따른 잔여채무의 추가감면은 상환기간이 1년 이상 2년 미만인 경우 잔여채무의 ( )%, 2년 이상 3년 미만인 경우 잔여채무액의 ( )%, 3년 이상 4년 미만인 경우 잔여채무액의 ( )%, 4년 이상인 경우 잔여 채무액의 ( )%를 추가로 감면 지원한다.

정답

21 연체이자, 이자, 원금(상각채권의 경우)
22 재조정
23 A : 수정조정, 채권신고 오류, 채무조정에 포함되어 상환 중인 채무액의 변동, 누락채무의 포함 또는 채무조정 포함채권의 제외, 급여(가)압류 조정 오류, 보증기관의 대지급 발생
24 O
25 X ▸ 효력상실 사유가 변제계획 이행지체에 의한 경우에 한하여 지원이 가능하다. 한편, 개인회생 및 소비자파산신청인 경우에는 동 절차의 폐지 또는 기각사실이 확인되어야 신청이 가능하다.
26 O
27 15, 13, 11, 10

28 ⊙☒ 신용회복지원이 확정된 거래처 등록코드(1101)는 채무 변제계획에 따라 1년 이상 성실하게 채무를 변제하는 경우 해제한다.

29 ⊙☒ 채무자가 신용회복지원조건에 따른 변제를 완료한 경우 면책되며, 채무자에 대한 면책은 보증인에게도 동일한 효력이 미친다.

30 ⊙☒ 위원회는 채무자가 허위자료 제출·진술 등 고의의 책임재산 감소행위를 한 경우 금융질서문란자(등록코드 : 0968)로 등록할 수 있다.

31 ⊙☒ 군복무자에 대한 채무조정 특례는 신청일 당시 병역법에 의해 의무복무 중이거나 6개월 내 입대예정인 자로서 금융기관에 대한 채무불이행 기간이 3개월 이상인 자가 신청할 수 있으며 부사관 이상 간부도 신청가능하다.

32 차상위계층에 대한 신용회복지원제도는 채무자의 소득이 국민기초생활보장법에서 정한 기준중위소득의 (　　　) 이하인 자로서 채무불이행기간이 3개월 이상인 자를 지원 대상으로 한다.

33 이자율(사전)채무조정 신청을 하기 위해서는 다음의 요건을 모두 충족해야 한다.

> • 채권금융회사에 (　　　) 이하의 채무를 부담하고 있는 자
> • 1개 이상의 채권금융회사에 대하여 채무불이행기간이 (　　　) 초과 (　　　) 미만인 채무를 보유한 자. 다만, 최근 1년 이내 누적연체일수가 (　　　) 이상이고 연간 소득이 실수령액 기준 (　　　) 이하인 경우에는 연체기간 (　　　) 이하인 자(미연체자 제외)도 신청 가능
> • 신청 전 (　　　) 이내 발생한 채무의 원금이 원금총액의 (　　　) 이하인 자
> • 보유 자산가액이 (　　　) 이하인 채무자
> • 실업·휴업·폐업·재난·소득감소 등으로 사전채무조정 지원 없이는 정상적인 채무상환이 어렵다고 위원회가 인정하는 자

정답

28 　○
29 　○
30 　○
31 　✕ ▸ 부사관 이상 간부는 일반 신용회복지원 절차 이용이 가능하므로 신청대상에서 제외된다.
32 　50%
33 　15억원, 30일, 90일, 30일, 40백만원, 30일, 6개월, 100분의 30

34 중소기업인의 재기지원을 위한 신용회복지원 대상은 주채무와 실패한 중소기업에 대한 보증채무의 합계 금액이 원금기준 (   ) 이하인 대표로 한다. 신용회복지원이 확정되면 지원하는 채무감면의 경우 (   )은 전액, (   )은 최대 70% 범위 내에서 감면한다. 변제유예에 있어서 조정 후 채무액이 (   ) 이하인 경우에는 최장 3년, (   )을 초과하는 경우에는 최장 5년까지 채무상환을 유예할 수 있다.

35 (   )재단이란 파산선고 당시 채무자가 가진 모든 재산을 말하고, (   )재단이란 개인회생절차 개시결정 당시 채무자가 가진 모든 재산과 채무자가 개인회생절차 개시결정 전에 생긴 원인으로 장래에 행사할 청구권 및 개인회생절차 진행 중에 채무자가 취득한 재산 및 소득을 말한다.

36 개인회생절차에서의 별제권이란 개인회생절차를 신청한 채무자의 개인회생재단에 속하는 재산상에 (   ), (   ), (   ), (   )이라고 정의할 수 있으며, 별제권자는 개인회생에서의 변제계획에 의하지 아니하고 담보권을 실행하여 채권의 만족을 얻을 수 있다.

37 (A   )이란 개인회생절차의 수행에 필요한 비용 또는 형평의 관념이나 사회정책적인 이유로 법이 특별히 (A   )으로 정한 채권으로서, 개인회생절차에 의하지 아니하고 일반 개인회생채권자보다 우선하여 변제받을 수 있는 권리가 인정된 채권을 말하며, 파산절차에서는 (   ), 기업회생절차에서는 (   )으로 표현된다.

38 (   )이란 채무자에 대하여 개인회생절차개시결정 전의 원인으로 생긴 재산상의 청구권(법 제581조 제1항)으로서 파산절차에서의 파산채권과 대응되는 개념이다.

39 ☐○╳ 개인회생절차 개시 후의 원인으로 생긴 청구권은 예외적인 경우를 제외하고는 개인회생 채권에 해당하지 않는다.

정답

34	30억원, 이자채권, 상각채권 원금, 2억원, 2억원
35	파산, 개인회생
36	유치권, 질권, 저당권, 전세권
37	A : 개인회생재단채권, 파산재단채권, 공익채권
38	개인회생채권
39	○

40 ☐○ ☐× 물상보증인의 경우 담보한 재산으로 물적 책임을 부담하는 담보물건 자체도 개인회생채권이 될 수 있다.

41 ☐○ ☐× 개인회생채권은 채무자의 일반재산으로부터 만족을 얻을 수 있는 청구권으로 금전채권 또는 금전으로 평가할 수 있는 채권이어야 한다.

42 ☐○ ☐× 도로교통법위반에 따른 과태료, 식품위생법상 과태료, 국유재산 사용료, 대부료 또는 변상금 등은 우선권 있는 개인회생채권으로 볼 수 있다.

43 ☐○ ☐× 개인회생채권자는 개인회생개시결정 당시 채무자가 부담하여야 할 채무가 있는 경우에는 개인회생절차에 의하지 아니하고 상계할 수 있다.

44 ☐○ ☐× 상계권 행사는 개인회생절차가 진행 중인 동안에는 불가능하다.

45 ☐○ ☐× 모든 채무자가 개인회생절차를 이용할 수 있는 것은 아니며 채무의 발생원인이나 지급불능의 상태에 따른 파산원인이 있는 개인채무자만 신청가능하다.

46 개인회생제도는 개인채무자 중에서 장래 정기적이고 확실한 수입을 얻을 가능성이 있는 요건을 갖춘 (   ) 또는 (   )만이 신청할 수 있다.

정답

40 × ▸ 개인회생채권은 채무자에 대한 인적청구권이어야 한다. 따라서 물상보증인의 경우 담보한 재산으로 물적 책임을 부담하는 담보물건 자체는 개인회생채권이 될 수 없다.

41 ○

42 × ▸ 체납처분 절차에 따라 징수할 수 있음을 규정한 것일 뿐 징수순위가 일반 채권자보다 우선하는 것으로 볼 수 없으므로 이를 일반의 우선권 있는 개인회생채권으로 볼 수는 없다.

43 ○

44 × ▸ 상계권 행사는 개인회생절차가 진행 중인 동안에도 가능하다.

※ 상계권을 제한하는 경우
- 개인회생절차 개시결정 이후 채권을 취득한 경우
- 개인회생절차 개시 당시에는 상계권을 취득하고 있으나 채무자가 위기에 빠진 것을 이용하여 취득한 경우

45 × ▸ 채무의 발생원인에는 제한이 없다.

46 급여소득자, 영업소득자

47 채무자는 개인회생 개시신청서를 제출한 이후 (   ) 이내 변제계획안을 제출하여야 한다.

48 회생위원은 서류검토, 채무자와의 면담, 보정 권고 등을 통해 채무자의 재산과 소득에 대한 조사 업무를 수행하여 개인회생절차 개시 신청일부터 (   ) 이내 개인회생절차의 개시 여부를 결정하도록 되어 있다.

49 개시결정과 동시에 법원은 개시결정일로부터 (   ) 이상 (   ) 이하의 기간 범위 내에서 개인회생채권에 대한 이의기간을 정하고, 이의기간 말일부터 (   ) 이상 (   ) 이하의 기간 범위 내에서 개인회생채권자 집회기일을 정하여 채권자에게 통지한다.

50 개인회생채권에 대한 총 변제액은 변제계획 인가 결정일을 기준으로 한 개인회생채권 총 금액이 (   )만원 미만인 경우에는 그 총금액의 (   )%, 개인회생채권 총 금액인 (   )만원 이상인 경우에는 그 총금액의 (   )%에서 (   )만원을 더한 금액이다. 단, 최저 변제액은 (   )만원을 초과할 수 없다.

51 ☐○☒☒ 가용소득의 산정은 최근 1년간의 평균소득을 원칙으로 하되, 부득이한 경우 최근 3개월간 평균소득에서 본인 및 부양가족의 최저생계비를 제외한 금액으로 산정한다.

52 부양가족의 연령은 만 (   ) 미만이거나 만 (   ) 이상이어야 한다.

53 ☐○☒☒ 동거가족 중 1인 최저생계비 이상의 수입이 있는 가족은 피부양자에서 제외한다.

54 공동부양 기준과 관련하여, 독립수입이 있는 동거가족의 수입 합계액이 채무자의 월평균 소득금액의 (   ) 이상 (   ) 이하 범위 내에 있는 경우, 채무자는 피부양자에 해당하는 가족구성원의 1/2을 부양하는 것으로 판단하고, 채무자의 월평균 소득금액의 (   ) 미만의 경우 피부양자에 해당하는 가족구성원 전부를 채무자가 부양하는 것으로 보며, 채무자의 월평균 소득금액의 (   )를 초과할 경우 채무자는 피부양가족이 없어 1인가구로 판단한다.

정답

47	14일
48	1월
49	2주, 2월, 2주, 1월
50	5,000, 5, 5,000, 3, 100, 3,000
51	○
52	19세, 65세
53	○
54	70%, 130%, 70%, 130%

55 ○× 우선권이 있는 개인회생채권은 국세, 지방세, 기타 국세징수법 또는 동법으로 징수할 수 있는 청구권(의료보험료 등)으로 개인회생재단에 속하지 아니하는 채권이다.

56 ○× 채무자가 3년 이상 5년 이내의 변제기간 동안 원금의 전부를 변제할 수 있으나 이자의 전부를 변제할 수 없는 때에는 변제기간을 3년으로 한다.

57 ○× 개인회생 인가 후 폐지 요건은 면책불허가 결정이 확정된 때, 채무자가 변제계획을 이행할 수 없음이 명백할 때와 채무자가 재산의 은닉 그 밖의 부정한 방법으로 인가된 변제계획을 수행하지 아니한 때이다.

58 ○× 면책불허가 결정은 공고를 하여야 하고 송달은 하지 않을 수 있다.

59 면책 취소 신청은 면책결정의 확정일부터 (   ) 이내에 신청하여야 한다.

60 ○× 면책신청은 채권자도 할 수 있다.

61 개인파산 지원절차는 환가 분배할 재산이 없는 경우 「파산(면책)신청 → 심리 → 파산선고, 관제인 선임 및 (   ) → 면책심리 → 면책결정 및 복권」의 순이며, 환가 분배할 재산이 있는 경우 「파산(면책) 신청 → 심리 → 파산선고 및 (   ) → (   ) → (   ) → (   ) → 면책심리 → 면책결정 및 복권」의 순이다.

62 ○× 개인회생 면제재산의 결정은 개인회생 변제금에 영향을 미치지 않는다.

정답

55 ○
56 × ▸ 채무자가 3년 이상 5년 이내의 변제기간 동안 원금의 전부를 변제할 수 있는 때에는 이자의 변제 여부에 불구하고 원금의 전부를 변제할 수 있는 때까지를 변제기간으로 한다. 이 경우 채무자는 원금 전부를 변제하고 이자를 변제하지 않는다. 한편, 채무자가 3년 이내의 변제기간 동안 원금의 전부를 변제할 수 있으나 이자의 전부를 변제할 수 없는 때에는 변제기간을 3년으로 한다. 이 경우 채무자는 원금 전부와 이자의 일부를 변제하게 된다.
57 ○
58 × ▸ 면책결정은 공고를 하여야 하고 송달은 하지 않을 수 있다. 이와 달리 면책불허가 결정은 공고를 하지 않고 송달만 실시한다.
59 1년
60 × ▸ 파산신청은 채권자도 할 수 있는데 반하여 면책신청은 개인인 채무자만이 할 수 있다. 파산절차는 채권자, 채무자 및 채무자에 준하는 자(법정대리인, 파산회사 대표자, 이사, 지배인)가 신청할 수 있다.
61 동시폐지, 관재인 선임, 채권자 집회(개시결정일부터 4개월 이내), 환가, 배당
62 × ▸ 개인회생 면제재산의 결정은 개인회생재단에서 제외되어 청산가치 계산 시 면제재산 만큼 차감되므로 경우에 따라서는 개인 회생 변제금에 영향을 미친다.

63 ○× 면제재산은 개인회생채권에 의하여 강제집행, 가압류, 가처분을 할 수 없을 뿐만 아니라 개인회생채권에서 누락된 채권에 대하여도 강제집행 금지의 효력이 있다.

64 ○× 소액임차보증금의 경우 우선변제 대항요건을 구비하지 아니한 경우에는 서울중앙지방법원에서는 면제재산으로 인정하지 않는다.

65 개인파산을 통해 면책을 받아 그 면책허가결정 확정일부터 (   )이 경과하지 아니하거나, 개인채무자회생절차에서 면책을 받아 그 면책허가결정 확정일부터 (   )이 경과되지 않은 때는 면책불허가사유에 해당한다.

66 ○× 면책결정이 확정된 경우 면책의 법정성질상 채무자의 채무 자체가 소멸한다.

67 채무자가 파산선고 전후를 불문하고 자기 또는 타인의 이익을 도모하거나 채권자를 해할 목적으로 파산재단에 속하는 재산을 은닉 또는 손괴하거나 채권자에게 불이익하게 처분을 하는 행위, 파산재단의 부담을 허위로 증가시키는 행위 등을 하고, 그 파산선고가 확정된 때에는 (   )를 구성하며 이에 대하여 유죄판결이 확정되면 면책결정이 (   )된다.

68 ○× 면책의 결정이 확정된 때, 동의에 의한 파산폐지의 신청에 의한 파산폐지의 결정이 확정된 때, 파산선고를 받은 채무자가 파산선고 후 법 규정에 의한 사기파산으로 유죄의 확정판결을 받음이 없이 10년이 경과한 경우 별도의 재판 없이도 당연히 복권의 효력이 발생한다.

69 채무상환부담은 대체로 (   ), (   ), (   )의 순으로 적어지며, 신청절차의 복잡성과 신청비용 부담을 고려한 채무자의 접근성은 (   ), (   ), (   )의 순으로 떨어진다.

정답

63   ○
64   × ▸ 소액임차보증금의 경우 우선변제 대항요건을 구비하지 아니한 경우에도 서울중앙지방법원에서는 면제재산으로 인정한다.
65   7년, 5년
66   × ▸ 면책결정이 확정된 경우 채무 자체가 소멸하는 것이 아니라, 채무 자체는 존속하나 채무자에게 변제의 책임을 물을 수 없다 (자연채무화).
67   사기파산죄, 취소
68   ○
69   개인워크아웃, 개인회생, 개인파산, 개인워크아웃, 개인파산, 개인회생절차

70 개인워크아웃은 신청절차가 (복잡/간편)하고 상각채권은 원금감면이 (가능/불가능)하다.

71 개인회생은 개인워크아웃에 비해 상환부담이 대체로 (크고/작고), 파산에 비해 사회적 낙인과 신분상 불이익이 (많다/적다).

72 개인회생의 경우 채무액의 크기와 관계없이 가용소득으로 최장 (　　)간 채무를 상환하면 잔여채무의 상환의무가 면제된다.

73 ◯✕ 파산자에 대한 공·사법상 자격제한이 있다.

74 생계비는 국민기초생활보장법에 의거 보건복지부에서 고시하는 기준중위소득 일정비율로 산정하는데, 개인회생은 기준중위소득의 (　　)%, 개인워크아웃은 기준중위소득의 (　　)~(　　)%를 인정하고 불가피한 사유가 있는 경우에는 생계비 인정비율의 일부를 가감할 수 있다.

75 미국의 대표적인 사전상담기구인 (　　　　)는 1951년에 설립된 대표적 민간기구로서 회원인 (　　　　)를 통해 재무설계, 신용교육, 채무관리프로그램을 통한 채무조정 등 다양한 상담서비스를 제공하며, 회원기구인 (　　　　)에 대한 인증기관으로서의 역할을 지닌다.

76 미국의 경우 파산신청에 대한 대안으로써 (　　　　　　)은 공인된 신용상담기구를 통하여 채권기관이 받아들일 수 있는 상환계획을 작성하여 제출하게 되고, 이에 대해 채권기관은 원금상환가능성이 높다고 판단될 시 채권액 감면이나 조정채무에 대한 적용이자율 면제, 연체이율이나 기타수수료 감면 등의 지원을 해주게 된다.

77 일본의 채무조정제도는 사적제도인 (　　　)제도와 공적제도인 (　　　)제도, (　　　)제도, (　　　)제도로 나누어진다.

정답

70	간편, 가능
71	작고, 적다
72	3년
73	◯
74	60, 40, 60
75	NFCC(National Foundation for Credit Counseling), CCCS, CCCS
76	채무관리프로그램(DMP ; Debt Management Plan)
77	임의정리, 특정조정, 개인회생, 개인파산

78 일본의 경우 임의정리제도의 운영주체인 ( )는 소비자보호의 입장에서 공정하고 중립적인 카운슬링을 통해 개인채무자의 회생을 도모하고 소비자신용의 건전한 이용을 유도하여 다중채무자의 발생을 미연에 방지하는 역할을 수행한다.

79 일본의 채무정리 방식을 비교해보면 JCCO, 민사재생, 특정조정 모두 ( )을 목적으로 하며, ( )와 ( )의 대상자는 개인인 반면 ( )의 대상자는 개인 및 법인에 해당한다.

80 ⓞⓧ 민사재생의 경우 변제는 채권자와 채무자 간 화해 시 이루어지며, 효력은 당사자 간에만 유효하다.

81 과채무자에 대한 프랑스의 3단계 채무조정절차는 ( ) → ( ) → ( )의 순으로 진행된다.

82 ⓞⓧ 개인파산제도는 채무총액이 100만 달러 미만이고 정기적인 수입이 있는 채무자의 신청에 의해 진행된다.

83 ⓞⓧ 채무조정과 파산제도 신청 시 모두 채권자의 추심행위나 채무자의 임의변제행위가 전면 중지된다 (자동중지제도).

84 프랑스의 파산법 절차는 ( ) → ( ) → ( )의 3단계 순서로 진행된다.

정답

78 JCCO(Japan Credit Counselling Organization)

79 경제적 재생, JCCO, 민사재생, 특정조정

80 ✕ ▸ JCCO와 특정조정 채무정리 방식에 대한 설명이다. 인가된 민사재생 계획은 다른 채권자에게도 유효하다.

> ※ 민사재생의 변제조건
> • 소규모개인재생 : 채권자과반수 이상 동의, 총 채권액의 1/2 이하
> • 급여소득자재생 : 채권자동의 불필요

81 사적 채무조정(과채무위원회), 공적 채무조정(과채무위원회+법원), 청산절차(법원).

82 ✕ ▸ 채무조정제도의 신청대상에 해당한다. 개인파산제도는 채무자뿐만 아니라 채권총액이 1만 달러 이상인 채권자도 파산신청이 가능하다.

83 ⓞ

84 위원회를 통한 재판 외 합의절차, 법원의 결정에 의한 채무변제계획, 법원에 의한 파산절차

85 ⃞○⃞✕ 소득원과 관련 없는 차량을 소유하고 있는 경우는 신용회복위원회 소액금융사업 지원대상이다.

86 간이과세자 또는 면세사업자에게도 신용회복위원회 소액금융사업 신청자격이 주어지며 또한 일반사업자의 경우에도 채무조정변제금 월납입액, 제외채무 월납입액, 위원회 대출금 월납입액, 기타 지출액 등을 제외한 월평균 순소득액이 부양가족 수에 해당하는 기준중위소득의 (   ) 이하인 경우에는 신청자격을 인정한다.

87 ⃞○⃞✕ 저소득층의 생활안정을 위한 자금지원으로 의료비, 재해복구비, 생활비 등의 생활안정자금 대출 및 본인의 학자금 대출이 있다.

88 영세자영업자의 시설개선자금 및 운영자금의 대출한도는 (   ), 금리는 (   ), 융자기간은 (   ) 이내이다.

89 새희망힐링론은 금융 피해자 중 연간 소득액이 (   ) 이하인 자, 개인신용평점이 하위 20%에 해당하는 경우, 연간 소득액이 (   ) 이하인 자를 대상으로 생활안정자금, 학자금 등을 지원한다.

90 ⃞○⃞✕ 미소금융지원 부적격자에는 한국신용정보원 신용정보전산망에 신용도판단정보(연체정보, 대위변제·대지급정보, 부도정보, 금융질서문란정보, 관련인정보 등) 및 공공정보가 등재된 자55), 서민금융진흥원(복지사업자, 미소금융지역지점 포함) 및 정부·지방자치단체 등으로부터 금융지원을 받은 자(한도 차감 후 지원가능), 개인회생·개인파산 신청자 및 법원에서 개인회생·개인파산을 인가한 자, 어음·수표 부도거래처로서 동 사유를 해소하지 아니한 자, 책임재산을 도피, 은닉, 기타 책임재산의 감소행위를 초래한 자 등이 있다.

정답

85	✕ ▸ 소득원과 관련 없는 차량을 소유하고 있는 경우는 지원대상 자격에서 제외하나 소유차량의 실질적인 소유자가 타인인 경우 또는 사용실익이 없으나 폐차처리를 하지 못하여 보유하고 있는 경우에는 신청자격을 인정한다.
86	60%
87	✕ ▸ 학자금대출은 본인 및 부양가족의 학자금대출이 있다.
88	15백만원, 4% 이내, 5년
89	2,000만원, 4,000만원
90	○

91 햇살론은 저신용·저소득 서민에게 최대 연 (   )% 이내의 중저금리로 대출하여 서민가계 부담을 완화하기 위한 보증부 대출이다. 연소득 (   ) 이하인 개인신용평점 하위 20% 또는 연소득 (   ) 이하인 저소득 자영업자(무등록·무점포 포함)·농림어업인·근로자(일용직·임시직 포함) 또는 기초생활수급자 및 차상위 계층이 대상자이며, 연체, 부도 등 건전한 신용질서를 저해하는 경우 또는 개인회생·파산절차 진행 중인 경우 등 채무상환 능력이 없는 자는 대상에서 제외된다.

92 저신용자 대상 금융지원제도별 시행기관은 「주거안정 임차보증금 특별보증 → (   ), 근로자 생활안정자금대출 → (   ), 직업훈련 생계비 융자 → (   ), 바꿔드림론 → (   ), 소액대출 → (   ), 새희망홀씨대출 → (   ), 사잇돌대출 → (   )」이다.

93 ○✕ 노숙인 자활시설 및 청소년 쉼터 또는 한국법무보호공단 시설 거주자는 기초생활보장수급자 지원대상자이다.

94 장제급여는 생계, 의료, 주거급여 중 하나 이상의 급여를 받는 수급자가 사망한 경우 사체의 검안·운반·화장 또는 매장 등의 기타 장례조치를 행하는데 필요한 금품을 지원한다. 지원금액은 1구당 (   )원이다.

95 긴급복지지원의 대상은 기준중위소득 (   )% 이하, 대도시에서 재산 (   ) 이하, 중소도시에서 재산 (   ) 이하, 농·어촌에서 재산 (   ) 이하, 금융재산 (   ) 이하, 단, 주거지역에서는 금융재산 (   ) 이하인 가구를 지원한다.

96 국민취업지원제도는 구직자에 대한 심층 상담을 통해 취업지원과 생계지원을 함께 제공하는 프로그램으로 (   ), (   ), (   )을 지급함으로써 저소득층 등에 대하여 노동시장 진입을 체계적으로 지원하는 종합적인 취업지원 제도이다.

정답

91	11.5, 45백만원, 35백만원
92	주택금융공사, 근로복지공단, 근로복지공단, 국민행복기금, 국민행복기금, 16개 국내은행, 은행
93	✕ ▸ 타 법령에 의하여 생계급여를 지원받는 노숙인 자활시설 및 청소년 쉼터 또는 한국법무보호공단 시설 거주자나 하나원에 재원중인 북한이탈주민 등 타 법령에 따라 국가 또는 지방자치단체 등으로 부터 생계를 보장받는 사람은 기초생활보장수급자 지원대상자에서 제외된다.
94	800,000
95	75, 241백만원, 152백만원, 130백만원, 600만원, 800만원
96	구직촉진수당, 취업활동비용, 취업성공수당

97 정부의 한부모가족 지원법에 의하면 저소득 한부모 가족의 만 18세 미만 자녀 1인당 아동양육비는 월 (   )만원, 조손가족 및 만 35세 이상 미혼 한부모의 만 5세 이하 자녀 1인당 추가아동양육비는 월 (   )만원, 한부모가족(조손가족 포함)의 중학생 및 고등학생 자녀 1인당 학용품비는 연 (   )원, 한부모가족 복지시설에 입소한 저소득 한부모가족(조손가족 포함)에 대해 가구당 생활보조금 월 (   ) 만원의 급여를 받을 수 있다.

98 국민취업지원제도 지원대상은 Ⅰ유형(   )과 Ⅱ유형(   )으로 구분되며, 신용 회복지원자는 고용노동부기준에 따라 Ⅱ유형 참여 신청이 가능하다.

정답

97   21, 5, 93,000, 5
98   요건심사형, 선발형 / 특정계층, 청년, 중장년

아이들이 답이 있는 질문을 하기 시작하면 그들이 성장하고 있음을 알 수 있다.

－존 J. 플롬프－

제1과목

신용상담의 이해

제1장 　　신용상담의 의의와 필요성

제2장 　　신용상담 방법론

제3장 　　신용상담과 윤리

출제예상문제

신용상담의 의의와 필요성

01 현대사회의 신용문제

현대사회는 신용이 중요하게 여겨지는 신용사회이다.

돈이 없어도 신용카드 한 장이면 무엇이든 살 수 있고, 돈이 급하게 필요할 때에도 신용만 있으면 돈을 빌릴 수 있지만 언제까지 갚겠다고 약속한 것을 꼭 지켜야 신용을 유지하게 되는 것이다. 귀찮다는 이유로 신용을 관리 하지 않아 저신용 상태가 되면 신용거래에 문제가 될 수 있기 때문에 처음부터 신용문제를 관리함으로써 개인은 물론 가정과 국가 사회의 재무 건전성을 기하기 위해서 신용상담은 필요한 것이다.

신용관리를 하는 목적은 신용을 사용하는 데 드는 비용과 신용을 사용함으로써 얻을 수 있는 수익을 비교해서 수익이 비용을 초과하는 경우 신용을 이용토록 하며, 신용등급을 보호해서 항상 최상의 신용가치를 유지하는 데 있다.

1 신용문제의 내용상 분류

(1) 신용이용 제한의 문제

① 신용시장에서 은행 등 제도권금융기관을 통한 저소득층 신용이용의 어려움이 따르게 되는 문제
② 신용카드 발급 및 대출이용의 제한문제
③ 금융소외계층은 제도권 밖의 고금리 대부업체 이용문제

(2) 신용이용 계약상의 문제

① 신용대출, 신용카드 사용에 있어서 상대적 약자 입장이 되어 이로 인한 이자, 수수료 비용 지불 문제
② 신용이용 시 정보 불충분 및 거래 약관의 용어가 어렵고 복잡한 문제

(3) 신용비용의 문제

① 신용이용 시 이자, 취급수수료 등의 각종 비용 발생 문제
② 비용은 미래의 가치를 현재시점에서 차입함에 따른 시간에 대한 대가 지불 문제

(4) 과도한 부채부담 문제

① 신용공여하는 측에서는 信用(신용)이고, 이용하는 측은 負債(부채), 즉 채무가 되는 문제
② 과도한 이용은 미래의 재무 상태에 부정적인 영향을 초래하게 되는 문제

(5) 연체와 채무불이행 문제

① 기한이익상실로 인한 연체이자가중, 채무전액 일시상환, 채무불이행(불량)상태로 이어지는 문제

② 채무불이행 상태에 이르면 각종 부대비용, 강압적 채권회수로 인한 정신적 부담 및 연체정보등재의 문제 발생으로 이를 변제하기 위한 추가 차입이 차단되어 결국 한계상황으로 내몰리는 문제

(6) 신용정보 관리의 문제

① 개인정보 유출 등 신용정보 관리의 보안 미흡으로 인해 불이익을 받게 되는 문제

② 피싱, 불법대출 등에 노출 위험이 따르는 문제

(7) 신용카드와 관련된 문제

① 부당한 수수료(연체료 포함) 청구로 인한 분쟁 발생 문제

② 신용카드 분실, 도난 등 관리상 문제, 부정발급, 명의도용으로 인한 분쟁, 철회권·항변권 관련 분쟁, 미사용 대금 청구 등의 발생 문제

③ 사용의 용이성으로 인한 과다 사용과 그에 따른 과다 부채 부담 문제

2 신용문제의 단계별 분류

(1) 신용거래 전의 문제

① 탐색 과정에서의 문제

대부분의 사람들은 신용거래를 하기 전 어떤 상품과 조건으로 거래를 할지 탐색과정을 거치게 되는데 신용대출, 할부금융 등 금융상품은 주로 금융기관에서 제공되는 팸플릿이나 안내문 또는 직원의 안내를 통해 이루어지고 있다. 대체적으로 일반인들에게는 어려운 전문용어로 설명되어 있는 경우가 많으며, 단지 고객을 유입하기 위한 광고수단으로 이용한다.

② 금융상품 간의 장·단점 비교불가 문제

금융기관의 특정 상품 추천에 의존하게 되어 개인이 정확하게 아는 것은 너무 어려운 문제여서 타상품과의 비교가 불가하다.

(2) 신용거래 중의 문제

① 거래형식상의 문제

가계에 대한 금융기관의 우월적 지위에서 기인되는 만큼 거래 조건 변동 시에도 금융기관이 일방적으로 정하고 있다.

② 거래내용상의 문제

    ③ 금융상품의 경우 실체가 있는 상품이 아닌 거래조건을 통해 구매(이용)하게 되는데 꼼꼼히 따져보고 구매해야 하지만 거래조건을 쉽게 알기 어려움으로 피해가 발생되더라도 피해 원인, 규모 추정이 어렵다.

    ⓒ 공개시장은 단기 자금수급사정에 따라 신축적으로 움직이지만, 은행 대출 금리는 은행과 개별소비자 간의 관계에 의해 결정 된다.

  * 금융기관의 금리변동은 실세금리와는 다소 동떨어져 있다. **금리와 기간 등 복잡한 수리적 계산이 필요하나 일반인 스스로 유리한 신용거래 조건 판단이 어려우므로 세밀한 파악이 필요하다.**

(3) 신용거래 후 문제

신용거래 후의 문제는 다양하고 넓게 나타나게 되는데, 특히 대출금 미상환 시 과도한 연체이자, 추심피해 경험, 신용등급하락, 금융거래 제약 등의 문제가 발생 하게 된다.

02 신용상담의 의의

1 신용상담의 개념

신용상담이란 고객의 신용문제 해결 및 예방을 위해 고객과 상담사 간 신용거래와 관련된 정보를 교환하고 신용문제의 해결을 위해 협의하는 과정을 말한다. 신용문제 해결뿐만 아니라 과중 및 다중채무 발생원인을 개선하기 위해서는 재무적인 내용(신용문제 예방, 재발방지 등)의 상담이 필요하다.

2 신용상담의 특징

(1) 신용상담과 재무설계

① 신용상담

복지적인 성격으로 신용 및 부채 문제를 안고 있는 개인 및 가계를 대상으로 한다. 신용상담은 고객의 재무적 안정성을 위협하는 신용문제를 채무상환, 잘못된 소비습관, 부적합한 의사소통능력 향상을 통해 해결하기 위한 과정이다.

② 재무설계

상품판매자 입장에서 소수의 고소득 계층을 대상으로 하는 적극적인 재무관리를 뜻한다.

TIP ▸ 신용상담과 재무설계의 차이점

구 분	신용상담	재무설계
대 상	신용 및 부채 문제가 있는 개인 및 가계	소수의 고소득 계층
시작점	문제의 평가	재무목표
필요성	과도한 부채를 보유한 가계의 재무적 혼란을 극복하기 위함	• 순자산을 증대시키기 위한 중장기적인 재무목표를 효과적으로 달성하기 위함 • 투자자원의 효과적 이용을 위함
내 용	고객의 재무적 안정성을 위협하는 신용문제를 해결하는 내용	투자자산을 재조정한 포트폴리오 개발에 관한 내용

(2) 신용상담과 재무상담

① 재무상담은 신용문제를 포함한 재무문제 전반에 걸친 상담을 의미한다.

② 재무상담은 재무문제 해결에 초점을 두고 있다는 점에서 재무설계와 다르고, 전 생애에 걸친 재무적 사건을 상담한다는 점에서 신용상담과도 차이가 있다.

(3) 신용상담과 신용관리교육

신용관리교육의 목적은 고객 스스로 신용문제를 예방하고 신용문제를 해결할 수 있는 능력을 개발하기 위함이다.

(4) 신용상담의 형태

① 치료적인 신용상담

㉠ 고객 스스로 신용문제를 해결할 수 있는 방법을 배우도록 하는 데 목적을 둔다.

㉡ 자신의 행동에 책임감을 느낄 때 효율적으로 진행될 수 있다.

TIP ▸ 고객과 신용상담사의 역할 구분

• **고객의 역할** : 자신의 행동에 대한 책임감을 가져야 함
• **신용상담사의 역할** : 고객이 문제를 해결할 수 있도록 체계적인 수단을 제공하여야 함

② 생산적인 신용상담

㉠ 신용상태가 안정되어 있지만 좀 더 신용등급을 높일 때 적용할 수 있는 방법이다.

㉡ 고객의 목표 달성을 위해 방법이나 계획의 수정에 대해 체계적이고 시의적절한 조언이 필요하다.

③ 예방적인 신용상담
  ㉠ 치료적, 생산적 측면을 모두 포함하고 있으며 고객 스스로 신용문제에 대한 예방이 필요하다고 느낄 때 적용한다.
  ㉡ 현재의 재원을 확인해 주고 심리적 부담을 줄여주는 상담이 필요하다.

* 치료적, 생산적, 예방적인 상담은 모두 고객들이 욕구를 분명히 하고 목표를 설정하여 행동계획을 고안할 수 있도록 도와준다는 점에서는 동일하나 구체적인 행동계획이 다르다는 점에서 차이가 있다.

03 신용상담의 필요성

1 신용이용 주체별 필요성

인간은 학습한대로 행동하지 않고, 습관적 또는 충동적으로 행동하는 경향이 있다. 금융과 관련해서도 이런 문제가 발생하고 있다. 그러므로 올바른 신용이용 등에 대한 상담으로 신용문제를 사전에 예방하고 건전한 신용생활을 안정적으로 할 수 있도록 하는 데 그 필요성이 있다.

(1) 신용이용자 측의 필요성

오늘날 수없이 쏟아져 나오는 상품 및 서비스를 선택·사용·처분하는 일련의 과정에서 소비자들은 경제적인 손해뿐만 아니라 정신적인 피해 등과 같은 문제를 경험하고 있다. 이러한 문제를 경험하였을 때 이를 스스로 해결하기란 쉽지 않으며 상대적으로 신용제공자보다 약자의 위치에 있는 신용이용자에게 합리적인 문제해결을 위해 도와줄 사람이나 기관이 필요하다.

특히 저소득층이나 사회경험이 적은 사회초년생 등 사적인 신용상담 접근이 어려운 계층을 대상으로 한 공적 신용상담 서비스가 절실히 필요하다.

(2) 신용제공자 측의 필요성

금융회사 역시 생존하고 성장해 나가기 위해서는 기존의 제공자 중심의 사고에서 벗어나 고객을 중심으로 모든 의사결정이 이루어져야 한다는 고객만족 경영방식으로 변화되었다. 이와 같이 고객만족이 중요한 과제로 대두되면서 금융회사는 고객과의 통로로써 기능할 수 있는 새로운 역할에 대한 요구가 발생하게 되었으며 금융회사 스스로 고객들의 신용문제를 적극적으로 해결해야 할 필요성이 대두되었다.

(3) 정부 측의 필요성

현대사회에서 신용문제는 이용자와 제공자 사이에 있어 정보불균형, 부담전가, 시장지배력의 비대등성으로 인한 것이며 이러한 신용문제를 해결하는 방안이 정부의 정책으로 반영되고 있다.

2016년에는 서민의 금융생활과 개인채무자에 대한 채무조정을 지원함으로써 서민생활의 안정과 경제·사회의 균형 있는 발전을 목적으로 하는 '서민의 금융생활 지원에 관한 법률(서민금융법)'이 제정되었다.

② 무분별한 파산남용 방지를 위한 필요성

전문적이고 충분한 신용상담을 통해 무분별한 파산남용을 방지하고 다양한 제도의 장단점을 비교하여 정확한 채무조정제도를 이용할 수 있도록 안내받아야 한다.

TIP ▶ 파산제도의 순기능과 역기능

순기능	사회복지비용을 감소
역기능	신용사회로의 이행 지연, 부실채권 증가로 인한 금융회사 부실화

CHAPTER 02 신용상담 방법론

01 고객특성 파악하기

다양한 특성을 가지고 있는 고객을 대상으로 효율적인 상담을 하기 위해서는 고객의 여러 가지 특성을 잘 파악해서 고객의 욕구를 만족시켜야 한다.

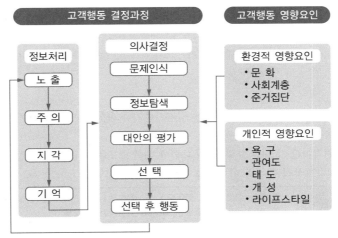

※ 출처 : blackwell. R. D, Miniard, P. W, & Engel, J. F(2001), Harcourt College Publishers, P.85 재구성

1 고객행동 결정과정

(1) 의사결정과정

인간의 재화와 서비스에 대한 욕구는 무한하지만 자원은 부족한 상태에서 인간의 욕구충족을 위한 여러 가지 대체방안을 비교·검토한 후 최종적으로 하나를 선택하기까지의 일련의 과정을 말한다(문제인식 → 정보탐색 → 대안의 평가 → 선택 및 실행 → 실행 후 평가).

> **TIP** ▸ 희소성의 법칙과 기회비용
>
> • 희소성의 법칙 : 인간의 욕구는 무한하지만 자원은 상대적으로 부족한 현상
> • 기회비용 : 어떤 선택으로 인해 포기된 기회들 가운데 가장 큰 가치(기회비용을 최소화하기 위한 선택을 해야 함)

① 문제인식
　　㉠ 현재 상태와 희망 상태가 불일치하고, 그 불일치가 식역 이상일 경우에만 느끼게 되는 개인의 욕구 충족의 필요성을 말한다.
　　㉡ 문제인식의 크기와 중요성이 금전적 비용과 시간적·사회적 제약 요인을 극복할 정도로 커야지만 문제인식에서 행동으로 옮겨질 수 있다.

② 정보탐색
　　㉠ 정보는 의사결정에 있어서 재무적·심리적 불확실성이나 위험을 감소시켜 줄 수 있는 모든 수단을 말한다.
　　㉡ 정보탐색은 현재 가지고 있는 정보, 신념, 태도가 불충분할 때 시작되며 내적 탐색과 외적 탐색으로 구분된다.

TIP ▸ 내적 탐색과 외적 탐색

- 내적 탐색 : 기억 속에 축적되어 있는 정보를 끄집어내는 활동
- 외적 탐색 : 인터넷 또는 전문잡지 등 외부환경에서 추가적인 정보를 획득하려는 활동

③ 대안의 평가
　　㉠ 의사결정에 있어 중요하다고 생각하는 평가기준이나 속성을 기준으로 다양한 대안을 비교·분석하는 단계이다(기회비용이 가장 적은 측면).
　　㉡ 의사결정원칙이란 각 대안을 평가, 각 대안에 대한 태도를 형성, 특정 대안을 선택하는 절차와 방식을 말하며 보상적 원칙과 비보상적 원칙으로 구분된다.

보상적 원칙	• 안 좋은 평가기준이 있어도 다른 좋은 평가기준으로 보상 받을 수 있는 방식 • 피시바인 다속성태도모델, 피시바인의 행위의도모델
비보상적 원칙	• 안 좋은 평가기준이 있으면 다른 좋은 평가기준이 있어도 보상을 받을 수 없는 원칙 • 사전편찬식 원칙, 순차제거원칙, 결합적 원칙, 가중제거원칙, 비결합적 원칙

　　㉢ 대안을 선택할 때는 일반적으로 비보상적 방법으로 대안을 걸러내고, 그 다음 보상적 방법을 통해 종합적으로 평가하는 혼합전략을 많이 사용한다.

참고 1

피시바인 다속성태도모델, 사전편찬식 원칙, 순차제거원칙, 가중제거원칙, 결합적 원칙, 비결합적 원칙
- 피시바인 다속성태도모델 : 대상의 속성에 대한 소비자의 신념강도와 속성에 대한 중요도 평가에 의해 소비자의 태도가 결정된다는 평가방법
- 사전편찬식 원칙 : 가장 중요한 한 개의 평가기준에 대해 여러 대안을 비교하는 것으로 두 개 이상의 대안이 같은 평가를 받을 경우에는 중요성의 순서에 따라 그 다음으로 중요시하는 평가기준을 적용하는 평가방법
　예 가장 중요시하는 '이자율'이라는 속성이 같다면 그 다음으로 중요시하는 '방문편의성'이라는 속성으로 평가
- 순차제거원칙 : 최소한의 수용수준을 만족시키지 못하는 대안을 제거하면서 마지막에 남은 것을 선택하는 평가방법
- 가중제거원칙 : 순차제거원칙이 가지고 있는 특성에 가중점수를 결합하여 제거해 나가는 평가방법
- 결합적 원칙 : 평가기준 속성 모든 점에서 최소 수용수준을 충족시키지 못하는 대안을 제거시키는 평가방법
- 비결합적 원칙 : 평가기준 속성에서 한 가지라도 최소 수용수준을 충족시키면 선택하는 평가방법으로, 여러 대안이 선택될 수 있기 때문에 최종선택을 위해서는 다른 원칙도 함께 적용해야 함

휴리스틱(Heuristic) 평가방법
- 비본질적 단서를 근거로 대안을 평가하거나 판단하는 경향(제한된 합리성 추구)
- 경험, 직관, 육감, 추측 등으로 간편하고 빠르게 의사결정을 할 수 있으나, 실패 확률이 높음

④ 선택 및 실행

대안을 선택하고 실행하는 단계이며, 예기치 못한 요인 때문에 변경되기도 한다.

⑤ 실행 후 평가

기대와 실제로 나타나는 성과를 비교하는 과정으로, 기대불일치이론(만족과 불만족), 고객의 불평행동(불만족 할 때 표출되는 행동) 등이 해당한다.

(2) 정보처리과정

다양한 자극이 지각되고 정보로 변화되어 저장되는 일련의 과정이다.

① 노 출

㉠ 개인이 자극이나 정보에 물리적으로 접근하여 시각, 청각, 후각, 미각, 피부감각 등 5가지 감각기관 중 하나 또는 그 이상이 활성화된 준비상태를 말한다.

㉡ 의도적(목적적) 노출, 우연적 노출, 선택적 노출
- 금융상품을 구매하려는 소비자가 전문가와 상담하는 경우 → 의도적 노출
- 우연히 본 홈쇼핑 광고로부터 금융상품에 대한 정보를 얻은 경우 → 우연적 노출
- 홈쇼핑 광고 중 다른 상품은 무시하고 금융상품 광고만 주의 깊게 본 경우 → 선택적 노출

② 주 의

㉠ 선택적 주의란 소비자가 관심이 있는 일부 자극이나 정보에만 관심을 갖고 주목하는 과정을 말한다.

㉡ 주의를 끌지 못하는 커뮤니케이션은 소리 없이 사라질 수밖에 없다.

③ 지 각

소비자가 외부자극의 요소들을 조직화하고 나름대로 의미를 부여하여 하나의 전체 형상을 갖는 것을 의미한다.

참고 게슈탈트(Gestalt)-전체적인 형상

④ 기 억

기억과정은 '부호화 → 저장 → 인출'의 순서를 거치게 되며, 기억은 감각기억, 단기기억, 장기기억으로 구분될 수 있다.

(3) 정보처리와 의사소통

의사소통이란 다른 사람과 정보를 서로 나누는 것이다. 의사소통은 인간 상호 간의 정보의 교환이며 언어로 전달되는 내용뿐만 아니라 몸짓, 신체언어, 음색, 자세, 침묵까지도 포함한다. 우리 생활의 모든 구석에서 의사소통을 필요로 하지 않는 경우는 거의 없다. 의사소통을 할 때에는 감각이 적절한 기능을 해야 한다. 두뇌의 인지 활동으로, 이는 주의집중 지각, 기억, 언어, 개념화, 추론, 의사결정 등이 실행되어야 한다.

① 의사소통은 가치의 영향을 받는다. 의사소통에 있어 가치와 목표가 어떤가에 따라 더 나은 의사소통 결과가 도출되기도 한다. 즉, 효율적인 의사소통을 위해서는 인본적이고 성장지향적인 대우가 필요하다.

② 사람들은 경험을 통해 개인적인 표상(Representation)을 만든다. 신용상담사는 고객의 수입원, 현재의 예산, 자신의 채무, 신용카드 등에 대해 어떤 표상지도(Representation map)를 갖고 있는지 알아야 한다.

③ 사람들은 정보처리를 위해 특정한 감각체계를 선호한다. 고객의 선호 학습스타일(청각, 시각, 운동감각)을 파악하여 선호체계에 맞추면 의사소통은 효율적으로 이루어지게 된다.

④ 한 감각체계에서 정보에 변화를 주면 다른 감각체계에서도 그에 대한 정보가 변하게 된다.

⑤ 사람들이 선택할 수 있는 대안의 수는 그들의 표상지도에 있는 세부정보의 양과 직접적으로 연관되어 있다. 상담사가 고객에게 세부정보를 더 많이 제공할수록 선택의 폭은 넓어진다.

⑥ 사람들은 일반화하기를 좋아한다. 상담사의 중요한 업무 중 하나는 고객들이 하고 있는 일반화를 파악하고 고객의 일반화가 결정에 어떻게 영향을 주는지 아는 것이다.

⑦ 사람들은 신념과 다르게 행동하기도 한다. 남성과 여성, 오른손잡이와 왼손잡이, 청소년과 성인 등의 사례에서 보듯이 모든 사람들은 비슷한 방법으로 행동하는 것과 동시에 자신만의 고유한 특성을 가지고 있다. 상담사는 이들에 대한 차이점과 유사점을 이해하고 의사소통에서 차이점을 파악하여야 한다.

⑧ 사람들은 정보의 조화를 이루려고 하고, 정보를 종결짓기 원한다. 불협화음을 줄이려는 욕구는 의사결정과정의 핵심으로 상담사는 참을성을 갖고 정보를 종결짓도록 도와준다.

⑨ 사람들은 보통 저장된 정보를 활용하여 최선을 다해 행동한다. 상담사는 고객에게 스스로 정보평가, 의사결정(추가 정보 습득)의 잘못된 정보를 정정할 수 있도록 도와주어야 한다.

⑩ 의사소통은 상호적이다. 우리는 무의식적으로 상호작용의 질서를 예측하게 되고 상대방의 반응이 그러한 기대치와 맞지 않으면 우리는 혼란에 빠지거나 비언어적 신호들에 반응하게 된다.

⑪ 사람들은 저장된 정보 중 극히 일부분만을 의식하고 있다. 사람들은 '지식'을 '알고 있는 것'과 동일시하는 경향이 있다. 훌륭한 상담사는 그들이 알고 있는 행동보다 무의식의 행동까지 폭 넓게 알고 있어야 한다.

⑫ 사람들은 설득의 여러 원칙들에 취약하다.
　㉠ 의사결정을 쉽고 빠르게 하는 지름길인 설득적 호소에 취약하다.
　㉡ 성장기 배워왔던 원칙들에 의해 자동반응하게 되고 어른이 되면 영향을 받아 불감 현상을 타나낸다.
　㉢ 신뢰성이 있다고 느껴지기 위해서는 일관성 있는 정보를 직접적으로 제공한다.

TIP ▶ 대인관계의 상호작용에 영향을 주는 5가지 원칙

- 상호성의 원칙
- 권위의 원칙
- 비교가능성의 원칙
- 희소성의 원칙
- 신뢰성의 원칙

2 고객행동 영향요인

고객의 행동은 환경적 요인(문화, 사회계층, 준거집단 등)과 개인적 요인(개인의 욕구, 관여도, 태도, 개성, 라이프스타일 등)에 의해 영향을 받는다.

(1) 환경적 영향요인

① 문 화

문화는 어떤 국민이나 집단의 특정한 생활양식을 통해 획득하는 정신적·물질적인 것을 포괄하는 개념으로 개인적인 것이 아니라 사회적인 것이다. 그렇기 때문에 문화는 어떤 개인의 정신적 고양을 의미하는 것이 아니라 삶의 총체에 대한 기술적 용어라고 말할 수 있다. 문화는 지식, 신념, 예술, 도덕, 법률, 관습 등을 포함한 공동체를 표상하고 있으며, 개인은 그 표상을 주체화하는 과정을 겪게 된다 (레이몬드 윌리엄스).

㉠ 고배경 문화

동양의 눈치 문화로서 주변상황을 통하여 상호 의사소통 할 수 있는 문화를 말한다. 즉, 사건이나 상황이 발생하는 배경으로부터 의미를 판단하기 위해 그 사건이나 상황을 둘러싼 정보의 흐름에 초점을 맞춘다. 인종이 비교적 균질한 인구구성을 보일 때 보다 잘 나타난다.

㉡ 저배경 문화

이야기와 객관적인 사실에 최대한 집중하기 위해 사건을 둘러싼 조건들을 걸러내는 문화이다. 미국과 상당수의 유럽국가(서양)에서 소수 인종집단은 고배경 문화에서 비롯된 반면, 다수 인종집단은 전통적으로 저배경 문화를 갖고 있다. 글과 말을 통해서만(계약) 의사소통이 된다.

② 사회계층

㉠ 사회계층이란 사회적 희소가치의 불평등한 분배로 서열화 되어 있는 위계가 유사한 집단이라고 정의하였다(플라토, 아리스토텔레스, Plato, Aristoteles). 따라서 동일 계층에 속한 사람들은 지식, 언어적 습관, 권력, 재산 등 다양한 요인에서 비슷한 생활방식과 수준을 나타낸다고 볼 수 있다.

㉡ 이러한 자연주의 이론에 따르면, 계층 현상은 자연의 법칙이요, 순리라는 입장이다. 사회가 있는 곳이면 어디든지 계층이 나타나며 인간사회의 불평등은 어떤 초자연적인 힘에 따라서 이루어지는 것이라고 정의하고 있다.

③ 준거집단

㉠ 준거집단은 개인이 자신의 판단, 신념, 행동을 결정하는 데 기준으로 삼는 집단을 의미한다.

㉡ 준거집단은 소속집단과 중복되는 경우도 있으나 반드시 그 집단의 성원은 아닐 수도 있으며 또 그렇게 되기를 원하지 않을 수도 있다.

㉢ 적극적 준거집단은 준거집단과 같은 의미이며 소극적 준거집단은 거부나 반대의 준거기준으로 삼는 집단을 말한다.

> **참고**
>
> 준거집단의 분류
> - 소속집단 : 일정한 구성원 자격에 의해 가입하고 소속되는 집단(기업, 단체 그룹 등)
> - 희구집단 : 소속되지 못한 집단의 구성원이 되기를 갈망하는 집단
> - 격리집단 : 희구집단의 반대쪽으로 소속을 꺼리거나 자신이 구성원이 아닌 집단

(2) 개인적 영향요인

① 욕 구

욕구란 성취에 대한 생각이 동반될 때 희망이라 불린다. 같은 욕구에 이러한 생각이 없다면 이는 절망이다.

> **참고**
>
> 매슬로우(Maslow)의 인간의 욕구 5단계
>
> 인간의 욕구는 계층구조로서 순차적 충족을 원한다(욕구계층설).
>
> 자아실현의 욕구
>
> 자존의 욕구
> (명예, 권력, 성취)
>
> 소속감과 애정 욕구
> (타인과 관계, 인정, 단체소속)
>
> 안전에 대한 욕구
> (신체적, 감정적 안전 – 위험 회피)
>
> 생리적 욕구
> (의식주, 수면에 대한 욕구)

② 관여도

㉠ 개인이 제품 또는 서비스라는 대상에 대하여 얼마나 깊은 관심을 기울이는가를 결정짓는 척도로 개인적 요인, 대상(제품)요인, 그리고 상황적 요인에 의해 영향을 받는다.

㉡ 관여도가 높을수록 만족을 극대화하고 위험을 극소화하려는 경향이 있다.

③ 태 도

㉠ 어떤 대상에 대해 후천적으로 습득한 전반적이고 지속적으로 갖게 되는 긍정적 또는 부정적 느낌을 태도라고 하며, 이러한 태도는 좀처럼 바뀌지 않는다.

㉡ 이처럼 어떤 사람이 특정 사물에 대해 이미 가지고 있는 한쪽으로 치우친 감정을 선편향(先偏向)이라고 하며, 이는 행동의 방향을 제시한다.

④ 개 성

한 개인이 가지는 취향이나 특성을 뜻하는 것으로 환경적 자극에 대해 반응하는 개인의 심리적 특성을 말한다.

⑤ 라이프스타일

소비자의 행동이나 기업 행동을 이해하고 설명하기 위해 사용되는 행동주의에 있어서 중요한 개념 중 하나로 사람들이 살아가는 방식 혹은 생활패턴을 의미한다.

3 태도에 따른 고객행동 유형

(1) 돈에 대한 태도에 따른 재무 관련 태도 및 행동

개인적인 특성에 따라 돈의 관리방법이 다르다. 이것은 일반적인 심리이다. 개인의 돈에 대한 태도를 이해함에 따라 돈 관련 문제 해결과 의사결정이 쉬워진다.

① 단호한 형 ⇨ 시간과 돈을 절약하기를 원하는 형

　　㉠ 행동경향

> • 빠르게 움직인다.
> • 즉각적인 결과 혹은 즉각적인 욕구 충족을 원한다.
> • 해결하기 위해 적극적으로 일한다.
> • 경쟁적인 성격이다.
> • 자신만만하고 거만한 태도를 보인다.
> • 구체적 · 직접적으로 질문하면, 짧고 직선적으로 답변한다.
> • 자기주장이 강하다.
> • 어떤 것에 대해 쓰기보다는 토론한다.
> • 듣기보다는 말한다.
> • 자신의 위세를 강조하기 위해 권력의 상징을 사용하다.
> • 엄숙하며 제한된 비언어적 신체표현을 사용한다.
> • 보통 힘차게 악수하며 직접적으로 상대방을 응시한다.
> • 가능성을 살린 사무실을 가지고 있다.
> • 활동적이고 경쟁적인 여가활동을 선호한다.

　　㉡ 상담(응대)전략

> • 그들은 무엇을 성취하기를 바라는지, 그들은 무엇을 원하거나 필요로 하는지, 무엇이 그들을 동기화시키는지를 발견함으로써 그들을 통제하기 위해 그들의 욕구에 초점을 맞춰라.
> • 그들의 질문에 직접적이고 간결하며 사실적인 대답을 해라.
> • 설명을 간결하게 하고 해결책을 제공하고 변명하지 마라.
> • 그들을 알려고 하지 마라. 그들은 자주 이것을 시간 낭비로 인식하고 여러분의 동기를 믿지 않는다.
> • 목표를 향해 똑바로 나아가고 이후에 적절하게 상호작용의 결론을 내림으로써 시간을 의식하라.
> • 대안적으로 적은 양의 정보를 제공하고 상황의 해결을 목표로 한 구체적 질문을 하고 그들에게 서비스함으로써 고객이 말할 기회를 제공하라.
> • 고객이 도착하기 전에 정보와 필요한 양식, 세부적인 사항, 보증서 등을 준비하라.
> • 적절한 때 증거에 의해 지지되는 선택 안을 제공하고 그 해결책이 고객의 시간, 노력, 돈에 어떻게 영향을 미치는지에 초점을 맞추어라.
> • 특히 환경적으로 민감하거나 반응적이라는 것을 강조하면서 새로운 혁신적인 서비스에 초점을 맞추어라.

② 호기심 많은 형 ⇨ 품질과 효율을 중시하고 정확함을 추구하는 형
　　㉠ 행동 경향

> - 자발적인 감정표현이 거의 없다.
> - 자신의 감정을 표현하기보다는 관련 있는 질문을 구체적으로 한다.
> - 회사와 자신의 개인생활을 분리시킨다.
> - 전화나 직접적인 접촉보다는 우편을 통한 교류를 선호한다.
> - 이름보다는 성이나 공식적인 칭호를 선호한다.
> - 보통 미소 없이 형식적으로 간단한 악수를 하며, 만일 미소를 짓는다면 억지로 하는 경우도 있다.
> - 액세서리를 잘 조화시켰다 하더라도 보수적인 의복을 착용한다.
> - 차림새에 있어서 나무랄 데 없이 완벽하고 머리와 화장 등을 주위 사람들과는 다른 스타일을 선택하는 경향이 있다.
> - 특히 질문에 대한 답을 얻고자 할 경우 긴 대화를 계속한다.
> - 목적을 달성하거나 주장을 관철하기 위해서 날짜, 시간, 객관적 사실 및 실용적 정보에 매우 의존하는 경향이 있다.
> - 외교적 수완이 있다.
> - 혼자서 하는 여가활동을 선호한다.

　　㉡ 상담 전략

> - 제품과 서비스에 관한 단계, 과정, 세부사항 등의 개요를 조직적으로 말함으로써 정확성과 효율성에 대한 고객의 욕구에 초점을 맞추어라.
> - 의사소통은 감정이 아닌 사실과 연관되어야 한다.
> - 미리 세부사항과 정보가 준비되도록 하고 그들과 철저히 친숙하게 하라.
> - 직접적이며 사무적으로 삼가는 식의 매너로 접촉을 시도하라.
> - 자신에 관해 말하는 것을 피하라.
> - 상담과 관련된 고객의 배경이나 경험에 대해 구체적인 개방형 질문을 하라.
> - 장점, 가치, 품질, 신뢰성, 가격 등을 연속적으로 강조하는 방법으로 해결책을 제시하고 단점이 지정되거나 토론에 대한 준비를 하라.
> - 상담사의 주장을 설득할 수 있는 이용 가능한 자료를 갖추어라.
> - 고객의 결정을 강요하지 말고 계약을 할 때까지 계속 설득하라.

③ 합리적인 형 ⇨ 평화와 안정을 유지하기 원하는 형
　　㉠ 행동 경향

> - 매우 참을성이 있다.
> - 상담 하고자하는 내용에 화가 났다 하더라도 불평 없이 한참 동안 기다린다.
> - 친근감 있는 눈빛과 얼굴 표정을 보인다.
> - 혼자 또는 대규모 집단보다는 일대일 또는 소규모 집단 내의 상호작용을 선호한다.
> - 질문에 대한 구체적이고 완전한 설명을 추구한다.
> - 그들 자신이나 상황에 대해 주의를 환기시키는 것을 싫어한다.
> - 갈등을 회피하고 화를 내지 않는다.
> - 보통 부드러운 색깔과 격식을 차리지 않거나, 보수적 혹은 전통적인 의복을 착용한다.

- 자신의 의견을 말하기보다는 질문을 한다.
- 말하기보다는 듣고 관찰한다.
- 관계를 지속하기 위하여 우편을 통한 교류와 기록 및 카드를 사용한다.
- 다른 사람들과 서로 이름 부르기를 원한다.
- 간단하고 사무적인 악수를 하고 가끔 눈을 마주친다.
- 격식을 차리지 않은 편안한 사무실 공간을 가진다.
- 사람들과 함께 여가 활동하길 좋아한다.

ⓒ 상담 전략

- 안전하고 호감 주는 관계를 갖고 싶어 하는 고객의 욕구에 초점을 맞추어라.
- 고객 개개인과 그들의 견해에 진심으로 관심을 보여라.
- 만약 필요하다면 여러분의 정보를 논리적 연속성을 갖도록 조직화하고 배경자료를 제공하라.
- 해결 방법을 추천할 때 신중한 접근법을 취하라.
- 정보를 얻기 위해 개방형 질문을 사용하라.
- 상담사의 서비스가 고객의 관계와 시스템을 어떻게 단순화하고 지원하는데 도움을 주는지를 설명하라.
- 위험부담이 적고 이익이 있음을 강조하라.
- 의견을 존중하는 사람과 같이 확인해 보도록 권유하라.
- 변화가 생길 때 고객이 적응할 시간을 주고 변화가 필요한 이유를 설명하라.
- 상담 문제에 대한 이용 가능한 지원시스템 등을 알려 주어라.

④ 표현적인 형 ⇨ 사람 지향적인 형
  ㉠ 행동 경향

- 다른 사람들과 교류하거나 대화할 기회를 찾는다.
- 친근감 있고 긍정적인 태도를 보여준다.
- 열정적이며 활발하게 말하거나 몸짓을 사용한다.
- 미소를 띠며 개방적인 신체언어를 사용한다.
- 말할 때 가깝게 접근하거나 접촉한다.
- 어떤 것에 대해 글로 적기보다는 말하는 경향이 있다.

  ㉡ 상담 전략

- 고객의 감정에 호소함으로써 고객의 욕구가 선호되고 받아들여지는 것에 초점을 맞추어라.
- 고객의 생각을 인정하면서 긍정적인 피드백을 주어라.
- 고객의 이야기를 듣고 여러분에 관한 이야기를 재미있게 하라.
- 개방형 질문을 하고 친숙하게 접근하라.
- 간청하지 않는 한 제품의 세부사항은 최소한으로 제공하라.
- 상담사가 어떻게 고객의 목표나 욕구를 충족시켜줄 수 있는지 설명하라.
- 고객에 대한 영향, 다른 사람들과 고객의 관계에 대한 영향이라는 관점에서 해결책을 제안하라.
- 만약 적당하다면 의사결정을 촉진할 인센티브를 제공하라.

(2) 성격유형에 따른 재무 관련 태도 및 행동

성격유형과 재무 관련 태도 및 행동에 따라 고객의 행동이 달라진다(MBTI).

> **참고**
>
> 유형별 재무관리 태도와 행동
>
> | 유 형 | 사 고 | 가 치 | 평 가 | 돈에 대한 생각 | 지출통제력 | 의사소통 |
> |---|---|---|---|---|---|---|
> | 직관-사고형 | 이론, 논리 | 장기적 | 종합평가 | 재무적 안정 | 낮 음 | 높 음 |
> | 직관-감정형 | 가능성 | 주관적 | 열성, 통찰 | 사회적 권력 | 높 음 | 낮 음 |
> | 감각-판단형 | 책임감 | 경험적 | 순차적 | 없 음 | 없 음 | 보 통 |
> | 감각-인식형 | 자유로움 | 충동적 | 현 재 | 소극적 | 낮 음 | 없 음 |
> | 감각-사고형 | 객관적 | 분석적 | 정 보 | 집 착 | 높 음 | 보 통 |
> | 감각-감정형 | 주관적 | 사실적 | 객 관 | 보 통 | 낮 음 | 낮 음 |

02 다중채무자의 특성과 상담 시 유의점

1 다중채무자의 심리적 특성

펀헴(Furnham)과 아가일(Argyle)에 따르면 돈은 심리적으로 안전(Security), 권력(Power), 사랑(Love), 자유(Freedom), 성취(Achievement)를 의미한다.

(1) 다중채무자유형에 따른 심리적 특성

① 다중채무 원인별 유형

생계유지형	실업 또는 부분실업 등으로 인한 생계비 부족으로 빚을 지는 유형
사업투자형	빚을 얻어 사업에 투자하였으나 실패하여 채무불이행자로 전락한 유형
위기대처형	자신 또는 가족의 치료비 또는 위기에 대처하기 위해 빚을 지는 유형
투기도박형	주식투자나 도박 등으로 빚을 지는 유형
사치낭비형	자신의 재무상태 대비 과도한 소비를 하여 채무불이행자로 전락한 유형
유흥방탕형	지나친 음주, 유흥업소 이용 등 방만한 생활로 빚을 지는 유형
사기형	거액의 사기를 당해 금융채무불이행자로 전락한 유형

㉠ 생계유지형, 사업투자형, 위기대처형은 현실적 필요에 의하여 빚을 진 경우인 반면, 투기도박형, 사치낭비형, 유흥방탕형은 자신의 욕망을 조절하지 못하거나 강한 충동적인 성향으로 인해 빚을 지게 된 경우이다.

㉡ 우리나라의 금융채무불이행자가 되는 원인은 소득감소로 인한 생활고형에서 과다한 씀씀이로 인한 과소비형으로 변화 중이다.

② 채무불이행 후의 대응행동별 유형

다중채무자가 연체상태에서 채무불이행자로 등재됨에 따른 대응 행동별 유형에는 노력형, 회피형, 좌절형, 배짱형, 위장형, 외부전가형, 애원형 등이 있다.

(2) 다중채무 단계별 심리적 특성

① 연체이전 채무자 단계 : 대출을 받고 연체하지 않기 위해 노력하는 단계
② 금융채무불이행자로 등록되기 이전 연체단계 : 연체기간 3개월 전 금융회사의 채권추심 행위로 전화 독촉이나 방문을 받게 되어 재무적 불안이 급격히 증가하는 단계
③ 금융채무불이행자로 등록된 단계 : 연체기간 3개월 후 한국신용정보원에 등록되어 경제적 파산에 대한 두려움이 급증하는 단계
④ 파산단계로 전락하는 단계

2 다중채무자 상담의 유의점

정확한 정보를 제공하여 고객에게 도덕적 해이가 발생하지 않도록 해야 한다. 또한 채무에 대한 자기책임원칙을 강조하고, 구제제도 신청에 따른 향후 금융거래 및 신용등급에 미치는 영향 등을 충분히 설명하여 채무자가 합리적인 선택을 할 수 있도록 유도하는 것이 신용상담사의 중요업무 중 하나이다.

03 상담기초 이론

1 상담의 개요

(1) 상담의 의미

도움이 필요한 사람이 전문적인 훈련을 받은 사람과의 관계에서 개인이 자신의 생활 과정상의 문제를 해결하고, 생각·감정·행동 측면의 '인간적 성장'을 위해 노력하는 학습과정이다.

(2) 상담의 원리

① 고객이 당면한 문제를 더욱 효율적으로 해결하기 위해서는 해결중심의 상담이 이루어져야 한다.
② 고객 스스로가 문제를 해결할 수 있도록 돕기 위해서는 상담을 하는 동안 고객 스스로가 문제 대처 과정에 적극적으로 참여하여 문제를 해결하고 기회관리에 대해 학습한 내용을 실제 상황에 적용할 수 있도록 상담이 이루어져야 한다.

② 상담관계 형성과 유지

(1) 상담사의 준비

① 상담사는 고객에게 먼저 관심을 표현하고 환영하는 자세가 필요하다.
② 상담 시 정보 활용은 항상 임시적이고 탄력적이어야 한다.

(2) 상담신청서를 통한 정보수집

① 고객은 상담 전 상담신청서를 반드시 작성하게 되며, 상담의 시작은 신청서 작성 후 이루어지도록 한다.
② 상담신청서에 고객이 직접 작성한 문제들은 대체로 실제의 문제와 차이가 있으며, 고객 자신의 정보 노출 및 불법 이용에 대한 염려로 중요한 정보를 빠뜨리는 상황도 고려해야 한다.

(3) 고객의 상담경험 파악

고객의 상담이력을 파악하는 이유는 고객을 잘 이해하고 면담을 효과적으로 진행하기 위한 것에 불과하므로 사전정보에 대한 전적인 의존은 하지 않도록 한다.

(4) 고객평가 요인

① **신체적 평가**
신체적 이유로 고객이 상담 과정에서 필요한 노력을 하기 힘들다고 판단되는 경우에는 상담을 효과적으로 진행하기 위해서 상담사의 진단 및 전문적 의견이 필요하다.
② **심리적 평가**
고객의 특성이나 속성을 고객의 행동관찰이나 질문지를 통하여 파악한다.
③ **지적 기능·발달 수준의 평가**
고객의 지적 발달수준에 알맞은 상담 진행을 위해 어휘, 문법의 정확성, 개념적 사고 능력 등을 기초로 하여 고객의 지적 발달수준을 추론한다.
④ **정서적 상태의 평가**

> • 고객의 정서 상태를 이해하기 위한 질문들
> • 고객의 생활과정에서 가장 지배적인 특별한 감정이 있는가?
> • 고객이 강한 반응을 보이도록 하는 특별한 상황이 있는가?
> • 인간의 생활공간에서 발생하는 주요 정서 유발 상태에서 고객이 어떻게 반응 하는가?
> • 비슷한 욕구좌절에서 내담자의 정서 반응의 강도는 어떤가?

⑤ 자아개념의 평가

- 고객이 자신에 대해 무엇을 어떻게 믿고 있느냐는 신념
- 고객의 자기상을 변화시키도록 도와주는 것이 상담의 적절한 전략
- 고객의 자아개념을 이해하는 관점
- 자신에 대한 믿음이 긍정적인가 비긍정적인가?
- 현실적인가 혹은 현실적 기대를 벗어났는가?
- 이상적으로 바라는 것이 자신에 관한 현실적인 믿음과 어느 정도 차이가 있는가?
- 고객의 적응능력과 자아개념 간의 차이가 어떤 의미를 갖고 있는가?

⑥ 대인관계 특성의 평가

- 고객이 제시하는 문제의 주요 근원
- 주위사람들을 신뢰하는가? 혹은 임의로 불신하는가?
- 주위의 인물 중에서 신뢰할 만한 사람과 그렇지 않은 사람을 명확히 구별하고 있는가?
- 대인관계에서 솔직하게 자신을 드러내는가? 혹은 좋은 인상을 주기 위하여 외면적인 부분만을 보여주고 있는가?
- 대인관계에서 외형적인가? 혹은 위축되는 편인가?
- 대인관계에서 긴장하는 편인가? 혹은 이완하는 편인가?
- 어떤 대인관계 상황이 고객에게 특별히 중요한 의미를 가지는가?

(5) 고객과 상담사의 상호지각

① 상담사는 고객을 정확하게 평가해야 한다.
② 상담은 상호관계에 의해 진행되므로 고객도 상담사를 평가하게 된다.

(6) 상담관계의 원칙

① 고객이 목표를 성취할 수 있도록 동기화시키는 것이 상담의 목적이다.
　㉠ 고객이 목표를 성취할 수 있도록 상담은 부적응적 행동을 다른 적응적 행동을 통해 제지하고 약화시키는 것을 목적으로 한다.
　㉡ 반면 인지적 영역의 이론에서의 상담이란 고객의 문제적이며 비적응적 생각을 보다 논리적이며 현실에 적합한 사고로 재구성시키는 과정이다.
　㉢ 그룹 세미나 같은 방법을 통해 고객의 문제 해결 및 의사결정을 돕는 것도 가능하다.

참고

내담자가 실행해 보게 함으로서 도움을 줄 수 있는 5가지 단계

STEP 1. 고객의 순자산을 자신이 평가해 보도록 한다.
STEP 2. 향후 6개월 동안의 재무목표를 써보도록 한다.
STEP 3. 성취 가능한 목표의 우선순위를 작성하게 한다.
STEP 4. 다양한 대안 중 하나를 고객이 선택하게 한다.
STEP 5. 성취 가능한 대안을 실천할 수 있는 도구를 개발한다.

② 이상적인 상담관계에는 6가지 요소인 개방성, 현실적인 기대, 체계, 영향력, 다양성의 인정, 고객의 참여가 포함된다.

③ **전략적 4단계를 통한 상담과정** : 시작 → 탐색 → 이해 → 실행

④ 상담관계에 따라 확장된 발전단계를 거치기도 한다.

  ㉠ 재무계획모델(6단계)

    자료수집 → 고객목표 형성 → 정보의 분석과 처리 → 전체적인 계획 제시 → 계획의 실행 → 계획의 모니터링

참고

양적자료와 질적자료

양적자료	자산, 채무, 수입, 지출(고객의 재무상태)
질적자료	고객의 표상지도를 이해하기 위한 돈에 대한 가치관, 재무목표, 의사결정 스타일, 학습스타일, 위험감수정도, 심리적 욕구, 가족관계

  ㉡ 재무상담모델(6단계)

    관계형성 → 진단과 목표의 설정 → 대안의 설정 → 대안의 선택 → 대안의 실행 → 평가

⑤ 상담에서 의사소통의 결과물은 상담사에게 돌아오는 고객의 반응이다.

⑥ 상담사의 지속적인 피드백이 있다면 고객들은 훨씬 더 큰 책임감을 가지고 행동할 것이다.

⑦ 상담관계는 도덕적 규범 내에서 이루어져야 한다.

3 상담의 진행

(1) 상담의 시작

① 자유롭게 이야기하도록 유도하기

② 문제 분류하기

③ 주제이야기 계속하기

④ 간단한 촉진자극

⑤ 적극적이고 정확한 경청

⑥ 소리 내어 생각하기

⑦ 즉시성

⑧ 침묵의 사용

(2) 문제의 명료화

6하 원칙(6W) '언제, 어디서, 누가, 무엇을, 왜, 어떻게'를 적용하여 문제 상황을 명료화시킨다.

(3) 목표설정

① 상담목표 설정이란 상담목표를 고객과 함께 설정하는 작업을 말한다.
② 상담목표 설정과정
    ㉠ 성장지향적 욕구 탐색
    ㉡ 성취상태 예측
    ㉢ 상담목표 설정

4 상담종결

(1) 상담종결 시기의 결정

고객의 문제가 성취되었거나 만족할 만큼의 성취 수준에 도달하였고 장래의 생활에서 그와 유사한 문제 발생 시 처리할 자신이 생겼을 때 상담을 종결해야 할 시점이라고 할 수 있다.

(2) 상담의 평가

상담을 통하여 어느 정도의 목표가 달성되었으며, 얼마만큼의 진전이 이루어졌는가에 대해 알아보는 과정이다. 상담의 전체과정을 되돌아보고 상담결과를 측정하며 관련 요인을 분석하는 과정을 거쳐 상담의 성과를 확인한다.

(3) 신용상담의 효과측정

고객의 신용관리에 대한 사고방식에 중요한 변화를 측정한다.

> • 빚을 갚기 위해 스스로 노력한다.
> • 가계부를 쓴다.
> • 소득증대를 위한 노력한다.
> • 지출감소를 위해 노력한다.
> • 소비지출에 대한 계획을 수립한다(꼭 필요 이외의 지출은 절대금지).
> • 저축계획을 세우거나 저축액을 증가시킨다.

(4) 상담의 기록

상담기록카드란 상담기관 등에서 고객과의 상담 내용을 기록할 때 사용하는 서식으로, 고객의 신상정보를 비롯하여 상담 내용 및 결과 등을 일목요연하게 기재한 문서를 말한다. 상담기록카드는 고객과의 상담 기간에 이루어진 상담 내용을 기록하는 문서이므로 사실에 근거하여 정확하게 작성하도록 하며 피드백이 가능한 자료로서 상담의 효과 증진을 위한 참고 자료로서의 활용이 가능하다.

04 신용상담기법

1 상담의 치료적 요인

(1) 상담사와 고객과의 긍정적 치료적 관계(래포, Rapport) 형성

긍정적인 치료적 관계는 상담의 성공적인 결과에 중요한 필요조건으로써 상담사의 반응은 치료적 관계 형성에 중요한 역할을 한다.

(2) 정서적 발산(Emotional release)

고객들은 자유롭게 표현하지 못했거나 남들로부터 공감 받지 못한 감정, 생각들을 쉽게 표현할 수 있어야 한다.

(3) 이해와 통찰

상담을 통해 자신의 문제가 어떤 심리적 요인과 관련되어 있는지를 막연하게 감지하는 수준의 통찰에서부터 좀 더 명쾌하고 심층적인 내용의 통찰이 있을 수 있다.

(4) 긍정적 행동에 대한 강화

상담사는 바람직한 행동에 대해서는 긍정적으로 강화하고, 바람직하지 못한 행동에 대해서는 그러한 행동이 나타나지 않았을 때 보상을 주는 방법으로 부정적인 강화를 해준다.

(5) 둔감화(자기문제에 대한 객관적 태도)

상담사가 고객의 공개를 놀라지 않고 받아들이면, 자기문제의 원인을 직면하고 이에 대한 해결방법을 모색할 수 있는 심리적 여유를 찾게 된다.

(6) 직면(Confrontation)

불안과 두려움 때문에 피하려고 했던 상황에서 접근적인 행동을 하도록 유도하는 것이다.

2 상담의 일반적 기법

(1) 경청하기

상담사는 좋은 경청자여야 한다. 중요한 내용을 말하고 있던 고객의 흐름을 끊거나 진실성 없이 반응하는 상황을 주의하여야 한다.

(2) 질문하기

상담사는 질문을 통해 문제를 충분히 탐색하여 명쾌하게 이해하고 넘어가는 것이 좋다.

(3) 반영하기 또는 공감하기

① 인본주의 입장을 가진 상담사들이 강조하는 상담기법이 반영(Reflection)이다.

② 정확하고 민감한 반영은 상담사가 고객을 얼마나 깊이 있고 정확하게 이해하느냐에 달려있다.

(4) 제안하기

고객으로 하여금 제안에 대해 평가하고 스스로 채택하는 상호협력적인 방식으로 제안기법을 활용하는 것이 가장 바람직하고 효과적이다.

(5) 설명하기와 해석하기

상담의 진행내용에 대한 설명은 왜 그렇게 진행될 것인지에 대해 설명한다.

(6) 정보제공하기

① 올바른 정보와 지식을 제공해 주는 것은 긍정적 변화가 일어나게 한다.

② 상담사가 정보제공을 자주 장시간 사용하게 되면 오히려 상담과정에 악영향(강의금지)을 미칠 수 있다.

(7) 직면시키기

① 자신의 문제를 정확하게 인식하지 못하는 경우에는 어떤 식으로든 고객에게 도전을 하는 것이다.

② 직면은 상담기간을 단축시키는 효과가 있으므로 단기상담에 적절히 활용한다.

(8) 과제주기

① 고객이 과제를 완전히 숙달할 수 있는 충분한 기회를 가져서 충분히 동기화될 수 있도록 과제가 주어져야 한다.

② 상담사는 어떤 과제가 유용하고 어느 정도의 양이 적당한지 현명한 판단을 해야한다. 또한 고객이 과제를 수행하지 못한 경우 그 이유를 단순하게 물어본 후 필요한 시간을 더 주고 격려해야 한다.

(9) 역할연습하기

① 고객이 과거에 일어났던 일을 해보거나, 미래 예상 행동을 연습해 보는 데 이용한다.

② 상담종결 시에는 상담의 성과에 비례하여 상담사와 고객 간 신념일치가 나타난다.

(10) 자기공개하기

상담사가 고객의 문제와 의미 있는 관계가 있는 자신의 체험을 공개하는 것은 고객에게 긍정적 영향을 미칠 수 있지만 주의하여 사용해야 한다.

3 신용상담의 실제

(1) 고객을 이해하는 방법

상담사가 선입견으로 고객을 판단하지 않고 긍정적 태도를 지녀야 고객도 긍정적으로 반응한다. 고객은 이미 문제에 봉착하여 상담사를 찾아온 것이기 때문에 상담 받는 자체로 자존심이 상해있는 상태이므로 상담사는 고객을 비판하거나 평가하려 하지 말아야 한다.

(2) 신용상담사가 피해야 할 태도

① 상담사는 고객이 뭔가 부족하고 가치 없는 사람으로 느끼게 할 만한 말이나 암시를 절대 금지해야 한다.
② 고객의 문제를 파악하기도 전에 상담사가 전에 알고 있던 문제라고 가정하거나 단정짓는 것은 금지해야 한다.
③ 상담사는 충고보다는 적절한 질문을 통해 고객 스스로 문제를 해결하고 자신의 삶을 통제하도록 보다 많은 선택권을 고객에게 주어야 한다.

(3) 초보상담사의 유의점

① 상담과정에서 느끼는 불안감을 인정하고 적절하게 처리해야 한다.
② 적절한 수준의 자기개방이 필요하다.
③ 완벽주의적인 사고를 떨쳐야 한다.
④ 자신의 한계를 솔직하게 인정하는 것이 좋다.
⑤ 고객의 침묵을 두려워 할 필요가 없다.
⑥ 고객의 과도한 요구에 한계를 설정해야 한다.
⑦ 비자발적인 고객을 적절하게 준비시켜야 한다.
⑧ 상담의 효과를 성급하게 기대해서는 안 된다.
⑨ 고객과의 관계에서 상담사의 정체성을 잃지 않아야 한다.
⑩ 유머를 적절하게 활용해야 한다.
⑪ 고객과 책임 분담에 대해 논의해야 한다.
⑫ 충고하고 싶은 마음을 참아야 한다.

(4) 상담사의 신념과 태도

① 고객과 함께하는 참여적 관찰자이자 촉진자다.
② 상담사 스스로 변화에 대한 확신을 가져야 한다.
③ 상담사는 윤리적 책임감이 있어야 한다.
④ 상담사는 끊임없이 자신에 대해 자각해야 한다.
⑤ 고객에게 본보기를 보여야 한다.
⑥ 고객과 함께하고 있다는 것을 보여주어야 한다.
⑦ 고객에게 집중하고 경청하는 습관을 길러야 한다.

(5) 고객의 이해와 문제파악

① 고객의 문제를 적극적으로 경청하여 고객이 말하는 의미를 이해하여야 한다.

② 고객이 시간관리를 어떻게 하는지 잘 살펴야 한다.

③ 고객의 반복되는 감정, 행동, 인지를 이해하고 긍정적으로 바꾸기 위해 노력해야 한다.

④ 경험을 통해 육감을 발달시켜야 한다.

⑤ 고객이 가족에 대해 가지고 있는 생각을 확인해야 한다.

⑥ 고객이 자주 사용하는 언어에 함축된 의미를 파악하여 유연성, 책임감, 자기건설지향성을 지니도록 해야 한다.

⑦ 고객 스스로 자신의 심리상태를 잘 알고 있을 것이라는 가정을 버리고 면담법, 심리검사법, 행동평가법 등을 활용하여 고객의 심리평가를 정확히 해야 한다.

(6) 상담사의 조력활동

① 고객 스스로 경험을 통해 느끼게 해야 한다.

② 상담사는 자신의 인간관과 성격에 부합한 상담이론을 개발해야 한다.

③ 상담면접기법을 숙지해야 한다.

④ 상담기법 적용의 적절한 시점을 파악해야 한다.

⑤ 현재 진행되는 경험을 다루어야 한다.

⑥ 고객을 끊임없이 격려해야 한다.

⑦ 구체적 상담목표를 정해야 한다.

4 의사소통기법

(1) 의사소통의 구성요소

① 의사소통은 환경, 송신자, 수신자, 메시지, 채널, 여과 등으로 구성된다.

② 양방향 소통과정의 중요한 요소 중 하나인 피드백이 없으면 독백과 같다.

(2) 언어적 의사소통

① 말하기

㉠ '고객이 한 말의 핵심은 무엇인가?'라는 질문을 상담사 스스로에게 하면서 상담을 하게 되면 간단 명료한 응답을 할 수 있을 것이다.

㉡ 고객과 공감하고 있다는 태도를 보일 수 있는 억양을 사용하고, 고객에게 말하는 속도를 맞추도록 한다.

㉢ 전문용어나 외국어, 부정적인 단어 사용을 삼가도록 하며, 사투리나 방언 등의 사용을 자제한다.

㉣ 나이가 어린 고객이라 하더라도 경어를 사용하도록 한다.

② 듣기

㉠ 상담자 자신의 판단 혹은 충고사항에 기초하여 대화에 개입하는 것이 아니라 고객의 비언어적인 메시지와 감정 등에 주의를 기울여야 한다.

ⓛ 고객의 즉각적인 답이 없다 하더라도 침묵하고 기다리면서 고객이 말하도록 격려해야 한다.

ⓒ 효율적인 듣기를 방해하는 의사소통 방해요인을 제거하고 적극적으로 듣는다.

ⓔ 상담사는 지체시간이라는 방해요소를 줄이기 위해 의식적으로 고객의 메시지에 집중, 적당한 질문을 하고 적절하게 반응해야 한다.

> **참고**
>
> 지체시간
>
> 보통 성인의 두뇌는 전달된 메시지를 분당 600 단어까지 이해할 수 있다. 말하는 속도는 이보다 떨어져 분당 125~150 단어를 말할 수 있다. 이 두 속도 간의 차이를 지체시간이라 하며, 이 경우 정신은 사실상 쉬고 있는 셈이다.

③ 효과적 대화기법

ⓐ I-Message = 문제행동 + 행동의 영향 + 느낀 감정

ⓑ I-Message 기법은 상대방에게 나의 생각과 감정을 솔직하게 전달함으로써 상호이해를 증진시킬 수 있으며, 스스로 문제를 해결하려는 의도를 갖게 되어 협력을 구할 수 있다.

> **TIP** ▸ 듣기 테크닉(SOFTEN)
>
> - S(Squarely) : 고객을 정면으로 쳐다본다.
> - O(Open) : 개방된 자세를 취한다.
> - F(Forward) : 고객 쪽을 향해 몸을 약간 숙여 가까이 한다.
> - T(Total) : 고객이 이야기하는 것을 눈과 귀 모두로 감지하며 몰두하도록 한다.
> - E(Eye) : 대화를 진행하면서 가끔씩 고객과 눈을 마주친다.
> - N(Nodding) : 가끔씩 고개를 끄덕인다.

(3) 비언어적 의사소통

① 비언어적 의사소통 수단에는 얼굴표정, 시선 맞추기, 몸 움직임과 자세, 신체적 접촉, 마주한 거리(공간), 어조, 억양 등이 있다.

② 얼굴표정으로 인간의 기본적인 정서 6가지(기쁨, 놀람, 두려운, 슬픔, 분노, 혐오)를 나타낼 수 있다.

> **참고**
>
> 마주한 거리(Edward T. Hall)
> - 친밀한 거리(0~45cm) : 연인, 친구, 부모에게 안겨있는 어린아이
> - 개인적인 거리(45cm~2m)
>   - 근접영역(45cm~1m) : 파티에서 파트너와 쉽게 접촉할 수 있는 거리
>   - 원접영역(1~2m) : 접촉없이 비교적 사적인 이야기들을 주고받을 수 있는 거리
> - 사회적 거리(2~6m)
>   - 근접영역(2~3.5m) : 대인업무를 수행할 때의 거리
>   - 원접영역(3.5~6m) : 공식적인 사업이나 사회적 상호작용에 사용되는 거리
> - 대중적 거리(6~10m)
>   - 근접영역(6m) : 상대적으로 비공식적인 모임에 사용되는 거리
>   - 원접영역(10m) : 연설에 사용되는 거리

(4) 복장과 태도

상담사의 용모, 복장은 보편타당한 것으로 자신의 개성을 나타내며, 항상 단정하고 청결하게 자신의 인격과 근무기관의 이미지를 고려한다.

5 매체별 상담기법

(1) 전화상담기법

① 전화상담기법의 개요
- ㉠ 전화 상담은 접근성이 좋다는 장점을 가지고 있으나, 대면상담처럼 상대방의 비언어적인 정보를 얻을 수 없고 목소리만을 통하여 고객의 요구를 파악해야 한다는 어려움이 있다.
- ㉡ 비언어적 요소 없이 말하기와 듣기만으로 구성되므로 듣기, 말하기 중요성이 강조된다.

② 전화상담의 말하기기법
고객이 상담사에 대한 매력을 느낄 수 있도록 친근하고 편안한 목소리를 사용하도록 한다.

③ 전화상담의 듣기기법
전화 내용을 항상 메모할 수 있도록 수화기를 왼손으로 잡도록 한다. 특히, 고객의 상담 내용을 복창하여 확인하는 것도 좋은 방법이다.

④ 전화예절
- ㉠ 신호가 3번 울리기 전에 수화기를 들어야 한다.
- ㉡ 항상 인사부터 해야 하고, 인사를 하고 나면 자신의 소속과 이름을 밝히며, "무엇을 도와드릴까요?"라고 물어야 한다.
- ㉢ 전화를 다른 사람에게 돌려도 괜찮은지 먼저 물어보도록 하며, 전화를 돌려야 하는 이유와 받을 사람을 미리 알려야 한다.
- ㉣ 더 도와 줄 일은 없는지 물어야 한다.
- ㉤ 고객이 먼저 수화기를 내려놓을 때까지 기다린 후 통화를 종료해야 한다.

(2) 사이버 상담기법

① 사이버 상담기법의 개요
- ㉠ 고객은 무엇보다 자산의 문제해결에 더 초첨을 두기 때문에 상담사의 신뢰관계형성에 시간과 노력을 덜 기울이고도 기본적인 상담관계가 가능하다.
- ㉡ 고객의 익명성이 보장되기 때문에 개방적이고 솔직한 상담이 가능하나, 왜곡된 정보를 상담사에게 제공하는 경우도 있으므로 주의해야 한다.
- ㉢ 시간적, 공간적인 제약을 극복하고 상담을 받을 수 있다.
- ㉣ 상담내용을 정리, 보관하는 데 걸리는 시간과 비용이 없어서 경제적이지만, 고객은 자신에 관한 정보를 선택적으로 공개할 수 있으며, 언제든지 상담을 중단해버릴 수 있다는 점을 유의해야 한다.

② 상담전용창구를 이용한 상담
상담에 필요한 기본정보를 모두 서식에 포함시키고 누락되면 상담접수를 거부한다.

③ 모바일상담

④ 전자우편을 이용한 상담

⑤ 게시판을 이용한 상담

⑥ 데이터베이스를 이용한 상담
⑦ 채팅상담
⑧ 사이버상담의 과제
  ㉠ 고객을 편안하게 만들어 주고 이끌 수 있는 다채로운 디자인과 화면구성 등이 연구되어야 한다.
  ㉡ 건전한 소비문화를 이끌기 위한 정보제공의 역할을 충분히 수행할 수 있도록 홈페이지의 내용을 업데이트하는 등의 노력이 필요하다.
  ㉢ 상담을 요청한 고객으로부터 피드백을 받을 수 있는 방안을 연구해야 한다.

(3) 문서상담기법

문서상담의 경우 보내온 자료들을 검토 후 추가질문이 필요한 경우가 많아 전화상담으로 이어지는 경우가 대부분이다.

6 수퍼비전

(1) 수퍼비전의 필요성

① 상담학에서 수퍼비전(Supervision)이란 상담사들을 지도감독하는 일을 말한다.
② 상담사는 수퍼비전을 통해 자기자각을 향상시키고 전문적인 상담기술이나 기법을 습득할 수 있다.

> **참고**
>
> 수퍼비전의 4가지 모형
> • 교수활동으로서의 수퍼비전
> • 상담활동으로서의 수퍼비전
> • 행정으로서의 수퍼비전
> • 위 3가지 모형 각각의 측면을 모두 포함하는 수퍼비전
>   – 상담기관 속에서의 상담사의 생존에 초점을 두고 있으며, 주된 목표는 기관 내의 권력과 영향력, 그리고 기관의 정책을 이해하는 것이다.

(2) 수퍼비전의 기능

① 수퍼비전의 발달모델
  ㉠ 고객의 복지를 위해 감독하는 기능
  ㉡ 발달단계에서 상담사의 성장을 향상시키는 기능
  ㉢ 현 단계에서 다음 단계로의 전환을 돕는 기능
  ㉣ 상담사를 평가하는 기능
② 수퍼비전의 체계접근 모델(할러웨이, Holloway, 1995)
  ㉠ 상담사의 상담기술의 적용과 수행에 대해 조정하고 평가하는 기능
  ㉡ 상담사의 사례이해, 상담기술 등의 상담사 과업을 지도하고 충고하는 기능
  ㉢ 상담의 전문성에 대한 지식과 능력을 갖춘 사람으로서 본보기 영향력을 보이는 기능
  ㉣ 상담사에게 질문을 통해 견해나 정보를 추구하여 임상적, 전문적 상황 문제를 해결하도록 촉진하고 상담사와 신뢰 관계에서 주요한 문제를 자문하는 기능

ⓜ 공감적 주의, 격려, 건설적 직면을 통해 상담사가 자기의 과업을 수행하면서 가질 수 있는 어려움 극복하고 자신감, 전문성을 발달시키도록 지지와 공유를 해주는 기능

(3) 수퍼비전의 실제

경험이 많고 잘 훈련받은 상담사를 수퍼바이저로 지도할 때 신뢰하고 존경할 수 있으며, 지도 받는 사람들에게 전문가가 되도록 도전시키는 사람을 수퍼바이저로 선택하는 것이 중요하다.

05 대상별 상담

1 위기상담

(1) 위기의 정의

위기란 중요 생활목표의 좌절, 생활양식의 혼란에서 오는 과도한 긴장감을 말한다.

(2) 위기의 반응

① 불 안

불안은 개인이 잠재적인 위험에 대하여 방어를 준비하는 경보체계 반응으로 가족 구성원의 사망, 투옥, 성격장애, 채무, 사업상 및 생활 상태의 변화 등에 따라 나타난다.

② 우 울

사람들로부터 도피 하는 동시에 타인과 접촉, 만족하려는 욕구를 가지고 있어 타인으로부터 칭찬과 지지를 요청함으로써 부정적인 감정을 경감시키려고 한다. 따라서 고객의 상태가 파악될 때까지 지지를 적극적으로 하지 않도록 한다.

③ 자살적 행동

자살은 좌절감, 분노, 복수심 등을 가진 사람이 타인에 대한 강한 분노를 자신으로 향한 것이다. 자살적 행동을 할 경향이 있는 사람들은 문제의 크기나 해결 불가능함을 지나치게 크게 평가하며, 자신과 환경에 대해 지나친 부정적 관점을 지니고 있다.

④ 타살적 행동

타인의 신체에 손상을 입힐 수 있는 고객은 상담사에게도 위험할 수 있으므로 침착해야 한다.

(3) 위기의 언어

위기상황에 닥치게 되면 먼저 충격이 오고 어느 정도 시간이 경과하면 고통의 과정이 따라오며 그 다음에 회복의 과정으로 들어간다. 위기심리는 변화하는 과정마다 독특한 다음의 언어가 나타난다.

① 충격의 언어

㉠ 이 단계에서 표현되는 언어는 무감각 · 무반응의 언어이며, 인간의 정상적인 반응이 불가능 하다.

㉡ 위기의 사건 발생에 대한 부인, 타인을 비난하고 비정상적 행동을 수반한다.

② 애통의 언어

    ㉠ 자신의 고통을 하소연, 통곡, 불평, 불만 등의 방법으로 표출한다.

    ㉡ 어느 정도 객관적인 입장에서 위기의 사건을 바라볼 수 있으며, 자신의 고통이 자신에게 미치는 영향을 감지할 수 있고, 주위의 도움을 통해 심리적 성숙의 기회로 전환될 수도 있다.

③ 안정의 언어

다른 사람들과 긴밀한 관계를 유지하며 일처리를 할 수 있고, 위기 상황에 적극적으로 대처하며 변화 상황에 차질 없이 건전하게 대처하는 성숙한 단계를 유지한다.

(4) 위기상담 방법

위기상담의 최소한의 목표는 자살, 가족해체 등 심각한 상황으로의 이행을 막는 데 있으므로 성격변화에 목표를 두지 않는다.

❷ 집단상담

(1) 집단상담의 원리

① 정상적인 상황에서 문제가 심각해지기 전에 해결하도록 돕는 접근 방법으로 예방적인 역할이 강조된다.

② 집단상담을 효과적으로 하기 위해서는 고객의 참여 의식을 높이고 구체적인 기대를 갖도록 하며, 집단에의 소속감 및 책임감을 갖도록 하고 바람직한 기준 및 생산적인 긴장을 조성해야 한다.

(2) 집단상담의 과정

① 참여자들의 자기소개

집단상담은 개인상담과 달리 고객의 변화가 상담사에 의해서가 아니라 주로 다른 고객들과의 교류에 의해 초래되므로, 상담사는 고객과 상담사, 고객과 고객 간의 바람직한 교류가 일어나도록 집단 내 대화에 참여하는 시범자의 역할을 한다.

② 집단상담 시 문제고객의 처리

고객 자신이 집단에 어떤 영향을 주고 있는가를 발견하도록 한다. 즉 그러한 행동을 야기시키는 심리적 갈등을 이해·공감해 주고, 타인의 반응을 통해 자신의 위치를 감지토록 한다.

❸ 고객특성별 상담

(1) 심리상태에 따른 상담

① 불평 자유형의 고객

    ㉠ 상담시간 내내 불평만 호소하는 경향의 고객을 상담 시에는 고객이 스스로 해결점을 찾을 수 있도록 상담사 쪽에서 대화의 방향을 주도하는 것이 중요하다.

    ㉡ 고객 스스로 작은 시도를 해볼 수 있게끔 지출 기록을 과제로 내주어서 고객 스스로 소비습관을 반성하도록 한다.

② 방문 자유형의 고객

이들은 만성적인 문제를 지니고 있으므로 섣불리 상담으로 인도하여 어떤 해결책이나 과제를 부여하는 방법은 비효과적이며, 접근 상담에 응한 점을 칭찬하고 경청해주는 것부터 시작한다.

③ 비참해 하는 고객

고객이 힘들었던 일을 과거로 느끼게 하기 위해 "힘드셨던"이라는 과거시제를 사용하여, 고객이 좀 더 긍정적인 자세로 발전할 수 있도록 한다.

④ 저항적인 고객

상담사는 고객의 행동이 저항이라고 생각하지 말고, 그 고객만의 독특한 대응방법이라고 생각하면서 고객의 저항적 행위에 반응하지 않으면 결국 상담에 성공하게 된다.

⑤ 회피하거나 숨기는 고객

고객과의 공감대와 신뢰감을 재형성하기 위해 노력하고, 고객에게 중요한 정보를 숨기는 것은 문제해결에 도움이 되지 않음을 이해시킨다.

(2) 의사표현에 따른 상담

① 불만고객 상담

㉠ 책임자가 나서서 적극적인 대안을 제시해준다.

㉡ 장소를 바꾸어 상담한다.

㉢ 시간적인 간격을 잠시 둔다.

㉣ 고객이 이상한 사람이라는 편견을 버린다.

㉤ 2m 정도의 거리를 유지하고, 정면보다는 약간 사선의 위치에서 상체를 앞으로 숙여서 대화한다.

② 의사표현에 따른 고객별 상담

분 류	상담기법
불만족한 고객	• 충분히 배려해준다. • 보상받기를 원하는 것이 무엇인지 질문한다. • 고객을 긍정하면서 상담사의 의견을 얘기한다(yes, but 화법).
무리한 요구를 하는 고객	• 불만내용을 주의 깊게 경청한다. • 문제해결과 관련된 전문지식을 준비한다. • 고객에게 대체안을 제시하고 협조를 구한다. • 시간, 장소, 상담사를 바꾸면서 면담한다.
화난 고객	• 절대 같이 화를 내서는 안 된다. • 공감하면서 경청한다. • 원인을 정확하게 분석하고 규명한다. • 사후 확인, 사과 및 감사를 표한다. • 해결방안을 협의한다.
우유부단한 고객	• 인내심을 가지고 경청한다. • 스스로 의사결정하도록 도와준다. • 문제를 분석한 후 선택에 필요한 정보를 제시한다.
과장된 말을 하는 고객	• 상대가 말한 내용을 메모하면서 경청한 후 확인을 받아 둔다. • 내용을 듣고 확인시킨다. • 논리적으로 상담을 전개하고 그때그때 확인시킨다.

출처 : 박영복·김현중(2008). 소비자전문상담사. 소비자교육연구원

(3) 행동스타일에 따른 상담

구 분	특 징	상담기법
단호한 형	• 즉각적인 결과나 욕구충족을 추구한다. • 자신만만하고 거만한 태도를 보인다. • 자기주장이 강하다. • 구체적·직접적으로 질문하면 짧고 직선적으로 답변을 한다. • 듣기보다는 말을 많이 한다. • 자신의 위세를 강조하려고 권력의 상징을 사용한다. • 제한된 비언어적 신체표현을 사용한다.	• 질문에 직접적이고 간결하며, 사실적인 대답을 한다. • 변명하지 말고 설명을 간결하게 하며, 해결책을 제공한다. • 대안적으로 많은 양의 정보를 제공한다. • 적절한 때에 증거에 의해 지지되는 선택안을 제공하고 그 해결책이 고객에게 어떻게 영향을 미치는지에 초점을 맞춘다.
호기심 많은 형	• 자발적인 감정표현이 거의 없다. • 이름보다는 성이나 공식적인 칭호를 선호한다. • 자신의 감정을 표현하기 보다는 관련 있는 질문을 구체적으로 한다. • 시간을 엄수하며 매우 의식한다. • 목적을 달성하거나 주장을 관철시키기 위해서 객관적 사실 및 실용적 정보에 매우 의존한다.	• 정확성과 효율성에 대한 고객의 요구에 초점을 맞춘다. • 의사소통은 감정이 아닌 사실과 연관시킨다. • 고객의 결정을 강요하지 않는다. • 주장을 뒷받침할 자료를 갖춘다.
표현적인 형	• 글로 적기보다는 말로 한다. • 열정적이며 활발하게 말하고 몸짓을 곁들여 사용한다. • 친근감 있고 긍정적인 태도를 보인다. • 개방적인 신체언어를 사용한다.	• 고객의 감정에 호소한다. • 고객의 욕구가 선호되고 받아들여지는 것에 초점을 맞춘다. • 고객의 이야기를 듣고 이야기를 재미있게 한다. • 어떻게 고객의 목표나 욕구를 충족시켜 줄 수 있는지 이해시킨다. • 의사결정을 촉진할 인센티브를 제공한다. • 고객의 관계에 대한 영향이라는 관점에서 해결책과 제안점을 설명한다.
합리적인 형	• 질문에 대한 구체적이고 완전한 설명을 추구한다. • 자신의 의견을 말하기 보다는 질문을 한다. • 자신의 상황에 대해 주의를 환기시키기 싫어한다. • 말하기 보다는 듣고 관찰한다. • 갈등은 회피하고 화를 내지 않는다.	• 안전하고 호감을 주는 관계로 고객의 요구에 초점을 맞춘다. • 정보를 얻기 위해서 개방형 질문을 사용한다. • 정보를 논리적 연속성을 갖도록 조직화하고 배경 자료를 제공한다. • 변화가 생길 때 고객이 적응할 시간을 주고 변화가 필요한 이유를 설명한다.
전문가 형	• 사전지식이 풍부하다. • 구체적으로 질문한다. • 논리적이다. • 잘난 척을 한다.	• 고객 질문 시에 전문가답게 답변한다. • 고객이 말하는 것에 부정하지 않는다. • 권위의식을 인정해준다. • 호칭 사용에 신중을 기한다.

(4) 인구통계학적 특성에 따른 상담

① 부부상담

　㉠ 부부 중 누가 더 상담에 적극적으로 참여하는가를 살펴본다.

　㉡ 부부간에 어떤 문제가 있는지 알아내는 것이 유용하다.

　㉢ 부부간 의사소통방식에 문제가 없는지 살펴본다.

② 고학력자 상담

고객에게 실패했다거나 부적당한 일 또는 잘못된 일을 했다고 말하지 않도록 하며, 고객이 말한 것을 인정해준다.

③ 연령에 따른 상담

㉠ 젊은 층은 소유가치보다 사용가치를 더 중시하는 경향이 있는 단계로 되도록 장기적인 계획을 수립하도록 조언해준다.

㉡ 중장년층은 다양한 재무적 사건(주택구입, 보험가입, 채무상환, 자녀교육 등)에 대한 문제를 해결하기 원하므로 전문적이고 실질적인 상담을 해주어야 하며, 고객의 자존심을 지켜줘야 한다.

㉢ 노인층 고객에게는 호칭 사용을 주의해야 하며, 충분히 문제를 해결할 수 있다는 희망을 주어야 한다.

4 비합리적 소비성향에 따른 상담

(1) 충동구매

① 충동구매의 특성

충동구매는 무계획적 구매를 말한다.

분 류	내 용
순수충동구매 (Pure Impulse Buying)	상품의 다양성이나 진기함을 추구하는 순간적인 구매 욕구에서 구매하는 경우
상기충동구매 (Reminder Impulse Buying)	쇼핑목록에는 없었지만 제품을 보고 필요했던 것이 생각나서 구매하는 경우
제안충동구매 (Suggestion Impulse Buying)	점포 내 환경으로부터 영향을 받아 신제품이 현재 소비자의 요구에 맞는 상품일 때 구매하는 경우
계획충동구매 (Planned Impulse Buying)	구매의사결정과정의 일부분은 계획적이었으나 나머지 부분이 무계획적인 경우
제품의 종류만 계획 (Planned product category)	필요한 제품의 카테고리만 정해 놓고 점포 내에서 탐색한 정보에 기초하여 구매하게 되는 경우

② 충동구매의 원인

㉠ 자신을 내세우기 좋아하는 성향일수록 충동구매 가능성이 높다.

㉡ 기분전환의 일환으로 쇼핑을 하게 되면 충동구매 가능성이 높다.

㉢ 구매자극 요인에 쉽게 동화 되는 성격일수록 충동구매 가능성이 높다.

㉣ 존경받고 싶고 권위 있게 보이려는 과소비성향이 강할수록 충동구매 가능성이 높다.

③ 상담 시 대처 방안

㉠ 예산 세우기, 가계부 작성하기, 지출 평가하기

㉡ 갖고 있는 물건 List 작성하기

(2) 과시소비

① 과시소비의 개요
- ㉠ 과시소비란 다른 사람보다 우월하게 보이기 위한 소비를 의미하며, 개인적 차원의 소비행동이라기 보다 사회활동을 통해 지위와 권위를 얻고자 하는 사회적, 후천적 욕구이다.
- ㉡ 지위와 권위 상징을 위한 제품을 사용하고, 유명상표, 수입품, 고가품을 선호한다.

② 과시소비의 특성
- ㉠ 자신의 경제적 부, 사회적 지위가 남보다 앞선다는 것을 보여주기 위한 심리에서 기인하기 때문에 인구밀도가 높은 곳, 빈부격차가 심한 곳, 경제적 성장이 높은 지역에서 나타날 가능성이 크다.
- ㉡ 밴드웨건 효과(Bandwagon effeet)가 나타난다.

> **TIP** ▸ 밴드웨건 효과(Bandwagon effeet)
>
> 유행상품을 사기를 원하는 현상으로 남에게 인정받고 싶은 심리표현의 결과를 나타낸다.
> 예 청소년 사이에서 유행한 N사의 패딩점퍼

- ㉢ 스놉효과(Snob effect)가 나타나며, 베블렌재(Veblen's good)의 수요가 생긴다.

> **TIP** ▸ 스놉효과(Snob effect)
>
> • 수직적인 지위상승을 하려는 특성 때문에 제품의 가격이 비싸면 오히려 구매가 증가하는 현상을 말한다.
> • 이런 재화를 베블렌재(Veblen's good)라고 한다.
>   예 유명 브랜드 C사의 한정판 명품백

③ 과시소비의 원인
- ㉠ 과시소비는 사람의 본능적 욕구이므로 어느 정도 먹고 살만하면 '지배본능'을 통해 자신의 능력과 존재가치를 과시하려고 한다.
- ㉡ 체면, 외모 중시하는 사람일수록 과시소비성향이 높으며 소득수준이 높을수록 과시소비성향 가능성이 높다.

④ 상담 시 대처방안
- 소비자로 하여금 지나치게 체면 혹은 외모를 중시하고 이를 다른 사람과 지나치게 비교하는 등의 의식과 행동을 개선할 수 있도록 상담한다.

(3) 구매중독

① 중독소비
- 도박, 놀이, 쇼핑, 인터넷, 성형, 알코올로부터 탈피를 권유하고 정서적, 성적 성취감 결핍의 보완을 모색한다.

② 구매중독
- 충동구매는 제품 자체에 대한 갈망이나 자극에 의해서 구매하는 반면, 구매중독은 제품 자체에 대한 욕구는 적고 주로 낮은 자아존중감이나 심리적 긴장해소를 위해 구매한다는 점에서 차이가 있다.

③ 구매중독자의 특성
- ㉠ 구매중독자는 충동구매의 특성을 보이며 구매행동을 조절하지 못한다.
- ㉡ 구매중독자는 쇼핑 그 자체의 과정에서 기쁨을 얻으며, 쇼핑을 즐긴다.

ⓒ 구매중독자는 심리적으로 부족하다고 생각되는 부분의 보상을 위해 구매를 한다.

> - 외모 혹은 능력 등에 대한 결핍감 보상을 위한 즉각적인 소비
> - 자아존중감을 얻으려는 소비
> - 자신의 중요성을 인정받거나 타인의 존경을 얻기 위한 소비
> - 타인의 주의를 끌기 위한 소비
> - 소속감을 느끼려는 소비
> - 환상을 충족시키려는 소비
> - 우울증, 좌절감, 심리적 불안감을 해소하는 방법으로의 소비
> - 내적 공허감, 허탈감 등을 해소하는 방법으로서의 소비

ⓓ 구매중독은 파생된 다른 문제(가정불화, 소비자파산 등)를 동반한다.

ⓜ 구매한 물건을 자주 가족에게 숨긴다.

ⓗ 구매하고 싶은 상품의 가격에 전혀 신경을 쓰지 않고 즉시 사버린다.

ⓢ 쇼핑 후 후회하고 죄책감을 느낀다.

ⓞ 판매원의 권유에 쉽게 동의하며, 타인의 영향을 비정상적으로 많이 받는다.

ⓩ 필요하지 않은 상품을 사고 자신이 구매한 물건을 기억하지 못한다.

④ **구매중독 원인**

ⓐ 부모가 돈에 대한 극단적인 형태를 보이는 경우 등 부모의 양육태도에 의한 영향을 많이 받는다.

ⓑ 낮은 자아존중감을 회복하기 위해 구매중독 현상이 나타난다.

ⓒ 심리적 문제, 여성호르몬 변화, 생리전과 출산 전후, 갱년기 심신상태 불안정 상태 등이 구매중독의 원인으로 작용한다.

⑤ **구매중독자 상담 시 대처방안**

ⓐ 우선적으로 구매중독의 원인을 밝힌 후, 구매중독의 심리적 원인을 제거하기 위해 노력해야 한다.

ⓑ 봉사활동, 취미활동 등 쇼핑을 대체할 대안을 제시하여 구매중독자의 구매행동을 방지해야 한다.

(4) 도박중독

① **도박중독자의 일반적 특성**

자신의 도박행위를 숨기기 위해 가족의 재무관리를 본인이 직접하는 경향이 있으며 여러 개의 신용카드 보유, 빈번한 현금서비스기능 활용, 과도한 부채, 자동차 압류, 건강 소홀 등의 문제가 있다.

② **신용상담사의 역할**

정확한 부채규모 확인하여 상환계획을 수립하고, 소득에 근거하여 최소한의 예산으로 생활할 수 있는 계획을 세운다.

③ **도박중독자 상담 시 고려할 점**

ⓐ 도박자는 명석하고 우회적이어서 정보를 숨길 수 있음에 대비하여야 하며, 도박자가 솔직하지 않으면 상담사는 같이 일할 수 없음을 분명히 밝혀야 한다.

ⓑ 도박자금 공급자의 존재를 주시하고, 도박중독자가 가진 모든 부채를 알도록 한다.

ⓒ 도박중독자는 어떠한 돈도 관리해서는 안 되고 스스로 자신의 신용카드를 없애도록 한다.

ⓓ 다른 채권자(노름판 주, 물주, 피해자, 도박동료 등)와 얽혀 있는 문제도 해결한다.

(5) 과소비

    ① 과소비의 개요

        ㉠ 개인적 측면에서 과소비란 소득에 비해 많은 소비, 향락적 소비를 말한다.

        ㉡ 사회적 측면에서 과소비란 어려운 경제 상황임에도 불구하고 개인적인 경제적 부를 향유하는 소비를 말한다.

    ② 과소비의 원인

        지나친 과시욕구나 충동소비, 모방소비, 소비지향적 분위기, 신용카드 사용의 확대 등은 과소비를 조장한다.

    ③ 과소비 상담 시 대처방안

        예산은 너무 엄격하게 세우지 말고 현실적으로 지킬 수 있도록 세우며, 앞으로 들어올 소득을 믿고 구매하지 않으며, 돈을 쓰지 않고 해결할 수 있는 방안을 강구한다.

5 신용회복위원회의 다중채무자를 위한 상담

(1) 상담사의 역할을 명확하게 설정한다.

다중채무자들의 성실성, 유능성, 채무상환 의지, 재무상태 등을 평가한다.

(2) 고객의 입장과 태도를 이해한다.

상담사의 따뜻하고 부드러운 말로 심리적 위안을 얻고 재무적 재기의 희망을 갖고 돌아갈 수 있도록 한다.

(3) 상담상황의 특성과 한계를 이해한다.

다중채무자들은 매우 불안하고 좌절 상태에 놓이게 되었으므로 적절하고 체계적인 정보를 탐색하여 상담사 나름의 해결책을 모색해야 한다. 매우 어렵고 힘든 상담과정을 진행해야 하기 때문에 상담의 한계를 인식하고 상담사의 역할을 조절하는 것이 바람직하다.

(4) 고객과의 래포 형성에 노력한다.

    ① 고객에 대한 긍정적 존중(Positive Regard)

    ② 공감적 이해(Empathetic Understanding)

    ③ 진솔성 또는 솔직성(Genuineness)

(5) 고객과 고객이 처한 상황을 충분히 탐색한다.

직접적인 탐색은 고객으로 하여금 방어적인 태도를 취하게 할 수 있으므로 고객의 자존심과 관련된 정보를 탐색할 경우 우회적인 접근을 하는 것이 바람직하다.

(6) 고객이 호소하는 고통에 대해서 공감적인 태도를 취한다.

공감은 고객과의 래포 형성을 위해 중요하고, 고객의 심리적 고통을 완화시켜 주는 가장 중요한 상담활동이다. 원칙적으로 상담사는 공감적인 태도를 취하는 동시에 객관적인 태도를 가져야 한다.

(7) 고객에게 현실성 있는 희망을 심어 준다.

현재의 어려움을 극복할 수 있다는 희망을 심어 주고, 좌절로부터 재기가 가능함을 일깨워 준다.

(8) 고객이 원하는 도움이나 정보를 체계적으로 제공한다.

개인적인 상황에 적절한 조언과 정보 제공으로 가장 현실적인 도움을 준다.

(9) 고객이 합리적인 재무관리를 할 수 있도록 유도한다.

연체 재발 방지를 위한 예방적 노력을 유도하여 합리적 재무관리 방법 제시와 교육을 병행한다.

(10) 상담과정에 느끼게 되는 부정적 감정을 지혜롭게 해소한다.

① 상담활동의 장기화에 의한 초심이 퇴색하면 형식적이고 기계적으로 상담하게 되는 경향이 있는데 이를 전문가의 소진상태(Professional Burn-out)라고 한다.

② 상담사는 고객의 실망스런 태도로부터의 부정적 감정을 지혜롭게 잘 해소할 수 있어야 하는데, 만약 고객이 공격적, 적대적 태도를 취할 우려가 있거나 권태로울 우려가 있을 때는 선배 상담사의 도움을 받도록 한다.

01 신용상담사의 직업윤리와 전망

1 신용상담사의 직업윤리와 윤리강령

(1) 신용상담사의 직업윤리

① 직업윤리는 직무수행 중의 갈등을 어떻게 처리해야 하는지에 대한 기본 입장을 결정하는 토대가 된다.

② 직업윤리를 통해 상담사는 고객에 대한 상담사의 의무를 분명히 이해할 수 있으며 상담사의 의무를 정확하게 이해할 때 비로소 고객을 보호할 수 있다.

③ 직업윤리는 상담의 기능 및 목적을 전문적으로 달성할 수 있도록 행동의 기준을 마련해주고 사회윤리와 지역사회의 도덕적 기대를 따를 수 있는 토대를 마련해준다.

(2) 신용상담사의 윤리강령

① 신용상담사는 고객의 경제적 복지를 위하여 고객의 요구를 차별 없이 동등하게 대우하며 부당한 요구를 해서는 안 된다.

② 직무수행 중 취득한 정보는 업무목적으로만 이용하고, 불법적으로 제3자에게 유출하지 않으며 개인의 사생활 침해방지 및 정보보호 관련 법규정의 준수에 최선을 다한다.

③ 신용상담사는 투명하게 직무를 수행하며, 지속적인 자기계발 전문성 확보 등 직업적 책무를 다하여야 한다.

2 신용상담의 전망

(1) 신용상담 대상

신용거래가 점점 더 증대될수록 신용상담은 신용서비스의 이용과 관련된 문제가 필요한 고객뿐만 아니라 신용서비스의 잠재적 이용자까지 포함하여 상담업무를 수행해야 한다.

(2) 신용상담 관련 전문자격이 필요한 곳

① 신용문제 해결을 위한 여러 기관, 신용회복위원회, 개인회생 및 파산 담당 변호사 및 관련 부서, 채권추심업무를 포함한 금융기관의 신용 및 부채문제 해결 민원부서 등

② 신용서비스의 잠재적 이용자들에 대한 신용상담이 이루어지는 각 금융 기관의 여신업무부서, 금융교육 관련 분야

③ 현대 사회문제 대부분이 신용 또는 채무와 관련된 것을 감안하면 각 기초지방자치단체의 사회복지 전담공무원, 콜센터 상담원이나 대학 또는 기업의 상담원 등

3 외국의 신용상담사

(1) 미 국

① 미국은 NFCC(National Foundation for Credit Counseling), AICCCA(Association of Independent Consumer Credit Counseling Agency) 등 다양한 비영리 민간 기구에서 신용상담을 실시하고 있다.

② 비영리 상담 기구에서는 채무관리프로그램(DMP ; Debt Management Plan)을 운영하고 있으며 현재는 신용 및 재무문제뿐만 아니라 주택 및 자동차 구매, 보육 등 전반적인 라이프코칭 부분까지 상담 내용을 확대하고 있다.

③ 특히, 미국은 파산남용방지와 소비자보호법(Bankruptcy Abuse Prevention and Consumer Protection Act)에 의거하여 채무자가 파산을 신청하기 위해서는 파산신청 전 180일 내에 비영리 신용 상담기구로부터 사전상담을 이수한 확인서를 제출하도록 하고 있다.

④ 부채에 관한 통합법률(Uniform Debt Management Service Act)에 의거하여 각 연방주에서 인증한 신용상담사 자격증을 소지해야만 사전상담을 할 수 있도록 규정하고 있다.

⑤ 신용상담사 자격제도는 다양한 기관에서 운영하고 있으며, 많은 신용상담기구가 난립하는 가운데 전문성과 윤리성을 갖춘 상담사에 대한 차별화를 기하기 위해 자격제도가 도입되었다.

⑥ 재무상담·설계·교육학회(AFCPE ; Association for Financial Counseling and Planning Education)에서 인증해주거나 제도화되어 있는 자격증

> • 신용상담사(ACC ; Accredited Credit Counselor)
> • 재무상담사(AFC ; Accredited Financial Counselor)
> • 주택상담사(CHC ; Certified Housing Counselor)
> • 부채상담사(DCA ; Debt Counselors of America)
> • 가족자원관리전문가(FRMS ; Family Resource Management Specialist)
> • 공인재무설계사(CFP ; Certified Financial Planner)

⑦ 대표적인 신용상담사 자격제도 운영기구는 NFCC, AFCPE 등이 있으며, NFCC와 AFCPE의 신용상담사 자격증은 대부분의 연방주에서 사전상담을 할 수 있는 자격으로 채택하고 있다.

⑧ NFCC의 신용상담사 자격증은 NFCC 회원기관에서 근무하는 상담사에 한해서 취득할 수 있는 제한점이 있다. 반면, AFCPE는 학회에서 일정시험을 응시하여 합격한 사람을 대상으로 자격증을 발급하고 있으며, 두 자격 제도 모두 유지보수 과정을 운영하고 있다.

⑨ NFCC는 2년간 20PDU를, AFCPE는 2년간 15CEU를 획득해야만 한다. PDU(Professional Development Units)와 CEU(Continuing Education Units)는 커리어 개발활동의 정량화를 위해 사용하는 단위로 1시간을 1PDU, 1CEU로 간주하며 대학개설과정, 지역교육기관, 학회참석 등 다양한 프로그램 참여를 통해 획득이 가능하다.

NFCC의 상담사자격 교재구성

Module 1	상담의 기초
Module 2	예산세우기
Module 3	신용에 대한 이해
Module 4	채권추심과 채무조정
Module 5	소비자의 권리와 의무
Module 6	파 산

AFCPE의 ACC 교재 Study Guide 목차

Module 1	AFCPE의 자격 프로그램 이해
Module 2	상담의 이해
Module 3	상담기법
Module 4	상담의 성과
Module 5	재무진술서 작성
Module 6	신용과 신용의 이용
Module 7	신용의 과다이용
Module 8	신용 관련 법규
Module 9	신용과 관련된 이슈

(2) 일 본

① JCCO는 사적 채무조정제도인 임의정리제도를 지원하는 대표적인 비영리 신용상담기구

② 변호사와 소비자 상담사가 2인 1조로 채무상담을 지원

③ 지원내용은 「이자제한법」 내에서 적용이율을 조정하여 통상 3~5년간 분할상환을 지원하며, 총 채무액을 기준 채권기관의 과반수 이상 동의를 필요하며 임의정리 시 채무를 일시 완제하는 경우 원금 감면은 극히 예외적인 사례로 거의 없다.

(3) 캐나다

캐나다에서는 파산신청 및 면책을 받기 위해서는 신용상담을 반드시 받아야 하며, 상담은 상담사 자격증을 보유한 상담사나 파산관재인에 의해 이루어진다.

(4) 영 국

① 파산 신청 전 자발적 정리절차(Individual Voluntary Arrangement)를 두고 있으며 파산집행인인 IP(Insolvency Practitioner)가 이를 감독한다.

② IP는 비교적 높은 수수료를 받으며 독자적으로 영업을 할 수도 있고 CCCS(Consumer Credit Counseling Service)와 같은 채무상담기관에 소속되어 일할 수도 있으나 자격에 관해서는 엄격하게 규제하고 있다.

(5) 프랑스

① 채무와 관련된 문제는 대부분 과채무위원회에서 상담하고 있으며 다중채무자에 대한 변제노력을 강구하고 갱생의 기회를 제공하는 것이 과채무위원회의 주목적이다.

② 과채무위원회의 법적 성격은 행정위원회이며 금융기관, 지방자치단체 인사들로 구성되어 있으며 별도 자격제도는 없는 실정이다.

✔ 실제 신용상담사 자격시험은 「2과목 신용상담을 위한 재무관리」에서 총 25문제가 출제되며, 각 문항의 배점은 1점이다.

01 신용상담의 특징에 대한 설명으로 바르지 못한 것은?

① 신용상담은 신용문제 해결을 위한 정보제공뿐만 아니라 고객의 욕구를 만족시키기 위해 개인이나 가계가 소유한 자원을 최대한 활용할 수 있도록 돕는 과정이다.

② 신용상담은 재무설계나 재무상담과 관련성이 크므로 신용상담 시 신용문제로 인한 심리적 문제는 배제한다.

③ 신용상담은 사회적으로 부정적인 영향을 미치는 과소비나 소비성 부채의 증가로 발생하는 자원의 비효율적 배분문제 해결에 기여할 수 있다.

④ 신용상담에서 신용문제의 근본적인 해결과 재발 방지를 위해서 재무적인 내용의 상담까지 포함할 필요가 있다.

⑤ 신용상담은 신용문제가 발생한 이후의 치료적 성격과 더불어 부채문제 발생을 방지하는 예방적 성격도 가진다.

02 신용문제의 단계별 분류에 대한 설명으로 틀린 것은?

① 신용거래 전에는 금융회사에서 제공되는 팸플릿이나 안내문을 통해 탐색과정을 거치게 된다.

② 신용거래 중에는 복잡한 금융상품에 대한 이해 부족으로 문제가 발생한다.

③ 신용거래 중 거래 내용상의 가장 큰 문제는 금융상품의 경우 실체가 있는 상품이 아니라 거래조건을 통해 구매하게 된다는 사실에 기인한다.

④ 신용거래 중 거래형식상의 문제는 가계에 대한 금융회사의 우월적 지위에 기인한다.

⑤ 신용거래 후 대출금 미상환 시 발생하는 문제는 과도한 연체이자, 채권추심으로 인한 피해, 신용등급 하락으로 인한 금융거래 제약 등 많은 문제를 야기한다.

03 신용상담의 개념 및 특징에 대한 설명으로 옳지 않은 것은?

① 신용상담은 고객에게 정보를 제공하고 사회적 적응 기술을 알려주는 것을 중요시한다.
② 신용상담은 문제의 평가로부터 시작하며, 고객의 재무적 안정성을 위협하는 당면한 신용문제를 해결하는 내용으로 구성된다.
③ 신용상담은 신용문제뿐만 아니라 전 생애주기에 걸쳐 발생할 수 있는 전체적인 재무적 사건을 해결하기 위한 상담이다.
④ 신용상담사의 역할은 고객이 스스로 문제를 해결하도록 체계적인 수단을 제공하는 것이며, 고객의 역할은 자신의 행동에 대한 책임감을 가지는 것이다.
⑤ 치료적, 생산적, 예방적 신용상담 모두 고객과 친밀한 관계를 형성하여 고객들이 욕구를 분명히 하고 목표를 설정하여 행동계획을 고안할 수 있도록 도와준다.

04 신용상담 관련 태도 및 재무관리 행동에 대한 내용으로 틀린 것은?

① 신용이용에 대한 태도나 신용결제에 대한 적극적인 태도를 변화시킬 수 있도록 상담을 진행하는 것이 필요하다.
② 채무구제에 관련된 내용을 우선적으로 해결할 수 있는 방법을 이용하도록 권유한다.
③ 신용결제에 대한 적극적인 태도를 갖고 재무관리 행동에 의해 강화되거나 재무관리 행동을 유발시킬 수 있도록 한다.
④ 재무상태가 좋은 것은 아니지만 소득증가를 예상할 수 있으므로 현재의 소비는 유지하면서 저축을 늘리도록 권유한다.
⑤ 향후 예상되는 재무적 문제를 해결하기 위하여 예산 세우기를 하도록 하고 재무관리를 수행하도록 한다.

정답 및 해설

01 ② 신용상담사는 신용문제와 관련된 심리적인 요소까지 충분히 이해하고 이에 대한 대처방안을 제공할 수 있어야 한다.

02 ② 신용거래 전에 해당하는 문제이다. 신용거래 중에는 거래조건을 제대로 이해하지 못하면 많은 문제를 야기할 수 있다.

03 ③ 재무상담에 대한 설명이다. 신용상담이 재무상담의 하위내용이기는 하나 신용상담의 경우 신용문제 해결을 위해 재무 관련 내용만을 다룬다.

04 ④ 소득증가를 예상하더라도 불필요한 소비지출은 없는지 파악해야 한다.

05 다음 중 예방적 신용상담을 성공적으로 이끌기 위해 신용상담사가 수행해야 하는 전략이 아닌 것은?

① 고객과 신뢰관계를 구축해야 한다.
② 고객들이 목표를 가장 만족스럽게 달성할 수 있을 시스템을 만들도록 도와주어야 한다.
③ 고객들이 자신들의 생활, 태도, 행동변화에 적응할 수 있도록 시간을 주어야 한다.
④ 고객들이 자신의 목표를 이해하고, 그것에 대해 논의할 수 있도록 도와주어야 한다.
⑤ 고객들이 목표를 달성하는데 수반되는 장애물을 알지 못하도록 선제적으로 지원하여야 한다.

06 신용상담의 형태 중에서 가장 올바른 상담은?

① 일시적인 신용상담
② 예전에 발생한 문제의 신용상담
③ 치료적인 신용상담
④ 신용등급 조정의 신용상담
⑤ 회피적 신용상담

07 신용이용 주체별 필요성에 대한 설명으로 옳지 않은 것은?

① 저소득층이나 사회경험이 적은 사회초년생 등 사적인 신용상담 접근이 어려운 계층을 대상으로 한 공적 신용상담 서비스가 절실히 필요하다.
② 신용제공자인 금융회사가 성장해 나가기 위해서는 신용제공자 중심의 경영방식으로 변화되어야 한다.
③ 신용상담은 개인은 물론 단체, 정부기관도 받을 필요가 있다.
④ 신용사회의 구축과 신용소비자의 보호를 위해 정부 역시도 신용상담을 필요로 한다.
⑤ 현대사회에서 신용문제는 이용자와 제공자 사이에 있어 정보불균형, 부담전가, 시장지배력의 비대등성으로 인한 것이며, 이러한 신용문제를 해결하는 방안이 정부의 정책으로 반영되고 있다.

08 고객행동의 의사결정과정이 순서대로 바르게 나열된 것은?

① 문제인식 → 대안의 평가 → 정보탐색 → 선택 및 실행 → 실행 후 평가
② 정보탐색 → 문제인식 → 대안의 평가 → 선택 및 실행 → 실행 후 평가
③ 문제인식 → 정보탐색 → 대안의 평가 → 선택 및 실행 → 실행 후 평가
④ 문제인식 → 선택 및 실행 → 대안의 평가 → 정보탐색 → 선택 후 행동
⑤ 대안의 평가 → 정보탐색 → 문제인식 → 선택 및 실행 → 선택 후 행동

09 고객의 문제를 해결하기 위해 탐색된 대안들을 비교·평가하여 특정 대안을 선택하는 과정에 대한 설명으로 가장 거리가 먼 것은?

① 정보탐색과 별개의 독립된 과정으로 이루어지기보다는 정보탐색과 동시에 이루어지는 경우가 대부분이다.
② 정보처리를 해 본 경험이 많을수록 대안 평가시간은 짧아진다.
③ 사안의 중요성이 높고 결과의 위험이 클수록 평가시간은 길어지며 보다 신중하게 평가하게 된다.
④ 의사결정을 할 때 비보상적 원칙과 보상적 원칙을 모두 활용하여야 한다.
⑤ 대안의 평가과정에서 필요한 여러 요인을 동시에 고려하지 않고 경험, 직관, 육감, 추측 등을 통해 문제를 해결하는 것을 휴리스틱(heuristic)이라 한다.

정답 및 해설

05 ⑤ 신용상담사는 예방적인 신용상담을 위해 고객들이 목표를 달성하는데 수반되는 장애물을 알도록 해야 한다.

06 ③ 신용상담은 치료적인 상담이 되어야 한다.

07 ② 기존 신용제공자 중심의 사고에서 벗어나 고객만족 경영방식으로 변화되어야 금융회사 역시 생존하고 성장해 나갈 수 있다.

08 ③ 고객행동의 의사결정은 「문제인식 → 정보탐색 → 대안의 평가 → 선택 및 실행 → 실행 후 평가」 순으로 진행된다.

09 ④ 의사결정을 할 때 비보상적 원칙과 보상적 원칙을 모두 활용하는 것은 아니며, 각 상황에 따라 이들 원칙의 일부만을 이용하는 경우도 있다.

10 대안의 평가방법으로 비보상적 원칙에 해당하지 않는 것은?

① 사전편찬식 원칙

② 위험제거 원칙

③ 비결합적 원칙

④ 순차제거 원칙

⑤ 결합적 원칙

11 고객행동의 정보처리과정 순서를 바르게 나열한 것은?

① 지각 → 노출 → 주의 → 기억

② 지각 → 노출 → 기억 → 주의

③ 노출 → 지각 → 주의 → 기억

④ 지각 → 기억 → 노출 → 주의

⑤ 노출 → 주의 → 지각 → 기억

12 정보처리과정에 대한 설명으로 가장 거리가 먼 것은?

① 정보란 여러 종류의 자료를 수집, 분석해서 이해하기 쉬운 형태로 만들어 놓은 쓸모 있는 자료를 말한다.

② 고객들은 다양한 자극에 우연히 혹은 의도적으로 노출되며 노출된 자극은 어떠한 방법으로든 고객의 행동에 영향을 미치게 된다.

③ 노출된 자극에 대해 관심을 가지면 주의를 기울이게 되고 그렇지 않으면 주의를 기울이지 않는다.

④ 지각과 평가는 기억 속에 저장된 기존의 지식들에 의해 영향을 받지 않는다.

⑤ 주의 정도와 자신의 능력에 따라 자극의 내용을 나름대로의 방식으로 지각하고 지각된 자극에 대하여 긍정적이거나 부정적인 평가를 내린다.

13 의사소통 과정과 정보처리의 원칙에 대한 설명으로 가장 거리가 먼 것은?

① 효율적인 의사소통을 위해서는 인본적이고 성장지향적인 대우가 필요하다.

② 경험을 통해 만들어진 개인적인 표상(Representation)은 현실과 같다.

③ 고객의 학습스타일 선호체계에 맞춤으로써 의사소통을 보다 효율적으로 할 수 있다.

④ 한 감각체계에서 정보에 변화를 주면 다른 감각체계에서도 그에 대한 정보가 변하게 된다.

⑤ 세부정보가 필요 이상으로 과다해지면 정보과부하로 오히려 고객의 선택이 더 힘들어진다.

14 상담사는 '사람들은 성장하면서 배워왔던 원칙들에 의해 자동적으로 반응 한다' 등과 같은 원칙들의 메커니즘과 영향력에 대해 잘 인식하고 있어야 한다. 다음 중 대인관계의 상호작용에 영향을 주는 보편적인 원칙이 아닌 것은?

① 상호성의 원칙

② 희소성의 원칙

③ 권위의 원칙

④ 사회성의 원칙

⑤ 신뢰성의 원칙

정답 및 해설

10 ② 위험제거 원칙은 비보상적 원칙에 해당하지 않는다. 의사결정원칙은 비보상적 원칙과 보상적 원칙으로 구분된다.
  ※ 비보상적 원칙과 보상적 원칙

비보상적 원칙	사전편찬식 원칙, 순차제거원칙, 결합적 원칙, 가중제거원칙, 비결합적 원칙
보상적 원칙	피시바인 다속성태도모델, 피시바인의 행위의도모델

11 ⑤ 고객들은 다양한 자극에 노출되며 이 자극에 대해 관심을 가지면 주의를 기울인다. 자극의 내용을 나름대로의 방식으로 지각하고 평가를 내리며 지각과 평가는 기억 속에 저장된다.

12 ④ 지각과 평가는 기억 속에 저장된 기존의 지식들에 의해 영향을 받기도 한다.

13 ② 그들의 표상지도가 같다고 여기는 오류와 그들에게 참인 것이 다른 사람에게도 참이어야 한다고 여기는 오류는 의사소통 실패의 원인이 된다.

14 ④ 사회성의 원칙은 대인관계의 상호작용에 영향을 주는 보편적인 원칙이 아니다. 권리의 남용은 다른 사람의 권리를 침해할 소지가 다분하기 때문에 권리의 사회성에 반하여 나타나게 되는데, 이는 성장을 통해 배워왔던 원칙들에 의해 자동적으로 반응하지 않는다. 보기 ①, ②, ③, ⑤ 외에도 비교가능성의 원칙이 있다.

15 다음은 준거집단에 대한 설명이다. 옳은 것은?

① 개인이 자신의 판단, 신념, 행동을 결정하는 데 기준으로 삼는 집단을 의미한다.
② 가족이나 친구 동료는 준거집단이 될 수 없다.
③ 자아를 강화 시키고자할 경우에는 준거집단으로부터 영향을 받지 않는다.
④ 기업이나 단체 사교그룹 등은 준거집단이라 할 수 없다.
⑤ 자신이 소속하지 못한 집단의 성원이 되기를 열망하는데 이를 격리집단이라 한다.

16 MBTI의 선호경향의 연결이 적절한 것은?

① 외향 – 내향, 감각 – 감정, 사고 – 직관, 판단 – 인식
② 외향 – 내향, 감각 – 직관, 사고 – 감정, 판단 – 인식
③ 외향 – 내향, 감각 – 인식, 사고 – 직관, 판단 – 감정
④ 외향 – 내향, 감각 – 직관, 사고 – 인식, 판단 – 감정
⑤ 외향 – 내향, 감각 – 감정, 사고 – 직관, 판단 – 인지

17 MBTI의 성격유형지표 유형별 재무관리 태도와 행동에 대한 설명으로 옳지 않은 것은?

① 감각 – 판단형은 책임감과 의무를 중시하며 경험을 통해 사물을 판단하는 유형으로 재무관련 의사결정 시 정보를 구체적으로 인지하고 순차적으로 평가하는 능력은 뛰어나지만 돈에 대해 관심을 갖지 않으며 돈에 그다지 가치를 두지 않는 것으로 나타난다.
② 직관 – 사고형은 이론적이고 논리적이며 장기계획을 잘 세우는 형으로 재무 관련 의사소통의 개방성은 가장 높은 것으로 나타난 반면, 지출통제력과 강박적 구매경향은 가장 낮은 것으로 나타난다.
③ 감각 – 인식형은 자유로움을 추구하고 충동적, 자발적이며, 현재에 몰입하는 능력이 있는 유형으로 재무계획에 대해서 적극적이며 강박적 구매경향은 가장 큰 것으로 나타난다.
④ 직관 – 감정형은 가능성에 관심을 두고 주관적 가치에 의해 일을 처리하며, 전반적으로 열성적이고 통찰력이 있는 유형으로 돈은 사회적인 권력을 나타내는 것이라 생각하고 지출통제력은 가장 높은 반면, 재무관리의 안정성과 의사소통의 개방성은 가장 낮은 것으로 나타난다.
⑤ 감각 – 사고형은 사실에 관심을 두며 객관적인 분석을 통해 일을 처리하고 사실적인 유형으로 돈에 대한 집착이 큰 반면, 재무 관련 의사결정을 할 때 자세한 정보를 모으고 그에 따라 분석적으로 결정하는 성향이 큰 것으로 나타난다.

18 다중채무자의 원인별 유형으로 옳지 않은 것은?

① 현실도피형   ② 생계유지형

③ 사업투자형   ④ 투기도박형

⑤ 사치낭비형

정답 및 해설

15 ① 준거집단이란 한 개인이 자신의 신념·태도·가치 및 행동방향을 결정하는 데 준거기준으로 삼고있는 사회집단을 말한다.

② 준거집단은 구체적으로 개인을 둘러싸고 있는 가족, 친구, 직장동료집단, 소속되기를 희망하는 상위집단, 전문가집단 등이 될 수 있다.

③ 유명인의 행동을 모방함으로써 자아를 강화시키고자 할 경우 준거집단으로부터 상당한 영향을 받는다.

④ 준거집단은 소속집단, 희구집단, 격리집단으로 분류되며, 이 중 소속집단은 일정한 구성원으로 자격만 갖추면 가입 내지 소속될 수 있는 기업이나 단체, 사교클럽 등이 속한다.

⑤ 격리집단이란 희구집단의 반대로 사람들이 소속되기를 꺼리는 집단을 말하며, 이 집단에 소속되어 있다는 이유로 어떤 행동을 기피하는 현상이 나타난다.

16 ② 외향 – 내향, 감각 – 직관, 사고 – 감정, 판단 – 인식

※ MBTI의 선호경향

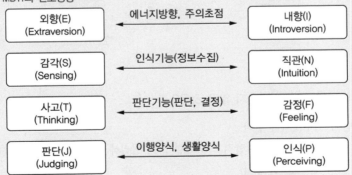

17 ③ 감각 – 인식형은 현재에 몰입하는 능력이 있는 유형으로 재무계획에 대해서 아주 소극적이며 강박적 구매경향은 가장 큰 것으로 나타난다.

18 ① 다중채무자의 원인별 유형에는 생계유지형, 사업투자형, 위기대처형, 투기도박형, 사치낭비형, 유흥방탕형, 사기형 등이 있다.

19 적은 소득에 부족 생계비를 신용카드로 사용하고 모친 병원비는 대출받아 사용하는 등으로 채무불이행자가 되었고 법적절차(통장압류, 재산관계명시신청 등)와 채무상환압박(독촉전화, 늦은 시간 자택 방문 등)으로 심한 스트레스를 받고 있는 고객의 상담에서 상담사가 도움을 줄 수 있는 방법으로 맞지 않는 것은?

① 유관기관(정신건강복지센터 또는 자살예방센터 등)의 전문가와 상담 받을 수 있도록 연계
② 개인채무조정 프로그램 안내
③ 신청인 주소지의 복지센터에 기초수급자 지원(생계지원) 또는 긴급생활자금을 지원 받을 수 있도록 연계
④ 법원의 개인파산신청 방법 안내
⑤ 정신적·제도적 지원방안 관련 안내

20 다중채무자의 단계별 심리적 특성을 순서대로 바르게 나열한 것은?

> 가. 금융채무불이행자로 등록되기 이전 연체단계
> 나. 금융채무불이행자로 등록된 단계
> 다. 연체이전 채무자 단계
> 라. 파산단계로 전락하는 단계

① 가 → 나 → 다 → 라　　　　② 나 → 라 → 다 → 가
③ 다 → 가 → 나 → 라　　　　④ 다 → 가 → 라 → 나
⑤ 라 → 나 → 가 → 다

21 상담의 기본원리에 대한 설명으로 옳지 않은 것은?

① 과정중심의 상담이 이루어져야 한다.
② 고객은 상담을 통해 문제를 더욱 효율적으로 해결 또는 관리해 나가고, 사용하지 못하고 있는 자원과 기회를 찾아 활용할 수 있다.
③ 고객 스스로가 문제를 해결할 수 있도록 돕는다.
④ 상담은 완벽하게 중립적일 수 없다.
⑤ 상담이란 도움이 필요한 사람이 전문적인 훈련을 받은 사람과의 관계에서 개인이 자신의 생활과정상의 문제를 해결하고, 생각·감정·행동 측면의 인간적 성장을 위해 노력하는 학습과정이다.

22 상담관계의 형성에 대한 설명으로 틀린 것은?

① 상담이 시작되기 전에 미리 얻은 고객에 관한 정보나 자료는 실제 상담을 진행할 때 크게 영향을 준다.

② 상담신청서에 고객이 직접 작성한 문제들은 대체로 실제의 문제와 차이가 있다.

③ 고객을 상담하기 위해서는 상담과정에 투입되는 고객의 신체적·심리적 자질에 대해 평가를 하여야 한다.

④ 이상적인 상담관계에는 개방성, 현실적인 기대, 체계, 영향력, 다양성의 인정, 고객의 참여의 6가지 요소가 포함된다.

⑤ 상담사의 지속적인 피드백이 있다면 고객들은 훨씬 더 큰 책임감을 가지고 행동할 것이다.

23 다중채무의 원인과 그 유형에 대한 설명 중 바르지 않은 것은?

① 금융기관의 경쟁적 신용 사용 권유 환경이 다중채무자를 낳는 원인이 되기도 한다.

② 현실적 필요에 의해 다중채무를 지는 유형에는 사업투자형, 위기대처형, 생계유지형이 있다.

③ 현재 우리 사회가 당면하고 있는 청년실업 문제도 다중채무자를 양산하는 주요 원인이 되고 있다.

④ 비현실적인 낙관주의적 성향을 지닌 사람들에게서 많이 발견되는 다중채무 유형은 사업투자형이다.

⑤ 우울증이나 불안장애와 같은 심리적 문제로 인한 비합리적인 재무관리 방식은 사치낭비형, 투기도박형과 같은 다중채무자를 낳는다.

정답 및 해설

19 ④ 고객의 건강 상태 및 향후 소득 활동 가능성 등 전반적인 상황에 대한 파악 없이 무조건 법원의 개인파산신청 방법을 안내하는 것은 상담사의 솔루션으로 맞지 않는다.

20 ③ 다중채무자의 단계별 심리적 특성은 「연체이전 채무자 단계 → 금융채무불이행자로 등록되기 이전 연체단계 → 금융채무불이행자로 등록된 단계 → 파산단계로 전락하는 단계」 순으로 이어지게 된다.

21 ① 해결중심의 상담이 이루어져야 한다. 즉, 상담을 하고 나서는 반드시 그에 상응하는 결과, 성과, 성취가 있어야 한다.

22 ① 사전정보는 고객을 잘 이해하고 면담을 효과적으로 진행하기 위한 자료에 불과하므로 사전에 얻은 정보나 자료 때문에 실제 상담을 진행할 때 크게 영향을 받아서는 안 된다.

23 ④ 사업투자형은 현실적 필요에 의해 빚을 지게 된 경우이다. 비현실적인 낙관주의적 성향을 가진 다중채무자라면 투기도박형일 가능성이 높다.

24 다음 중 고객평가 요인에 해당하지 않는 것은?

① 신체적 평가
② 심리적 평가
③ 자아개념의 평가
④ 학력 수준
⑤ 지적 기능·발달 수준의 평가

25 상담의 목적은 고객이 목표를 성취할 수 있도록 동기화시키는 것이다. 이를 위해 신용상담사가 취해야 할 자세와 거리가 먼 것은?

① 상담사가 고객에 미치는 영향력은 특정한 목적을 이루기 위한 상담사의 노력뿐만 아니라 의사소통의 상호성에 의해서도 결정된다.
② 고객이 스스로 행동이 변해야 한다는 것을 깨닫게 하기 위해서 상담사는 직접적인 시도의 횟수와 범위를 정해서 고객에게 미치는 영향력의 수위를 다르게 적용해야 한다.
③ 고객에게 책임감 있는 결정이 무엇인지 알려주기만 해도 고객 스스로 성취 가능한 목표의 우선순위를 정할 수 있다.
④ 고객 스스로 그들의 가치를 반영할 수 있는 재무목표를 설정하도록 단지 돕는 것이 상담의 목적을 달성하는 것일 수도 있다.
⑤ 상담사의 전략은 어떻게 정보가 사용되는지를 알려주기 위해서 정보의 전달과정에 초점을 맞추어야 한다.

26 상담사는 고객이 어떤 내용의 정보를 활용하는지 알기 위하여 그룹 세미나 방법을 통해 고객이 문제를 해결하거나 의사결정을 할 수 있도록 할 수 있는데, 이때 사용하는 방법과 거리가 먼 것은?

① 다양한 대안 중에서 하나를 선택하게 한다.
② 성취 가능한 목표의 우선순위를 정해서 리스트를 작성하게 한다.
③ 고객의 신용상태의 심각함을 스스로 느끼게 한다.
④ 자신의 순자산을 평가해 보도록 한다.
⑤ 향후 6개월 동안의 재무목표를 써보도록 한다.

27 다음 중 이상적인 상담관계에 필요한 사항으로만 묶인 것은?

> 가. 영향력
> 다. 현실적 기대
> 마. 개방성
> 나. 고객의 태도
> 라. 다양성의 인정
> 바. 상담사의 자세

① 가, 나, 라
② 나, 다, 바
③ 가, 다, 라, 마
④ 나, 다, 라, 바
⑤ 가, 나, 다, 라, 마

정답 및 해설

24 ④ 상담의 진행에 있어서 학력 수준은 참고사항은 되지만 필요사항은 아니다.

　※ 고객평가 요인

> • 신체적 평가
> • 지적 기능·발달 수준의 평가
> • 자아개념의 평가
> • 심리적 평가
> • 정서적 상태의 평가
> • 대인관계특성의 평가

25 ③ 고객에게 책임감 있는 결정이 무엇인지 알려주는 것만으로는 고객 스스로 성취 가능한 목표의 우선순위를 정할 수 없는 것이 일반적이다. 그러므로 상담사는 전문적 분석에 의하여 실행 가능한 우선순위를 정하고, 고객이 작성하게 하여 고객의 목표 성취를 도와야 한다.

26 ③ 그룹 세미나 방법에서 고객의 신용상태의 심각함을 스스로 느끼게 하는 방법은 사용하지 않는다.

27 ③ 이상적인 상담관계의 필요사항은 다양성의 인정, 고객의 참여, 개방성, 현실적 기대, 체계, 영향력이다.

28 전략적 4단계(시작-탐색-이해-실행)를 통한 상담과정에 대한 설명으로 옳은 것은?

① 사람들은 서로 다른 동기를 가지고 상담관계를 시작하며, 항상 특정한 동기를 가지고 상담을 시작한다.

② 탐색이 특정한 계획을 세우기 위한 것인지, 아니면 고객의 문제해결을 위한 것인지의 2가지 측면은 서로 배타적이다.

③ 탐색의 초점은 '계획 세우기'에 맞추어진다.

④ 이해단계에서는 목표나 문제해결을 위해 대안을 만들어야 하며, 고객과 상담사가 함께 대안을 만들 수도 있다.

⑤ 실행단계에서 대안이 어떻게 수행되었는가를 평가한 결과 목표를 달성하지 못했더라도 고객과 상담사는 이전 단계인 탐색과 이해단계로 돌아갈 수 없다.

29 상담관계의 원칙에 대한 내용으로 가장 거리가 먼 것은?

① 재무계획모델과 재무상담모델에서는 확장된 발전단계를 거친다.

② 상담에서 의사소통의 결과물은 고객에게 돌아오는 상담사의 반응이다.

③ 상담사는 가까운 시기에 사람보다는 행동에 초점을 맞추어 피드백을 해야 한다.

④ 상담사는 자신의 한계를 인식해야 하며, 자신의 능력 밖의 일을 성취할 수 있다는 기대를 고객이 하게 해서는 안 된다.

⑤ 상담사는 모든 사람들과 효율적으로 상호작용할 수는 없다는 것을 알아야 한다.

30 다음 중 상담진행 단계를 순서대로 바르게 나열한 것은?

① 상담의 시작 → 문제의 명료화 → 목표설정 → 상담의 발전 → 행동변화

② 상담의 시작 → 상담의 발전 → 목표설정 → 문제의 명료화 → 행동변화

③ 상담의 시작 → 행동변화 → 상담의 발전 → 문제의 명료화 → 목표설정

④ 문제의 명료화 → 목표설정 → 상담의 시작 → 상담의 발전 → 행동변화

⑤ 문제의 명료화 → 행동변화 → 상담의 시작 → 상담의 발전 → 목표설정

31 상담의 일반적인 기법에 대한 설명으로 틀린 것은?

① 직면은 고객에게 위협적인 것으로 느껴질 수 있기 때문에 조심스럽게 사용되어야 한다.
② 고객에게 설명에 대한 그의 반응이나 평가를 묻는 방식으로 설명해서는 안 된다.
③ 상담사는 사실적인 지식과 정보를 제공함으로써 도움을 줄 수 있다.
④ 단기상담에서는 고객이 무엇을 말하는지 잘 경청해야 한다.
⑤ 고객에 대한 기본적인 정보는 질문하기를 통해서 주로 얻을 수 있다.

32 신용상담의 실제에 대한 설명 중 틀린 것은?

① 고객의 신용문제를 해결하기 위하여 가족구성을 면밀히 파악해야 한다.
② 고객의 언어에 함축된 의미를 파악하고 고객의 심리평가를 정확하게 이해해야 한다.
③ 상담사는 끊임없이 자신에 대해 자각해야 하며, 역할연습을 통해 고객에게 본보기를 보여야 한다.
④ 고객을 끊임없이 격려하고 구체적인 상담목표를 설정해야 한다.
⑤ 신용상담을 통해 고객의 신용문제를 해결해야 하며, 고객이 문제해결을 위해 행동을 변화하도록 유도해야 한다.

정답 및 해설

28 ④ ① 항상 특정한 동기를 가지고 상담을 시작하는 것은 아니다. 따라서 고객의 상담동기에 따라 고객과 상담사와의 관계는 일적인 관계부터 친한 친구관계까지 친분의 스펙트럼 중 어딘가에 위치할 수 있다.
② 탐색이 특정한 계획을 세우기 위한 것인지, 아니면 고객의 문제해결을 위한 것인지의 2가지 측면은 서로 배타적인 것은 아니다.
③ 상담의 목적이 '계획 세우기'라면 탐색의 초점은 '고객의 욕구와 목표'에 맞추어진다.
⑤ 실행단계에서 필수적인 요소는 대안이 어떻게 수행되었는가를 평가하는 것이며, 평가결과 목표를 달성하지 못했다면 고객과 상담사는 이전 단계인 탐색과 이해단계로 돌아가야 한다.

29 ② 상담에서 의사소통의 결과물은 상담사에게 돌아오는 고객의 반응이다. 즉, 상담에서 의사소통의 의미란 상담사의 의도가 아닌 고객의 반응이다.

30 ① 상담은 「상담의 시작 → 문제의 명료화 → 목표설정 → 상담의 발전 → 행동변화」의 순으로 진행된다.

31 ② 설명은 기본적으로 고객에게 설명에 대한 그의 반응이나 평가를 묻는 형식으로 주어지는 것이 좋다.

32 ① 신용문제 해결을 위해 가족구성을 면밀히 파악하는 것은 윤리 규정에 어긋난다.

33 상담의 시작단계에 대한 설명으로 옳지 않은 것은?

① 상담의 시작단계에서 상담사는 개방형 질문을 통해 고객 스스로 자유롭게 이야기하도록 유도해야 한다.

② 상담의 초기에는 고객의 이야기를 충분히 듣는 것이 중요하며, 해당 문제에 대해 해결책을 제시하는 데 초점을 둔다.

③ 고객이 현재 이야기하고 있는 주제 이야기를 충분히 듣고 나서 다음 이야기를 듣는 것이 좋다.

④ 갑자기 이야기 주제를 바꿔서 고객을 당혹스럽게 하기보다는 소리 내어 생각하기를 사용하는 것이 좋다.

⑤ 어떤 특정한 시점에서 상담사와 고객 사이에 진행되고 있는 무언가를 깨닫고 이를 건설적으로 전달해주는 즉시성은 보통 감정이나 느낌과 관계되는 것이기 때문에 매우 강력할 수 있다.

34 신용상담의 실제에 대한 설명으로 가장 거리가 먼 것은?

① 상담사는 선입견을 가지고 고객을 비판하거나 평가하지 말아야 한다.

② 신용상담사는 현재 고객이 당면한 신용문제를 해결하기 위해 최선을 다할 것임을 고객에게 알리고, 동시에 고객의 신용문제는 고객 스스로가 어느 정도 원인을 제공했음을 스스로 알게 해야 한다.

③ 상담사는 고객이 침묵하게 되면 침묵을 깨기 위해 노력해야 한다.

④ 상담사는 스스로 변화에 대한 확신을 가져야 하며, 윤리적 책임감이 있어야 한다.

⑤ 고객을 잘 이해하기 위해서는 개인에게 가장 많은 영향을 주는 가족에 대한 고객의 생각을 확인할 필요가 있다.

35 다음은 상담사의 조력활동에 대한 설명이다. 옳지 않은 것은?

① 고객 스스로 경험을 통해 느끼게 해야 한다.

② 상담면접기법을 숙지해야 한다.

③ 상담사는 상담기법상 가정생활에 대한 조언도 필요하다.

④ 상담사는 자신의 인간관과 성격에 부합한 상담이론을 개발해야 한다.

⑤ 현재 진행되는 경험을 다루어야 한다.

36 자신의 경제적 부나 사회적인 지위가 남보다 앞선다는 사실을 많은 사람에게 보여주거나, 특정 상품을 구매하여 남에게 인정받고 싶은 심리표현과 거리가 먼 것은?

① 과시소비

② 스놉효과(snob effect)

③ 모방소비

④ 밴드웨건효과(bandwagon effect)

⑤ 과소비

37 고객에 대해 상담사가 알아야 할 요소로서 고객의 요인평가에 따라 상담의 목표와 범위 등을 결정할 수 있다. 다음 고객의 평가 요인으로 필요한 항목을 묶인 것은?

> 가. 심리적 평가　　　　　　　　　나. 정서적 상태의 평가
> 다. 자아개념의 평가　　　　　　　라. 지적 기능·발달 수준의 평가
> 마. 신체적 평가　　　　　　　　　바. 대인관계특성의 평가

① 가, 나, 다, 라　　　　　　　　　　② 가, 나, 다, 라, 마

③ 가, 나, 다, 라, 마, 바　　　　　④ 가, 나, 다, 라, 바

⑤ 가, 나, 다, 마, 바

정답 및 해설

33 ② 상담사는 고객에게 충고나 해결책을 제시하려고 하기 보다는 고객의 말을 적극적이고 정확하게 경청하면서 고객 스스로 문제를 해결할 수 있도록 도와주는 조력자의 역할을 해야 한다.

34 ③ 고객은 침묵을 통해 어떤 결정을 내리는 시간일 수 있으므로 침묵에 대해 두려워 할 필요가 없다.

35 ③ 신용상담사의 조력활동에서 가정생활에 대한 조언은 필요하지 않다.

36 ⑤ 과소비는 개인의 소득수준이나 한정된 예산규모 이상을 소비하는 경우를 말한다. 과소비가 반드시 타인에게 보여주거나 인정받기 위한 심리와 관련된 것은 아니다.

37 ③ 상담사가 고객의 문제해결을 돕기 위해 위 6가지 평가 요인 항목 전부가 필요한 항목이라 할 수 있다.

38 다음 충동구매의 특성에 대한 설명으로 맞는 것을 모두 고르시오.

> 가. 순수충동구매는 단순히 상품의 다양성이나 진기함을 추구하는 구매로 순간적인 구매 욕구에서
> 비롯된 것으로 볼 수 있다. 이는 부정적 의미의 충동적 구매로 소비자가 진기한 상품을 발견하고
> 흥미를 느껴 사게 되는 구매행동을 하는 경우이다.
> 나. 상기충동구매는 상점에 들어가기 전 쇼핑목록에는 없었지만, 점포 내에서 제품을 보고 구매하려
> 고 계획하였던 상품이라는 것이 생각나서 구매하는 경우이다.
> 다. 제안충동구매는 점포 내 진열된 제품 중 지금까지 전혀 몰랐던 신제품이 현재 소비자의 요구에
> 맞는 상품일 때, 소비자가 점포 내 환경으로부터 영향을 받아 구매하는 경우이다.
> 라. 계획충동구매는 구매의사결정과정의 일부분은 계획적이었으나 나머지 부분은 무계획적인 경우
> 를 말한다.

① 나, 다
② 가, 나, 다
③ 나, 다, 라
④ 가, 다, 라
⑤ 가, 나, 다, 라

39 전화상담기법에 대한 설명으로 가장 거리가 먼 것은?

① 참고가 될 수 있는 파일과 문서를 미리 준비해 놓도록 한다.
② 전화메시지를 남길 경우 전화를 건 고객은 자신이 원하는 사람과 왜 지금 통화할 수 없는지 그
이유를 구체적으로 듣고 싶어 한다.
③ 전화를 다른 사람에게 돌려도 괜찮은지 먼저 물어보도록 하며 전화를 돌려야 하는 이유와 받을
사람을 미리 밝혀둔다.
④ 전화를 끊을 때 역시 앞으로 취할 행동단계를 되풀이해서 상대방과 자신이 앞으로 처리하기로
합의한 내용을 확인하고 더 도와줄 일은 없는지 물어 본다.
⑤ 전화통화를 하면 항상 인사부터 해야 하는데, 인사는 상대방에게 자신의 친절과 열린 마음을 바로
전달해주기 때문이다.

40 사이버상담기법에 대한 설명으로 옳지 않은 것은?

① 문자를 통해서만 정보를 얻을 수 있는 사이버상담은 상대방이 실제로 어떤 사람인지 판단하기
어렵기 때문에 고객은 상담사가 어떤 사람인가에 초점을 두게 된다.
② 익명성이 보장되기 때문에 소극적이고 예민한 고객의 경우 보다 편안하게 이용할 수 있는 상담방법
이다.
③ 시간적, 공간적인 제약을 극복하고 상담을 쉽게 받을 수 있다.
④ 방대한 양의 정보를 제공할 수 있고 한꺼번에 많은 사람들에게 동일한 정보를 제공할 수 있다는
장점이 있다.
⑤ 사이버상담의 형태로는 고객상담 전용창구를 이용한 상담, 전자우편을 이용한 상담, 게시판을
이용한 상담, 데이터베이스를 이용한 상담, 채팅상담 등이 있다.

41 할러웨이(Holloway)가 제안한 수퍼비전의 체계접근모델에서 수퍼비전의 주요기능으로 가장 거리가 먼 것은?

① 수퍼바이저는 공감적 주의, 격려, 건설적 직면 등을 통해 상담사가 자기의 과업을 수행하면서 가질 수 있는 어려움을 극복하고 자신감을 갖도록 공유해 주는 기능을 한다.
② 수퍼바이저는 전문적 행동에 대한 모델로서 상담사에게 영향을 주는 본보기의 기능을 한다.
③ 수퍼비전 회기에서 수퍼바이저는 상담사의 상담기술 적용과 수행에 대해 조정하고 평가하는 기능을 한다.
④ 수퍼바이저는 상담사의 상담내용을 모니터링하고 상담기술이 부족하다는 판단이 들 경우 고객과의 상담에 즉시 개입하여 수정하는 기능을 한다.
⑤ 수퍼바이저는 상담사에게 질문하여 견해나 정보를 추구하고 임상적, 전문적 상황의 문제를 해결하도록 촉진하며 상담사와 신뢰 관계에서 주요한 문제에 대해 자문하는 기능을 한다.

42 다중채무자 상담사가 지켜야 할 원칙으로 적절하지 않은 것은?

① 고객이 원하는 도움이나 정보를 체계적으로 제공한다.
② 고객에게 현실성 있는 희망을 심어준다.
③ 상담상황의 특성과 한계를 이해한다.
④ 상담과정에서 느끼는 부정적 감정은 무시한다.
⑤ 고객이 합리적인 재무관리를 할 수 있도록 유도하고 교육한다.

정답 및 해설

38 ⑤ 가, 나, 다, 라 모두 맞는 설명이다.

39 ② 전화메시지를 남길 경우 전화를 건 고객은 자신이 원하는 사람과 왜 지금 통화할 수 없는지 그 이유를 구체적으로 듣고 싶어 하지 않는다.

40 ① 사이버상담에서 고객은 상담사가 어떤 사람인가에 초점을 두는 것이 아니라 자신의 문제해결에 더 초점을 두기 때문에 상담사의 신뢰관계형성에 시간과 노력을 덜 기울이고도 기본적인 상담관계가 쉽게 맺어질 수 있다.

41 ④ 수퍼바이저는 상담사의 상담기술이 부족하다는 판단이 들 때에도 고객과의 상담에 즉시 개입하지 않는다. 수퍼비전의 체계접근모델(Holloway, 1995)에서 수퍼비전의 5가지 주요기능에는 보기 ①, ②, ③, ⑤ 외에도 수퍼바이저와 상담사의 관계는 '교사-학생'의 관계처럼 지도와 충고를 하는 기능도 포함된다.

42 ④ 상담사들은 상담과정에서 느끼는 부정적 감정을 지혜롭게 잘 해소할 수 있어야 한다.

43 심리상태에 따른 상담에서 고객의 특성으로 나타나지 않는 것은?

① 비참해 하는 고객

② 불평 자유형의 고객

③ 방문 자유형의 고객

④ 회피하거나 숨기는 고객

⑤ 솔직하고 친절한 고객

44 다음은 집단상담에 대한 설명이다. 옳지 않은 것은?

① 집단상담에서는 대체적으로 정상적인 상황에 있는 고객들에게 그들의 문제가 더 심각해지기 전에 발견하고 해결하도록 도와주는 예방적인 역할이 강조된다.

② 고객의 참여의식을 높이고 구체적인 기대를 갖도록 해야 한다.

③ 집단에의 소속감 및 책임감을 갖도록 하고 바람직한 기준 및 생산적인 긴장을 조성해야 한다.

④ 다른 사람을 지배하는 위치에 있으려는 사람에 대해서는 격려를 해야 한다.

⑤ 조용하고 수동적인 사람들에게는 집단에 참여하도록 고무시켜야 한다.

45 신용상담사가 지켜야 하는 윤리에 대한 설명으로 옳지 않은 것은?

① 고객과 상담사의 관계는 신뢰와 존경에 기초해야 한다.

② 고객이 처한 상황과 여건을 충분히 이해해야 한다.

③ 고객을 차별 없이 존중하고 신용문제 해결에 최선을 다한다.

④ 문제를 해결할 수 없는 경우 추정을 통해 상담해서는 안 된다.

⑤ 고객이 신용상담사에게 의존하도록 한다.

46 인구통계학적 특성에 따른 상담에 대한 내용으로 가장 거리가 먼 것은?

① 부부상담에서 부부 중 어느 쪽이 더 적극적으로 상담에 참여하는가를 살펴보는 것이 중요하다.

② 부부 간에 돈에 관한 의사소통을 원활히 하기 위해서는 부부 각자에게 배우자의 돈 관리태도와 습관에 대해 자신이 좋아하는 점과 싫어하는 점에 관한 목록을 만들게 한다.

③ 젊은 층의 경우 소득이 발생하는 시기이지만, 아직까지는 많은 재무적 사건들을 겪지 않은 단계이므로 되도록 장기적인 계획을 수립하도록 조언해 준다.

④ 저학력자 고객은 방어적 경향이 있으므로, 실패했다거나 부적당한 일 또는 잘못된 일을 했다고 말하지 않도록 특별히 조심해야 한다.

⑤ 중년층의 경우 다양한 개별적인 사건에 대한 문제를 해결하기를 원하므로 상담사는 개별적인 사건에 대해 전문적이고 실질적인 상담을 해주어야 한다.

47 비합리적 소비성향에 따른 상담에서 필요하지 않은 것은?

① 과시소비를 하고 있는지를 파악한다.

② 체면을 중시하는 행동을 개선시킬 수 있는지 파악한다.

③ 충동구매 행동을 하고 있는지 파악한다.

④ 충동구매를 차단하도록 할 수 있는지 파악한다.

⑤ 도박중독 상태가 아닌지 파악한다.

정답 및 해설

43 ⑤ 심리상태에 따른 상담에서 솔직하고 친절한 고객의 특성은 나타나지 않는다.

44 ④ 너무 말을 많이 하거나 다른 사람들을 지배하는 위치에 있으려는 사람에 대해서는 조정을 해야 한다.

45 ⑤ 신용상담사는 고객 스스로 발전할 수 있도록 독려하고 고객이 상담사에 대해 의존적인 태도를 취하는 것을 경계해야 한다.

46 ④ 고학력자 고객에 해당하는 설명이다.

47 ④ 충동구매에 대한 차단 파악은 소비성향에 따른 상담에서 필요한 사항이 아니다.

48 다중채무자 상담에서 고려하지 않아도 되는 것은?

① 상담사의 역할을 명확하게 설정해야 한다.
② 고객과의 래포 형성을 위해 노력해야 한다.
③ 상담과정에서 느끼게 되는 부정적 감정을 회피해야 한다.
④ 고객이 호소하는 고통에 대해서도 공감적인 태도를 취해야 한다.
⑤ 고객에게 현실성 있는 희망을 심어 주어야 한다.

49 신용상담사의 윤리강령과 관련된 내용으로 맞지 않는 것은?

① 신용상담사는 직무수행 중 취득한 정보는 업무 목적으로만 이용하고, 불법적으로 제3자에게 유출하지 않는다.
② 신용상담사는 고객의 신용문제 해결에 대한 책임을 전적으로 져야 한다.
③ 신용상담사는 지속적인 자기개발을 하여야 하며 전문성을 확보를 하여야 한다.
④ 신용상담사는 고객의 요구를 차별 없이 동등하게 대우한다.
⑤ 신용상담사는 개인의 사생활침해방지 및 정보보호 관련 법규정의 준수에 최선을 다해야 한다.

50 신용상담의 전망에 대한 설명 중 틀린 것은?

① 신용거래가 증대될수록 신용상담에 대한 수요는 꾸준히 증가할 것이다.
② 현대사회문제 대부분이 채무와 관련된 것이므로 신용상담의 필요성은 증가한다.
③ 신용문제 해결을 위해서는 정부기관이 전담해야 하기 때문에 한시적으로 필요하다.
④ 2024년 10월 개인채무자보호법의 시행으로 앞으로 은행에서도 신용상담사의 필요성이 대두될 것이다.
⑤ 사회단체나 학교에서도 신용이용에 대한 교육의 필요성이 증가하게 된다.

정답 및 해설

48 ③ 상담사들은 상담과정에서 느끼는 부정적 감정을 지혜롭게 잘 해소해야 한다. 예를 들어, 심리상담을 하는 전문가들 간의 정기적인 만남을 통해 공통적인 어려움을 이야기하거나 경험 많은 선배 상담사와의 상담을 하도록 한다.

49 ⑤ 신용상담사는 고객의 신용문제 해결에 최선을 다해야 한다. 그러나 신용상담사의 역할은 고객의 문제를 완전히 해결하는 것이 아니라 고객이 스스로 해결할 수 있도록 지원하는 것이다.

50 ③ 신용상담은 신용사회의 확대로 인하여 개인은 물론 경제 관련 금융기관, 정부, 사회단체, 기업, 학교 등 사회 전체적으로 더욱 필요성이 요구될 전망이다.

제2과목

신용상담을 위한 재무관리

제1장 가계재무관리에 대한 이해

제2장 신용에 대한 이해

제3장 부채에 대한 이해

출제예상문제

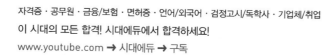

가계재무관리에 대한 이해

01 가계재무관리의 기초

신용문제는 대부분 기본적인 돈 관리의 실패로 인한 경우가 많다. 과다부채문제, 연체 등 일차적인 신용문제를 해결하더라도 돈 관리를 통해 돈 씀씀이를 통제하지 않으면, 신용문제가 재발하게 되는 경우가 많다. 돈 관리, 즉 재무관리가 무엇인지, 재무관리를 위해서는 어떠한 내용들을 숙지하고 이해해야 하는지 구체적으로 살펴보고, 주로 신용문제 해결을 위한 예방적인 측면과 신용문제 해결 후 재발방지 측면에서의 재무관리에 대해 알아본다.

1 가계재무관리의 의의

가계재무관리란 가계구성원 개인 혹은 공통으로 원하는 재무목표를 달성하기 위해 돈을 벌고 이를 효율적으로 소비함으로써 가계의 복지를 달성해 나가는 전 생애에 걸쳐 지속적으로 이루어져야 하는 과정이다. 이를 위해 돈을 어떻게 벌고 소비할지를 미리 계획하고 계획을 실행하는 일을 가계재무관리라고 할 수 있으며, 구체적인 가계재무관리의 의의는 크게 다음 3가지로 살펴볼 수 있다.

(1) 직업의 선택과 소득의 획득

가계의 재무적 욕구 충족하기 위해 소득이 필요하고, 직업은 가계의 재무적 욕구를 충족시키기 충분한 수준의 소득을 줄 수 있는 것이어야 한다.

(2) 효율적인 소비의 실천

효율적인 소비를 하게 되면 같은 소득을 가지고도 재무목표 달성이 수월해진다.

(3) 재무적 안정의 구축

안정된 재무상태를 유지하고, 재무적 위험에 대비하여야 한다.

2 가계재무관리의 필요성

(1) 기대하는 생활수준의 달성을 위해 필요하다.

재무관리를 통해 현재와 미래에 요구되는 자금이 마련되어야 비로소 재무적 자립과 금전에 대한 통제권 확보가 되는 것이다.

(2) 소득과 지출의 불일치 적응을 위해 필요하다.

필요한 자금을 예측하고 이에 준하여 소득과 지출흐름 불일치 완화를 달성할 수 있을 때 가계의 생활수준을 저하시키지 않고 여러 가지 사건들을 해결할 수 있다.

(3) 예기치 못한 위기에 대응하기 위해 필요하다.

재무관리를 통한 예비자금 혹은 보험 등을 준비해 둬야 할 필요가 있다.

(4) 사회·경제적 환경변화에 적응하기 위해 필요하다.

오늘날 급속하게 변화하는 사회·경제적 상황은 가계의 재무상황에 영향을 미친다.

3 가계재무관리의 실제

(1) 가계재무관리 과정

① SETP 1. 관련 자료수집 및 재무상태의 평가
  상담사는 고객에게 개인적인 재무적, 비재무적 자료들이 왜 필요한지에 대해 구체적으로 미리 설명해주어야 한다.
② SETP 2. 재무목표의 설정
  ㉠ 재무목표는 목표의 달성시기에 따라 단기목표, 중기목표, 장기목표로 구분되며, 다양한 재무목표가 있을 경우에는 우선순위가 정해져야 한다.

> **참고**
>
> 일반적인 재무목표의 우선순위
> 악성 단기부채 상환 → 긴급예비비 마련 → 장기부채 상환 → 저축 → 투자

  ㉡ 잘 설정된 재무목표는 다음의 SMART한 요소를 포함하고 있다.

S(Specific)	막연히 '빚 갚기'가 아니라 'OO신용카드 대금 갚기' 등 목표는 구체적이어야 한다.
M(Measurable)	'한 달에 10만원씩 저축하기', '일주일에 한 번만 쇼핑하기'처럼 재무목표는 양이나 횟수로 측정 가능해야 한다.
A(Attainable)	목표는 달성 가능해야 한다.

R(Relevant)	재무목표는 자신의 가치에 부합해야 하며, 자신에게 중요하고 자신이 추구하는 바와 밀접한 연관이 있어야 한다.
T(Time-related)	기한이 정해져 있지 않는 목표는 뒤로 미뤄지기 쉬우므로 '언제까지(예 3년 후까지)'라는 재무목표 달성을 위한 정해진 기한이 있어야 한다. 그래야 스스로에게 동기부여도 될 수 있다.

③ SETP 3. 재무목표 달성을 위한 대안모색 및 평가

고객의 가족상황, 현재의 재무상태, 가치관, 시장경제상황 등을 고려하여 적절한 대안을 선택해야 하며, 위험(인플레이션, 이자위험, 소득위험, 개인적인위험, 유동성위험 등)에 대한 평가도 반드시 따라야 한다.

④ SETP 4. 재무행동 계획의 실행

선택된 대안을 실천하기 위해서는 자기통제와 융통성이 가장 중요하다. 채무변제의 방법은 소득증대, 지출자제 외 별 대안이 없다. 과도한 긴축재정이 아닌지 혹은 융통성이 부족한 생활비 책정은 아닌지를 따져보고 계획의 실행을 생각한다.

⑤ SETP 5. 재무행동 계획의 재평가와 수정

달성되지 못했을 경우 문제점을 파악하여 개인, 사회, 경제적 요인의 변화에 따라 계획의 재평가와 지속적인 수정이 필요하다.

(2) 재무상태평가표 작성 및 분석의 실제

① 자산상태표의 작성

㉠ 자산상태표의 개념

자산상태표란 현재 가지고 있는 자산과 부채규모가 어느 정도인지 파악하는 표로서, 한 시점을 정하여 기록하고 주기적으로 검토해야 한다.

㉡ 자산상태표의 구성

• 자산은 금융자산과 실물자산으로 구분된다.

금융자산	현금성자산(안전자산)과 투자자산(현시가)으로 구분한다.
실물자산	부동산(토지, 주택, 상가 등)과 기타 개인소유물(골프회원권, 보석, 자동차 등)로 구분한다.

• 부채는 상환에 걸리는 기간을 기초로 단기부채와 중장기부채로, 또는 신용부채와 담보부부채로 구분한다.

• 순자산이란 총자산에서 총부채를 차감한 금액으로서 자산을 처분하여 부채를 모두 갚고 남는 실제의 자산을 의미한다.

② 가계수지상태표의 작성

㉠ 가계수지상태표의 개념

가계수지상태표란 가계의 소득과 지출을 알아보기 위한 표로서, 일정기간 소득과 지출액을 파악한다.

ⓛ 가계수지상태표의 구성
- 수입은 일정기간을 회계기간으로 선정하여 들어오는 모든 소득을 기록한다.
- 지출은 고정지출과 변동지출로 구분되며, 각 가정이나 개인마다 고정지출과 변동지출비목이 달라질 수 있다.

고정지출	반드시 지출해야 하는 것 예 차입금상환금, 이자, 월세, 저축, 세금 등
변동지출	융통성 있게 지출할 수 있는 것 예 외식비, 피복비, 교육비 등

- 손익결산이란 총수입에서 총지출을 차감한 금액으로, 적자일 경우 수입증가나 지출감소 등의 노력을 통해 흑자를 이루도록 조정해야 한다.

③ 재무상태의 분석 및 평가
- ㉠ 현재소득뿐만 아니라 미래소득 또한 가계재무상태에 영향을 미친다.
- ㉡ 가계재무관리의 1차적 목표는 현재의 생활을 유지하며 만일의 사태가 발생하더라도 생활을 지속적으로 유지할 수 있는 가계의 안정을 달성하는 것이다.
- ㉢ 재무비율에 기초한 안정성지표에는 가계수지지표, 비상자금지표, 위험대비지표, 부채부담지표 등이 있다.

> **TIP** ▶ 부채부담지표의 3가지 유형
>
> - 매월 지출하는 부채상환액이 가계소득에서 차지하는 비중을 계산하여 부채상환지출로 인한 가계의 부채부담을 측정할 수 있다.
> - 금융자산 대비 총부채로 측정하는 것이다.
> - 총자산 대비 총부채로 측정하는 것이다.

- ㉣ 재무비율에 기초한 가계의 성장성지표에는 저축성향지표, 투자성향지표, 유동성지표 등이 있다.
  - 유동성지표는 총자산에서 금융자산이 차지하는 비중으로 측정한다.

(3) 예산세우기

① 예산의 의의

지출통제를 통해 부채를 줄이고 관리하는 데 성공하려면 예산을 세우는 것이 무엇보다 중요하다. 예산은 소비습관을 분석할 수 있도록 지출의 단면을 엿보는 기회를 제공하고 그 단면을 통해 재무상태를 외부에서(혹은 객관적으로) 들여다볼 수 있게 해준다.

② 예산안 짜기
- ㉠ 직접적 재무상황에 따른 정확한 정보를 사용하는 것이 중요하다.
  - 소득을 과대평가하지 않는다.
  - 모든 소득이 다 파악되었는지 확인한다.
- ㉡ 필요와 욕구를 구분하여, 예산제약으로 채무상환이 어려운 경우라면 욕구충족을 위한 지출은 자제해야 한다.

ⓒ 소비지출을 고정지출과 변동지출로 구분하여, 예산수립 시 고정지출을 우선적으로 고려한다. 변동지출은 소비자가 통제 가능한 비목으로 채무상환여력 마련에 용이하게 작용한다.

ⓔ 개인의 지출 성향을 계획하고 평가하는 수단인 예산은 현재와 미래 비용을 예측할 수 있고 특별한 소비 행태를 파악하기 위한 기초 자료이므로 꾸준히, 지속적으로 일관성 있게 예산을 짜는 일이 무엇보다 중요하다. 이 때 고객으로 하여금 자신의 지출을 검토하게 해서 비목을 얼마나 줄일 것인지 스스로 선별토록 한다.

> **TIP** ▸ 예산 정립 시 고려할 사항
>
> • 직업은 안정적인가?
> • 주 소득원 외에 다른 소득원이 있는가?
> • 향후 2~3년 안에 소득원의 변화는 없는가?
> • 어느 정도까지 위험을 감수할 수 있는가?
> • 현재의 지출 항목과 금액은 적절한가?

③ 예산실행하기 전략

ⓐ 미래의 소비계획에 초점을 맞추기 보다는 재무적 위기를 초래하는 문제해결에 초점을 맞추는 것이 좋다.

ⓑ 여유자금을 예산에 포함시키는 것이 중요하나, 지키기 힘든 예산은 중도에 포기할 수도 있기 때문에 적절한 여유를 줄 필요가 있다.

ⓒ 지출을 최소화하여 늘어난 가처분소득으로 부채를 감소하기 위해서는 이자비용이 큰 채무부터 우선변제한다.

4 가계재무관리 관련 경제개념

(1) 기초 경제개념

① 기회비용(Opportunity cost)

ⓐ 기회비용이란 하나의 선택을 위해 다른 선택을 포기함으로써 발생하는 손실이다.

ⓑ 기회비용은 철저히 분석한 후 신중히 선택해야 한다.

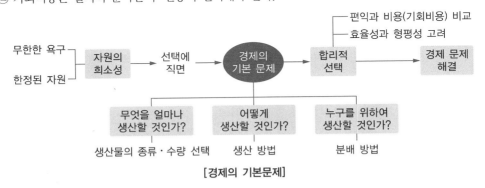

[경제의 기본문제]

② 한계효용(Marginal utility)과 단위가격 당 한계효용
　　㉠ 한계효용이란 소비자가 재화나 용역의 소비량을 1단위 추가 소비함으로써 얻을 수 있는 만족감을 의미한다.
　　㉡ 한계효용체감의 법칙(Law of Diminishing marginal utility)이란 동일한 재화나 서비스의 소비량을 점차 늘려갈 때 각 재화의 소비량으로부터 발생하는 효용의 증가분이 점점 감소하는 것을 의미한다.
③ 돈의 시간가치(Time value)
　　시간이 지남에 따라 돈에 이자가 붙거나 물가 상승으로 돈의 가치가 변하는 것을 의미한다.

(2) 외부 경제환경

① 경 기
　　㉠ 경기변동(Business fluctuation) 또는 경기 순환(Business cycle)이란 경제활동의 수준이 상승과 침체를 반복하는 현상을 의미한다. 경제는 반드시 일정하고 안정적인 패턴으로 성장하지 않는다. 단기적으로 경기가 좋은 호황(Boom)과 경기가 나쁜 불황(Recession)을 반복하며, 장기적으로는 경제성장을 달성한다. 이러한 호황기에는 소득과 소비가 증가하고 투자도 증가하며 실업은 감소하게 된다. 반면에 불황기에는 호황기와는 반대로 소득과 소비, 투자가 감소하며 실업은 증가한다.
　　㉡ 경기종합지수는 앞으로의 경기를 예측할 수 있는 선행종합지수, 현재의 경기상태를 측정할 수 있는 동행종합지수, 그리고 현재의 경기를 사후적으로 확인해주는 후행종합지수로 구분된다.

② 실 업
　　㉠ 일할 의사와 능력을 가진 사람이 일자리를 갖지 않거나 갖지 못한 상태를 말한다.
　　㉡ 실업률은 만 15세 이상 현재 취업자와 적극적으로 구직활동을 한 실업자를 합한 경제활동인구 중에서 직장이 없는 사람들의 비율을 말한다.
　　㉢ 자발적 실업에는 마찰적 실업과 탐색적 실업이 있고, 비자발적 실업에는 구조적 실업, 경기적 실업, 계절적 실업이 있다. 이 중 자발적 실업은 노동자 자신의 의사에 의한 실업이므로 사회적, 경제적으로 큰 문제가 없다.

TIP ▸ 실업의 분류

자발적 실업	마찰적 실업	경기와 무관하게 노동인력이 일시적으로 실직하는 상태
	탐색적 실업	더 좋은 조건의 직장을 구하기 위한 일시적 실업상태
비자발적 실업	구조적 실업	노동인력의 수급불균형으로 인한 노동공급 과잉으로 발생하는 실업 예 사양산업
	경기적 실업	경기하락으로 인해 생산이 위축되면서 발생하는 실업
	계절적 실업	특정 업종에서 특정 계절에 발생하는 실업

③ 금리(이자율)

금리란 돈에 대한 가격을 의미하며, 자금에 대한 수요와 공급에 의해 결정된다.

㉠ 자금에 대한 수요 > 공급 → 금리상승

㉡ 자금에 대한 수요 < 공급 → 금리하락

④ 인플레이션

㉠ 인플레이션이란 물가수준이 상승하는 현상을 말한다.

㉡ 소득증가율이 인플레이션율을 따라잡지 못하면 실질구매력은 감소한다.

㉢ 인플레이션율을 나타내는 지표로는 물가지수가 가장 많이 사용되며, 물가지수는 그 작성목적에 따라 생산자물가지수(PPI), 소비자물가지수(CPI), 수출입물가지수 등이 있다.

⑤ 디플레이션

㉠ 물가가 하락하고 경제활동이 침체되는 현상을 말한다.

㉡ 경기가 좋아지다가 나빠지는 시점이다,

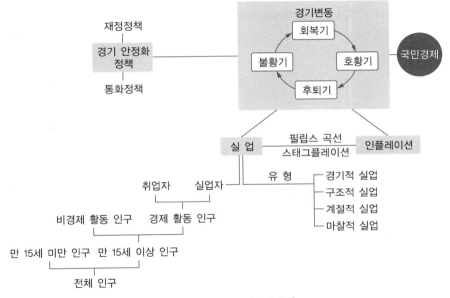

[경기변동, 실업, 인플레이션]

02 가계재무관리의 구성

1 가 계

(1) 가계의 의의

① 가계는 소득, 소비와 같은 경제활동을 함께하는 최소단위를 의미한다.

② 가계구성원 상호간의 복지를 추구할 목적으로 가계구성원 사이에 자원(소득)을 공유하는 1인 이상의 집단이라고 할 수 있다.

(2) 가계유형

① 소득원천에 따라 근로소득자 가계, 사업소득자 가계, 재산소득자 가계, 이전소득자 가계로 구분된다.

② 소득의 안정성에 따라 고정소득자 가계, 변동소득자 가계로 구분된다.

③ 지역에 따라 도시가계, 농촌가계로 구분된다.

④ 취업자 수에 따라 1인 취업가계, 2인 취업가계로 구분된다.

2 소 득

(1) 소득과 수입의 차이점

가계 내로 유입되는 돈을 의미한다는 점에서 소득과 수입은 동일하지만 가계의 순자산을 증가시키지 않는 것은 소득에 포함되지 않는다.

(2) 소득의 종류

① 소득원천에 따른 유형

소득원천에 따라서 소득의 종류를 근로소득, 재산소득, 사업소득, 이전소득으로 구분할 수 있다.

> **TIP** ▶ 이전소득
>
> 빈곤층에 대한 정부보조, 상속이나 증여 등의 형태로 주어지는 소득 등 아무런 대가를 치르지 않고 일방적으로 주어지는 소득을 의미한다.

② 가처분소득

가처분소득(DI ; Disposable Income)은 개인의 소득 중 개인의 자유 의사대로 지출이 가능한 소득을 의미한다.

가처분소득 산출 방법

- NNP = GNP − 감가상각비
- NI = NNP − 간접세 + 보조금
- PI = 법인세 − 사내유보이윤 + 정부 및 기업으로부터 이전지출
- DI = PI − 개인소득세

③ 경상소득, 임시소득

경상소득	• 임금, 연금, 지대, 이자, 배당금, 이윤 등과 같이 계속적으로 확실하게 들어오는 소득 • 비교적 정기적이고 예측이 가능하기 때문에 가계는 경상소득을 기초로 운영되어야 함
임시소득	장기적으로 예견되지 않은 일시적인 소득

④ 명목소득, 실질소득

명목소득	물가수준에 따른 실질 구매력을 고려하지 않고 화폐의 액면가치 그대로 나타낸 소득으로 화폐소득이라고도 함
실질소득	명목소득에서 물가 변동분을 제외한 소득으로, 명목소득을 소비자물가지수로 나눈 뒤 100을 곱하여 계산 [예] 물가가 전년도 대비 10% 상승하여 소비자물가지수가 110인데, 올해 월평균 소득은 지난해와 동일하게 2백만원일 경우 ⇨ 실질소득은 1백 81만 8천원

⑤ 계약소득, 강제소득

계약소득	• 법률상으로는 계약자 상호간의 의사에 따라 조건을 결정 • 실제의 경우 기업가와 노동자가 대등한 입장에서 조건을 결정하는 것이 아니고 대부분의 경우 노동자가 불리한 입장에 서게 됨
강제소득	• 소득액이 규정된 것으로서 개인의 능력이나 경제상황에 따라 일시적으로 변경할 수 없는 소득 • 공무원의 월급, 연금 등

(3) 소득획득 영향요인

소득은 직종, 개인의 학력, 성별, 연령 등의 영향을 받게 된다. 이중 직종이나 학력은 개인 선택이 가능하다는 점에서 어느 정도 조정의 여지가 있지만 성별, 연령은 개인이 조절할 수 없는 영역이다.

① 산업(직종)별

2020년 6월 정규직 기준 산업별 시간당 임금수준을 보면 전기·가스·수도업(36,448원), 금융·보험업(34,790원) 순으로 높게 나타나고 있다.

② 학력별

인적자본 투자이론에 의하면 교육을 통해 사람들은 시장에서 필요한 지식 및 기술, 태도, 가치관 등을 축적하며 개인은 생산력 향상을 기할 수 있다. 한편 교육은 개인의 생산성과는 무관하게 기업의 사원채용에 있어 선별기준으로 이용될 수 있다. 이러한 효과들이 모두 합해져 학력수준이 높아지면 임금수준도 높아진다.

③ 성 별

2020년 6월 정규직 기준 성별 시간당 임금은 남성 23,356원, 여성 16,580원이다. 이는 남성 대비 여성의 시간당 임금이 69.6% 수준임을 나타낸다.

④ 연 령

2020년 6월 정규직 기준, 연령별 시간당 임금을 살펴보면, 연령이 높아질수록 임금이 증가하다가 40대를 정점으로 감소한다.

3 소 비

(1) 소비의 측정

넓은 의미에서 소비는 재화와 용역의 획득, 사용, 처분을 통해 인간의 욕구와 욕망을 충족시켜 만족감을 얻는 경제행위라 정의할 수 있으며 가계의 소비는 가계경제의 바람직한 운영을 위해서 매우 중요하다.

(2) 지출의 종류

가계는 여러 지출비목(예 식비, 의류비, 교통통신비 등) 간에 소득을 분배하여 지출하게 되는데, 이처럼 지출비목 간 소득의 분배 구조를 지출구조라고 한다.

① 경상지출, 임시지출

경상지출	매 회계기마다 정기적으로 소비되는 지출 예 식료품비, 주거비, 광열비, 기타 각종 요금 등
임시지출	불규칙적이고 일시적인 지출로서 예상치 못한 지출과 어느 정도 예상할 수 있는 지출을 포함 예 관혼상제비, 의료비, 의류구입비, 가구구입비 등

② 실지출

식료품비, 보건의료비, 피복비, 광열비, 잡비 등과 같이 재화나 서비스의 구입을 위해서 화폐를 지불하여 가계의 순재산액을 감소시키는 것을 실지출이라 한다.

③ 소비지출, 비소비지출

소비지출	식료품비, 피복비, 주거비, 광열비, 잡비 등 가족의 생계를 위한 재화와 용역을 구입하는 데 직접 소비하는 지출
비소비지출	국가경제, 사회시설 등에 간접 투자되어 그 소비가 다시 유익하게 사용되는 각종 세금과 관리비 등의 공과금 및 가계를 위해서 빌린 돈에 대한 지불이자, 기타 벌금, 도박지출 등과 같이 가족의 생계 및 활동을 위해서 직접 소비되지 않는 지출

④ 고정지출, 변동지출

고정지출	집세, 지대, 세금, 회비, 각종 요금, 수업료, 지불이자 등과 같이 최초의 계약 또는 규정에 따라 미리 그 지출금액이 정해져 있어 가계관리자가 임의로 그 금액을 변경할 수 없는 지출
변동지출	식료품비, 피복비, 가구·집기·가사용품비, 교제비, 교양·오락비 등과 같이 그 지출금액이 고정되어 있지 않고 가계의 의도에 따라 지출금액에 변동이 생길 수 있는 지출

(3) 소비함수

① 절대소득가설

　㉠ 케인즈(Keynes)에 의한 절대소득가설은 인간의 기본적인 심리상태는 소득증가가 아니라 소득증가로 인한 소비증가에 초점을 두고 있다고 보고, 다른 조건이 일정하다는 가정 하에 소비는 현재 소득의 함수라는 가설이다.

　㉡ 가계의 소비를 현재의 소득에 따라 결정되는 수동적인 행위로 파악하고 있으며 현재의 소득 수준에 의해서 소비지출이 결정된다고 보았다.

　㉢ 한계소비성향(MPC)과 평균소비성향(APC)

　　• 한계소비성향(MPC)은 소득의 증가분에 대한 소비의 변화$\left(= \dfrac{\triangle C}{\triangle Y} \right)$를 나타내며,

　　　$0 < \text{MPC} < 1$의 값을 가진다.

　　• 평균소비성향(APC)은 소득에 대한 소비의 비율$\left(= \dfrac{C}{Y} \right)$을 나타내며, APC의 값은 MPC의 값보다

　　　크다(APC > MPC)고 보고 있다.

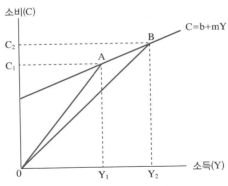

[케인즈의 절대소득가설]

② 상대소득가설

　　㉠ 듀젠베리(Dusenberry)는 소비행위의 외부성이 존재한다고 주장하며, 개인의 소비는 시간적으로는 과거의 최고 소득수준에서, 공간적으로는 비교집단의 상대적 소득수준에 의해 좌우된다고 보았다(전시효과).

　　㉡ 상대소득가설에는 절대소득가설의 C=b+mY의 소비함수와 C=kY의 소비함수 두 가지가 있다. 각 사회계층의 평균소비와 평균소득점을 나타낸 소비함수가 C=kY 이며, 여기서 k는 한 사회계층에서 다음의 상류층으로 이동할 때 MPC이다.

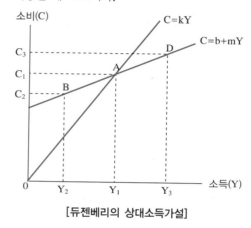

[듀젠베리의 상대소득가설]

③ 항상소득가설

　　㉠ 프리드먼(Friedman)은 개인의 소비행동이 현재소득보다는 기대소득, 즉 항상소득에 의해서 결정된다고 보았다.

　　㉡ 항상소득보다 현재소득이 많다면(임시소득 > 0) 저축을 하게 되고, 반대로 항상소득보다 현재소득이 적다면(임시소득 < 0) 차입이 발생하게 된다.

　　㉢ 또한 임시소득은 전혀 소비하지 않기 때문에 소득에서 차지하는 항상소득의 비율이 클수록 소비성향이 높고 저축성향은 낮아진다고 가정하고 있다.

④ 생애주기소득가설

　　가계는 전 생애의 만족을 극대화하기 위해 소비를 평활화(Consumption smoothing)하고자 하며 이는 기간 간(예 현재와 미래기간 간) 자원 배분, 즉, 저축과 차입행동을 통해 소득을 현재소비와 미래소비를 위해 적절하게 배분함으로써 가계가 만족할 수 있다는 가설이다.

⑤ 행동학적 생애주기소득가설

기존의 경제학에서 간과되어 온 중요한 행동학적 특성인 자제력(Self-control), 심적회계(Mental accounting), 프레이밍(Framing)효과를 생애주기가설에 포함시켜야 소비자행동을 더 잘 설명할 수 있다는 가설이다. 이 가설에 의하면 소비자는 현재소비를 선호하기 때문에 미래소비를 위해서는 현재소비를 감소시키기 위한 자제력이 필요하며 이를 위해서는 유혹을 이겨낼 수 있는 의지노력, 즉, 심리적 비용이 요구된다는 것이다.

(4) 합리적인 소비전략

합리적인 소비란 최소의 비용으로 최대의 만족을 얻도록 소비하는 것이다. 소비는 선택과 사용을 포함하는데, 합리적인 선택과 합리적인 사용까지 의미하는 것이다.

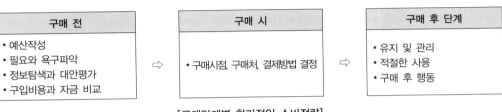

[구매단계별 합리적인 소비전략]

① 구매 전

구매 전에는 예산을 작성하고 합리적으로 소비지출을 배분해야 한다. 합리적으로 소비지출을 배분하기 위해서는 우선 필요(Need)가 욕구(Want)보다 우선시 되어야 한다.

② 구매 시

물건을 구매할 때는 구매시점, 구매 장소, 결제방법을 선택하여 실행한다.

구매시점은 계절성, 하루 중 아침, 저녁 혹은 일주일 중 주중, 주말 등을 고려하여 가장 저렴하면서도 가계구성원의 욕구를 충분히 충족시킬 수 있는 시점을 선택한다.

참고 1

방문판매에 의한 구매 시 소비자 주의사항
- 미성년자가 부모의 동의 없이 계약한 것은 즉시 서면으로 해약을 요구할 수 있다.
- 충동구매를 하였다고 판단되면 제품을 받은 후 14일 이내에 청약철회가 가능하다. 다만, 광고 내용과 다른 상품을 받았을 때는 상품을 받은 후 3개월 이내에, 혹은 광고 내용과 다른 사실을 안 날로부터 30일 이내에 청약철회가 가능하다.
- 판매자와 신용카드사에 청약철회 요청서를 우체국에서 내용증명을 통해 보낸다. 방문판매로 구매한 제품은 판매자에게 착불로 보내고 이미 지불한 돈을 판매자로부터 돌려받는다.
- 특약사항은 구두로 하지 말고 계약서에 적어 놓는다.

전자상거래 시 소비자 유의사항
• 가능한 규모가 큰 인터넷쇼핑몰을 이용한다.
• 개인정보 유출에 주의한다.
• 제품을 주문한 근거 자료를 보관한다.
• 배송받은 상품은 받는 즉시 확인하여 나중에 판매자와의 갈등의 여지를 없앤다.
• 인터넷을 통한 개인 간의 거래 및 해외 인터넷쇼핑몰은 우리나라 전자상거래 등에서의 소비자보호에 관한 법률에 의해 전혀 보호를 받을 수 없기 때문에 신중을 기한다.
• 현금결제를 할 경우, 돈만 받고 물품을 보내주지 않는 경우를 대비하여 신용카드로 결제한다.
• 전자상거래를 통하여 물품을 구매 한 후 충동구매를 하였다고 판단되면 제품을 받은 후 7일 이내에 청약철회가 가능하므로 이를 이용한다. 다만, 광고 내용과 다른 상품을 받았을 때는 상품을 받은 후 3개월 이내에, 혹은 광고 내용과 다른 사실을 안 날로부터 30일 이내에 청약을 철회할 수 있다.
• 청약철회 방법은 방문판매와 동일하나 구매한 물품을 판매자에게 보낼 때 방문판매의 경우 착불로 보내는 것과는 달리 전자상거래에서는 판매자의 잘못이 없는 한 소비자가 택배비를 지불해야 한다.

③ 구매 후

물건을 구입한 후 적절하게 유지 및 관리하는 일은 가계자금의 절약에 실질적인 도움을 준다. 구매한 물건을 충분히 잘 활용하는 것도 동일한 지출의 효율성을 높임으로써 가계구성원들의 생활의 질을 높이는 방법의 하나가 된다.

(5) 소비의 실제

① 자동차구매

자동차를 구매할 경우, 생계 등을 위하여 반드시 필요할 경우를 제외하고 단순히 편의를 위한 목적이라면 이러한 결과를 고려하여 자동차 구매여부에 대한 의사결정을 신중히 하여야 할 것이다. 특히 연체위기에 있는 가계라면 현재 지출을 줄이기 위한 목적으로 보유하고 있는 자동차의 처분 역시 가장 먼저 고려해야 할 사항이다.

② 자동차구매의 실제

만약 자동차를 구매하기로 했다면 가장 일반적인 피시바인의 다속성태도모델을 통해 어떤 자동차를 구입할지에 대한 결정을 해볼 수 있다. 다속성태도모델에서는 자동차가 가지는 속성들에 대한 중요도를 먼저 결정하며, 이것이 가중치로써 작용한다.

③ 주택구매

㉠ 준비시기 및 필요금액

주택구매는 목돈을 필요로 하며 따라서 장기간의 계획을 필요로 한다. 신혼초기에는 월세 혹은 전세로 거주문제를 해결하지만 점차 경제적으로 안정이 되고 어느 정도 목돈이 마련되면 주택구입을 적극적으로 고려한다.

㉡ 준비방법

• 주택구입을 위해서는 우선 주택형태(아파트, 단독 등)와 크기, 그리고 이에 따라 필요한 금액을 조사한 다음에 계획을 세운다.

- 집값은 거주하고자 하는 지역과 집 크기에 따라 매우 다르며 자신이 필요로 하는 주택규모와 거주지역을 결정한 후 국토교통부 인터넷 홈페이지를 방문하면, 현재 실시간으로 거래되는 주택의 시장가격을 알 수 있다.

TIP ▶ 주택청약종합저축

가입조건	• 1인 1통장 • 무주택 세대주 아니어도 가능하며, 미성년자도 가입 가능
납입방식	• 매월 일정금액을 납입하는 납입식을 기본으로 하고 예치식도 가능 • 납입식의 경우, 납입잔액이 1,500만원에 이르는 시점까지 회차별 2만원~1,500만원 범위 내 자유 납입이 가능함 • 납입잔액이 1,500만원 이상일 경우 회차별 2만원~50만원 범위 내 자유 납입이 가능함
아파트 청약순위	• 가입일을 기준으로 가입 24개월 이상이면 1순위 자격을 얻게 된다. 단 수도권 및 그 이외의 지역은 6~24개월(위축지역 민영주택 청약 시 가입 후 1개월 이상) 기간으로 시, 도지사가 정하는 기간으로 함 • 공공주택의 경우 주택규모는 국민주택규모(전용면적 85㎡) 이하로 제공되며, 무주택 세대주만이 청약을 할 수 있음 • 민영주택의 경우 주택규모에 제한이 없고 주택규모와 지역에 따른 예치금이 기준 금액 이상이어야 청약을 할 수 있음
취급기관	국민은행, 기업은행, 농협은행, 대구은행, 부산은행, 신한은행, 우리은행, 하나은행과 같은 국민주택기금 수탁은행에서만 가능함
계약기간	가입한 날로부터 주택입주자로 선정되는 날까지
소득공제 대상자	주택청약종합저축에 가입한 자 중 총급여액이 7,000만원 이하 근로자인 무주택 세대주로서, 국민주택 규모(전용면적 85㎡) 이하 주택에 청약하는 경우에만 적용. 소득공제를 받은 후 국민주택 규모(전용면적 85㎡)를 초과하는 주택에 당첨되면 기존 소득공제액이 추징된다. 소득공제금액은 납입금액(최고한도 240만원)의 40%(한도 96만원)이고, 소득공제를 받으려면 가입신청 시 은행에 무주택 세대주임을 확인하는 서류를 제출하고 해당 통장에 소득공제 대상임을 확인받아야 한다.

TIP ▸ 아파트 청약 시 추가 조건

건설사	추가 조건
국가·지방자치단체, 한국토지주택공사, 지방공사가 건설하는 주택(공공주택)	해당 주택건설지역에 거주하는 무주택 세대구성원
민간건설 아파트(민영주택)	주택규모와 지역에 따른 예치금이 기준 금액 이상일 것

TIP ▸ 주택규모와 지역에 따른 예치금액

청약대상 주택규모 (전용면적 기준)	예치금액(만원)		
	서울, 부산	기타 광역시	기타 시 및 군
85㎡(약 25.7평) 이하	300	250	200
102㎡(약 30.8평) 이하	600	400	300
135㎡(약 40.8평) 이하	1,000	700	400
모든 면적	1,500	1,000	500

참고

주택구매자금 대출 시 고려할 사항

• DTI(총부채상환비율 : 총월부채상환액/총가처분소득), LTV(담보인정비율 : 대출금/주택가치)를 기초로 대출금액의 적정성을 판단한다.
• 대출금리 유형 : 변동형(금리하락 예상 시), 고정형(금리상승 예상 시), 혼합형
• 대출상환방식 : 만기일시상환, 원리금균등분할상환, 원금균등분할상환
• 적정 대출만기 결정 : 중도(조기)상환수수료를 물지 않도록 주의
• 소득공제혜택 : 대출 만기 15년 이상 대출, 고정금리 및 비거치식의 경우 해당

4 저 축

(1) 저축의 동기

① 소비의 생애주기가설에서와 같이 생애주기의 각 단계에서 소득과 지출의 일시적 불균형을 해소하기 위한 동기에서 저축을 한다.

② 예비적 동기를 들 수 있으며 소득의 변동, 실업, 질병, 사고, 자연재해 등으로 인하여 소득활동을 못하게 될 때 대비를 하기 위해 저축을 한다.

③ 상속적 동기에 의해 저축을 한다.

Browning and Lusardi(1996)의 9가지 동기

- 예비적 동기
- 기간 간 대체동기
- 자립동기
- 상속·증여동기
- 적립동기
- 생애주기적 동기
- 생활수준의 향상동기
- 사업동기
- 욕심동기

(2) 선행연구에 나타난 저축의 동기(목적)

저축 및 투자의 목적은 노후대비, 일시적 여유자금 운용, 주택자금마련, 자녀교육비 마련 등의 순으로 나타났다.

(3) 저축 시 고려사항

① 금리의 종류와 선택

개인 혹은 가계는 저축목적(혹은 동기) 달성을 위해 적합한 금융상품을 통하여 저축을 한다.

㉠ 비과세 금융상품(금융상품에 대한 이자소득세 15.4%가 과세되지 않는 경우)

- 예탁금 : 상호금융(지역 농·축협, 지구별 수협, 새마을금고, 신용협동조합만이 해당되며, 저축은 행은 해당되지 않음)에서 취급하며, 일인당 3천만원까지 비과세 혜택이 주어짐
- 농어가목돈마련저축 : 지역 농·수·축협에서 취급하며, 2ha 이하 농경지 보유 농민이나 20톤 이하 어선 보유 어민만 가입이 가능함
- 재형저축/보험/펀드 : 10년 이상 유지 시 비과세 혜택이 주어짐
- 장기저축성보험 : 보험사에서 판매하는 저축성보험 상품 중 저축기간을 10년 이상 유지할 경우 비과세 혜택이 주어짐
- 생계형저축 : 생계형저축은 별도로 금융상품이 있는 것이 아니라, 정기예금 혹은 정기적금의 가 입시점에서 생계형저축으로 해 줄 것을 요청하면 됨

㉡ 명목금리가 아닌 실질금리를 살펴보아야 한다. 실질금리란 물가상승률을 감안하여 계산하는 금 리를 말하며 단순히 명목금리에서 물가상승률을 빼면 된다.

$$실질금리 = 명목금리 - 물가상승률$$

② 단리와 복리

단 리	복 리
예금의 만기에 이자를 1회 계산하여 지급하는 방식	만기 이전에 일정기간 단위로 이자를 계산하여 원금에 가산하는 방식
이자 = 원금 × 이자율 × 기간	이자 = 원금 × $(1 + 이자율)^{기간}$
 사례 100만원을 2년 동안 5%의 단리이자를 받고 저축한 경우 받게 되는 이자 ▶ 100만원 × 0.05 × 2년 = 10만원	**사례** 100만원을 2년 동안 복리로 5% 이자를 받고 저금한 경우 받게 되는 이자 ▶ 100만원 × $(1 + 0.05)^2$ = 102,500원

ⓐ 첫 번째 시기에는 단리법과 복리법의 결과가 동일하지만 기간이 오래될수록 복리법이 유리하다.

ⓑ 복리효과는 저축금액이 클수록, 이자율이 높을수록, 저축기간이 길수록, 복리로 계산하는 단위가 짧을수록 더욱 커진다.

③ 72법칙

72법칙은 복리로 이자를 계산할 경우에만 해당되며, 저축한 돈에 이자가 붙어서 2배가 되는데 걸리는 시간을 계산하거나, 빚이 두 배가 되는데 걸리는 시간을 간단히 계산할 수 있는 방법이다.

> 기간 = 72 ÷ 이자율(복리일 경우)
>
> 이자율 = 72 ÷ 시간

(4) 저축의 의사결정

① 저축에 대한 의사결정은 4단계로 이루어진다.

> **STEP 1.** 저축을 할 것인지 말 것인지를 결정
> **STEP 2.** 저축을 하기로 결정했다면 얼마를 저축할 것인지를 결정
> **STEP 3.** 저축수단을 이용할 것인지를 결정
> **STEP 4.** 저축수단에 얼마씩 할당할 것인가를 결정

② 소득계층별 저축률 격차

신용문제를 사전에 예방하기 위해서는 무엇보다 평소의 재무관리를 통해 예기치 못한 위기에 대비를 하고 있어야 한다. 이를 위해서는 비상자금지표에서도 알 수 있듯이 월평균 생활비 대비 일정 금융자산을 보유하고 있어야 한다. 비상자금지표의 준거기준은 1 이상이지만 높을수록 바람직하며, 미국의 경우 3~6 정도의 값이 바람직한 것으로 보고 있다.

5 라이프사이클

시간의 흐름에 따라 개인의 삶이 어떻게 전개되는지, 또 가족의 모습은 어떻게 변화하는지를 몇 가지 단계로 나타낸 것을 라이프사이클이라고 한다.

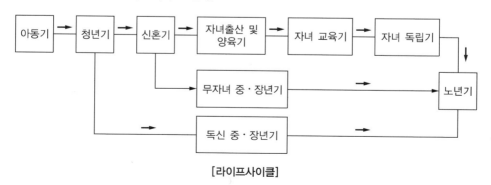

[라이프사이클]

(1) 라이프사이클의 분류

① 라이프사이클은 인간발달단계에 기초하거나, 출생 → 성장 → 결혼 → 자녀출산 → 자녀 교육 → 자녀독립 → 은퇴(노년) 등 생애의 특징적인 사건을 기초로 결정된다.

② 라이프사이클을 인간발달단계에 기초하여 크게 아동기, 청년기, 중·장년기, 노년기의 4단계로 구분한다.

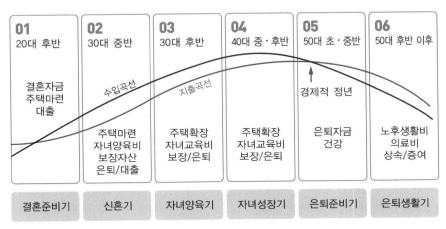

01 20대 후반	02 30대 중반	03 30대 후반	04 40대 중·후반	05 50대 초·중반	06 50대 후반 이후
결혼자금 주택마련 대출	주택마련 자녀양육비 보장자산 은퇴/대출	주택확장 자녀교육비 보장/은퇴	주택확장 자녀교육비 보장/은퇴	은퇴자금 건강	노후생활비 의료비 상속/증여
결혼준비기	신혼기	자녀양육기	자녀성장기	은퇴준비기	은퇴생활기

[생애주기별 수입 & 지출곡선]

(2) 라이프사이클별 주요 재무목표 및 자금마련

라이프사이클을 따라가다 보면 각 시기별로 대부분 가정에서 반드시 필요한 재무목표와 재무목표를 달성하기 위해 필요한 자금을 마련할 계획이 필요하다. 성인이 된 후 자신의 결혼을 위한 자금과 주택마련, 자녀교육, 자녀결혼, 그리고 노후준비를 위한 자금준비가 바로 그것이다.

① **결혼자금**

결혼자금 마련을 위해서는 우선 결혼자금을 얼마나 준비할 것인가를 먼저 결정해야 한다. 다음으로는 언제 결혼할 것인가를 결정한다. 구체적인 시기를 결정하기 어렵다면 대략적인 시점이라도 생각해두는 것이 좋다. 이는 자금계획을 세울 때는 자금을 축적할 기간이 매우 중요하기 때문이다.

② **자녀교육자금**

일반적으로 첫 자녀가 대학에 들어가기 전까지 자녀 모두에게 필요한 대학교육비를 마련하는 것이 바람직하다. 그렇지 않으면 대학교육비 때문에 노후대비를 못하는 것은 물론 자칫 빚을 질 수 있기 때문이다.

③ **노후준비자금**

통계청에서 발표한 평균수명은 2022년 현재 남 79.9세여 85.6세로 여자가 남자보다 약 5.7년 오래 산다는 사실과 남성의 결혼연령이 여성보다 높다는 점을 고려하면 남편에 비해 아내 혼자 지내야 하는 기간이 약 10여년이 될 가능성이 높다는 점을 고려하여 노후준비자금을 마련해야 할 것이다.

생애주기	해당연령	주요 재무목표
사회초년기	20대~30대 초반	부모로부터의 독립, 취업, 자신을 위한 투자자금 마련(교육, 건강), 결혼준비 자금 마련, 주택마련
신혼기	30대	자녀출산 및 양육, 주택마련, 자녀교육비 마련, 보험설계
자녀성장기	40대	자녀교육비, 자녀대학교육비 마련, 주택규모 확대자금 마련, 노후자금 마련, 부채관리
가족성숙기	50대	자녀대학교육자금, 자녀결혼자금, 노후자금 마련, 부채상환
은퇴기	60대	노후설계, 의료비 충당, 여가비용 충당, 세금관리, 상속설계

(3) 라이프사이클별 돈 관리

돈 관리의 최종 목표는 가족 모두 경제적 위기 없이 일생을 행복하게 보내는 것이다. 그러기 위해서는 라이프사이클에 따라 적절한 돈 관리를 잘 하여야 한다.

① 10대 성장기

미성년인 자녀 명의로 가입하는 적금은 2천만원이 넘으면 증여세에 대한 문제가 발생하므로 10년 동안 2천만원을 넘지 않도록 한다.

② 20대 청년기

㉠ 돈관리 TIP

- 많이 공부하고 공부한 것을 실천한다.
- 생활재테크에 주력하고 소득의 50%는 저축한다.
- 빨리 저축해서 오래 굴린다.
- 자신의 능력을 향상시키는데 주력한다.
- 목돈마련과 절세를 동시에 추구한다.
- 주거래 은행을 정한다.
- 신용카드는 주사용 카드 하나를 집중적으로 사용한다.

㉡ 20대의 금융상품 포트폴리오

- 장기저축성 보험
- 개인연금저축
- 조합예탁금
- 주택청약종합저축

③ 30대 신혼기와 자녀출산 및 양육기

30대 돈 관리 시 유의할 팁과 금융상품 포트폴리오는 20대 청년기와 거의 동일하며 여기에 다음의 몇 가지를 추가한다.

> • 결혼으로 인한 부채를 우선적으로 갚는다.
> • 전세 혹은 월세 보증금 상승에 대비한다.
> • 자녀출산에 따른 양육비를 준비하되 자녀교육비에 대한 준비도 장기목표로서 준비하기 시작한다.

④ 40대 자녀 교육기

일생 중 여유자금을 다소 공격적으로 운용해 볼 수 있는 마지막 시기로 주식형 펀드상품, 지수연동정기예금, 주가지수연동증권(ELS), 주가지수연동펀드(ELF) 등을 고려해본다.

⑤ 50대 자녀 독립기

이 시기의 재무관리는 안전을 최고 우선으로 하여 예금, 주식, 부동산 등 균형 잡힌 자산포트폴리오를 구성하는 것이 바람직하다.

⑥ 60대 노후기

소득이 없는 상황에서 생활비를 확보하는 것이 중요하다.

> • 자산의 유동성을 높이고 비상자금을 넉넉히 준비한다.
> • 월소득이 충분하지 않은 경우 자산의 유동성을 높이는 것이 중요하다.
> • 배우자와 돈 관리를 상의하고 상속계획을 한다.
> • 월수입을 확보한다.
> • 안전성을 고려한 돈 관리가 중요하다.

6 한국가계의 소득계층별 경제적 특성

(1) 사회인구학적 특성

① 저소득층 가계는 60대 이상의 여성으로 구성된 1인 가구이면서 학력이 낮고 자가를 보유하며 직업은 무직인 경우가 많다.

② 중간소득층 가계는 40대, 남자, 가구주교육수준은 고등학교, 임금근로자, 가구원수는 4명 이상, 자가보유일 경우가 높은 구성비율을 보였다.

③ 고소득층 가계의 가구주는 남자이면서 대학교 졸업 이상의 학력을 갖고 임금근로자이며 가구원수가 4명 이상이고 자가를 보유한 가계의 비중이 높았다.

(2) 가계소득

① 저소득층의 월평균소득은 고소득층의 10.5% 수준에 지나지 않는다.

② 저소득층의 경우 이전소득과 비경상소득의 비중이 다른 소득층에 비해 매우 높은 반면, 근로소득과 사업소득의 비중은 매우 낮다.

③ 저소득층에서 고소득층으로 갈수록 근로소득은 현저하게 높아진다.

(3) 가계지출

① 저소득층은 월평균소득 수준을 초과하여 지출하고 있는 것으로 나타나 수지 불균형의 문제에 노출되어 있음을 시사한다.

② 변동지출이 전체 가계지출에서 차지하는 비중은 저소득층에서 가장 높으며, 고정지출과 저축·보험의 비중은 고소득층으로 갈수록 높아진다.

③ 소득계층별 고정지출의 경우 고소득층은 세금이 차지하는 비중이 높고, 저소득층은 사회보험, 부동산 부채상환액이 차지하는 비중이 높으며, 중간소득층은 공적연금, 사회보험이 차지하는 비중은 높다.

④ 소득계층별 변동지출(소비지출+이전지출)의 경우 고소득층은 식비, 의료비 비중이 낮은 반면 교육 및 보육비, 교통비, 이전지출의 비중이 상대적으로 높았으며, 저소득층 가계는 식비와 의료비, 기타 생활비의 비중이 높았다.

(4) 가계자산

① 소득계층이 낮은 집단일수록 전체 자산 중 실물자산이 차지하는 구성비율이 높다.

② 거주주택 이외의 부동산이나 기타실물자산이 전체 실물자산에서 차지하는 비중은 고소득층에서 가장 높고, 거주주택 사용자산의 비중은 저소득층에서 가장 높다.

(5) 가계부채

① 가계부채 규모수준은 고소득층, 중간소득층, 저소득층 순으로 많다.

② 고소득층은 담보대출의 비중이 가장 높고, 중간소득층은 주택마련을 위한 부채의 비중이 높으며, 저소득층은 신용대출과 기타대출의 비중이 가장 높다.

(6) 가계 순자산

고소득층 가계의 순자산은 저소득층 가계의 순자산의 6배에 달한다.

7 빈곤, 기준중위소득, 최저생계비의 개념

(1) 빈곤과 기준중위소득의 개념

① 빈곤이란 인간의 생활을 영위함에 있어서 최소의 수준을 유지하는데 필요한 재화나 서비스가 결핍된 상태를 말한다.

② 절대빈곤(Absolute poverty)의 개념은 세계 여러 나라에서 가장 널리 쓰이는 빈곤의 측정방법으로, 국가나 지역사회가 가계의 최저생활을 보장하기 위해 설정해 놓은 최소한의 최저생계비에 미달한 상태로 빈곤을 개념화한 것이다.

③ 상대빈곤(Relative poverty)은 한 사회의 빈곤을 소득의 불평등에 초점을 맞춘 것으로 그 사회의 평균소득과 비교하여 상대적으로 소득이 낮은 계층을 빈곤층으로 정의한다.

　㉠ 상대빈곤은 순수상대빈곤(Pure relative poverty)과 유사상대빈곤(Quasi-relative poverty)이 있다. 순수상대빈곤은 소득 순으로 하위 일정 비율을 빈곤층으로 정의하는 방법으로 그 비율에 속한 가계를 빈곤가계로 규정한다.

(2) 생계비와 생계비 영향요인

① 가족구성원이 가정생활 및 사회생활을 영위하기 위해서 필요한 지출의 총계를 생계비라고 하며, 여기에는 영양섭취를 위한 식료품비, 활동에 필요한 복장을 갖추기 위한 피복비, 에너지를 보충하고, 휴식과 수면을 취하기 위해서 지출하는 주거비·광열비 등이 포함된다.

② 생계비에 영향을 주는 요인은 가계구성원수 및 가족구성, 계절, 물가 등이 있다. 가계구성원수의 변화에 따라서는 규모의 경제가 적용되어 가계구성원수가 늘어감에 따라 1인당 가계지출비용은 체감한다.

(3) 생계비와 생계비 영향요인 – 기준중위소득

① 최저생계비란 국민이 건강하고 문화적인 생활을 유지하기 위하여 소요되는 최소한의 비용을 의미한다. 최저생계비를 산정할 때, '인간의 최저생활'을 어떻게 규정할 것인가에 대해 많은 논의가 이루어져왔다. 일본 노동과학연구소의 견해에 따르면, 최저생계는 건강을 유지할 수 있으며 그 사회에서 필요한 최저한도의 사회·문화적 욕구충족이 어느 정도 이루어져 노동력을 재생산하는 데 필요한 최저의 생활수준이라고 규정하였다. 여기에서 최저생계는 가장 낮다는 의미가 아니라 최저한도로 필요함을 의미한다.

② 우리나라는 2016년 이전까지는 가계의 복지정책을 위한 빈곤선을 정하는 데 있어서 3년마다 최저생계비를 실제 계측하여 사용하였으나, 앞에서 살펴본 바와 같이 2016년 1월부터는 기준중위소득의 50% 수준을 빈곤가계로 정하여 복지사업을 펼치고 있다.

참고

2024년 기준중위소득/60%

구 분	기준중위소득	기준중위소득 60%
1인 가구	2,228,445원	1,337,067원
2인 가구	3,682,609원	2,209,565원
3인 가구	4,714,657원	2,828,794원
4인 가구	5,729,913원	3,437,948원
5인 가구	6,695,735원	4,017,441원
6인 가구	7,618,369원	4,571,021원
7인 가구	8,514,994원	5,108,996원

출처 : 보건복지부

03 가계의 재무적 안정

1 개인위험관리

(1) 개인위험의 개념

개인위험이란 개인에게 원하지 않는 상황이나 사건이 발생함으로써 초래될 수 있는 경제적 위험 즉, 자산가치의 하락을 의미한다.

(2) 개인위험의 유형

① 개인에게 자산가치의 하락을 가져올 수 있는 위험은 크게 순수위험과 투자위험으로 나눌 수 있다. 투자위험은 손실의 가능성도 있지만 이익의 가능성도 있는 위험을 의미한다.

② 순수위험은 손실만 얻게 되는 위험으로 인적위험, 재산위험, 배상책임위험으로 구분된다.

인적위험	사람과 관련된 위험 예 조기사망, 노령, 건강악화, 실업 등
재산위험	개인이 소유하고 있는 각종 재산에 대한 위험 예 화재
배상책임위험	타인의 재산이나 신체에 손상을 입힘으로써 초래되는 법적 배상책임으로 인해 자신이 경제적 손실을 입게 되는 경우

(3) 개인위험관리의 필요성과 단계

① 개인위험관리란 순수위험을 내포하는 상황을 규명하고 평가하여 적절한 해결방안을 찾고 이를 수행하는 과정을 의미한다. 그리고 위험관리란 결국 위험발생으로 인한 경제적 손실을 최소화하는 것은 물론 위험과 관련된 심리적 불안과 근심을 줄일 수 있는 것 역시 포함한다.

② 개인위험관리의 단계

STEP 1. 경제적 손실을 가져올 가능성이 있는 위험의 존재를 인식하고 이와 관련된 정보를 수집하는 단계

STEP 2. 위험이 실제로 발생했을 경우를 예측하여 잠재적 손실의 내용과 발생빈도, 규모 등을 평가하는 단계

STEP 3. 위험관리방법을 검토하고 선택하는 단계

※ 손실빈도와 손실규모에 따른 위험관리방법의 선택

		손실규모	
		큼	작음
손실빈도	높음	위험회피	손실통제, 위험전가
	낮음	위험전가	위험보유

STEP 4. 위험관리방법을 실행하는 단계

STEP 5. 위험관리의 실행과 그 결과에 대해 정기적으로 평가하고, 이를 통하여 위험관리방법을 조정하는 단계

2 투자위험관리

(1) 투자위험의 이해

경제적 어려움을 야기하는 위험 중 순수위험 외에 또 다른 형태가 투자위험이며, 자산을 운용함에 있어서 나타날 수 있는 자산가치 하락이나 수익률 저하의 위험을 뜻한다.

(2) 투자위험의 유형

① 시장위험
② 이자율위험
③ 인플레이션위험
④ 경영위험
⑤ 유동성위험
⑥ 투자관련위험

(3) 자산포트폴리오

① 투자자가 투자대상을 고려할 때 서로 다른 위험특성을 가진 투자 대안의 선택을 분산투자하는 것을 의미한다.
② 분산투자 시 고려해야 할 요소는 투자대안의 수익성, 안전성, 유동성이다.

수익성	일정한 수준의 이익이 보장되는가를 평가
안전성	투자원금 손실 가능성을 평가
유동성	필요 시 빠른 시간 내에 손해를 보지 않고 현금으로 회수할 수 있는지를 평가

③ 투자대안이 결정되면 구체적으로 투자대안별 투자비율을 할당하여야 한다.

3 보험을 통한 재무적 안정

(1) 보험의 개념

① 보험은 공통적으로 발생할 수 있는 위험에 직면한 다수의 사람들이 하나의 위험집단을 구성하여, 각 개인으로부터 갹출한 보험료로 준비금을 마련한 다음, 구성원 중 일부가 순수위험으로 손해를 입은 경우 보험금으로 보상해주는 제도이다.
② 보험으로 관리할 수 있는 위험의 조건은 우연히 발생한 위험일 것, 동질성의 위험을 가진 다수가 있을 것, 개인적인 위험일 것, 위험으로 인한 손실이 확정적이고 측정 가능할 것, 손실의 발생가능성이 확률로써 측정 가능하고 발생한 시기를 결정할 수 있어야 한다.

③ 보험계약의 관계자

보험자	보험사(보험을 제공하는 사람이나 조직으로 보험사고 발생 시 보험금을 지급할 책임을 지닌 당사자)
보험계약자	자기명의로 계약을 체결하고 보험료를 지불하는 등 계약상 일체의 의무와 권리를 지닌 사람
피보험자	보험의 대상으로 보험위험을 보유하고 있는 목적물
보험수익자	보험사고 발생 시 보험회사로부터 보험금을 지급받는 사람

④ 보험계약의 요소

보험료	보험계약에 있어서 보험자가 손해배상의 책임 또는 보험금 지급 대가로서 보험계약자가 지급하는 금액
보험금	보험자가 보험을 인수하여 보험사고가 발생할 때 지급하는 금액
보험기간	보험자가 손해보상의 책임을 져야하는 기간
보험의 목적물	보험사고의 대상이 되는 객체 **TIP** 손해보험-피보험자의 재산, 인보험-피보험자의 생명 또는 신체
보험사고	우연하게 발생하며, 보험사고 발생 시 원칙적으로 보험자의 급여의무가 생김

(2) 보험의 종류

① 보험은 크게 사회보험(공보험)과 민영보험(사보험)으로 나누어진다.

사회보험(공보험)	• 정부차원의 공공기관에서 시행 • 국민연금보험, 건강보험, 산업재해보상보험, 고용보험
민영보험(사보험)	• 민간 보험사에 의해 운영 • 생명 및 건강보험(사망보험, 생존보험, 양로보험), 재산 및 배상책임보험(화재보험, 자동차보험, 상해보험, 보증보험)

② 보험가입의 주목적에 따라 보장성보험과 저축성보험으로 나뉘기도 하며 계약의 강제성 여부에 따라 강제보험과 임의보험으로 나뉘기도 한다.

(3) 민영보험 계약

① 민영보험 계약의 개념

민영보험 계약은 보험회사(보험자)가 피보험자 혹은 피보험물건(위험을 보유하고 있는 사람이나 물건을 의미함)의 우연한 사고(보험사고)의 발생에 의해 보험계약자가 입게 될 손해를 보상할 것을 약속하고, 보험계약자는 이에 대해 보험료를 납부하겠다는 약속을 함으로써 성립하는 계약을 말한다.

② 보험계약의 4가지 특성

ㄱ 요행계약

ㄴ 개인계약

ㄷ 조건부 계약

ㄹ 부합계약

③ 보험계약의 법적 기본원칙

　　㉠ 피보험이익의 원칙 : 피보험자 및 보험계약자는 반드시 피보험이익을 가져야 한다.

　　㉡ 손해보상의 원칙 : 사고발생 시 보험자는 피보험자가 실제로 입은 경제적 손실만을 보상해야 한다.

　　㉢ 최고신의의 원칙 : 계약당사자는 계약체결여부를 결정하는 데 필요한 중요한 사실을 상대방에게 반드시 알려주어야 한다.

　　㉣ 대위변제의 원칙 : 피보험자가 제3자의 과실에 의해 손실을 입은 경우, 일단 보험자가 이를 보상해주고 피보험자가 가지고 있던 제3자에 대한 손해배상청구 건을 대위해야 한다.

(4) 민영보험 계약의 체결

① 민영보험 계약의 체결은 우선, 보험계약자가 보험가입 청약서를 작성하여 보험자에게 제출하고, 보험자는 보험계약자의 청약서의 내용에 기초하여 보험가입 승낙 통지를 보험계약자에게 발송하면 보험계약이 성립된다.

② 보험자는 무진단계약의 경우 청약일로부터 15일 이내에 그리고 진단계약인 경우에는 건강진단일로부터 15일 이내에 승낙 또는 거절의 표시를 해야 한다.

> **TIP**　▸ 청약과 승낙
>
> 청약은 보험계약자가 보험자에게 보험계약을 요구하는 일방적인 의사표시이며, 승낙은 보험자가 청약을 받아들인다는 표시이다.

③ 보험계약자는 보험증권을 받은 날로부터 15일 이내에, 청약일로부터 30일 이내에 청약철회가 가능하다.

> **참고**
>
> 청약일로부터 3개월 이내에 계약을 취소할 수 있는 경우
> • 약관과 청약서 부본(사본)을 받지 못한 경우
> • 약관의 중요한 내용을 설명 받지 못한 경우
> • 청약서에 계약자가 자필서명을 하지 않은 경우

(5) 보험가입현황 파악

위험이 충분히 보장되고 있는지를 살펴보기 위해서는 먼저, 가입하고 있는 보험 가입 현황부터 파악해야 한다. 실손(혹은 손해)보험의 경우 중복가입을 하더라도 실제 받을 수 있는 보험금은 중복이 안 된다. 이를 고려하여 보험가입현황 파악을 통해 중복 가입된 보험은 없는지, 또한 추가로 필요한 보험은 없는지 알 수 있다.

(6) 보험설계

① 보험설계의 첫 번째 단계는 목표설정이다. 보험에 왜 가입하는지를 명확히 한다. 그러기 위해서는 위험이 발생하였을 경우 발생하는 손실규모를 정확히 구체적으로 따져봐야 한다.

② 두 번째 단계는 목표달성을 위한 보험계획이다. 보험금과 보험료를 산정하고 보험회사와 가입방법의 선택에 관한 의사결정이 이루어지는 단계이다.

ㄱ 상실소득계산법

> 필요보험금 = 연간 세후소득 × 0.75 × Interest factor

사례

일 년에 4,000만원을 벌던 가구주가 부인과 두 자녀를 두고 사망했다고 할 때 물가상승률이 5%이고 앞으로 20년 동안 더 일할 수 있다고 가정한다면 필요보험금은 다음과 같이 계산될 수 있다.

▷ 필요보험금 = 4,000만원 × 0.75 × 12.46 = 3억 7,380만원

▷ 여기서 Interest factor 12.46이 갖는 의미는 20년 간 피보험자가 벌 수 있는 액수는 현재시점에서 12.46년 어치의 소득을 갖는 것과 동일한 가치를 갖는다는 의미이다.

▷ $12.46 = \{1-[1/(1+0.05)^{20}]\}/0.05$

ㄴ 필요비용계산법

> 필요보험금 = 유고 시 필요비용 − (기존의 자산액 + 유고 시 받을 수 있는 퇴직금, 보상금, 사회보장수혜액)

③ 세 번째 단계는 보험계획을 실행하는 단계이다. 즉, 보험에 가입하는 단계이다. 보험계약은 소비자의 청약으로 시작되고 보험자의 승낙이 있어야 체결된다.

④ 마지막 단계는 정기적인 보험계획의 평가단계이다. 1년 내지 3년마다, 또는 가족상황이 변할 때마다 적절한 보험을 보유하고 있는지 주기적으로 평가하여 보험계획을 계속 실행하거나 수정하도록 한다.

01 신용과 신용정보

1 신용의 정의

(1) 신용의 개념

신용이란 장래 어느 시점에 그 대금을 지급할 것을 약속하고 현재의 가치를 획득할 수 있는 능력으로 개인의 경제적 활동에 대한 사회적 평가를 말한다.

(2) 신용이용의 장·단점

현재 소득이 현재의 소비수준과 일치하지 않을 때 소비자가 원하는 생활수준을 유지할 수 있도록 해준다. 그러기 때문에 과다한 채무부담은 소비자파산을 야기하기도 한다는 점에서 신용의 이용은 잘하면 생활에 유용하지만 잘못 이용하면 개인 및 가계의 건전성을 해치게 된다.

2 신용정보

신용정보는 금융거래 등 상거래에 있어서 거래상대방에 대한 식별·신용도·신용거래능력 등의 판단을 위하여 필요로 하는 정보로서 대통령령이 정하는 정보를 말한다.

(1) 신용정보 유형

① 식별정보

식별정보는 개인의 이름, 주민번호와 같이 개인이 누구인가를 알 수 있도록 하는 정보이며 개인의 식별 자체의 활용보다는 주로 신용거래정보, 신용능력정보, 신용도 판단정보, 공공정보 등과 결합되어 이용되고 있다. 등록대상정보로서 개인의 경우 성명, 주소, 주민등록번호(외국인의 경우 여권번호 또는 외국인 등록번호)가 해당되고, 기업 및 법인의 경우 기업의 상호 또는 법인명, 대표자 성명 및 주민등록번호, 사업자등록번호, 법인등록번호, 본점소재지 등이 식별정보에 해당된다.

② 신용거래정보

신용거래정보는 금융거래 등 상거래와 관련하여 개인의 거래내용 및 신용도를 판단할 수 있는 정보로 개설·발급정보, 개인대출정보, 개인채무 보증정보, 기업신용 공여정보 등으로 나누어 관리되고 있다.

③ 신용거래능력판단정보

신용능력정보는 개인의 소득, 자산, 재산세 혹은 소득세 납부실적 등이 해당된다.

④ 신용도 판단정보

신용도 판단정보는 금융거래 등 상거래와 관련하여 개인의 신용도를 판단하는데 가장 중요한 정보로 연체정보, 대위변제·대지급정보, 부도정보, 금융질서문란정보 등으로 구분된다. 현행 신용정보관리제도상 '신용도 판단정보'에 등록되었다고 해서 불이익을 주도록 하는 규정은 없다. 다만, 금융회사들은 고객에게 신용공여 거래(대출, 신용카드 발급, 보증서 발급 등) 약정 시 고객이 제출한 소득, 재산 정보 등의 소위 우량 정보와 함께 신용정보(신용도 판단정보, 대출정보, 채무보증 정보 등)를 활용하여 고객의 신용도를 판단한 후 거래가능여부 및 대출한도를 결정한다.

[신용정보 유형별 등록대상정보]

식별정보	특정 신용정보주체를 식별할 수 있는 정보로서, 개인의 성명, 주소, 주민등록번호 등과 기업 및 법인의 상호·법인등록번호 등에 관한 사항
신용거래정보	신용정보주체의 거래내용을 판단할 수 있는 정보로서, 대출, 보증, 담보제공, (가계)당좌거래, 신용카드, 할부금융, 시설대여와 금융거래 등 상거래와 관련하여 그 거래의 종류, 기간, 금액 및 한도 등에 관한 사항
신용도 판단정보	신용정보주체의 신용도를 판단할 수 있는 정보로서, 금융거래 등 상거래와 관련하여 발생한 연체, 부도, 대위변제, 대지급과 거짓 등의 부정한 방법에 의한 신용질서 문란행위와 관련된 금액 및 발생·해소의 시기 등에 관한 사항

⑤ 공공정보

㉠ 공공기관이 보유·관리하는 정보로서 공공기관이 직무상 작성 또는 취득하여 관리하고 있는 문서(전자문서 포함), 도면, 사진, 필름, 테이프, 슬라이드 및 그 밖에 이에 준하는 매체 등에 기록된 사항을 말한다.

㉡ 체납정보, 조달청의 정부 납품실적 및 납품액, 사망자 정보가 등록된다. 체납정보에는 국세, 지방세, 과태료, 관세, 산재고용보험 등의 체납과 채무불이행자, 신용회복지원, 국외이주 신고 등이 있으며 이 정보는 해제와 동시에 삭제된다. 조달청의 정부 납품실적 및 납품액 정보에는 조달업체정보, 수요기관정보, 계약정보, 지급정보가 있다.

㉢ 공공요금에 대한 연체정보는 한국신용정보원에 등록되며, 등록사유가 해소되는 즉시 해제되므로 보존기간이 별도로 없다. 공공요금에 대한 채무불이행 등록사유는 법원의 판결에 의하여 결정된 경우이며, 등록사유발생일로부터 7년이 경과한 경우 경과한 날을 당해 정보의 해제사유 발생일로 본다.

㉣ 한국신용정보원에 등록된 채무불이행자가 그 금액을 채권자에게 모두 변제했을 경우 법원은 채무불이행 말소통지를 한국신용정보원에 발송하게 되고 한국신용정보원은 접수 익일 해제 및 삭제처리하게 된다.

㉤ 공공정보 중 신용회복위원회의 개인워크아웃 프로그램의 경우, 개인워크아웃 지원이 확정되면 소정의 절차를 거쳐, 개인워크아웃 대상이 되는 금융채무에 대한 연체 정보는 일괄 해제되며, 공공정보인 신용회복지원 정보(1101)가 한국신용정보원에 등록된다.

㉥ 법원의 개인회생인가 결정을 받게 되면 해당 법원에서 한국신용정보원으로 동 내용을 전송함으로써 개인회생정보가 공공정보(1301)로 등록된다.

ⓐ 개인회생인가 결정을 받으면 한국신용정보원에 등록된 연체정보 중 개인회생 대상이 된 연체정보는 일괄 자동해제 되지만 개인회생절차가 완료되는 시점(일반적으로 5년)에 정보등록 한 금융회사에서 해제 처리를 하게 된다.

ⓑ 법원의 개인파산의 경우도 개인회생인가 결정과 같이 파산면책 결정을 받으면 해당 법원에서 한국신용정보원에 인가결정일을 발생일로 하여 공공정보(등록코드 : 1201)를 등록한다. 그리고 한국신용정보원에 기등록 된 연체정보는 면책범위에 포함된 채권인지를 구분하지 않고 일괄 자동해제 처리된다. 파산면책정보는 등록 사유 발생일로부터 5년이 경과한 때 삭제된다.

(2) 개인신용정보의 집중과 이용

① 개인신용정보는 CB(Credit Bureau)라고 하는 기관에 집중되며, 공공 CB로 한국 신용정보원이 있고, 민간 CB로는 대표적으로 KCB와 NICE가 있다. 이 중 한국신용정보원은 금융회사로부터 연체정보(연체 90일 이상), 대출정보, 채무보증정보, 카드개설 및 카드거래 정보를 수집하고 공공기관인 국세청으로부터 세금체납정보와 법원으로부터 파산정보, 소송정보 등을 수집한다.

② 신용정보주체

> • 은행, 보험사, 증권사, 신용카드사 등 당국의 인·허가 받은 제도권 금융기관
> • 중소기업진흥공단, 공제조합, 신용보증재단, 감사인, 할부판매업, 유통사업자, 중소기업, 자산총액 1조원 이하 기업, 전기통신사업자 등
> • 종합신용정보 집중기관(1개) : 전국은행연합회
> • 개별신용정보 집중기관(4개) : 생명보험협회, 손해보험협회, 정보통신산업협회, 한국여신전문금융협회
> • 개별신용정보 집중기관(금감위 등록) : 신용정보법이 정하는 시설·인력을 갖춘 자
> • 신용조회·신용조사·채권추심·신용평가업무의 전부 또는 일부를 영위할 목적으로 금융위원회의 허가를 받은 자는 신용정보업자

㉠ 금융회사

금융회사는 신용정보의 제공자이면서 이용자이다. 즉, 금융회사들은 신용정보 집중기관인 한국신용정보원에 거래하고 있는 개인 고객들의 신용정보를 제공하고, 또 집중되어 있는 개인 고객의 신용정보를 제공받아 고객의 신용평가 자료로 활용하고 있다. 금융회사는 은행, 금융지주회사, 한국주택금융공사, 투자매매업자·투자중개업자·신탁업자·집합투자업자·증권금융회사·종합금융회사·자금중개회사, 명의개서 대행회사, 상호저축은행, 수산업협동조합, 산림조합·신용협동조합, 새마을금고 , 보험회사, 여신전문금융회사, 기술보증기금, 신용보증기금, 중소기업창업투자회사, 중소기업창업투자조합, 체신관서, 채권등록기관 등이 있다.

㉡ 공공기관

신용정보제공 및 이용자로서 공공기관은 국가·지방자치단체와 금융위원회가 지정하는 기관으로 한국은행, 금융감독원, 한국거래소, 한국장학재단, 한국전력공사, 대한무역투자진흥공사, 한국전기통신공사, 한국가스공사, 한국광해광업공단, 예금보험공사, 한국자산관리공사, 한국공인회계사회, 국민연금관리공단 등이 있다. 공공기관은 한국신용정보원에 고객의 신용정보를 등록하고, 또 한국신용정보원으로부터 고객의 신용정보를 제공받아 고객의 신용평가 등을 위해 이용하고 있다.

(3) 개인신용정보수집의 필요성

금융회사가 고객을 정확히 평가하고 그 평가에 기반한 금융거래를 하게 된다면 금융경제 발전은 물론이고 신용사회로의 정착도 보다 빨리 이루어질 수 있다. 그러나 일반적으로 금융회사들은 그들이 필요로 하는 개인 신용정보를 자유롭게 이용할 수 없다. 그로 인해 역선택(Adverse selection)과 도덕적 해이(Moral hazard) 같은 문제가 발생할 수 있다.

(4) 개인신용정보의 관리

① 개인신용정보 확인과 정정

개인신용정보 확인은 현재 개인의 경우, 연 3회(4개월에 1회씩)까지 무료로 자신의 신용정보를 확인할 수 있으며, KCB에서 운영하는 올크레딧이나 NICE에서 운영하는 마이크레딧에 접속하여 자신의 신용정보를 조회할 수 있다. 특히 주민등록증이나 운전면허증 등을 분실하였다면 이를 이용하여 다른 사람이 부정사용하지는 않았는지 확인하는 차원에서 자신의 신용정보를 점검해 볼 필요가 있다.

② 개인신용정보 관리방법

㉠ 본인의 신용정보를 정확히 파악하고 있어야 하는데 이는 자신의 신용정보를 알고 있어야 자신의 신용도 지킬 수 있기 때문이다. 그리고 자신의 신용정보를 수시로 확인하여 자신의 신용정보 변동 상태를 파악하여 신용상의 피해를 최소화 할 수 있도록 한다.

㉡ 부주의한 계좌관리로 인하여 발생할 수 있는 연체를 최소화해야 한다. 이를 위해서는 대출금 상환 상황, 마이너스통장의 한도초과, 자동이체계좌의 잔액부족 등을 수시로 체크해야 한다.

㉢ 이사 등으로 청구서를 수령하지 못해 발생하는 불이익을 방지해야 한다. 이사로 주소가 변경되었는데 통지를 하지 않아 청구서를 받지 못하여 연체가 되는 수도 있다. 자신도 모르는 사이 금융채무불이행자가 되고 기간이 오래 지나게 되면 채무불이행으로 인한 피해가 커진다. 일반적으로 연체기간(금융 채무 불이행기간)이 3개월이 되면 한국신용정보원에 연체자(금융채무불이행자)로 등록되게 되며 신용평가에 치명적인 부정적 영향을 미치게 된다.

㉣ 사용하지 않는 신용카드나 마이너스대출 약정은 해지하도록 한다.

㉤ 신분증 분실로 인한 명의도용을 주의해야 한다.

③ 신용정보의 이용 및 보호에 관한 법률

> **참고**
>
> 개인(신용)정보 수집·이용 동의 변경(2016.10.24 시행) 후 내용
> ▷ 개인정보의 보유 및 이용기간
> ～ 귀하는 개인(신용)정보의 선택적인 수집·이용에 대한 동의를 거부하실 수 있으며, 동의가 없더라도 대출 계약 체결이 가능함을 알려드립니다. 또한, 동의하시더라도 당사 홈페이지 및 고객센터(1899-8500), 무료전화(080-282-2882)를 통해 언제든지 마케팅 활용에 대한 중지를 요청할 수 있습니다. 다만, 관련 편의 제공 (사은품, 할인쿠폰 제공, 이벤트 정보, 이자율 인하 혜택 등)에 제한이 있을 수 있습니다.

㉠ 신용정보의 정확성 및 최신성의 유지

개인신용정보를 제공하고 이용하는 금융회사는 신용정보를 신용정보집중기관(CB) 또는 신용조회회사에 제공하려는 경우, 그 정보의 정확성을 확인하여 사실과 다른 정보를 등록해서는 안 된다.

그리고 무엇보다 신용정보의 정확성 및 최신성을 유지하기 위하여 신용정보회사는 신용정보주체에게 불이익을 줄 수 있는 신용정보(주로 연체정보 및 금융사기 등 금융거래질서 문란 정보를 의미함)를 사유가 해소된 날(예 연체했던 대출금 상환을 완료한 날)부터 최장 5년 이내에 등록·관리 대상에서 삭제해야 한다. 이는 금융사기 등과 같이 아무리 신용정보주체에게 불리한 정보라도 문제가 해결된 시점부터 해당 정보를 보존할 수 있는 기간은 최장 5년을 초과하지 못한다는 의미이다(동법 시행령 제15조).

ⓛ 개인신용정보의 제공·활용에 대한 동의 및 이용

- 일반 개인신용정보
  - 금융회사가 대출, 보증에 관한 정보 등 개인신용정보를 타인에게 제공하려는 경우에는 해당 개인으로부터 서면 등의 방식으로 미리 동의를 받아야 한다.
  - 금융회사 등이 신용조회회사 또는 신용정보집중기관으로부터 개인신용정보를 제공받으려 할 때에도 해당 개인으로부터 동의를 받아야 한다.
- 개인식별정보의 제공·이용
  - 금융회사 등이 개인식별정보를 신용정보회사에 제공하려는 경우에는 해당 개인의 동의를 받아야 하며, 해당 개인이 동의한 목적 또는 해당 개인으로부터 직접 제공받은 경우에는 그 제공받은 목적의 범위에서만 이용되어야 한다.
- 신용정보 제공 사실의 통보요구
- 상거래 거절 근거 신용정보의 고지
- 개인신용정보 제공·이용 동의 철회권 및 연락중지권
- 신용정보의 열람 및 정정청구

(5) 연체정보 등록

구 분	대 상	연체구분
종합신용정보집중기관	한국신용정보원	3개월 이상 연체
신용정보회사(신용평가)	한국신용정보(NICE), 한국신용평가정보(KIS), 서울신용평가(주), 한국기업평가	3개월 미만 연체

① 연체정보의 등록시점

연체정보는 앞서 자세히 살펴본 바와 같이 금융회사 채무를 3개월 이상 연체한 경우 한국신용정보원에 등록하도록 되어있다. 특히, 교육과학기술부(정부)지원 학자금대출의 대출원금, 이자 등이 연체된 경우는 6개월 이상 연체 시(단, 만기 경과 시에는 3개월 이후) 등록한다. 다만, 졸업 후 24개월까지 유예하기 위해서는 해당 금융회사에 유예신청을 한 경우에만 적용된다.

② 타인사용채무 연체정보 등록

신용카드 개설 시 가족회원은 본인의 계좌로 연동되어 결제되고 카드사용 한도도 본인사용한도 내에서 사용하므로 신용카드 가족회원이 이용한 카드이용대금이 연체되는 경우에는 신용정보 주체인 본인회원만 등록된다.

③ 연체 중 연체정보 미등록

금융채무 연체 중이지만 한국신용정보원에서 연체 조회가 되지 않는 경우가 있다. 주로 100만원 이하의 연체가 1건인 경우나 등록된 연체정보가 8년이 경과되어 전산에서 삭제된 경우, 동 채무를 채권금융회사가 전문채권추심회사나 제3금융 회사에 매각한 경우가 이에 해당한다. 여기서 연체정보가 8년이 경과되어 삭제되는 것은 연체금을 상환하지 않은 채 7년이 경과하면 신용정보관리규약 상의 기간경과 해제에 해당되어 자동 해제되며 해제일로부터 1년이 지나면 동 내용은 자동 삭제되기 때문이다.

(6) 연체정보의 해제 및 삭제

① 연체정보는 연체금 완납 시 해제된다. 하지만 경우에 따라서는 연체정보 해제 후 기록보존기간의 사유로 해제와 동시에 삭제되지 않는 경우도 있다. 그럼에도 불구하고 연체금액에 상관없이 연체정보 등록일로부터 90일 이내에 연체금액을 갚거나 대출연체 등록금액이 1,000만원 이하인 경우, 신용카드연체 등록금액이 500만원 이하인 경우에는 해제와 동시에 삭제된다.

② 연체금을 상환하지 않은 채 7년이 경과하면 신용정보관리규약 상의 기간경과 해제에 해당되어 자동 해제되며 해제일로부터 1년이 지나면 동 내용은 자동 삭제된다.

③ 채무재조정 시 연체정보는 해제된다.

④ 본인명의로 대출을 받아 제3자에게 빌려주었다가 제3자가 잘 갚지 않아 대출금을 연체하게 되어 연체정보에 등록된 경우에는 명의대여자가 신용상의 책임을 부담하게 된다.

⑤ 신용회복지원이 확정되면 신용회복지원협약 가입기관 여부를 불문하고 기존 한국 신용정보원에 등록된 연체정보는 일괄 해제된다. 그러나 신용회복지원 확정 후 채무상환을 계획대로 정상적으로 수행하고 있는 중이라도 신용회복지원협약 미가입기관의 채무(신용회복지원 확정으로 연체정보가 기해제되었던 채무)가 연체되면 연체정보가 다시 등록된다. 신용회복지원이 확정된 이후 신규 취급된 신용공여를 연체한 경우도 동일하다. 연체대출금을 상환하여야 연체정보는 해제된다.

(7) 금융질서문란정보

금융질서문란정보란 대출금을 용도 외로 유용한 사실 및 부정한 방법으로 대출을 받는 등 신용질서를 문란하게 한 사실에 대한 정보를 등록대상으로 하고 있다. 금융질서문란정보의 해제는 등록사유별로 상이하나 기록보존기간은 5년이다.

(8) 상속인 금융거래조회 서비스

1998년 7월부터 피상속인은 사망자뿐만 아니라 준사망자(심신상실자 또는 실종자)도 법원의 판결문(금치산선고, 실종선고)이나 가족관계증명서에 의거 사실관계가 확인이 되면 금융거래 사실여부 조회가 가능하다.

① 조회신청

신청인이 사망자 관할 주민센터, 금융감독원 본·지원, 시중은행 본지점, 우체국, 삼성생명, 유안타증권 본지점, 농·수협, KB생명보험, 교보생명을 직접 방문하여 신청하면 된다.

② 구비서류

사망 및 상속관계를 확인하기 위해 사망자의 가족관계증명서, 기본증명서 및 사망진단서와 신청인의 신분증(주민등록증 또는 운전면허증)이 있어야 한다.

(9) 휴면예금, 미환급 공과금 등 조회 서비스

① 휴면계좌

휴면계좌란 은행, 보험사, 우체국이 보유하고 있는 예금, 보험금 등에 대한 채권 중 관련 법률의 규정에 의하여 청구권의 소멸시효가 완성되었으나 찾아가지 않은 예금 또는 보험금계좌를 말한다.

② 휴면예금 조회방법

금융감독원의 금융소비자정보 포털사이트 파인(FINE)에서 '잠자는 내 돈 찾기' 코너를 클릭하여 찾은 내용을 참고한다. '잠자는 내 돈 찾기' 코너에 들어가면 다시 9개의 휴면금융재산별로 조회 코너를 접할 수 있다. 9개의 휴면금융재산별 코너를 하나씩 클릭해보면 자신이 잊고 있었던 휴면금융재산 보유 여부와 금액 등을 확인할 수 있다.

③ 금융채무불이행

(1) 금융채무불이행자 개념

금융채무불이행자(구. 신용불량자)란 금융회사 등에서 지불능력이나 지불의사에 대한 사회적 신뢰를 얻지 못하여 신용제공을 받을 수 없는 상태를 말한다.

(2) 금융채무불이행자 추이

금융채무불이행자 발생건수는 1997년 이후 급속하게 증가하여 카드대란 발생시점인 2003년 말~2004년 초에 정점을 이룬 이후 점진적인 감소추세를 유지하고 있다. 2003년 기준 금융채무불이행자 수는 최고치인 372만명을 기록하였고, 이후 적극적인 채무조정에 힘입어 2015년에는 103만명으로 감소하였다. 한국은행의 2020 금융안정보고서에서는 코로나 19로 인한 가계대출 차주의 채무상환 능력변화를 살펴보았다. 연령대별 부채보유액을 보면 30대 이하의 증가세가 두드러지며 60대 이상은 완만한 증가세를 보이고 있다. 30대 이하는 주택관련 대출 등을 중심으로, 60대 이상은 고령화에 따른 차주수 증가가 부채 비중 상승의 주요인이었다. 신용평점별 부채비중은 고신용 차주의 부채비중이 2020년 3/4분기말 76.8%로 대부분을 차지하고 있다. 중신용, 저신용 차주의 비중은 지속적으로 낮아지고 있다. 다중채무자이면서 저소득 또는 저신용이어서 채무상환능력이 매우 취약한 차주(취약차주)는 2020년 3/4분기 말 전체 차주 중 6.7%로 점차 낮아지고 있다. 30대 이하 비중이 가장 높긴 하지만 점차 낮아지고 있는 추세를 보이며, 한국은행의 「금융안정보고서」(2023년 12월)에 따르면, 최근 가계대출 및 자영업자대출 모두 취약부문을 중심으로 부실위험이 증가하고 있다.

(3) 금융채무불이행자 문제의 원인

신용상담사는 개인의 신용문제를 해결하고, 신용관리를 통해 문제예방을 돕는 역할을 하기도 하지만 우리 사회가 건전한 신용사회로 나아갈 수 있도록 주도적인 역할을 해야 할 의무도 있다.

① 경제주체별 요인

금융채무불이행자 문제의 일차적인 책임은 금융채무불이행자 자신에게 있다. 경제 정책이나 금융회사에 문제가 있었다고 하더라도 본인의 상환능력을 고려하지 않고 과도하게 대출을 받은 것은 결국 금융채무불이행자 스스로의 판단이기 때문이다.

② 실물경제의 구조변화

　　㉠ 외환위기 이후 거시경제의 순환은 이전과 매우 다른 모습을 보였다. 외환위기 이전에는 2~3년의 경기상승 국면에 이은 1~2년의 경기하강 국면이 약 4년 단위로 1개의 경기순환 주기를 이루는 것이 일반적이었다. 그러나 2001년 7월 저점을 통과하여 경기상승 국면에 접어든 우리나라 경제는 불과 18개월 후인 2002년 12월 이미 경기 고점에 도달하였으며 그 이후 뚜렷한 반전 조짐이 없이 장기적인 경기하강 국면에 접어들었다.

　　㉡ 외환위기 이후 고용의 안정성이 상대적으로 낮은 비정규직 근로자 비중이 높아지는 방향으로 전개됨에 따라 소득의 변동성을 높임으로써 채무자의 채무부담 능력에 부정적인 요인으로 작용하게 되었다.

③ 제도적 요인

　　개인 신용정보 생산 및 유통의 불완전성은 금융채무불이행자 급증의 원인이 된다. 경제주체의 신용위험을 적절히 평가하기 위해서는 부정적인 신용정보뿐만 아니라 과거의 전반적인 금융거래 실적 등 우량 신용정보까지 모두 고려하는 것이 필수적이다. 하지만 금융채무불이행자 문제가 본격적으로 대두되기 전까지 우량정보의 집중 및 공유가 원활히 이루어지지 않았을 뿐 아니라 금융회사들이 자신이 보유하고 있는 우량정보 조차도 심사과정에서 적절히 이용하지 못하고 담보 또는 보증에만 의존하는 현상이 지배적이었다.

(4) 금융채무불이행 문제의 영향

　　금융채무불이행자 문제는 개인뿐만 아니라 개인이 속한 사회와 경제전반에 걸쳐서 많은 영향을 끼치게 된다. 개인적으로는 빚 독촉 등에 의한 과도한 스트레스를 경험 하게 되어 자살・범죄 충동에 사로잡히게 된다.

02　개인신용의 평가

1　개인신용평가

　　개인신용평가란 개인의 신용상태에 영향을 주거나 개인신용 상태를 예측할 수 있는 개인적, 사회적, 경제적 사실을 조사하고 분석한 결과를 토대로 개인의 신용도에 관해 종합적인 판단을 내리는 행위 자체를 말한다.

　　신용평점(credit scoring)은 1~1,000점으로 되어 있으며 점수가 높을수록 우수한 신용도를 의미한다. 기존에는 등급제(1~10등급)로 운영되어 리스크 평가가 세분화되지 못하고 등급 간 절벽효과가 있어 점수제로 개선되었다. 각 CB사에 따라서 평가 기준이 다르지만, KCB, NICE평가정보 모두 상환이력정보, 현재부채수준, 신용형태정보, 신용거래기간, 신용조회정보를 종합적으로 고려하여 평가한다.

(1) 개인신용등급 기본체계

개인신용평가기관의 신용평가방법은 평가기관에 따라 서도 다른 방식으로 수행되고 있으나 일반적으로 평가업무의 효율성과 표준화 등의 이유로 신용평가모델에 의한 생산방법이 주종을 이루고 있다.

(2) 개인신용평가기관

CB(Credit Bureau)라는 명칭은 1860년 미국 뉴욕의 은행 등 신용공여기관들이 고객에 대한 신용정보를 교환하기 위해 브룩클린에 설립한 신용조사국(Credit Bureau)에서 유래되었다. 우리나라는 한국신용정보(NICE), 한국신용평가정보(KIS)에서 2002년부터 신용평가 서비스를 제공하고 있으며 한국개인신용(KCB)은 2005년도에 설립되어 서비스를 제공하고 있다.

2 개인신용평점관리

(1) 신용정보 설계

① 신용정보는 개인의 경제활동에 대한 기록으로서 본인의 의지와 생활방식 변경으로 관리될 수 있고, 관리해야만 하는 자기관리의 영역이라고 할 수 있다.

② 신용관리의 목표는 신용정보 내의 특정 내역을 변경하여 신용평점이나 신용등급을 상향조정하는 것이며, 신용설계는 신용관리라는 목표를 위해 어떻게 신용을 이용하고 관리할 것인가를 계획하는 것이다.

> **TIP** ▸ 신용설계 과정
>
> 개인(신용정보 주체) → 금융거래 → 목표로 하는 신용정보/신용평점/신용등급을 수립 → 다양한 전문가의 의견 + 신용정보콘텐츠 등을 활용하여 목표로 한 신용평점/신용등급을 위한 금융거래 → 목표로 했던 신용평점/신용등급을 신용정보콘텐츠 등을 통해 점검 후 새로운 목표수립

(2) 신용점수 관리방법

① 적정수준의 대출이 존재하며 5일 이상의 연체 없이 대출금을 꾸준히 상환해서 '좋은 신용(Good credit)' 상태를 유지하도록 한다.

② 2~3개의 신용카드를 보유하고 연체 없이 사용대금을 상환하도록 한다.

③ 가급적 불필요한 한도조회나 거래신청은 피하도록 하며, 짧은 기간에 신용거래신청을 여러 번하지 않도록 한다.

④ 가급적 주거래 금융회사를 정해놓고 거래하고, 신용카드도 본인에게 꼭 필요한 소수의 카드만 집중적으로 사용하는 것이 좋다.

⑤ 자동이체를 최대한 활용하여 연체를 방지해야 한다.

⑥ 신용카드 현금서비스 사용은 자제하도록 한다.

⑦ 금융거래 알람(SMS) 서비스를 이용한다.

⑧ 영수증을 꼭 챙기도록 한다.

⑨ 연락처가 변경되면 거래하고 있는 금융회사에 반드시 통보하여야 한다.

⑩ 마지막으로 신용평가기관 홈페이지에 들어가 본인의 건강보험료 납부내역과 같은 정보를 등록하면 신용등급을 올리는 시간을 앞당길 수 있다. 소득세와 같은 세금내역, 건강보험, 국민연금 납부내역 등 비금융기록을 모두 등록할 수 있다. 단, 납부내역은 6개월 이상 연체 없이 잘 납부 한 경우에만 도움이 된다.

03 신용카드

1 신용카드의 개요

(1) 신용카드의 의의

여신전문금융업법 제2조 제3호에 따르면, 신용카드라 함은 이를 제시함으로써 신용카드가맹점에서 결제할 수 있는 증표로서 신용카드업자가 발행한 것을 말한다.

① 신용카드의 거래 구조

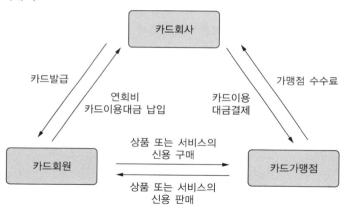

② 신용카드의 종류
  ㉠ 신용카드의 종류는 우선 카드 사용가능 지역에 따라 국내카드와 국제카드로 구분할 수 있다. 국내카드는 카드를 발급 받은 국내에서만 통용되는 카드이며, 국제카드는 국내를 비롯하여 외국에서도 모두 사용할 수 있는 카드이다. 국제카드는 우리나라 카드사가 외국의 대표적 신용 카드사인 비자, 마스터, 다이너스, 아메리칸 익스프레스와 제휴하여 국제카드 발행업무를 대행하고 있다.
  * 국내에서 국제카드를 사용할 때 외국신용카드 회사에 개인 소비자가 사용한 카드금액 중 일정비율을 로얄티로 지급함으로써 외화가 낭비될 수 있기 때문에 국내에서는 국내카드만을 사용하도록 한다.

ⓒ 다음으로 은행계카드와 비은행계카드로 구분할 수 있으며, 은행계카드는 신한카드, KB국민카드, KEB하나카드, 우리카드 등과 같이 카드사를 함께 운영하는 은행에서 발급한 카드로 카드업무는 주로 카드사가 아닌 은행에서 이루어진다. 반면, 비은행카드는 비금융회사에서 발행한 롯데카드, 삼성카드, 현대카드 혹은 백화점 등에서 발급한 카드를 의미한다.

③ 신용카드와 유사한 지불수단

신용카드뿐만 아니라 선불카드, 체크카드 등 신용카드와 유사하지만 결제시기에 따라 차이가 있는 카드도 있다.

(2) 신용카드 기능

① 결제수단으로 대금을 지불하는 기능이다. 현금의 경우 고액의 현금 휴대는 도난, 분실의 위험이 있는 반면, 신용카드는 편리하고 안전한 결제수단으로의 기능을 수행한다.

② 현금서비스, 할부구매 등의 소비자신용 기능이다.

③ 신분을 보증하는 기능이다.

④ 외환으로서의 역할을 수행한다.

⑤ 유통업체 등은 개인 소비자의 구매정보를 기초로 소비자의 욕구에 기능적으로 대응하기 위한 기초자료로 사용한다.

(3) 신용카드 장·단점

① 신용카드 사용의 장점

ⓒ 현금휴대로 인한 위험 혹은 불편함을 덜어준다.

ⓒ 가계관리에 융통성을 제공함으로써 효용을 증가시킨다.

ⓒ 신용카드 사용 기록은 단기적으로 가계부 정리 및 예산수립에 도움이 되며, 장기적으로 신용거래의 축적으로 신용을 쌓을 수 있다.

② 신용카드 사용의 단점

ⓒ 신용카드의 과도한 사용은 물가상승 및 국제수지 적자를 확대시키고, 금융부실화를 초래할 위험이 있다.

ⓒ 충동구매가 보다 빈번하게 일어나서 과소비를 하게 된다.

ⓒ 신용카드 연회비, 할부수수료, 연체이자 등 각종 신용비용이 발생하게 된다.

(4) 신용카드 비용

신용카드를 사용하게 되면 물품구매와 상관없이 매년 지불해야 연회비를 비롯하여 신용카드 이용에 따른 할부수수료, 현금서비스 수수료, 연체이자 등 다양한 비용이 발생한다.

2 신용카드 관련 의사결정

(1) 일시불과 할부에 관한 결정

① 신용카드로 결제를 할 때는 충동구매를 하는 것은 아닌지 다시 한 번 생각해 보아야 한다. 만약 꼭 필요한 것이라면 일시불 혹은 할부로 구매할 것인가를 고려해 본다. 일시불은 한꺼번에 결제해야한다는 부담이 있지만 수수료가 없기 때문에 지불능력 된다면 일시불로 결제하는 것이 좋다.

② 할부로 구입 시에도 일시불 구입과 마찬가지로 첫 번째 할부대금 결제일이 최장 50여일 정도의 유예기간을 가질 수 있도록 구매시점을 잘 이용하는 것이 좋다.

(2) 할부거래법에서 명시하고 있는 소비자보호

① 청약철회

㉠ 청약철회는 소비자가 충동적으로 할부구매를 하였을 때 이를 되돌릴 수 있는 소비자의 권리를 의미하며, 이는 물품에 하자가 있어서 물건을 바꾸는 것과는 다르게 단순히 내가 구매의사결정을 잘못하였기 때문에 이를 되돌리려 할 때 이용한다.

㉡ 청약철회는 계약서를 받은 다음 날부터 날짜를 세서 7일 이내에 하여야 하며, 7일째 되는 날이 토, 일요일 혹은 국경일과 같은 휴일일 경우 그 다음 영업일까지 철회권을 행사할 수 있다.

> **TIP** ▸ 신용카드로 물건 구입 시 청약철회 방법
>
> 청약철회 요청서 4부 복사하여 1부 우체국에 보관, 1부 소비자가 보관, 1부 판매자에게 송부, 1부 신용카드 회사에 송부한다.

> **참고** 청약철회를 요청할 경우 청약철회 기간 내에 우체국에서 청약철회 요청서를 보내야 하는데, 이때 청약철회 기간 내에 요청서를 보냈다는 증명은 우체국 소인이 찍힌 날짜를 기준으로 한다. 이를 발신주의(↔ 도착주의)라고 한다.

② 기한 전 할부금 지급권리

할부기간이 도래하기 전이라도 경제적 사정이 나아질 경우, 소비자가 나머지 할부금을 일시에 지급할 수 있는 권리를 의미한다.

③ 항변권

할부거래 계약 시 판매자가 계약서 상 약속한 사항을 이행하지 않을 경우, 계약 사항을 완전히 지킬때까지 소비자는 나머지 할부금을 연체 없이 지급하지 않을 권리를 의미한다.

(3) 현금서비스 이용결정

현금서비스는 수수료율(이자율과 동일한 개념)이 높은 편이므로 반드시 비상시에만 이용하도록 한다.

(4) 신용카드 대금 연체

신용카드 대금을 연체하게 되면 높은 연체수수료를 추가적으로 내야 함은 물론 금융채무불이행자로 한국신용정보원에 등록된다. 이는 자신의 신용평가에 매우 부정적으로 작용할 뿐 아니라 신용카드 사용이 일시적으로 정지되거나 이용한도 축소 등의 문제가 발생한다.

(5) 해외에서의 물품구매 기능

① 해외에서의 신용카드 이용의 장점은 해외 여행 시 현금소지의 위험과 환전에 따른 수수료, 여행 후 외국 잔돈을 가지고 있을 필요가 없는 등의 장점이 있다.

② 해외에서 신용카드 이용 시 주의사항

　　㉠ 환율 하락세면 결제 시 현금결제보다 신용카드 결제가 유리하다.

　　㉡ 해외에서 물품구매를 하거나 온라인으로 해외직구 시 신용카드로 결제를 할 때 현지화로 결제를 해야 DCC 서비스 수수료가 붙지 않는다.

　　㉢ 해외에서 카드를 사용할 경우 자신의 사용가능 한도액이 어느 정도인지 확실하게 미리 알아둔다.

❸ 신용카드 사용 분석 및 피해예방

(1) 신용카드 사용 분석

개인 소비자의 신용카드 사용 분석을 위해 소지하고 있는 신용카드 내역을 작성해 볼 수 있다. 그리고 작성한 결과에 기초하여 불필요한 신용카드라고 판단되면 신용카드사에 연락하여 반드시 해지한 후 카드를 잘라서 버린다.

(2) 신용카드 피해예방

① 너무 쉬운 비밀번호로 설정하지 않으며, 비밀번호가 유출되지 않도록 주의한다.

② 신용 카드를 받자마자 카드 뒷면의 서명란에 서명을 한다. 그리고 서명한 부분을 복사하여 보관해 둔다.

③ 매출전표를 작성할 때는 반드시 입회하며 카드사용 내역이 정확한지 확인하고 서명한다. 그리고 매출전표 사본은 결제가 끝날 때까지 보관하여 청구금액이 정확한지 확인해야 한다.

④ 도난, 분실 시는 즉시 전화로 신고하되, 전화신고 시에는 접수번호, 접수일시, 접수자 성명 등을 확인, 기록해 두고 곧바로 서면으로 신고해야 확실하다.

⑤ 주소변경 시 즉시 카드회사에 신고해야 한다.

⑥ 신용카드를 해지할 때에는 해지신청을 하고 사용할 수 없는 신용카드는 확실히 잘라서 버리는 것이 좋다.

(3) 신용카드의 분실과 보상

① 카드를 분실하거나 도난당한 경우에는 즉시 전화로 카드사에 통지하고 지체 없이 그 내용을 서면으로 신고한다.

② 제3자의 부정사용이 물품을 구입한 경우라면 신고 접수일로부터 60일 전 이후에, 현금인출을 한 경우라면 신고시점 이후에 발생한 부정사용 금액에 대하여, 다음에서 정한 회원의 과실사유를 제외하고 카드사로부터 보상을 받을 수 있다. 다만, 부정사용조사 신청 시 카드 1매당 최고 2만원의 부정사용조사 수수료를 회원이 부담하여야 한다.

- 회원의 고의에 의한 부정사용의 경우(자신이 사용한 카드대금을 카드분실로 위장하는 경우 등)
- 카드의 미서명, 관리소홀, 대여, 양도, 이용위임, 불법대출 등으로 인한 부정사용의 경우
- 회원의 가족에 의한 부정사용의 경우
- 회원이 분실·도난사실을 알고 정당한 사유 없이 신고를 지연한 경우
- 회원이 부정사용조사를 위한 카드사 요청에 협조하지 아니한 경우
- 카드비밀번호 유출로 인한 부정사용의 경우
- 분실, 도난 신고일로부터 1년 이내에 정당한 이유 없이 보상신청을 하지 않은 경우

01 부채의 개요

1 가계부채 의의

(1) 가계부채의 개념

부채란 현재의 소비를 위해 미래의 소득을 앞당겨 쓰는 행동으로 소득과 소비지출 간의 격차를 줄이는 가계운영의 한 방법이다.

(2) 가계부채의 종류

① 소비자신용과 주택금융

소비자신용은 가계의 소비지출에 필요한 자금을 위한 것이 대부분이며, 보통 규모가 작으면서 무담보 신용대출인 경우가 많다. 주택금융은 주로 주택을 담보로 한 대출로 개인 혹은 가계가 상환을 완료하면 자산이 늘어나는 효과가 발생하기 때문에 투자로 간주된다.

② 소비자금융과 판매신용

㉠ 소비자금융이란 일반적으로 소비자(가계)가 소비재, 특히 자동차나 가전제품 등 내구소비재를 구입할 때 금융기관이 제공하는 신용을 말하는데, 직접금융과 간접금융으로 구분된다. 직접금융은 특정의 소비재를 구입할 때 금융기관이 소비자에게 직접 대출하는 방식이며 대출금의 상환은 보통 할부로 이뤄진다. 간접금융은 금융기관이 할부판매를 행한 딜러에게서 외상매출 채권을 매입함으로써 간접적으로 소비자에게 융자를 해주는 방식이다.

㉡ 판매신용이란 물건을 구입하거나 서비스를 이용하고 그 대가를 나중에 지불함으로써 발생하는 가계부채이다. 할부금융회사, 판매회사, 신용카드회사 등이 물품 판매와 관련하여 제공하는 신용이 해당된다.

③ 공금융부채와 사금융부채

공금융부채란 은행, 상호저축은행, 신용협동조합, 우체국, 신용카드회사, 할부금융회사 등과 같은 금융회사로부터 받는 대출을 말하며, 사금융부채는 사채와 같이 제도권 금융회사 이외로부터 받는 대출을 말한다.

④ 담보대출과 신용대출

신용대출이란 금융회사가 고객의 신용도를 판단하여 대출금액과 금리를 결정하는 대출을 의미한다. 신용대출에서 중요한 것은 직업의 유무이다. 직장을 일정기간 이상 가지고 연봉이 일정 수준 이상이 되면 은행으로부터 신용대출을 받을 수 있다. 그러나 자영업이나 전문직은 금융회사별로 별도로 신용 판단 기준을 만족해야 신용대출을 받을 수 있다. 이에 비해서 담보대출은 신용대출보다 장기간이고 금액이 크며 대출금리가 낮은 것이 일반적이다. 즉, 담보대출이란 채무자가 금전을 갚지 않을 경우에 대비하여 채권자가 그 변제를 확보하기 위해 사전에 강구하는 수단으로 물적담보와 인적담보가 있다.

⑤ 할부신용과 비할부신용

할부신용이란 부채액을 일정기간동안 매월 균등하게 분할하여 정해진 기간 동안 상환하는 부채를 말하며, 비할부신용이란 일시불로 갚거나 신용카드의 리볼빙서비스처럼 여러 회에 걸쳐 원하는 만큼씩 갚아나가는 부채를 말한다.

⑥ 개별계약형과 포괄계약형

개별계약형은 매번 거래마다 대출액, 대출기간, 상환방법 등에 대해 계약을 체결해야 하는 것으로 일반 정액대출이 여기에 속한다. 이에 반해 포괄계약형이란 미리 포괄적인 신용제공 계약을 체결하여 신용한도액, 조건, 상환 방법 등을 정해 놓고 이에 기초하여 계속적으로 신용을 제공 받을 수 있는 형태의 대출을 말한다.

⑦ 할부금융

㉠ 할부금융은 소비자가 고가의 자동차, 내구재 등을 구입하고자 할 때 일시불로 구입하기 어려운 경우 소비자와 할부금융회사가 약정을 맺고, 할부금융회사가 소비자의 신용도에 따라 물품대금을 대여해 주고 소비자는 그 원리금을 분할하여 상환하는 금융서비스이다.

㉡ 할부금융 대상자는 물품구매자를 대상으로 판매자와 구매자, 할부금융사가 3면 계약의 관계로 물품구매 시 그 금액을 제조, 판매자에게 지급한다. 통상 판매자가 대출계약서류를 징구하는 계약업무를 할부금융사가 대행하는 것이다.

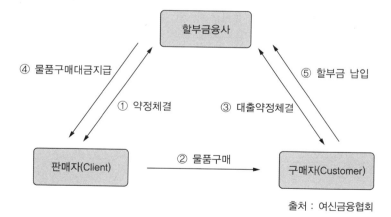

출처 : 여신금융협회

2 가계부채 발생요인

(1) 개별가계 특성

① 가계의 시간선호

생애주기가설에 따르면 일생에 걸쳐 소비를 완만하게 증가시키기 위해서는 소득에 비해 소비가 많은 생애의 초기단계 혹은 노년단계에서는 차입을 하려는 동기가 발생한다.

② 가계소득 부진

기본적으로 가계가 대출을 하는 이유는 지출을 위한 가장 중요한 자원인 가계소득 부진에서 비롯된다고 할 수 있다.

(2) 외적 환경요인

① 이자율

화폐의 차용에 대하여 지불하는 가격을 이자라고 하며, 기간 당 지급되는 이자를 원금의 비율로서 표시한 것이 이자율이다. 대출이자율이 높으면 가계대출은 감소하고 대출이자율이 낮으면 가계대출은 증가한다. 즉, 저금리는 가계의 대출수요를 증가시키고 소비를 촉진시켜 가계부채를 증가시킨다.

② 물가상승률

물가가 지속적으로 오를 것으로 기대되면 차용을 하여 물건을 미리 사두게 된다.

③ 정부의 부동산 정책

취득세 인하, 다주택자 양도세 중과 폐지, 최초 주택 구입자 자금지원 확대, LTV·DTI 규제 완화 등 정부의 부동산 시장 활성화 정책은 주택담보대출의 증가에 영향을 미치며, 이는 가계부채 증가의 원인이 된다.

3 가계부채 현황

한국은행이 2022년 발표한 보도자료 '금융안정 상황'에 기초하여 우리나라 가계부채 현황을 살펴보면, 2021년말 기준 가계부채(가계신용기준)는 1,862.1조원으로 전년말 대비 7.8% 증가한 것으로 나타났다. 가계부채 증가율은 전년 7.95%에 비해 낮아졌으나 예년(2017년 5.93%, 2018년 4.16%)에 비해서는 여전히 높은 수준이며, 연중 증가규모는 2018년 86.1조원, 2019년 63.9조원, 2020년 127.3조원을 기록하였다.

4 가계부채가 미치는 영향

(1) 가계에 미치는 영향

가계의 소득흐름을 원활하게 하는 수단으로서 부채는 긍정적인 영향을 미치지만 과도한 부채는 부정적인 영향을 미치며 결국 국가 전체적인 불황을 초래하는 원인으로 작용할 수 있다.

(2) 거시경제에 미치는 영향

가계부채는 소비에 단기적으로 긍정적인 효과를 나타내는 반면, 투자에는 부정적인 효과를 유발하는 것으로 추정할 수 있다. 가계부채의 증가는 저축감소를 통하여 투자재원 감소 및 장기 성장 잠재력 약화로 연결되는 것으로 나타났다.

(3) 금융회사에 미치는 영향

금융회사의 지나친 가계대출 증가는 건전성 악화와 부실채권 증가를 통해 금융회사 수익성을 악화시킬 수 있다.

---

02 부채의 통제

1 과다 부채문제 해결

(1) 과다 부채문제 진단도구

① 부채경고등

부채경고등은 소득 대비 부채비율을 파악하여 부채수준을 진단하는 도구이다. 월가계소득에서 총월부채상환액이 차지하는 비중이 25%를 초과하지 않아야 한다.

부채경고등

• 매월 가계에 들어오는 소득은 얼마인가? = (A)
• 매월 할부금 또는 대출금 상환액은 얼마인가? = (B)

녹색신호등	$B/A \leq 0.25$ ☞	안정적인 상태
황색신호등	$0.25 < B/A \leq 0.4$ ☞	부채문제가 발생가능성이 높은 상태
적색신호등	$B/A > 0.4$ ☞	부채문제가 심각한 상태

② 부채사다리

신용회복위원회(2003)의 '개인신용상태 자가진단지' 중 부채사다리는 부채로 인하여 일상생활에 나타나는 여러 가지 징후를 통하여 부채문제를 측정하는 도구이다.

> **참고**
>
> 부채사다리 활용의 실제
> 금융채무불이행자와 일반인의 신용 과다이용 심각도를 비교해보면 금융채무불이행자의 평균은 62.08점이고 일반인의 평균은 15.29점으로 금융채무불이행자의 심각정도가 훨씬 심각함을 알 수 있다.

(2) 부채원인 규명을 위한 진단도구

① 돈과 신용에 대한 태도

돈을 쓰고 신용을 이용하는데 너무 허용적인 태도를 가지고 있다면 신용카드는 아예 가지고 다니지 않으며, 하루에 쓸 돈만 지갑 속에 가지고 다니는 방법을 통해 통제할 수 있다. 자신보다 많이 가지고 있는 사람을 부러워하지 말고 자신보다 부족한 사람들의 생활을 통해 자신이 가진 것을 감사하게 생각하도록 한다.

② 재무관리 능력

재무관리 능력이 부족하다면 우선 가계부쓰기 등 작은 것부터 시작하도록 한다.

③ 위험인내성향

위험회피형이라면 투자를 했을 때 발생할 수 있는 위험에 대한 목록을 만들어 보도록 한다. 그리고 투자하고 있는 부분에 대해 예상수익률과 금융비용을 수시로 비교하도록 한다.

(3) 적정부채의 기준

① 신용관리에 문제가 있는지를 파악하는 방법 중 하나는 부채가 적정한 용도로 활용되고 있는가, 적정한 정도의 부채규모를 가지고 있는가를 확인하는 것이다.

② 적정부채수준은 신용도 등을 기준하여 실제 빌릴 수 있는 액수를 의미하는 것이 아니라, 상환능력을 근거로 빌릴 수 있는 액수를 의미함을 주지해야 한다. 따라서 적정부채 한도 설정 시 고려해야 하는 점은 생계비를 줄이지 않고도 채무상환이 가능한가를 살펴보아야 하며, 가계경제상태의 건전성도 평가해야 한다. 또한 해당 부채규모를 감당할 수 있는 심리적 부담감과 관리할 수 있는 능력 등을 포함하는 개인적 특성을 함께 고려하여야 한다.

> **TIP** ▸ 적정부채수준
>
> • 총월부채상환액/총월가계소득 < 0.25
> • 총부채/총자산 < 0.8

2 대출받기

(1) 대출계획

① 대출선택 시 고려사항

㉠ 이자율, 대출한도, 상환방법, 대출기간 등을 고려한다.

㉡ 담보를 필요로 하지 않는 대출상품을 찾아보는 것이 좋다. 그 밖에 대출취급 수수료나 중도상환 수수료 등 여러 가지 비용 등을 검토하여 대출상품을 선택해야 한다.

② 대출기관

제1금융권(은행), 제2금융권(카드, 캐피탈, 보험, 상호저축은행 등), 사금융권으로 나눌 수 있으며, 대출금리는 제1금융권, 제2금융권, 사금융권으로 갈수록 높아진다.

③ 대출상환방식과 대출비용의 계산

대출을 받을 경우, 이자 이외에 여러 가지 비용이 들어가며 이 비용은 대출의 종류에 따라 달라진다.

일시상환방식	만기일시상환방식	원금 × (1 + 이율 × 연수)
	할인식	이자액 = 원금 × 이율 × 연수
분할상환방식	원리금균등상환법	(원금 × 이율(1 + 이율)연수)/((1 + 이율)연수 − 1) × 연수
	원금균등상환법	이자액 = {(원금 × (1 + 연수) × 연수)/(연수 × 2)} × 이율

(2) 대출받기

누구나 돈이 필요하다고 해서 금융회사를 통해 필요한 자금을 빌릴 수 있는 것은 아니며, 정해진 요건을 갖추어야만 돈을 빌릴 수 있다. 즉, 대출을 받기 위해서는 만 19세 이상이어야 하며 미성년자는 보호자의 동의가 있어야 하고 피성년후견인, 피한정후견인, 개인파산 선고자 등은 대출이 불가능하다. 이러한 최소한의 요건이 충족된다 하더라도 연체가 있거나 또는 소득을 증명할 서류가 없으면 대출이 어렵다.

> **TIP** ▶ 대출의 주요절차
>
> STEP 1. 대출사전준비 : 대출상품을 선택하고 각종 필요서류 준비
> STEP 2. 대출신청 : 해당 금융회사 창구에서 대출신청서 양식을 작성하여 제출
> STEP 3. 대출신청서 접수, 처리
> STEP 4. 대출심사 및 승인 : 채무자의 신용을 조사 등을 통해 대출심사

(3) 대출금 중도상환 시 유의사항

① 중도상환수수료

은행에서 대출받은 고객이 대출금을 미리 갚을 경우 은행이 고객에게 물리는 벌금이다. 돈을 빌려간 사람이 예정보다 일찍 돈을 갚으면 돈을 빌려준 측도 좋을 것 같지만 은행 입장에서는 그렇지 않다. 은행은 고객으로부터 받은 예금을 대출 등으로 운용해 대출이자로 예금이자를 지급해야 한다. 그런데 대출고객이 돈을 일찍 갚아버리면 은행으로서는 대출이자는 받지 못하면서 예금이자는 꼬박꼬박 지급해야 하는 상황이 발생한다. 이때 이 돈을 다시 대출해주기까지 은행으로서는 손해를 감수해야 하는 입장이기 때문에 이런 손해를 다소라도 만회하기 위해 중도상환수수료를 물리는 것이다. 또 중도상환수수료를 내야하기 때문에 대출해간 고객들도 쉽게 중도상환하지 않을 것이기 때문에 중도상환을 미연에 방지한다는 의미도 있다. 국내 은행들의 경우 IMF 이전까지는 금리가 지속적으로 상승해 대출금을 미리 갚는 사람이 드물었고, 따라서 중도상환수수료제도를 도입할 필요성을 느끼지 못했었다. 그러나 IMF 이후 금리가 널뛰기를 하면서 중도상환을 하는 고객들이 늘어나자 국내 은행들도 잇달아 이 제도를 도입하기 시작했다.

② 78의 법칙

'78의 법칙'(Rule of 78)은 '자릿수의 합법칙'(Sum of Digits Method)이라고도 하는데 대출금을 중도상환할 때, 대출잔액에 대한 금융비용을 계산하는 데 사용한다. 이는 대출상환방식 중 원리금균등 분할상환의 경우에만 해당되며 방법은 다음과 같다.

$$p = P \times \frac{n}{\frac{N(N+1)}{2}}$$

p = 대출잔액에 대한 월별 이자비용
P = 총 이자비용
N = 총 할부개월 수
n = 잔여 할부개월 수

위 식에서 분모는 1부터 할부개월 수(N)까지 차례로 더한 값으로 자릿수의 합에 해당된다. 예를 들어, 12개월 할부인 경우 1부터 12까지 더하면 자릿수의 합이 78이다(1 + 2 + 3 + … + 12 = 78). 총 이자금액 중 이번 달에 납입하는 이자금액의 비중을 구하기 위해서는 잔여 할부개월 수를 78로 나눈다. 즉, 첫 번째 달에는 총 이자의 12/78을 상환하고 두 번째 달에는 11/78을 상환하여, 남은 달도 마찬가지로 계산하면 마지막 달에는 총 이자의 1/78을 상환하게 된다. 즉, 1/12이 아니라는 점에 주의한다. 만일 12개월 할부로 원리금을 상환하기로 하고 대출을 받았는데 6개월째에 중도상환하였다면 이자가 절반으로 줄어든 것이 아니라 21/78(= 1/78 + 2/78 + … + 6/78) 만큼 줄어든 것이다.

3 부채문제 해결의 실제

TIP ▶ 부채문제 해결의 주요절차

STEP 1. 부채현황 파악하기
STEP 2. 자산의 현금화를 통한 부채상환 필요 금액 마련하기
STEP 3. 소득증대 및 지출감소하기
STEP 4. 차액으로 부채상환하기

(1) 부채현황 파악하기

우선 채무가 어디에 얼마나 있는지 파악하는 것이 필요한데, 보다 정확한 기록을 위해서 약간의 비용이 발생하지만 각 금융기관에서 부채목록표를 발급받아 보는 것이 좋으며, 신용정보 조회를 통해 대략의 부채를 파악해 보는 것이 좋다.

(2) 부채상환계획 수립하기

부채를 상환하기 위해서는 우선 현재 가지고 있는 자산을 파악한 후 현금화하여 부채를 상환하도록 한다. 자산을 처분하고도 부채를 모두 상환할 수 없다면 소득을 늘이고 지출을 줄여야 한다. 그리고 그 차액을 모두 부채를 상환하는 데 배분해야 한다.

① 변제 가능액 계산하기

현재 소유하고 있는 모든 자산을 현금화하여 일시불로 변제하는 것이 우선되어야 한다. 모든 자산의 현금화가 어려운 경우, 채무액 중 일시불로 반드시 변제해야 할 금액은 얼마이며 언제까지 변제해야 하는지에 대해 알아본 후 이에 맞추어 자산의 현금화 계획을 세운다. 반대로 현금화가 가능한 자산을 알아본 후 이에 맞추어 일시불로 변제할 수 있는 채무와 매월 변제할 수 있는 채무로 나누어 계획을 세운다.

② 소득증대를 통한 부채상환

직업을 갖고 있지 않은 가족구성원 중 노동시장으로 진출 할 수 있는 구성원이 직업을 가지거나 부업 등을 통해 소득을 증대시킬 수 있다.

③ 지출감소를 통한 부채상환

월지출명세서를 기초로 하여 변동 지출비목 중 매월 지출을 줄여 채무를 상환할 수 있는 여력은 얼마나 되는지 계산해보도록 한다.

④ 부채상환을 위한 행동계획

자산의 현금화 계획과, 소득증대 계획, 지출감소 계획 등을 참고로 하여 어떠한 방법으로 부채를 해결할 수 있을지 실제 행동계획을 가능한 순서대로 행동계획 수립서를 작성한다.

(3) 대출금 상환원칙

① 대출금 상환시스템을 빚을 갚기 쉬운 구조로 변경하도록 한다. 즉, 원리금균등분할상환 또는 원금균등상환 조건의 대출로 전환하여 대출원금상환에 대해 스스로에게 강제성을 부여하는 것이 가장 좋은 방법이다.

② 대출의 가짓수를 줄여 대출관리가 쉽도록 한다. 중도상환 수수료, 인지세 등의 추가비용까지 함께 고려하여 낮은 대출이자율의 대출로 전환하도록 한다.

③ 비상용으로 개설하는 마이너스통장은 되도록 없애도록 한다.

> **TIP** ▸ 대출금 상환 우선순위 정하기

- 우선 담보가 있는 채무를 갚아나가야 한다.
- 생계를 위해 꼭 필요한 차량의 할부금이 남아있다면 이를 잘 갚아야 한다.
- 보증서 담보대출이나 학자금채무 등은 중간정도의 우선순위를 나타낸다.
- 같은 우선순위를 가지는 채무 중에서는 대출금리가 높은 순서대로, 상환기간이 짧은 것부터, 연체기간이 긴 것부터 갚아나가도록 한다.

(4) 잘못된 부채관리

① 돌려막기

② 카드깡

③ 사 채

불법 고금리 피해 예방 10계명

① 법정 최고 이자율을 초과하는 부분에 대한 이자계약은 무효
② 대출은 제도권 금융회사를 이용
③ 대출 시 선이자는 대출원금에서 제외
④ 문자, 인터넷 등을 통한 대출광고에 유의
⑤ 대출 상담 시 신용점수 조정료, 수수료 등 금전 요구는 거부
⑥ 대출계약서, 원리금 상환내역을 철저하게 관리
⑦ 자신의 소득수준에 맞는 대출 관리
⑧ 햇살론 등 저금리대출로 전환해 준다고 하는 대출 권유에 주의
⑨ 공신력 있는 제도권 금융회사 사칭에 유의
⑩ 고금리 피해 및 불법채권추심에 적극적으로 대응

불법사금융 관련 상담은 금감원(☎ 1332)
(대출계약서, 원리금 입금증, 녹취록 등 관련증거 확보)

※ 참고 : 금융감독원 서민금융 1332 홈페이지 내

✔ 실제 신용상담사 자격시험은 「2과목 신용상담을 위한 재무관리」에서 총 25문제가 출제되며, 각 문항의 배점은 1점이다.

01 다음 (   )에 각각 맞는 순서로 맺어진 것은?

> 소득, 지출, (   ), 부채, 순자산 등의 가계재무 요소 중 하나의 요소만을 가지고 가계재무 상태를 평가하는 것은 가계경제의 기본적인 측면을 파악할 수 있으나, 가계재무 비상사태나 장기적인 (   )위험, 부채에 대한 대처능력 등을 포함하는 가계의 안정성, 가계자산 포트폴리오의 균형성이나 성장성 등 가계경제의 복합적인 측면을 평가하는 데는 한계가 있다.

> ㉮ 자산, ㉯ 자금, ㉰ 부채, ㉱ 경제, ㉲ 신용

① ㉲, ㉱
② ㉯, ㉲
③ ㉰, ㉮
④ ㉮, ㉱
⑤ ㉱, ㉰

02 신용카드의 상법상 법률적 성질에 해당하지 않는 것은?

① 자격증권성
② 유가증권성
③ 신용증권성
④ 일신전속성
⑤ 제시증권성

03 다음 소득가설에 대한 설명 중 맞지 않는 것은?

① 절대소득가설 : 다른 조건이 일정하다는 가정 하에 소비는 미래소득의 함수라는 가설이다.

② 상대소득가설 : 개인 또는 가계의 소비행위는 자신의 현재소득뿐만 아니라 과거의 소득과 다른 사람의 소득에도 영향을 받는다고 보았다.

③ 항상소득가설 : 임금, 지대 등과 같이 가계가 장기적으로 확실히 예견할 수 있는 기대소득을 가리킨다.

④ 생애주기소득가설 : 가계는 전 생애의 만족을 극대화하기 위해 소비를 평활화하고자 기간 간 자원 배분함으로써 가계가 만족할 수 있다는 가설이다.

⑤ 행동학적 생애주기소득가설 : 소비자가 합리적으로 효용을 극대화하는 완전한 의사 결정을 하며, 이미 전 생애 소득이 계산되어 있기 때문에 현재 배분된 소득만 사용하면 된다고 가정한다.

04 다음 중 경기확장기에 일어나는 현상이 아닌 것은?

① 고용률 증가　　　　　　　　② 원화가치 상승
③ 수출 증대　　　　　　　　　④ 신규채용 감소
⑤ 실업률은 감소

05 100만원 이자율 5.4%의 채무가 두 배가 되는 시점은?

① 약 12년　　　　　　　　　　② 약 13년
③ 20년　　　　　　　　　　　④ 25년
⑤ 27년

정답 및 해설

01 ④ 자산, 경제

02 ② 신용카드는 유가증권이 아니다.

03 ① 절대소득가설은 다른 조건이 일정하다는 가정 하에 소비는 현재소득의 함수라는 가설이다.

04 ④ 경기확장기에는 신규채용이 증가한다.

05 ② 72법칙 : 72÷5.4 = 13.33년

06 다음 재무상태 평가지표의 준거기준 개념 중 가계의 안정성 지표에 포함되지 않는 것은?

① 부채부담 지표　　　　　　　　② 유동성 지표
③ 가계수지 지표　　　　　　　　④ 비상자금 지표
⑤ 위험대비 지표

07 통신판매 이용 시 일어날 수 있는 문제의 유형과 거리가 먼 것은?

① 사생활의 공개로 인한 피해
② 물품대금의 이중청구 등 대금 관련 사례
③ 개인정보 유출로 인한 피해
④ 쇼핑몰을 폐쇄하는 경우 등 상품 미배달 피해
⑤ 교환과 환급의 문제

08 다음 중 투자위험의 유형에 대한 설명과 거리가 먼 것은?

① 투자위험에는 시장위험, 이자율위험, 인플레이션위험, 투자자 관련 위험 등이 있다.
② 자산을 급히 현금으로 전환하고자 할 때 발생할 수 있는 위험은 시장위험이라고 한다.
③ 투자위험을 줄이기 위해서는 투자대안 별 투자비율 및 분산투자를 한다.
④ 개인위험은 순수위험으로 인적위험, 재산위험, 배상책임위험이 있다.
⑤ 위험은 원하지 않는 것이라는 점에서 부정적인 특징을 지닌 것으로 언제나 손실의 가능성을 의미한다.

09 다음은 방문판매에 의한 구매 시 소비자 주의사항이다. 틀린 것은?

① 특약사항은 구두로 하지 말고 계약서에 적어 놓아야 한다.
② 미성년자가 부모의 동의 없이 계약한 것은 즉시 서면으로 해약을 요구하고, 부모는 미성년인 자녀가 계약한 사실을 알게 될 경우 서면으로 이의를 제기할 수 있다.
③ 방문판매 등에 관한 법률에 의거 청약철회를 하고자 할 경우, 계약서를 교부받은 날로부터(물품 수령 날로부터) 14일 이내에 반드시 서면으로 해약을 요구할 수 있다.
④ 상품이 멸실 또는 훼손된 경우 청약철회의 어려움이 있으므로, 청약철회의 가능성이 있는 경우 인도된 상품을 원형대로 보관 한다.
⑤ 피해발생 후 14일 이내에 소비자 단체에 상담해야 한다.

10 재무목표의 설정은 성공적인 재무관리에서 가장 중요한 작업이다. 재무목표는 현재의 재무상태와 고객의 가족상황 및 가치관 혹은 시장경제 상황 등에 따라 달라질 수 있다. 다음 일반적인 재무목표의 우선순위가 바르게 나열된 것은?

> ㉮ 저축, ㉯ 악성단기부채상환, ㉰ 투자, ㉱ 장기부채상환, ㉲ 긴급예비비 마련

① ㉮ → ㉯ → ㉰ → ㉱ → ㉲
② ㉯ → ㉲ → ㉱ → ㉮ → ㉰
③ ㉲ → ㉯ → ㉰ → ㉮ → ㉱
④ ㉰ → ㉱ → ㉯ → ㉮ → ㉲
⑤ ㉯ → ㉲ → ㉱ → ㉰ → ㉮

11 신용정보 유형에 대한 설명으로 올바르지 않은 것은?

① 식별정보는 개인의 성명, 주민등록번호, 재산, 채무, 소득 등과 같이 개인이 누구인가를 알 수 있는 정보이다.
② 신용거래정보는 금융거래 등 상거래와 관련하여 개인의 거래내용 및 신용도를 판단할 수 있는 정보이다.
③ 신용도판단정보는 금융거래 등 상거래와 관련하여 개인의 신용도를 판단하는 가장 중요한 정보이다.
④ 신용도판단정보는 연체정보, 대위변제·대지급정보, 부도정보, 금융질서 문란정보, 관련인 정보 등으로 구분된다.
⑤ 공공정보는 개인회생 결정정보, 개인파산 결정정보, 국세·지방세 및 과태료 체납정보, 신용회복 지원정보 등을 말한다.

정답 및 해설

06 ② 유동성 지표는 성장성 지표이다.

07 ① 통신판매 이용 시 사생활이 공개되지는 않는다.

08 ⑤ 개인위험은 원하지 않는 것이라는 점에서 부정적인 특징을 지니지만 이 중 투자위험은 손실의 가능성도 있으나 이익의 가능성도 있는 위험을 의미한다.

09 ⑤ 피해발생일 기준이 아니라 재화(물품) 등을 공급받아 개시된 날부터 14일 이내에 해야한다. 판매방법에 따라 계약 철회 기간이 7일 이내인 판매도 있다.

10 ② 재무목표의 우선순위 : 악성단기부채상환 → 긴급예비비 마련 → 장기부채상환 → 저축 → 투자

11 ① 개인의 재산, 채무, 소득 등은 신용거래능력판단정보에 해당되며 이는 신용정보주체의 신용거래 능력을 판단할 수 있는 정보이다.

12 가계재무관리 관련 기초 경제개념에 대한 설명으로 옳지 않은 것은?

① 기회비용(Opportunity cost)이란 특정 목적을 위해 지출을 할 때 직접적인 금전비용 외에도 그것을 선택함으로써 포기하게 되는 다른 목적들을 이루지 못함으로써 발생하는 비용을 의미한다.

② 한계효용(Marginal utility)이란 소비자가 재화나 용역의 소비량을 1단위 추가 소비함으로써 얻을 수 있는 만족감을 의미한다.

③ 기회비용은 돈과 시간적인 면에서만 고려되며, 개인의 심리적인 측면 또는 가계의 선호와는 관계없다.

④ 경기(business)란 전반적인 경제 상태를 의미한다. 이러한 경기는 일정한 주기를 두고 확장, 수축, 회복, 또다시 확장, 수축, 회복을 반복하며 변화한다.

⑤ 돈의 시간가치(Time value)란 시간의 흐름에 따라 증대되는 돈의 가치를 의미하며, 돈의 현재가치란 미래에 받게 될 돈을 현재의 가치로 환산한 것을 말한다.

13 신용의 사회적 평가를 좀 더 객관적으로 하는데 기초가 되는 정보를 신용정보라고 한다. 다음 신용정보 수집기관에 제공되는 신용정보의 유형이 아닌 것은?

① 식별정보
② 신용거래정보
③ 신용도 판단정보
④ 공공정보
⑤ 신용조회정보

14 다음 중 재무관리에 영향을 미치는 외부 경제환경이 아닌 것은?

① 인플레이션
② 실 업
③ 시 장
④ 금리변동
⑤ 경 기

15 다음은 국민순생산액(NNP)과 국민소득의 계산 방법이다. 옳은 것은?

① NNP = GNP − 감가상각비
   NI= NNP − 간접세 + 보조금

② NNP = GNP − 간접세
   NI = NNP − 감가상각비 + 보조금

③ NNP = GNP + NI
   NI = GNP − 간접세 + 보조금

④ NNP = GNP − NI
   NI = NNP − 간접세 + 보조금

⑤ NNP = GNP − 감가상각비
   NI = NNP + 간접세 + 보조금

16 다음은 신용카드 사용 시 주의할 사항이다. 옳지 않은 것은?

① 채무를 3개월 이상 연체하면 채무불이행 정보가 등재되어 신용대출을 받기가 불가능해지므로 연체를 발생시키지 않아야 하며, 대출금의 만기일을 정확히 체크해야 한다.

② 보증을 설 때도 한도, 기간 등 계약관계는 철저히 체크해야 하고, 보증을 서더라도 그 금액 만큼 본인의 신용대출한도가 감소하게 되므로 무분별한 보증은 자제해야 한다.

③ 현금서비스 이용금액 만큼 본인의 신용대출한도가 줄어들므로 현금서비스는 정말 필요 할 때만 사용해야 한다.

④ 각종 금융거래 알람(SMS 등)을 이용하고 영수증을 꼭 챙기도록 해야 하고, 불이익을 받을 수 있으므로 주소, 연락처가 변경되면 반드시 통보해야 한다.

⑤ 기본적으로 연체를 하지 말아야 하지만 3일 이상의 연체는 신용카드 사용에 있어서 영향을 받으므로 2일 이상은 연체를 하지 말아야 한다.

17 다음 상환방식 중 대출 이용고객의 이자 부담이 가장 적은 것은?

① 원리금균등상환 방식
② 거치식 원금균등분할상환 방식
③ 원금균등분할상환 방식
④ 만기 일시상환 방식
⑤ 거치식 원리금균등상환 방식

정답 및 해설

12 ③ 기회비용은 주로 돈과 시간적인 면에서 많이 고려되지만 개인의 심리적인 측면 또는 가계의 선호와도 관계된다.

13 ⑤ 신용정보에는 식별정보, 신용거래정보, 신용거래능력판단정보, 신용도판단정보, 공공정보 등이 있다.

14 ③ 재무관리를 위해서는 경기, 인플레이션, 금리변동, 실업, 디플레이션 등 거시적인 재무환경에 대한 예측을 필요로 하며, 이를 바탕으로 가계의 소득 및 소비, 저축에 대한 계획을 세운다. 시장은 외부환경의 직접적 영향을 받지 않는다.

15 ① 국민순생산액의 계산식은 'NNP = GNP − 감가상각비', 'NI = NNP − 간접세 + 보조금'이다.

16 ⑤ 월 2일 이하의 연체라 하더라도 연간 통산 연체일 수가 30일이 넘을 경우 신용상의 영향을 받는다.

17 ③ 원금균등분할상환 방식은 원금이 줄어가는 만큼 이자도 줄어드는 방식이다.

18 다음 중 소득원천에 따른 소득의 종류에 해당하지 않는 것은?

① 근로소득   ② 재산소득

③ 이전소득   ④ 사업소득

⑤ 자유소득

19 고객의 재무문제를 진단하고 해결방안을 모색하기 위하여 일반적으로 거치게 되는 단계가 아닌 것은?

① 고객관련 자료수집 및 재무상태 평가

② 재무목표 달성을 위한 대안모색 및 평가

③ 재무행동 계획의 재평가와 수정

④ 재무행동 실행을 위한 가족 전체의 재무평가

⑤ 재무목표의 설정

20 신용카드로 할부거래 시 할부금을 연속 2회 이상 납부하지 못하는 경우 만기 전이라도 남은 할부 금액을 한꺼번에 모두 갚아야 하는 의무를 무엇이라고 하는가?

① 청약철회   ② 기한이익상실

③ 선결제제도   ④ 신용회복제도

⑤ 신용등급 관리제도

21 다음 연체정보등록기준에 대한 설명으로 맞는 것을 모두 고른 것은?

> ㉮ 대출원금, 이자 등을 3개월 이상 연체한 경우
> ㉯ 5만 원 이상의 카드론 대금을 3개월 이상 연체한 경우
> ㉰ 학자금 대출 등의 대출원금, 이자 등을 6개월 이상 연체한 경우(단, 만기 경과 시에는 3개월 이후 등록한다) 다만, 졸업 후 24개월이 경과하지 않은 자는 졸업 후 24개월까지 등록 유예
> ㉱ 분할상환방식의 개인주택자금 대출금을 9개월 이상 연체한 경우(단, 만기경과 시에는 3개월 이후 등록한다)
> ㉲ 신용보증기금이 보증한 청년창업대출의 대출원금, 이자 등을 6개월 이상 연체한 경우(단, 만기경과 시에는 3개월 이후 등록한다)

① ㉮, ㉯, ㉰, ㉱   ② ㉮, ㉯, ㉱, ㉲
③ ㉮, ㉯, ㉰, ㉲   ④ ㉯, ㉰, ㉱, ㉲
⑤ ㉮, ㉯, ㉰, ㉱, ㉲

22 재무목표를 세울 때는 우선 고객이 처해있는 상황에 대해 정확하게 파악해야 한다. 적절하게 대처할 수 있도록 계획을 지속적으로 검토하는 과정에서 설정하는 요소 중 다르게 설명되어 있는 것은?

① S(Specific) : 목표는 구체적 이어야 한다.
② M(Measurable) : 양이나 횟수로 측정 가능해야 한다.
③ A(Attainable) : 목표는 정확해야 한다.
④ R(Relevant) : 자신의 가치에 부합해야 한다.
⑤ T(Time-related) : 재무목표 달성을 위한 정해진 기한이 있어야 한다.

정답 및 해설

18 ⑤ 소득원천에 따른 소득의 종류는 근로소득, 재산소득, 사업소득, 이전소득으로 구분할 수 있다.

19 ④ 재무문제의 해결을 위해서는 각 개인의 재무관리가 중요하다.

20 ② 할부거래법상 '기한이익상실'에 대한 설명이다.

21 ⑤ ㉮, ㉯, ㉰, ㉱, ㉲ 모두 연체정보등록기준에 해당한다.

22 ③ A(Attainable) : 목표는 달성 가능해야 한다.

23 목돈마련을 위한 적금형태의 비과세 금융상품에 대한 설명으로 옳지 않은 것은?

① 상호금융권(지역 농·축협, 지구별 수협, 새마을금고, 신용협동조합만이 해당되며, 저축은행은 해당되지 않음)의 비과세 상품은 예탁금과 출자금이 있다.

② 상호금융권의 예탁금과 출자금 가입하기 위해서는 만 19세 이상 조합원이어야만 가입이 가능하다.

③ 출자금은 상호금융권 통합 1인당 1천만원 한도 내에서 비과세 혜택이 가능하다. 단, 출자금은 배당소득의 개념이므로 예금자보호는 되지 않는다. 예탁금은 1인당 3천만원 한도 내에서 이자세율 1.4%(이자소득세 없음, 농특세 1.4%)만 적용한다.

④ 예탁금은 예금상품이므로 상호금융권에서 예적금 상품을 가입하고 세금우대 저축을 신청하면 된다.

⑤ 비과세 종합저축은 만 65세 이상, 독립유공자(유족, 가족포함)국가유공자, 기초생활수급자, 고엽제 후유의증환자, 5·18민주화운동부상자가 가입 가능하며, 1인당 5천만원 한도로 비과세혜택이 주어진다. 단, 금융소득이 2000만원을 넘긴 사람은 가입 대상에서 제외된다.

24 부채경고등은 소득 대비 부채비율을 파악하여 부채수준을 진단하는 도구이다. 다음 중 맞는 것으로 묶여 있는 것은?

가. (B)/(A) ≤ 0.25(녹색신호등) 아직 안정적인 상태이다.
나. 매달 가계에 들어오는 소득은 얼마인가 = (A)
다. 매월 할부금 또는 대출금 상환액은 얼마인가 = (B)
라. (B)/(A) > 0.4(적색신호등) 부채문제가 심각한 상태이다
마. 0.25 > (B)/(A) ≤ 0.4(황색신호등) 부채문제 발생가능성이 높은 상태이다.

① 가, 나, 다, 마
② 가, 다, 라
③ 나, 다, 라, 마
④ 가, 나, 다, 라
⑤ 나, 다, 라

25 다음 중 신용거래정보에 해당하는 것을 모두 묶은 것은?

가. 지급보증	나. 금융질서문란
다. 부도정보	라. 연체정보
마. 신용카드 발급사실	바. 개인채무 보증정보

① 가, 라, 마   ② 가, 마, 바
③ 나, 다, 라   ④ 나, 다, 바
⑤ 다, 라, 마

26 다음 중 올해의 GDP에 포함되지 않는 것은?

① 올 상반기 국내에서 외국인 근로자가 받은 임금
② 올 한 해 동안의 대한중공업의 선박수출액
③ 한국전자의 미국 현지법인의 1분기 이윤
④ 6월 한 달 간 한국영화관의 매출
⑤ 대학교의 1학기 등록금 수입

27 가처분소득 4,000, 소비 3,500, 정부구매 1,000, 조세수입 800인 경우 총저축은 얼마인가?

① 100   ② 200
③ 300   ④ 400
⑤ 500

정답 및 해설

23 ② 상호금융권의 예탁금과 출자금 가입하기 위해서는 만 19세 이상이 조합원이나 준조합원으로 가입하여야 한다.

24 ④ 0.25 < (B)/(A) ≤ 0.4(황색신호등) 부채문제 발생가능성이 높은 상태이다.

25 ② 신용거래정보는 금융거래 등 상거래와 관련하여 개인의 거래내용 및 신용도를 판단할 수 있는 정보로 개설·발급 정보, 개인대출정보, 개인채무 보증정보, 기업신용 공여정보 등으로 나누어 관리된다.

26 ③ 해외 현지법인의 이윤은 국내 GDP에 포함하지 않는다.

27 ③ 저축 = 수입(4,000 + 800) − 지출(3,500 + 1,000) = 300

28 대부자금(Loanable fund)의 공급은 실질이자율의 증가함수이고, 대부자금의 수요는 실질이자율의 감소함수인 대부자금시장모형에서 재정흑자 증가의 결과로 옳지 않은 것은?

① 민간저축이 감소한다.
② 정부저축이 증가한다.
③ 민간투자가 증가한다.
④ 재정흑자의 증가분만큼 국민저축이 증가한다.
⑤ 실질이자율이 하락한다.

29 다음 중 절약의 역설이 성립하기 위한 조건으로 타당한 것은?

① 한계투자성향 = 한계저축성향
② 한계투자성향 > 0 > 한계저축성향
③ 한계저축성향 > 0 > 한계투자성향
④ 한계투자성향 > 한계저축성향 > 0
⑤ 한계저축성향 > 한계투자성향 > 0

30 부채 원인에 따른 부채관리 방법으로 적절하지 않은 것은?

① 돈과 신용에 대해 너무 허용적인 태도를 가지고 있다면 하루에 쓸 돈만 지갑에 넣고 다니세요.
② 재무관리 능력이 부족하다면 가계부 어플을 이용해 보세요.
③ 위험회피형이라면 대출을 이용한 투자는 금물입니다.
④ 위험인내형이라면 본인의 투자행위와 직접 관련된 사람들과 적극적으로 의논해 보세요.
⑤ 위험무시형이라면 보유한 주식, 비거주용 부동산부터 처분하세요.

31 케인즈의 소비이론에 대한 설명으로 옳은 것은?

① 소비는 소득과 재산보유액의 영향을 받는다.
② 소비는 이자율의 영향을 받는다.
③ 소득수준에 관계없이 평균소비성향은 일정하다.
④ 현재의 소비는 과거의 소비습관의 영향을 받는다.
⑤ 어떤 기간 동안의 소비는 그 기간 동안의 소득수준에만 의존한다.

32 다음 소득에 대한 설명 중 맞지 않는 것은?

① 재산소득은 재산의 이용에 대한 대가이므로 그 재산이 없어지지 않는 한 소득의 원천이 된다.

② 이자는 화폐자본을 운영하여 화폐이용의 대가로 얻는 소득으로서 은행예금, 유가증권, 신탁, 대여금 등을 통해 발생된다.

③ 자연·자본·노동의 생산요소를 결합하여 기업가나 자영업자가 생산 활동을 통해서 얻는 소득을 근로소득 또는 이윤이라고 한다.

④ 이전소득은 아무런 대가를 치르지 않고 일방적으로 주어지는 소득이다.

⑤ 화폐나 토지, 건물은 그 자체로서는 아무런 화폐소득을 발생 시키지 못하나 이것을 생산 활동에 이용함으로써 소득을 얻게 된다.

33 다음 저축상품 중 일찍 저축하여 오래 굴릴 수 있는 금융상품으로 적합하지 않은 것은?

① 장기저축성 보험

② 개인연금저축

③ 조합예탁금

④ 주택청약종합저축

⑤ 보험회사의 저축보험

정답 및 해설

28 ④ 재정흑자의 증가분만큼 국민저축이 반드시 증가하지는 아니 한다.

29 ⑤ 절약의 역설이 성립하기 위해서는 '한계저축성향 > 한계투자성향 > 0' 조건이어야 한다.

30 ④ 위험인내형의 경우, 투자행위와 직접 관련된 사람들에게 의논하지 말고 객관적 상황판단을 해 줄 수 있는 사람과 의논해야 한다.

31 ② 케인즈의 소비이론에 따르면 소비는 소득의 함수이다. 즉, 소득이 증가하면 소비가 증가하고, 소득이 감소하면 소비가 감소한다는 것이므로 이자율의 영향을 받는다.

32 ③ 자연·자본·노동의 생산요소를 결합하여 기업가나 자영업자가 생산 활동을 통해서 얻는 소득을 사업소득 또는 이윤이라고 한다.

33 ⑤ 보험회사의 저축보험은 일반 은행의 예·적금과 비슷한 상품으로 오래 굴릴 수 있는 금융상품으로는 적합하지 않은 상품이다.

34 다음 인플레이션과 관련된 설명으로 옳지 않은 것은?

① 인플레이션이 예상될 때 개인들이 재화를 사두려고 하면 인플레이션은 더욱 심화된다.

② 인플레이션으로 사회구성원 사이에 소득이나 부가 재분배되기도 한다.

③ 폐쇄경제에서 완전고용상태일 때 총수요가 총공급을 초과하면 인플레이션이 발생한다.

④ 수입원자재 가격의 상승은 비용인상 인플레이션을 유발할 수 있다.

⑤ 중앙은행은 인플레이션을 진정시키기 위해 국공채를 매입해야 한다.

35 다음 중 우리나라 경상수지가 개선될 것으로 기대되는 경우는?

① 달러 환율 상승으로 인한 수입감소

② 국제 원자재 가격의 급등

③ 외국인의 국내주식투자 증가

④ 주택자금 대출수요 증가로 인한 금리상승

⑤ 낙관적인 경기 전망에 따른 투자 증가

36 대출과 부채의 종류에 대한 설명으로 옳지 않은 것은?

① 소비자금융은 자금을 직접 대출해 주는 형태이며, 담보대출과 신용 대출로 구분할 수 있다.

② 판매신용은 물건을 구입하거나 서비스를 이용하고, 그 값을 나중에 지불하는 형태로, 할부금융회사, 신용카드회사 등이 물품 판매와 관련하여 제공하는 신용이다.

③ 신용대출은 담보 없이 소비자신용을 근거로 한 자금대출로, 마이너스통장, 카드론, 현금서비스 등이 포함된다.

④ 포괄계약형 대출은 대출한도, 상환방법 등의 조건을 미리 정해 놓고, 이에 기반하여 소비자가 원할 때마다 신용을 제공받는 형태로서, 일반적인 담보대출을 예로 들 수 있다.

⑤ 공금융부채는 은행, 저축은행, 상호금융기관, 신용카드회사, 할부금융회사 등 제도화되어 있는 금융회사로부터 제공받는 대출을 말한다.

37 다음의 경제 행동 중 실물경제와 거리가 먼 것은?

① 읽고 싶은 책을 구입하였다.

② 이삿짐을 나르는 일을 맡기기 위하여 비용을 지불하였다.

③ 자동차를 구입하였다.

④ 증권회사 영업점에서 주식을 샀다.

⑤ 상가를 매입하였다.

38 부채 해결을 위한 단계가 순서대로 올바르게 나열된 것은?

> 가. 소득 증대 및 지출 감소
> 나. 자산의 현금화를 통한 부채상환금 마련
> 다. 부채현황 파악
> 라. 차액으로 부채상환

① 가, 나, 다, 라　　　　　　　　② 나, 가, 다, 라
③ 나, 라, 다, 가　　　　　　　　④ 다, 가, 나, 라
⑤ 다, 나, 가, 라

39 다음 밑줄 친 '이것'에 대한 설명으로 옳은 것은?

> <u>이것</u>은 장래에 갚을 것을 약속하고 현재 돈을 빌릴 수 있는 능력을 말한다.

① 현금이 있어야만 거래할 수 있다.
② 충동구매와 과소비를 줄이는 데 도움이 된다.
③ 과도하게 이용할 경우에는 소득이 증가하게 된다.
④ 위험 발생 시 비상 자금 마련에는 도움이 되지 않는다.
⑤ 잘못 관리하면 금융 거래에서 불이익을 당할 수도 있다.

정답 및 해설

34 ⑤ 인플레이션이란 통화량의 증가로 화폐가치가 하락하고, 모든 상품의 물가가 전반적으로 꾸준히 오르는 경제 현상을 의미한다. 중앙은행은 인플레이션을 진정시키기 위해 국공채를 매각해야 한다.

35 ① 원/달러 환율 상승 시 수출상품의 가격경쟁력 상승과 수입수요 둔화로 수출이 증가하거나 수입이 감소하는 한편 해외여행 등이 줄어들기 때문에 경상수지가 개선된다.

36 ④ 일반적인 담보대출은 매번 거래마다 대출액, 대출기간, 상환방법 등에 대해 계약을 체결해야 하는 개별계약형에 해당된다.

37 ④ 증권회사 영업점에서 주식을 사는 행동은 실물경제와 거리가 멀다.

38 ⑤ 부채상환은 부채의 상환 단계는 '부채현황 파악 → 자산의 현금화를 통한 부채상환 필요 금액 마련 → 소득증대 및 지출감소 → 차액으로 부채상환'의 단계로 해결해야 한다.

39 ⑤ 신용관리를 잘못하면 불이익을 당한다.

40 다음 실손보험계약에 있어서 계약자, 피보험자, 수익자에 대한 설명으로 올바른 것은?

> B는 A보험사에 아버지의 실손보험을 계약하였다.

① 계약자 : B, 수익자 : 아버지
② 계약자 : B, 피보험자 : 아버지
③ 계약자 : 아버지, 수익자 : B
④ 계약자 : B, 피보험자 : A보험
⑤ 계약자 : A보험, 피보험자 : B

41 다음 괄호 안에 들어갈 내용으로 적절하지 않은 것은?

> 신용은 보이지 않는 자산이다. 신용이 좋거나 나쁠 경우 이익과 불이익을 받을 수 있다. 따라서 신용을 체계적으로 관리할 필요가 있다. 이를 위해서 (   )해야 한다.

① 주거래 은행과 꾸준하게 거래
② 카드 대금 결제는 자동이체로
③ 연체가 되지 않도록 항상 주의
④ 소득과 상환 능력의 범위 안에서 계획적으로 소비
⑤ 신용 대출을 되도록 자주 이용함으로써 융통성 있게 소비

42 금융에 관한 옳은 설명으로 묶인 것은?

> 가. 자금의 공급자가 수요자에게 자금을 제공하는 것을 직접 금융이라고 한다.
> 나. 금융은 대자본을 형성하여 산업 자금을 공급하므로 경제 발전에 기여한다.
> 다. 가계에 필요한 자금의 융통은 금융이라고 할 수 없다.
> 라. 기업의 건물, 기계의 구입 자금은 운전 자금에 속한다.
> 마. 자금의 공급자는 대가로 이자를 받을 수 있다.

① 가, 나, 마   ② 가, 다, 마
③ 나, 다, 라   ④ 나, 라, 마
⑤ 가, 나, 다, 마

43 다음 중 금융의 종류에 대한 설명으로 옳지 않은 것은?

① 주택 구입 자금은 소비금융이다.
② 기업의 원료 구입 자금은 산업금융이다.
③ 외국에 투자하기 위한 자금은 국제금융이다.
④ 종업원 급여 지급을 위한 자금은 설비금융이다.
⑤ 자금의 융통 기간이 1년 이내이면 단기금융이다.

44 다음은 경기에 대한 설명이다. 옳지 않은 것은?

① 경기확장기(Expansion)에는 기업의 생산은 증대되고 신제품 개발이 활발해짐에 따라 고용률이 증가하고 실업률은 감소한다.
② 호황기가 지속되면 신용에 대한 소비자 수요의 증대와 기업의 투자수요 증대는 돈에 대한 수요를 증대시켜 금리 상승의 요인으로 작용한다.
③ 경기의 수축 징후는 단기적으로만 나타나는 현상일 수 있으나, 일반적으로 6개월 이상에 걸쳐 총생산 및 고용, 무역 등 경제 전반에서의 감소가 광범위하게 일어나게 된다.
④ 경기쇠퇴가 매우 심각한 상황까지 진전해 지속되는 공황(Depression)상태에는 실업이 대규모로 발생하고 생활수준이 극도로 떨어지며, 국가의 전반적인 경제활동이 거의 중단된다.
⑤ 경기종합지수는 앞으로의 경기를 예측할 수 있는 선행종합지수, 현재의 경기상태를 측정할 수 있는 동행종합지수, 그리고 현재의 경기를 사전적으로 확인해주는 후행종합지수로 구분된다.

정답 및 해설

40 ② 계약자 : B, 피보험자 : 아버지

41 ⑤ 신용 대출을 자주 이용하는 것은 신용문제를 야기시키는 계기가 된다.

42 ① 가계의 필요한 자금의 융통도 금융에 속하며, 금융이고, 기업의 건물, 기계의 구입 자금은 기업의 설비 금융(자금)에 속한다.

43 ④ 종업원 급여 지급을 위한 자금은 설비금융이 아니라 임금이다.

44 ⑤ 경기란 개별 국민경제 전체의 경기동향을 쉽게 파악하고 예측하기 위하여 주요 경제지표의 움직임을 가공·종합하여 지수형태로 나타낸 것이다. 개별 구성지표의 경기전환점에 대한 일치성 정도에 따라 선행종합지수(Leading)·동행종합지수(Coincident)·후행종합지수(Lagging)로 나눈다.

45 다음 설명이 바르지 않은 것만 모두 고르시오.

> ㉮ DSR(총체적상환능력비율) : 1년 동안 모든 종류의 부채의 원금과 이자의 합을 연간 소득으로 나눈 것을 말한다.
> ㉯ DSR(총체적상환능력비율) : 총체적 상환능력 심사제로서 마이너스 통장은 사용한 금액만 반영한다.
> ㉰ DTI(총부채상환비율) : 객관적 소득증빙자료를 제출하지 못하는 경우 인정 소득과 신고소득의 95%, 90% 각각 차감 반영하고 있다.
> ㉱ DTI(총부채상환비율) : 연 소득에서 1년 동안 상환해야 하는 부채의 원금과 이자가 차지하는 비율에 의해 대출액을 산출하는 방식으로 상환기간이 길수록 받을 수 있는 대출 금액이 적다.
> ㉲ LTV(담보인정비율) : 비율이 낮으면 대출 가능금액이 낮고, 높으면 대출 가능금액이 높다.

① ㉮, ㉱
② ㉮, ㉰, ㉲
③ ㉯, ㉱
④ ㉯, ㉱, ㉲
⑤ ㉰, ㉲

46 1,000만원을 연이자율 3% 복리로 저축하면 2년 후에 받게 되는 세전 총액은 얼마인가?

① 10,600,000원
② 10,606,000원
③ 10,609,000원
④ 10,906,000원
⑤ 10,660,000원

47 다음 중 비과세 혜택을 받을 수 있는 금융상품이 아닌 것은?

① 재형저축을 10년 이상·펀드를 7년 이상 유지한 경우
② 보험사에서 판매하는 저축성보험 상품 중 저축기간을 10년 이상 유지할 경우
③ 상호금융(지역 농·축협, 지구별 수협, 새마을금고, 신용협동조합, 저축은행)에서 취급하는 예탁금
④ 정기예금 혹은 정기적금의 가입시점에서 비과세종합저축으로 해 줄 것을 요청하는 경우
⑤ 농어가목돈마련저축으로 2ha 이하 농경지 보유 농민이나 20톤 이하 어선 보유 어민이 가입한 경우

48 다음 가계부채가 거시경제에 미치는 영향에 대한 설명으로 가장 거리가 먼 것은?

① 가계부채는 소비에 단기적으로 긍정적인 효과를 나타내는 반면, 투자에는 부정적인 효과를 유발할 가능성이 높다.

② 가계부채의 증가는 저축감소를 통하여 투자재원 감소 및 장기 성장 잠재력 약화로 연결된다.

③ 가계부채가 확대되면 통화신용정책의 유효성이 바뀌고 재정정책 활용 가능성이 줄어들어 중앙은행과 정부는 이를 고려할 필요가 있다.

④ 지나친 가계대출 증가는 건전성 악화와 부실채권 증가를 통해 금융회사 수익성을 악화시킬 수 있다.

⑤ 차입한 자금을 활용하여 수익성 자산에 투자한 경우, 수익발생이 급격한 소비증가 효과를 유발하고, 수익감소 시 급격한 소비감소 효과를 유발하게 된다.

정답 및 해설

45 ③ ④ DSR 심사 시 마이너스 통장은 사용하지 않더라도 한도전액을 반영한다.
ⓐ 상환기간이 길수록 받을 수 있는 대출 금액이 높다.

46 ③ 1,000만원 + 1년이자 + 2년차 1년이자(309,000원) = 10,609,000원

47 ① · ③ 저축은행은 해당되지 않는다. 상호금융(지역 농 · 축협, 지구별 수협, 새마을금고, 신용협동조합)에서 취급하는 예탁금으로 일인당 3천만원까지 비과세 혜택이 주어진다.

48 ④ 지나친 가계대출 증가는 건전성 악화와 부실채권 증가를 통해 금융회사 수익성을 악화시킬 수 있다는 것은 포괄적 의미로는 거시경제에 미치는 영향으로 볼 수 있으나 정확히는 금융회사에 미치는 영향으로 분류할 수 있다.

49 가계재무비율에 대한 설명으로 옳은 것은?

① 가계수지지표는 월평균 생활비를 월평균 가계소득으로 나눈 값으로 가계의 안정적 운영여부를 가장 간단히 평가할 수 있는 지표이다.
② 비상자금지표는 금융자산을 월평균 생활비로 나눈 값으로, 이 수치가 낮을수록 비상사태에 대한 적응력이 높은 것을 의미한다.
③ 위험대비지표는 월평균 보험료를 월평균 가계소득으로 나눈 값으로, 무조건 이 값은 클수록 바람직하다.
④ 부채부담지표는 모두 수치가 높을수록 바람직하다.
⑤ 투자성향은 총자산에서 실물자산이 차지하는 비중으로, 이 비율은 가구주의 연령이 증가할수록 감소하는 것이 일반적이다.

50 보험계약의 법적 기본원칙이 아닌 것은?

① 계약자이익의 원칙   ② 피보험이익의 원칙
③ 손해보상의 원칙   ④ 대위변제의 원칙
⑤ 최고신의의 원칙

정답 및 해설

49 ① 재무비율에 기초한 가계의 안정성지표에는 가계수지지표, 비상자금지표, 위험대비지표, 부채부담지표가 포함되며, 성장성지표에는 저축성향지표, 투자성향지표, 유동성지표가 포함된다.
② 비상자금지표 값이 높을수록 바람직하다.
③ 소득수준에 비하여 지나치게 높은 보험료지출은 다른 소비지출을 위축시킬 수 있으므로 적정수준을 유지하는 것이 바람직하다.
④ 부채부담지표는 모두 수치가 낮을수록 바람직하다.
⑤ 투자성향비율은 가구주의 연령이 증가할수록 증가하는 것이 일반적이다.

50 ① 보험계약의 법적 기본원칙에는 피보험이익의 원칙, 손해보상의 원칙, 최고신의의 원칙, 대위변제의 원칙 등이 있다.

제3과목

신용상담 관련 법규

제1장   채권·채무의 발생

제2장   채권·채무의 담보

제3장   채권·채무의 관리

제4장   채권·채무의 이행

출제예상문제

01 채권·채무의 발생

01 채권·채무의 총론

1 채권·채무의 의의

(1) 채권의 개념

채권이란 특정인(채권자)이 다른 특정인(채무자)에 대하여 특정의 행위(급부·급여·작위·부작위)를 청구할 수 있는 권리를 말한다. 즉 어떤 사람(채권자)이 다른 사람(채무자)에 대하여 '돈을 1만원을 지급하라', '이 건물을 인도하라'고 하는 것처럼 일정한 행위를 청구하는 권리를 말한다. 청구권은 채권의 핵심 내지 본질적인 요소이고, 단순한 채권의 작용이나 효력에 불과하다. 따라서 채권은 청구권을 본질로 하나, 채권과 청구권은 동일하지 않다. 한편 채권은 물권과 달리 배타성이 없다.

> **TIP** ▶ 채권의 효력 발생 요건
>
> - 채권의 목적(급부)을 확정할 수 있어야 한다(확정성).
> - 채권 성립 당시에 그 실현이 가능한 것이어야 한다(실현가능성).
> - 그 내용이 강행법규에 위반하지 않아야 한다(적법성).
> - 선량한 풍속 및 기타 사회질서에 위반되지 않아야 한다(사회적 타당성).

(2) 채무의 개념

채무란 특정인이 다른 특정인에 대하여 일정한 작위 또는 부작위를 하여야 하는 의무를 말하며, 다음의 종류로 구분할 수 있다.

국가채무	정부가 국내외에 진 빚으로 중앙정부 명의로 빌린 것만 이에 해당한다.
보증채무	채무자가 채무를 이행하지 못할 경우 보증인이 책임지는 채무를 말한다.
채무보증	충분한 신용이나 담보가 없는 개인이나 기업을 제3자가 보증하는 채무를 말한다.
부외채무	일부로 또는 부주의로 회계장부에 누락시킨 부채를 말한다.

2 채권·채무의 발생원인

금전채권이나 금전 이외의 채권을 발생시키는 원인은 법률행위(계약, 단독행위)와 법률의 규정(불법행위, 부당이득)으로 나뉜다.

(1) 법률행위에 의해 발생하는 채권

채권을 취득하고 채무를 부담한다는 채권자와 채무자 사이의 의사가 채권채무를 발생시키는 원인이 된다.

계 약	법률효과의 발생을 원하는 대립적인 두 당사자 이상의 의사표시의 합치를 주된 요소로 하는 법률행위를 말한다.
단독행위	법률효과의 발생을 원하는 한 당사자의 의사표시를 주된 요소로 하는 법률행위를 말한다.

(2) 법률의 규정에 의해 발생하는 채권

일정한 사실관계를 기초로 하여 법률의 규정이 어느 일방 당사자를 채권자로 만들고 다른 당사자를 채무자로 만든다.

불법행위	위법한 가해행위를 말하며, 이로 인하여 피해를 입은 자가 생긴 경우 그 피해자는 가해자로부터 배상을 받을 수 있도록 법률이 인정하고 있다.
부당이득	법률상의 원인이 없이 받은 이득을 의미하며, 이는 위법행위는 아니나 이득을 본 사람은 그 이득을 본 범위에서 손해를 본 사람의 손해를 보상해주어야 한다고 법률이 인정하고 있다.

> **TIP** ▸ 불법행위와 부당이득의 차이점
>
> 불법행위는 가해자가 이득을 보았는지의 여부에 관계없이 피해자가 입은 손해를 모두 배상하는 것인데 반해, 부당이득은 이득을 본 범위에서만 손해를 본 자의 손해를 보상하는 것이다.

3 채권을 발생시키는 계약

(1) 채권계약의 종류

채권을 발생시키는 계약의 내용은 계약을 체결하는 당사자 간의 합의내용에 따라 자유로 정할 수 있으며 이와 같이 체결된 계약은 그 효력을 발생하게 된다.

① 전형계약(典型契約)과 비전형계약(非典型契約)

전형계약(유명계약)은 민법 등의 법률에서 규정하고 있는 계약을 말하며, 그 밖의 계약은 비전형계약(무명계약)이라고 한다.

② 쌍무계약(雙務契約)과 편무계약(片務契約)

쌍무계약은 계약의 각 당사자가 서로 대가적(對價的) 의미를 가지는 채무를 부담하는 계약으로 매매·교환·임대차 등이 속한다. 한편 편무계약은 당사자의 일방만이 채무를 부담하거나 또는 쌍방이 채무를 부담하더라도 그 채무가 서로 대가적 의미를 가지지 않는 계약을 말하며 증여·사용대차(使用貸借) 등이 속한다.

③ 유상계약(有償契約)과 무상계약(無償契約)

유상계약은 계약당사자가 서로 대가적 의미 있는 재산상의 출연(出捐)을 하는 계약으로 모든 쌍무계약이 이에 속한다. 한편, 무상계약은 계약당사자 중 한쪽만이 출연하든지 또는 쌍방 당사자가 출연을 하더라도 그 사이에 대가적 의미가 없는 계약을 말하며 증여·사용임차 등이 속한다.

④ 낙성계약(諾成契約)과 요물계약(要物契約)

당사자의 합의만으로 성립하는 계약을 낙성계약이라 하고, 합의 이외에 급여를 하여야만 성립하는 계약을 요물계약이라 한다. 현상광고는 응모자가 특정의 행위를 완료함으로써 계약이 성립하는 요물계약이고, 그 이외 민법의 전형계약은 모두 낙성계약이다.

⑤ 요식계약(要式契約)과 불요식계약(不要式契約)

어음행위와 같이 계약 체결에 일정한 형식을 필요로 하는 계약을 요식계약이라 하고, 계약 자유의 원칙에 따라 아무런 형식을 요하지 않는 계약을 불요식계약이라고 한다.

⑥ 재산권을 대상으로 하는 계약

㉠ 소유권을 이전시키는 계약 : 매매·교환·증여 등
㉡ 재산권을 빌려서 사용하는 계약 : 소비대차·사용대차·임대차 등
㉢ 노력을 대상으로 하는 계약 : 고용·도급·위임·임치 등

⑦ 일시적 계약과 계속적 계약

채무를 특정 시점에서 일시에 이행할 것으로 하는 계약을 일시적 계약이라 말하고, 채무를 특정의 기간 동안 계속적으로 이행할 것으로 하는 계약을 말한다(소비대차·사용대차·임대차·고용·위임·임치·도급·조합 등).

(2) 금융거래와 여신거래

① 금융거래

영리를 목적으로 하는 금전의 수요와 공급에 따른 경제현상을 총칭하여 금융이라고 한다. 금융거래는 다른 사람에게 돈(자금)을 빌리거나 다른 사람에게 돈을 빌려주는 행위로 일시적으로 자금에 여유가 있거나 부족할 때 발생할 수 있는 어려움을 줄임으로써 가계의 살림이나 기업의 경영을 안정화하는 기능을 한다. 또한 인적·물적 자본에 대한 투자 확대를 가능하게 함으로써 개인에게는 소득 증대, 기업에는 생산성 향상의 기회를 제공하기도 한다.

② 여신거래

금융기관에서 고객에게 돈을 빌려 주는 일을 뜻하며, 반대되는 말은 수신이 있다. 저축이나 적금, 예금은 수신이라고 한다.

TIP ▶ 여신과 대출의 차이

여신(與信)과 대출(貸出)은 금융기관이 조달한 자금을 필요한 자에게 직접 빌려주는 것이라면 동일하다 말할 수 있습니다. 따라서 제2, 3금융권(저축은행, 대부업체)에서는 대출 혹은 융자라는 단어만을 사용하며 여신이라는 단어는 현재 제1금융권에서만 사용합니다.

(3) 여신거래계약

은행이 신용을 받는 자에 대하여 대부나 신용을 주는 행위(여신행위)를 할 것을 약정하는 계약을 말한다. 넓은 의미에서는 당사자의 일방이 상대방에게 대하여 행하는 여신행위를 포함하며, 그 중에서 대여의 목적물이 금전이라는 점에서 이를 금전소비대차라 한다.

> **참고**
>
> 여신거래계약의 종류
>
> | | |
> |---|---|
> | **당좌대월계약** | 상대방이 발행하는 수표를 당좌예금의 잔고를 넘어서 일정액까지 지급할 것을 약정하는 계약 |
> | **대부개시계약** | 상대방의 필요에 의하여 일정액까지 대불할 것을 약정하는 계약 |
> | **채무보증계약** | 상대방이 장래 제3자에 대하여 부담하는 채무를 일정액까지 보장할 것을 약정하는 계약 |

(4) 금융거래유형의 상품화

① 금융상품의 의의

오늘날에 있어서는 금융거래가 수신거래상품 이외에 여신거래상품을 포함한 정형화된 금융상품의 판매라는 형식으로 이루어지고 있다. 또한 수신거래상품은 예·적금 상품과 증권거래 등의 투자성 상품, 보험상품 등의 보장성 상품까지를 포함한다. 금융거래가 금융회사 등이 일방적으로 정형화하여 만든 금융상품의 판매라는 형식으로 이루어지기 때문에 그 구매자인 금융소비자가 불공정한 거래로 피해를 입을 수가 있는데, 그 예방책과 피해구제 등에 필요한 규율을 위하여 2020년 3월 24일 금융소비자보호에 관한 법률이 제정되어 2021년 3월 25일부터 그 시행에 들어간 바 있다.

> **참고**
>
> 금융상품이란 다음 중 어느 하나에 해당하는 것을 말한다(금소보 제2조).
> ① 「은행법」에 따른 예금 및 대출
> ② 「자본시장과 금융투자업에 관한 법률」에 따른 금융투자상품
> ③ 「보험업법」에 따른 보험상품
> ④ 「상호저축은행법」에 따른 예금 및 대출
> ⑤ 「여신전문금융업법」에 따른 신용카드, 시설대여, 연불판매, 할부금융
> ⑥ 그 밖에 ①부터 ⑤까지의 상품과 유사한 것으로서 대통령령으로 정하는 것

02 금융거래계약의 당사자

1 금융의 수요자

금융의 수요자는 크게 소비자와 사업자로 구분한다. 소비자를 대상으로 하는 여신을 소비자금융, 사업자를 대상으로 하는 여신을 사업자금융이라 한다.

2 금융의 공여자

금융의 공여자란 광의로는 타인에게 신용을 공여하는 모든 자라고 할 수 있으나 협의로는 타인에게 영업으로서 신용을 공여하는 자를 의미한다. 영업으로서 타인에게 신용을 공여하는 자의 대표는 은행이다. 은행만이 영업으로서 타인에게 신용을 공여할 수 있는 것은 아니고 은행이 아니면서 타인에게 영업으로서 신용을 공여하는 비은행 여신공여자도 있다.

3 금융의 보조자

금융의 보조자는 금융상품자문업자를 말한다. 금융상품자문업자란 금융상품자문업을 영위하는 자로서 이익을 얻을 목적으로 계속적 또는 반복적인 방법으로 금융상품의 가치 또는 취득과 처분결정에 관한 자문에 응하는 것을 말한다.

03 금융거래계약의 체결

1 본인의 동일성과 능력 확인

(1) 확인의 필요성

계약을 체결할 때 계약의 상대방이 본인 여부를 가장 먼저 확인해야 하며, 본인 확인이 되며 권리능력, 의사능력 및 행위능력을 가지고 있는지 여부를 확인해야 한다.

(2) 본인의 동일성 확인의 방법

① 내국인의 경우

본인 확인의 일반적인 수단으로 사용되는 것은 주민등록증이다. 이외 운전면허증과 유효한 여권을 들 수 있다.

> **참고**
>
> 증명서 진위확인 방법
> • 주민등록증 진위 확인 : 전화(주민번호와 발급일자) 또는 인터넷 민원24시 확인
> • 운전면허증 진위 확인 : 도로교통공단 운전면허증 진위확인 서비스

② 재외동포의 경우

국내거소 신고를 한 자이면 국내거소신고증에 의하여 하되, 국내거소 신고를 한 자가 아니면 여권 또는 외국인등록증에 의하여 한다.

재외동포가 30일 이상 거주할 목적으로 체류하는 장소를 말한다.

③ 외국인의 경우

외국인이 외국인등록을 한 자이면 외국인등록증에 의하여 하고, 외국인등록을 한 자가 아니면 여권에 의하여 한다.

(3) 차용자의 확인이 잘못된 경우의 법률관계

> **사례**
>
> B라는 사람이 A인 것처럼 행세하여 K은행에 대출신청을 함으로써 K은행의 직원이 B를 A로 알고 대출을 해준 경우의 법률관계

① K은행은 A에 대하여 대출채권을 취득하지 못한다.

여신거래계약내용에 따른 대출채권을 취득하려면 K은행과 A사이에 여신거래계약이 성립되어야 하는데, 위의 경우 A가 K은행에 대하여 대출신청을 한 사실이 없어 K은행과 A사이에 금융거래에 관한 합의가 있었다고 할 수 없기 때문이다.

② K은행은 A에 대하여 불법행위로 인한 손해 배상채권도 취득하지 못한다.

불법행위로 인한 손해배상채권을 취득하려면 K은행의 B에 대한 대출금 지급이 A의 불법행위에 기한 것이어야 하는데 A가 주민등록증을 도난당한 것을 K은행의 B에 대한 대출금지급의 원인이 되는 불법행위로 볼 수 없기 때문이다.

③ K은행을 B에 대하여도 금융거래계약 내용에 따른 대출채권을 취득하지 못한다.

이 경우 K은행은 B와 금융거래를 한다는 의사가 없었고 그에 따라 K은행과 B사이에도 금융 거래계약을 체결 한다는 합의가 있었다고 볼 수 없기 때문이다. 다만 이 경우 B는 K은행으로 하여금 B를 A로 오인하게 하여 금융거래계약을 체결하게 하였고, 이와 같은 B의 행위는 K은행을 기망하여 손해를 끼친 불법행위가 된다.

2 권리능력의 확인

(1) 권리능력의 의의

권리능력이란 단순히 권리를 취득하고 의무를 부담하는 주체가 될 수 있다는 일반적이고 추상적인 자격이다. 실제로 권리를 취득하고 의무를 부담하기 위해서는 별도의 법률행위 등이 수반되어야 한다.

(2) 권리능력의 확인

① 내국인의 경우는 모두 평등하게 권리능력을 가지며 어떠한 제한도 없다. 또한 외국인 경우도 기본적으로는 내외국인 평등주의에 따라 권리능력을 제한하지 않는 것이 원칙이다.

② 대출계약 등 금융거래계약은 단순한 채권계약에 지나지 않는다는 점에서 현행법상 외국인과의 대출계약을 금지하거나 제한하는 규정은 존재하지 않는다. 따라서 대출계약을 체결 함에 있어서는 그 상대방이 사람인 이상 내국인이건 재외동포이건 외국인이건 권리능력의 존부나 제한에 관하여 확인을 요하지 않는다.

③ 의사능력의 확인

(1) 의사능력의 의의

의사능력이란 자기 행위의 의미나 결과를 판단할 수 있는 정상적인 정신능력을 말하며, 의사능력 유무의 판단은 보통사람이 가지는 정상적인 판단능력을 표준으로 한다.

(2) 의사능력의 확인의 방법

금융거래계약의 상대방에게 의사능력이 있는지 여부에 대한 확인은 개별적인 금융거래계약 시마다 구체적인 정황을 종합하여 판단하는 수밖에 없다.

(3) 의사무능력자와 체결한 대출계약의 법률관계

의사무능력자와 체결한 여신거래계약은 당연 무효이어서 처음부터 그 계약 내용에 따른 효력이 생기지 않는다. 따라서 아직 그 계약내용에 따른 이행을 하지 아니한 상태이면 당사자는 그 계약이 무효임을 이유로 이행을 거절할 수 있고, 이미 이행을 완료한 부분이 있는 때에는 잔여부분의 이행을 중단하고 이미 이행한 부분의 원상회복을 청구할 수 있다.

④ 행위능력

(1) 행위능력의 의의

① 행위능력이란 단독으로 완전·유효한 법률행위를 할 수 있는 지위 또는 자격을 말하며, 행위능력이 완전하지 못한 자를 제한능력자라고 한다.

② 권리능력과 의사능력이 있는 자라도 행위능력이 완전하지 못한 제한능력자의 법률 행위는 일단 유효하게 효력을 발생하나, 제한능력자 또는 그 법정 대리인이 취소하면 소급해서 그 효력을 잃게 된다.

TIP ▸ 현행법상 제한능력자 4종류	
• 미성년자	• 피성년후견인
• 피한정후견인	• 피특정후견인

(2) 미성년자의 경우

① 미성년자의 의의

미성년자란 만 19세에 이르지 아니한 자를 말하나, 만 19세가 되지 아니한 미성년자라도 혼인을 한 때에는 성년자로 간주된다.

② 미성년자의 행위능력

미성년자는 법정대리인의 동의가 있어야만 스스로 완전히 유효한 법률행위를 할 수 있는 것이 원칙이다. 그러나 미성년자라도 의사능력이 있으면 예외적으로 법정대리인의 동의 없이도 유효한 법률행위가 가능하다.

> **TIP** ▸ 법정대리인의 동의 없이도 유효한 법률행위
>
> • 단순히 권리만을 얻거나 의무만을 면하는 행위
>   예 부담 없는 증여를 받거나 채무변제를 받는 일 등
> • 법정대리인이 범위를 정하여 처분을 허락한 재산의 처분행위
> • 법정대리인으로부터 특정의 영업을 허락받은 경우 그 영업에 관한 행위

> **참고** 미성년자의 법정대리인은 친권자, 미성년후견인, 임무대행자의 순서로 된다. 미성년자의 법정대리인이 누구인지는 가족관계등록 등에 관한 법률과 가족관계등록 등에 관한 규칙에 따라 발급받는 미성년자의 기본증명서와 가족관계증명서 또는 가정법원의 선임심판서 등본에 의하여 확인할 수 있다.

③ 미성년자의 확인

대출계약의 상대방이 미성년자인지의 여부는 본인확인의 수단으로 이용되는 주민등록증, 주민등록 등·초본, 운전면허증 또는 인감증명서 등에 기록되어 있는 생년월일을 확인하여 판단한다.

④ 대출계약의 체결 시의 유의사항

대출계약은 미성년자에게 권리·의무를 발생시키는 쌍무계약이다. 따라서 은행 등 여신공여자가 미성년자와 대출계약을 체결하기 위해서는 반드시 그 법정대리인으로부터 대출계약체결에 대한 동의를 받아야 한다.

> **참고** 미성년자의 법정대리인이 친권자인 때에는 친권자의 동의만 받으면 되지만, 미성년자의 법정대리인이 미성년후견인인 때에는 미성년후견인의 동의 이외에 미성년후견인의 동의에 대한 미성년후견감독인의 동의도 받아야 한다.

⑤ 법정대리인의 동의 없이 체결한 대출계약의 효력

미성년자와 체결한 대출계약은 당연 무효는 아니고 일단 효력을 발생한 후 미성년자 자신이나 그 법정대리인의 취소가 있음으로써 비로소 처음부터 무효인 것으로 된다. 이 경우 미성년자나 법정대리인은 취소할 수 있는 여신거래계약을 반드시 취소하여야 하는 것이 아니고 법정대리인 미성년자가 성년자가 된 경우는 그 자신이 추인을 할 수 있으며 법정대리인 미성년자가 성년자가 된 경우는 그 자신의 추인이 있으면 미성년자나 법정대리인의 취소권이 소멸함으로써 대출계약은 확정적으로 유효한 것이 되는 것이다.

⑥ 미성년자와 대출계약을 체결한 상대방보호

미성년자와 거래한 상대방은 미성년자나 그 법정대리인의 취소가 있으면 그 거래계약에 따른 의무의 이행을 청구할 수 없게 될 뿐만 아니라 그 거래와 관련하여 미성년자에게 이미 제공한 반대급부가 있다 하더라도 미성년자에게 그 이익이 현존하는 범위 내에서만 반환 청구할 수 있게 되므로 상당한 불이익을 받게 되고, 민법은 이러한 상대방의 보호를 위하여 다음과 같은 제도를 두고 있다.

○ 취소권 배제

미성년자가 주민등록증의 변조 등 속임수로써 자기를 성년자로 믿게 한 경우에는 취소권이 박탈되어 그 행위를 취소할 수 없게 된다. 속임수에 대한 입증책임은 주장자인 상대방 측에 있다.

○ 추인여부에 대한 최고권

미성년자와 계약을 체결한 상대방은 그 법정대리인(미성년자가 성년자가 된 때에는 그 자신)에 대하여 1개월 이상의 기간을 정하여 취소할 수 있는 계약의 추인여부에 대한 확답을 촉구할 수 있고, 그 정하여진 기간 내에 확답을 발송하지 않은 경우에는 추인한 것으로 보게 되어 그 계약은 완전히 유효한 것으로 확정된다. 다만 추인에 특별한 절차(예 미성년후견감독인의 동의 등)를 요하는 경우에 그 정해진 기간 내에 특별한 절차를 밟은 확답을 발송하지 아니하면 취소한 것으로 보게 되어 그 계약은 처음부터 무효인 것으로 확정된다.

○ 법정추인

취소할 수 있는 미성년자의 계약에 관하여 추인을 할 수 있는 법정대리인(미성년자가 성년자가 된 때에는 그 자신)이 다음과 같은 행위를 한 때에는 추인한 것으로 간주되어 완전히 유효한 계약으로 확정된다. 이를 묵시적 추인 또는 법정추인이라고 한다. 다만 법정대리인이 이의를 보류하고서 다음과 같은 행위를 할 때에는 추인한 것으로 간주되지 않는다.

- 계약상 의무의 전부나 일부의 이행
- 계약상 권리의 이행청구
- 계약상 권리·의무의 경개
- 계약상 의무에 대한 담보의 제공
- 계약상 취득한 권리의 전부나 일부의 양도
- 강제집행의 실시 또는 용인

○ 계약의 철회권

미성년자와 체결한 계약은 그 법정대리인(미성년자가 성년자가 된 때에는 그 자신)이 추인하기 전에는 상대방이 철회하여 처음부터 계약이 없었던 것으로 할 수 있다. 그러나 상대방이 계약 당시에 미성년자임을 알고 있었을 때에는 이러한 철회권은 인정되지 않는다.

○ 취소권의 단기소멸

취소권은 추인할 수 있는 날(취소의 원인이 종료한 때)로부터 3년 내에, 법률행위를 한 날로부터 10년 내에 행사하지 않으면 취소할 수 있는 권한 자체가 소멸된다.

(3) 피성년후견인의 경우

① 피성년후견인의 의의

피성년후견인이란 질병, 장애, 노령, 그 밖의 사유로 인한 정신적 제약으로 사무를 처리할 능력이 지속적으로 결여되어 가정법원이 성년후견개시의 심판을 한 사람을 말한다. 성년후견개시는 본인, 배우자, 4촌 이내의 친족, 후견인, 후견감독인, 검사 또는 지방자치단체의 장이 청구할 수 있다.

② 피성년후견인의 행위능력

피성년후견인은 스스로는 완전히 유효한 법률행위를 할 수 없는 것이 원칙이나, 피성년후견인이 한 법률행위는 피성년후견인 자신이나 그 법정대리인이 취소할 수 있으며, 취소하면 처음부터 무효인 것이 된다.

③ 피성년후견인 확인

여신거래의 상대방이 피성년후견인지의 여부는 후견등기에 관한 법률에 따라 발급 받는 후견등기사항증명서 또는 후견등기사항부존재 증명서에 의해서만 확인할 수 있다.

④ 피성년후견인과 대출계약체결 시의 유의사항

피성년후견인과는 금융거래계약을 체결할 수 없는 것이 원칙이다. 다만 가정법원은 취소할 수 없는 피성년후견인의 법률행위의 범위를 정할 수 있으므로, 만일 일정 범위의 금융거래계약을 가정법원이 취소할 수 없는 피성년후견인의 법률행위로 정하고 있다면, 그와 같은 내용이 포함된 가정 법원의 심판서등본을 제출받고 그 범위에서 피성년후견인과 금융거래계약을 체결할 수 있다.

⑤ 피성년후견인과 체결한 대출계약의 효력

피성년후견인이 의사능력도 없는 상태에서 체결한 대출계약은 당연 무효로 처음부터 아무런 효력을 발생하지 않는다. 그러나 의사능력은 있으나 행위능력이 제한된 상태에서 체결한 대출계약은 당연 무효는 아니고 일단 효력을 발생한 후 피성년후견인 자신이나 그 법정대리인인 성년후견인의 취소가 있음으로써 처음부터 무효인 것으로 된다.

그러나 해당 대출계약을 가정법원에서 취소할 수 없는 피성년후견인의 법률행위로 정하고 있으면 그러한 대출계약으로 처음부터 유효하게 효력을 발생한다.

(4) 피한정후견인의 경우

① 피한정후견인의 의의

질병, 장애, 노령, 그 밖의 사유로 인한 정신적 제약으로 사무를 처리할 능력이 부족하여 본인, 배우자, 4촌 이내의 친족, 미성년후견인, 미성년후견감독인, 성년후견인, 성년후견감독인, 특정후견인, 특정후견감독인, 검사 또는 지방자치단체의 장의 청구에 의하여 가정법원으로부터 한정후견개시의 심판을 받은 자를 말한다.

② 피한정후견인의 행위능력

가정법원은 피한정후견인이 한정후견인의 동의를 받아야 하는 행위의 범위를 정할 수 있다. 또한 가정법원은 본인, 배우자, 4촌 이내의 친족, 한정후견인, 한정후견감독인, 검사 또는 지방자치단체의 장의 청구에 의하여 제1항에 따른 한정후견인의 동의를 받아야만 할 수 있는 행위의 범위를 변경할 수 있다.

가정법원이 한정후견인의 동의를 받아야 하는 것으로 정하지 않은 행위는 피한정후견인이라도 행위능력의 제한 없이 독자적으로 완전히 유효하게 할 수가 있다.

③ 피한정후견인 확인

여신거래의 상대방이 피한정후견인지의 여부는 후견등기에 관한 법률에 따라 발급받는 후견등기사항증명서 또는 후견등기사항부존재증명서, 후견등기에 관한 규칙에 의해서 확인할 수 있다.

④ 피한정후견인과 대출계약체결 시의 유의사항

㉠ 은행 등 대여자가 피한정후견인과 금융거래계약을 체결할 시에는 그 계약이 한정후견인의 동의를 받아야 할 사항으로 가정법원이 정하고 있는 것인지 여부를 확인한 후 동의를 받아야 할 사항으로 되어 있으면 한정후견인이 누구인지 확인하여 그로부터 피한정후견인의 대출계약에 대한 동의서를 받아 두어야 한다.

㉡ 피한정후견인이 체결하려고 하는 금융거래계약이 피한정후견인과 한정후견인 사이의 이해 상반 행위인 경우에는 한정후견인은 동의권이 없으므로, 한정후견감독인이 있으면 한정후견 감독인의

동의를 받아야 하고 한정후견감독인이 없으면 가정법원에 피한정후견인의 특별대리인 선임신청을 하도록 하여 그 특별대리인의 동의를 받아야 한다.

⑤ 피한정후견인과 금융거래계약의 효력

    ㉠ 한정후견인의 동의가 필요한 법률행위를 피한정후견인이 한정후견인의 동의 없이 하였을 때에는 그 법률행위를 취소할 수 있다. 따라서 피한정후견인이 한정후견인의 동의 없이 한 금융거래계약은 일단 효력을 발생한 후 피한정후견인 자신이나 한정후견인의 취소가 있음으로써 비로소 처음부터 무효인 것으로 된다.

    ㉡ 그러나 한정후견인과 피한정후견인 사이에 이해가 상반되는 행위를 한정후견감독인 또는 특별대리인의 동의를 얻어 하지 아니하고 한정후견인이 동의하여 한 경우에는 친권자와 미성년자인 자(子) 사이에 이해가 상반되는 행위에 있어서와 같은 취지에서 특별한 사정이 없는 무효인 것으로 보아야 한다.

(5) 피특정후견인의 경우

① 피특정후견인의 의의

질병, 장애, 노령, 그 밖의 사유로 인한 정신적 제약으로 일시적 후원 또는 특정한 사무에 관한 후원이 필요한 사람에 대하여 본인, 배우자, 4촌 이내의 친족, 미성년후견인, 미성년후견감독인, 검사 또는 지방자치단체의 장의 청구에 의하여 가정법원으로부터 특정후견의 심판을 받은 사람을 말한다.

② 피특정후견인과의 금융거래계약

특정후견의 심판이 있고 특정후견인이 선임되더라도 피특정후견인의 행위능력에는 아무런 제한이 생기지 않으며 성년이 된 일반인과 동일한 행위능력을 가진다. 즉, 가정법원에 의하여 선임된 특정후견인은 후견이 필요한 사항에 대하여 대리권을 가질 뿐 피특정후견인의 법률행위에 대한 동의권이나 취소권을 가지지 않는다. 따라서 은행 등 대여자로서는 대출의 상대방이 피특정후견인이라 하더라도 그와 완전히 유효한 대출계약을 체결할 수 있다.

5 금융거래계약의 의사와 내용

(1) 의사와 표시의 불일치

대출계약의 성립요소(청약과 승낙)의 의사표시 중 어느 하나가 표의자의 내심의 의사가 표시행위로부터 추단되는 의사와 부합하지 않는 경우에는 그 대출계약은 완전·유효한 대출계약으로서의 효력을 발생시키지 못한다.

TIP ▶ 의사와 표시의 불일치

의사의 의식적 흠결	▶ 표의자가 스스로 불일치를 알고 있는 경우	
	상대방과 통정한 것	상대방과 통정하지 아니한 것
	통정허위표시	진의 아닌 의사표시
의사의 무의식적 흠결(착오)	▶ 표의자가 불일치를 모르고 있는 경우	

(2) 진의 아닌 의사표시

① 의 의

진의 아닌 의사표시란 내심의 의사와 표시가 일치하지 않는다는 것을 표의자 스스로 알면서 하는 의사표시를 말한다. 비진의표시, 심리유보 또는 단독허위표시라고도 한다.

② 법률관계

㉠ 당사자 사이의 효력

의사표시는 표의자가 진의가 아님을 알고 한 것이라도 그 효력이 있다. 그러나 진의가 아님을 알고 한 의사표시라도 그 상대방이 표의자의 진의가 아님을 알았거나 이를 알 수 있었을 경우에는 무효로 한다.

㉡ 제3자에 대한 효력

상대방이 표의자의 진의 아님을 알았거나 알 수 있었기 때문에 진의가 아닌 의사표시가 무효로 되는 경우에도 그 무효를 선의의 제3자에게는 대항하지 못한다.

(3) 통정허위표시

① 의 의

통정허위표시란 상대방과 통정하여서 하는 진의 아닌 허위의 의사표시를 말한다.

② 법률관계

㉠ 당사자 사이의 효력

통정허위표시는 당사자 사이에서는 언제나 무효이다.

㉡ 제3자에 대한 효력

통정허위표시의 무효는 선의의 제3자에게 대항하지 못한다.

(4) 착 오

① 의 의

착오에 의한 의사표시란 표시상의 효과의사와 내심적 효과의사가 일치하지 않는 의사표시로서 그 불일치를 표의자 자신이 알지 못하는 경우를 말한다.

② 법률관계

㉠ 당사자 사이의 효력

- 착오로 대출계약이 체결되었다 하더라도 그 대출계약은 일단 유효하게 효력이 발생한다.
- 착오가 대출계약의 중요부분에 관한 것이고 착오를 한 자가 그 착오를 한 데에 중대한 과실이 없으면 대출계약을 취소할 수 있으며, 취소가 있으면 그 대출계약은 처음부터 무효인 것이 된다.
- 대출계약의 중요부분에 대한 착오가 있더라도 그 착오가 착오자의 중대한 과실에 기인하는 때에는 착오자는 그 대출계약을 착오를 이유로 취소하지 못한다. 이 경우 중대한 과실에 대한 입증책임은 착오자의 대출계약 취소권을 부정하려는 상대방이 부담한다.
- 대출계약의 중요부분에 대한 착오가 착오자의 중대한 과실에 기인하는 때라도 상대방이 그 착오를 알면서 이용한 경우에는 착오자는 대출계약을 취소할 수 있다.
- 착오로 인한 취소권은 추인할 수 있는 날로부터 3년 내에 의사표시를 한 날로부터 10년 내에 행사하여야 한다.

     ⓛ 제3자에 대한 효력

　　　　착오에 의한 의사표시의 취소는 선의의 제3자에게 대항하지 못한다.

③ 대출계약의 사후처리

　　㉠ 대출계약에 따른 이행(대출금의 지급)이 이루어진 후 착오에 의한 취소가 있으면 착오자는 원상회
　　　　복 의무를 부담한다.

　　ⓛ 착오로 인한 대출계약의 취소 시 착오자의 상대방이 원상회복으로서 반환청구할 수 있는 것은 지급
　　　　된 대출금 중 반환청구 시 현존하는지 여부에 관계없이 지급된 대출금 전액이다.

　　ⓒ 착오자로 인한 대출계약의 취소로 상대방이 예측하지 않은 불이익을 입은 때에는 착오자에게 신
　　　　뢰이익의 배상책임을 물을 수 있다.

(5) 하자있는 의사표시

① 의 의

　　하자있는 의사표시란 타인의 위법한 간섭으로 말미암아 방해된 자유롭지 못한 상태에서 행하여진 의
　　사표시로 사기에 의한 의사표시와 강박에 의한 의사표시가 이에 해당된다.

　　　TIP ▸ 사기와 강박

사 기	고의로 사람을 기망하여 착오에 빠지게 하는 위법행위
강 박	고의로 해악을 주겠다고 위협하여 공포심을 일으키게 하는 위법행위

② 법률관계

　　㉠ 상대방의 사기 또는 강박에 의하여 이루어진 의사표시는 취소할 수 있으며, 취소가 있으면 그 의
　　　　사표시는 처음부터 무효인 것이 된다.

　　ⓛ 제3자의 사기 또는 강박에 의하여 이루어진 의사표시는 제3자의 사기 또는 강박을 그 상대방이 알
　　　　았거나 알 수 있었던 경우에 한하여 취소할 수 있다.

　　ⓒ 그러나 강박이 의사결정에 관한 자유를 완전히 박탈하는 정도에 이른 때에는 의사표시를 할 내심
　　　　의 의사가 결여된 것이므로 그 의사표시는 처음부터 당연 무효인 것으로 보아야 한다.

③ 대출계약의 사후처리

　　㉠ 대출계약이 당사자 일방 또는 제3자의 사기나 강박으로 취소할 수 있는 것인 경우 계약당사자는
　　　　취소하여 계약이 없었던 것으로 원상회복시키는 것과 계약의 효력을 유지시키는 것 중 유리한 방
　　　　향으로 처리하여야 한다.

　　ⓛ 대출계약이 당사자 일방 또는 제3자의 사기나 강박으로 무효로 된 경우 이미 이행을 완료한 부분
　　　　(대출금의 일부 지급)이 있는 때에는 잔여부분의 이행이나 이행청구를 중단하고 이행된 부분의 원
　　　　상회복을 하여야 한다.

　　ⓒ 대출계약이 무효로 된 경우 원상회복으로서 반환청구 또는 반환하여야 하는 것은 지급된 대출금
　　　　중 반환청구 시 현존하는지 여부에 관계없이 지급된 대출금 전액이다.

　　ⓔ 사기 또는 강박을 받은 계약당사자는 대출계약이 무효로 됨에 따라 받은 손해를 사기나 강박을 한
　　　　계약당사자나 제3자에게 민법 제750조에 의하여 배상청구할 수 있다.

(6) 금융거래계약의 유효요건

① 개 요
    ㉠ 대출계약도 계약 일반의 경우와 마찬가지로 그 내용이 확정되어 있거나 확정할 수 있는 것이어야 한다.
    ㉡ 대출계약의 내용은 실현할 수 있는 것이어야 하며, 적법하고 사회적 타당성을 지닌 것이어야 한다.

② 강행법규 위반의 경우
    ㉠ 금융거래계약을 체결함에 있어서는 우선 강행법규에 위반되는 일이 없도록 하여야 한다.
    ㉡ 계약상의 이자로서 이자제한법상의 최고 이자율을 초과하는 부분은 무효이다.
    ㉢ 상호저축은행법의 규정은 단속규정에 해당한다는 것이 판례이므로 동일인에 대한 대출한도를 정하고 있는 법령에 위반하여 대출계약을 체결하더라도 그 대출계약 자체는 무효가 아니고 유효한 것으로 취급된다.

참고

이자제한법상 제한 최고이자율의 계산에 관한 규정

이자제한법은 이자의 적정한 최고한도를 정하고 국민경제생활의 안정과 경제정의의 실현을 도모하기 위한 목적이다.

- 채무자가 최고한도를 초과하는 이자를 임의로 지급한 경우에는 초과 지급된 이자상당 금액은 원본에 충당되고, 원본이 소멸한 때에는 그 반환을 청구할 수 있다.
- 채무자가 금전대차와 관련하여 부담하기로 약정한 금전지급의무가 의무발생의 원인, 근거법령, 의무의 내용, 거래상 일반원칙 등에 비추어 그 의무가 원래 채권자가 부담하여야 할 성질인 때에는 이를 이자로 본다(단, 해당 거래의 체결과 변제에 관한 부대비용으로서 대통령령으로 정한 사항은 그러하지 아니하다).
- 공제금, 연체이자, 체당금(替當金) 등 그 명칭이 무엇이든 대부와 관련하여 대부업자가 받는 것은 모두 이자로 본다.
- 이자에 대하여 다시 이자를 지급하기로 하는 복리약정은 제한 최고이자율을 초과하는 부분에 해당하는 금액에 대하여는 무효로 한다. 이는 형식상으로는 이자제한법에서 제한 최고이자율에 관한 규정을 지키면서 실질적으로는 제한 최고이자율에 위배되는 행위는 하는 이른바 탈법행위를 방지하기 위하여 둔 규정이다.
- 연체이자가 제한 최고이자율이 적용되는 이자의 범위에 포함 되는지에 관하여는 이자제한법에 명확히 규정되어 있지 않으나 이제제한법 제4조 제1항에서 규정하는 그 밖의 명칭에도 불구하고 금전의 대차와 관련하여 채권자가 받은 것으로 보아 포함되는 것으로 보아야 한다.
- 대차원금이 10만원 미만인 대차의 이자에 관하여는 이자제한법상의 제한 최고이자율에 관한 규정이 적용되지 않는다.
- 다른 법률에 따라 인가·허가·등록을 마친 금융업 및 대부업과 「대부업 등의 등록 및 금융이용자 보호에 관한 법률」 제9조의 4에 따른 미등록대부업자에 대하여는 이자제한법 자체가 적용되지 않는다. 이에 따라 대부업 등의 등록 및 금융이용자 보호에 관한 법률에서는 동법에 의한 대부업자가 개인이나 대통령령으로 정하는 소규모 법인에 대부를 하는 경우 2021년 하반기부터 이자율을 연 100분의 27.9 이하의 범위에서 대통령령으로 정하는 율을 초과할 수 없도록 규정하고 있다.

---

③ 사회적 타당성 결여의 경우
    ㉠ 처음부터 대출자금의 용도를 도박이나 범죄준비에 사용할 것으로 하여 체결하는 대출 계약은 선량한 풍속 기타 사회질서에 위반한 사항을 내용으로 하는 대출계약으로서 당연 무효이다.
    ㉡ 반면 도박이나 범죄준비에의 사용은 여신수요자의 내심적인 대출자금의 용도에 지나지 않고, 외부적으로 표시한 대출자금의 용도는 가계생활안정자금 등 정상적인 것이어서 은행 등 여신공여자가 이를 알지 못하고 체결한 대출계약은 은행 등 여신공여자에 대한 관계에서 유효인 것으로 보아야 한다.

6 금융거래계약체결의 방식

TIP ▸ 계약체결의 5가지 유형

- 구두에 의한 계약체결
- 문서작성에 의한 계약체결
- 약관에 의한 계약체결
- 공정증서에 의한 계약체결
- 확정일자 있는 문서에 의한 계약체결

(1) 구두에 의한 계약체결

① 계약체결에 시간이 걸리지 않고 비용이 들지 않는 장점이 있다.

② 계약당사자 사이에 분쟁이 발생할 경우 계약의 성립이나 내용을 입증하기가 용이하지 않다는 단점이 있다.

(2) 문서작성에 의한 계약체결

① 후일 당사자의 일방이 계약내용과 조건을 다투는 경우 그 입증자료로 사용할 수 있는 장점이 있다.

② 문서의 작성은 다른 해석이 나올 수 없도록 구체적이고 명확한 문언으로 표시하되 나중에 변조될 수 없도록 해야 한다.

TIP ▸ 문서 작성 시 유의사항

- 문서상의 내용은 구체적이고 상세하게 작성하여 이중 해석 문제가 발생하지 않도록 한다.
- 문서상의 내용은 변조의 우려가 없도록 작성하여야 한다. 따라서 문단이 시작되는 부분이나 끝 부분에 문언이 추가될 수 없도록 하고, 숫자의 경우는 한글 또는 한자의 특수 문자를 사용하여 표기하도록 한다.
- 문서에서 오탈자나 불필요한 부분이 발생한 경우 해당 부분을 수정한 후 계약당사자가 이를 인정하는 서명이나 도장을 찍도록 한다.
- 인지세법은 계약서 등 각종의 문서에 동법이 정하는 인지를 첨부하여야 할 것으로 정하고 있으며, 그 의무는 당해 계약의 작성명의인이 연대하여 부담하는 것으로 규정되어 있다. 그러나 인지의 첨부가 계약서 등 각종 문서의 유효요건인 것은 아니므로 인지의 첨부가 없는 문서라도 그 증거능력에는 아무런 영향이 없으며, 다만 조세포탈로서 조세범처벌법에 의하여 벌금·과료의 처벌을 받게 될 뿐이다.

(3) 약관에 의한 계약체결

① 약관이란 거래의 일방 당사자(사업자)가 장래 다수의 타방 당사자(고객)와의 거래에 사용할 것을 예상하여 미리 인쇄된 서식으로 만들어 놓은 계약모형을 말한다.

② 약관은 부합계약의 특징을 가진다. 즉, 약관에 의하여 계약을 체결하게 되는 경우에 소비자는 사업자가 제시하는 약관에 의하여 계약을 체결할 수밖에 없으므로 소비자에게는 계약체결 여부의 자유만이 있을 뿐 계약내용 결정의 자유는 없다.

③ 약관규제법에서는 사업자가 약관에 의하여 고객에게 불공정한 거래를 함으로써 부당한 이득을 취하는 것을 방지하기 위한 다음과 같은 제도적인 장치를 마련해두고 있다.

- 사업자로 하여금 약관의 계약편입요건을 구비하도록 의무화하고 있다.
- 약관의 해석원칙을 법정하여 두고 있다.
- 무효가 되는 불공정약관조항을 법정하여 두고 있다.
- 불공정약관조항에 의한 구제수단으로 사법적구제수단 이외에 행정적구제수단을 법정하여 두고 있다.

④ 약관에 의한 계약체결 시의 고객 보호

㉠ 계약편입요건에 의한 보호

- 사업자는 고객이 약관의 내용을 쉽게 알 수 있도록 약관을 작성해야 한다.
- 사업자는 고객에게 약관의 내용을 계약의 종류에 따라 일반적으로 예상되는 방법으로 분명하게 밝히고, 고객이 요구할 경우 그 약관의 사본을 고객이 알 수 있도록 해야 한다.
- 사업자는 약관에서 정해져 있는 중요한 내용을 고객이 이해할 수 있도록 설명하여야 한다.
- 약관의 계약편입요건에 위반한 사업자에 대하여는 500만원 이하의 과태료가 부과된다.

㉡ 약관의 해석원칙에 의한 보호

- 개별약정우선의 원칙 : 사업자와 고객이 약관의 내용과 다르게 합의한 사항은 약관보다 우선한다.
- 객관적·통일적 해석의 원칙 : 약관은 신의성실의 원칙에 따라 공정하게 해석되어야 하며, 고객에 따라 다르게 해석되어서는 아니 된다.
- 작성자 불이익 해석의 원칙 : 약관의 뜻이 명백하지 아니한 경우에는 고객에게 유리하게 해석되어야 한다.

㉢ 불공정 약관조항의 무효에 의한 보호

신의성실의 의무를 위반하여 공정성을 잃은 불공정한 약관조항은 무효이다. 그리고 이 불공정한 약관조항은 소송상 또는 약관규제법에서 정하는 약관 심사절차를 거쳐서 무효판정을 받은 후에야 무효로 되는 것이 아니라 당연 무효로서 처음부터 효력을 발생하지 않는다.

(4) 공정증서에 의한 계약체결

① 공정증서란 그 작성기관인 공증인 등이 법률이 정하는 바에 따라 법률행위 그 밖에 사권(私權)에 관한 사실에 대하여 작성한 증서를 말한다.

② 공정증서는 그 기재내용에 대하여 증명력을 가진다는 점과 그 기재내용에 따른 채무불이행시 바로 강제집행을 할 수 있는 집행력을 가진다는 특징이 있다.

TIP ▶ 집행력을 가지는 3가지 공정증서

- 금전소비대차 공정증서
- 어음 또는 수표 공정증서
- 유체동산의 인도 또는 반환 청구권 공정증서

(5) 확정일자가 있는 문서에 의한 계약체결

① 확정일자(確定日字)는 증서의 작성일로부터 완전한 증거력을 인정받은 날짜를 말한다. 법적 문서에 대해 일정한 절차를 밟은 경우 등 작성 날짜에 대해 완전한 증거 능력을 인정하는 제도이기 때문에 해당 제도를 이용하면 작성 날짜에 대한 논란이 생길 때 입증이 용이하다.

② 확정일자가 있는 사문서는 그 작성일자에 대한 공증력이 있으므로 문서의 작성자가 그 작성 일자를 소급시켜 법률상의 문제를 일으키는 것을 방지하기 위한 것이다. 확정일자가 있는 사문서는 그 작성 일자에 대한 공증력이 있는 것일 뿐 그 문서의 내용에 대한 공증력은 없다. 따라서 당사자가 그 문서의 내용에 관하여 다툴 때에는 입증책임의 일반 원칙에 따라 별도로 증명하여야 한다.

③ 현행법상 확정일자가 있는 사문서상에 인정되고 있는 효력으로서는 지명채권 양도 등의 제3자 대항 요건으로서의 효력과 주택 또는 상가건물 임대차보증금의 우선변제를 받을 수 있는 효력이 있다.

㉠ 지명채권 양도 등의 제3자 대항요건으로서의 효력

> • 지명채권의 양도에 있어서 그 양도인 또는 양수인이 양도 또는 양수의 효력을 채무자 이외의 제3자에게 대항하려면 채권자의 채무자에 대한 양도통지나 채무자의 양도승낙을 확정 일자 있는 증서로 하여야 한다.
> • 지명채권을 대상으로 하는 질권설정에 있어서도 질권설정자 또는 질권자가 질권설정의 효력을 제3채무자 이외의 제3자에게 대항하려면 제3채무자에 대한 질권설정의 통지나 제3채무자의 질권설정승낙을 확정일자 있는 증서로 하여야 한다. 이중의 질권설정이 있는 경우도 확정일자가 있거나 확정일자가 빠른 질권자가 선순위의 질권자가 된다.

㉡ 임대차보증금의 우선변제를 받을 수 있는 효력

> • 주택임차권의 대항요건인 주택의 인도를 받고 전입신고를 함과 아울러 임대차계약서상에 확정일자를 받아 둔 임차인에 대하여서는 민사집행법에 의한 경매 또는 국세징수법에 의한 공매 시에 대지를 포함한 당해 임차 주택의 환가대금에서 후순위권리자 기타 일반채권자 보다도 우선하여 보증금의 변제를 받을 권리가 인정되어 있다.
> • 상가건물임차권의 대항요건인 상가건물의 인도를 받고 부가가치세법 제5조, 소득세법 제168조 또는 법인세법 제111조의 규정에 의한 사업자등록신청을 함과 아울러 관할 세무서 장으로부터 임대차계약서상에 확정일자를 받은 임차인에 대하여는 민사집행법에 의한 경매 또는 국세징수법에 의한 공매 시 임차건물(임대인 소유의 대지를 포함한다)의 환가대금에서 후순위권리자 그 밖의 채권자보다 우선하여 보증금을 변제받을 권리가 인정되어 있다.

④ 금융거래계약과 확정일자

> **참고**
>
> 은행 등 여신공여자가 여신거래와 관련하여 작성하는 사문서에 확정일자를 받아두는 경우
> • 건물 등과 같이 이재의 우려가 있는 담보목적물에 대하여 채무자로 하여금 보험에 가입하게 한 후 그 보험금청구권에 대하여 질권을 설정하고 그 질권 설정에 대하여 보험회사로부터 승낙을 받은 후 그 승낙서에 확정일자를 받아 두는 경우
> • 채무자나 제3자가 다른 금융회사에 예치해둔 예금 등의 지명채권을 대상으로 질권을 설정하고 그 질권설정에 대하여 예치 금융회사 등으로부터 승낙을 받은 후 그 승낙서에 확정일자를 받아 두는 경우
> • 기계·기구 등 유체동산을 대상으로 점유개정의 방식으로 양도담보권 설정하고 그 양도담보계약서에 확정일자를 받아 두는 경우
> • 피담보채권이 확정되거나 실효된 근저당권을 회복시켜 새로운 여신채권을 담보할 수 있도록 하기 위하여 근저당권 설정등기의 유용합의를 하고 그 유용합의서에 확정일자를 받아두는 경우

▶ 양도담보계약이나 근저당권설정등기의 유용합의를 할 때에 양도담보계약서나 근저당권설정등기유용합의서에 확정일자를 받는 것은 양도담보계약이나 근저당권설정등기유용합의의 제3자에 대한 대항요건이 아니다.

04 대리인과의 금융거래계약

1 대리의 의의와 종료

(1) 대리의 의의

타인(대리인)이 본인의 이름으로 제3자(상대방)에게 의사표시를 하거나 또는 제삼자로부터 의사표시를 수령하여 그 법률효과를 직접 본인에게 귀속시키는 제도이다. 이 경우 본인에게 그 효력을 귀속시키기 위하여 법률행위(의사표시)를 하거나 또는 의사표시를 수령하는 자를 대리인이라 하고, 대리인이 본인에게 그 효력을 귀속시키기 위하여 법률행위(의사표시)를 하거나 또는 의사표시를 수령할 수 있는 권한을 대리권이라고 한다.

(2) 대리의 기능

대리는 사적자치의 확장과 사적자치의 보충이라는 2가지의 중요한 기능을 가지고 있다.

① 사적자치의 확장

타인을 대리인으로 하고 그 대리인의 의사에 기하여 직접 자기의 법률관계를 처리하는 것이 인정되어 개인의 활동범위가 확대되는 대리제도의 효과를 말한다.

> **사례** 임의대리제도
>
> 우주과학에 전문적인 식견을 가진 박사라 하더라도 소송을 하는 데 있어서는 변호사의 도움이 필요하며, 세상사는 이치에 통달한 철학박사라 하더라도 자기 집을 사서 등기하는 데는 법무사의 도움이 필요하다. 이와 같이 대리인의 의사에 의하여 직접 자기의 법률관계를 처리하게 한다면 개인의 활동능력은 무한히 확대될 수 있다.

② 사적자치의 보충

의사무능력자나 제한능력자의 능력을 보충하는 대리제도의 효과를 말한다.

(3) 대리의 종류

① 임의대리 · 법정대리

임의대리	본인의 신임을 바탕으로 하여 그의 의사에 따라 결정되는 것
법정대리	법률의 규정에 의하여 본인을 위하여 대리행위를 할 수 있는 권한이 결정되는 것

② 능동대리 · 수동대리

능동대리	본인을 위하여 제3자에 대하여 의사표시를 하는 대리
수동대리	본인을 위하여 제3자의 의사표시를 수령하는 대리

③ 유권대리 · 무권대리

유권대리	대리인으로서 행위를 하는 자가 정당한 대리권을 가진 경우
무권대리	대리행위로서의 외형적인 요건을 모두 갖추고 있으나 대리권이 없이 행한 대리행위

2 임의대리인과의 금융거래계약

(1) 임의대리의 발생원인

TIP ▸ 임의대리가 발생하는 경우

- 본인의 수권행위에 의한 경우
- 본인의 선임행위에 의한 경우
- 본인과 대리인 사이의 계약에 의한 경우

(2) 임의대리권 확인

① 수권행위에 의한 임의대리인의 경우 임의대리권의 존부와 임의대리권의 범위는 본인이 작성한 위임장에 의하여 확인할 수 있다.

② 본인의 선임행위에 의한 임의대리인인 상업사용인 중 지배인은 상업등기부 중 지배인등기부의 등기사항증명서에 의하여 확인할 수 있다.

③ 후견계약에 의한 임의후견인으로 하여금 가정법원으로부터 후견계약 본인의 후견등기사항증명서를 발급받아 제출하도록 하여 다음의 사항을 확인하여야 한다.

- 임의후견개시의 요건인 가정법원으로부터 임의후견감독인이 선정되었는지 여부
- 임의후견인이라 칭하는 자가 본인의 임의후견인이 맞는지 여부
- 해당 여신거래계약이 임의후견인의 대리권의 범위에 속하는지 여부

(3) 임의대리권의 제한

① 자기계약과 쌍방대리

자기계약	대리인이 한편으로는 본인을 대리하고 다른 한편으로는 자기 자신의 자격으로 자기 혼자서 본인 · 대리인 사이의 계약을 체결하는 것을 말함 사례 A의 대리인 B가 본인인 A와 자기 사이의 즉 A와 B사이의 계약을 체결하는 것
쌍방대리	대리인이 한편으로는 본인을 대리하고 다른 한편으로는 상대방을 대리하여 자기만으로 쌍방의 계약을 체결하는 것을 말함 사례 A의 대리인 B가 한편으로는 C의 대리인으로서 A와 C사이의 계약을 체결하는 것

㉠ 자기계약과 쌍방대리는 원칙적으로 금지된다.
　　　㉡ 예외적으로 자기계약과 쌍방대리가 인정되는 경우

> - 본인이 미리 자기계약과 쌍방대리를 위임하거나 또는 대리권의 수여로 허락한 경우
> - 채무의 이행의 경우

　② 공동대리
　　　㉠ 공동대리란 여러 명의 대리인이 공동으로만 대리할 수 있는 대리를 말한다. 따라서 공동 대리에 있어서 대리인 중의 한 사람이 대리행위에 참여하지 않거나 또는 한 사람의 대리인의 의사표시에 흠이 있는 때에는 그 대리행위는 유효하지 않거나 또는 대리행위 자체가 흠을 가지는 것이 된다. 그러므로 공동대리는 각 대리인에게 있어서는 그의 대리권의 제한이 된다.
　　　㉡ 대리인이 여러 명 있는 경우에 공동대리인인가 단독대리인인가는 법률의 규정 또는 수권행위의 해석에 의하여 결정되나, 공동대리로 한다는 것을 법률의 규정이나 수권행위에서 특별히 정하고 있지 않으면 단독대리로 대리인 각자가 본인을 대리한다.

(4) 임의대리인의 대리행위

　① 대리인이 대리행위를 함에 있어서는 본인을 위한 것임을 표시하여야 한다(현명주의).
　② 대리인의 의사표시의 효력이 의사의 흠결, 사기·강박 또는 어느 사정을 알았거나 과실로 알지 못한 것으로 인하여 영향을 받을 경우에 그 사실의 유무는 본인이 아니라 대리인을 표준으로 하여 결정한다.
　③ 대리인이 대리인으로서 법률행위를 하는 데는 행위능력자임을 요하지 않는다.

(5) 무권대리

　① 무권대리의 의의
　　　㉠ 대리권 없이 행하여진 대리행위로써 대리행위의 다른 요건은 모두 갖추었으나 대리행위자에게 그 행위에 관한 대리권이 없는 경우를 말한다.
　　　㉡ 대리인의 대리권 없는 대리행위에 대하여 본인이 책임을 지는 경우를 표현대리라 하고, 대리인의 대리권 없는 대리행위에 대하여 본인이 책임을 지지 않는 경우를 협의의 무권대리라고 한다.
　② 협의의 무권대리의 법률관계
　　　㉠ 협의의 무권대리는 본인이 이를 추인하지 않으면 본인에 대하여 아무런 효력이 없다.
　　　㉡ 타인의 대리인으로 계약을 한 자가 그 대리권을 증명하지 못하고 또 본인의 추인도 얻지 못한 때에는 상대방의 선택에 따라 그 계약을 이행하거나 손해배상을 할 책임을 부담하게 된다.
　　　㉢ 협의의 무권대리 행위는 본인이 추인하지 않으면 본인에 대하여 효력이 생기지 않으므로 본인과 대리인 사이에는 아무런 법률관계가 생기지 않는다. 다만 그 무권대리 행위를 본인이 추인하면 민법 제734조 이하에서 규정하는 사무 관리의 법률관계가 성립하게 된다.
　③ 표현대리의 3가지 유형
　　　㉠ 대리권수여의 표시에 의한 표현대리 : 본인이 제3자에 대하여 타인에게 대리권을 수여하였음을 표시만하고 실지로 대리권을 주지 않은 상태에서 그 타인이 그 수여 표시한 범위내의 대리 행위를 한 경우

ⓒ 권한을 넘은 표현대리 : 대리인이 그 권한 외의 법률행위를 한 경우에 그 권한이 있다고 믿을 만한 정당한 이유가 있는 경우

ⓒ 대리권소멸후의 표현대리 : 대리인이 이전에는 대리권을 가지고 있었으나 대리행위를 할 때에는 그 대리권이 소멸하고 있는 경우

④ **표현지배인**

ⓐ 표현지배인이란 본점 또는 지점의 영업주임 기타 유사한 명칭을 가진 사용인으로서 진실한 지배인이 아닌 자를 말한다.

ⓑ 표현지배인의 경우는 상대방에게 중과실이 있는 때에만 대리행위의 유효를 주장할 수 없고 경과실이 있는 때에는 대리행위의 유효를 주장할 수 있다.

> **참고** 표현대리는 상대방에게 경과실만 있어도 대리행위의 유효를 주장할 수 없다.

3 법정대리인과의 금융거래계약

(1) 법정대리의 발생원인 및 법정대리인

발생원인	법정대리인
① 본인이 제한능력자인 경우	• 미성년자 → 친권자 또는 미성년후견인 • 피성년후견인 → 성년후견인 • 피한정후견인 → 한정후견인 • 피특정후견인 → 특정후견인
② 본인이 부재자인 경우	부재자재산관리인
③ 자연인이 사망한 경우	상속재산관리인 또는 유언집행자
④ 부부간의 일상가사에 관한 법률행위의 경우	타방 배우자

▶ 법정대리는 누가 대리인이 되는지와 그 대리권의 범위를 모두 법률이 정하고 있다는 점에서 임의대리와 구분된다.

(2) 본인이 미성년자인 경우 친권자의 법정대리권의 제한

① 친권자는 자(子)의 근로계약을 대리함에 있어 미성년자의 동의를 얻어야 한다. 즉, 친권자는 미성년자인 자(子)를 대리하여 근로계약을 체결할 수 없으며, 자(子)를 대리하여 임금을 수령할 수도 없다.

② 친권자는 자(子)와 이해가 상반되는 행위에 대하여 대리권이 없다.

(3) 본인이 미성년자인 경우 미성년후견인의 법정대리권의 제한

① 미성년후견인이 미성년자와의 사이에 이해상반행위를 함에는 미성년후견감독인이 있는 경우에는 미성년후견감독인이 미성년자를 대리하고, 미성년후견감독인이 없는 경우에는 가정법원에 그 자의 특별대리인의 선임을 청구하여 그 특별대리인으로 하여금 대리하게 하여야 한다.

② 미성년후견인이 미성년자를 대리하여 다음 중 어느 하나에 해당하는 행위를 할 때는 미성년후견감독인이 있으면 그의 동의를 받아야 한다. 미성년후견인이 미성년인 자를 대리하여 은행 등 대여자와 대출거래 계약을 체결하는 것은 금전을 빌리는 행위로서 미성년후견감독인의 동의를 요하는 중요행위에 해당한다. 반면, 이해상반행위가 아니면 미성년후견인이 단독으로 대리할 수 있는 것으로 보아야 한다.

> - 영업에 관한 행위
> - 금전을 빌리는 행위
> - 의무만을 부담하는 행위
> - 부동산 또는 중요한 재산에 관한 권리의 득실변경을 목적으로 하는 행위
> - 소송행위
> - 상속의 승인, 한정승인 또는 포기 및 상속재산의 분할에 관한 협의

(4) 본인이 피성년후견인인 경우 성년후견인의 법정대리권의 제한

① 성년후견인이 여러 명인 경우에는 각자가 그 권한을 행사할 수 있는 것이 원칙이다. 그러나 성년후견인이 여러 명인 경우 가정법원은 직권으로 여러 명의 성년후견인이 공동으로 또는 사무를 분장하여 그 권한을 행사하도록 정할 수 있으며, 그 결정을 변경하거나 취소할 수 있다.

② 성년후견인이 피성년후견인과의 사이에 이해상반행위를 함에는 성년후견감독인이 있는 경우에는 성년후견감독인이 피성년후견인을 대리하고, 성년후견감독인이 없는 경우에는 가정법원에 그 자의 특별대리인의 선임을 청구하여 그 특별대리인으로 하여금 대리하게 하여야 한다.

③ 성년후견인이 피성년후견인을 대리하여 다음 중의 어느 하나에 해당하는 대리행위를 할 때는 성년후견감독인이 있으면 그의 동의를 받아야 한다. 성년후견감독인이 없는 경우에 성년후견인이 피성년후견인을 대리하여 다음 중 어느 하나에 해당하는 행위를 할 때이나, 이 경우는 그 대리행위가 성년 후견인과 피성년후견인 사이에 이해가 상반되는 행위이면 가정법원에 특별 대리인의 선임을 신청하여 그 특별대리인이 대리하게 하여야 하는 반면, 이해가 상반되는 행위가 아니면 성년후견인이 단독으로 대리할 수 있는 것으로 보아야 한다.

> - 영업에 관한 행위
> - 금전을 빌리는 행위
> - 의무만을 부담하는 행위
> - 부동산 또는 중요한 재산에 관한 권리의 득실변경을 목적으로 하는 행위
> - 소송행위
> - 상속의 승인, 한정승인 또는 포기 및 상속재산의 분할에 관한 협의

④ 성년후견인이 피성년후견인을 대리하여 피성년후견인이 거주하고 있는 건물 또는 그 대지에 대하여 매도, 임대, 전세권 설정, 저당권 설정, 임대차의 해지, 전세권의 소멸, 그 밖에 이에 준하는 행위를 하는 경우에는 가정법원의 허가를 받아야 한다.

(5) 본인이 피한정후견인인 경우 한정후견인의 법정대리권의 제한

① 한정후견인이 여러 명인 경우에는 각자가 그 권한을 행사할 수 있는 것이 원칙이다. 그러나 한정후견인이 여러 명인 경우 가정법원은 직권으로 여러 명의 한정후견인이 공동으로 또는 사무를 분장하여 그 권한을 행사하도록 정할 수 있으며, 그 결정을 변경하거나 취소할 수 있다.

② 한정후견인과 그 후견을 받는 수인의 피한정후견인 사이에 이해상반행위를 함에도 한정후견감독인이 있는 경우에는 한정후견감독인이 피한정후견인을 대리하고, 한정후견감독인이 없는 경우에는 가정법원에 그 피한정후견인 일방의 특별대리인의 선임을 청구하여 그 특별대리인으로 하여금 대리하게 하여야 한다.

③ 한정후견인이 피한정후견인을 대리하여 다음 중의 어느 하나에 해당하는 대리행위를 할 때는 한정후견감독인이 있으면 그의 동의를 받아야 한다. 한정후견감독인이 없는 경우에는 그 대리행위가 한정후견인과 피한정후견인 사이의 이해상반행위이면 가정법원에 특별대리인의 선임을 신청하여 그 특별대리인이 대리하게 하여야 하는 반면, 이해상반행위가 아니면 한정후견인이 단독으로 대리할 수 있는 것으로 보아야 한다.

> - 영업에 관한 행위
> - 금전을 빌리는 행위
> - 의무만을 부담하는 행위
> - 부동산 또는 중요한 재산에 관한 권리의 득실변경을 목적으로 하는 행위
> - 소송행위
> - 상속의 승인, 한정승인 또는 포기 및 상속재산의 분할에 관한 협의

④ 한정후견인이 피한정후견인을 대리하여 피한정후견인이 거주하고 있는 건물 또는 그 대지에 대하여 매도, 임대, 전세권 설정, 저당권 설정, 임대차의 해지, 전세권의 소멸, 그 밖에 이에 준하는 행위를 하는 경우에는 가정법원의 허가를 받아야 한다.

TIP ▸ 법정대리인의 대리권 제한

> - 미성년후견인이나 피성년후견인 또는 피한정후견인이 미성년자나 성년후견인 또는 한정후견인이 이해상반행위를 하거나 영업에 관한 행위 등 중요행위를 미성년자나 피성년후견인 또는 피한정후견인을 대리하여 함에는 일정한 제한이 있다.
> - 피성년후견인이나 피한정후견인이 성년후견인이나 한정후견인을 대리하여 성년후견인이나 한정후견인이 피성년후견인을 대리하여 피성년후견인이 거주하고 있는 건물 또는 그 대지에 대하여 매도, 임대, 전세권 설정 등을 함에는 가정법원의 허가를 받아야 한다.

(6) 본인이 부재자인 경우

① 부재자란 종래의 주소나 거소를 떠나서 상당한 기간 그 주소나 거소에 있는 자신의 재산을 스스로 관리할 수 없는 상태에 있는 자를 말한다.

② 부재자의 재산관리
  ㉠ 부재자가 재산관리인을 둔 경우
  - 부재자가 자신의 부재 중 재산을 관리할 자를 미리 선임하여 둔 때에는 그 관리인이 부재자로부터 위임받은 내용에 따라 부재자의 재산을 관리한다.
  - 부재자가 미리 선임한 재산관리인의 권한이 본인의 부재 중 소멸한 때에는 가정법원은 이해관계인이나 검사의 청구에 의하여 재산관리에 관하여 필요한 처분을 명하여야 한다.
  - 재산관리에 관하여 필요한 처분에는 부재자 재산관리인의 선임과 개임을 포함한다. 다만 본인이 그 후에 재산관리인을 정한 때에는 가정법원은 본인, 재산관리인, 이해관계인 또는 검사의 청구에 의하여 부재자의 재산 관리에 관하여 명한 처분을 취소하여야 한다.
  - 또한 부재자가 재산관리인을 미리 정한 경우라도 부재 중 부재자의 생사가 분명하지 아니한 때에는 가정법원은 재산관리인, 이해관계인 또는 검사의 청구에 의하여 재산관리인을 개임할 수 있다. 가정법원이 선임하거나 개임한 부재자 재산관리인은 법정대리인에 해당된다.

ⓛ 부재자가 재산관리인을 두지 않은 경우
- 부재자가 자신의 부재 중 재산을 관리할 자를 선임하여 두지 않은 때에는 가정법원은 이해관계인이나 검사의 청구에 의하여 재산관리에 관하여 필요한 처분을 명하여야 한다.
- 재산관리에 관하여 필요한 처분에는 부재자 재산관리인의 선임과 개임을 포함하며, 가정 법원이 선임하거나 개임한 부재자 재산관리인은 법정대리인에 해당된다.

③ 부재자 재산관리인의 의무와 권한
- ㉠ 부재자가 미리 선임해둔 부재자 재산관리인의 의무와 권한은 모두 부재자와 재산관리인 사이의 계약으로 정해진다. 그리고 이 경우 부재자 재산관리인의 대리권의 범위도 수권행위에 의하여 정해진다.
- ㉡ 그러나 부재자의 생사가 분명하지 아니하게 된 경우에는 이해관계인이나 검사의 청구가 있는 때에는 가정법원은 부재자가 정한 재산관리인에게 관리할 재산목록의 작성과 부재자의 재산을 보존하기 위하여 필요한 처분을 명할 수 있다. 또한 부재자의 생사가 분명하지 아니한 경우에 부재자가 정한 재산관리인이 권한을 넘는 행위를 할 때에는 가정법원의 허가를 얻어야 한다.
- ㉢ 가정법원이 선임한 재산관리인은 관리할 재산목록을 작성하여야 한다. 또한 가정법원은 그 선임한 재산관리인에 대하여 부재자의 재산을 보존하기 위하여 필요한 처분을 명할 수 있다.
- ㉣ 은행 등 여신공여자가 부재자를 대리한 부재자 재산관리인과 여신거래계약을 체결하려면, 부재자가 미리 재산관리인을 선임하여 그에게 은행 등 여신공여자와 여신거래계약을 체결할 수 있는 대리권을 수여해 놓은 경우이면 이를 확인할 수 있는 위임장과 인감 증명서 등의 증빙자료를 받아야 한다. 그 이외의 경우이면 부재자 재산관리인으로 하여금 부재자를 대리하여 여신거래계약을 체결하는데 대한 가정법원의 허가를 받도록 한 후 그 허가심판서등본을 제출받아야 한다.

(7) 자연인이 사망한 경우

① 자연인은 사망으로 권리능력을 상실하게 되고 그가 보유하였던 재산은 우선 사망한 자의 유언이 있으면 그 유언과 민법에서 규정하는 유류분의 내용에 따라 처분하게 되고, 유언이 없으면 민법이 규정하는 상속의 내용에 따라 상속인에게 상속된다.

② 유언집행자와의 여신거래계약
- ㉠ 유언집행자는 은행 등 대여자와 대출계약을 체결할 수 있다. 은행 등 대여자가 유언집행자로부터 대출신청을 받은 경우에는 신청을 받은 대출거래가 유언의 집행에 필요한 것인지 여부와 유언집행자라고 칭하는 자가 진정한 유언자인지 여부를 확인하여야 한다.
- ㉡ 신청을 받은 대출거래가 유언의 집행에 필요한 것인지 여부는 유언의 내용에 따라 판단하여야 한다.
- ㉢ 유언집행자라고 칭하는 자가 진정한 유언집행자인지 여부는 유언자의 유언 또는 가정법원의 유언집행자 선임심판서 등본에 의하여 확인할 수 있다.
- ㉣ 유언의 진정성은 유언의 5가지 방식 중 공정증서의 경우, 공증인의 서명 또는 기명날인이 있으므로 공증인의 서명 또는 기명날인의 진위를 확인하는 방법으로 확인할 수 있다. 그 밖에 자필증서, 녹음, 비밀증서 및 구수증서의 경우는 모두 법원의 검인절차를 거치므로 적법한 검인절차를 거친 것인지 확인하는 방법으로 확인할 수 있다.
- ㉤ 또한 유언은 철회 또는 취소될 수 있으므로 철회 또는 취소 여부도 점검해 보아야 한다.

③ 상속재산관리인과의 대출계약

    ㉠ 상속재산관리인이란 상속인의 존부가 분명하지 아니한 때에 사망한 자의 재산을 관리하기 위해 민법에 의한 피상속인의 친족 기타 이해관계인 또는 검사의 청구에 의하여 가정법원이 선임한 자를 말한다.

    ㉡ 가정법원이 선임한 재산관리인은 민법에서 규정하는 ⅰ) 보존행위와 ⅱ) 대리의 목적인 물건이나 권리의 성질을 변하지 아니하는 범위에서 그 이용 또는 개량하는 행위만을 할 수 있으며, 이를 넘는 행위를 함에는 가정법원의 허가를 얻어야 한다.

(8) 부부간의 일상가사에 관한 법률행위의 경우

① 부부란 적법하게 혼인을 한 남녀를 발하며, 법률혼과 사실혼으로 구분된다.

법률혼	가족관계의 등록에 관한 법률에 정한 바에 의하여 신고함으로써 그 효력이 생기는 혼인
사실혼	당사자 사이에 주관적으로 혼인의 의사가 있고, 객관적으로도 사회관념 상 가족질서적인 면에서 부부 공동생활을 인정할 만한 혼인생활의 실체가 있으나 가족관계의 등록에 관한 법률에 정한 바에 의하여 혼인 신고를 하지 않은 혼인

② 일상가사에 관한 법률행위의 의미

    ㉠ 일상가사에 관한 법률행위란 부부의 공동생활에서 필요로 하는 통상의 사무에 관한 법률행위를 말한다.

    ㉡ 그 구체적인 범위는 부부공동체의 사회적 지위, 재산, 수입 능력 등 현실적 생활 상태뿐만 아니라 그 부부의 생활 장소인 지역사회의 관습 등에 의하여 정하여 진다.

    ㉢ 판례에 따르면 법률행위를 한 부부공동체의 내부 사정이나 그 행위의 개별적인 목적만을 중시할 것이 아니라, 법률행위의 객관적인 종류나 성질 등도 충분히 고려하여 판단하여야 한다.

③ 부부 일방 대리인과의 여신거래계약

    ㉠ 여신거래계약이라도 그것이 일상의 가사에 필요한 자금을 조달하기 위한 것이라면 부부 일방이 다른 일방을 대리하여 체결할 수 있다.

    ㉡ 은행 등이 부부 일방을 대리한 다른 일방과 대출계약을 체결할 때에는 그 대출계약이 일상의 가사에 필요한 자금을 조달하기 위한 것이라는 점과 대리인이 본인과 부부관계에 있다는 점을 가족관계의 등록에 관한 법률에 의한 혼인관계증명서를 제출받아 확인하여야 한다.

    ㉢ 부부 일방이 다른 일방을 대리하여 은행 등 대여자가 체결한 경우 그 대리인도 본인과 함께 그 대출계약에 따른 채무를 이행할 책임이 있다. 그러나 대리인으로서 대출계약을 체결할 때에 대리인인 자신은 책임이 없음을 명시한 때에는 그 대출계약에 따른 채무를 이행할 책임이 없다.

05 개인신용정보의 보호

1 개인신용정보의 보호

(1) 개인신용정보의 의의

개인신용정보란 신용정보 중 개인의 신용도와 신용거래능력 등을 판단할 때 필요한 정보로서 기업 및 법인에 관한 정보를 제외한 개인에 관한 신용정보를 말한다.

신용정보란 금융거래 등 상거래에 있어서 거래 상대방의 신용을 판단할 때 필요한

① 특정 신용정보주체를 식별할 수 있는 정보
② 신용정보주체의 거래내용을 판단할 수 있는 정보
③ 신용정보주체의 신용도를 판단할 수 있는 정보
④ 신용정보주체의 신용거래능력을 판단할 수 있는 정보
⑤ 그 밖에 ① ~ ④와 유사한 정보를 말한다.

(2) 개인신용정보보호의 당사자

개인신용정보의 보호를 받는 자는 신용정보주체이다. 신용정보주체란 처리된 신용정보로 식별되는 자로서 그 신용정보의 주체가 되는 자를 말한다.

신용정보법에 의하여 개인신용정보를 보호하여야 하는 자는 신용정보회사등이다. 신용정보회사등이란 신용정보회사, 신용정보집중기관 및 신용정보제공·이용자를 포괄하는 개념이다.

(3) 개인신용정보보호의 내용

신용정보회사등은 신용정보를 수집·조사 및 처리함에 있어서 신용정보법 또는 정관으로 정한 업무 범위에서 그 목적을 명확히 하여야 하며, 신용정보법 및 개인정보보호법에 따라 그 목적 달성에 필요한 최소한의 범위에서 합리적이고 공정한 수단을 사용하여야 한다.

신용정보회사등이 개인신용정보를 수집하는 때에는 법률에 특별한 규정이 있거나 법령상 의무를 준수하기 위하여 불가피한 경우 등 신용정보법에서 정하고 있는 경우를 제외하고는 해당 신용정보주체의 동의를 받아야 한다.

신용정보회사등은 신용정보의 정확성과 최신성이 유지될 수 있도록 신용정보의 등록·변경 및 관리 등을 하여야 하고, 신용정보제공·이용자는 신용정보를 신용정보집중 기관 또는 신용조회회사에 제공하려는 경우에는 그 정보의 정확성을 확인하여 사실과 다른 정보를 등록해서는 아니 된다.

신용정보제공·이용자가 개인신용정보를 타인에게 제공하려는 경우에는 대통령령으로 정하는 바에 따라 해당 신용정보주체로부터 서면이나 공인전자서명이 있는 전자문서 등의 방식으로 개인신용정보를 제공할 때마다 미리 개별적으로 동의를 받아야 한다.

신용정보회사등은 개인신용정보의 제공 및 활용과 관련하여 동의를 받을 때에는 대통령령으로 정하는 바에 따라 서비스 제공을 위하여 필수적 동의사항과 그 밖의 선택적 동의사항을 구분하여 설명한 후 각각 동의를 받아야 한다.

개인신용정보는 신용정보법이 특별히 정하고 있는 경우를 제외하고는 해당 신용정보 주체가 신청한 금융거래 등 상거래관계의 설정 및 유지 여부 등을 판단하기 위한 목적으로만 이용하여야 한다.

신용정보회사등과 신용정보의 처리를 위탁받은 자의 임직원이거나 임직원이었던 자는 업무상 알게 된 타인의 신용정보 및 사생활 등 개인적 비밀을 업무 목적 외에 누설하거나 이용하여서는 아니 된다.

신용정보회사등은 신용정보가 업무 목적 외로 누설되었음을 알게 된 때에는 지체 없이 해당 신용정보주체에게 통지하여야 하며, 신용정보회사등은 개인신용정보를 이용하거나 제공한 경우 대통령령으로 정하는 바에 따라 다음의 구분에 따른 사항을 신용정보주체가 조회할 수 있도록 하여야 한다.
① 개인신용정보를 이용한 경우 : 이용 주체, 이용 목적, 이용 날짜, 이용한 신용정보의 내용, 그 밖에 대통령령으로 정하는 사항
② 개인신용정보를 제공한 경우 : 제공 주체, 제공받은 자, 제공 목적, 제공한 날짜, 제공한 신용정보의 내용, 그 밖에 대통령령으로 정하는 사항

(4) 신용정보법 위반에 따른 구제와 제재

개인신용정보주체가 신용정보회사등을 상대로 하는 신용정보법 위반행위로 입은 손해배상의 청구에 관하여 다음과 같은 특칙을 두고 있다.

신용정보회사등이나 그 밖의 신용정보이용자(수탁자 포함)가 고의 또는 중대한 과실로 신용정보법을 위반하여 개인신용정보가 누설되거나 분실·도난·누출·변조 또는 훼손되어 신용정보주체에게 피해를 입힌 경우에는 해당 신용정보주체에 대하여 그 손해의 5배를 넘지 아니하는 범위에서 배상할 책임이 있다.
신용정보주체는
① 신용정보회사등이나 그 밖의 신용정보 이용자가 고의 또는 과실로 이 법의 규정을 위반한 경우
② 개인신용정보가 분실·도난·누출·변조 또는 훼손된 경우의 2가지 요건을 모두 구비한 경우 신용정보법 제43조에 따른 손해배상을 청구하는 대신 300만원 이하의 범위에서 상당한 금액을 손해액으로 하여 배상을 청구할 수 있다.

신용정보주체의 신용정보회사등이나 그 밖의 신용정보 이용자에 대한 손해배상청구에 있어서 신용정보회사등의 고의 또는 과실(중대한 과실 포함)에 대한 입증책임은 신용정보회사등이 고의 또는 과실 없음을 증명하여야 한다.
개인신용정보법 위반자에 대한 제재로서 최대 10년 이하의 징역 또는 1억원 이하의 벌금에 해당하는 형사처벌제도와 매출액의 100분의 3 이하 등에 해당하는 금액의 과징금 부과제도 및 최대 5천만원 이하의 과태료 부과제도를 두고 있다.

01 담보제도의 개요

1 담보의 의의

채무자의 채무불이행에 대비하여 채권자에게 채권의 확보를 위하여 제공되는 수단을 의미한다. 민법상의 담보는 인적담보와 물적담보로 구분된다. 인적담보는 채무자의 책임재산에 제3자의 책임재산을 추가하는 방법에 의한 담보이며 보증채무(保證債務)와 연대채무(連帶債務)가 이에 속한다. 물적담보는 책임재산 중에서 특정의 재산을 가지고 채권의 담보에 충당하는 제도이며 유치권(留置權), 질권(質權), 저당권(抵當權) 등의 담보물권(擔保物權)이 이에 속한다. 인적담보는 절차가 간편하지만 불확실하고, 물적담보는 절차가 복잡하지만 확실하다는 특징이 있다.

2 담보의 종류

(1) 인적담보

① 인적담보란 채무자 이외에 채권자에 대하여 채무자의 채무를 이행하여야 하는 제3자를 말한다.
② 인적담보는 채무자의 수를 늘림으로써 그 중 어느 한 채무자가 변제자력이 없게 되는 경우라도, 다른 채무자의 변제자력으로 채권의 만족을 구하려고 하는데 그 목적이 있다.

(2) 물적담보

① 물적담보란 어느 특정채권자가 담보의 대상인 특정재산을 현금화한 대금으로부터 다른 채권자보다 우선변제 받도록 함으로써 채권변제의 확실성을 높이는 수단으로 되는 것을 말한다.
② 물적담보권은 제한물권의 법리에 의한 것과 소유권이전의 법리에 의한 것으로 분류해 볼 수 있다.
　㉠ 제한물권의 법리에 의한 것
　　ⓐ 제한물권이란 물건의 경제적 효용가치인 사용가치와 교환가치 중 어느 하나의 가치만을 지배할 수 있는 권리를 말한다. 반면 사용가치와 교환가치를 모두 지배할 수 있는 권리는 소유권이라고 한다.

> **TIP** ▸ 사용가치와 교환가치
>
> | 사용가치 | 채무자나 제3자가 소유하는 부동산과 동산 등 물건을 그 용법에 따라 직접 사용·수익하는 것을 내용으로 하는 가치 |
> |---|---|
> | 교환가치 | 채무자나 제3자가 소유하는 부동산과 동산 등 물건을 다른 사람에게 양도하여 그 대가를 취득하는 것을 내용으로 하는 가치 |

ⓑ 제한물권은 물건의 사용가치만을 지배할 수 있는 권리(용익물권)와 교환가치만을 지배할 수 있는 권리(담보물권)로 구분된다.

ⓒ 담보물권은 당사자 간의 약정에 의하여 성립되는 권리(약정담보물권)와 일정한 채권에 관하여 당사자 간의 약정이 없더라도 법률의 규정에 의하여 당연히 성립되는 권리(법정담보물권)로 구분된다.

TIP ▸ 담보물권의 종류

약정담보물권	질권	채권의 담보로서 채무자 또는 제3자로부터 인도받은 물건을 점유하고 있다가 채무 불이행 시에 그 물건을 현금화하여, 다른 채권자에 우선하여 변제받는 것을 내용으로 하는 담보물권
	저당권	채무자 또는 제3자가 채무의 담보로 제공한 부동산 기타의 목적물을, 채권자가 직접 점유함이 없이 그 교환가치만을 관념상으로 지배하고 있다가, 채무불이행 시 현금화하여 다른 채권자보다 우선 변제받는 것을 내용으로 하는 담보물권
	전세권	전세금을 지급하고서, 타인의 부동산을 그 용도에 따라 사용·수익하다가, 전세권이 소멸한 후 전세금의 반환이 없으면 목적부동산을 현금화하여, 다른 채권자보다 우선 변제받는 것을 내용으로 하는 용익물권 겸 담보물권
	동산담보권	채무자 또는 제3자가 채무의 담보로 제공한 동산(여러 개의 채권 또는 장래에 발행할 채권을 포함한다)을 대상으로 채권자 앞으로 동산담보등기부에 담보등기를 하였다가 채무불이행 시 현금화하여 담보권자가 다른 채권자보다 우선변제 받는 것을 내용으로 하는 담보물권
	채권담보권	채무자 또는 제3자가 채무의 담보로 제공한 지명채권(여러개의 동산 또는 장래에 취득할 동산을 포함한다)을 대상으로 채권자 앞으로 채권담보등기부에 담보 등기를 하였다가 채무불이행 시 현금화하여 담보권자가 다른 채권자보다 우선변제 받는 것을 내용으로 하는 담보물권
법정담보물권	유치권, 법정질권, 법정저당권, 조세 기타 공과금의 우선특권, 주택임차인의 최우선변제권과 순차적우선변제권 등	

ⓛ 소유권이전의 법리에 의한 것

가등기담보	채권담보를 목적으로 채권자에게 채무자 또는 제3자에 속하는 물건의 소유권 또는 기타 재산권의 이전청구권보전을 위한 가등기를 한 후, 채무를 변제하면 가등기를 말소하고 변제하지 않으면 청산절차를 취하여 본등기를 하거나 또는 목적물을 경매하여 그 매각대금으로부터 우선변제를 받게 하는 것을 내용으로 하는 담보형식
양도담보	채권담보를 목적으로 채권자에게 채무자 또는 제3자에 속하는 물건의 소유권 또는 기타 재산권을 이전시킨 후, 채무를 변제하면 이전 받은 소유권 또는 기타 재산권을 반환하여 다시 그 채무자 또는 제3자에게 복귀 시키고, 변제하지 않으면 일정한 청산절차를 거쳐 그 반환의무를 면하게 하는 것을 내용으로 하는 담보형식
소유권유보	물건의 매도인이 매매대금채권의 담보를 위하여 매매목적물의 점유는 매매대금의 완납 전에 매수인에게 이전시켜 사용·수익하도록 하는 반면, 매매목적물의 소유권은 매매대금의 완납 시까지 매도인에게 유보시켜 두었다가 매매대금의 완납과 함께 매수인에게 자동 이전하는 것으로 하되, 매매대금의 지급을 게을리 하면 매수인으로부터 소유권에 기하여 점유를 회복한 후 그 잔존가치를 평가하여 청산토록 하는 담보형식

1 인적담보의 종류

보증	주된 채무자가 그의 채무를 이행하지 않는 경우에 이를 이행해야 하는 채무
연대채무	여러 명의 채무자가 채무 전부를 각자 이행할 의무가 있고, 채무자 1인의 이행으로 다른 채무자도 그 의무를 면하게 되는 채무
의사표시에 의한 불가분채무	각 채무자가 안분하여 이행하여야 하는 채무를 당사자간의 합의로 각 채무자가 불가분적으로 전부 이행하기로 하여 그 중 1인이 이행하면 다른 채무자도 그 의무를 면하게 되는 채무
중첩적채무인수	제3자가 기존의 채무관계에 가입해서 기존의 채무자와 함께 새로이 동일한 내용의 채무를 부담하기로 하는 계약

2 보증의 의의와 종류

(1) 보증의 의의

① 보증이란 주된 채무자가 그의 채무를 이행하지 않는 경우에 이를 이행해야 하는 채무를 말한다.

② 보증채무는 주채무에 부종하는 성질을 가진다. 즉, 주채무가 그 성립원인의 무효로 처음부터 존재하지 않으면 보증계약도 처음부터 무효가 되고, 주채무가 취소되어 소급하여 존재하지 않게 되면 보증계약도 소급하여 무효로 된다.

(2) 보증의 종류

① 보증은 보통보증·연대보증·공동보증으로 구분된다.

보통보증	보증의 가장 기본적인 유형으로, 채권자의 보증채무 이행청구에 보증인의 최고의 항변권과 검색의 항변권을 행사할 수 있다.
연대보증	보증인이 주채무자와 연대하여 채무를 부담하는 것으로, 채권자의 보증채무 이행청구에 대하여 보증인이 최고의 항변권과 검색의 항변권을 행사할 수 없다.
공동보증	동일한 주채무에 대하여 여러 사람이 보증채무를 부담하는 것으로, 공동보증인 사이에 분별의 이익이 있는지 여부에 따라 다시 보통공동보증과 연대공동보증으로 구분된다.

> TIP ▶ 최고의 항변권과 검색의 항변권
>
> • 최고의 항변권 : 채권자가 보증인에게 보증채무의 이행을 청구할 때에, 보증인이 주채무자가 변제 자력이 있다는 사실 및 그 집행이 용이 하다는 것을 증명하여, 먼저 주채무자에게 청구할 것을 항변할 수 있는 권리
> • 검색의 항변권 : 채권자가 주채무자에게 채무의 이행을 최고한 후에 보증인에게 이행 청구한 경우에, 보증인이 다시 주채무자에게 변제 자력이 있다는 사실과 그 집행이 용이함을 증명하여, 먼저 주채무자의 재산에 대하여 집행할 것을 항변할 수 있는 권리

② 보증은 특정채무보증과 근보증으로 구분된다.

특정채무보증	채권자와 채무자 사이의 특정채무를 주채무로 하는 보증
근보증	채권자와 채무자 사이의 계속적인 거래관계로부터 발생하는 현재 및 장래의 불특정채무를 주채무로 하는 보증

③ 근보증은 근보증 계약의 당사자가 피보증채무의 범위를 어떻게 정하는가에 따라 다시 특정근보증과 한정근보증 및 포괄근보증으로 구분된다.

특정근보증	근보증 계약을 체결하기 전에 이미 체결되어 있는 특정한 계속적 거래계약과 관련하여 채권자와 주채무자 사이에 일정한 기간 동안 발생하는 채무를 일정한 한도액 범위에서 보증하는 경우
한정근보증	근보증 계약을 체결하기 전에 이미 맺어져 있는 것은 물론이고 근보증 계약을 체결한 후에 새로이 맺어지게 되는 것까지를 포함하는 한 종류의 거래로서 채권자와 주채무자 사이에 일정한 기간동안 발생하는 채무를 일정한 한도액 범위에서 보증하는 경우
포괄근보증	근보증 계약을 체결하기 전에 이미 맺어져 있는 것은 물론이고 근보증 계약을 체결한 후에 새로이 맺어지게 되는 것까지를 포함하는 여러 종류의 거래계약과 관련하여 채권자와 주채무자 사이에 일정한 기간동안 발생하는 채무를 일정한 한도액 범위에서 보증하는 경우

❸ 보증인 보호와 보증에 대한 규제

(1) 은행에 대한 보증의 제한

① 은행법의 적용을 받는 은행의 경우는 소비자를 대상으로 하는 여신공여에 있어서 개인을 보증인으로 세우지 않는다.

② 은행법의 적용을 받는 은행의 경우는 기업을 대상으로 하는 여신공여에 있어서도 은행법과 금융감독원의 행정지도 등에 의하여 원칙적으로 개인을 보증인으로 요구할 수 없다.

> **참고**
>
> 법인사업자를 대상으로 하는 여신공여에 있어서 할 수 없는 행위
> - 여신거래와 관련하여 차주 또는 제3자로부터 보증을 취득할 경우 포괄근보증을 요구하는 행위
> - 여신거래와 관련하여 제3자인 담보제공자에게 연대보증을 요구하는 행위. 다만 제3자가 해당 은행에 예치되어 있는 예금·적금 또는 금전신탁 수익권을 담보로 제공하고, 연대보증의 책임을 담보제공 범위내로 제한하는 경우는 제외한다.
> - 통상적인 대출담보비율을 초과하여 담보와 계열회사의 채무보증을 이중으로 요구하거나 계열회사의 중복채무보증을 요구하는 행위
> - 여신거래처 고용임원에 대하여 연대입보를 요구하는 행위. 따라서 이 경우 실제경영자에 대하여는 연대입보를 요구할 수 있으나 공동대표자 등 실제경영자가 2인 이상인 경우에는 연대보증 총액을 개인별로 분담(1/n)토록 하여야 한다.
> - 신용보증기금의 신용보증서 등 공신력 있는 금융기관의 지급보증서를 담보로 하는 여신에 대하여 연대보증인의 보증을 요구하는 행위

(2) 보증인의 보호

① 민법에서 보증인 보호를 위한 특별규정
  ㉠ 보증계약이나 보증인에게 불리한 보증의 변경계약을 보증인의 의사가 기명날인 또는 서명이 있는 서면으로 표시되어야 그 효력이 발생한다는 규정
  ㉡ 근보증의 경우 보증하는 채무의 최고액을 서면으로 특정하여야 그 효력이 발생한다는 규정
  ㉢ 채권자로 하여금 보증계약을 체결하거나 갱신하는 경우 보증인의 의사결정에 영향을 미칠 수 있는 주채무자의 채무 관련 신용정보를 보증인에게 알려야 하고 또한 보증계약체결 후 주채무자의 신용악화 등 일정한 사실을 알리도록 하는 규정

② 보증인 보호를 위한 특별법에서 보증인 보호를 위한 특별규정

    ⊙ 특정채무보증의 경우에도 보증계약 시 또는 보증기간 갱신 시 보증채무의 최고액을 서면으로 특정하도록 하는 규정

    ⓒ 보증기간의 약정이 없는 보증계약 체결이나 보증계약 시의 간주 보증기간과 보증인에 대한 고지의무에 관한 규정

    ⓒ 보증인의 승낙 없이 채무자에 대하여 변제기를 연장하여 준 경우에는 이를 보증인에게 알려야 하는 규정

4 보증의 효력

(1) 채권자의 보증채무이행 청구권

① 특정채무보증의 경우

주채무자가 변제기에 채무를 완제하여 주채무를 소멸시키면 보증채무도 소멸하게 된다. 그러나 만일 주채무자가 변제기에 채무를 변제하지 않으면, 채권자는 보증인에게 보증채무의 이행을 청구할 수 있다. 이 경우 보통보증인은 채권자에게 최고의 항변권과 검색의 항변권을 행사할 수 있으나, 연대보증인은 행사할 수 없다.

② 근보증의 경우

채권자는 피보증채무의 확정 시에 근보증 거래기간 중 근보증계약으로 미리 정하고 있는 채권자와 주채무자 사이의 거래계약으로부터 발생한 주채무를 근보증 한도액의 범위에서 보증인에게 변제할 것을 청구할 수 있다.

> **참고**
>
> 피보증채무의 확정이란 근보증인이 변제할 의무를 부담하는 주채무의 원본(원금)이 증감변동하는 것을 멈추고 그 합계액으로 확정되는 것을 말한다.

(2) 보증인의 권리

① 부종성에 기한 항변권

    ⊙ 보증채무의 부종성에 기하여 보증인은 주채무자가 채권자에 대하여 가지는 항변권을 원용하여 채권자에게 대항할 수 있다.

    ⓒ 주채무자의 항변의 포기는 연대보증인에게는 효력이 없다. 또한 보증인은 주채무자의 채권에 의한 상계로 채권자에게 대항할 수 있으며, 주채무자가 채권자에 대하여 취소권 또는 해제권이나 해지권이 있는 동안은 보증인은 채권자에 대하여 채무의 이행을 거절할 수 있다.

② 보충성에 기한 항변권

최고·검색의 항변권을 의미하며, 이는 보통보증에 있어서의 보증인에 대해서만 인정되고 연대보증의 경우에는 인정되지 않는다.

③ 보증인의 구상권

보증인의 변제 등으로 주채무자가 채무를 면하게 된 경우에 보증인은 주채무자에 대하여 구상할 수 있는 권리를 가진다.

④ 보증인의 대위권

보증인은 변제할 정당한 이익이 있는 자로서 그 구상권의 범위 내에서 채권자가 가지고 있었던 채권 및 담보에 관한 권리를 당연히 대위하여 행사할 수 있고, 채권자는 이 대위변제 전에는 담보를 보존할 의무를 그리고 대위변제 후에는 대위에의 협력의무를 부담한다.

⑤ 보증채무의 이행청구를 받은 보증인의 대응방안

㉠ 민법과 보증인보호법에서 규정하고 있는 보증인보호에 관한 규정에 위배되거나 은행법 등에 의한 은행에 대한 보증의 제한에 위배되는 보증계약 체결 여부를 확인하여 그에 따른 보증인의 권리를 주장할 수 있다.

㉡ 주채무를 발생시키는 계약이 성립되지 않거나 무효이면 보증계약도 성립되지 않거나 무효가 되고, 주채무자가 주채무의 이행에 관하여 채권자에 대하여 항변권이 있으면 보증인도 그 항변권을 행사할 수 있으므로 그와 같은 항변권의 존부를 확인하여 그에 따른 권리를 주장할 수 있다.

㉢ 은행 등과 같이 보증계약 시 주채무의 상환기일 연장 시 보증인의 동의를 받아야 할 것으로 특약이 되어 있는 경우 보증인의 동의 없이 주채무의 상환기일을 연장하면 보증채무가 소멸하게 되므로 그와 같은 특약에 따른 보증인의 권리를 주장할 수 있다.

㉣ 주채무에 관하여 채권자가 주채무자로부터 저당권 등의 물적담보권을 가지고 있는 때에는 먼저 그 담보권을 실행하여 채권의 변제를 받도록 청구하고, 담보권실행전에 보증 채무를 이행한 때에는 변제자대위권(민 480, 481)에 의하여 그 담보권을 이전받게 된다.

㉤ 주채무에 관하여 다른 보증인이 있거나 물상보증인 또는 제3취득자(주채무자의 재산에 담보권이 설정된 후 담보목적물의 소유권이 제3자에게 이전된 때 그 제3자 말한다) 가 있는 경우에는 보증 채무의 이행 후 이들을 상대로 구상권(민 439, 408)과 변제자대위권(민 481, 482)을 행사할 수 있다.

㉥ 대위변제 전에 채권자의 고의나 과실로 담보가 상실되거나 감소된 때에는 보증인은 그 상실 또는 감소로 말미암아 상환을 받을 수 없게 된 한도에서 보증책임을 면하고(민 485), 대위변제 후에 채권자가 보증인이 대위한 권리를 행사할 수 있도록 협력할 의무(민 484)를 위반한 때에는 보증인은 그로 인한 손해의 배상을 채권자에게 청구할 수 있다(민 750).

㉦ 보증인은 주채무자에 대한 관계에 있어서는 타인의 채무를 변제하는 것이므로 주 채무자에 대하여 사후구상권(민 441②, 425②) 또는 사전구상권(민 442)을 행사할 수 있다.

03 물적담보

1 부동산담보

(1) 대상목적물

부동산담보의 대상목적물은 그 특성에 따라 크게 부동산 자체, 부동산의 공유지분, 부동산상의 권리, 부동산과 동산 등의 복합체, 특수한 물권으로 분류하여 볼 수 있다.

① 부동산 자체는 토지와 토지의 정착물로 구분하여 볼 수 있고 토지의 정착물은 다시 건물과 입목 등으로 구분된다.

② 부동산의 공유지분은 토지나 건물 등 부동산 자체를 수인이 공동으로 소유하는 경우 공동 소유자 중의 1인이 대상 부동산에 대하여 가지는 권리를 말한다.

③ 부동산상의 권리 중 담보의 대상목적물이 되는 것은 지상권과 전세권에 한한다.

④ 부동산과 동산 등의 복합체는 기업경영에 필요한 토지·건물과 생산설비인 기계·기구 등의 동산 및 지상권·임차권·산업재산권 등의 권리를 포함하여 하나의 통일적인 재단을 구성 한 것을 말한다.

⑤ 특수한 물권은 광물·도로·바다·하천·댐 등을 대상으로 특별법에 의하여 인정되어 있는 물권을 말한다.

(2) 설정할 담보권(저당권·가등기담보권·양도담보권)

부동산을 대상으로 설정할 담보권은 저당권과 가등기담보권 및 양도담보권이 있으나 저당권을 설정하는 것이 보통이다.

① 저당권

ⓐ 저당권은 채무자 또는 제3자가 채무의 담보로 제공한 부동산 기타의 목적물을 담보제공자의 사용·수익에 맡겨 두면서, 채무의 변제가 없을 때에는 그 물건의 가액으로부터 우선 변제를 받는 것을 목적으로 하는 담보물권을 말한다.

ⓑ 저당권은 민법이 인정하는 전형담보로 담보권자와 담보제공자의 이해관계를 가장 잘 조절해 놓았다는 점에서 가장 합리적인 담보제도이나, 채권자의 입장에서 양도담보권이나 가등기담보권의 경우보다, 채권담보의 효력이 다소 떨어진다는 단점이 있다.

② 가등기담보권

ⓐ 가등기담보란 대물변제의 예약이나 매매의 예약을 원인으로 한 소유권이전청구권보전의 가등기를 이용한 담보제도를 말한다.

ⓑ 가등기담보권은 담보권설정에 따른 비용을 많이 들이지 않고서도 양도담보와 비슷한 효과를 가져올 수 있는 장점이 있는 반면, 등기부상의 기재만으로는 그 가등기가 담보를 위한 가등기인지 아니면 진정한 소유권이전청구권보전을 위한 가등기인지의 여부를 알 수 없는 단점이 있다.

③ 양도담보권

　　㉠ 양도담보란 채권담보를 목적으로 채권자에게 목적물의 소유권을 이전하여, 채무자가 채무를 이행하지 않으면 그 소유권을 채권자에게 확정적으로 귀속시키고, 채무를 이행하면 그 소유권을 다시 채무자에게 돌려주는 형식의 담보제도를 말한다.

　　㉡ 양도담보권은 등기부상의 소유명의를 채권자 앞으로 이전시켜 두기 때문에, 채권담보의 효력을 강화시킬 수 있는 장점이 있는 반면에 소유권 이전등기에 따른 취득세 등의 비용이 많이 드는 단점이 있다.

(3) 저당권의 유형

① 보통저당권과 근저당권

　　저당권은 채무자에 대한 현재 및 장래의 특정한 채권을 담보하는 보통저당권과 일정한 거래관계로부터 발생하는 유동·교체될 수 있는 다수의 채권을 일정한 한도액까지 담보하는 근저당권으로 구분된다.

② 특정근저당권·한정근저당권·포괄근저당권

　　근저당권은 피담보채무의 범위를 어떻게 정하고 있는지에 따라 특정근저당권과 한정근저당권 및 포괄근저당권으로 구분된다.

> **참고**
>
> 현재 거래에서 관용되고 있는 각종 근저당권설정계약서상의 유형
> ㉠ 근저당권설정계약 시 채권자와 채무자 사이에 이미 체결되어 있는 특정의 거래계약에 기하여 채무자가 채권자에 대하여 현재 및 장래에 부담하는 모든 채무로 하는 경우
> ㉡ 근저당권설정계약 시 채권자와 채무자 사이에 이미 계약이 체결되어 있는 거래인지의 여하에 관계없이 특정한 거래의 종류를 한정적으로 열거하여, 그 거래에 기하여 채무자가 채권자에 대하여 현재 및 장래에 부담하는 모든 채무로 하는 경우
> ㉢ 근저당권설정계약 시 채권자와 채무자 사이에 이미 계약이 체결되어 있는 거래인지의 여하에 관계없이 특정한 종류의 거래를 예시적으로 열거하고 다시 이들을 포괄하는 거래의 종류를 한정적으로 정하여, 그 포괄적인 거래에 속하는 여러 거래에 기하여 채무자가 채권자에 대하여 현재 및 장래에 부담하는 모든 채무로 하는 경우
> ㉣ 채권자와 채무자 사이에 특정한 종류의 거래를 한정하거나 예시함이 없이 채무자가 채권자에게 현재 및 장래에 부담하는 모든 채무로 하는 경우

　　• ㉠ : 특정근저당권
　　• ㉡ : 한정근저당권
　　• ㉢ : 제한적 포괄근저당권
　　• ㉣ : 무제한 포괄근저당권
　　⇒ 현실의 금융거래에 있어서는 ㉠, ㉡, ㉢의 유형에 해당하는 근저당권을 설정하고, ㉣의 유형에 해당하는 근저당권은 설정하지 않고 있다.

③ 단독저당권과 공동저당권

　　하나의 목적물을 대상으로 설정하는 저당권을 단독저당권이라 하고, 2개 이상의 목적물을 대상으로 설정하는 저당권을 공동저당권이라고 한다.

④ 포괄근저당권설정의 금지

　　포괄근저당권은 담보채권의 범위가 광범위하다는 점에서 은행법의 적용을 받는 은행의 경우는 원칙적으로 그 설정이 금지되어 있다.

(4) 저당권의 설정

저당권은 설정당사자가 저당권설정계약을 체결하고 관할등기소에 저당권설정등기를 신청하여 저당권설정등기를 하는 방법으로 설정한다.

(5) 저당권의 효력이 미치는 범위

① 저당권에 의하여 담보되는 채권의 범위
  ㉠ 보통저당권은 설정당사자가 정한 특정한 채권의 원본과 부수채권인 이자, 위약금, 연체이자 및 저당권의 실행비용을 담보한다. 다만 연체이자는 설정자 겸 채무자를 제외한 이해관계인에 대한 관계에서 원본의 이행기일을 경과한 후의 1년분에 한하여 담보한다.
  ㉡ 근저당권은 피담보채권의 확정 전에 근저당권설정계약에서 미리 정하고 있는 채권자와 채무자 사이의 거래계약으로부터 발생한 원본과 부수채권을 채권최고액의 범위에서 담보한다.
   • 채권최고액의 범위에서 담보하는 것은 물상보증인이나 다른 채권자 등의 이해관계인에 대해서이고, 설정자 겸 채무자에 대하여는 채권최고액을 넘는 금액도 담보한다.
   • 채권최고액을 넘지 않은 이상 1년분을 초과하는 연체이자라도 모두 담보하고, 저당권의 실행비용은 채권최고액의 범위와 관계없이 담보한다.

② 저당권의 효력이 미치는 목적물의 범위
  ㉠ 부합물
   • 저당권의 효력은 저당부동산에 부합된 물건에 미친다.
   • 부합물이라 하더라도 타인이 그 권원에 의하여 부속시킨 것에는 저당권의 효력이 미치지 아니한다.
     〔예〕 저당부동산의 지상권자나 전세권자 또는 임차인이 저당토지에 식재한 수목 또는 저당 건물에 축조한 부속건물이나 증축건물 기타 부속시킨 물건 등은 이들 부동산용익권자의 소유에 속하고, 저당부동산의 소유권에 흡수되지 아니하므로, 이에 저당권의 효력이 미치지 아니한다.
   • 그러나 타인이 그 권원에 의하여 부속시킨 것이라 하더라도 부속된 물건이 사실상 분리 복구가 불가능하여 거래상 독립한 권리의 객체성을 상실하고 부동산과 일체를 이루게 된 경우에는 부속된 물건에도 저당권의 효력이 미친다.
     〔예〕 사회관념상 토지로부터 독립성을 전혀 가지지 못하는 정원수·정원석 등과 건물로부터 독립성을 가지지 못하는 창틀·베란다 샷시·싱크대 등이 이에 해당한다.
   • 저당권설정당사자는 설정계약에 의하여 저당권의 효력이 부합물에 미치지 않게 할 수 있다. 다만 이 약정은 등기하여야 제3자에게 대항할 수 있다.
  ㉡ 종 물
    저당권의 효력은 저당부동산의 종물*에도 미친다.
    * **주물인 저당부동산의 상용에 이바지하고 있는 물건**
  ㉢ 과 실
    과실**에는 저당권의 효력이 미치지 않는 것이 원칙이다.
    ** **물건으로부터 생기는 경제적인 수익**
  ㉣ 분리·반출된 부합물·종물
   • 정당한 부동산이용에 따라 분리·반출된 부합물·종물에 대한 저당권은 당연히 소멸한다.
   • 정당한 부동산의 이용과 관계없이 부합물이나 종물이 부당하게 분리·반출되는 때에는 저당권자는 이를 막을 수 있지만 일단 분리·반출되어 버린 때에는 그 부합물이나 종물에 대한 저당권의 효력은 소멸하게 된다.

ⓜ 가치대표물
- 저당권은 원래의 목적물뿐만 아니라 그 가치대표물에도 효력이 미친다.

  TIP 물상대위 : 저당권자가 저당목적물의 가치대표물에 저당권을 행사하는 것

- 저당권자는 저당목적물의 멸실·훼손 또는 공용징수로 인하여 저당권설정자가 받을 보험금, 손해배상금, 토지수용보상금 등에 대하여도 그 지급·인도전에 압류함으로써 저당권을 행사할 수 있지만 그 목적물의 매각대금, 차임에는 행사할 수 없다.

③ 저당권자의 권리

㉠ 임의경매청구권

저당권자는 그 저당권에 의하여 담보되는 피담보채무의 이행이 없으면, 민사집행법이 정하는 절차에 따라 저당목적물의 소재지를 관할하는 지방법원에, 당해 저당목적물에 임의경매 절차를 취하여 그 매각대금으로 자신의 채권을 변제하여 줄 것을 신청할 수 있다.

㉡ 우선변제권

- 저당권자는 저당목적물의 매각대금으로부터 자신의 채권을 우선적으로 변제받을 수 있는 권리가 있다.
- 다른 우선변제청구권자들과의 변제순위에 관하여는 그 우선변제권을 규정하고 있는 법률의 규정과 그 해석에 의하여 정하는 수밖에 없다.

※ 저당목적물의 매각대금으로 저당권자보다 우선배당을 받게 되는 채권

- 경매 부동산에 저당권자보다 선순위로 등기되어 있는 다른 저당권자의 담보채권
- 전세권자의 전세금반환채권
- 가등기담보권자의 담보채권
- 등기한 주택임차인이나 상가건물임차인의 보증금반환채권

※ 경매 부동산에 등기가 되어 있지 않으면서도 저당권자보다 우선 배당을 받게 되는 채권

- 조세징수권자의 당해세
- 법정기일이 저당권 설정등기일 이전인 국세와 지방세
- 근로자의 최우선변제권 있는 임금채권
- 최우선변제권 있는 주택임차인이나 상가건물임차인의 소액보증금 중 일정액
- 대항력구비일자와 임대차계약서상 확정일자 중 늦은 일자가 저당권설정등기일 전인 주택임차인과 상가건물임차인의 보증금
- 납부기한이 저당권설정등기일 이전인 국민건강보험료·국민연금보험료·산업재해보상보험료·고용보험료

㉢ 배당참가권

- 저당목적물에 대하여 이미 다른 채권자의 신청에 의한 경매절차가 진행 중인 때에는 저당권설정등기일이 경매개시결정 이전이면 별도의 배당요구를 하지 않더라도 채권최고액 만큼 당연히 배당 요구한 것으로 취급되어 그 경매절차에서의 매각대금으로부터 배당참가 하게된다.
- 경매개시결정 후이면 첫 매각기일 이전으로 법원이 정한 배당요구의 종기까지 배당 요구를 함으로써 그 경매절차에서의 매각대금으로부터 배당 참가하여 자신의 채권을 변제 받을 수 있다.

2 유체동산담보

(1) 대상목적물

부동산 이외의 물건인 동산 중 다음의 것을 제외한 동산으로 한정한다.

- 등기할 수 있는 선박, 등록자동차, 등록건설기계, 등록소형선박 및 등록항공기
- 전기 기타 관리할 수 있는 자연력
- 유가증권
- 금전* * 단, 외국통화는 제외
- 양도 불가능한 물건
- 압류가 금지되어 있는 물건

(2) 설정할 담보권

① 질권·양도담보권·동산담보권

질 권	채권자가 그의 채권의 담보로서 채무자 또는 제3자(물상보증인)로부터 인도받은 유체동산을 채무의 변제가 있을 때까지 유치함으로써, 채무의 변제를 간접적으로 강제하는 동시에, 변제가 없는 때에는 그 유체동산으로부터 우선적으로 변제받는 권리
양도담보권	• 채권자가 채권담보의 목적으로 채무자 또는 제3자로부터 특정한 유체동산의 소유권을 이전받고, 채무불이행 시에는 그 유체동산으로부터 채권의 변제를 받을 수 있는 담보 • 채권담보의 목적으로, 민법상 규정되어 있는 제한물권인 저당권이나 질권을 설정하지 않고, 소유권 자체를 이전시킨다는 특징이 있음
동산담보권	채무자 또는 제3자가 채무의 담보로 제공한 동산(여러 개의 유체동산 또는 장래에 취득할 유체동산을 포함한다)을 대상으로 채권자 앞으로 동산담보등기부에 담보 등기를 하였다가 채무불이행 시 현금화하여 담보권자가 다른 채권자보다 우선변제받는 것을 내용으로 하는 담보물권

② 특정채무담보권과 근담보권

특정채무담보권	채권자가 채무자에 대하여 현재 취득하고 있거나 장래 취득하게 될 특정한 채권을 담보하려는 질권·양도담보권·동산담보권
근담보권	• 채권자와 채무자 사이에 일정한 거래관계로부터 발생하는 유동·교체될 수 있는 다수의 채권을 일정한 한도액까지 담보하려는 질권·양도담보권·동산담보권 • 근담보권은 다시 특정근담보권과 한정근담보권 및 포괄근담보권으로 구분됨 　**TIP**　은행의 경우 포괄근담보권의 설정이 원칙적으로 금지

(3) 질 권

① 질권의 설정

　㉠ 질권설정계약을 체결하고 질권자가 질권설정자로부터 질물(質物)의 인도를 받는 방법으로 설정한다.

　㉡ 질물의 인도방식으로는 현실의 인도, 간이인도, 목적물반환청구권의 양도 및 점유개정의 4가지 방식이 있으나, 동산질권설정의 요건으로서의 인도에는 점유개정에 의한 인도방식은 금지되어 있다.

② 질권의 효력이 미치는 범위

　　㉠ 질권에 의하여 담보되는 채권의 범위는 연체이자가 원본의 이행기일을 경과한 후의 1년분에 한정되지 아니하고 모두 담보되는 점을 제외하고는 저당권의 경우와 같다.

　　㉡ 유체동산질권의 효력은 설정계약에서 다른 약정을 하지 않는 한 질권자에게 인도된 종물에도 미치며, 질권자는 질물에서 생기는 천연과실을 수취하여 다른 채권보다 먼저 자기의 채권의 변제에 충당할 수 있다.

　　㉢ 질권자는 질권설정자의 승낙이 있으면 질물을 사용하거나 임대할 수 있는데, 이 경우 사용이나 임대로 인한 수익(소위 법정과실)은 천연과실에 준하는 것으로 본다.

③ 질권자의 권리

　　㉠ 질권실행의 원칙적인 방법은 경매이나, 그 밖에 간이변제충당의 방법과 유질계약에 의한 실행의 방법이 있다.

간이변제충당의 방법	질권자가 법원의 허가를 받아 감정인의 평가에 의하여 질물로 직접변제에 충당하는 방법
유질계약의 방법	질권자에게 채무의 변제에 갈음하여 질물의 소유권을 취득하게 하거나, 법률에 정한 방법에 의하지 아니하고 질물을 처분하게 하는 방법

　　㉡ 질물에 대하여 제3자의 강제집행신청으로 집행관이 질물을 압류하려고 하는 경우 질권자는 질권의 유치적 효력에 기하여 집행관에 대한 질물의 인도를 거절할 수 있다.

　　㉢ 질권자는 자기보다 우선권이 있는 채권자에 대해서는 유치적 효력을 가지고 대항하지 못한다.

　　㉣ 질권자는 질물의 매각대금으로부터 자신의 채권을 우선적으로 변제받을 수 있는 권리가 있다.

(4) 양도담보권

① 양도담보권의 설정

　　㉠ 양도담보설정계약을 체결하고 양도담보설정자가 대상목적물을 양도담보권자에게 인도하여 소유권을 이전하는 방법으로 설정한다.

　　㉡ 담보목적물의 인도는 점유개정에 의한 인도도 무방하므로 양도담보설정자의 계속 점유가 필요한 기계・기구 등을 대상으로 하는 담보권은 양도담보권이 주로 이용되고 있다.

② 양도담보권의 효력이 미치는 범위

　　㉠ 양도담보권도 그 형식은 소유권이전이나 소유권이전의 목적이 채권담보라는 점에서 그 실질은 질권의 경우와 같다.

　　㉡ 설정계약에서 달리 정한 바가 없는 한 양도담보권은 양도담보물에 부합된 물건과 종물에도 미친다.

　　㉢ 양도담보물이 멸실・훼손된 경우에는 그 대위물에 대하여 양도담보의 효력이 미치게 된다.

③ 양도담보권자의 권리

　　㉠ 양도담보권의 실행

　　　• 양도담보권의 실행은 양도담보권자가 이를 적절한 방법으로 매각 또는 평가해서 피담보채권의 변제에 충당하는 방법으로 한다.

- 양도담보물을 설정자가 점유하고 있는 상태에서 매각청산 또는 처분청산*에 의한 양도담보권의 실행을 하는 것은 그 매수인에 대한 양도담보물의 인도가 용이하지 않아, 양도담보권의 실행에 앞서 양도담보권자가 설정자로부터 양도담보물의 인도를 받아둘 필요가 있다.
  * 매각해서 피담보채권의 변제에 충당하는 것
- 양도담보권자는 양도담보물의 소재지를 관할하는 집행법원 소속 집행관에게 경매를 신청하여 양도담보권을 실행할 수도 있다.

ⓛ 양도담보물에 대한 제3자의 강제집행
- 양도담보물에 대한 제3자의 강제집행 시 양도담보권자는 제3자 이의의 소에 의하여 강제집행의 배제를 구하는 것과 배당절차에 참가하여 우선배당을 받는 것 중 선택할 수 있다.
- 양도담보물에 대한 제3자의 강제집행이 종료된 경우 양도담보권자는 그 매수인이 담보물을 선의취득한 때에는 배당받은 채권자에게 배당금의 부당이득반환청구를 하는 방법으로, 선의취득을 하지 못한 때에는 매수인에게 담보물의 반환청구를 하는 방법으로 구제받을 수 있다.

ⓒ 양도담보권의 담보적 효력
- 양도담보권은 소유권이전 형식의 담보로서 채무자의 채무불이행 시 처분청산이나 취득청산과 같은 양도담보권자의 임의처분에 의한 담보권실행이 가능하다.
- 양도담보물에 대하여는 설정자의 다른 채권자가 강제집행을 할 수 없고 나아가 양도담보권의 실행 시 양도담보물의 가액으로부터 배당참가를 할 수 없다는 점에서 질권이나 동산담보권보다 담보적 효력이 강하다.
- ※ 설정자의 다른 채권자가 강제집행을 할 수 있는 경우

> 조세징수기관이 설정자의 체납조세로써
> ❶ 체납조세의 법정기일이 양도담보권설정일 이전이고
> ❷ 설정자의 다른 재산에 체납처분을 집행하여도 징수할 금액이 부족한 경우에
> ❸ 양도담보권자에게 제2차적인 물적납세의무를 고지하고 그 납부가 없을 경우에 한하여 양도담보물의 매각대금으로부터 체납조세를 징수할 수 있다.

(5) 동산담보권

① 동산담보권의 설정
- ㉠ 유체동산을 대상으로 하는 동산담보권은 담보권설정자와 담보권자가 담보약정을 체결하고 동산담보등기부에 담보등기를 하는 방법으로 설정한다. 동산담보권의 경우는 담보권설정의 공시방법으로 담보목적물의 인도*가 아닌 등기를 요한다.
  * 질권이나 양도담보권의 경우의 담보권 설정의 공시방법
- ㉡ 담보등기는 법률에 다른 규정이 없으면 등기권리자와 등기의무자가 공동으로 신청한다.
- ㉢ 동산담보등기부는 담보권설정자를 기준으로 작성하는 인적편성주의를 취하고 있으며, 인적편성주의에 따라 동산담보등기부를 편성할 수 있는 자는 법인과 상호등기를 한 자로 한정된다.

② 동산담보권의 효력이 미치는 범위
- ㉠ 동산담보권도 동산·채권 등의 담보에 관한 법률에 의하여 인정된 제한 물권으로써 담보물권의 일종이라는 점에서 질권의 경우와 같다.
- ㉡ 동산담보권에 의하여 담보되는 목적물의 범위는 양도담보권에 있어서 설명한 바와 같다.

③ 동산담보권자의 권리

　ⓒ 동산담보권자는 자기의 채권을 변제받기 위하여 담보목적물의 경매를 청구할 수 있다.

　ⓛ 동산담보권의 사적실행을 위한 요건

> • 정당한 이유가 있어야 한다.
> • 담보목적물에 선순위권리자(담보등기부에 등기되어 있거나 담보권자가 알고 있는 경우로 한정한다)가 있는 경우에는 그의 동의를 받아야 한다.
> • 담보채권의 변제기 후에 동산담보권 실행의 방법을 채무자 등과 담보권자가 알고 있는 이해관계인에게 통지하고, 그 통지가 채무자 등과 담보권자가 알고 있는 이해관계인에게 도달한 날부터 1개월이 지나야 한다.

　ⓒ 담보권자와 담보권설정자는 동산·채권 등의 담보에 관한 법률에서 정한 실행절차와 다른 내용의 약정을 할 수 있으나, 그러한 사적 실행에 따른 통지가 없거나 통지 후 1개월이 지나지 아니한 경우에도 통지 없이 담보권자가 담보목적물을 처분하거나 직접 변제에 충당하기로 하는 약정은 그 효력이 없다.

　ⓔ 동산담보권자는 채무자 또는 제3자가 제공한 담보목적물에 대하여 다른 채권자보다 자기채권의 우선변제를 받을 권리가 있다.

　ⓜ 동산담보권을 설정할 수 있는 담보목적물에 대하여 질권 또는 양도담보권을 설정할 수 없는 것이 아니므로 동일한 담보목적물을 대상으로 동산담보권과 질권 또는 동산담보권과 양도담보권이 경합하여 설정될 수도 있다.

3 지명채권담보

(1) 대상목적물

① 채권의 종류

지명채권	특정인이 채권자가 되는 채권
지시채권	특정인 또는 그가 지시(또는 지명)하는 자가 채권자가 되는 채권
무기명채권	특정인이 채권자로 지정됨이 없이 증권의 소지인이 바로 채권자가 되는 채권

② 지시채권과 무기명채권은 이른바 증권적채권으로서 유가증권담보의 대상이 된다.

③ 지명채권담보의 대상이 되는 것은 물건의 인도를 목적으로 하는 채권과 금전의 지급을 목적으로 하는 채권으로 한정된다.

　　참고　지명채권 중 노무의 제공을 목적으로 하는 채권은 양도성이 없어 담보로 할 수 없다.

(2) 담보제공이 금지되는 지명채권

① 양도금지채권

　ⓒ 양도가 금지된 지명채권은 담보제공도 금지된다. 양도금지는 성질상의 양도금지와 특약에 의한 양도금지 및 법률상의 양도금지의 3가지 유형이 있다.

　ⓛ 성질상의 양도가 불가능한 경우는 채권자가 변경되면 채권의 동일성을 잃거나 또는 채권의 목적을 달성할 수 없게 된다.

ⓒ 특약에 의한 양도금지는 선의의 제3자에게 대항하지 못한다.

ⓔ 법률상의 압류금지채권은 압류금지의 취지가 채권자에 대한 사회정책적 배려인 것이면 양도도 금지되는 것으로 본다.

참고

채권담보 금지채권
- 약혼해제로 인한 위자료청구권
- 이혼으로 인한 위자료청구권
- 파양으로 인한 위자료청구권
- 부양청구권, 근로기준법에 의한 보상을 받을 권리
- 산업재해보상보험법에 의한 보험 급여를 받을 권리
- 국민건강보험법에 의한 보험급여를 받을 권리
- 국민기초생활보장법에 의한 수급자의 급여를 받을 권리
- 국가배상법에 의한 생명·신체의 침해로 인한 국가배상을 받을 권리
- 형사보상 및 명예회복에 의한 보상청구권과 보상금지급청구권
- 국민연금법 등 각종의 연금법에 의한 급여를 받을 권리
- 국가유공자 등 예우 및 지원에 관한 법률에 의하여 보훈급여금을 받을 권리
- 사회보장기본법에 의한 사회보장수급권
- 별정우체국법에 의한 급여를 받을 권리

---

② 압류금지채권

압류금지의 취지가 채권자에 대한 사회정책적인 배려에서 나온 것이라면 양도도 금지되는 것으로 보기 때문에 담보제공도 부정할 수밖에 없다.

참고

민사집행법에 의한 압류금지 사항
- 법령에 규정된 부양료 및 유족부조료
- 채무자가 구호사업이나 제3자의 도움으로 계속받는 수입
- 병사의 급료
- 급료·연금·봉급·상여금·퇴직연금, 그 밖에 이와 비슷한 성질을 가진 급여채권의 2분의 1에 해당하는 금액(그 금액이 국민기초생활보장법에 의한 최저생계비를 감안하여 대통령령이 정하는 금액에 미치지 못하는 경우 또는 표준적인 가구의 생계비를 감안하여 대통령령이 정하는 금액을 초과하는 경우에는 각각 대통령령이 정하는 금액으로 한다)
- 퇴직금 그 밖에 이와 비슷한 성질을 가진 급여채권의 2분의 1에 해당하는 금액
- 주택임대차보호법 제8조 같은 법 시행령의 규정에 따라 우선변제를 받을 수 있는 금액
- 생명, 상해, 질병, 사고 등을 원인으로 채무자가 지급받는 보장성 보험의 보험금(해약환급금 및 만기환급금을 포함한다)으로서 생계 유지, 치료 및 장애 회복에 소요될 것으로 예상되는 비용 등을 고려하여 대통령령으로 정하는 범위의 금액
- 채무자의 1월 간 생계유지에 필요한 예금(적금·부금·예탁금과 우편대체를 포함한다)으로서 국민기초생활보장법에 따른 최저생계비, 채무자등의 생활에 필요한 1월 간의 생계비에 해당하는 유체동산으로서의 금전 등을 고려하여 대통령령으로 정하는 범위의 금액이 이에 해당

---

(3) 설정할 담보권

① 담보권의 종류에 따라 양도담보권·질권·채권담보권으로 구분되고, 피담보채권의 내용에 따라 특정채무담보권과 근담보권으로 구분되며, 근담보권은 다시 특정근담보권·한정근담보권·포괄근담보권으로 구분된다.

② 은행의 경우는 포괄근담보권의 설정이 원칙적으로 금지되어 있다.

③ 질권자나 채권담보권자는 담보채권으로부터 일반채권자보다 자신의 채권을 우선적으로 변제받을 수 있는 권리가 있으며, 다른 우선변제청구권자들과의 변제순위에 관하여는 그 우선변제권을 규정하고 있는 법률의 규정과 그 해석에 의하여 정한다.

(4) 양도담보권

① 양도담보권의 설정

㉠ 채권양도계약과 설정자로부터 담보권자에게로의 채권증서인도 이외에 채무자와 제3자에 대한 대항요건으로서 설정자의 채무자에 대한 확정일자 있는 증서에 의한 양도사실통지 또는 확정일자 있는 증서에 의한 채무자의 채권양도승낙에 의하여 설정한다.

㉡ 지명채권을 대상으로 하여 양도담보권을 설정하려면 양도담보권자와 양도담보권설정자 사이의 채권양도계약이 필요하다. 양도담보권자가 채권담보의 목적으로 양도담보권설정자로부터 지명채권 자체를 신탁적으로 양도받는다는 점에 양도담보권설정의 특징이 있다.

㉢ 지명채권의 양도에 있어서의 채권증서의 인도는 점유개정의 방법에 의하여 하여도 무방하고 또한 양도담보권설정 후 채권증서를 일시적으로 반환하여 간접점유를 하더라도 양도담보권의 소멸을 초래하지 않는다.

㉣ 채무자에 대한 대항요건
- 채무자에 대한 대항요건은 채무자에 대한 채권양도의 통지* 또는 제3채무자의 채권양도의 승낙** 이다.
  - * 채권양도의 사실을 알리는 행위
  - ** 채권양도의 사실에 대한 인식을 표명하는 채무자의 행위
- 통지는 양도담보권설정자인 채권양도인이 채무자에 대하여 해야 한다. 즉 채권양도인만이 유효한 통지를 할 수 있고 양도담보권자인 채권양수인이 하는 통지는 효력이 없으며 또한 채권양수인이 채권양도인을 대위하여 통지하여도 효력이 없다.
- 채무자가 이의를 보류하지 않은 승낙을 한 때에는 채권양도인에게 대항할 수 있는 사유가 있더라도 그것을 가지고 채권양수인에게 대항하지 못하게 된다.

㉤ 채무자 이외의 제3자에 대한 대항요건
- 양도담보권자인 채권양수인이 채권양수의 효력을 채무자 이외의 제3자에게 대항하려면 통지 또는 승낙을 확정일자 있는 증서로 하여야 한다.
- 통지나 승낙을 확정일자 없는 증서로 한 경우에는 후에 그 증서에 확정일자를 받으면 그 일자로부터 대항력을 취득하게 된다.

② 양도담보권의 효력이 미치는 범위

㉠ 양도담보권에 의하여 담보되는 채권의 범위

특정채무담보를 위한 담보권에 있어서 저당권의 경우는 채무불이행으로 인한 손해배상 즉 지연배상에 대하여는 원본의 이행기일을 경과한 후의 1년분에 한정하여 담보되는 것으로 하며, 양도담보권의 경우는 이와 같은 제한을 두지 아니하고 전액 담보되는 것임에 양자의 차이가 있다.

ⓒ 양도담보권의 효력이 미치는 목적물의 범위

- 양도담보권에 의하여 담보되는 채권액이 양도담보의 대상이 되는 채권액보다 적은 때에도 양도
담보권의 효력은 양도담보의 대상이 되는 채권 전액에 미친다. 또한 양도담보의 효력은 양도담보
의 대상이 되는 채권의 이자에도 미친다. 다만 이미 발생되어 지급기일이 도래한 이자의 경우는
설정계약으로 포함시키지 않는 한 양도담보권의 효력이 미치지 않는다.
- 양도담보의 대상이 되는 채권에 보증인이 있는 때에는 그 보증채권에도 양도담보권의 효력이 미
친다. 이 경우 보증인에 대하여 별도로 채권양도의 대항요건을 구비할 필요가 없다. 그러나 양도
담보의 대상이 되는 채권에 저당권이 설정되어 있는 때에는 그 저당권에 당연히 양도담보권의
효력이 미치는 것은 아니고, 저당권의 이전등기를 하여야만 양도담보권의 효력이 저당권에 미치
게 된다.

③ 양도담보권자의 권리

ⓐ 지명채권을 대상으로 하는 양도담보권은 양도담보권자가 직접 담보채권을 추심하여 변제에 충당
할 수 있다.

ⓑ 그 밖에 양도담보권에 의하여 담보되는 채권은 변제기가 도래해 있으나 양도담보의 대상이 되는
지명채권은 아직 변제기가 도래하지 않은 경우에는 동산양도담보에 있어서와 마찬가지로 담보목
적물인 지명채권 자체를 임의로 처분 또는 평가해서 피담보채권의 변제에 충당하고 잉여가 있으
면 이를 양도담보 설정자에게 반환하는 방식인 사적 실행을 할 수 있다.

ⓒ 양도담보의 대상인 지명채권에 대하여는 일정한 요건을 구비한 조세징수기관을 제외하고는 양도
담보권설정자의 다른 채권자가 강제집행을 할 수 없다.

(5) 질 권

① 질권의 설정

ⓐ 지명채권을 대상으로 하는 질권은 질권자와 질권설정자 사이의 질권설정계약과 질권설정자로부
터 질권자에게로의 채권증서인도 이외에 제3채무자와 제3자에 대한 대항요건을 구비하는 방법으
로 설정한다.

ⓑ 제3채무자에 대한 대항요건은 제3채무자에 대한 질권설정도의 통지 또는 제3채무자의 질권설정
승낙이고, 채무자 이외의 제3자에게 대항요건은 확정 일자 있는 증서에 의한 제3채무자에 대한 통
지 또는 제3채무자의 승낙이다.

② 질권의 효력이 미치는 범위

ⓐ 피담보채권액이 입질채권액보다 적은 때에도 질권의 효력은 입질채권의 전부에 미친다.

ⓑ 또한 질권자는 입질채권의 소멸이나 기타의 침해로 인하여 질권설정자가 받을 금전 기타 물건에
대하여도 질권을 행사할 수 있다.

③ 질권자의 권리

ⓐ 질권은 질권자가 제3채무자에 대하여 직접 청구하거나 민사집행법에서 정한 집행방법인 채권의
추심명령이나 전부명령 또는 특별현금화 명령절차에 의하여 실행할 수 있다.

ⓑ 질권자는 질권의 목적인 채권으로부터 우선변제권이 없는 일반채권자보다 자기채권의 우선변제
를 받을 권리가 있다.

ⓒ 동일한 지명채권을 대상으로 하여 질권과 양도담보권이 이중으로 설정된 경우는 질권과 채권양도
의 제3자 대항요건을 누가 먼저 구비하였는지에 따라 그 우열이 결정된다.

(6) 채권담보권

① 채권담보권의 설정

담보약정을 체결하고 제3자에 대한 대항요건으로서 채권담보등기부에 담보등기를 한 후 제3채무자에 대한 대항요건으로서 담보등기에 관한 등기 사항증명서를 발급받아 이를 제3채무자에게 건네주는 방법으로 설정한다.

② 채권담보권의 효력이 미치는 범위

채권담보권도 질권과 같은 제한물권으로서의 담보물권이라는 점에서 채권담보권에 의하여 담보되는 채권의 범위는 질권에 의하여 담보되는 채권의 범위와 같다.

③ 채권담보권자의 실행

채권담보권은 담보목적인 채권을 직접 청구하거나, 민사집행법상의 추심명령이나 전부명령 또는 특별현금화 명령절차에 의하거나, 유질특약에 의한 임의청산의 방법으로 실행한다.

④ 질권·양도담보권과의 관계

㉠ 동일한 지명채권을 대상으로 하여 질권과 채권담보권이 이중으로 설정된 경우, 양자는 모두 제한물권이고 지명채권을 대상으로 하는 선의취득이 성립될 수 없다는 점에서 그 순위에 따라 병존하게 된다.

㉡ 동일한 지명채권을 대상으로 하여 양도담보권과 채권담보권이 이중으로 설정된 경우, 양자의 우열은 양도담보권의 제3자 대항요건인 확정일자 있는 증서에 의한 채권양도의 채무자에 대한 통지 또는 채무자의 채권양도승낙과 채권담보권의 제3자 대항요건인 담보등기가 이루어진 순서에 따라 정해진다.

4 유가증권담보

(1) 대상목적물

유가증권담보의 대상은 유가증권이다.

> **TIP** ▸ 유가증권
>
> 재산적 가치가 있는 사권(私權)이 표창된 증권으로서 그 권리의 발행·행사·이전의 전부 또는 일부를 증권에 의하여 하게 되는 것을 말한다.

(2) 설정할 담보권

① 질권·양도담보권

㉠ 질권은 채권자가 그의 채권의 담보로서 채무자 또는 제3자(물상보증인)로부터 인도받은 특정한 유가증권을 채무의 변제가 있을 때까지 유치함으로써, 채무의 변제를 간접적으로 강제하는 동시에, 변제가 없으면 그 유가증권으로부터 우선적으로 변제받는 권리를 말한다.

㉡ 양도담보권은 채권자가 채권담보의 목적으로 채무자 또는 제3자로부터 특정한 유가증권의 소유권을 양도받았다가, 채무자의 채무이행이 없으면 양도받은 유가증권으로부터 채권의 만족을 구하고, 채무이행이 있으면 다시 양도담보권설정자에게 유가증권을 양도하여 주는 형식의 담보이다.

② 특정채무담보권과 근담보권

　　㉠ 특정채무담보권이란 채권자가 채무자에 대하여 현재 취득하고 있거나 장래 취득하게 될 특정한 채권을 담보하려는 질권・양도담보권이다.

　　㉡ 근담보권이란 채권자와 채무자 사이에 일정한 거래관계로부터 발생하는 유동・교체될 수 있는 다수의 채권을 일정한 한도액까지 담보하려는 질권・양도담보권으로, 근담보권은 다시 특정근담보권과 한정근담보권 및 포괄근담보권으로 구분한다.

(3) 국채에 대한 담보권설정

① 국채로서 담보의 대상이 되는 것은 무기명식 현물국채와 기명식 국채로서 증권 현물이 발행되지 않은 등록국채 및 증권 현물이 발행된 기명식 등록국채의 3가지 유형이 있다.

　　㉠ 무기명식 현물국채를 대상으로 하는 담보권설정은 설정당사자가 질권설정계약 또는 양도담보계약을 체결하고 담보권자가 담보권설정자로부터 당해 국채증권을 교부받아 점유하는 방법으로 하면 된다.

　　㉡ 증권 현물이 발행되지 않은 기명식 등록국채를 대상으로 하는 담보권 설정은 증권 현물이 없으므로 설정당사자가 질권설정계약 또는 양도담보계약을 체결하고, 그 질권설정 또는 양도담보권설정 사실을 갑종국채등록부에 등록하는 방법으로 설정한다.

　　㉢ 증권 현물이 발행된 기명식 등록국채를 대상으로 하는 담보권설정은 설정당사자가 질권설정계약 또는 양도담보계약을 체결하고 담보권자가 담보권설정자로부터 당해 국채 증권을 교부받아 점유하고, 담보권자의 주소와 성명을 당해 국채증권과 을종국채등록부에 기재하는 방법으로 설정한다.

② 등록국채인 경우는 질권설정등록 또는 양도담보권설정을 위한 이전등록 청구서에 설정당사자 쌍방이 기명날인하고 이를 한국은행에 제출하여 국채등록부에 등록하는 방법으로 설정한다.

(4) 공・사채에 대한 담보권설정(공・사채의 경우는 공사채등록부에 등록하는 방법으로 할 수 있도록 하였던 공사채등록법이 폐지됨으로써 현재는 할 수 없게 되었다)

① 공・사채의 의의

　　㉠ 공・사채의 개념

> - 지방자치단체가 발행한 채권
> - 특별법에 따라 법인이 발행한 채권
> - 사채권(社債券)
> - 외국정부, 외국의 공공단체 또는 외국법인이 발행한 채권으로서 금융위원회가 지정한 것
> - 양도성예금증서를 총칭

　　㉡ 공사채는 유가증권으로서 무기명식 또는 기명식으로 발행한다. 공사채권자는 증권을 기명식 또는 무기명식으로 한정한 경우를 제외하고는 기명식의 증권을 무기명식으로, 무기명식의 증권을 기명식으로 할 것을 당해 공사채의 발행인에게 요구할 수 있다.

　　㉢ 지방자치단체가 지방채증권을 발행하는 때에는 지방채증권원부를 작성・비치하여야 한다. 또한 특별법에 따라 법인이 채권을 발행하는 경우에도 소정의 장부를 작성・비치하여야한다.

　　㉣ 공사채는 그 발행자가 반드시 채권 현물을 발행하여 권리자에게 교부하여야 하는 것은 아니며, 채권자・질권자 및 그 밖의 이해관계자가 원하는 경우에는 발행자가 미리 지정해둔 등록기관에 등록을 함으로써 현물 발행이나 교부를 하지 아니하고 권리의 이전이나 변경 또는 설정을 할 수 있다.

등록기관으로 지정될 수 있는 자

- 한국예탁결제원
- 은행법에 따른 은행
- 한국산업은행
- 중소기업은행

　　ㅁ 공사채의 등록기관은 공사채등록부를 비치하고 필요한 사항을 기록하여야 하며, 공사채등록부
　　　 및 그 부속서류는 등록기관의 본점에 비치하여야 한다.
　　ㅂ 공사채를 등록한 자는 언제든지 등록기관에 등록말소를 청구할 수 있다.
　　ㅅ 등록한 공사채에 대하여는 채권을 발행하지 아니한다.
　② 담보권의 공사채(지방채, 산업금융채, 공사채, 중소기업금융채, 회사채 등)로서 담보의 대상이 되는
　　 것은 무기명식 현물공사채와 등록공사채, 기명식 현물공사채와 등록 공사채의 4가지 유형이 있다.
　　ㄱ 증권 현물이 발행된 무기명식 공사채증권(지방채증권, 산업금융채권, 공사채권, 중소기업금융채
　　　 권, 회사채권 등)을 대상으로 하는 담보권설정은 설정당사자가 질권설정계약 또는 양도담보계약
　　　 을 체결하고 담보권자가 담보권설정자로부터 당해 공사채증권을 교부받아 점유하는 방법으로 설
　　　 정한다.
　　ㄴ 증권 현물이 발행되지 않고 공사채등록부에 등록된 무기명식 공사채를 대상으로 하는 담보권설
　　　 정은 증권 현물이 없으므로 설정당사자가 질권설정계약 또는 양도담보계약을 체결하고, 그 질권
　　　 설정 또는 양도담보권설정 사실을 공사채등록부에 등록하는 방법으로 설정한다.
　　ㄷ 증권 현물이 발행되고 공사채등록부에 등록되지 않은 기명식 공사채를 대상으로 하는 담보권설
　　　 정은 설정당사자가 질권설정계약 또는 양도담보계약을 체결하고 담보권자가 담보 권설정자로부
　　　 터 당해 공사채증권을 교부받아 점유하는 방법으로 한다. 단, 담보권자의 성명과 주소를 지방채증
　　　 권원부, 사채원부, 산업금융채권원부, 공사채원부, 중소기업금융채권원부 등에 기재하고 그 성명
　　　 을 채권에 기재하는 방법으로 설정한다.
　　ㄹ 증권 현물이 발행되지 아니하고 공사채등록부에만 등록되어 있는 기명식 공사채를 대상으로 하
　　　 는 담보권설정은 증권 현물이 없으므로 설정당사자가 질권설정계약 또는 양도담보계약을 체결한
　　　 다. 단, 설정당사자가 질권설정 또는 양도담보권설정의 사실을 공채 등록부에 등록하고 그 발행자
　　　 가 비치(備置)한 지방채증권원부, 사채원부, 산업금융채권 원부, 공사채원부, 중소기업금융채권
　　　 원부 등에 그 사실을 기록하는 방법으로 설정한다.

(5) 운송증권 · 창고증권에 대한 담보권설정

　① 운송증권과 창고증권의 의의
　　ㄱ 운송증권이란 화물상환증과 선하증권을 총칭한다.

화물상환증	육상물건운송계약에 있어서 운송물의 인도청구권을 표창하는 유가증권
선하증권	해상물건운송계약에 있어서 운송물의 인도청구권을 표창하는 유가증권

　　ㄴ 창고증권이란 창고업자에 대한 임치물반환청구권을 표창하는 유가증권을 말한다.

② 담보권의 설정방법

    ㉠ 배서가 금지되지 않은 운송증권이나 창고증권을 대상으로 하여서만 담보권설정을 할 수 있으면 그 설정방법은 질권설정계약 또는 양도담보계약을 체결하고 당해 증권에 배서하여 이를 양도담보권자에게 교부하는 방식으로 한다.

    ㉡ 배서가 금지되어 있는 운송증권과 창고증권의 경우는 운송물 또는 임치물의 반환청구권이라는 지명채권을 대상으로 질권 또는 양도담보권을 설정하여야 한다.

(6) 주식에 대한 담보권설정

① 기명주식에 대한 등록질권은 질권설정계약을 체결하고 질권설정자가 대상 주권을 질권자에게 교부하는 이외에 질권설정자가 회사에 청구하여 질권자의 성명과 주소를 주주명부에 덧붙여 쓰고 질권자의 성명을 주권(株券)에 적는 방법으로 설정한다.

② 기명주식에 대한 약식질권과 무기명주식에 대한 질권은 질권설정계약을 체결하고 질권설정자가 대상 주권을 질권자에게 교부하는 방법으로 설정한다.

③ 주식에 대한 양도담보권은 무기명주식이건 기명주식이건 설정당사자가 양도담보설정계약을 체결하고, 설정자가 대상 주권을 담보권자에게 교부하는 방법으로 설정한다.

④ 회사성립 후 또는 신주의 납입기일 후 6월이 경과한 후에는 주권발행이 없어도 질권설정계약 또는 양도담보계약을 체결하고 주식청약서나 주금납입영수증이 있으면 이를 양수인 또는 질권자에게 교부하는 방법으로 대상 주식에 담보권을 설정할 수 있다.

⑤ 증권회사 등에 예탁되어 있는 주식에 대한 담보권설정은 질권설정계약 또는 양도담보계약을 체결하고, 예탁증권회사의 투자자계좌부에 담보제공자 명의로 예탁되어 있는 주식을, 담보권자 명의로 대체 기재토록 하는 방법으로 설정한다.

(7) 증권회사에 예탁된 유가증권에 대한 담보권설정

① 증권의 대체결제제도의 개념

    유가증권의 소유자가 그 소유증권을 증권회사 등에 예탁하고, 증권회사 등은 이를 다시 모아서 중앙기관인 한국예탁결제원에 예탁하는 동시에, 증권소유자(투자자)는 증권회사 등(예탁자)의 투자자계좌부에, 증권회사 등은 한국예탁결제원의 예탁자계좌부에 각각 자기계좌를 개설하여, 유가 증권의 이전이나 담보권의 설정을 증권의 현실인도 없이 양도인 또는 담보권설정자의 계좌로부터 양수인 또는 담보권자의 계좌로 장부상으로만 이체하는 방법을 말한다.

② 담보권의 설정방법

    ㉠ 증권회사 등에 예탁되어 있는 주식에 대한 담보권설정은 예탁자인 담보제공자와 채권자인 담보권자가 질권설정계약 또는 양도담보계약을 체결하고, 양자 공동으로 예탁증권회사 등에 신청하여 예탁증권회사의 투자자계좌부에 담보제공자 명의로 예탁되어 있는 주식을, 담보권자 명의로 대체 기재토록 하는 방법으로 설정한다.

    ㉡ 한국예탁결제원에 예탁되어 주식에 대한 담보권설정은 예탁자인 증권회사 등과 채권자인 담보권자가 질권설정계약 또는 양도담보계약을 체결하고서, 양자 공동으로 한국예탁결제원에 신청하여, 한국예탁결제원의 예탁자계좌부에 담보제공자 명의로 예탁되어 있는 주식을 담보권자 명의로 대체 기재토록 하는 방법으로 설정한다.

01 여신거래계약의 변동

1 상환기일의 변동

(1) 개 요

① 상환기일이란 여신거래계약으로 정한 대출채권의 변제시기를 말한다.

② 기한전상환이란 기한의 이익을 포기하고 미리 채무의 이행을 하는 것을 말한다.

> **TIP** ▸ 기한의 이익
>
> 여신거래약정으로 정한 상환기일이 도래하지 않음으로써 여신거래의 당사자가 받는 이익

③ 기한이익의 상실이란 채무자가 약정된 상환기일까지 채무를 이행하지 않아도 되는 이익을 잃고 기한 전에 채무의 이행을 하여야 하는 의무를 부담하게 되는 것을 말한다.

(2) 상환기일의 변경

① 상환기일의 변경이란 채권자와 채무자가 원래 약정한 채무의 상환기일을 단축하거나 연장하는 것을 말한다. 다만 연대보증인이나 물상보증인이 있는 대출채무의 상환기일을 채권자와 채무자가 변경하는 경우, 미리 연대보증인이나 물상보증인의 동의를 받아두어야 한다.

② 주채무의 상환기일을 단축하는 것은 약정된 상환기일 전에 채무의 이행을 해야 하는 것이 되어 채무자나 연대보증인 및 물상보증인에게 불이익한 것이므로 그 동의가 있어야 단축의 효력이 연대보증인 및 물상보증인에게도 생긴다.

③ 보증계약에서 미리 주채무자의 상환기일 연장에 보증인의 동의를 받겠다는 특약이 없으면 채권자가 보증인이 사전 동의 없이 주채무의 상환기일을 연장하더라도 보증채무가 소멸하지 않는다. 보증인에게는 주채무자에 대한 사전구상권이 있기 때문이다.

④ 물상보증인의 동의를 받지 아니하고 채권자가 주채무의 상환기일을 연장해준 때에는 그 연장기간 중 채무자의 변제자력이 악화되어 사후구상권을 행사할 수 없게 된 범위에서 담보책임을 면한다. 물상보증인에게는 주채무자에 대한 사전구상권이 없기 때문이다.

2 계속적 거래기간의 변동

(1) 의 의

계속적 거래기간의 변경이란 채권자와 채무자가 원래 약정한 계속적 거래의 거래기간을 단축하거나 연장하는 것을 말한다.

> **TIP** ▶ 계속적 거래
>
> 일정한 한도와 거래기간을 미리 정해놓고 그 한도범위에서 채권의 발생과 소멸이 수시로 일어나는 형태의 거래를 말한다.

(2) 계속적 거래기간의 단축

연대보증인이나 물상보증인이 있는 계속적 거래의 거래기간을 채권자와 채무자가 단축하더라도 그 단축이 연대보증인이나 물상보증인에게 불이익을 가져오는 것이 아니므로 그 단축에 연대보증인이나 물상보증인의 동의를 받을 필요는 없다.

(3) 계속적 거래기간의 연장

① 연대보증인의 경우
  ㉠ 특정근보증의 채권자와 채무자가 계속적 거래계약의 거래기간을 연장하는 것은 연대보증인에게 그 연장된 거래기간 중에 발생한 채무에 대하여도 보증채무를 부담하라는 것이 되어 연대보증인에게 불이익한 것이 된다. 따라서 채권자와 채무자가 계속적 거래 계약의 거래기간을 연장하는 때에는 연대보증인의 동의를 받아야 하고, 만일 연대보증인의 동의 없이 연장한 때에는 그 연장된 거래기간 중에 발생한 채무에 대하여는 보증채무를 부담 하지 않는 것으로 보아야 한다.
  ㉡ 한정근보증이나 포괄근보증에 있어서 채권자와 채무자의 사이의 계속적 거래 계약의 거래기간연장이 근보증계약에서 정하고 있는 근보증거래기간 중에 이루어진 것이면 그 거래기간연장에 연대보증인의 동의를 받지 않아도 된다. 한정근보증이나 포괄근보증의 경우는 연대보증인이 보증채무를 부담하는 주채무가 유동·교체될 수 있으며 그 유동·교체가 근보증 거래기간 중에 발생한 때에는 근보증 한도액의 범위에서 당연히 보증 채무를 부담하는 것이기 때문이다.

② 물상보증인의 경우
  ㉠ 특정근담보의 채권자와 채무자가 계속적 거래 계약의 거래기간을 연장하는 것은 물상보증인에게 그 연장된 거래기간 중에 발생한 채무에 대하여도 담보책임을 부담하라는 것이 되어 물상보증인에게 불이익한 것이 된다. 따라서 채권자와 채무자가 계속적 거래 계약의 거래기간을 연장하는 때에는 물상보증인의 동의를 받아야 하고, 만일 물상보증인의 동의 없이 연장한 때에는 그 연장된 거래기간 중에 발생한 채무에 대하여는 물상보증인이 담보책임을 부담하지 않는 것으로 보아야 한다.
  ㉡ 한정근담보나 포괄근담보에 있어서 채권자와 채무자 사이의 계속적 여신거래계약의 거래기간연장이 근담보계약에서 정하고 있는 근담보 거래기간 중에 이루어진 것이면 그 거래기간연장에 물상보증인의 동의를 받지 않아도 된다. 한정근담보나 포괄근담보의 경우는 물상보증인이 담보책임을 부담하는 채무가 유동·교체될 수 있으며 그 유동·교체가 근담보 거래기간 중에 발생한 때에는 근담보 한도액의 범위에서 당연히 담보책임을 부담하는 것이기 때문이다.

| TIP | ▸ 계속적 거래기간의 연장 |

특정근보증이나 특정근담보의 경우 채권자와 채무자가 연대보증인이나 물상보증인의 동의 없이 계속적거래 계약의 거래기간을 연장한 때에는 연대보증인이나 물상보증인은 그 연장된 거래기간 중에 발생한 채무에 대하여 보증채무나 담보책임을 부담하지 않는다.

❸ 대 환

(1) 의 의

신규대출을 하여 기존대출을 상환하는 대환은, 형식적으로는 신규대출의 형식을 취하나 실질적으로는 기존 채무의 변제기를 연장하기 위한 것이며 신구 대출 사이에 동일성이 유지되는 준소비대차이다. 반면, 신규대출을 하여 기존대출을 상환하기는 하지만 신구 대출 사이에 대출과목, 대출원금, 이율 및 지연손해금율 등이 서로 달라 동일성이 유지되지 않는 경우는 경개로 보아야 한다.

(2) 대환에 따른 법률관계

① 특정채무보증이거나 특정근보증의 경우는 연대보증인의 동의 없이 이루어진 대환의 법률적 성질이 경개이면 보증채무가 소멸하는 반면, 준소비대차이면 보증계약 시 주채무의 상환기일연장 시 보증인의 동의를 받겠다는 내용의 특약을 둔 경우 이외에는 보증채무가 존속한다.

② 한정근보증과 포괄근보증의 경우는 대환의 법률적 성질이 준소비대차이건 경개이건 대환에 따른 신규대출이 근보증계약상의 피보증채무의 범위에 속하는 것으로 근보증거래기간 중에 이루어진 것이면 보증채무가 존속한다.

③ 특정채무담보이거나 특정근담보의 경우는 물상보증인의 동의 없이 이루어진 대환의 법률적 성질이 경개이면 담보책임이 소멸하는 반면, 준소비대차이면 담보책임이 존속한다.

④ 한정근담보이거나 포괄근담보의 경우는 대환의 법률적 성질이 준소비대차이건 경개이건 대환에 따른 신규대출이 근담보계약상의 피담보채무의 범위에 속하는 것으로 근담보거래기간 중에 이루어진 것이면 담보책임이 존속한다.

1 채무인수와 계약인수

(1) 채무인수의 개요

① 채무인수란 채무의 동일성을 상실시키지 않으면서 채무를 계약에 의하여 인수인에게 이전시키는 계약을 말한다.

② 채무인수에는 면책적 채무인수와 중첩적(병존적) 채무인수의 2가지가 있으며, 협의의 채무인수는 면책적 채무인수만을 의미한다.

면책적 채무인수	종전의 채무자가 채무자의 지위를 상실하고 인수인만이 채무자가 되는 채무인수
중첩적 채무인수	종전의 채무자가 그대로 남아있고 인수인이 추가적으로 채무자가 되는 채무인수

③ 채무인수는 인수인·채권자, 인수인·채무자, 채권자·채무자·인수인 사이의 계약으로 할 수 있다.

④ 채무자·인수인 사이의 채무인수계약에 채권자의 승낙이 있어야 하고, 이해관계 없는 제3자는 채무자의 의사에 반하여 채무를 인수하지 못한다.

(2) 면책적 채무인수의 효력

① 면책적 채무인수가 있으면 채무는 그 동일성을 유지한 채 채무자로부터 인수인에게 이전하며, 이 경우 인수인은 채무자가 가지고 있던 항변으로 채권자에게 대항할 수 있다.

② 채무자가 제공한 담보는 면책적 채무인수가 채권자·인수인 간에 이루어진 것이면 소멸하고, 채무자·인수인 간에 이루어진 것이면 존속한다. 그러나 전 채무자의 채무에 대한 보증이나 제3자가 제공한 담보는 그 동의가 없는 한 어느 경우이건 소멸한다.

③ 면책적 채무인수가 있음에도 전 채무에 대한 담보가 소멸하지 아니하고 인수인에 대한 채무를 담보하는 경우, 그 담보권이 등기나 등록에 의하여 공시되는 근저당권이면 그 근저당권의 채무자를 인수인으로 변경하는 등기나 등록을 하여야 한다.

(3) 중첩적(병존적) 채무인수의 효력

① 중첩적 채무인수란 채무자와 인수인 사이의 계약으로 인수인이 채무자의 채무와 같은 내용의 채무를 병립하여 부담하고, 채무자는 여전히 채무를 면하지 않는 것을 말한다.

② 중첩적 채무인수는 종전의 채무자가 채무를 면하는 것이 아니므로 채무의 이전이 있는 것이 아니고, 단지 인수인이 채무자의 채무와 동일한 내용의 채무를 부가적으로 부담하게 된다.

(4) 중첩적(병존적) 채무인수와 이행인수의 비교

유사점	채무자와 인수인 사이의 계약
차이점	이행인수의 경우는 인수인이 기존의 채무관계 외에서 제3자의 지위에서 채권자에 대한 채무자의 채무를 변제하여 채무자를 면책시킬 의무를 채무자에 대하여 부담하는 관계인 반면, 병존적 채무인수의 경우는 인수인이 기존의 채무관계 내에서 채무자와 함께 채무자와 동일한 내용의 채무를 채권자에 대하여 부담하는 관계

(5) 계약인수의 효력

① 계약인수란 계약당사자 중 일방이 계약당사자로서의 지위를 포괄적으로 제3자에게 이전하여 계약관계에서 탈퇴하고 제3자가 그 지위를 승계하는 것을 목적으로 하는 계약을 말한다.

② 계약인수는 양도인과 양수인 및 잔류당사자의 합의에 의한 3면 계약으로 이루어지는 것이 통상적이나, 관계 당사자 중 2인의 합의와 나머지 당사자가 이를 동의 내지 승낙하는 방법으로도 가능하다.

③ 계약인수에 의하여 인수인은 계약 당사자의 지위를 그대로 승계한다. 따라서 계약양도인은 계약관계에서 탈퇴하고 계약인수의 대상인 계약으로부터 발생한 모든 권리·의무관계는 동일성을 유지한 채 일체로써 계약 인수인에게 이전된다.

④ 인수인이 승계하는 계약상의 권리·의무는 본래의 계약에 따라 정해진다. 양도대상인 계약에서 이미 발생한 권리·의무가 모두 이전될 뿐만 아니라 장래 발생할 권리·의무 또한 인수인을 주체로 하여 원시적으로 발생한다.

⑤ 무효·취소와 같은 계약체결상의 하자나 계약에 따른 취소권·해제권 등도 인수인에게 이전한다.

2 채무자의 사망에 따른 상속의 법률관계

(1) 상속의 순위

① 자연인이 사망하면 권리능력이 소멸하게 되므로 사망한 자가 생전에 가지고 있던 권리·의무는 모두 소멸하고, 그 권리·의무는 상속의 법리에 따라 사망한 자의 상속인에게 포괄적으로 승계된다.

> **TIP** ▸ 상속의 순위
>
> [1순위] 피상속인의 직계비속
> [2순위] 피상속인의 직계존속
> [3순위] 피상속인의 형제자매
> [4순위] 피상속인의 4촌 이내의 방계혈족

② 태아는 상속순위에 관하여 이미 출생한 것으로 본다.

③ 피상속인의 배우자는 직계비속과 동순위로, 직계비속이 없으면 피상속인의 직계존속과 동순위로 공동상속인이 되며, 직계비속이나 직계존속이 모두 없으면 단독상속인이 된다.

(2) 상속의 결격사유

- 고의로 직계존속, 피상속인, 그 배우자 또는 상속의 선순위나 동순위에 있는 자를 살해하거나 살해하려 한 자
- 고의로 직계존속, 피상속인과 그 배우자에게 상해를 가하여 사망에 이르게 한 자
- 사기 또는 강박으로 피상속인의 양자 기타 상속에 관한 유언 또는 유언의 철회를 방해한 자
- 사기 또는 강박으로 피상속인의 양자 기타 상속에 관한 유언을 하게 한 자
- 피상속인의 양자 기타 상속에 관한 유언서를 위조·변조·파기 또는 은닉한 자

(3) 대습상속

대습상속이란 상속인이 될 사망자의 직계비속 또는 형제자매가 상속개시 전에 사망하거나 상속결격자가 된 경우에 그 직계비속이 있는 때에는 그 직계비속이 사망하거나 결격된 자의 순위에 갈음하여 상속인이 되는 것을 말한다.

(4) 유 증

유증이란 유언자가 유언에 의하여 그 재산상의 이익을 수증자에게 무상으로 증여하는 단독행위를 말하며, 포괄적 유증과 특정적 유증으로 구분된다.

포괄적 유증	• 적극재산과 소극재산을 포괄하는 상속재산의 전부 또는 일정한 비율로 하는 유증 • 포괄적 유증을 받은 자는 상속인과 동일한 권리의무가 있다.
특정적 유증	개개의 재산상의 이익을 구체적으로 특정하는 유증

TIP ▸ 유언의 5가지 방식

자필증서, 녹음, 공정증서, 비밀증서, 구수증서

(5) 공동상속

① 여러 명의 상속인(포괄유증을 받은 자 포함)이 있는 때에는 공동상속을 하여 각 상속인은 각자의 상속분의 비율로 권리의무를 승계하게 되고 분할을 할 때까지 상속 재산을 공유한다.

② 공동상속의 경우 상속재산 전체에 대하여 여러 명의 공동상속인이 각각 배당받을 몫의 비율인 상속분은 지정상속분과 법정상속분의 2가지로 구분된다.

지정상속분	피상속인의 유언에 의하여 정하여지는 상속분 **참고** 상속인 보호를 위한 제한 → 유류분제도
법정상속분	법률의 규정에 의하여 정해 놓은 상속분

피상속인이 유언으로 상속분을 지정하는 때에는 법정상속인을 보호하기 위하여 피상속인의 재산처분의 자유에 일정한 제한을 두는 유류분제도가 있다. 유류분을 가지는 자는 피상속인의 직계비속·배우자·직계존속·형제자매이다.
- 피상속인의 직계비속은 그 법정상속분의 1/2
- 피상속인의 배우자는 그 법정상속분의 1/2
- 피상속인의 직계존속은 그 법정상속분의 1/3
- 피상속인의 형제자매는 그 법정상속분의 1/3

③ 피상속인이 공동상속인의 상속분을 지정한 때에는 그에 의하되 지정하지 않았을 때에는 법정상속분에 따르게 된다.

④ 법정상속분은 배우자 1.5 다른 공동상속인 1의 비율이다. 대습상속인이 여러 명인 때에는 그 상속분은 피대습상속인의 상속분의 한도에서 위 법정상속분에 의하여 정한다. 그밖에 특별수익자의 상속분과 기여상속인의 상속분이 있다.

   ㉠ 특별수익자의 상속분

     피상속인으로부터 증여 또는 유증으로 받은 재산을 특별수익이라 하고 그 수혜자를 특별수익자라고 한다. 특별수익자로서 상속인에 해당하는 자는 특별수익이 자신의 법정상속분에 미달하면 법정 상속분에 따라 상속을 받을 수 있는 반면에 특별수익이 자신의 법정상속분을 초과하는 때에는 이를 반환하여야 한다(특별수익자의 반환의무).

   ㉡ 기여상속인의 상속분

     공동상속인 중에 상당한 기간 동거·간호 그 밖의 방법으로 피상속인을 특별히 부양하거나 피상속인의 재산의 유지 또는 증가에 특별히 기여한 자가 있을 때에는 상속개시 당시의 피상속인의 재산가액에서 공동상속인의 협의로 정한 그 자의 기여분을 공제한 것을 상속재산으로 보고 산정한 상속분에 기여분을 가산한 액으로써 그 자의 상속분으로 한다.

(6) 상속인의 상속에 관한 선택

① 상속의 승인과 포기의 유형

   ㉠ 상속이나 포괄유증을 단순승인 하는 경우

     상속이나 포괄유증을 단순승인하면 상속인이나 포괄유증을 받은 자는 사망한 자의 부채(특정유증 포함)를 그대로 승계하게 되어 이를 변제하지 않은 경우 채권자가 상속이나 포괄유증을 받은 재산은 물론이고 자신의 고유재산에 대하여 강제집행을 하더라도 이를 받아들여야 한다.

   ㉡ 상속이나 포괄유증을 포기하는 경우

     상속이나 포괄유증을 포기하면 사망한 자의 재산과 부채(특정유증 포함) 모두를 승계하지 않으므로 상속인이나 포괄유증을 받은 자가 사망한 자의 채권자와는 아무런 관련이 없게 된다.

   ㉢ 상속이나 포괄유증을 한정승인하는 경우

     상속이나 포괄유증을 한정승인하면 상속인이나 포괄유증을 받은 자는 상속이나 포괄유증에 의하여 취득한 총재산의 한도에서만 사망한 자의 부채(특정유증 포함)를 변제할 책임을 지게 된다.

② 상속의 승인과 포기의 기간

　　단순승인이나 한정승인 또는 포기는 상속인이 상속개시가 있음을 안 날로부터 3월 내에 하여야 한다.

③ 상속재산의 분할

　㉠ 상속재산의 3가지 분할방법

> • 유언에 의한 분할
> • 협의에 의한 분할
> • 조정 또는 심판에 의한 분할

　㉡ 상속재산의 분할을 청구할 수 있는 자는 상속을 승인한 공동상속인이다.

　　참고 포괄적 유증을 받은 자도 상속재산의 분할을 청구할 수 있다.

　㉢ 상속재산 분할을 청구하기 위한 2가지 요건

> • 공동상속인이 확정되어 있어야 한다.
> 　− 공동상속인의 1인 또는 수인이 상속의 승인이나 포기를 하지 않은 동안은 상속인이 확정되지
> 　　않았으므로 상속재산의 분할을 할 수 없다.
> • 피상속인으로부터 분할금지의 유언이 없어야 한다.
> 　− 피상속인은 유언으로 상속개시의 날로부터 5년을 초과하지 않는 범위 내로 기간을 정하여 상
> 　　속재산의 분할을 금지할 수 있다.

　㉣ 상속재산의 분할은 상속이 개시된 때에 소급하여 그 효력이 있다.

3 상속에 따른 채권·채무의 관리

(1) 상속인의 확인

① 채권자는 사망한 자의 상속인으로부터 채권의 변제를 받아야 하고, 채무자의 친족으로서 상속인이
되는 자는 상속이 자신에게 유리한지 불리한지 판단하여 상속의 승인이나 한정승인 또는 포기를 하여
야 하므로 상속인의 확인이 필요하다.

② 상속인의 확인은 「직계비속과 배우자 → 직계존속 → 형제자매 → 4촌 이내의 방계혈족」의 순서로
한다.

③ 법정상속의 순위에 따른 상속인의 확인은 가족관계증명서 등에 의하여 하는 것이 원칙이다. 그러나
가족관계증명서 등에 의하여 확인되는 상속인은 상속인이라는 추정을 받을 뿐 실제로 상속인인지의
여부는 사망한 자의 친족이라는 사실관계에 의하여 결정된다.

④ 상속인인지의 여부에 관하여 다툼이 있는 경우에는 분쟁이 있는 당사자 전원의 합의나 재판에 의하여
상속인 여부를 확인하여야 한다.

(2) 상속인의 확인에 따른 채권·채무 관리

① 상속의 순위에 따라 상속인이 되는 자는 상속재산의 현황을 파악하여 상속이 재산상으로 유리하면 적극적으로 상속을 주장하여 받고 불리하면 포기하되, 잘 모르겠으나 유리할 것으로 판단되면 한정승인을 하는 것이 좋다.

② 자신이 상속인이라는 사실을 알면서 상속의 포기나 한정승인을 하지 아니하고 법정된 일정기간이 지나면 상속의 단순승인이 되어 사망한 자의 모든 채무를 승계하여 변제책임을 지게 된다.

③ 사망한 자의 채권자는 일단 가족관계증명서 등에 의하여 확인되는 상속인을 상대로 채권관리를 하되, 어떤 이유로든 상속인 여부에 관하여 다툼이 있을 때에는, 일단 상속인이 될 수 있는 자 모두를 대상으로 채권보전 조치를 취하고, 이후 분쟁 당사자 전원의 합의나 재판으로 상속인이 확정되면 그 상속관계에 따라 최종적인 채권관리를 한다.

④ 상속인은 상속재산 중 적극재산이 소극재산을 초과하는 경우에만 단순승인을 하여야 한다. 그러나 상속인이 단순승인을 하지 않더라도 상속인에게 민법 제1026조에 해당하는 때에는 단순승인을 한 것으로 간주된다(법정단순승인).

※ 법정단순승인으로 간주되는 경우

> • 상속인이 상속재산에 대한 처분행위를 한 때
> • 상속인이 민법 제1019조 제1항의 기간 내에 한정승인 또는 포기를 하지 아니한 때
> • 상속인이 한정승인 또는 포기를 한 후에 상속재산을 은닉하거나 부정소비하거나 고의로 재산목록에 기입하지 아니한 때(단, 상속인이 상속을 포기함으로 인하여 차순위 상속인이 상속을 승인한 때에는 상속의 승인으로 보지 아니함)

⑤ 단순승인이 된 경우에 사망한 자와 상속인의 합산 적극재산 중 소극재산이 적극재산을 초과하는 때에는 사망한 자의 채권자나 상속인의 채권자는 상속재산과 상속인의 재산을 분리하여 변제하도록 법원에 신청할 수 있다.

⑥ 상속인이 사망한 자의 부채와 유증에 대한 변제책임을 자신의 고유재산으로는 부담하지 아니하고 상속재산만으로 부담하되, 잔여 상속재산이 있으면 이를 가지려고 한다면 상속의 한정승인을 하여야 한다.

⑦ 상속의 한정승인이 있으면 사망한 자의 채권자는 민법이 정하는 상속재산의 청산절차에 따라 채권의 변제를 받을 수 있으므로, 채권의 신고기간 내에 한정승인자나 법원이 선임한 상속재산관리인에게 채권신고를 하여 상속재산으로부터 배당변제를 받아야 한다.

⑧ 사망한 자의 소극재산이 적극재산을 초과하는 것이 확실한 때에는 상속인은 상속을 포기하는 것이 좋다.

⑨ 상속포기를 한 자가 단독상속인인 경우에는 다음 순위의 자가 상속인이 되므로 그 자를 상속인으로 하고, 상속인이 여러 명인 경우에는 포기한 자를 제외한 잔여 상속인 전원을 상대로 하여 앞에서 설명한 단순승인이나 한정승인이 있는 경우에 준하여 처리하면 된다.

⑩ 상속인이 존재하지 않는 경우 채권자는 사망한 자의 주소지를 관할하는 법원에 신청하여 선임된 상속재산관리인으로부터 채권신고의 최고를 받거나 채권신고의 공고가 있으면 즉시 채권을 신고하여 상속재산으로부터 배당변제를 받아야 한다.

⑪ 상속채무에 대해서는 공동상속인 간의 부담비율을 유언으로 지정할 수 없다. 따라서 상속채무에 대하여는 사망한 자가 유언으로 그 부담비율을 지정하였다 하더라도 채권자는 이에 구속되지 않으며, 그에 따라 각 공동상속인은 법정상속분에 따른 상속채무의 이행을 하여야 한다.

4 유증에 따른 채권·채무의 관리

(1) 유증의 확인 방법

유증의 내용은 유언에 의하여 정하여지는 것이므로 사망한 자가 남긴 유언으로 확인하여야 한다.

(2) 유증의 확인에 따른 채권·채무의 관리

① 특정적 유증이 있는 경우 상속인은 상속재산 중 소극재산이 유증만큼 늘어난 것으로 보아 상속의 단순승인이나 한정승인 또는 포기를 하고 그에 따른 채무관리를 하여야 한다. 그리고 채권자는 사망한 자에 대한 채권자 중의 한 사람으로서 채권관리를 하면 된다.

② 포괄적 유증이 있는 경우는 상속인 사이에는 법정상속분과 다른 상속분에 의한 상속이 이루어지거나 유언으로 정해진 비율의 상속분을 가지는 상속인이 더 늘어난 것이 된다. 따라서 상속인 또는 채권자는 앞에서 설명한 상속의 경우에 준하여 채무·채권관리를 하면 된다.

04 채권·채무의 이행

01 채무자 측의 임의이행

1 채무자의 변제

(1) 변제의 수령권자

① 의 의

　㉠ 변제란 채무자가 채무의 내용에 따른 이행을 하고 채권자가 이를 수령하여 채권의 만족을 얻음으로써 채권·채무가 소멸하는 현상을 말한다.

　㉡ 변제의 수령권자란 유효하게 변제를 수령할 수 있는 자를 말하며, 원칙적으로 채권자와 그 대리인을 의미한다.

② 채권자가 그의 채권자로부터 채권의 압류나 가압류를 당한 때에는 채권자라도 채무자로부터 변제를 수령할 수 없게 된다.

③ 표현수령권자란 채권의 변제를 수령할 수 있는 권한이 있는 듯한 외관을 가지나 실제로는 권한이 없는 자를 말한다.

　㉠ 표현수령권자에 대한 변제가 그 요건을 갖추어 유효한 때에는, 그로 인하여 채권은 소멸하고 채무자는 채무를 면하게 된다.

　㉡ 표현수령권자로는 채권의 준점유자와 영수증소지자를 들 수 있다.

채권의 준점유자	채권을 사실상 행사하는 자
영수증소지자	변제의 수령을 증명하는 문서를 소지한 자

　　• 영수증소지자에 대한 변제는 그 소지자가 변제를 받을 권한이 없는 경우에도 효력이 있다. 그러나 변제자가 그 권한이 없음을 알았거나 알 수 있었을 경우에는 그러하지 아니하다.

　㉢ 표현수령권자에 대한 변제가 유효하기 위하여는 변제자가 선의이며 과실이 없어야 한다.

④ 변제수령의 권한 없는 자에 대한 변제는 변제로서의 효력이 없다(표현수령권자에 대한 변제의 경우 제외). 그러나 채권자가 그러한 변제로 사실상 이익을 받은 때에는, 그 한도에서 유효하고 그에 따라 채권도 소멸한다.

⑤ 채무자가 유효한 변제를 하였음에도 채권자가 이를 수령하지 않으면, 채권·채무는 소멸하지 않는 반면에 채권자에게 수령지체의 책임이 발생하게 된다.

> **참고**
>
> 채권자의 수령지체의 책임 발생 시
> • 채무자에 대하여 채무불이행 책임을 추궁할 수 없고
> • 약정이자의 발생이 정지되며
> • 후일 다시 변제를 하게 됨으로써 증가된 비용은 채권자의 부담으로 된다.

제3과목

(2) 변제의 충당

① 의 의

ⓐ 변제의 충당이란 변제로서 제공한 것이 채무 전부를 소멸시키기에 부족한 때에 그 변제를 일정한 순위에 따라 여러 채무에 순차로 충당하는 것을 말한다.

ⓑ 변제의 충당에는 민법에 의한 충당과 약정에 의한 충당이 있고 민법에 의한 충당에는 지정충당과 법정충당이 있다.

② 민법상의 변제충당

ⓐ 변제자는 변제의 제공을 할 당시에 변제수령자에 대한 의사표시로써 변제에 충당할 채무를 지정할 수 있으며, 이 경우 변제수령자의 동의는 필요하지 않는다.

ⓑ 당사자가 변제에 충당할 채무를 지정하지 않으면, 다음의 순서에 따라 법정충당하게 된다.

> • 채무 중에 이행기가 도래한 것과 도래하지 않은 것이 있으면 먼저 이행기가 도래한 채무의 변제에 충당한다.
> • 채무 전부의 이행기가 도래하였거나 도래하지 아니한 때에는 채무자에게 변제이익이 많은 채무의 변제에 충당한다. 그러나 여러 사정이 얽혀 있는 때에는 모든 사정을 고려하여 결정하여야 한다.
> • 채무자에게 변제이익이 같으면 이행기가 먼저 도래한 채무나 먼저 도래 할 채무의 변제에 충당한다. 그리고 이 경우 기한이 정해져 있지 않은 채무는 언제나 이행기가 도래한 것으로 다루고, 그러한 채무 상호간에 있어서는 먼저 성립한 것을 이행기가 먼저 도래한 것으로 보아야 한다.
> • 이상의 표준에 의하여 선후가 정해져있지 않은 채권 상호간에 있어서는 그 채무액에 비례하여 변제에 충당한다.

③ 민법은 변제자·변제수령자의 순서로 변제에 충당할 채무를 지정하도록 하고, 변제수령자의 충당지정에 변제자가 곧 이의를 제기하거나 변제자·변제수령자 모두 변제에 충당할 채무를 지정하지 않은 때에는 채무자에게 유리한 법정충당을 하도록 하고 있다.

④ 금융회사들은 여신채무의 변제충당에 관하여, 채권보전에 필요한 합리적인 범위에서 민법이 정하는 변제충당과 다르게 변제충당을 할 수 있도록 특약을 해두는 것이 보통이다(특약에 의한 변제충당).

2 제3자의 변제

(1) 의 의

대위변제(제3자의 변제)란 주된 채무자가 아닌 제3자가 주된 채무자의 채무를 변제하는 것을 말한다.

(2) 대위변제가 유효한 변제가 되는지 여부

① 채무의 변제는 제3자도 할 수 있다. 그러나 채무의 성질 또는 당사자의 의사표시로 제3자의 변제를 허용하지 아니하는 때에는 그러하지 아니하다.

② 이해관계 없는 제3자는 채무자의 의사에 반하여 변제하지 못한다. 여기서 이해관계란 법률상의 이해관계만을 의미하며, 사실상의 이해관계를 포함하지 않는다.

(3) 대위변제에 따른 법률관계

① 대위변제한 제3자는 채무자에 대하여 대위변제한 금액을 구상할 수 있다.

② 이해관계 있는 제3자*가 대위변제를 한 때에는 대위 변제한 채권 및 그 담보에 관한 채권자의 권리를 구상권의 범위에서 당연히 승계하여 행사할 수 있다(법정대위).

    * 변제할 정당한 이익이 있는 제3자

③ 이해관계 없는 제3자가 대위변제를 한 때에는 변제자가 변제와 동시에 채권자의 승낙을 얻어야만 대위변제한 채권 및 그 담보에 관한 채권자의 권리를 구상권의 범위에서 승계하여 행사할 수 있다(임의대위).

④ 채권의 일부에 대하여 대위변제가 있는 때에는 대위자는 그 변제한 가액에 비례하여 채권자와 함께 그 권리를 행사한다.

⑤ 일부대위자는 대위한 권리가 가분이라도 단독으로 행사하지 못하며 변제에 관하여는 채권자가 대위변제자보다 우선권을 가진다.

(4) 법정대위자 상호 간의 효과

변제할 정당한 이익이 있는 자(법정대위자)가 다수 있는 경우에 이들 상호 간의 혼란을 피하고 공평을 꾀하기 위하여, 민법은 이들 법정대위자 상호 간의 대위순서와 비율에 관하여 자세히 규정하고 있다.

① 보증인은 미리 전세권이나 저당권의 등기에 그 대위를 부기하지 아니하면 전세물이나 저당물에 권리를 취득한 제3자에 대하여 채권자를 대위하지 못한다.

② 제3취득자는 보증인에 대하여 채권자를 대위하지 못한다.

③ 제3취득자 중의 1인은 각 부동산의 가액에 비례하여 다른 제3취득자에 대하여 채권자를 대위한다.

④ 자기의 재산을 타인의 채무의 담보로 제공한 자가 수인인 경우에는 ③의 규정을 준용한다.

⑤ 자기의 재산을 타인의 채무의 담보로 제공한 자와 보증인 간에는 그 인원 수에 비례하여 채권자를 대위한다. 그러나 자기의 재산을 타인의 채무의 담보로 제공한 자가 수인인 때에는 보증인의 부담부분을 제외하고 그 잔액에 대하여 각 재산의 가액에 비례하여 대위한다. 이 경우에 그 재산이 부동산인 때에는 ①의 규정을 준용한다.

1 상 계

(1) 상계의 의의

상계란 채권자와 채무자가 서로 동종의 채권·채무를 가지는 경우에 채무자의 일방적 의사표시에 의하여 그 채권·채무를 대등액에서 소멸시키는 것을 말한다.

> **TIP** ▸ 상계의 3가지 기능
>
> • 간이결제적 기능
> • 공평유지적 기능
> • 담보적 기능

(2) 의사표시에 의한 상계의 금지

① 상계를 금하는 의사표시가 있는 채권에 의한 상계는 할 수 없다.

> **TIP** ▸ 상계를 금하는 의사표시 내용
>
> • 상계금지채권을 수동채권으로 하는 상계를 금지하는 경우
> • 상계금지채권을 자동채권으로 하는 상계를 금지하는 경우
> • 상계금지채권을 수동채권으로 하는 상계이건 자동채권으로 하는 상계이건 모두 금지하는 경우

② 상계금지의 의사표시는 이를 선의의 제3자에게 대항하지 못한다.

(3) 법률상의 상계금지

① 고의의 불법행위에 의한 손해배상채권을 수동채권으로 하여 상계하는 것은 금지된다.

> **예외** 고의의 불법행위로 인한 손해배상채권을 자동채권으로 하는 상계 및 과실의 불법행위로 인한 손해배상채권을 수동채권으로 하는 상계는 금지되지 않는다.

② 채권이 압류하지 못할 것인 때에는 그 채무자는 상계로 채권자에게 대항하지 못한다.

③ 사용자는 전차금(前借金)이나 그 밖에 근로할 것을 조건으로 하는 전대(前貸)채권과 임금을 상계하지 못한다.

④ 지급을 금지하는 명령을 받은 제3채무자는 그 후에 취득한 채권에 의한 상계로 그 명령을 신청한 채권자에게 대항하지 못한다.

(4) 상계의 방법과 효력

① 상계의 의사표시를 하는 방식에는 아무런 제한이 없으나 구두에 의한 상계는 후일 입증상의 문제가 생길 수 있으므로 서면으로 하는 것이 좋다.

② 상계의 효력은 대상채권이 단순히 상계적상에 있다는 사유만으로 자동적으로 생기는 것이 아니고, 반드시 상계적상에 있는 양채권의 당사자 일방이 상대방에 대하여 상계의 의사표시를 하여야 생기게 된다.

③ 상계의 의사표시가 상대방에게 도달하면 당사자 쌍방의 채권은 그 대등액에서 소멸하게 된다.

④ 상계에 의한 채권소멸의 효력은 상계적상이 있었던 때까지 소급한다.

② 채권의 추심

(1) 채권추심의 의의

채권의 추심이란 강제집행의 전단계로서 채무자에 대한 소재파악 및 재산 조사, 채권에 대한 변제 요구, 채무자로부터 변제 수령 등 채권의 만족을 얻기 위한 일체의 행위를 말한다.

(2) 채권추심자의 의무

① 채무확인서 교부 의무

채무확인서의 교부를 요청받은 때에는 정당한 사유가 없는 한 이에 응하여야 한다.

② 수임사실의 통보 의무

㉠ 채권추심을 하는 자가 채권자로부터 채권추심을 위임받은 경우에는 채권추심에 착수하기 전까지 다음의 사항을 채무자에게 서면으로 통지하여야 한다.

- 채권추심자의 성명·명칭 또는 연락처(채권추심자가 법인인 경우에는 채권추심담당자의 성명, 연락처를 포함한다)
- 채권자의 성명·명칭, 채무금액, 채무불이행 기간 등 채무에 관한 사항
- 입금계좌번호, 계좌명 등 입금계좌 관련 사항

㉡ 채무발생의 원인이 된 계약에 기한의 이익에 관한 규정이 있는 경우에는 채무자가 기한의 이익을 상실한 후 즉시 통지하여야 한다.

㉢ 채무발생의 원인이 된 계약이 계속적인 서비스 공급 계약인 경우에는 서비스 이용료 납부지체 등 채무불이행으로 인하여 계약이 해지된 즉시 통지하여야 한다.

③ 동일 채권에 관한 복수 채권추심 위임 금지 의무

채권추심자는 동일한 채권에 대하여 동시에 2인 이상의 자에게 채권추심을 위임하여서는 아니 된다.

④ 채무불이행정보 등록 금지 의무

채무불이행자로 등록해서는 아니 되는 경우 채무불이행자로 이미 등록된 때에는 채무의 존재를 다투는 소가 제기되어 소송이 진행 중임을 안 날부터 30일 이내에 채무불이행자 등록을 삭제하여야 한다.

⑤ 대리인 선임 시 채무자에 대한 연락 금지 의무

⑥ 관계인에 대한 연락 금지 의무

⑦ 소송행위의 금지 의무

변호사가 아닌 채권추심자는 채권추심과 관련한 소송행위를 하여서는 아니 된다.

⑧ 폭행·협박 등의 금지 의무

⑨ 개인정보의 누설 금지 의무

채권추심자는 채권발생이나 채권추심과 관련하여 알게 된 채무자 또는 관계인의 신용정보나 개인정보를 누설하거나 채권추심의 목적 외로 이용하여서는 아니 된다. 다만 채권추심자가 다른 법률에 따라 신용정보나 개인정보를 제공하는 경우는 누설 또는 이용으로 보지 아니한다.

⑩ 거짓 표시의 금지 의무

> **참고**
>
> 채권추심자의 거짓 표시 행위
> - 무효이거나 존재하지 아니한 채권을 추심하는 의사를 표시하는 행위
> - 법원, 검찰청, 그 밖의 국가기관에 의한 행위로 오인할 수 있는 말·글·음향·영상·물건, 그 밖의 표지를 사용하는 행위
> - 채권추심에 관한 법률적 권한이나 지위를 거짓으로 표시하는 행위
> - 채권추심에 관한 민사상 또는 형사상 법적인 절차가 진행되고 있지 아니함에도 그러한 절차가 진행되고 있다고 거짓으로 표시하는 행위
> - 채권추심을 위하여 다른 사람이나 단체의 명칭을 무단으로 사용하는 행위

⑪ 불공정한 행위의 금지 의무

> **참고**
>
> 채권추심자의 불공정한 행위
> - 혼인, 장례 등 채무자가 채권추심에 응하기 곤란한 사정을 이용하여 채무자 또는 관계인에게 채권추심의 의사를 공개적으로 표시하는 행위
> - 채무자의 연락두절 등 소재파악이 곤란한 경우가 아님에도 채무자의 관계인에게 채무자의 소재, 연락처 또는 소재를 알 수 있는 방법 등을 문의하는 행위
> - 정당한 사유 없이 수화자부담전화료 등 통신비용을 채무자에게 발생하게 하는 행위
> - 채무자 회생 및 파산에 관한 법률 제593조 제1항 제4호 또는 제600조 제1항 제3호에 따라 개인회생채권에 대한 변제를 받거나 변제를 요구하는 일체의 행위가 중지 또는 금지 되었음을 알면서 법령으로 정한 절차 외에서 반복적으로 채무변제를 요구하는 행위
> - 채무자 회생 및 파산에 관한 법률에 따른 회생절차, 파산절차 또는 개인회생절차에 따라 전부 또는 일부 면책되었음을 알면서 법령으로 정한 절차 외에서 반복적으로 채무변제를 요구하는 행위
> - 엽서에 의한 채무변제 요구 등 채무자 외의 자가 채무사실을 알 수 있게 하는 행위

⑫ 부당한 비용 청구 금지 의무

채권추심자는 채무자 또는 관계인에게 지급할 의무가 없거나 실제로 사용된 금액을 초과한 채권추심 비용을 청구하여서는 아니 된다.

> **참고**
>
> 채권추심자가 채무자 또는 관계인에게 청구할 수 있는 채권추심비용
> - 채권자와 채무자가 채무이행과 관련하여 채무자 또는 관계인이 부담하기로 변제기 전에 합의한 비용
> - 채무확인서(채공추 5)의 교부와 관련하여 1만원의 범위에서 채권추심자가 실제로 지출한 비용
> - 그 밖에 채무자가 부담하는 것이 적절하다고 인정되는 비용

⑬ 비용명세서의 교부 의무

채권추심자가 사업자인 경우에 채무자 또는 관계인은 채권추심자에게 비용명세서의 교부를 요청할 수 있다. 이 경우 채권추심자는 정당한 사유가 없으면 지체 없이 비용명세서를 교부하여야 하고, 채무자 또는 관계인에게 교부에 따른 비용을 청구해서는 아니 된다.

(3) 채권추심자의 의무 위반에 따른 제재

채권자가 채권의 공정한 추심에 관한 법률에 정하는 의무를 위반한 때에는 손해배상책임, 형사책임 및 과태료부과 처분의 제재를 받는다.

① 손해배상책임

채권추심자가 채권추심법을 위반하여 채무자 또는 관계인에게 손해를 입힌 경우에는 그 손해를 배상하여야 한다. 다만, 채권추심자가 사업자인 경우에는 사업자가 자신에게 고의 또는 과실이 없음을 입증한 때에는 그러하지 아니하다.

② 형사책임

형사처벌	해당 채권추심자
5년 이하의 징역 또는 5천만원 이하의 벌금	채무자 또는 관계인을 폭행, 협박, 체포 또는 감금하거나 그에게 위계나 위력을 사용하여 채권추심행위를 한 자
3년 이하의 징역 또는 3천만원 이하의 벌금	• 변호사가 아니면서 채권추심과 관련하여 소송행위를 한 자 • 채권추심법 제9조 제2호부터 제7호까지를 위반한 자 • 채무자 또는 관계인의 신용정보나 개인정보를 누설하거나 채권추심의 목적 외로 이용한 자 • 무효이거나 존재하지 아니한 채권을 추심하는 의사를 표시한 자
1년 이하의 징역 또는 1천만원 이하의 벌금	• 관계인에 대한 연락금지를 위반한 자 • 법원, 검찰청, 그 밖의 국가기관에 의한 행위로 오인할 수 있는 말, 글, 음향, 영상, 물건, 그 밖의 표지를 사용하는 행위를 한 자

③ 과태료

과태료는 과태료 대상자에 대하여 다른 법률에 따른 인가·허가·등록 등을 한 감독기관이 있는 경우에는 그 감독기관이, 그 외의 경우에는 특별시장·광역시장·도지사 또는 특별자치도지사가 부과·징수한다.

3 집행권원에 의한 강제집행의 요건

(1) 강제집행의 의의

① 강제집행이란 채권자의 신청으로 국가의 집행기관이 공권력을 행사하여 채무자를 강제함으로써 그 이행이 있는 것과 같은 사실 상태를 실현시켜 주는 것을 말한다.

② 강제집행은 물적담보권의 존재를 증명하는 담보권실행으로서의 강제집행과, 채권의 존재를 증명하는 집행권원에 의한 강제집행으로 나뉜다.

> **TIP** ▶ 담보권실행으로서의 강제집행의 특징
>
> • 채권의 존재를 증명하지 않고서도 강제집행 신청을 할 수 있다.
> • 강제집행 신청 시 강제집행을 신청하는 대상목적물이 누구의 소유인가를 묻지 않는다.
> • 강제집행의 대상목적물을 수색해서 찾아낼 필요가 없다.
> • 강제집행절차에서의 매각대금으로부터 다른 일반채권자보다 우선변제를 받게 된다.

(2) 강제집행의 신청요건

① 집행권원

    ㉠ 집행권원이란 강제집행에 의하여 실현시킬 사법상의 이행청구권의 존재와 범위를 표시하고 그 청구권에 집행력을 인정한 공정의 문서를 말한다.

    ㉡ 집행권원으로서 가장 대표적인 것은 확정된 종국판결 중 이행판결이다.

    ㉢ 재판상의 화해조서, 청구의 인낙조서, 확정된 화해권고결정, 조정조서와 확정된 조정에 갈음하는 결정, 당사자가 수락한 법원 이외의 각종 위원회의 조정안, 확정된 지급명령, 확정된 이행권고결정, 회생채권자·회생담보권자 표 등은 확정판결과 동일한 효력을 가지고 있어 채무자의 재산에 강제집행을 할 수 있는 집행권원이다.

    ㉣ 금전채권에 관한 집행권원은 다음과 같다.

> • 외국법원의 확정판결 또는 이와 동일한 효력이 인정되는 재판이나 중재법에 의한 중재 판정에 관하여 그에 기한 강제집행을 허가하는 내국법원의 판결인 집행판결
> • 일정한 금액의 지급이나 대체물 또는 유가증권의 일정한 수량의 급여를 목적으로 하는 청구권에 관하여 채무불이행시에 즉시 강제집행 할 수 있다는 이른바 집행인낙문구를 넣어 작성한 공정증서
> • 어음·수표에 첨부하여 강제집행을 인낙(認諾)한다는 취지를 적은 어음·수표 공정증서

② 집행문

    ㉠ 집행문이란 이를 내어 주는 시점에서 집행권원이 유효하며 집행에 적합하다는 점과 집행의 당사자가 누구인가를 명확하게 하기 위하여 집행문부여기관이 집행권원 정본의 끝에 덧붙여 공증하는 문언으로 집행문이 부여된 집행권원을 집행력 있는 정본이라 한다.

    ㉡ 집행문은 통상의 집행문과 특별한 집행문으로 구분되며, 특별한 집행문은 다시 조건성취집행문, 승계집행문, 여러 통의 집행문 및 재부여된 집행문으로 구분된다.

[집행문의 종류]

통상의 집행문		집행권원에 표시된 채무자에 대한 강제집행을 실시하기 위하여 집행권원에 표시된 채권자에 대하여 부여하는 집행문
특별한 집행문	조건성취 집행문	집행권원을 집행하는 데에 조건이 붙어 있어 그 조건이 성취되었음을 채권자가 증명하여야 하는 때에 필요한 집행문
	승계집행문	집행권원에 표시된 채권자의 승계인이 집행을 하고자 하거나 집행권원에 표시된 채무자의 승계인에 대하여 집행을 하고자 하는 때 또는 집행권원의 효력이 그 집행권원에 표시된 당사자 이외의 자에 대하여 효력이 있는 경우 그 자가 집행을 하고자 하거나 그 자에 대하여 집행을 하고자 하는 때에 필요한 집행문
	여러 통의 집행문	동일한 시기에 집행기관의 관할을 달리하는 여러 개의 지역에서 또는 방법을 달리하는 여러 종류의 집행절차에 의하여 집행을 하지 아니하면 청구권의 완전한 실현을 얻을 수 없는 경우에 필요한 집행문
	재부여된 집행문	집행권원에 집행문을 부여받은 집행력 있는 정본을 분실하여 찾을 수 없거나 훼손되어 사용할 수 없게 된 경우에 채무자의 재산에 강제집행을 하려고 할 때 그리고 집행채권에 대하여 완전한 만족을 얻지 못하고서 집행력 있는 정본이 실효된 때에 채무자의 다른 재산에 강제집행을 하려고 할 때 필요한 집행문

    ㉢ 특별한 집행문은 통상의 집행문 부여기관이 부여요건의 구비여부를 확인한 후, 사법보좌관의 명령을 받아 부여한다. 다만 집행권원이 집행증서인 경우에는 사법보좌관의 명령을 요하지 아니한다.

(3) 강제집행의 개시요건

강제집행의 개시요건이란 채권자의 강제집행신청에 따라 집행기관이 현실로 강제집행을 착수하는데 필요로 하는 요건을 말한다.

① 채권자의 서면신청이 있을 것

② 강제집행의 당사자가 집행권원이나 이에 덧붙여 적은 집행문 즉 집행력 있는 정본에 표시되어 있을 것

③ 집행권원이 집행개시 전 또는 늦어도 강제집행의 개시와 동시에 채무자에게 송달되어 있을 것

④ 집행권원의 집행이 그 취지에 따라 채권자가 증명할 사실(즉, 조건성취의 사실)에 매인 때 또는 집행권원에 표시된 채권자의 승계인을 위하여 하는 것이거나 집행권원에 표시된 채무자의 승계인에 대하여 하는 것일 때에는 집행할 집행권원 외에 이에 덧붙여 적은 집행문(조건성취집행문 또는 승계집행문)을 강제집행을 개시하기 전에 채무자 또는 그 승계인에게 송달되어 있을 것

⑤ 증명서(조건성취증명서 또는 승계사실증명서)에 의하여 집행문이 부여된 때에는 그 증명서의 등본을 집행을 개시하기 전에 채무자에게 송달하거나 동시에 송달되어 있을 것

⑥ 집행을 받을 사람이 일정한 시일에 이르러야 그 채무를 이행하게 되어 있는 때에는 그 시일이 지난 뒤일 것

⑦ 강제집행이 채권자의 담보제공에 매인 때에는 채권자는 담보를 제공한 증명서를 제출하여야 하며, 이 경우의 집행은 그 증명 서류의 등본을 채무자에게 이미 또는 동시에 송달되어 있을 것

⑧ 반대의무의 이행과 동시에 집행할 수 있다는 것을 내용으로 하는 집행권원의 집행은 채권자가 반대의무의 이행 또는 이행의 제공을 하였다는 것을 증명하였을 것

⑨ 다른 의무의 집행이 불가능한 때에 그에 갈음하여 집행할 수 있다는 것을 내용으로 하는 집행권원의 집행은 채권자가 그 집행이 불가능하다는 것을 증명하였을 것

⑩ 집행장애사유[*]가 없을 것

   [*] 채무자의 파산, 채무자에 대한 회생절차개시, 채무자에 대한 개인회생절차개시, 집행채권의 압류

4 강제집행의 보전

(1) 가압류

① 가압류의 의의

      ㉠ 가압류란 금전채권에 기한 장래의 강제집행을 보전하기 위하여 미리 집행가능한 채무자의 재산에 관하여 그 처분권을 채무자로부터 빼앗아 두는 것을 말한다.

      ㉡ 가압류절차는 강제집행의 부수절차로써의 성질을 가지며, 가압류소송절차와 가압류집행절차로 구분된다.

가압류소송절차	신청의 당부를 심리하여 가압류명령을 할 것인지의 여부를 판단하는 재판절차
가압류집행절차	발령된 가압류 명령을 집행권원으로 하여 그것을 강제 실현하는 집행절차

② 가압류의 요건

      ㉠ 가압류의 대상목적물은 본압류의 대상목적물과 동일하기 때문에 압류금지재산*에 대하여는 가압류도 허용되지 않는다.

        * 압류금지부동산, 압류금지동산, 압류금지채권

      ㉡ 가압류로써 보전할 수 있는 채권자의 권리는 금전채권이나 금전으로 환산할 수 있는 채권에 한한다.

> **TIP** ▸ 금전채권과 금전으로 환산할 수 있는 채권
>
> • 금전채권 : 일정액의 금전지급을 내용으로 하는 채권으로 대출채권·어음채권·매매대금채권·손해배상청구권 등이 속한다.
> • 금전으로 환산할 수 있는 채권 : 채무불이행에 의하여 금전적 손해배상청구권으로 변할 수 있는 채권

      ㉢ 가압류를 할 수 있으려면 가압류의 필요성이 있어야 한다.

> **TIP** ▸ 가압류의 필요성이 없는 경우
>
> • 채권자가 충분한 담보를 가지고 있는 경우
> • 즉시 강제집행을 할 수 있는 경우
> • 변제기가 매우 먼 장래로서 가까운 시일 내에는 강제집행을 할 수 없는 경우

③ 가압류의 신청은 보전하고자 하는 권리인 청구채권의 존재와 가압류의 필요성을 소명한 소정의 가압류신청서를 관할법원에 제출하여 한다.

④ 법원은 청구채권의 존재 및 보전의 필요성에 관한 확실한 심증 없이, 진실함을 인정할 만한 채권자의 소명자료와 채권자의 심문만으로 사실을 인정하고, 채권자로 하여금 소정의 가압류담보금을 제공하게 하고서 가압류채무자의 재산처분권을 제한하는 가압류명령을 한다.

⑤ 가압류명령의 집행

      ㉠ 가압류명령이 있어도 집행되지 아니한 동안에는 그 내용에 따른 효력이 생기지 않으며, 집행이 완료된 후에야 비로소 이를 가지고 채무자와 제3자에게 대항할 수 있다.

      ㉡ 부동산에 대한 가압류의 집행은 가압류재판에 관한 사항을 등기부에 기입하는 방법으로 한다.

      ㉢ 유체동산에 대한 가압류는 가압류하고자 하는 유체동산의 소재지를 관할하는 지방법원에 소속되어 있는 집행관에게 채권자가 서면으로 그 집행의 위임을 하여야 실시되며, 채무자가 점유하는 유체동산의 가압류는 집행관이 그 물건을 점유하는 방법으로 한다.

ⓔ 가압류명령의 집행이 있으면 채무자는 가압류의 목적물에 대하여 이를 다른 데에 양도하거나 담보로 제공하는 등 일체의 처분행위를 할 수 없게 된다. 다만, 이러한 효력은 상대적인 것으로 채무자의 처분행위를 가압류채권자에 대해서만 대항할 수 없는 상대적인 것이다.

> **TIP** ▸ 가압류에 따른 채무자의 대응방안
>
> • 이의신청
> • 본안제소명령신청
> • 사정변경 등에 의한 가압류의 취소신청
>   가압류채무자는 ❶ 가압류 이유가 소멸되거나 그 밖에 사정이 바뀐 때 ❷ 법원이 정한 담보를 제공한 때 ❸ 가압류가 집행된 뒤에 3년간 본안의 소를 제기하지 아니한 때 중의 어느 하나에 해당하는 사유가 있는 경우에는 가압류가 인가된 뒤에도 그 취소를 신청할 수 있다. 특히, ❸에 해당하는 경우에는 이해관계인도 신청할 수 있다.
> • 가압류해방금액 공탁

(2) 채권자대위권

① 채권자대위권의 의의

채권자대위권이란 채권자가 자신의 채권보전을 위하여 채무자가 가진 권리를 행사할 수 있는 권리를 말한다.

② 채권자대위권의 성립요건

> • 채권자의 채권보전에 필요하여야 한다.
> • 채무자가 스스로 그의 권리를 행사하지 아니하여야 한다.
> • 채권자의 채권이 이행기에 있어야 한다.

③ 채권자대위권의 행사효력

㉠ 채권자대위권을 행사하는 채권자로서는 제3채무자에 대하여 채무자에게 채무를 이행할 것을 청구할 수 있음은 물론이고 직접 자기에게 이행할 것을 청구할 수도 있다.

㉡ 채권자대위권의 행사효과는 채무자에게 귀속된다.

㉢ 채권자대위권 행사의 상대방인 제3채무자는 채무자에 대한 모든 항변으로 채권자에게 대항할 수 있다.

(3) 채권자취소권

① 채권자취소권의 의의

채권자취소권이란 '사해행위의 취소'와 '일탈재산의 원상회복'의 두 가지를 소구할 수 있는 채권자의 권리를 말한다.

② 채권자취소권의 성립요건

> • 채무자의 재산상의 행위가 있을 것
> • 채권자를 해하는 행위일 것
> • 채권자를 해하려는 의사가 있을 것

③ 채권자취소권의 행사

    ⊙ 채권자가 채권자라는 자격에서 자기의 이름으로 재판상 행사하여야 한다.

    ⓒ 취소의 대상이 되는 사해행위는 채무자의 행위이고 전득자가 있는 경우에도 수익자와 전득자 사이의 행위는 취소의 대상이 되지 않는다.

    ⓒ 채권자취소소송의 피고는 언제나 수익자 또는 전득자이며 채무자를 피고에 포함시키지 못한다.

    ⓔ 채권자취소권은 채권자가 취소원인을 안 날로부터 1년, 법률행위가 있은 날로부터 5년 내에 행사하여야 한다.

④ 채권자취소권의 행사효력

    ⊙ 취소의 효과로서의 원상회복은 총 채권자와 수익자 또는 전득자와의 상대적 관계에서 채무자의 책임재산으로 취급될 뿐이고 채무자가 직접 권리를 취득하는 것이 아니다.

    ⓒ 채권자취소권의 행사효과는 모든 채권자의 이익으로 돌아간다. 따라서 채권자가 되찾은 재산으로부터 그의 채권을 변제받으려면 다시 자신의 집행권원에 기하여 그 재산에 대한 강제집행의 절차를 취하여야 한다.

(4) 소멸시효의 관리

① 소멸시효의 의의

    ⊙ 소멸시효란 권리자가 그의 권리를 행사할 수 있음에도 불구하고 일정한 기간 동안 그 권리를 행사하지 않은 상태, 즉 권리불행사의 상태가 계속된 경우에 그 자의 권리를 소멸시키는 제도를 말한다.

    ⓒ 소멸시효의 존재이유

> • 법률생활의 안정과 평화를 도모
> • 구체적인 소송사건에서의 증거보전의 곤란 구제
> • 권리 위에 잠자는 자에 대한 보호 불필요

② 소멸시효기간(권리를 행사하지 않는 기간)은 민법과 상법 및 그 밖의 개별법에서 정하고 있다.

    ⊙ 일반적인 기준은 민사채권은 10년이고, 상사채권은 5년이다. 그 밖에 3년, 2년, 1년, 6월의 소멸시효기간이 정해져 있다.

    ⓒ 금융거래에서 발생하는 여신채권 중 증서대출에 의한 채권의 소멸시효기간은 원금은 5년, 약정이자는 3년, 연체이자는 5년이다.

    ⓒ 판결에 의하여 확정된 채권과 판결과 동일한 효력이 있는 것에 의하여 확정된 채권은 단기의 소멸시효기간에 해당하는 것이라도 10년으로 연장된다.

③ 소멸시효의 중단

    ⊙ 소멸시효의 중단이란 이미 경과한 시효기간을 소멸하게 하고 처음부터 다시 소멸시효를 진행하게 하는 것을 말한다.

    ⓒ 중단의 사유로는 재판상의 청구, 재판외의 청구(최고), 지급명령 · 재판상의 화해 · 조정의 신청, 압류 · 가압류 · 가처분, 승인, 소송고지 등이 있다.

    ⓒ 시효가 중단되면 그 때까지 경과한 시효기간은 이를 산입하지 않으며, 이후 시효기간 진행의 기초가 되는 사실상태가 계속되면 그 때부터 새로이 시효기간이 진행하게 된다.

④ 소멸시효의 정지
   ㉠ 소멸시효의 정지란 시효기간이 거의 완성할 무렵에 권리자가 중단행위를 하는 것이 불가능 하거나 또는 대단히 곤란한 사정이 있는 경우에, 그 시효 기간의 진행을 일시적으로 멈추게 하고 그러한 사정이 없어졌을 때에 다시 나머지 기간을 진행시키는 것을 말한다.
   ㉡ 소멸시효의 정지사유와 정지기간

정지사유	정지기간
소멸시효기간의 만료 전 6월 내에 제한능력자의 법정대리인이 없는 경우	그가 능력자가 되거나 법정대리인이 취임한 때로부터 6월
재산을 관리하는 부, 모 또는 후견인에 대한 제한능력자의 권리	그가 능력자가 되거나 후임의 법정대리인이 취임한 때로부터 6월
부부의 일방의 타방에 대한 권리	혼인관계의 종료한 때로부터 6월
상속재산에 속한 권리나 상속재산에 대한 권리	상속인의 확정, 관리인의 선임 또는 파산선고가 있은 때로부터 6월
천재 기타 사변으로 인하여 소멸시효를 중단할 수 없는 때	그 사유가 종료한 때로부터 1월

⑤ 소멸시효완성의 효력에 관하여는 시효 완성된 권리가 당연히 소멸하며, 소멸시효는 그 기산일에 소급하여 효력이 생긴다. 그러나 시효소멸하는 채권이 그 소멸시효가 완성하기 전에 상계할 수 있었던 것이면 채권자는 상계할 수 있다.

⑥ 소멸시효이익의 포기
   ㉠ 소멸시효의 이익은 시효기간이 완성하기 전에는 미리 포기하지 못한다. 소멸시효이익의 포기는 시효완성의 사실을 알고서 하여야 하나 소멸시효완성 후 채무를 변제하는 자는 소멸시효완성의 사실을 알고서 변제하는 것으로 추정된다.
   ㉡ 변제부분에 대하여서만 소멸시효이익을 포기하겠다는 의사인 때에는 잔여금액에 대하여는 소멸시효완성의 이익을 주장할 수 있다. 반면에 전체에 대하여 소멸시효이익을 포기하면서 우선 일부만 변제하는 의사인 때에는 잔여금액에 대하여도 지급의무가 존치되는 것으로 보아야 한다.

5 강제집행대상 재산의 조사

(1) 재산명시제도

① 재산명시제도의 의의

재산명시절차란 금전의 지급을 목적으로 하는 집행권원에 기초하여 강제집행을 개시할 수 있는 채권자의 신청으로 법원이 채무자로 하여금 자신이 보유하고 있는 재산의 내용을 밝히게 함으로써 채권자가 강제집행대상 재산을 찾는 것을 용이하게 하는 민사집행법상의 제도를 말한다.

② 재산명시제도의 절차

㉠ 재산명시명령의 신청

> **참고**
>
> 채권자가 관할법원에 재산명시신청을 하기 위해 구비해야 할 요건
> - 금전의 지급을 목적으로 하는 집행권원이 있어야 한다.
> - 강제집행을 개시할 수 있는 상태에 있어야 한다. 강제집행을 개시할 수 있다는 것은 집행개시의 요건을 구비하고 있다는 것을 의미한다.
> - 재산명시신청의 상대방인 채무자가 소송능력을 가지고 있어야 한다. 채무자가 소송무능력자인 경우에는 그 법정대리인을 상대로 재산명시 신청을 하여야 한다.
> - 채무자의 재산을 쉽게 찾을 수 없어야 한다. 채무자의 재산을 쉽게 찾을 수 있다고 인정한 때에는 법원은 재산명시신청을 기각하도록 되어 있기 때문이다. 쉽게 찾을 수 있다는 입증책임은 채무자가 부담한다.
> - 채무자의 채무이행이 없어야 한다.

> **참고**
>
> 재산명시신청의 방법
> - 채권자·채무자와 그 대리인의 표시
> - 집행권원의 표시
> - 채무자가 이행하지 아니하는 금전채무액
> - 신청취지와 신청사유를 적은 서면으로 하여야 한다.

㉡ 재산명시명령신청에 대한 재판

재산명시신청에 정당한 이유가 있을 때에는 법원은 채무자에게 재산상태를 명시한 재산목록을 제출하도록 하는 재산명시명령을 한다.

㉢ 재산명시기일의 실시

- 재산명시기일의 지정과 출석요구

재산명시명령에 대하여 채무자의 이의신청이 없거나 이를 기각한 때에는 법원은 재산명시를 위한 기일을 정하여 채무자에게 출석하도록 요구하여야 한다. 이 기일은 채권자에게도 통지하여야 한다. 특히, 채무자가 소송대리인을 선임한 경우에도 출석요구서는 채무자 본인에게 송달하여야 한다.

- 재산명시기일에서의 절차

채무자는 재산명시기일에 소정의 사항을 적은 재산목록을 제출하여야 한다. 이 때 법원은 그 재산목록에 기재할 사항이 형식적으로 명확하고 빠짐없이 기재되었는지를 심사하고 불명확한 것이나 누락된 것이 있으면 보정을 명하여야 한다.

- 명시기일의 연기

  재산명시기일에 출석한 채무자가 3월 이내에 변제할 수 있음을 소명한 때에는 법원은 그 기일을 3월의 범위 내에서 연기할 수 있으며, 채무자가 새 기일에 채무액의 3분의 2 이상을 변제하였음을 증명하는 서류를 제출한 때에는 다시 1월의 범위 내에서 연기할 수 있다.

- 재산목록의 열람·복사

  채무자에 대하여 강제집행을 개시할 수 있는 채권자나 집행력 있는 정본을 소지한 채권자는 채무자가 제출한 재산목록을 보거나 복사할 것을 신청할 수 있다.

(2) 재산조회제도

① 재산조회제도의 의의

채권자의 신청으로 법원이 개인의 재산 및 신용에 관한 전산망을 관리하는 공공기관·금융기관·단체 등에 채무자 명의의 재산에 관하여 조회할 수 있게 함으로써 채권자가 강제집행대상재산을 찾는 것을 용이하게 하는 민사집행법상의 제도를 말한다.

② 재산조회제도의 절차

　㉠ 재산명시명령의 신청

    ⓛ 재산조회신청에 대한 재판

        재산조회신청에 대한 재판재산조회신청에 대하여 법원은 서면심리만으로 재판할 수 있으나 필요
하다고 인정하는 때에는 이해관계인 그 밖의 참고인을 심문할 수 있다. 심리결과 신청에 형식적
흠이 있는 때에는 법원은 상당한 기간을 정하여 보정을 명하고 채권자가 그 기간 내에 흠을 보정하
지 아니하면 명령으로 신청을 각하하여야 하고, 재산 조회신청에 정당한 이유가 없다고 판단하는
때에는 법원은 결정으로 신청을 기각하여야 한다. 반면에 재산조회신청이 정당하다고 인정하는
때에는 법원은 재산조회를 실시한다.

    ⓒ 재산조회의 방법

        법원의 재산조회는 문서에 의한 조회와 전자통신매체의 의한 조회의 2가지 방법으로 하며, 법원
으로부터 재산조회를 받은 공공기관·금융기관·단체 등은 정당한 사유 없이 조회를 거부하지 못
한다.

⑥ 부동산에 대한 강제집행

(1) 부동산집행의 대상

① 민법상으로는 부동산이나 부동산집행방법을 취하지 않는 것이 있는가 하면 민법상으로는 부동산에
해당하지 않으나 부동산집행방법을 취하는 것도 있다.

② 토지와 토지의 정착물 중 등기가 가능하지 않은 것은 부동산집행의 대상이 되지 않는다.

참고

부동산집행의 대상
- 토지의 정착물 중 등기가 가능한 것 예 건물, 입목 등
- 부동산의 공유지분
- 지상권과 그 공유지분
- 등기된 전세권으로서 존속기간이 만료되지 않은 것
- 공장에 속하는 토지나 건물에 부합된 물건과 토지나 건물에 설치된 기계·기구 그 밖의 공장 공용물로서 공장저당
  권의 목적이 되는 물건
- 공장재단과 광업재단
- 광업권 및 조광권
- 어업권 및 내수면어업권
- 유로도로관리권 및 댐사용권

---

(2) 경매개시의 결정절차

① 부동산에 대한 경매의 신청은 신청인이 소정의 사항을 기재한 서면을 관할법원에 제출함으로써 한다.

② 경매개시결정은 경매절차를 개시함과 동시에 대상부동산을 압류하는 효력이 있다. 다만 이 압류의
효력은 경매개시결정이 부동산의 소유자에게 송달된 때 또는 경매 개시결정등기촉탁에 의하여 경매
개시결정의 등기가 된 때에 생긴다.

(3) 경매개시결정 후 법원의 조치

① 경매개시결정이 있으면 법원사무관등은 즉시 그 사유를 등기부에 기입하도록 등기관에게 촉탁해야 하고, 등기관은 그 촉탁에 따라 경매개시 결정사유를 등기부에 기입해야 한다.

② 경매개시결정은 이를 당사자에게 고지하여야 하는데 실무에서는 고지의 방법으로 경매개시 결정서 정본의 송달을 실시하는 것이 보통이다.

(4) 경매부동산의 매각준비절차

TIP ▶ 매각준비절차

경매개시결정에 따른 압류의 효력이 생긴 때에는 집행법원은 매각준비절차로서 배당요구의 종기결정(첫 매각기일 이전으로 정한다), 채권신고의 최고 등, 부동산현황조사, 경매부동산의 평가, 매각물건명세서의 작성·비치, 남을 가망이 없을 경우의 경매취소, 매각방법의 지정 및 매각기일과 매각결정기일의 지정·공고·통지의 절차를 취한다.

① 경매개시결정에 따른 압류의 효력이 생긴 때(그 경매개시결정 전에 다른 경매개시결정이 있은 경우를 제외한다)에는 집행법원은 절차에 필요한 기간을 감안하여 배당요구를 할 수 있는 종기(終期)를 첫 매각기일 이전으로 정한다.

② 집행법원이 경매기시결정을 한 때에는 법원사무관 등은 다음을 배당요구의 종기까지 법원에 신고하도록 최고하여야 한다.

> • 첫 경매개시결정등기 전에 등기된 가압류채권자
> • 저당권·전세권, 그 밖의 우선변제청구권으로서 첫 경매개시결정등기 전에 등기되었고 매각으로 소멸하는 것을 가진 채권자
> • 조세·그 밖의 공과금을 주관하는 공공기관에 대하여, 채권의 유무·그 원인 및 액수를 배당 요구의 종기까지 법원에 신고하도록 최고하여야 한다.

③ 경매법원은 경매개시결정을 한 뒤에 바로 집행관에게 부동산의 현상, 점유 관계, 차임(借賃) 또는 보증금의 액수, 그 밖의 현황에 관하여 조사하도록 명하여야 한다.

④ 집행법원은 감정인에게 부동산을 평가하게 하고 그 평가액을 참작하여 최저매각가격을 정하여야 한다. 법원이 정한 최저매각가격은 그 사건의 매각기일에서 경매부동산을 그 가격보다 저가로 매각할 수 없고, 그 평가액이나 또는 그 이상으로 매각함을 요하는 기준가격이 된다.

⑤ 집행법원은 경매부동산의 현황조사와 평가를 한 후 일정한 사항을 기재한 매각물건명세서를 작성하고 그 사본을 비치하여 일반인이 열람할 수 있도록 하여야 한다. 매각물건명세서는 적어도 매각기일(기간입찰의 방법으로 진행하는 경우에는 입찰기간의 개시일) 1주전까지 작성하여야 한다.

⑥ 집행법원은 최저매각가격으로 우선채권을 변제하면 남을 것이 없겠다고 인정한 때에는 압류채권자에게 이를 통지하여야 한다. 이 통지를 받은 날로부터 1주 이내에 압류채권자가 대상 부동산상의 모든 부담과 절차비용을 변제하고 남을 만한 가격을 정하여, 그 가격에 맞는 매수신고가 없을 때에는 자기가 그 가격으로 매수할 것을 신청하면서 충분한 보증을 제공하지 아니하면 경매절차를 취소하여야 한다.

⑦ 부동산 매각은 집행법원이 정한 매각방법에 따른다.

<blockquote>
참고

집행법원이 정할 수 있는 매각방법
- 매각기일에 하는 호가경매(呼價競賣)
- 매각기일에 입찰 및 개찰하게 하는 기일입찰
- 입찰기간 이내에 입찰하게 하여 매각기일에 개찰하는 기간입찰
</blockquote>

⑧ 매각기일과 매각결정기일의 지정·공고·통지

　㉠ 최저매각가격으로 압류채권자의 채권에 우선하는 부동산의 모든 부담과 절차비용을 변제하고도 남을 것이 있다고 인정하거나 압류채권자가 소정의 매수신청을 하고 충분한 보증을 제공한 때에는 직권으로 매각기일과 매각결정기일을 정하여야 한다.

TIP ▸ 매각기일과 매각결정기일

매각기일	집행법원이 경매부동산에 대한 매각을 실시하는 기일
매각결정기일	매각기일의 매각절차에서 최고가매수인이 있을 때에 집행법원이 출석한 이해관계인의 진술을 듣고 매각절차의 적법여부를 심사하여 매각허가 또는 매각불허가의 결정을 선고하는 기일

　㉡ 매각기일과 매각결정기일을 지정한 때에는 법원은 직권으로 이를 공고하여야 하며, 법원게시판 게시, 관보·공보 또는 신문 게재, 전자통신매체를 이용한 공고 중 어느 하나의 방법으로 한다.

(5) 경매부동산의 매각실시절차

① 매각기일이 개시되면 집행관은 매수희망자로부터 매수신청을 받아 경매부동산에 대한 매각절차를 실시한다. 집행관이 매수희망자로부터 매수신청을 받는 방법으로는 호가경매방식과 기일입찰방식 및 기간입찰방식이 있다.

② 매각기일에 최고가매수신고인이 있으면 집행법원은 미리 지정·공고된 일시에 매각결정기일을 열어 출석한 이해관계인의 의견을 듣고 매각절차의 적법여부를 심사한 후 매각허가 또는 매각불허가의 결정을 하게 된다.

③ 매각허가결정이 확정되면 법원은 대금의 지급기한을 정하고 이를 매수인과 차순위매수신고인에게 통지하고, 매수인은 대금지급기한까지 지정된 장소에 출두하여 매각대금 전액을 현금 또는 금융기관 발행의 자기앞수표로 법원에 납부하여야 한다.

④ 매수인이 매각대금을 다 낸 때에는 매각의 목적인 권리를 취득한다. 소유권취득의 시기는 매수인이 매각대금을 다 낸 날이다. 대금지급기한의 최종일 전에 대금을 다 낸 때에도 그 낸 날 소유권을 취득한다.

(6) 매각대금의 배당참가채권자

① 배당참가란 경매절차에서 압류채권자 이외의 채권자가 매각대금으로부터의 자기 채권의 만족을 구하는 것을 말한다.

② 배당참가에는 법원이 정한 배당요구의 종기까지 배당요구를 하여야만 배당참가채권자로 취급되는 자와 배당요구를 하지 않아도 집행법원에 의하여 당연히 배당요구한 것으로 되어 배당참가채권자로 취급되는 자의 2가지 유형이 있다.

※ 배당요구를 하여야 배당에 참가할 수 있는 자

- 집행력 있는 정본을 가진 채권자
- 경매개시결정이 등기된 뒤에 가압류를 한 채권자
- 민법·상법 그 밖의 법률상의 우선변제청구권자
- 국세 등의 교부청구권자

※ 배당요구를 하지 않아도 당연히 배당참가하게 되는 채권자

- 배당요구의 종기까지 경매신청을 한 압류채권자
- 첫 경매개시결정등기 전에 등기된 가압류채권자
- 첫 경매개시결정등기 전에 등기된 우선변제권자
- 국세 등에 기한 참가압류권자

③ 배당요구를 하여야 배당에 참가할 수 있는 자가 배당요구를 하여 배당참가할 수 있는 최종시한은 첫 매각기일 이전으로서 집행법원이 정한 기일이다.

④ 배당요구 또는 경합압류 신청이 있으면 집행법원은 신청의 적법성 여부를 심사하여야 하고, 적법하다고 인정하는 때에는 그 사유를 이해관계인에게 통지하여야 한다.

⑤ 배당요구의 효력은 그 신청서가 집행법원에 제출되어 신청요건의 구비로 접수되었을 때에 발생한다.

(7) 매각대금 배당의 준비

① 배당기일이 정하여진 때에는 법원사무관 등은 각 채권자에 대하여 채권의 원금·배당기일까지의 이자·그 밖의 부대채권 및 집행비용을 적은 계산서를 1주안에 법원에 제출할 것을 최고한다.

② 매수인이 매각대금을 지급하면 법원은 배당에 관한 진술 및 배당을 실시할 기일(배당기일)을 정하여, 이해관계인과 배당을 요구한 채권자에게 이를 통지하여야 한다.

③ 법원은 채권자와 채무자에게 보여주기 위하여 배당기일의 3일 전에 배당표원안(配當表原案)을 작성하여 법원에 비치하여야 한다.

(8) 매각대금 배당기일의 실시

① 배당기일에 출석한 이해관계인과 배당을 요구한 채권자를 심문하여 배당표를 확정한다.

② 배당기일에 출석한 채권자 또는 채무자가 법원의 배당표작성절차에 위법이 있다든가 또는 배당표에 기재된 채권의 순위나 금액에 잘못이 있다고 주장하여 그 시정을 구할 수 있다. 배당표에 대한 이의에는 절차상의 이의와 실체상의 이의의 2가지가 있다.

절차상의 이의 (형식상의 이의)	배당표작성의 절차 또는 방법에 위법이 있다고 하여 그 시정을 구하는 것
실체상의 이의	배당표에 기재된 채권의 순위나 배당액수가 사실과 다르다고 하여 그 시정을 구하는 것

③ 이의는 배당기일에 출석하여 하는 것이 원칙이나, 법원에 배당표원안이 비치된 이후이면 채무자는 서면으로 이의를 할 수 있다.

④ 집행력 있는 집행권원의 정본을 가지지 아니한 채권자(가압류채권자를 제외한다)에 대하여 채무자가 이의를 하였으나 채권자가 그 이의를 정당하다고 인정하지 아니하는 경우에는 이의를 한 채무자는 배당기일로부터 1주 이내에 채권자를 상대로 배당이의의 소를 제기하고 그 소제기 사실을 증명하는 서류를 집행법원에 제출하여야 하고 만일 이를 게을리 한 때에는 이의를 취하한 것으로 간주한다.

(9) 매각대금 배당의 실시

① 채무자 및 채권자로부터 적법한 이의신청이 없는 경우 또는 배당기일에 출석하지 아니함으로 인하여 배당표와 같이 배당을 실시하는 데에 동의한 것으로 보는 경우에는 법원이 작성한 배당표원안이 그대로 확정되므로 그에 따른 배당을 실시하여야 한다.

② 그 밖에 채무자 또는 채권자가 배당표에 대하여 이의를 한 경우라도 다음의 경우에는 배당을 실시하여야 한다.

> • 이의신청인이 이의를 철회한 경우
> • 이의신청채무자나 채권자가 배당기일로부터 1주 이내에 배당이의의 소를 제기하고 그 소제기증명을 하지 아니한 경우
> • 배당이의의 소가 취하 또는 취하 간주되거나 그 소송에 있어 소각하 또는 청구기각의 판결이 확정되었음이 증명된 경우
> • 배당이의의 소에 대한 판결이 확정되었음이 증명된 경우
> • 집행력 있는 집행권원의 정본을 가진 채권자의 채권에 대하여 이의신청한 채무자가 1주 이내에 청구에 관한 이의의 소를 제기하였음을 증명하는 서면과 그 소에 관한 집행정지 재판의 정본을 제출하지 아니한 경우, 또는 그 소에 관한 집행정지재판의 정본이 제출된 후 청구에 관한 이의의 소가 취하되거나 소각하 또는 기각의 판결이 확정되었음이 증명된 경우

③ 배당할 금액을 공탁하였다가 공탁의 원인이 소멸한 때 지급하거나 추가배당하는 경우

- 정지조건 또는 불확정기한이 붙어 있는 채권에 대한 배당금액
- 가압류채권자의 채권액에 대한 배당금액
- 강제집행의 일시정지를 명한 취지를 적은 재판의 정본 및 담보권 실행을 일시정지하도록 명한 재판의 정본이 제출되어 있는 때에 그 집행채권자에 대한 배당금액
- 압류의 효력 발생 전에 저당권설정의 가등기가 마쳐져 있는 때에 그 가등기권리자가 본등기를 함으로써 우선변제 받을 수 있는 배당금액
- 배당표에 대한 이의신청이 있는 채권에 관하여 적법한 배당이의의 소가 제기된 때에 그 배당금액
- 저당부동산이 아닌 다른 재산에 관한 배당이 실시되어 저당권자가 그 매각대금의 배당에 참가한 경우에 다른 채권자가 그 저당권자에 대한 배당금액의 공탁을 청구한 때에 그 배당금액
- 채권자가 배당기일에 출석하지 아니한 때에 그에 대한 배당액

④ 법원이 추가배당을 하여야 하는 사유

- 정지조건부채권의 조건불성취가 확정된 경우
- 채무자가 배당이의의 소를 제기한 후 승소한 경우
- 다른 채권자의 공탁청구로 특정 채권자에 대한 배당금액이 공탁되었다가 그 특정채권자에 대한 배당이 필요하지 않게 된 경우
- 불출석채권자에 대한 배당금액이 공탁되었다가 불출석채권자의 채권이 존재하지 않은 것으로 확정되거나 불출석채권자가 수령을 포기한 경우

TIP ▸ 추가배당

종전 배당표상 배당받는 것으로 기재된 채권자에 대한 배당액의 전부 또는 일부를 당해 채권자가 배당받지 못하는 것으로 확정된 경우, 그 채권자의 배당에 대하여 이의를 하였는지에 관계없이 배당에 참가한 모든 채권자를 대상으로 종전의 배당표를 바꾸어 배당순위에 따라 추가로 배당하는 경우를 말한다.

⑦ 유체동산에 대한 강제집행

(1) 유체동산집행의 대상

민법상의 동산이면서도 유체동산집행 방법을 취하지 않는 것이 있는가 하면 민법상의 동산은 아니면서도 유체동산집행 방법을 취하는 것이 있다.

※ 민법상의 동산이면서도 유체동산집행 방법을 취하지 않는 것

- 선박등기법에 의하여 등기할 수 있는 선박
- 자동차관리법에 따라 등록된 자동차
- 건설기계관리법에 따라 등록된 건설기계
- 자동차 등 특정 동산저당법의 적용을 받는 소형 선박
- 항공법에 따라 등록된 항공기

※ 민법상의 동산은 아니면서도 유체동산집행 방법을 취하는 것

- 등기할 수 없는 토지의 정착물로서 독립하여 거래의 객체가 될 수 있는 것
- 토지에서 분리하기 전의 과실로서 1월 내에 수확할 수 있는 것
- 유가증권으로서 배서가 금지되지 아니한 것

(2) 유체동산의 압류

① 집행관은 채무자가 직접 점유하고 있는 것은 제3자의 소유라도 일단 채무자의 소유로 보고 압류할 수 있으며, 이 경우 제3자는 제3자이의의 소에 의하여 구제받을 수 있을 뿐이다.

② 민사집행법은 제195조에 채무자의 최저생활의 유지나 생업의 보장 기타 사회적·경제적·문화적 관점에서 정책적으로 압류금지물을 열거하고 있으며, 재판으로 이를 축소하거나 확대할 수 있도록 하고 있다.

③ 제3자가 집행채무자의 유체동산을 단독 또는 집행채권자나 집행채무자와 공동으로 점유하고 있는 경우에는 집행관은 그 제3자가 압류를 승낙하여 제출을 거부하지 아니하는 때에 한하여 압류할 수 있다.

④ 압류는 집행력 있는 정본에 적은 청구금액의 변제와 집행비용의 변상에 필요한 한도 안에서만 할 수 있다.

⑤ 압류가 있으면 채무자가 압류물을 처분하더라도 당해 집행절차상으로는 무효인 것으로 취급된다. 단, 압류의 취소가 있으면 유효한 것으로 된다.

⑥ 경합압류(이중압류)는 먼저 압류한 물건에 대한 매각기일에 이르기 전까지만 할 수 있으며, 그 성질상 집행장소가 동일한 경우에 한하여 먼저 압류한 물건에 대한 매각기일 전에 신청하여야 한다.

> **TIP** ▶ 경합압류(이중압류)
>
> 압류 또는 가압류한 물건을 다시 다른 채권자가 압류 또는 가압류하는 것을 말한다.

(3) 압류 유체동산의 현금화

압류 유체동산의 현금화는 호가경매, 입찰 또는 특별현금화의 방법으로 한다.

호가경매		경매기일에 매수신청의 액을 서로 올려가는 방법
입찰		각 매수신청인이 서면(입찰표)으로 매수가격을 신청하여 그 중 최고가격을 신청한 사람을 매수인으로 정하는 방법
특별현금화	금·은붙이의 현금화	금·은 시장가격 이상의 금액으로 일반 현금화의 규정*에 따라 매각하는 방법 * 호가경매 또는 기일입찰
	유가증권의 현금화	시장가격이 있는 유가증권은 매각하는 날의 시장가격에 따라 적당한 방법으로 매각하나, 시장가격이 형성되지 아니한 유가증권은 호가경매 또는 기일입찰의 방법으로 매각하는 방법
	법원의 명령에 의한 특별현금화	민사집행법의 규정에 따른 호가경매 또는 기일입찰의 방법이 아닌 방법에 의하여 매각하는 방법

(4) 현금화 대금의 배당

① 배당참가채권자의 유형은 부동산의 경우와 같다. 다만 부동산의 경우와 다른 점은 배당요구할 수 있는 채권자가 민법·상법 그 밖의 법률에 따라 우선변제청구권이 있는 채권자로 한정되어 있다는 점이다.

② 배당요구의 종기
  ㉠ 압류의 대상이 금전인 경우 ⇨ 집행관이 압류에 의하여 금전의 점유를 취득할 때까지
  ㉡ 압류물을 매각하여 현금화하는 경우 ⇨ 집행관이 그 매각대금을 영수할 때까지
  ㉢ 압류의 목적물이 어음·수표 그 밖의 금전의 지급을 목적으로 유가증권으로써 매각절차를 취하지 않고 추심을 하는 경우 ⇨ 집행관이 그 지급을 받을 때까지
  ㉣ 집행정지 중에 압류물을 매각하여 그 대금을 공탁한 경우 ⇨ 후일 그 정지가 풀려서 그 집행을 계속하여 진행할 수 있게 될 때까지
  ㉤ 가압류물을 즉시 매각하여 그 매각대금을 공탁한 경우 ⇨ 본압류의 신청이 있을 때까지

③ 배당요구는 채권(이자, 비용, 그 밖의 부대채권을 포함한다)의 원인과 액수를 적은 서면을 집행관에게 제출하는 방법으로 하며, 배당요구채권에 대한 소멸시효를 중단시키는 효력이 있다.

④ 채권자가 한 사람인 경우 또는 채권자가 두 사람 이상으로서 매각대금 또는 압류금전으로 각 채권자의 채권과 집행비용의 전부를 변제할 수 있는 경우에는 집행관은 채권자에게 채권액을 교부하고, 나머지가 있으면 채무자에게 교부한다.

⑤ 채권자가 두 사람 이상이고 매각대금 또는 압류금전으로 각 채권을 만족하게 할 수 없는 경우에 채권자 사이에 배당협의가 이루어진 때에는 그 협의에 따라 배당을 실시한다.

⑥ 채권자 사이에 배당협의가 이루어지지 아니한 때에는 집행관은 바로 압류금전 또는 매각대금을 공탁하고 그 사유를 집행법원에 신고하여야 하고, 이 신고가 있으면 법원이 배당절차를 개시하며 그 절차는 부동산집행절차에 있어서와 대체로 같다.

8 지명채권에 대한 강제집행

(1) 지명채권집행의 대상

① 강제집행의 대상이 되는 지명채권

> • 집행채무자의 책임재산에 속할 것
> • 독립된 재산으로서의 재산적 가치가 있을 것
> • 제3채무자에 대한 송달이 가능하고 대한민국의 재판권이 미칠 것
> • 양도할 수 없는 채권이 아닐 것
> • 법률상의 압류 금지채권이 아닐 것을 요한다.

② 민사집행법은 제246조에 채무자의 최저한도의 생활보장이라는 사회정책적 고려에서 정책적으로 압류
금지물을 열거하고 있으며, 재판으로 이를 축소하거나 확대할 수 있도록 하고 있다.

③ 국민연금법 등, 국민건강보험법 등, 근로기준법 등, 국가배상법 등 그 밖의 법률에서도 압류금지채권
을 규정하고 있다.

(2) 지명채권의 압류

① 압류명령의 신청이 있으면 집행법원은 신청서 및 첨부서류만에 의한 서면심사로써 그 신청이 적법하
고 이유가 있다고 인정되면 압류될 채권의 존부나 집행채무자에의 귀속여부를 심사하거나 채무자나
제3채무자를 심문함이 없이 채권압류명령을 한다.

② 압류명령은 제3채무자에게 채무자에 대한 지급을 금하고 채무자에게 채권의 처분 및 영수를 금하는
것을 내용으로 하며, 법원은 이를 제3채무자와 채무자에게 송달한다. 압류의 효력은 압류명령이 제3
채무자에게 송달된 때에 효력이 생긴다.

③ 채권의 일부가 압류된 뒤에 나머지 부분을 초과하여 다시 압류명령이 내려지거나 채권 전부가 압류된
뒤에 채권의 일부에 대하여 다시 압류명령이 내려진 때 그 압류의 효력도 채권의 전부에 미치며, 이후
압류의 경합이 해소되는 경우에도 압류의 효력은 확장된 채로 유지된다.

(3) 압류된 지명채권의 현금화

① 금전채권의 현금화방법으로 추심명령과 전부명령이 이용되고 있으며, 이 중 어느 것을 선택할 것인
지는 전적으로 압류채권자의 의사에 달려 있다.

추심명령	집행채무자가 제3채무자에 대하여 가지는 채권의 추심권을 압류채권자에게 부여하여 그가 직접 제3채무자에게 이행의 청구를 할 수 있도록 하는 집행법원의 명령
전부명령	압류한 금전채권을 집행채권의 변제에 갈음하여 그 권면액(券面額)으로 압류채권자에게 이전시키는 명령

② 추심명령과 전부명령의 차이점

㉠ 추심명령은 피압류채권에 관하여 압류나 가압류가 경합하거나 배당요구가 있은 후에도 할 수 있
으나 전부명령은 할 수 없다.

㉡ 추심명령은 제3채무자에게 송달된 때에 그 효력이 생기나, 전부명령의 경우는 제3채무자에게 송
달된 후 확정되어야 효력이 생긴다.

㉢ 추심명령은 특별한 제한이 없으면 그 효력이 피압류채권 전부에 미치나 전부명령은 집행채권액과
집행비용을 초과하여 미치지 않는다.

ⓔ 추심명령은 그 효력이 발생하더라도 피압류채권이 추심채권자에게 이전되지 않으나, 전부명령의 경우는 그 효력이 발생하면 피압류채권이 전부채권자에게 이전된다.

ⓜ 추심명령의 경우는 추심채권자가 추심권을 적시에 행사할 의무가 있으며 이를 게을리한 때에는 집행채무자에게 손해배상책임을 지게 되나, 전부명령의 경우는 전부채권자에게 그러한 책임이 없다.

ⓗ 추심명령의 경우 추심채권자는 추심권을 포기하고 집행채무자의 다른 재산에 강제집행을 할 수 있으나, 전부명령의 경우 전부채권자는 그렇게 할 수가 없다.

ⓢ 추심명령의 경우는 추심채권자가 추심을 하였으면 그 사유를 법원에 신고하여야 하나, 전부명령의 경우는 전부채권자가 전부금의 변제를 받았다 하여도 이를 법원에 신고할 필요가 없다.

ⓞ 추심명령의 경우는 추심채권자가 추심 후 그 사유를 법원에 신고할 때까지 다른 채권자가 배당요구를 할 수 있으나, 전부명령의 경우는 전부명령이 제3채무자에게 송달된 이후에는 다른 채권자가 배당요구를 하지 못한다.

ⓩ 추심명령의 경우는 추심채권자가 실제로 추심해서 채권의 변제를 받은 금액의 범위에서 집행채권이 소멸하게 되나, 전부명령의 경우는 전부명령의 효력이 발생하면 전부채권자가 전부채권의 변제를 받았는지 여부에 불구하고 전부명령이 제3채무자에게 송달된 때에 전부채권액의 범위에서 집행채권이 소멸하게 된다.

③ 추심명령과 전부명령의 장·단점

구 분	전부명령	추심명령
장 점	• 압류채권자는 전부명령이 제3채무자에게 송달된 이후에는 다른 채권자의 배당참가가 허용되지 않아, 전부명령의 효력이 발생되면 압류채권자는 다른 채권자를 배제하고, 독점적으로 채권의 만족을 얻을 수 있다. • 전부채권자가 전부금의 변제를 받았다 하여도 이를 법원에 신고할 필요가 없다. • 전부명령이 제3채무자에게 송달된 이후에는 다른 채권자가 배당요구를 하지 못한다.	• 압류채권자는 제3채무자의 무자력 등으로 추심이 곤란한 경우 추심을 포기하고 압류채무자의 다른 재산에 강제집행을 할 수 있다. • 피압류채권에 관하여 압류나 가압류가 경합하거나 배당요구가 있은 후에도 할 수 있다. • 추심채권자가 추심권을 포기하고 집행채무자의 다른 재산에 강제집행을 할 수 있다.
단 점	• 제3채무자의 무자력 등으로 전부 채권을 변제 받을 수 없게 되더라도 다시 압류채무자에게 채권의 변제를 청구할 수 없게 되는 불이익을 받을 수 있다. • 피압류채권에 관하여 압류나 가압류가 경합하거나 배당요구가 있은 후에는 할 수 없다. • 효력이 발생하면 전부채권자가 전부채권의 변제를 받았는지 여부에 불구하고 전부명령이 제3채무자에게 송달된 때에 전부채권액의 범위에서 집행채권이 소멸하게 된다.	• 다른 채권자의 배당참가가 있으면 그 채권액에 안분하여 배당받을 수밖에 없다. • 추심채권자가 추심을 하였으면 그 사유를 법원에 신고하여야 한다. • 추심채권자가 추심 후 그 사유를 법원에 신고할 때까지 다른 채권자가 배당요구를 할 수 있다.

(4) 현금화된 지명채권의 배당

① 현금화된 지명채권의 배당이 이루어지는 경우는 추심명령의 경우에 한하고 전부명령의 경우는 다른 채권자가 배당참가를 할 수 없으므로 배당이 있을 수 없다.

② 채권자는 추심한 채권액을 법원에 신고하여야 하고, 이 신고가 있으면 다른 채권자는 그 후 추심금으로부터의 배당요구를 할 수 없게 된다.

③ 채권자가 집행법원에 추심신고를 하기 전에 다른 채권자의 압류·가압류 또는 배당요구가 있는 때에는 채권자는 추심한 금액을 바로 공탁하고 그 사유를 신고하여야 한다.

④ 추심의 신고시까지 다른 채권자로부터의 압류·가압류 또는 배당요구가 있어 채권자가 추심한 금액을 공탁하고 그 사유를 신고한 때에는 집행법원은 배당절차를 실시하여야 한다.

⑨ 채무불이행에 따른 채무자의 책임

(1) 민사책임

① 채무자가 그의 책임 있는 사유로 채무의 내용에 따른 현실제공을 하지 않으면 채무의 이행지체가 되고, 이행지체로 인하여 채권자가 입은 손해를 배상하여야 한다.

② 채권자의 신청에 따라 국가의 집행기관이 채무의 이행을 강제적으로 실현시키는 경우 채무자는 이를 용인하여야 하는 의무를 부담한다.

③ 채무를 이행하지 않는 채무자는 개인 신용등급의 저하 등 개인신용정보상의 불이익을 받는다.

참고

개인신용정보의 의의

- 개인신용정보란 신용정보 중 개인의 신용도와 신용거래능력 등을 판단할 때 필요한 정보를 말한다.
- 신용정보란 금융거래 등 상거래에 있어서 거래 상대방의 신용 판단 시 필요한 정보를 말한다.
  - 특정 신용정보주체를 식별할 수 있는 정보 : 생존하는 개인의 성명, 주소, 주민등록번호, 외국인등록번호, 국내거소신고번호, 여권번호, 성별, 국적 및 직업
  - 신용정보주체의 거래내용을 판단할 수 있는 정보 : 대출, 보증, 담보제공, 당좌거래(가계당좌거래를 포함한다), 신용카드, 할부금융, 시설대여와 금융거래 등 상거래와 관련하여 그 거래의 종류, 기간, 금액 및 한도 등에 관한 사항
  - 신용정보주체의 신용도를 판단할 수 있는 정보 : 금융거래 등 상거래와 관련하여 발생한 연체, 부도, 대위변제, 대지급과 거짓, 속임수, 그 밖의 부정한 방법에 의한 신용질서 문란행위와 관련된 금액 및 발생·해소의 시기 등에 관한 사항
  - 신용정보주체의 신용거래능력을 판단할 수 있는 정보 : 금융거래 등 상거래에서 신용거래능력을 판단할 수 있는 개인의 재산·채무·소득의 총액 및 납세실적
  - 그 밖에 위의 내용과 유사한 정보

---

④ 집행권원상의 금전채무를 6월 이내에 이행하지 아니하거나 재산명시절차에서 감치 또는 형사처벌의 대상이 되는 행위를 한 채무자는 채무불이행자명부에 등재되어 공시되는 불이익을 받는다.

⑤ 채권자가 채무자를 채무불이행자명부에 등재신청하기 위해서는 쉽게 강제집행 할 수 있다고 인정할 만한 명백한 사유가 없어야 하고, 채무자가 다음 중 어느 하나에 해당하여야 한다.

> • 금전의 지급을 명한 집행권원이 확정된 후 또는 집행권원을 작성한 후 6월 이내에 채무를 이행하지 아니하는 경우
> • 채무자가 재산명시절차에서 명시기일 불출석·재산목록의 제출 거부·선서 거부를 하거나 또는 거짓의 재산목록을 낸 경우

(2) 형사책임

① 처음부터 변제할 의사가 없으면서 금전을 빌린 경우는 사기죄, 타인을 공갈하여 금전을 빌린 경우는 공갈죄, 맡겨둔 금전을 무단으로 소비하거나 반환을 거부한 경우는 횡령죄 등으로 형사처벌을 받는다.

② 위와 같은 범법행위 없이 정상적인 거래를 통하여 발생한 타인에 대한 채무를 변제능력이 없어 이행하지 않는 경우이면 그 채무자는 형사처벌의 대상이 되지 않는 것이 원칙이다.

> **참고**
>
> 예외적으로 형사처벌을 받는 경우
> • 당좌수표의 발행인이 결제자금부족으로 수표를 부도낸 때
> • 사용자가 근로자에게 임금을 지급하지 않은 때
> • 채무자가 강제집행을 면탈 행위를 한 때
> • 재산명시기일에 채무자가 거짓의 재산목록을 낸 때

③ 당좌수표의 발행인이 제시기일에 지급제시된 수표를 결제자금부족으로 지급하지 못한 때에는 부정수표발행죄로서 부정수표단속법에 의하여 형사처벌을 받는다.

    ㉠ 발행인이 발행당시부터 제시기일에 지급되지 않을 것임을 알고서 발행한 경우는 고의범이 되고, 5년 이하의 징역 또는 수표금 10배 이하의 벌금으로 처벌된다.

    ㉡ 발행 당시에 지급되지 않을 것을 예상하지 못했으나 그에 관하여 과실이 있는 경우에는 과실범이 되고, 3년 이하의 금고 또는 수표금 5배 이하의 벌금으로 처벌된다.

④ 사용자는 근로자에게 다음과 같이 임금을 지급하여야 하며, 이를 위반한 때에는 3년 이하의 징역 또는 3천만원 이하의 벌금에 해당하는 처벌을 받게 된다.

⑤ 채무자가 강제집행을 면할 목적으로 자신의 재산을 은닉·손괴·허위양도하거나 허위의 채무를 부담하는 강제집행면탈행위를 한 때에는 3년 이하의 징역이나 1천만원 이하의 벌금에 해당하는 형사처벌을 받게 된다.

⑥ 채무자가 재산명시기일에 거짓의 재산목록을 낸 때에는 3년 이하의 징역 또는 5백만원 이하의 벌금으로 처벌받게 된다. 채무자가 법인 또는 법인 아닌 사단·재단인 때에는 그 대표자 또는 관리인을 3년 이하의 징역 또는 5백만원 이하의 벌금에 처하고 채무자는 5백만원 이하의 벌금으로 처벌받게 된다.

✔ 실제 신용상담사 자격시험은 「3과목 신용상담 관련 법규」에서 총 25문제가 출제되며, 각 문항의 배점은
1점이다.

01 금전 이외의 채권에 대한 분류가 아닌 것은?

① 의사표시를 구하는 채권
② 인도 또는 명도를 구하는 채권
③ 금전채권과 물권채권
④ 노력의 제공을 구하는 채권
⑤ 부작위를 구하는 채권

02 채권을 발생시키는 계약에 대한 설명으로 옳지 않은 것은?

① 계약자유의 원칙상 채권계약은 아주 다양하게 체결될 수 있다.
② 대출계약은 그 법률적 성질이 차용자가 대여자로부터 빌린 금전을 약정한 기일에 동일한 금액의
금전을 대여자에게 반환하기로 하는 금전소비대차계약이다.
③ 민법 등의 법률에서는 일정한 기준에 따라 정형화하여 그 성립요건과 효력을 명시하지 않아도
당사자 간의 채권발생은 인정된다.
④ 대출계약이 체결되면 대여자는 차용자에게 먼저 약정된 금액을 빌려주어야 하는 의무를 부담하고,
차용자는 빌린 금전을 소비한 후 약정된 내용에 따라 대여자에게 반환하여야 하는 의무를 부담하게
되는데, 이와 같은 의무는 금전소비대차계약이 유효하게 효력을 발생하는 것을 전제로 한다.
⑤ 공급자와 수요자 사이에 이루어지는 여신거래에 관한 계약을 여신거래계약이라 한다.

03 다음 금융거래계약의 당사자에 관한 설명으로 바르지 않은 것은?

① 소비자를 대상으로 하는 금융과 사업자를 대상으로 하는 금융을 포괄하여 일반소비자금융이라고
한다.
② 금융소비자란 금융상품에 관한 계약의 체결 또는 계약 체결의 권유를 하거나 청약을 받는 것에
관한 금융상품 판매업자의 거래상대방 또는 일반금융소비자를 말한다.
③ 전문금융소비자란 금융상품에 관한 전문성 또는 소유자산규모 등에 비추어 금융상품 계약에 따른
위험감수능력이 있는 금융소비자를 말한다.
④ 금융의 보조자는 금융상품 자문업자이다.
⑤ 금융의 공여자는 금융상품 판매업자이다.

04 다음 중 본인의 동일성 확인에 대한 방법으로 가장 거리가 먼 것은?

① 여신거래의 상대방이 외국인인 경우의 본인 확인은 외국인이 외국인등록을 한 자이면 외국인등록 증에 의하여 하고, 외국인등록을 한 자가 아니면 여권에 의하여 하면 된다.

② 여신거래의 상대방이 재외동포인 경우의 본인 확인은 국내거소신고를 한 자이면 국내거소신고증 에 의하여 하면 되고, 국내거소신고를 한 자가 아니면 여권 또는 외국인등록증에 의하여 하면 된다.

③ 여신거래의 상대방이 내국인인 경우, 본인 확인을 하는데 가장 일반적인 수단으로 사용되는 것은 주민등록증과 운전면허증이다.

④ 학생증, 사원증, 공무원증 등을 본인 확인수단으로 사용할 수 있으나 여신거래에 있어서의 본인 확인 수단으로 사용하기에는 적절하지 않다.

⑤ 여신거래의 상대방이 재외국민(대한민국의 국민으로서 외국의 영주권을 취득 한 자)인 경우는 거주국으로부터 영주권 또는 이에 준하는 거주목적의 장기체류증에 의하면 된다.

정답 및 해설

01 ③ 금전채권과 물권채권은 금전 이외의 채권으로 분류하지 않는다. 금전 이외의 채권은 물건의 인도 또는 명도를 구하는 채권, 의사표시를 구하는 채권, 노력의 제공을 구하는 채권 및 부작위를 구하는 채권 등으로 분류된다.

02 ③ 민법 등의 법률에서는 실제로 체결되고 있는 여러 계약을 일정한 기준에 따라 정형화하여 그 성립요건과 효력 을 명시함으로써 계약내용이 불명료하거나 불완전함으로 인한 당사자 간의 분쟁발생 소지를 최소화 하려 하고 있다.

03 ① 소비자를 대상으로 하는 금융을 소비자금융 그리고 사업자를 대상으로 하는 금융을 사업자금융이라고 한다.

04 ⑤ 장기체류증에 의한 본인 확인은 불가하다. 여신거래의 상대방이 재외동포인 경우의 본인 확인은 국내거소신고 를 한 자이면 국내거소신고증에 의하여 하면 되고, 국내거소신고를 한 자가 아니면 여권 또는 외국인등록증에 의하여 하면 된다.

※ 재외동포(재외국민 & 외국국적동포)의 정의

	대한민국의 국민으로서
재외국민	• 외국의 영주권(永住權)을 취득한 자(거주국으로부터 영주권 또는 이에 준하는 거주목 적의 장기체류자격을 취득한 자) • 영주할 목적으로 외국에 거주하고 있는 자(해외이주법 제2조의 규정에 의한 해외이주 자로서 거주국으로부터 영주권을 취득하지 아니한 자)
외국국적동포	• 대한민국의 국적을 보유하였던 자(대한민국정부 수립 전에 국외로 이주한 동포를 포함 한다) • 부모의 일방 또는 조부모의 일방이 대한민국의 국적을 보유하였던 자로서 외국국적을 취득한 자

05 미성년자와 금융거래계약을 체결한 상대방 보호를 위한 제도가 아닌 것은?

① 취소권의 보호   ② 취소권의 단기소멸

③ 계약의 철회권   ④ 법정추인

⑤ 추인여부에 대한 최고권

06 다음 중 피성년후견인의 행위능력에 대한 설명으로 옳지 않은 것은?

① 가정법원은 취소할 수 없는 피성년후견인의 법률행위의 범위를 정할 수 있다.

② 일용품의 구입 등 일상생활에 필요하고 그 대가가 과도하지 아니한 피성년후견인의 법률행위는 취소할 수 없다.

③ 피성년후견인은 스스로는 완전히 유효한 법률행위를 할 수 없는 것이 원칙이다.

④ 본인, 배우자, 4촌 이내의 친족, 성년후견인, 성년후견감독인, 검사 또는 지방자치단체의 장의 청구에 의하여 일단 정한 취소할 수 없는 법률행위의 범위를 변경할 수 없다.

⑤ 피성년후견인이 한 법률행위는 피성년후견인 자신이나 그 법정대리인이 취소할 수 있으며, 취소하면 처음부터 무효인 것으로 된다.

07 법정추인 취소할 수 있는 미성년자의 대출계약에 관하여 법정추인을 할 수 있는 법정대리인(미성년자가 성년자가 된 때에는 그 자신)이 다음과 같은 행위를 한 때에는 추인한 것으로 간주되어 완전히 유효한 계약으로 확정된다. 이에 합당한 다음의 행위를 모두 고른 것은?

> ㉮ 계약상 의무의 전부나 일부의 이행
> ㉯ 강제집행의 실시 또는 용인
> ㉰ 계약상 권리의 이행청구
> ㉱ 계약상 권리·의무의 포기
> ㉲ 계약상 취득한 권리의 전부나 일부의 양도

① ㉮, ㉯, ㉰   ② ㉮, ㉯, ㉱

③ ㉯, ㉰, ㉱, ㉲   ④ ㉮, ㉰, ㉱, ㉲

⑤ ㉮, ㉯, ㉰, ㉲

08 다음 금융거래계약체결의 자격과 능력에 대한 설명으로 틀린 것은?

① 의사능력이 없는 자는 자신의 행위에 따른 경제적인 손익을 판단할 수 있는 능력이 없는 자이므로 이들을 보호하기 위하여 그 행위에 법적인 효력을 부여하지 않고 무효로 한다.

② 원상회복으로서 반환청구할 수 있는 금액은 반환의무자가 의사능력자이면 반환할 금액 전액이지만, 의사무능력자이면 반환청구 당시 반환할 금액이 현존하는 금액에 한한다.

③ 미성년자는 법정대리인의 동의가 있어야만 스스로 완전히 유효한 법률행위를 할 수 있는 것이 원칙이고, 그 법정대리인은 친권자, 미성년후견인, 임무대행자의 순서로 된다.

④ 한정후견인의 동의가 필요한 법률행위를 피한정후견인이 한정후견인의 동의 없이 하였을 때에는 그 법률행위를 취소할 수 있다. 그러나 그 법률행위가 처음부터 무효인 것은 아니다.

⑤ 피한정후견인은 가정법원이 한정후견인의 동의를 받아야 할 것으로 정한 행위의범위에서만 제한능력자로서의 지위를 가진다.

정답 및 해설

05 ① 미성년자와 금융거래계약을 체결한 상대방을 보호하기 위한 제도에는 취소권의 배제, 추인여부에 대한 최고권, 법정추인, 계약의 철회권, 취소권의 단기소멸이 있다.

> **TIP** 미성년자와 계약을 체결한 상대방이 미성년자의 취소권을 배제하기 위하여 미성년자가 사술(속임수)을 썼다고 주장하는 때에는 그 주장자인 상대방 측에 그에 대한 입증책임이 있다.

06 ④ 본인, 배우자, 4촌 이내의 친족, 성년후견인, 성년후견감독인, 검사 또는 지방자치단체의 장의 청구에 의하여 일단 정한 취소할 수 없는 법률행위의 범위를 변경할 수 있다.

07 ⑤ ㉑ 계약상 권리·의무의 경개(更改)
※ 경개란, 신채무를 성립시키고 구채무를 소멸시키는 법률행위를 말한다

08 ④ 한정후견인의 동의가 필요한 법률행위를 피한정후견인이 한정후견인의 동의 없이 하였을 때에는 그 법률행위를 취소할 수 있으며, 취소하면 처음부터 무효인 것으로 본다.

09 착오에 의한 의사표시란 내심상의 의사와 표시상으로 추정되는 의사가 일치하지 않는 의사 표시로서 그 불일치를 표의자 자신이 알지 못하는 경우를 말한다. 다음 중 착오에 의한 대출계약에 대한 설명으로 맞지 않는 것은?

① 대출계약이 대여자 또는 차용자의 착오로 체결되었다 하더라도 그 대출계약은 일단 유효하게 효력을 발생한다.

② 착오가 대출계약의 중요부분에 관한 것이고 착오를 한 자가 착오를 한 데에 중대한 과실이 없으면 착오자는 대출계약을 취소할 수 없다.

③ 대출계약에 따른 이행(대여자의 착오인 경우 대출금의 지급)이 있은 후 취소가 있으면 차용자는 원상회복으로 지급받은 대출금 전액의 반환의무를 부담한다.

④ 착오를 이유로 대출계약을 취소할 수 있으려면 착오자가 대출계약의 중요부분에 대하여 중대한 과실 없이 착오를 일으킨 것을 알았거나 알 수 있었을 것을 요하는 것인지는 문제가 되지 않는다.

⑤ 착오에 의한 취소가 있으면 그 대출계약은 처음부터 무효로 되지만, 그 무효를 가지고 선의의 제3자에게 대항하지 못한다.

10 의사능력에 대한 설명으로 관계가 없는 것은?

① 의사무능력자와 체결한 대출계약 등의 여신거래계약은 당연 무효이어서 처음부터 그 계약내용에 따른 효력이 생기지 않는다.

② 의사능력이란 개개의 행위를 함에 있어서 자기 행위의 의미나 결과를 정상적인 인식력과 예기력으로 합리적으로 판단할 수 있는 정신적 능력 내지 지능을 말한다.

③ 대출계약이 무효임에 따른 의사무능력자의 원상회복의무는 반환청구 당시의 현존 이익에 한한다.

④ 의사능력의 존부에 대한 확인은 개별적인 대출계약 등의 여신거래계약시마다 구체적인 정황을 종합하여 판단하는 수밖에 없다.

⑤ 대출계약 등의 금융거래계약을 체결함에 있어서는 의사능력에 차별이 있는 것이 아니므로 이에 따른 제한에 관하여 확인을 요하지 않는다.

11 다음 중 금융거래계약체결의 방식이 아닌 것은?

① 공정증서에 의한 계약체결
② 문서작성에 의한 계약체결
③ 관례에 의한 계약체결
④ 구두에 의한 계약체결
⑤ 확정일자 있는 문서에 의한 계약체결

12 다음 규약의 적용을 받는 명시·교부 의무 사업자는?

> 약관의 명시·교부에 있어서 사업자는 계약을 체결할 때에는 고객에게 약관의 내용을 계약의 종류에 따라 일반적으로 예상되는 방법으로 분명하게 밝히고, 고객이 요구할 경우 그 약관의 사본을 고객에게 내주어 고객이 약관의 내용을 알 수 있게 하여야 한다.

① 전기·가스 및 수도사업
② 여객운송업
③ 우편업
④ 담배사업자
⑤ 공중전화 서비스 제공 통신업의 사업자

제3과목

정답 및 해설

09 ② 착오가 대출계약의 중요부분에 관한 것이고 착오를 한 자가 착오를 한 데에 중대한 과실이 없으면 착오자는 대출계약을 취소할 수 있다.

10 ⑤ 대출계약 등의 금융거래계약을 체결함에 있어서는 권리능력에 차별이 있는 것이 아니므로 그 존부나 제한에 관하여 확인을 요하지 않는다(권리능력).

11 ③ 관례에 의한 계약체결은 계약체결의 형태로 볼 수 없다.

12 ④ 담배사업자는 고객이 요구할 경우 고객이 약관의 내용을 알 수 있게 하여야 한다.

13 공정거래위원회가 약관규제법상의 불공정약관조항의 사용금지 규정을 위반한 사업자에게 해당 불공정 약관조항 삭제·수정·시정명령을 받은 사실의 공표, 그 밖에 약관을 시정하기 위하여 필요한 조치를 명할 수 있는 경우가 아닌 것은?

① 사업자의 계약 당사자로서의 지위가 현저하게 우월하거나 고객이 다른 사업자를 선택할 범위가 제한되어 있어 약관을 계약의 내용으로 하는 것이 사실상 강제 되는 경우

② 계약의 성질상 또는 목적상 계약의 취소·해제 또는 해지가 불가능하거나 계약을 취소·해제 또는 해지하면 고객에게 현저한 재산상의 손해가 발생하는 경우

③ 사업자가 제1항에 따른 권고를 정당한 사유 없이 따르지 아니하여 여러 고객에게 피해가 발생하거나 발생할 우려가 현저한 경우

④ 사업자가 일반 공중에게 물품·용역을 공급하는 계약으로서 고객에게 피해가 발생할만한 약관조항의 내용을 포함하지 않은 경우

⑤ 사업자가 자기의 거래상의 지위를 부당하게 이용하여 계약을 체결하는 경우

14 대여자와 차용자 사이에 체결된 대출계약 등의 금융거래계약이 유효하게 효력을 발생하기 위한 요건의 구비 내용으로 거리가 먼 것은?

① 계약을 본인과 체결하는 때에는 본인이 맞아야 하고, 대리인과 체결하는 경우에는 대리인에게 계약체결의 대리권이 있어야 한다.

② 계약내용이 당사자의 의사와 일치하여야 하고 또한 그러한 의사표시에 하자가 없어야 한다.

③ 계약내용이 확정할 수 없는 것이거나 실현할 수 없는 것이어서는 아니 되며, 적법하고 사회적 타당성을 지닌 것이어야 한다.

④ 계약의 당사자가 계약을 체결할 수 있는 자격을 가지고 있어야 한다.

⑤ 계약내용을 상대방이 다투는 경우에는 계약내용을 증명할 수 있어야 한다.

15 다음은 임의대리권의 제한에 대한 설명이다. 옳지 않은 것은?

① 대리인이 한편으로는 본인을 대리하고 다른 한편으로는 자기 자신의 자격으로 자기 혼자서 본인·대리인 사이의 계약을 체결하는 것을 금지한다.

② 대리인이 한편으로는 본인을 대리하고 다른 한편으로는 상대방을 대리하여 자기만으로 쌍방의 계약을 체결하는 것을 금지한다.

③ 채무의 이행에 관하여서는 자기계약·쌍방대리는 제한된다.

④ 공동대리의 제한에 위반하여 1인의 대리인이 단독으로 대리행위를 한 때에는 권한을 넘은 대리행위가 된다.

⑤ 공동대리에 있어서 대리인 중의 한 사람이 대리행위에 참여하지 않거나 또는 한 사람의 대리인의 의사표시에 흠이 있는 때에는 그 대리행위는 유효하지 않거나 또는 대리행위 자체가 흠을 가지는 것이 된다.

정답 및 해설

13 ④ 사업자가 일반 공중에게 물품·용역을 공급하는 계약으로서 계약 체결의 긴급성·신속성으로 인하여 고객이 계약을 체결할 때에 약관 조항의 내용을 변경하기 곤란한 경우가 해당된다.

14 ④ 계약의 당사자가 계약을 체결할 수 있는 자격과 능력을 가지고 있어야 한다.

15 ③ 자기계약(①)과 쌍방대리(②)는 원칙적으로 금지된다. 단, 당사자 사이에 이해가 충돌되어 본인의 이익을 해할 염려가 없는 다음의 2가지 경우에는 예외적으로 자기계약·쌍방대리가 인정된다.
※ 자기계약·쌍방대리가 허용되는 경우

> • 본인이 미리 자기계약·쌍방대리를 위임하거나 또는 대리권의 수여로 허락한 경우
> • 채무 이행의 경우

16 다음은 협의의 무권대리의 법률관계에 대한 설명이다. 틀린 것은?

① 본인과 대리인의 관계에서 협의의 무권대리 행위는 본인이 추인하지 않으면 본인에 대하여 효력이 생기지 않으므로 본인과 대리인 사이에는 아무런 법률관계가 생기지 않는다.

② 본인이 제3자에 대하여 타인에게 대리권을 수여하였음을 표시만 하고 실지로 대리권을 주지 않은 상태에서 그 타인이 그 수여 표시한 범위내의 대리행위를 한 경우 대리권수여의 표시에 의한 표현대리에 해당한다.

③ 대리인이 이전에는 대리권을 가지고 있었으나 대리행위를 할 때에는 그 대리권이 소멸하고 있는 경우 대리권소멸후의 표현대리에 해당한다.

④ 책임을 진다고 하는 것은 대리행위의 모든 법률효과가 직접 본인에게 귀속한다는 것을 의미하는 것은 아니다.

⑤ 대리인이 그 권한 외의 법률행위를 한 경우에 그 권한이 있다고 믿을 만한 정당한 이유가 있는 경우가 권한을 넘은 표현대리에 해당한다.

17 다음 중 법률의 규정에 의한 대리(법정대리)가 발생하는 경우가 아닌 것은?

① 자연인이 사망한 경우
② 본인이 제한능력자인 경우
③ 본인이 부재자인 경우
④ 부부간의 일상가사에 관한 법률행위의 경우
⑤ 본인이 병원에 입원한 경우

18 다음 중 법정대리인이 아닌 것은?

① 지배인
② 유언집행자
③ 성년후견인
④ 친권자
⑤ 일상가사에 관한 배우자

19 본인이 피한정후견인인 경우에 해당하는 설명으로 가장 거리가 먼 것은?

① 한정후견인은 가정법원이 심판으로 수여하거나 변경한 범위에서만 법정대리인으로서 피한정후견인을 대리할 수 있는 대리권을 가진다.

② 한정후견인이 여러 명인 경우 가정법원은 직권으로 여러 명의 한정후견인이 공동으로 또는 사무를 분장하여 그 권한을 행사하도록 정할 수 있으며, 그 결정을 변경하거나 취소할 수 있다.

③ 한정후견인이 피한정후견인과의 사이에 이해상반행위를 함에는 한정후견감독인이 있는 경우에는 한정후견감독인이 피한정후견인을 대리하고, 한정후견감독인이 없는 경우에는 가정법원에 그 자의 특별대리인의 선임을 청구하여 그 특별대리인으로 하여금 대리하게 하여야 한다.

④ 한정후견인이 피한정후견인과의 사이에 이해상반행위가 아니면 한정후견인이 단독으로 대리할 수 있는 것으로 보아야 한다.

⑤ 한정후견감독인의 동의가 필요한 행위에 대하여 한정후견감독인이 피한정후견인의 이익이 침해될 우려가 있음에도 동의를 하지 아니하는 경우에도 가정법원은 한정후견인의 청구에 의하여 한정후견감독인의 동의를 갈음하는 허가를 할 수 없다.

20 다음 부재자의 재산관리에 대한 설명으로 옳지 않은 것은?

① 부재자가 자신의 부재 중 재산을 관리할 자를 선임하여 두지 않은 때에는 가정법원은 이해관계인이나 검사의 청구에 의하여 재산관리에 관하여 필요한 처분을 명하여야 한다.

② 가정법원이 선임하거나 개임한 부재자 재산관리인은 법정대리인에 해당된다.

③ 부재자가 미리 선임해둔 부재자 재산관리인의 의무와 권한은 모두 부재자와 재산관리인 사이의 계약으로 정해진다.

④ 가정법원이 선임한 재산관리인은 보존행위와 대리의 목적인 물건이나 권리의 성질을 변하지 아니하는 범위에서 이용 또는 개량하는 행위만을 할 수 있으며 이를 넘는 행위를 함에는 법원의 허가를 얻어야 한다.

⑤ 부재자가 재산관리인을 미리 정한 경우라면 가정법원은 재산관리인, 이해관계인을 개임할 수 없다.

정답 및 해설

16 ④ 대리행위의 모든 법률효과는 직접 본인에게 귀속한다는 것을 의미한다.

17 ⑤ 본인이 병원에 입원한 경우는 법정대리가 발생하지 않는다.

18 ① 지배인은 본인의 의사표시에 의한 대리인(임의대리) 중 본인의 선임행위에 의한 대리인에 해당된다. 즉, 지배인은 법정대리인이 아니다

19 ⑤ 한정후견감독인의 동의가 필요한 행위에 대하여 한정후견감독인이 피한정후견인의 이익이 침해될 우려가 있음에도 동의를 하지 아니하는 경우에는 가정법원은 한정후견인의 청구에 의하여 한정후견감독인의 동의를 갈음하는 허가를 할 수 있다.

20 ⑤ 부재자가 재산관리인을 미리 정한 경우라도 가정법원은 재산관리인, 이해관계인을 개임할 수 있다.

21 다음 중 법정담보물권의 종류가 아닌 항목은?

① 유치권
② 수변구역 경작권
③ 순차적우선변제권
④ 고용보험료와 산재보험료의 우선징수권
⑤ 국민건강보험료의 우선징수권

22 보증의 종류에 대한 설명으로 옳지 않은 것은?

① 보통보증은 가장 기본적인 보증의 유형으로 주채무자가 그의 채무를 이행하지 않는 경우에 이를 이행해야 할 채무를 말한다.
② 연대보증은 채권자가 보증인에게 보증채무의 이행을 청구할 때에 보증인이 최고의 항변권과 검색의 항변권을 행사할 수 있다는 데에 그 특징이 있다.
③ 보통공동보증은 공동보증인 사이에 분별의 이익이 있는데 반해 연대공동보증의 경우는 공동보증인 사이에 분별의 이익이 없어 각 보증인이 주채무 전액에 대하여 보증채무를 부담한다.
④ 장래의 특정채무에 대한 보증에 있어서는 담보되는 채권액이 확정되어 있는 것이지만, 근보증에 있어서는 담보되는 채권액이 확정되어 있지 않고 증감·변동한다.
⑤ 특정근보증계약을 체결하는 경우 근보증인은 근보증계약을 체결한 후에 채권자와 주채무자 사이에 동일한 내용의 새로운 계속적 거래계약이 체결되고 또한 그 계속적 거래계약으로부터 발생한 주채무가 비록 근보증거래기간 중에 발생하였고 근보증한도액 범위 내의 것이라 할지라도 보증책임을 부담하지 않는다.

23 다음에 법인사업자를 대상으로 하는 여신공여에 있어서는 다음의 행위를 할 수 없다. 다르게 설명하고 있는 것은?

① 여신거래와 관련하여 차주 또는 제3자로부터 보증을 취득할 경우 포괄근보증을 요구하는 행위

② 여신거래와 관련하여 제3자인 담보제공자에게 연대보증을 요구하는 행위. 다만 제3자가 해당 은행에 예치되어 있는 예금·적금 또는 금전신탁수익권을 담보로 제공하고, 연대보증의 책임을 담보제공 범위내로 제한하는 경우는 제외한다.

③ 통상적인 대출담보비율을 초과하여 담보와 계열회사의 채무보증을 이중으로 요구하거나 계열회사의 중복채무보증을 요구하는 행위

④ 여신거래처 고용임원에 대하여 연대입보를 요구하는 행위. 따라서 이 경우 실제 경영자에 대하여는 연대입보를 요구할 수 없다.

⑤ 신용보증기금의 신용보증서 등 공신력 있는 금융기관의 지급보증서를 담보로 하는 여신에 대하여 연대보증인의 보증을 요구하는 행위

정답 및 해설

21 ② 수변구역 경작권은 법정담보물권에 해당하지 않는다.
　　 ※ 법정담보물권

- 유치권
- 법정질권
- 법정저당권
- 조세 기타 공과금의 우선특권
- 주택임차인의 최우선변제권과 순차적우선변제권
- 상가건물임차인의 최우선변제권과 순차적우선변제권
- 근로자의 임금우선특권 및 국민건강보험료의 우선징수권
- 국민연금보험료의 우선징수권
- 고용보험료와 산재보험료의 우선징수권

22 ② 보통보증에 대한 설명이다. 연대보증의 경우 채권자의 청구에 대하여 보증인이 최고의 항변과 검색의 항변을 할 수 없다.
　　 ※ 최고의 항변권과 검색의 항변권

최고의 항변권	채권자가 보증인에게 보증채무의 이행을 청구할 때에, 보증인이 주채무자가 변제자력이 있다는 사실 및 그 집행이 용이하다는 것을 증명하여, 먼저 주채무자에게 청구할 것을 항변할 수 있는 권리
검색의 항변권	채권자가 주채무자에게 채무의 이행을 최고한 후에 보증인에게 이행청구한 경우에, 보증인이 다시 주채무자에게 변제자력이 있다는 사실과 그 집행이 용이함을 증명하여, 먼저 주채무자의 재산에 대하여 집행할 것을 항변할 수 있는 권리

23 ④ 여신거래처 고용임원에 대하여 연대입보를 요구하는 행위. 따라서 이 경우 실제 경영자에 대하여는 연대입보를 요구할 수 있으나 공동대표자 등 실제 경영자가 2인 이상인 경우에는 연대보증 총액을 개인별로 분담(1/n)토록 하여야 한다.

24 보증인 보호를 위한 특별법에서는 민법상의 보증에 대한 특례를 두게 되었는데 이와 거리가 먼 것은?

① 금융기관이 채권자로서 보증계약체결을 할 때에는 채무자 채무관련 신용정보를 채무자에게 제시하도록 한 점

② 보증계약을 체결할 때 및 보증기간을 갱신할 때에 보증채무의 최고액(最高額)을 서면으로 특정(特定)하도록 한 점

③ 보증계약이나 보증인에게 불리한 보증의 변경계약을 보증인의 의사가 기명날인 또는 서명이 있는 서면으로 표시되어야 그 효력을 발생하는 것으로 하고 있는 점

④ 채권자에게 보증인에 대한 일정사항의 통지의무를 부과하고 있는 점

⑤ 근보증을 함에 있어서는 그 보증하는 채무의 최고액을 서면으로 특정하도록 한 점

25 다음 중 보증인의 권리에 속하지 않는 것은?

① 부종성에 기한 항변권
② 보증인의 구상권
③ 보증인의 대위권
④ 보증채무 면탈권
⑤ 보충성에 기한 항변권

26 하자 있는 의사표시에 의한 금융거래계약의 법률관계를 설명한 중 맞지 않는 것은?

① 사기나 강박을 당한 당사자는 사기나 강박으로 이루어진 계약체결의 의사표시를 취소할 수 있고, 그 취소가 있으면 그 계약은 처음부터 무효인 것으로 된다.

② 사기나 강박을 받은 계약당사자는 대출계약이 취소로 처음부터 무효가 됨에 따라 받은 손해를 사기나 강박을 한 계약당사자나 제3자에게 배상청구 할 수 없다.

③ 대출계약을 취소한 경우 이미 지급한 것이 있으면 지급 받은 자는 지급받은 금액의 현존 여부와 관계없이 전액 반환의무를 부담한다.

④ 사기나 강박을 당한 당사자는 사기나 강박으로 이루어진 대출계약체결의 의사표시를 취소할 수 있고, 그 취소가 있으면 그 계약은 처음부터 무효인 것으로 된다.

⑤ 대출계약 등의 금융거래계약이 제3자의 사기나 강박에 의하여 이루어진 경우, 계약을 체결한 상대방이 계약체결 당시에 사기나 강박의 사실을 알 수 있었을 경우는 계약체결의 의사표시를 취소하고 계약을 처음부터 무효인 것으로 할 수 있다.

27 현재 거래에서 관용되고 있는 각종 근저당권설정계약서상의 내용별 유형 중 사용되지 않는 것은?

① 채권자와 채무자 사이에 특정한 종류의 거래를 한정하거나 예시함이 없이 채무자가 채권자에게 현재 및 장래에 부담하는 모든 채무로 하는 경우

② 채권자와 채무자 사이에 특정한 종류의 거래를 한정하거나 예시하고 채무자가 채권자에게 현재 및 장래에 부담하는 모든 채무로 하는 경우

③ 근저당권설정계약 시에 채권자와 채무자 사이에 이미 계약이 체결되어 있는 거래인지의 여하에 관계없이 특정한 종류의 거래를 예시적으로 열거하고 다시 이들을 포괄하는 거래의 종류를 한정적으로 정하여 그 포괄적인 거래에 속하는 여러 거래에 기하여 채무자가 채권자에 대하여 현재 및 장래에 부담하는 모든 채무로 하는 경우

④ 근저당권설정계약 시에 채권자와 채무자 사이에 이미 체결되어 있는 특정의 거래계약에 기하여 채무자가 채권자에 대하여 현재 및 장래에 부담하는 모든 채무로 하는 경우

⑤ 근저당권설정계약 시에 채권자와 채무자 사이에 이미 계약이 체결되어 있는 거래인지의 여하에 관계없이 특정한 거래의 종류를 한정적으로 열거하여, 그 거래에 기하여 채무자가 채권자에 대하여 현재 및 장래에 부담하는 모든 채무로 하는 경우

28 포괄근저당권설정의 금지에 대한 설명으로 옳지 않은 것은?

① 소비자여신에 있어서는 포괄근저당권을 설정하는 것이 허용된다.

② 차주가 해당 은행과 장기적으로 지속적인 거래관계가 있는 기업(개인기업을 포함한다)이어야 한다.

③ 은행이 포괄근저당권의 설정효과에 대해 담보제공자에게 충분히 설명하고 담보제공자가 포괄근저당권의 설정에 동의해야 한다.

④ 은행이 포괄근저당권이 담보제공자에게 객관적으로 편리하다는 사실을 구체적으로 입증할 수 있는 자료를 작성하여 보관해야 한다.

⑤ 한정근저당권의 형식을 취하면서 담보되는 채무의 종류와 범위를 포괄적으로 정하여 사실상 포괄근저당권을 요구하는 행위도 금지되어 있다.

정답 및 해설

24 ① 채무자 채무관련 신용정보를 채무자에게 직접 제시하도록 하지 않는다.

25 ④ 보증채무의 면탈권은 보증인의 권리가 아니다.

26 ② 사기나 강박을 받은 계약당사자는 대출계약이 취소로 처음부터 무효가 됨에 따라 받은 손해를 사기나 강박을 한 계약당사자나 제3자에게 민법 제750조에 의하여 배상청구 할 수 있다.

27 ①·② 채권자와 채무자 사이에 특정한 종류의 거래를 한정하거나 예시하고 채무자가 채권자에게 현재 및 장래에 부담하는 모든 채무로 하는 경우는 사용되지 않는 유형이다.

28 ① 소비자여신에 있어서는 포괄근저당권을 설정하는 것이 금지되어 있다.

29 저당권에 의하여 담보되는 채권의 범위로 가장 거리가 먼 것은?

① 채권최고액의 범위에서 담보되는 채권은 원금과 그에 부수하여 발생하는 이자만 담보한다.

② 근저당권설정계약에서 존속기간이나 결산기에 관하여 정하고 있으면, 그 피담보채권은 존속기간의 만료나 결산기가 도래함으로써 확정된다.

③ 보통저당권은 저당권설정계약 당시에 채권자와 채무자 사이에 이미 발생되어 있거나 또는 장래 발생하게 될 특정한 채권 중 설정당사자가 정한 채권을 담보한다.

④ 근저당권은 피담보채권이 확정되기 전에 발생한 원금채권과 그 원금채권에 대한 약정이자와 연체이자 등 부수채권을 담보한다.

⑤ 근저당권은 등기된 채권최고액의 범위에서 담보한다.

30 저당권의 효력이 미치는 목적물의 범위에 대한 설명으로 옳지 않은 것은?

① 부합물이라 하더라도 타인이 그 권원에 의하여 부속시킨 것에는 저당권의 효력이 미치지 아니한다.

② 부합물이나 종물이 일단 분리·반출되어 버린 때에는 그 부합물이나 종물에 대한 저당권의 효력은 소멸하게 된다.

③ 저당권의 효력은 저당부동산의 종물에는 미치지 아니한다.

④ 저당권의 효력은 저당부동산에 부합된 물건에 미친다.

⑤ 저당권설정당사자는 설정계약에 의하여 저당권의 효력이 부합물에 미치지 않게 할 수 있으나, 등기하여야 제3자에게 대항할 수 있다.

31 유체동산담보 대상목적물에 해당하는 것은?

① 사회보장 차원에서 지급된 구호물품

② 등록소형선박

③ 유가증권

④ 양도 불가능한 물건

⑤ 금 전

32 다음 질권에 대한 설명으로 옳지 않은 것은?

① 질권설정 후에는 질권설정자가 질물을 사용·수익할 수가 없다는 점에 그 특징이 있다.

② 동산질권설정의 요건으로서의 인도에는 점유개정의 방식에 의한 인도가 금지되어 있다.

③ 유체동산질권의 효력은 설정계약에서 다른 약정을 하지 않는 한 질권자에게 인도된 종물에도 미친다.

④ 질권에 의하여 담보되는 채권의 범위는 저당권에 의하여 담보되는 채권의 범위와는 다르다.

⑤ 질권자는 질물을 계속 점유함으로써 유치적 효력을 확보할 필요가 있는데 점유개정에 의하면 이와 같은 유치적 효력을 확보할 수 없기 때문이다.

33 양도담보권자의 권리와 담보적 효력에 대한 설명으로 틀린 것은?

① 양도담보권은 소유권이전 형식의 담보로서 채무자의 채무불이행 시 이른바 처분청산이나 취득청산과 같은 양도담보권자의 임의처분에 의한 담보권실행이 가능하다.

② 설정자의 다른 채권자가 강제집행을 할 수 없고 나아가 양도담보권의 실행 시 양도담보물의 가액으로부터 배당참가를 할 수 없다는 점에서 동산담보권보다 담보적 효력이 강하다.

③ 양도담보권의 실행은 양도담보권자가 이를 적절한 방법으로 매각 또는 평가해서 피담보채권의 변제에 충당하는 방법으로 한다.

④ 매수인이 매각물건이 양도담보물임을 알지 못하였고 또한 알지 못한데 과실이 없었다면 양도담보물을 선의취득하게 됨으로써 양도담보권이 소멸하게 된다.

⑤ 양도담보권설정자가 자신의 소유가 아닌 타인의 소유에 속하는 유체동산을 양도담보로 제공한 경우 양도담보권은 취득할 수 있다.

정답 및 해설

29 ① 채권최고액의 범위에서 담보되는 채권은 원금과 그에 부수하여 발생하는 이자는 물론 연체이자까지를 담보한다.

30 ③ 저당권의 효력은 저당부동산의 종물에도 미친다.

31 ① 사회보장 차원에서 지급된 구호물품은 유체동산담보 대상목적물이다.

32 ④ 질권에 의하여 담보되는 채권의 범위는 저당권에 의하여 담보되는 채권의 범위와 같다.

> **참고** ② 질물의 인도방식으로는 현실의 인도, 간이인도, 목적물반환청구권의 양도 및 점유개정의 4가지 방식이 있으나, 동산질권설정의 요건으로서의 인도에는, 점유개정의 방식에 의한 인도가 금지되어 있다.

33 ⑤ 타인의 소유에 속하는 유체동산을 양도담보로 제공한 경우 양도담보권은 취득할 수 없다.

34 다음 지명채권담보에 대한 설명으로 타당하지 않은 것은?

① 지명채권 중 노무의 제공을 목적으로 하는 채권은 양도성이 없으나 담보로 할 수 있다.

② 담보제공이 금지되는 지명채권으로서의 임금채권은 양도가 유효하다 하더라도 양수인이 사용자에 대하여 양수받은 임금채권을 직접 지급 청구할 수가 없어 사실상 양도의 의미가 없는 것으로 보아야 한다.

③ 양도가 금지된 지명채권은 담보제공도 금지되는 것으로 보아야 한다.

④ 성질상 양도가 가능한 채권이라도 당사자가 양도금지특약을 한 경우에는 양도금지채권이 되나, 당사자는 이 양도금지특약을 가지고 선의의 제3자에게 대항하지 못한다.

⑤ 형사보상 및 명예회복에 의한 보상청구권과 보상금지급청구권은 법률에 의한 양도금지 담보이다.

35 소멸시효에 대한 설명으로 틀린 것은?

① 상사채권이 판결에 의하여 확정된 경우 소멸시효기간은 10년이다.

② 가압류의 경우 가압류집행이 유효하게 존속하고 있는 한 새로운 시효기간이 진행할 수 없다.

③ 당사자의 합의로 소멸시효를 단축할 수 있다.

④ 소멸시효의 이익은 소멸시효 완성 후 포기할 수 없다.

⑤ 시효소멸하는 채권이 그 소멸시효가 완성하기 전에 상계할 수 있었던 것이면 채권자는 상계할 수 있다.

36 물적담보권의 종류에 대한 설명 중 잘못된 것은?

① 담보물권은 당사자 간의 약정에 의하여 성립되는 약정담보물권과 법률의 규정에 의하여 당연히 성립되는 법정담보물권으로 구분할 수 있다.

② 질권, 저당권, 전세권은 약정담보물권이다.

③ 가등기의 원인으로서는 통상 대물변제의 예약과 매매의 예약이 이용된다.

④ 물건의 매도인이 매매대금채권의 담보를 위하여 목적물의 점유는 매수인에게 이전시켜놓고, 소유권은 대금 완납 시까지 매도인에게 유보시키는 담보의 형식을 양도담보라 한다.

⑤ 유치권, 주택임차인의 최우선변제권, 근로자의 임금우선특권은 법정담보물권이다.

37 다음 중 공·사채 등록법에 의하여 공·사채의 발행자가 지정할 수 있는 등록기관이 아닌 것은?

① 금융감독원
② 한국예탁결제원
③ 은행법에 따른 은행
④ 한국산업은행법에 따른 한국산업은행
⑤ 중소기업은행법에 따른 중소기업은행

38 저당권에 대한 설명으로 틀린 것은?

① 근저당권은 채권자와 채무자 간 일정한 거래관계로부터 발생하는 유동·교체될 수 있는 다수의 채권을 일정한 한도액까지 담보하려는 저당권이다.
② 저당권은 2개 이상의 목적물을 대상으로 설정할 수 있다.
③ 저당권은 설정당사자가 저당권설정계약을 체결함으로써 설정된다.
④ 저당권자는 피담보채무의 이행이 없는 경우, 법원에 당해 저당목적물에 대하여 임의경매를 신청할 권리가 있다.
⑤ 저당권자는 저당목적물의 매각 대금으로부터 자신의 채권을 우선적으로 변제받을 수 있는 권리가 있다.

정답 및 해설

34 ① 노무의 제공을 목적으로 하는 채권은 담보로 할 수 없다. 따라서 지명채권담보의 대상이 되는 것은 물건의 인도를 목적으로 하는 채권과 금전의 지급을 목적으로 하는 채권으로 한정된다.

35 ④ 소멸시효의 이익은 시효기간이 완성하기 전에는 미리 포기하지 못한다. 소멸시효가 완성된 후에는 소멸시효의 이익 포기가 유효하다

36 ④ 물건의 매도인이 매매대금채권의 담보를 위하여 목적물의 점유는 매수인에게 이전시켜놓고, 소유권은 대금 완납 시까지 매도인에게 유보시키는 담보의 형식은 소유권유보이다.

37 ① 금융감독원은 해당 등록기관이 아니다. 등록기관으로 지정될 수 있는 자는 한국예탁결제원, 은행법에 따른 은행, 한국산업은행법에 따른 한국산업은행, 중소기업은행법에 따른 중소기업은행이다. 다만 이들이 공사채의 발행자로부터 지정을 받아 공사채의 등록업무를 취급하려면 공사채등록법에 의하여 미리 금융위원회에 등록을 하여야 한다.

38 ③ 저당권은 설정당사자가 저당권설정계약을 체결하는 것만으로 설정되지 않는다. 저당권을 설정하려면 그 저당권설정계약에 기하여 대상 부동산의 소재지를 관할하는 등기소에 저당권설정등기를 신청하여 그 등기기록에 저당권설정등기가 이루어져야 한다.

39 채권자가 수령할 의무가 있음에도 수령하지 않은 경우에 발생되는 효력으로 가장 거리가 먼 것은?

① 채무자에 대하여 채무불이행을 이유로 하는 손해배상이나 지연배상금의 청구를 할 수 없게 된다.
② 채무의 완전한 상환까지의 연체이자는 채무자가 부담한다.
③ 약정이자의 발생이 정지된다.
④ 채무자가 후일 다시 변제를 하게 됨으로써 증가된 비용을 채권자가 부담한다.
⑤ 채무자가 그 변제금액을 공탁함으로써 채무를 면할 수 있다.

40 강제집행에 대한 채무자의 구제 방법에 대한 설명이다. 맞지 않는 것은?

① 집행에 관한 이의신청은 강제집행을 정지시키는 효력이 없다. 다만, 법원은 이 이의신청에 대한 재판에 앞서 집행을 일시정지 하도록 명하는 잠정처분을 할 수 있다.
② 집행에 관한 이의신청은 원칙적으로 집행행위의 형식적인 절차상의 하자를 이유로 한 것이어야 하고, 집행권원에 표시된 청구권이 존재하지 않는다거나 집행 대상 목적물이 집행채무자의 소유에 속하지 않는다든가 하는 실체상의 사유를 이유로 해야 한다.
③ 집행에 관한 이의신청이란 집행기관이 집행절차법규에 위반하여 강제집행을 하거나 강제집행을 거부하는 경우에 집행당사자나 이해관계인이 집행법원에 그 취소나 변경을 구하는 불복방법을 말한다.
④ 일반 민사소송절차에서의 즉시항고는 집행정지의 효력이 있으나, 민사집행절차에서의 즉시항고는 원칙적으로 집행정지의 효력이 없다.
⑤ 즉시항고는 일정한 불변기간 내(재판이 고지된 날로부터 1주 이내)에만 제기할 수 있는 항고를 말한다. 강제집행절차에 관한 집행법원의 재판에 대하여는 특별한 규정이 있어야만 즉시항고를 할 수 있다.

41 다음 중 상속결격의 사유로 가장 거리가 먼 것은?

① 사기 또는 강박으로 피상속인의 양자 기타 상속에 관한 유언을 하게 한 자
② 피상속인을 종용하여 피상속인의 양자 기타 상속에 관한 유언 또는 유언의 철회를 방해한 자
③ 피상속인의 양자 기타 상속에 관한 유언서를 위조·변조·파기 또는 은닉한 자
④ 고의로 직계존속, 피상속인, 그 배우자 또는 상속의 선순위나 동순위에 있는 자를 살해하거나 살해하려 한 자
⑤ 고의로 직계존속, 피상속인과 그 배우자에게 상해를 가하여 사망에 이르게 한 자

42 상속의 법률관계에 관한 다음 설명 중 틀린 것은?

① 상속채무에 대해서는 공동상속인간의 부담 비율을 유언으로 지정할 수 없다.

② 피상속인의 배우자는 직계비속과 동순위로 공동상속인이 된다.

③ 태아는 상속순위에 관하여 이미 출생한 것으로 본다.

④ 포괄적 유증을 받은 자는 상속인과 동일한 권리의무가 있다.

⑤ 상속의 제4순위자는 피상속인의 8촌 이내의 방계혈족이다.

43 법정대위자 상호 간의 효과에서 대위변제자 상호 간의 공평을 도모하기 위하여 규정하고 있는 내용이 아닌 것은?

① 보증인은 미리 전세권이나 저당권의 등기에 그 대위를 부기하지 아니하면 전세물이나 저당물에 권리를 취득한 제3자에 대하여 채권자를 대위하지 못한다.

② 제3취득자는 보증인에 대하여 채권자를 대위하지 못한다.

③ 제3취득자 중의 1인은 각 부동산의 가액에 비례하여 다른 제3취득자에 대하여 채권자를 대위하지 못한다.

④ 자기의 재산을 타인의 채무의 담보로 제공한 자가 수인인 경우에는 제3취득자 중의 1인은 각 부동산의 가액에 비례하여 다른 제3취득자에 대하여 채권자를 대위한다.

⑤ 자기의 재산을 타인의 채무의 담보로 제공한 자와 보증인 간에는 그 인원수에 비례하여 채권자를 대위한다.

정답 및 해설

39 ② 이 경우 채무의 완전한 상환까지의 연체이자는 채무자가 부담하지 않는다.

40 ② 실체상의 사유를 이유로 해서는 아니 된다.

41 ② 피상속인을 종용하여 피상속인의 양자 기타 상속에 관한 유언 또는 유언의 철회를 방해한 자는 상속결격에 해당하지 아니한다.

42 ⑤ 상속의 제4순위자는 피상속인의 4촌 이내의 방계혈족이다.

43 ③ 제3취득자 중의 1인은 각 부동산의 가액에 비례하여 다른 제3취득자에 대하여 채권자를 대위할 수 있다.

출제예상문제 **299**

44 상계의 금지에 대한 설명으로 옳지 않은 것은?

① 고의의 불법행위에 의한 손해배상채권을 수동채권으로 하는 상계는 할 수 없다.

② 채권이 압류 할 수 있는 것인 때에는 그 채무자는 상계로 채권자에게 대항하지 못한다.

③ 상계를 금하는 의사표시가 있는 채권에 의한 상계는 이를 할 수 없으나 상계금지의 의사표시는 이를 선의의 제3자에게 대항하지 못한다.

④ 사용자는 전차금(前借金)이나 그 밖에 근로할 것을 조건으로 하는 전대(前貸)채권과 임금을 상계하지 못한다.

⑤ 지급을 금지하는 명령을 받은 제3채무자는 그 후에 취득한 채권에 의한 상계로 그 명령을 신청한 채권자에게 대항하지 못한다.

45 다음 중 소멸시효의 관리에 대한 설명으로 틀린 것은?

① 법률상으로 권리를 행사할 수 없는 경우에는 비록 권리가 이미 발생되어 있다 하더라도 소멸시효는 진행하지 아니한다.

② 소멸시효기간은 일반적인 기준으로 민사채권 10년, 상사채권 5년, 그 밖에 단기시효기간(3년, 2년, 1년, 6월)이다.

③ 금융거래에서 발생하는 여신채권 중 증서대출에 의한 채권의 소멸시효기간은 원금은 5년, 약정이자는 3년, 연체이자는 2년이다.

④ 이미 경과한 시효기간을 소멸하게 하고 처음부터 다시 소멸시효를 진행하게 하는 것을 소멸시효의 중단이라 한다.

⑤ 소멸시효의 이익은 시효기간이 완성하기 전에는 미리 포기하지 못하고, 법률행위에 의하여 소멸시효를 배제하거나 연장 또는 가중할 수 없으나, 이를 단축 또는 경감할 수 있다.

46 다음 중 채권자가 관할법원에 재산명시신청을 하기 위해 구비해야 할 요건이 아닌 것은?

① 금전의 지급을 목적으로 하는 집행권원이 있어야 한다.

② 강제집행을 개시할 수 있는 상태에 있어야 한다.

③ 재산명시신청의 상대방인 채무자가 소송능력을 가지고 있어야 한다.

④ 채무자의 재산을 쉽게 찾을 수 있어야 한다.

⑤ 채무자의 채무이행이 없어야 한다.

47 채무자 또는 채권자가 배당표에 대하여 이의를 한 경우라도 배당을 실시하여야 하는 경우가 아닌 것은?

① 이의신청인이 이의를 철회한 경우
② 이의신청채무자나 채권자가 배당기일로부터 1주 이내에 배당이의의 소를 제기하고 그 소제기증명을 하지 아니한 경우
③ 배당이의의 소에 대한 판결이 확정되지 않은 경우
④ 배당이의의 소가 취하 또는 취하 간주되거나 그 소송에 있어 소 각하 또는 청구기각의 판결이 확정되었음이 증명된 경우
⑤ 집행력 있는 집행권원의 정본을 가진 채권자의 채권에 대하여 이의신청한 채무자가 1주 이내에 청구에 관한 이의의 소를 제기하였음을 증명하는 서면과 그 소에 관한 집행정지 재판의 정본을 제출하지 아니한 경우

48 다음 중 배당요구의 종기가 잘못 짝지어진 것은?

① 압류의 대상이 금전인 경우는 집행관이 압류에 의하여 금전의 점유를 취득할 때까지
② 압류물을 매각하여 현금화하는 경우에 집행관이 그 매각대금을 영수할 때까지
③ 압류의 목적물이 어음·수표 그 밖의 금전의 지급을 목적으로 한 유가증권으로써 매각 절차를 취하지 않고 추심을 하는 경우는 집행관이 그 지급을 받을 때까지
④ 집행정지 중에 압류물을 매각하여 그 대금을 공탁한 경우는 그 집행을 계속 진행할 수 없게 될 때까지
⑤ 가압류물을 즉시 매각하여 그 매각대금을 공탁한 경우는 본 압류의 신청이 있을 때까지

정답 및 해설

44 ② 채권이 압류하지 못할 것인 때에는 그 채무자는 상계로 채권자에게 대항하지 못한다.
45 ③ 연체이자는 5년이다.
46 ④ 채무자의 재산을 쉽게 찾을 수 없어야 한다. 채무자의 재산을 쉽게 찾을 수 있다고 인정한 때에는 법원은 재산명시신청을 기각하도록 되어 있기 때문이다. 쉽게 찾을 수 있다는 입증책임은 채무자가 부담한다.
47 ③ 배당이의의 소에 대한 판결이 확정되지 않은 경우는 배당을 실행하지 못한다.
48 ④ 집행정지 중에 압류물을 매각하여 그 대금을 공탁한 경우 → 후일 그 정지가 풀려서 그 집행을 계속하여 진행할 수 있게 될 때까지

49 다음 중 민사집행법상의 압류금지채권에 해당하는 것이 아닌 것은?

① 법령에 규정된 부양료 및 유족부조료(遺族扶助料)

② 급료, 연금, 봉급, 상여금, 퇴직연금, 그 밖에 이와 비슷한 성질을 가진 급여채권의 2분의 1에 해당하는 금액

③ 복권당첨 지급권, 경품 당첨 지급권, 출연료 및 강연료 지급권

④ 주택임대차보호법에 의하여 주택임차인이 최우선변제 받을 수 있는 소액보증금 중 일정액

⑤ 채무자의 1월간 생계유지에 필요한 예금으로서 개인별 잔액이 185만원 이하인 것

50 채무불이행에 따른 채무자의 형사 책임에 해당 경우를 설명하고 있다. 다음 중 해당 항목을 모두 고른 것은?

> ㉮ 채무자가 재산명시기일에 거짓의 재산목록을 낸 때에는 3년 이하의 징역 또는 5백만원 이하의 벌금에 해당하는 형사처벌을 받을 수 있다.
>
> ㉯ 채무자가 강제집행을 면할 목적으로 자신의 재산을 은닉·손괴·허위양도하거나 허위의 채무를 부담한 때에는 강제집행면탈죄로서 3년 이하의 징역이나 1천만원 이하의 벌금에 해당하는 형사처벌을 받을 수 있다.
>
> ㉰ 처음부터 변제할 의사가 없으면서 금전을 빌린 경우는 사기죄, 타인을 공갈하여 금전을 빌린 경우는 공갈죄, 맡겨둔 금전을 무단으로 소비하거나 반환을 거부한 경우는 횡령죄 등으로 형사처벌을 받는다.
>
> ㉱ 사용자가 근로자에게 임금지급을 체불하는 때에는 3년 이하의 징역 또는 3천만원 이하의 벌금에 해당하는 처벌을 받을 수 있다.
>
> ㉲ 재산명시명령을 송달받은 채무자가 정당한 사유 없이 ❶ 명시기일 불출석 ❷ 재산목록의 제출 거부, ❸ 선서 거부를 하는 행위를 한 경우에는 법원은 결정으로 20일 이내의 감치 처분을 받을 수 있다.

① ㉮, ㉯, ㉰, ㉱, ㉲　　　　　　② ㉮, ㉯, ㉰, ㉱

③ ㉮, ㉯, ㉰, ㉲　　　　　　　④ ㉯, ㉰, ㉱, ㉲

⑤ ㉰, ㉱, ㉲

51 채무인수와 계약인수에 관한 설명 중 잘못된 것은?

① 채무인수는 인수인과 채무자 간의 인수계약으로도 할 수 있으나 이때에는 채권자의 승낙이 있어야 한다.

② 인수인이 채권자와의 계약으로 채무인수를 하는 경우 채무자의 동의가 있어야 한다.

③ 면책적 채무인수가 있으면 채무는 동일성을 유지한 채 채무자로부터 인수인에게 이전하며, 인수인은 채무자가 가지고 있던 항변으로 채권자에게 대항할 수 있다.

④ 면책적 채무인수가 채무자, 인수인 간에 이루어진 것이면 채무자가 제공한 담보는 존속한다.

⑤ 계약인수는 양도인과 양수인 및 잔류당사자 중 2인의 합의와 나머지 당사자가 승낙하는 방법으로도 할 수 있다.

52 개인신용정보의 보호에 관한 설명으로 틀린 것은?

① 사망한 사람에 관한 신용정보는 개인신용정보가 아니다.

② 채권추심회사는 신용정보주체의 동의를 받지 않고 신문에 공개된 개인신용정보를 수집할 수 있다.

③ 신용정보회사는 신용정보주체에게 불이익을 줄 수 있는 신용정보를 그 불이익을 초래하게 된 사유가 해소된 날부터 최장 3년 이내에 등록·관리 대상에서 삭제하여야 한다.

④ 신용정보제공·이용자는 개인신용정보를 타인에게 제공하려는 경우 해당 신용정보주체로부터 개인신용정보를 제공할 때마다 미리 개별적으로 동의를 받아야 한다.

⑤ 위임직채권추심인이 「채권의 공정한 추심에 관한 법률」을 위반하여 채무자에게 손해를 가한 경우 채권추심 회사는 위임직채권추심인과 연대하여 그 손해를 배상할 책임이 있다.

정답 및 해설

49 ③ 복권당첨 지급권, 경품 당첨 지급권, 출연료 및 강연료 지급권은 압류금지채권에 해당하지 않는다.

50 ① 모든 항목이 형사처벌에 해당한다.

51 ② 제3자(인수인)는 채권자와의 계약으로 채무를 인수하여 채무자의 채무를 면하게 할 수 있다. 인수인과 채권자 간의 채무인수계약에 채무자의 동의는 필요하지 않다.

52 ③ 신용정보회사등은 신용정보주체에게 불이익을 줄 수 있는 신용정보를 그 불이익을 초래하게 된 사유가 해소된 날부터 최장 5년 이내 등록·관리 대상에서 삭제하여야 한다.

53 개인정보처리자는 다음 중의 어느 하나에 해당하는 경우에는 정보주체 또는 제3자의 이익을 부당하게 침해할 우려가 있을 때를 제외하고는 개인정보를 목적 외의 용도로 이용하거나 이를 제3자에게 제공할 수 있다. 다음 중 이에 해당하지 않는 경우는?

① 범죄의 수사와 공소의 제기 및 유지를 위하여 필요한 경우

② 조약, 그 밖의 국제협정의 이행을 위하여 외국정부 또는 국제기구에 제공하기 위하여 필요한 경우

③ 정보주체 또는 그 법정대리인이 의사표시를 할 수 없는 상태에 있거나 주소불명 등으로 사전 동의를 받을 수 없는 경우로서 명백히 정보주체 또는 제3자의 급박한 생명, 신체, 재산의 이익을 위하여 필요하다고 인정되는 경우

④ 개인정보를 목적 외의 용도로 이용하거나 이를 제3자에게 제공하지 아니하면 다른 법률에서 정하는 소관 업무를 수행할 수 없는 경우로서 보호위원회의 심의 · 의결을 거친 경우

⑤ 통계작성 및 학술연구 등의 목적을 위하여 필요한 개인정보를 제공하는 경우

54 채권자취소권에 대한 설명 중 잘못된 것은?

① 채권자취소권이란 사해행위 취소와 일탈재산의 원상회복의 두 가지를 소구할 수 있는 채권자의 권리를 말한다.

② 채권자취소권이 성립하려면 채권보전에 필요할 것, 채무자가 스스로 그의 권리를 행사하지 아니할 것, 채권이 이행기에 있어야 할 것이라는 3가지 요건이 필요하다.

③ 채권자가 채권자라는 자격에서 자기의 이름으로 재판상 행사하여야 한다.

④ 취소의 대상이 되는 사해행위는 채무자의 행위이고, 전득자가 있는 경우에도 수익자와 전득자 사이의 행위는 취소의 대상이 되지 않는다.

⑤ 채권자취소권의 행사효과는 모든 채권자의 이익으로 돌아간다.

제4과목

다양한 채무자구제제도

제1장   국내 채무자구제제도

제2장   해외 채무자구제제도

제3장   채무자 금융·복지지원제도

출제예상문제

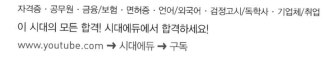

국내 채무자구제제도

01 채무자구제제도 도입배경

1 금융채무불이행자의 급속한 증가

「신용정보의 이용 및 보호에 관한 법률」 및 「일반신용정보관리규약」에 의해 한국 신용 정보원에 등재된 금융채무불이행자 수는 97년 말 143만 명 수준이었으나 외환위기 이후 경기침체 및 실업증가 등으로 인해 지속적으로 증가하다가 02년 이후부터 한동안 그 증가세가 가속화되어 심각한 사회·경제적 문제로 대두되었다.

금융채무불이행자 문제가 확대된 원인은 각 경제주체 모두에게 있었다. 금융회사의 경우 가계대출 확대 경쟁과 신용카드 기준 완화 등 시장 점유율 확대에 치중하여 위험관리를 소홀히 하였다. 특히 신용카드사의 경우 과거 가두 회원모집 과정에서 회원자격의 적격여부에 대한 엄격한 심사 없이 신용카드를 발급하였고 신용한도도 크게 확대하였다.

소비자들 또한 과도한 차입을 통해 소비를 늘렸다. 당시 소비자들은 경기침체 및 고용사정 악화 등에 따라 가계소득이 감소하자 대출이나 신용카드로 이를 보충하였다. 특히 신용카드사들이 경쟁적으로 대출서비스에 주력하는 가운데 여러 신용카드사에서 발급받은 복수의 카드를 돌려막기식으로 결제하는 경우가 많았으며, 이 과정에서 채무가 감당하기 어려운 수준까지 불어나 금융채무불이행자로 전락하게 된 사람들이 많았다.

99년 이후 전반적인 규제개혁 기조 속에서 금융부문에서도 각종 규제 완화조치가 취해졌으며, 특히 99년 5월 취해진 신용카드 현금서비스 상한 철폐는 02년 하반기 이후 금융채무불이행자의 폭발적 증가의 직접적 시발점이 되었다. 가계신용이 급속히 팽창하여 연체율이 상승하고 신용카드사의 자산건전성에 대한 우려가 시장에 광범위하게 확산되자 정부는 02년부터 강도 높은 가계대출 억제정책을 시행하였다. 그 결과 금융회사들은 신규여신 공여와 신용카드 사용한도를 대폭 축소하는 전략을 취하였고 이는 개인들의 신용한도 축소 및 대출회수로 이어지면서 연체율이 급등하고 금융채무불이행자 수가 증가하는 계기가 되었다.

제4과목

2 금융채무불이행자 증가로 인한 사회·경제적 문제

(1) 금융 문제

금융채무불이행자의 증가는 금융회사의 입장에서 부실채권의 증가를 의미하고 이는 수익성과 자산건전성을 훼손한다. 금융채무불이행자 증가의 중요한 원인을 제공했던 신용카드회사들이 그에 따른 충격을 가장 크게 받아 수지와 건전성이 급격히 떨어졌을 뿐만 아니라 카드채 사태를 야기함으로써 전체 금융시스템의 안정성을 위협했다.

(2) 경제적 문제

금융채무불이행자가 정상적으로 노동시장에 참가하기 어려워지면서 채무상환 및 소비생활에 충당할 수 있는 자금의 확보가 곤란해진다. 이는 소비둔화로 이어지고, 다시 경기침체 및 금융채무불이행자 증가로 연결되는 악순환을 초래하게 된다.

(3) 사회적 문제

금융채무불이행자 수가 크게 증가하던 2002년 이후 금융채무불이행자 수 그래프가 높아질수록 '일가족 동반자살' 등의 참담한 뉴스도 빈번하게 전해졌다. 이렇듯 금융채무불이행자의 증가 문제는 개인의 차원을 넘어 사회·경제적 대응이 필요한 중대한 사안으로 대두되었다.

3 채무자 구제제도의 필요성

(1) 필요성

① 공적 채무자 구제제도는 1962년에 도입된 개인파산제도가 있었으나 이용자 수가 많지 않았으며, 회생보다는 파산에 많은 비중을 두고 있어 한계가 있었다. 이에 공적 채무자 구제제도를 보완해줄 다중채무조정제도의 도입 필요성이 대두되었다.

② 2002년 당시 금융 채무불이행자가 급증하고 있음에도 불구하고 과중채무를 지원하거나 회생시킬 수 있는 제도적 기반이 매우 취약한 실정이었다.

(2) 해결책

① 2002년 5월 27일 금융감독원에서는 모든 금융회사에 대하여 연체고객을 대상으로 하는 자체 신용회복지원절차를 마련하도록 지도하고 '신용정보업 감독규정' 개정을 통해 자체 신용회복지원절차를 금융회사 내부규정으로 두도록 의무화하는 등 과중채무자가 금융채무불이행자로 전락하는 것을 방지하기 위한 노력을 시도했다.

② 2004년 9월 23일 개인채무자회생법 시행, 2006년 개인 채무자 회생법, 회의법과 파산법 등과 함께 채무자회생 및 파산에 관한 법률이 시행되면서 공적 채무자 구제제도가 활성화되기 시작했다.

③ 2002년 10월 설립된 사적 채무조정 기관인 신용회복위원회가 2016년 9월 23일 서민의 금융생활 지원에 관한 법률에 의해 개인채권을 보유한 금융회사 대부분이 신용회복지원협약을 체결하게 되면서 채무조정의 실효성이 크게 증가하였다.

신용회복위원회 설립배경 및 목적

1. **설립배경**

    신용회복위원회는 2002년 10월 1일 금융채무불이행자 급증에 대한 대책의 일환으로 과중채무자의 조속한 경제적 재기를 지원하기 위하여 '금융기관 간 신용회복지원협약'에 따라 출발하였으며, 신용관리에 관한 상담 및 교육 등 공익적인 업무 수행과 채무조정업무의 공정성과 객관성을 확보하기 위해 금융감독위원회의 허가를 받아 2003년 11월 1일 비영리 사단법인으로 출범하였으며, 2016년 9월 23일 서민의 금융생활 지원에 관한 법률에 의해 설립근거를 마련하면서 특수법인 신용회복위원회로 재출범하였다.

2. **설립목적**

    신용회복위원회는 신용회복지원의 극대화를 통하여 채무불이행자의 경제적 재기를 지원하고 가계파산을 예방하며, 서민의 금융상담 및 신용관리교육을 전담하는 신용관리전문기구로서의 기능을 수행함으로써 서민생활 안정에 기여함을 목적으로 한다.

3. **기능 및 역할**

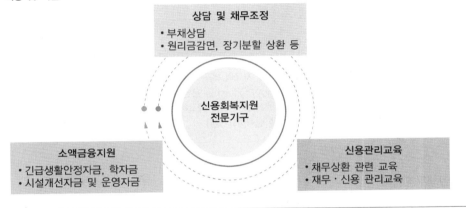

02 신용회복위원회 개인채무조정

1 도입경과 및 채무조정

(1) 도입경과

① 2002년 말 은행연합회에 등록된 개인금융 채무불이행자는 264만명으로 지속적으로 증가하고, 2002년 7월부터 모든 개인대출정보가 집중 관리됨에 따라 일부 다중채무자의 급격한 자금 경색으로 회생가능성 있는 채무자가 금융채무불이행자로 전락할 우려도 대두되었다.

② 다중채무자의 경우 일부 금융회사가 채무상환 유예 등의 조치를 취하더라도 여타 채권금융회사가 채권회수 조치를 취하게 되면 현실적으로 신용회복지원 효과를 기대하기 어렵기 때문에 회생가능성이 있는 다중채무자에 대하여 금융회사가 공동으로 신용회복을 지원하는 미국의 CCCS(Consumer Credit Counseling Service)와 같은 제도가 필요하다.

> **참고**
>
> 미국의 CCCS(Consumer Credit Counseling Service)
> - CCCS는 미국의 소비자 회생을 지원하는 대표적 비영리 민간단체로서 150개 이상의 회원단체들이 1,400개 이상의 신용상담소를 운영 중이며, 채무관련 상담 및 자료의 제공, 채권자와 접촉하고 상환조건의 협상 및 상환을 대행하여 주는 채무관리프로그램(Debt Management Program)을 운영하고 있다.
> - CCCS는 매년 약 150만의 가계에서 소비자 신용상담을 제고하고 있으며, 매년 330만명 이상에게 재무계획 수립, 자금차입 및 상환방법 등에 대한 교육을 실시하고 있다.

(2) 개인채무조정의 개요

개인채무조정은 채권금융회사에 대하여 채무자가 부담하는 채무의 상환조건을 상환기간 연장, 분할상환, 이자율 조정, 상환유예, 채무감면 등의 방법으로 변경하는 것을 말한다. 신용회복위원회와 신용회복지원협약을 체결한 채권금융회사 채무만 조정대상이 되며, 채무의 종류, 총 채무액, 변제가능성, 담보, 채무자의 신용 등을 고려하여 조정한다.

개인채무조정이 확정된 채무자는 신용회복위원회가 지정한 계좌에 변제금을 납입하고, 납입된 변제금을 신용회복위원회가 채권금융회사에 송금하면 변제의 효력이 발생한다. 주채무자에 대한 개인채무조정 내용은 보증인에게도 동일한 효력이 미치게 된다.

2 채무조정(개인워크아웃제도)의 개요

채무조정은 채권금융회사에 대하여 채무자가 부담하는 채무의 상환조건을 상환기간 연장, 분할상환, 이자율 조정, 상환유예, 채무감면 등의 방법으로 변경하는 것을 말한다. 신용회복위원회와 신용회복지원협약을 체결한 채권금융회사 채무만 조정대상이 되며, 채무의 종류, 총 채무액), 변제가능성, 담보, 채무자의 신용 등을 고려하여 채무조정을 하게 된다. 채무조정이 확정된 채무자는 신용회복위원회가 지정한 계좌에 변제금을 납입하고, 납입된 변제금을 신용회복위원회가 채권금융회사에 송금하면 변제의 효력이 발생한다. 주 채무자에 대한 채무조정 내용은 보증인에게도 동일한 효력을 미치게 된다.

❸ 신용회복지원 절차

(1) 지원절차

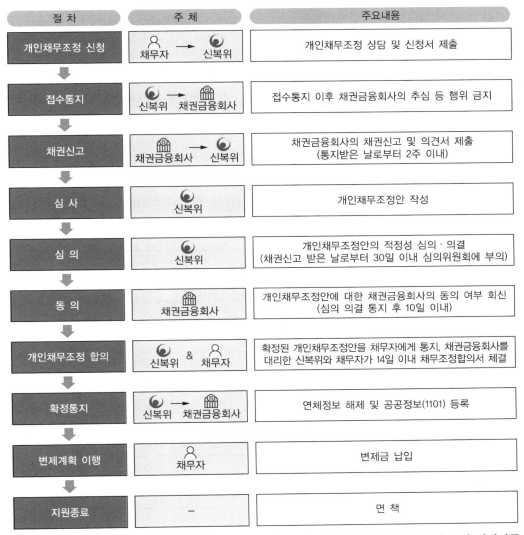

절 차	주 체	주요내용
개인채무조정 신청	채무자 → 신복위	개인채무조정 상담 및 신청서 제출
접수통지	신복위 → 채권금융회사	접수통지 이후 채권금융회사의 추심 등 행위 금지
채권신고	채권금융회사 → 신복위	채권금융회사의 채권신고 및 의견서 제출 (통지받은 날로부터 2주 이내)
심 사	신복위	개인채무조정안 작성
심 의	신복위	개인채무조정안의 적정성 심의 · 의결 (채권신고 받은 날로부터 30일 이내 심의위원회에 부의)
동 의	채권금융회사	개인채무조정안에 대한 채권금융회사의 동의 여부 회신 (심의 의결 통지 후 10일 이내)
개인채무조정 합의	신복위 & 채무자	확정된 개인채무조정안을 채무자에게 통지, 채권금융회사를 대리한 신복위와 채무자가 14일 이내 채무조정합의서 체결
확정통지	신복위 → 채권금융회사	연체정보 해제 및 공공정보(1101) 등록
변제계획 이행	채무자	변제금 납입
지원종료	-	면 책

① 위원회는 신용회복지원 신청서를 접수한 날로부터 1주일 이내 채권기관에게 채권신고 및 의견서를 제출할 것을 통지하게 된다.

> **참고**
>
> 통지 등의 효력은 상대방에 도달 시 발생하는 것이 원칙이며, 천재지변 등 불가항력적인 사유가 발생한 경우에는 보통의 우송기간이 경과한 때에 도달한 것으로 간주한다.

② 채권기관은 위원회로부터 통지를 받은 날로부터 2주일 내에 총채권액(보증채무지원신청이 있는 경우 보증채권 포함), 담보 및 보증, 채무자가 제출한 변제계획에 대한 의견 등을 위원회에 제출한다. 동 기간 내에 상계권 행사도 가능하다.

제4과목

③ 신고채권에 대한 채무조정안에 대하여 심의위원회는 심의의결사항을 의결일로부터 1주일 내에 채권기관에 통지하고, 채권기관은 당해 통지를 받은 날로부터 10일 이내에 동의 여부를 심의위원회에 회신한다.

④ 심의위원회의 심의·의결이 채권기관 동의로 확정된 경우, 채권기관은 위원회에 채권기관을 대리하여 채무자의 채무를 조정할 수 있는 권한을 위임한 것으로 하며, 신용회복지원이 확정된 채무자는 확정일로부터 2주일 이내에 위원회가 정한 채무조정합의서에 기명날인 또는 서명함으로써 위원회와 채무조정에 대하여 합의서를 작성한다.

⑤ 위원회는 채무조정합의서 작성이 완료되면 즉시 조정 내용을 채권기관에 통지하고 전국은행연합회의 신용정보망에 '신용회복지원협약에 따라 신용회복지원이 확정된 거래처(등록코드 : 1101)'로 등록하여 전국은행연합회의 신용정보전산망에 등록된 당해 채무자의 연체 등록정보를 해제하게 된다.

(2) 급여(가)압류 개인채무조정 진행 및 해제 절차

절 차	주요내용	대 상
개인채무조정 접수	급여(가)압류 관련 서류 징구	신복위
개인채무조정안 작성	급여(가)압류 적립금액 조정전채무액에서 차감하여 조정대상 채권액 확정	신복위
개인채무조정안 확정	채무자 위원회 방문, 합의서 체결(변제금 송금정지)	신복위, 채무자
급여(가)압류 해제협조 요청서 송부	채무자 앞 급여가압류 해제협조요청 공문 교부	신복위, 채무자
확약서 징구 및 채권금융회사 통지	**위원회 확약서 징구(합의서 체결 후 10영업일 이내) 후 수령사실 개별기관 통지(징구 후 3영업일 이내)**	제3채무자, 채무자
급여가압류 해제 신청	채권금융회사가 법원에 급여가압류 해제신청 (확약서수령통지 접수 후 10영업일 이내)	채권금융회사
급여가압류 해제 결정	급여가압류 해제	법 원
해제결정 통지	급여가압류 해제사실을 채무자, 제3채무자 앞 통지	법 원
적립금액 송금	제3채무자가 위원회 앞 **적립금액 송금**	제3채무자, 채무자
기신고적립금액 배분	기신고적립금액을 해당 채권금융회사별 배분, 송금 (변제금 송금정지 해제)	신복위

(3) 신청절차

신용회복지원을 신청하기 위해서는 위원회에 적격여부에 대한 상담을 받고 안내받은 신청 구비서류를 지참하여 위원회를 방문하거나 공인인증서가 있는 경우 신용회복위원회 사이버지부 홈페이지 (cyber.ccrs.or.kr), 휴대전화 앱(app)을 통해 신용회복지원 신청이 가능하다. 위원회에서는 채무자 본인 또는 채무자의 자산, 경제적 상황 등을 알고 있는 가족이 대리인인 경우에 한하여 신용회복 신청자격을 인정하고 있다.

참고

신용회복지원 신청 구비서류
① 다음 구비서류 중 해당되는 서류가 있는 경우 제출하여야 한다. 만약 소유 재산이 있으나 허위로 재산을 신고하지 아니한 경우 신용회복지원 절차가 중단되며, 위원회는 한국신용정보원에 금융질서 문란자로 제재하게 된다.
  - 신용회복지원 신청서(신용정보 제공활용 동의서 포함)
  - 소득증빙서류(급여명세서, 급여통장 사본, 근로소득 원천징수영수증, 소득증명(진술)서)
  - 부양가족증명서류(주민등록등본, 가족관계증명서 등)
  - 소유재산(등기부등본, 자동차등록증사본 등)
② 대리인이 채무자의 신용회복을 신청하기 위해서는 채무자의 신용회복신청 위임장(인감도장 날인) 인감증명서, 가족관계증명서(대리인과 채무자 관계), 신분증(채무자 및 대리인)을 지참하여야 한다.
③ 신용회복지원 신청 시 누락채무가 발생하지 않도록 채권금융기관이 발송한 독촉장, 법원에서 송달받은 지급명령, 소장 등의 서류도 지참하여야 한다.
④ 채권금융기관이 연체 채권을 회수하고자 법원에 급여(가)압류, 추심명령을 신청하여 월 급여를 정상적으로 수령하지 못하는 경우 신용회복지원 신청 시 제3채무자인 직장에 급여(가)압류 채권자, 추심권자 및 적립금액 확인서를 발급받아 위원회에 제출하여야 한다.

---

4 신청대상

(1) 신청요건

① 약정기일 내 채무변제를 하지 아니한 자
  금융기관에 대한 채무불이행기간이 3개월 이상인 자로서 신용정보관리규약에 의거 전국은행 연합회 전산망에 연체 등의 정보가 등록되어 있거나 연체 등 정보가 등록되어 있지 않으나 채권기관에서 발송한 연체독촉장 상 채무불이행 기간이 3개월 이상인 경우에는 신청자격을 인정한다.

② 채권기관에 대한 총 채무액이 15억원 이하인 채무자
  채권기관에 대한 총채무액이 15억원(무담보채무 5억원, 담보채무 10억원) 이하이어야 하며, 1개 채권기관에만 채무를 부담하고 있는 경우에도 신청이 가능하다.

③ 최저생계비 이상의 수입이 있는 자
  국민기초생활보장법에서 규정한 최저생계비 이상의 수입이 있어야 신청이 가능하다. 하지만 비록 본인 소득이 최저생계비에 미달하는 경우에도 제3자의 소득 제공액과 본인소득의 합계액이 최저생계비 이상인 경우와, 이 밖에 비정규직 해직자나 취업 준비자 등과 같이 최저생계비에 미달하는 수준의 수입이 있는 채무자의 경우에도 그 수입으로 채무상환이 가능하거나 유예기간 종료 후 채무상환이 가능하다고 심의위원회가 인정하게 되면 신청이 가능하다.

(2) 신청 제외 대상자

① 채무자의 신청자격이 충족되지 않는 경우

  ㉠ 이미 신용회복지원을 받았으나 채무조정내용에 따른 채무상환을 정상적으로 완료하지 못하여 효력이 상실된 자

  ㉡ 신용회복지원 신청을 반복적으로 하는 자

  ㉢ 개별채권기관으로부터 채무조정을 받은 후 동 채무조정 조건을 이행하지 아니한 자로서 심의위원회가 부적격자로 인정하는 자

  ㉣ 신용회복지원을 신청하여 최근 1년 이내에 기각된 자

  ㉤ 재산을 도피하거나 은닉, 기타 책임재산의 감소행위를 초래한 자

  ㉥ 어음 수표 부도거래처인 개인사업자로서 금융결제원 또는 전국은행연합회 신용정보망에 어음수표부도거래 발생자로 등록되어 있는 자

  ㉦ 금융질서문란자, 채권기관과 채무부존재 확인소송 또는 대출의 무효, 취소를 다투거나 분쟁상태에 있는 자

  ㉧ 자금의 사용이 도박, 투기 등 사행성으로 그 용도가 부적절하거나 기타 사회통념상 신용 회복지원 대상자로 인정하기 곤란한 자

  ㉨ 채무자가 고의로 채무이행을 지연할 목적으로 신청하는 경우

  ㉩ 채무자의 재산 및 수입에 비추어 신용회복지원 없이 총채무를 충분히 변제 할 수 있다고 인정되는 경우

  예외 신용회복지원 신청인의 재산과 관련하여 채권금융기관이 사해행위 취소의 소를 제기한 사실만으로는 신용회복지원협약 등에서 정하고 있는 신용회복지원 신청부적격사유에 해당되지는 않는다.

② 개별채무의 조건이 충족되지 않는 경우

  ㉠ 협약 외 채권자에 대한 채무액이 총채무액의 20/100 이상인 경우

> **참고**
>
> 협약 외 채무에서 제외하는 경우
> • 협약 외 채권자가 위원회의 채무조정 내용과 유사한 조건으로 채무를 조정해 주기로 동의하는 경우
> • 협약 외 채무내역이 대출금 만기미도래, 담보채무, 적용이율 적정 등과 같이 현재의 약정내용대로 상환이 가능하다고 인정되는 경우

  ㉡ 채무조정 신청 전 6개월 이내의 대출실적이 총 채무액의 30/100 이상인 경우(단, 기존대출의 상환에 전액 사용된 대출의 경우에는 30/100 범위에 포함시키지 않음)

③ 개인회생 및 개인파산을 신청하는 경우

신용회복지원 절차가 진행 중인 채무자 또는 지원확정 채무자가 관할 법원에 개인회생 또는 개인파산을 신청하는 경우 위원회는 당해 채무자에 대하여 신용회복지원절차를 중단(신청 서류 반송) 또는 지원확정 취소(효력상실)처리를 하게 된다.

  예외 개인회생 또는 개인파산 신청이 기각되거나 개인회생절차가 중단된 채무자는 개인워크아웃 신청이 가능하다. 또한 부동산담보대출에 대해서는 비록 개인회생절차 신청 인가자라 하더라도 법원이 승인하는 경우 신용회복지원 상태를 유지 또는 신규지원이 가능하다.

④ 채권의 소유권을 이전하는 경우

채무자가 신용회복지원을 신청하기 전에 채권기관이 협약 외 채권기관에게 채권을 매각한 경우 당해 채권은 협약 외 채권으로 분류되어 채무조정 대상에서 제외된다. 만약 위원회의 신용회복지원 신청 접수통지 이후에 채권의 양도공고가 이루어져 소유권이 이전된 경우에는 채권기관은 수시환매조항에 따라 다시 매수해야 한다.

> **예외** 채권기관이 신용정보(채권추심)회사와 채권회수위임계약을 체결하여 추심을 의뢰한 경우에는 채권의 소유권은 여전히 채권기관에게 있으므로 신청대상에 포함한다.

⑤ 보유재산 평가액이 무담보 채무 총액을 초과하는 경우

채무자가 보유한 부동산, 임차보증금(사업장 포함), 자동차 등의 재산평가액을 산정하며, 그 평가액이 무담보채무 총액을 초과하는 경우 채무조정을 신청할 수 없다.

> **예외** 채무자가 주거용 부동산을 담보로 취급한 대출을 채무조정 신청한 경우에는 당해 기준을 적용하지 아니한다.

(3) 채무조정에서 제외되는 채무

① 채권기관에 대한 채무로서 신청대상채무에는 포함되나 지원대상에는 제외되는 채무
  ㉠ 개별기관이 자체적으로 신용회복을 지원한 채무로서 단순한 대환대출 등이 아닌 이자율조정이나 장기분할상환, 일부채무감면 등 실질적인 채무조정이 이루어진 채무
  ㉡ 정책자금 등으로서 법규 등에 의해 채권기관의 의결권이 제한되는 경우
② 조세에 대한 보증, 채무자의 근로자의 임금·퇴직금에 대한 보증, 재해보상금·임치금 및 신원에 대한 보증 등에 의한 대지급금 채권
③ 고의 또는 불법 행위로 인한 손해배상에 따른 구상채권

(4) 보증채무 지원

① 지원대상 보증채무

신용회복지원 신청인 및 확정자의 보증채무 중 주 채무자의 채무상환능력 상실(3개월 이상 연체, 개인회생·파산 신청, 사망 등)로 채권금융기관으로부터 보증채무의 변제를 요구받고 있는 채무도 지원대상에 포함된다. 이 경우 주 채무를 보유하지 않은 자 또는 주 채무를 정상적으로 상환 중인자의 보증채무도 지원신청이 가능하다.

② 채무조정기준
  ㉠ 신청인의 채무변제 여력을 고려하여 원금채권은 상각채권에 한하여 원금의 20~70%까지 채무감면을 지원한다.
    • 기초수급자 및 중증장애인의 경우 채무원금이 15백만원 이하인 경우에는 상각채권에 한하여 최대 원금 90%까지 감면한다.
    • 기타 기초수급자, 중증장애인, 고령자 등 사회소외계층의 경우 원금의 최대 80%까지 감면한다.
  ㉡ 분할상환기간은 최장 8년(차상위계층 이하 소득인 자 최장 10년) 기간 내에서 원금분할상환하며, 조정된 보증채무에 대하여는 변제기간 중 이자율을 부리하지 아니한다.
  ㉢ 원금분할상환이 어려운 경우 최장 2년의 기간 내에서 채무상환을 유예할 수 있으며, 변제유예기간은 분할상환기간에 포함하지 않는다.
  ㉣ 채무상환 유예기간 중 이자는 주 채무의 채무조정기준과 동일하게 연 2%이다.

③ 보증서 담보대출 채무조정 지원

　㉠ 채무자가 보증서 담보대출을 보유하고 있는 경우에도 해당 채무에 대하여 채무조정에 포함하여 분할상환을 하도록 지원하되, 보증기관이 대출기관에 대지급을 하지 아니한 경우 대지급 이후 채무를 확정하여 채무조정에 포함하여 신용회복을 지원한다.

　㉡ 보증서 담보대출의 경우 보증비율에 따라 대출기관이 보증기관으로부터 대지급금을 수령한 이후 잔존 채무가 발생할 수 있으므로 대지급 이후 채무 금액이 확정되면 대출기관과 보증기관의 채무를 신용회복지원 대상 채무에 포함한다.

5 채권금융회사의 의무

(1) 채권기관의 금지 행위

① 채권추심 금지

채권기관은 그 설립근거법률에서 특별히 규정하고 있는 경우를 제외하고 위원회로부터 신용회복지원 신청사실을 통지받은 이후부터 채무자 또는 그 보증인 등에 대한 채권추심 의뢰, 가압류, 가처분을 비롯한 추가적 채권보전조치, 강제집행의 신청, 소송제기 등 일체의 채권행사 및 담보권행사를 할 수 없다.

　TIP 소액보증금과 6개월간의 생계비에 사용할 특정재산 등은 가압류, 가처분을 할 수 없다.

② 진행 중인 법적절차 금지노력

　㉠ 신청 이전부터 진행 중인 채권회수조치 및 법적절차 등은 채권기관이 채무자의 상환의지 및 상환능력, 변제계획서 등을 고려, 채무자와 협의하여 중단할 수 있다.

　㉡ 채권기관은 위원회로부터 신용회복지원 신청접수 통지를 받은 이후 당해 채무자에 대한 채권을 협약에 가입하지 않은 금융기관에게 양도할 수 없다.

　　예외 채권양도는 신용회복지원에 따른 채무조정 내용을 승계하는 조건으로 양도하는 경우에는 가능하다.

(2) 연체정보등록 및 해제

① 신용회복지원이 확정된 후 채무조정합의서에 기명날인 또는 서명한 채무자에 대하여 위원회는 신용회복지원협약에 따라 한국신용정보원의 신용정보전산망에 신용회복지원이 확정된 거래처(등록코드 : 1101)로 등록을 하게 된다.

② 신용회복지원이 확정된 거래처로 등록하면 모든 채권기관은 별도의 해제조치 없이 한국신용정보원의 신용정보전산망에 등록된 당해 채무자의 연체 등 정보를 일괄 해제하게 된다.

6 채무조정의 내용

(1) 상환기간 연장

무담보 채권은 최장 8년, 담보채권은 최장 35년까지 연장이 가능하다.

> **TIP** 채권의 잔존상환기간이 35년을 초과하는 채권은 잔존기간까지 분할상환을 지원할 수 있다.

(2) 이자율 조정

① 무담보채권의 이자율은 상사법정이율인 연 6% 이내에서 분할상환기간에 따라 단계별로 이자율을 연 2%까지 인하하여 적용할 수 있다.

② 조정된 이자율은 무담보채권 원금을 기준으로 적용하되, 원금의 일부가 감면된 경우에는 감면 후 나머지 원금에 대하여 조정 후 이자율을 적용한다.

③ 채무자가 납입하는 변제금은 채권의 원금으로 우선 충당하고, 채무자가 분할상환기간 내에 조정 후 채무액을 모두 상환한 경우에는 조정 후 이자율에 따라 부리한 변제기간의 이자를 전액 감면한다.

④ 채무자가 변제금 미납 등으로 채무조정 효력이 상실된 경우 채권 금융회사는 원래의 채권액으로 채무자에게 채권을 청구하게 되는데 이때 채무조정을 통해 정상적으로 변제했던 기간에 대하여는 조정이자율(연 6%~연 2%)에 의한 이자금액을 청구하여야 한다.

⑤ 담보채권이 채무조정에 포함되는 경우에 거치기간과 원리금상환기간에 적용되는 이자율을 약정이자율의 1/2 범위 내에서 인하하되, 최저이자율은 연 5.0% 적용하여 분할상환을 지원한다. 다만, 약정한 이자율이 연 5.0% 미만인 경우 그 약정이자율을 적용하며, 채무자가 '주택담보대출 한계차주 지원' 대상에 해당하는 경우 최저이자율은 '한국은행 기준금리 + 연 2.25%'를 적용하고, 약정한 이자율이 '한국은행 기준금리 + 연 2.25%' 미만이면 그 약정이자율을 적용한다. 담보채권은 무담보채권과 다르게 조정 후 이자율에 의한 이자금액 감면은 불가하다.

(3) 상환유예

① 상환유예기간

- 채무자가 소득감소, 실직 등으로 일시적으로 채무상환이 어려운 경우 : 최장 3년까지
- 총 원금 납입횟수가 48개월 이상인 경우 : 최장 3년까지
- 국가 또는 지방자치단체가 추진하는 자활근로 및 자산 형성 프로그램 참여자 : 최장 3년까지

② 이자납입

채무상환 유예지원은 6개월 단위로 채무자의 상환여력 등을 심사하여 지원하되 유예기간 중에는 조정 후 채무 잔액에 연 2.0%의 이자만을 변제하도록 한다.

- 채무자가 재조정 직전 원금을 상환한 기간이 24개월 이상인 경우 : 연 1.0%
- 채무자가 사회취약계층에 해당하거나 재조정 직전 원금을 상환한 기간이 48개월 이상인 경우 : 이자 면제

(4) 채무감면

① 대출금의 종류, 총 채무액, 변제가능성, 담보 여부, 채무자의 신용 등의 각 사정을 고려하여 감면한다.

> - 이자채권 : 전액
> - 원금채권은 상각채권에 한하여 : 20~70%까지
> - 비용 : 감면 ×
> - 이자 또는 연체이자만으로 구성된 채권 : 90%까지

② 담보채권은 담보설정액을 초과하는 연체이자에 한하여 감면할 수 있으며, 채권원금과 이자는 감면하지 아니한다. 다만, 담보채권이 상각채권인 경우에는 담보설정액 초과여부와 관계없이 이자와 연체이자를 전액 감면하며, 유효담보가액을 초과하는 채권원금은 최대 20~70%까지 감면할 수 있다.

③ 채무감면은 신용회복 신청 채무자가 조정 후 채무를 정상적으로 완제를 하는 경우에 한하여 적용하는 조건부 계약으로 채무상환을 중도에 포기하는 경우 채무감면은 효력을 상실한다.

④ 사회소외계층의 채무감면기준

> - 채무액이 15백만원 이하인 생계급여 및 장애인연금을 지원받는 기초생활 수급자 및 중증장애인 : 원금의 90%
> - 기타 기초수급자, 중증장애인 1~3급 70세 이상 고령자의 경우 : 원금의 80%
> - 기타 사회소외계층 : 원금의 70%

다만, 개별회원기관과 합의가 이루어진 경우 당해 회원기관의 상각채권[*] 원금은 추가감면이 가능하다.

[*] 원금 채권 감면이 가능한 "상각채권"이란 금융기간이 장기간 채권회수가 불가능하여 회계 상 손실 처리한 채권을 말한다.

참고

상각채권으로 간주되는 채권
- 채권금융회사가 채권을 매입할 당시 연체기간이 3개월 이상 경과한 채권
- 채권금융회사가 채권을 매입할 당시 연체기간이 3개월 미만이었으나 매입한 날부터 6개월 이상 경과한 채권
- 대부업자 또는 파산 금융기관이 보유한 채권 중 연체기간이 1년 이상 경과한 채권
---

⑤ 개인별 적용하는 채무감면율은 채무자의 가용소득으로 채무원금을 상환하는 데 소요되는 기간인 변제소요기간[**]을 구하고 이 변제소요기간에 따라 상각채권 원금 감면율을 산정한다.

[**] 변제소요기간은 채무자가 상환해야 할 채무조정대상 채무를 가용소득(월소득−최저생계비의 150%−제외채무 상환액)으로 산출한다.

⑥ 미상각채권의 경우 원금감면은 불가하나, 국가 사회보장제도 의존율이 높은 기초수급자, 중증장애인에게는 일반채권의 원금도 최대 30% 범위 내에서 채무감면을 지원할 수 있다.

(5) 경과이자

채권기관은 채권신고 이후부터 신용회복지원 확정시점까지의 이자에 대해 경과이자를 적용하지 않는다. 다만, 신용회복지원 확정이후 변제금 납입지연 및 기타 사유로 신용회복지원의 효력이 상실된 경우에는 당초 약정이자를 적용하여 미수이자채권으로 관리한다.

(6) 감면순서 및 담보권 감면 제한

```
TIP    ▸ 채무감면순서
```

연체이자 → 이자 → 원금(상각채권의 경우)
* 비용은 감면율 산정에서 제외

채무감면은 담보설정액 이하로는 감면하지 아니하지만 상각채권의 이자는 담보설정액과 관계 없이 전액 감면할 수 있다.

(7) 주택담보대출 한계차주 지원방안

2018. 2. 26일부터 한계차주의 주거안정과 실질적 재기를 지원하기 위해 담보권 실행유예, 담보주택 매매지원, 주택담보대출 채무조정 특례 등 주택담보대출 한계차주 지원방안을 시행하였다.

① 적용대상

다음 각 호의 요건을 모두 충족한 채무자를 대상으로 적용하되, 채무자가 주택담보대출 한계차주 지원대상에 해당하지 아니한 경우 담보채무는 일반 담보대출 채무조정 기준인 거치기간 최장 3년, 원리금분할상환기간 최장 20년으로 조정 가능하다.

- 주택담보대출 연체기간이 30일을 초과
- 1주택 소유자로서 담보주택 가격이 6억원 이하
- 부부합산 연소득이 7천만원 이하

채무자가 상기 지원대상에 해당하더라도 다음 각 호의 어느 하나에 해당하는 경우 신청 대상에서 제외한다.

- 담보주택에 개인사채권자 등 협약 미체결 채권자의 저당권이 설정되어 있는 경우
- 담보주택에 가압류 · 가등기 · 가처분 등의 권리제한이 있는 경우. 다만, 채권금융회사가 가압류한 경우에는 지원 가능
- 이미 담보주택에 경매개시결정이 있는 경우. 다만, 경매기일 이전에 경매신청자가 경매취하에 동의하는 경우 지원 가능
- 담보주택 관련 사해행위취소소송, 채무부존재 소송 등 법적 분쟁이 진행 중인 경우
- 채무자에 대한 개인회생 · 파산절차가 진행 중인 경우
- 채무자가 협약 제3조 제2항의 채무조정 신청 제외대상에 해당하는 경우. 다만, 재산평가액이 총채무액을 초과하더라도 담보주택 처분 후 채무상환을 위해 담보권 실행유예와 담보주택 매매지원을 요청하는 경우에는 지원 가능

② 담보권 실행유예

주택담보대출 연체차주가 담보주택을 매각하여 채무를 상환할 수 있도록 채권금융회사의 담보권 실행을 일정기간 유예하는 제도를 말한다.

㉠ 유예기간

- 최장 1년 동안 채권금융회사의 담보주택에 대한 법원경매 신청을 유예
- 유예기간 : 최초 6개월을 지원
- 유예기간 내에 담보주택이 매각되지 아니한 경우 : 추가로 유예기간을 6개월 연장

유예기간 중에는 한국은행 기준금리에 2.25%p를 더한 이자율을 연리로 적용하되, 약정이자율이 한국은행 기준금리에 2.25%p를 더한 이자율보다 낮은 경우에는 약정이자율을 적용한다.

㉡ 채무감면

담보권 실행유예 신청 시까지 발생한 연체이자에 한하여 감면하되, 담보대출원금 및 정상이자는 감면하지 아니한다.

채무자가 최초 담보권 실행유예 후 추가로 담보권 실행유예를 요청하는 경우에는 반드시 담보주택 매매지원 프로그램 등록을 전제로 지원가능하다.

담보권 실행유예 중 채무자가 담보주택을 개별 매각한 경우, 최초 담보권 실행유예 종료 후 채무자가 추가 담보권 실행유예나 주택담보대출 채무조정 특례를 신청하지 아니한 경우, 유예이자를 납부하지 아니한 경우, 채무자가 취소요청을 한 경우, 협약 제25조 제1항 각 호의 사유가 발생한 경우에는 담보권 실행유예의 효력이 상실된다.

③ 담보주택 매매지원

한국자산관리공사가 운영 중인 전자자산처분시스템(이하 '온비드')를 이용하여 담보권 실행유예 및 채무조정과 연계한 한계차주의 주택을 실거래가에 근접한 가격으로 조기매각을 지원하는 프로그램을 말한다.

담보권 실행유예가 확정된 주택담보대출의 담보주택, 주택담보대출채무조정 특례가 확정된 주택담보대출의 담보주택, 위원회가 담보주택 매매지원 연계가 필요하다고 인정하는 경우에 신청가능하다.

담보주택 매매지원에 의해 담보주택이 매각된 경우 위원회는 한국자산관리공사로부터 수령한 매각대금을 채무상환계획에 따라 채권금융회사에 배분한다. 이 때, 배분 후 잔여채무에 대해서는 개인채무조정 지원요건에 따라 채무조정을 지원한다.

7 변제계획의 이행 등

(1) 변제금 지급방법

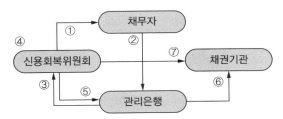

① 채무자별 가상계좌 부여

② 가상계좌에 월변제액 입금

③ 입금내역 통보

④ 채무자별 상환내역 및 채권기관별 분배내역 작성

⑤ 채권기관별 이체의뢰

⑥ 자금이체

⑦ 상환내역 통지

(2) 재조정과 수정조정

① 재조정이란 채무자가 변제계획 이행 중 부득이한 사유(질병, 재난, 소득감소, 기타 긴급비용의 발생 등)로 변제금 상환을 지체하여 채무조정 효력이 상실되는 것을 막고, 채무자가 계속하여 채무상환을 할 수 있도록 상환계획을 변경하는 것을 말한다.

② 특정 채권에 대해 채무자와 당해 채권금융회사가 확정된 채무조정안의 수정에 합의한 경우 수정조정 절차를 통해 확정된 채무조정안을 변경할 수 있다.

> **TIP** ▸ 수정조정의 사유
>
> - 채권신고 오류
> - 채무조정에 포함되어 상환 중인 채무액의 변동
> - 누락채무의 포함 또는 채무조정 포함채권의 제외
> - 급여(가)압류 조정 오류
> - 보증기관의 대지급 발생

8 채무조정 절차의 종료

(1) 신용회복지원 효력상실

① 효력상실의 사유

- 신용회복지원확정 이후 채무자가 특별한 사정없이 3개월 이상 신용회복 지원조건에 따른 채무의 이행을 하지 않을 경우
- 채무자에게 신용회복지원 조건을 이행하지 못할 특별한 사유가 발생한 경우
- 신용회복지원 신청 시 제출한 자료나 진술 등이 허위로 판명된 경우
- 채무자가 신용회복지원 조건을 이행하는 과정에서 허위신고, 재산의 도피, 은닉, 기타 책임재산의 감소 등의 사실이 발견된 경우
- 채무자 또는 채권기관의 요청 등에 의해 심의위원회가 효력상실결정을 하는 경우

② 효력상실 시 유효성 인정

채무자가 변제계획 이행 중 납입지체 또는 기타의 사유로 효력이 상실된 경우 채권금융회사는 채무자가 변제계획 이행을 지체한 때부터 채권 발생의 원인이 되는 약정에 의한 이자를 청구할 수 있다. 다만, 채무자가 변제계획의 일부를 이행한 후 채무조정의 효력이 상실된 경우 채무조정 신청부터 합의에 이르는 기간의 이자는 청구하지 않는다.

③ 효력상실 채무자 지원

㉠ 개인채무조정 효력이 상실된 날부터 3개월이 경과한 채무자는 재신청이 가능하다. 또한 개인채무조정 효력상실 사유가 개인회생 및 개인파산 신청의 경우에는 효력상실 후 3개월이 경과하고 개인회생 및 개인파산 절차의 폐지 또는 기각) 사실이 확인되어야 개인채무조정 재신청이 가능하다.

㉡ 3개월 이상 채무조정에 의한 변제계획을 이행하지 아니하여 채무조정의 효력이 상실된 채무자는 효력상실일로부터 2개월 이내에 이행하지 아니한 변제횟수 중 1회분 이상을 납입하고, 채권금융회사 과반수 이상의 동의가 있는 경우, 1회에 한하여 채무조정효력을 부활할 수 있다.

(2) 성실이행자 우대 및 절차종료

① 성실이행자 우대

변제계획대로 1년 이상 성실히 납부한 자가 잔여채무액의 전부를 일시 변제하고자 하는 경우 상환기간에 따라 감면율(10~15%)을 차등 적용하여 추가로 감면해준다.

> **TIP** 성실납부자 추가감면은 잔여 상환기간이 6개월 이상인 경우에만 적용된다.

> **참고**
>
> 조기상환에 따른 잔여채무의 추가감면(해당 법원 재량)
> - 상환기간이 1년 이상 2년 미만인 경우 : 잔여채무의 15%
> - 상환기간이 2년 이상 3년 미만인 경우 : 잔여채무의 13%
> - 상환기간이 3년 이상 4년 미만인 경우 : 잔여채무의 11%
> - 상환기간이 4년 이상인 경우 : 잔여채무의 10%

② 특정채무 우선변제

㉠ 채무조정안에 포함된 채무에 대하여는 채권금융회사가 균등하게 변제하는 것이 원칙이나, 채무의 특성, 채무자 상환부담 등을 고려하여 특정 채무에 대하여 우선변제를 인정하고 있다.

※ 특정채무 우선변제가 가능한 사유

> • 재산권 행사를 위한 담보대출인 경우
> • 보증인부 대출인 경우
> • 이자를 상환하고 있는 채무 및 채무관련인 재산의 권리제한 해소, 법적 분쟁 등 우선 변제가 불가피한 경우

　　ⓛ 채권금융회사는 신용회복위원회의 접수통지를 받은 이후 임의변제를 통한 채권회수는 불가하나, 채무조정 신청 전 상계적상에 있었으나 미상계한 예·적금의 상계, 보험해약금 및 법적 분쟁 해소 등의 사유로 채권금융회사가 직접 회수하는 경우는 예외적으로 허용된다.
　　ⓒ 채무자가 특정채무를 우선 변제하는 경우에는 계좌별로 전액 상환하여야 하며, 채무자의 보증인이 자신의 재산권 행사 등을 위해 일시상환을 요청하는 경우 보증인의 채무자에 대한 구상권 행사문제가 발생할 수 있으므로 주채무자에게 해당 사실을 고지하여야 한다.

③ 채무변제에 따른 절차 종료
　　㉠ 면책사유

> • 채무자가 채무조정에 따른 변제계획 이행을 완료한 경우 면책되며, 채무자에 대한 면책은 보증인에게도 동일한 효력이 미친다.
> • 채무조정을 통하여 채무를 완제한 채무자의 채무조정 재신청을 신청부적격 사유로 규정하고 있지 않으므로 신규발생채무로 인하여 연체정보가 등재되어 있거나, 3개월 이상 연체한 사실이 확인될 경우에는 재신청이 가능하다.

　　㉡ 면책불허가 사유

> • 소유재산을 은닉하거나 채권자에게 불리하게 처분하는 등 재산적 가치를 감소시키는 행위
> • 낭비 또는 도박 등에 의해 재산을 감소시킨 경우
> • 위원회에 허위사실을 기재한 서류를 제출하거나 재산상태 등에 관한 허위진술을 한 경우

9 신용정보관리

(1) 신용회복지원정보 제공

① 위원회는 신용회복지원이 확정된 신청인에 대하여 한국신용정보원의 「일반 신용정보관리규약」상 신용정보등록(신용회복지원협약에 따라 신용회복지원이 확정된 거래처, 등록코드: 1101)을 통하여 회원기관 등에게 공시한다.
② 사전채무조정제도를 통해 신용회복지원 확정이 된 신청인에 대해서는 연체정보를 해제할 필요가 없기 때문에 신용정보등록(등록코드 : 1101)을 별도로 하지 않는다.
③ 신용회복지원정보는 개인채무조정이 확정된 채무를 1년 이상 상환하거나 채무조정이 확정된 후 1년이 경과하기 전에 완제 또는 효력이 상실된 경우 해제된다.

(2) 금융질서문란자 등록

- 위원회는 채무자가 허위의 자료를 제출하거나 허위의 진술을 하고 채무조정을 받았거나 조정된 채무를 이행하는 과정에서 재산의 도피, 은닉 또는 고의의 책임재산 감소행위를 한 경우 금융질서문란자(신용회복사기 등록코드 : 0968)로 등록할 수 있다.

(3) 채권금융회사의 신용정보관리

① 연체정보 해제

채권기관은 '신용회복지원협약에 따라 신용회복지원이 확정된 거래처'로 등록된 신청인에 대하여 한국신용정보원의 신용정보전산망에 등록된 연체정보를 해제한다.

② 연체정보 등록

채권기관은 신용회복지원확정 이후 신용회복지원 효력상실 통지를 받은 경우 대상 채무자에 대한 연체정보를 신규로 등록한다.

🔟 기타 채무조정제도

(1) 군복무자에 대한 채무조정

신청대상	• 신청일 당시 병역법에 의해 의무복무 중이거나 6개월 내 입대 예정인 자 • 금융기관에 대한 채무불이행 기간이 3개월 이상인 자 **TIP** 부사관 이상 간부는 일반 신용회복지원 절차 이용이 가능하므로 신청대상에서 제외된다.
지원방법	• 복무기간 동안(전역 시까지) 채무상환을 유예하고, 전역 후에는 취업 시까지 또는 채무 상환이 가능한 소득발생 시까지 본인의 신청에 따라 전역일로부터 최장 2년까지 매 6개월 마다 채무상환을 유예할 수 있다. • 원금은 유예기간 종료 후 최장 8년(차상위계층 이하 소득인 자 10년)까지 분할상환이 가능하며, 이자채권은 전액, 원금은 상각채권에 한하여 최대 70%까지 감면할 수 있다.

(2) 대학생 및 미취업 청년에 대한 채무조정

신청대상	• 금융채무 불이행기간이 3개월 이상인 대학(원)생 • 신청일 현재 만 34세에 이르지 아니한 미취업 청년
지원방법	• 대학 졸업 시까지 채무상환을 유예하고, 졸업 후 취업 시까지 본인의 신청에 따라 최장 4년까지 매 6개월마다 채무상환을 유예할 수 있으며, 유예기간 종료 후 최장 10년까지 분할 상환 할 수 있다. • 미취업 청년의 경우 최장 5년까지 매 6개월 단위로 상환을 유예할 수 있다.

(3) 사회취약계층에 대한 채무조정

신청대상	• 가계수지가 열악하고 채무불이행기간이 3개월 이상인 자 • 본인 소득이 연 46백만원 미만으로 신용회복위원장이 사회소외계층으로 인정한 자
지원방법	• 이자채권은 전액 감면 • 원금채권의 경우 최대 70~90% 범위에서 감면

사회취약계층에 따른 감면율

감면율	사회취약계층	요 건
최대 90%	기초수급자 (생계 및 의료급여)	생계 및 의료급여를 받는 기초수급자이고 채무원금이 15백만원 이하인 자
	중증장애인 (장애인연금)	장애인연금을 받는 중증장애인이고 채무원금이 15백만원 이하인 자
최대 80%	기초수급자	「국민기초생활보장법」에 의한 기초수급자
	70세 이상자	신청일 현재 만 70세 이상인 자
	중증장애인	「장애인복지법」에 의한 1~3급 장애인
최대 70%	5.18 유공자, 60세 이상자, 노숙자, 다자녀 부양자, 미성년자, 사망자, 실종자, 장기입원자, 장애인 (4~6등급), 한부모가족, 국가·지방자치단체 등에서 위원회로 채무조정의 특례를 요청하는 자	

(4) 중소기업 취업청년에 대한 채무조정

신청대상	• 만 34세에 이르지 아니한 청년으로서 중소기업에 재직 중이고, 소득이 기준중위소득의 100분의 110 이하 • 채무불이행기간이 3개월 이상인 자
지원방법	• 이자채권은 전액 감면한다. • 상각채권 원금은 최대 70%까지 감면하고, 미상각채권 원금은 채권발생일부터 6개월 경과, 연체기간 3개월 이상인 경우 0~30%까지 감면할 수 있다. • 채무자의 소득이 국민기초생활보장법상 기준중위소득의 100분의 50 이하인 경우 최장 10년까지 분할상환을 지원한다. • 채무상환 유예는 매 6개월 단위로 2년간 유예지원할 수 있다. • 분할상환방식은 원금분할상환방식 또는 전체 상환기간 중 최초 2년 동안 무담보채무액의 1/10을 상환한 후 나머지 기간에 잔여 채무를 분할상환하는 체증분할상환으로 지원할 수 있다.

(5) 이자율채무조정(프리워크아웃)

① 지원대상

이자율채무조정 신청을 하기 위해서는 다음의 요건을 모두 충족해야 한다.

- 금융기관에 15억원 이하의 채무를 부담하고 있는 자
- 1개 이상의 금융기관에 대하여 채무불이행기간이 30일 초과 90일 미만인 채무를 보유한 자. 다만, 최근 1년 이내 누적연체일수가 30일 이상이고 연간 소득이 40백만원(실수령액 기준) 이하인 경우에는 연체기간 30일 이하인 자(미연체자 제외)도 신청 가능
- 신청 전 6개월 이내 신규발생 채무가 원금총액의 30/100 이하인 채무자
- 실업·휴업·폐업·재난·소득감소 등으로 사전채무조정 지원 없이는 정상적인 채무상환이 어렵다고 위원회가 인정하는 자

② 지원내용

    ㉠ 사전채무조정이 확정되면 상환기간연장, 이자율조정, 채무감면 및 변제기 유예 등의 지원을 받는다.

    ㉡ 대출금의 종류, 총채무액, 변제가능성을 고려하여 무담보 채권은 최장 10년까지, 담보채권은 최장 5년 이내 거치 후 35년까지 상환기간을 연장하고, 잔존상환기간이 35년을 초과하는 경우에는 당해 채무의 잔존상환기간까지 연장이 가능하다.

    ㉢ 조정이자율은 신청 당시 약정이자율의 50%까지 조정 가능하고, 조정 이자율이 5% 미만인 경우에는 5%를, 약정이자율이 5% 미만인 경우에는 약정이자율을 조정이자율로 한다.

    ㉣ 담보채권에 대하여 적용되는 거치기간 중 이자율에 대하여도 조정이자율을 적용한다. 조정 이자율은 조정 후 채무액의 원금에 대하여 부과하며, 기타채무(신청 전 정상이자 및 비용 발생분)에 대하여는 이자를 부과하지 아니한다.

    ㉤ 채무감면은 연체이자에 한정하며, 원금 및 이자는 감면하지 아니한다.

③ 신용정보관리

    신청 후 확정 시까지 채권금융기관은 한국신용정보원 앞 연체정보등록을 유보하며, 사전채무 조정을 신청하였으나 기각되었거나 심사과정 중 반송된 채무자의 경우에는 기각 또는 반송 시점에 연체정보를 등록하게 된다.

(6) 연체전(신속)채무조정

채무를 정상적으로 상환하기 어려운 채무자를 대상으로 일정기간 채무상환을 유예하거나 상환기간을 연장하는 등의 채무조정을 지원하기 위해 마련되었다.

① 지원대상

    연체전채무조정을 신청하는 채무자는 다음의 요건을 모두 충족하여야 한다.

---

① 채권금융회사에 채무를 부담하고 있는 자로서 총채무액이 15억원(무담보 채무 5억원, 담보채무 10억원) 이하인 자

② 채권금융회사에 대한 채무 중 어느 하나라도 채무불이행 기간이 30일 이하이거나 변제하지 못할 우려가 있는 자

③ 최근 6개월 이내에 발생한 채무의 원금이 원금총액의 30/100 미만인 자

④ 실직·휴직·폐업·질병·신용도 하락 등이 발생한 채무자 중 연체전(신속)채무조정 지원 없이는 정상적인 채무상환이 어려운 자로서 다음 각 호의 어느 하나에 해당하는 자

   ⅰ) 최근 6개월 이내 실업자, 무급휴직자, 폐업자

   ⅱ) 채무조정 신청 전 1개월 이내 3개월 이상 입원치료가 필요한 질병을 진단받은 자

   ⅲ) 채무조정 신청일 현재 개인신용평점 하위 10%인 채무자

   ⅳ) 채무조정 신청일 현재 채무불이행 기간이 1일 이상 30일 이하인 채무자

   ⅴ) 채무조정 신청일 현재 최근 6개월 이내 금융회사에 5일 이상 연체한 횟수가 3회 이상인 채무자

   ⅵ) 『재난 및 안전관리 기본법』 제3조에서 정한 '재난' 또는 이에 준하는 긴급상황으로 신속하게 지원할 필요가 있다고 인정되는 자

---

② 지원내용
　　㉠ 연체전채무조정은 상환기간연장, 이자율조정, 채무감면 및 상환유예 등을 지원한다.
　　㉡ 무담보채권의 상환기간은 최장 10년까지 연장할 수 있다. 예외적으로 최근 6개월 이내 실업자 · 무급휴직자 · 폐업자에 대하여는 채무조정 신청 전 1개월 이내에 3개월 이상 입원 치료가 필요한 질병을 진단받은 채무자는 상환기간연장은 불가하고 6개월의 유예기간만 지원한다.
　　㉢ 적용이자율은 채권금융회사와 채무자가 약정한 이자율로 하되, 최고이자율은 연 15.0%로 하고 신용카드채권의 적용이자율은 연 10.0% 이내로 하며, 채무감면은 연체이자에 한한다. 또한 유예기간은 매 6개월 단위로 최장 2년 범위 내에서 지원할 수 있다.

③ 신용정보관리
　　채권금융회사는 연체전채무조정 절차가 진행 중인 채무자에 대해 한국신용정보원 앞 연체정보 등록을 유보하며, 연체전채무조정을 신청하였으나 그 신청이 반려, 기각 및 실효되었거나, 합의서체결을 포기한 채무자에 대해 채권금융회사는 그 시점에 연체정보를 등록할 수 있다.

　　TIP　연체전채무조정은 무담보채무에 대해 지원하며, 담보채권은 지원하지 아니한다.

(7) 중소기업인 재창업지원

중소기업인의 재창업지원을 위한 채무조정 대상은 ① 「중소기업기본법」 제2조의 규정에 의한 중소기업 중 채무과다 등 사업을 계속할 수 없는 사유로 폐업한 개인사업자 및 법인의 보증채무를 부담하였던 대표자 · 대표이사 또는 경영실권자로서 ② 주채무와 실패한 중소기업에 대한 보증채무를 합한 원금이 30억원 이하이며, ③ 사업재기를 위해 사업자등록을 하고 법인을 설립한 자 또는 설립 예정인 자이어야 한다. 한편, 실패한 중소기업이 중소벤처기업부가 공고하는 '중소기업 정책자금 융자 제외 대상으로 정한 업종'이거나, 실패한 개인사업이 '소상공인 정책자금 융자 제외 대상 업종'에 해당하는 경우 지원대상에서 제외한다.

① 재창업 자금지원
　　① 재창업 업종이 중소벤처기업부에서 정한 중소기업 정책자금 융자 제외 대상 업종에 해당하지 아니한 법인이거나, 소상공인 정책자금 융자 제외 대상 업종에 해당하지 않는 개인사업자로 ② 재창업 지원 신청 전에 실패한 업종이 비영리업종, 사치향락업종, 음식업, 소매업, 금융업, 보험업, 부동산업, 공공행정, 국방 및 사회보장행정, 가구 내 고용 및 자가소비생산활동, 국제 및 외국기관에 해당하지 아니한 자에 대해 사업계획에 의한 소요자금 범위 내에서 최대 30억원 이내의 재창업 자금을 지원하되, 운전자금은 10억원 이내로 한다.

② 재창업지원 융자 제외 대상 업종 등
　　재창업지원은 기술력 있는 기업의 폐업으로 인한 기술력 사장을 방지하기 위한 제도이므로 재창업 업종이 「중소기업 진흥에 관한 법률」에 따라 중소벤처기업부가 공고하는 중소벤처기업부 소관 중소기업 정책자금융자계획에서 중소기업 정책자금 융자 제외 대상으로 정한 업종에 해당하지 않아야 한다. 신용보증기금과 기술보증기금의 구상채무 보유기간과 관계없이 재창업 자금지원이 가능하며, 국세 등 체납이 있는 경우에도 재창업지원 확정 후 관련 법령에 따라 체납처분유예를 신청하여 확정된 경우 재창업 자금지원 대상에 포함된다. 채무조정 지원이 필요 없는 경우에는 중소벤처기업진흥공단에서 재창업 자금지원여부를 직접 심사하여 지원한다.

③ 지원내용

재창업지원 시 채무감면, 변제유예, 상환기간 연장 등을 통해 채무조정을 동시에 지원한다. 채무감면의 경우 이자채권은 전액, 상각채권 원금은 최대 70%까지 감면할 수 있고, 미상각채권 원금은 채권발생일부터 12개월이 경과하고 연체기간이 3개월 이상인 경우 0~30%까지 감면할 수 있다. 재창업지원자가 군복무자, 대학생·미취업청년, 사회취약계층 등에 해당하는 경우 사회취약계층 목록표의 감면율을 적용한다. 재창업지원을 신청한 채무자에 대하여 신용보증기금, 기술보증기금 및 중소벤처기업진흥공단이 보유한 채권 중 상각채권 및 대지급일 또는 연체시작일로부터 1년 이상 경과한 채권과 재창업자금지원기관이 한국자산관리공사 등으로 양도한 채권의 원금은 75%까지 감면할 수 있다. 상환유예는 조정후 채무액이 2억원 이하인 경우에는 최장 3년, 2억원을 초과하는 경우에는 최장 5년까지 채무상환을 유예할 수 있으며, 매 1년마다 본인의 연장신청에 따라 신설법인의 사업성을 감안하여 재창업지원위원회가 연장여부를 결정한다.

03 법원 채무자구제제도

1 개인회생

(1) 개 요

① 개인회생제도는 개인채무자회생법(2004년 3월 제정)에 따라 2004년 9월 23일부터 시행 되었으며, 변제능력이 있는 채무자의 효율적 회생과 채권자의 이익을 도모하기 위하여 마련된 법적 채무조정제도이다.

② 개인채무자회생법은 회사정리법, 화의법 및 파산법과 함께 2006년 시행된 통합도산법(채무자회생및파산에관한법률)에 흡수되어 시행되고 있다.

③ 조정대상 채무는 사채 등 채무의 종류에 제한 없이 총 25억원(무담보채무 10억원, 담보채무 15억원) 이내의 채무이며, 채무자가 최장 5년간 수입 중 생계비를 공제한 금액을 변제하면 잔존채무는 면책을 받을 수 있다(갱생형 제도).

(2) 용어정의

① 파산재단과 개인회생재단

파산재단	파산선고 당시 채무자가 가진 모든 재산
개인회생재단	개인회생절차 개시결정 당시 채무자가 가진 모든 재산과 채무자가 개인회생절차 개시결정 전에 생긴 원인으로 장래에 행사할 청구권 및 개인회생절차 진행 중에 채무자가 취득한 재산 및 소득

> **TIP** ▸ 파산재단과 개인회생재단에서 제외되는 재산
>
> • 압류할 수 없는 재산
> • 채무자의 신청에 의하여 법원이 면제재산으로 결정한 주거용 건물에 관한 임차보증금반환청구권 중 일정액 및 6개월간의 생계비에 사용할 특정한 재산

압류금지 채권

• 법령에 규정된 부양료 및 유족부조료
• 채무자가 구호사업이나 제3자의 도움으로 계속 받는 수입
• 병사의 급료
• 급료·연금·봉급·상여금·퇴직연금, 그 밖에 이와 비슷한 성질을 가진 급여채권의 2분의 1에 해당하는 금액. 다만, 그 금액이 국민기초생활보장법에 의한 최저생계비를 감안하여 대통령령이 정하는 금액에 미치지 못하는 경우 또는 표준적인 가구의 생계비를 감안하여 대통령령이 정하는 금액을 초과하는 경우에는 각각 당해 대통령령이 정하는 금액으로 한다.
 – 민사집행법 시행령 제3조는 압류금지 생계비를 금 185만원으로 규정하고 있음
• 퇴직금 그 밖에 이와 비슷한 성질을 가진 급여채권의 2분의 1에 해당하는 금액
• 「주택임대차보호법」 제8조 같은 법 시행령의 규정에 따라 우선변제를 받을 수 있는 금액
• 생명, 상해, 질병, 사고 등을 원인으로 채무자가 지급받는 보장성보험의 보험금(해약환급 및 만기환급금을 포함한다). 다만, 압류금지의 범위는 생계유지, 치료 및 장애 회복에 소요될 것으로 예상되는 비용 등을 고려하여 대통령령으로 정한다.
• 채무자의 1개월간 생계유지에 필요한 예금(적금·부금·예탁금과 우편대체를 포함한다). 다만, 그 금액은 「국민기초생활보장법」에 따른 최저생계비, 제195조 제3호에서 정한 금액 등을 고려하여 대통령령으로 정한다.
• 「민사집행법 시행령」제7조는 압류금지 예금 등을 금 185만원 이하로 규정하고 있고, 다만 법 제195조제3호에 따라 압류하지 못한 금전이 있으면 185만원에서 그 금전을 뺀 금액으로 한다.

② 별제권
  ㉠ 별제권이란 파산재단이나 개인회생재단에 속하는 재산상에 설정되어 있는 유치권, 질권, 저당권 또는 전세권을 말한다.
  ㉡ 별제권자는 파산절차나 개인회생에서의 변제계획에 의하지 아니하고 담보권을 실행하여 채권의 만족을 얻을 수 있다.
③ 개인회생재단채권
  ㉠ 개인회생재단채권이란 개인회생절차의 수행에 필요한 비용 또는 형평의 관념이나 사회정책적인 이유로 법이 특별히 개인회생재단채권으로 정한 채권을 말한다.

• 개인회생위원의 보수 및 비용의 청구권
• 개인회생절차개시 당시 아직 납부기한이 도래하지 아니한 원천징수하는 조세, 부가가치세, 특별소비세, 주세 및 교통세, 특별징수의무자가 징수하여 납부하여야 하는 지방세, 본세의 부과 징수의 예에 따라 부과 징수하는 교육세 및 농어촌특별세
• 채무자의 근로자의 임금, 퇴직금 및 재해보상금
• 개인회생절차개시결정 전의 원인으로 생긴 채무자의 근로자의 임치금 및 신원보증금 반환청구권
• 채무자가 개인회생절차개시신청 후 개시결정 전에 법원의 허가를 받아 행한 자금의 차입, 자재의 구입 그 밖에 사업을 계속하는데 불가결한 행위로 인하여 생긴 청구권
• 그 밖에 채무자를 위하여 지출하여야 하는 부득이한 비용청구권

  ㉡ 개인회생재단채권은 개인회생절차에 의하지 아니하고 일반 개인회생채권자보다 우선하여 변제 받을 수 있는 권리가 인정된 채권을 말한다.

④ 개인회생채권

    ㉠ 개인회생채권이란 파산절차에서의 파산채권과 대응되는 개념으로 채무자에 대하여 개인회생절차 개시결정 전의 원인으로 생긴 재산상의 청구권을 말한다.

    ㉡ 개인회생채권은 (일반의) 우선권 있는 개인회생채권, 후순위 개인회생채권, 일반 개인회생채권으로 분류된다.

(일반의) 우선권 있는 개인회생채권	「국세징수법」또는 국세징수의 예에 의하여 징수 할 수 있고, 그 징수우선순위가 일반 개인회생채권보다 우선하는 것으로서 개인회생절차개시결정 전 납부기한이 도래한 것에 한정되는 채권 예 국세, 지방세, 관세 및 가산금, 건강보험료, 산업재해보상보험료, 국민연금보험료 TIP 도로교통법에 따른 과태료, 식품위생법상 과태료, 국유재산 사용료 등은 우선권 있는 개인회생채권으로 볼 수 없다.
후순위 개인회생채권	개인회생절차에 있어서 일반 개인회생채권보다 변제에 있어서 열후한 지위를 갖는 개인 회생채권 예 개인회생절차 개시결정 후의 이자, 개인회생절차 개시결정 후의 불이행으로 인한 손해배상액 및 위약금, 개인회생절차참가비용, 벌금, 과료, 형사소송비용, 추징금 및 과태료
일반 개인회생채권	우선권 있는 개인회생채권 및 후순위 개인회생채권을 제외한 개인회생채권 예 신용카드대금채무, 대출금채무, 보증채무 등 대부분의 채무

TIP ▶ 개인회생채권의 3가지 요건

- 개인회생절차개시결정 전의 원인으로 생긴 것이어야 한다.
  - → 개인회생절차 개시 후의 원인으로 생긴 청구권은 예외적인 경우를 제외하고는 개인회생채권에 해당하지 않는다.
- 채무자에 대한 인적 청구권이어야 한다.
  - → 물상보증인의 경우 담보한 재산으로 물적 책임을 부담하는 담보물건 자체는 개인회생채권이 될 수 없다.
- 채무자에 대한 재산상 청구권이어야 한다.
  - → 개인회생채권은 채무자의 일반재산으로부터 만족을 얻을 수 있는 청구권으로 금전채권 또는 금전으로 평가할 수 있는 채권이어야 한다.

⑤ 상계권

    ㉠ 개인회생채권자는 개인회생개시결정 당시 채무자가 부담하여야 할 채무가 있는 경우에는 개인회생절차에 의하지 아니하고 상계할 수 있다.

    ㉡ 상계권 행사는 개인회생절차가 진행 중인 동안에도 가능하다.

    ㉢ 상계권의 일부가 제한되는 경우

- 상계권 대상인 자동채권과 수동채권은 개인회생절차 개시결정시를 기준으로 정하기 때문에 개시결정 이후 채권을 취득한 경우 상계권을 제한한다.
- 개인회생절차 개시 당시에는 상계권을 취득하고 있으나 채무자가 위기에 빠진 것을 이용하여 취득한 경우에는 채권자들의 이익을 해할 우려가 있으므로 상계권을 일부 제한한다.

(3) 신 청

① 관할법원

개인회생사건은 채무자의 보통재판적 소재지(원칙적으로 채무자의 주소지)를 관할하는 지방법원본원의 관할에 전속한다.

② 신청서류

- 개인회생절차개시신청서[*]
  [*] 개인회생절차개시신청서는 서면으로 작성하는데 성명, 주민등록번호, 주소, 신청취지 및 원인, 채무자의 재산 및 채무를 기재하여야 한다.
- 개인회생채권자목록
- 재산목록
- 채무자의 수입 및 지출에 관한 목록
- 신청일 전 10년 이내에 화의사건·파산사건 또는 개인회생사건을 신청한 사실이 있는 때에는 그 관련 서류
- 급여소득자 또는 영업소득자임을 소명하는 자료
- 진술서
- 변제계획안
- 그 밖에 대법원규칙이 정하는 서류[**]
  [**] 주민등록등본, 호적등본, 미납세액이 없음을 증명하는 자료 또는 미납세액을 확인받은 자료, 생계비 결정을 위한 자료, 채무자가 사적 채무조정을 시도한 적이 있는 경우에는 이를 확인할 수 있는 자료 등

(4) 신청대상

① 채무의 발생원인에는 제한이 없으나 지급불능의 상태에 빠져 있거나 지급불능이 생길 염려가 있는 등 파산원인이 있는 개인채무자만 신청가능하다.

② 외국인이라도 신청이 가능하다.

③ 개인회생절차는 개인만이 이용할 수 있는 제도이므로 조합, 주식회사, 사단법인, 재단법인 등 법인은 이용할 자격이 없다.

④ 개인채무자 중에서 장래 계속적으로 또는 반복하여 수입을 얻을 가능성이 있는 요건을 갖춘 급여소득자 또는 영업소득자만이 신청할 수 있다.

급여소득자	• 급여·연금 그 밖에 이와 유사한 정기적이고 확실한 수입을 얻을 가능성이 있는 개인 • 고용형태와 소득신고의 유무와 상관없이 정기적이고 확실한 수입을 얻을 가능성이 있는 모든 개인
영업소득자	부동산임대·사업·농업·임업소득 그 밖에 이와 유사한 수입을 장래에 계속적으로 또는 반복하여 얻을 가능성이 있는 개인

(5) 지원절차

개인회생절차는 채무자가 개인회생 신청 후 회생위원이 선임되어 개시결정이 내려지면 채권자의 채권이의를 위한 기간과 채권자집회를 거쳐 변제계획안 인가를 결정하게 된다.

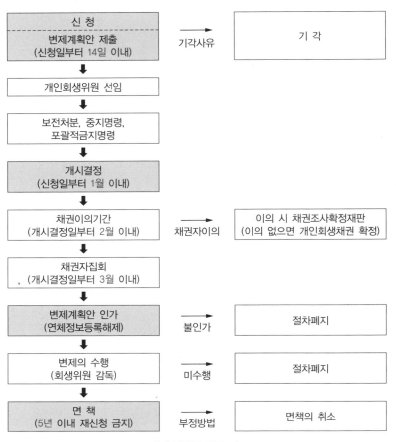

[개인회생 절차도]

① 개인회생 신청

　㉠ 개인회생절차 기각사유

- 채무자가 신청권자의 자격을 갖추지 아니한 때
- 신청서에 첨부할 일정한 서류를 제출하지 아니하거나 허위제출 또는 제출기한을 준수하지 아니한 때
- 절차비용을 납부하지 아니한 때
- 변제계획안 제출기한을 준수하지 아니한 때
- 채무자가 신청일전 5년 이내 면책을 받은 사실이 있을 때
- 개인회생절차에 의함이 채권자 일반의 이익에 적합하지 아니한 때

　㉡ 채무자는 개인회생 개시신청서를 제출한 이후 14일 이내 변제계획안을 제출하여야 한다.

　㉢ 회생위원은 서류검토, 채무자와의 면담, 보정 권고 등을 통해 채무자의 재산과 소득에 대한 조사업무를 수행하여 개인회생절차 개시 신청일부터 1월 이내 개인회생절차의 개시 여부를 결정하여야 한다.

　㉣ 개인회생 신청이 있는 경우 이해관계인의 신청이 있거나 법원 직권으로 개인회생재단에 속하는 일체의 재산에 대하여 보전처분을 개시결정전 명할 수 있다.

　㉤ 중지 또는 금지를 명할 수 있는 경우

- 채무자에 대한 회생절차 또는 파산절차
- 개인회생채권에 기하여 채무자의 업무 및 재산에 대한 강제집행, 가압류 및 가처분
- 채무자의 업무 및 재산에 대한 담보권 설정, 담보권 실행 등을 위한 경매
- 개인회생채권을 변제받거나 변제를 요구하는 행위
- 체납처분 또는 조세채무 담보를 위하여 제공된 물건의 처분

② 개인회생 개시결정
  ㉠ 개시결정과 동시에 법원은 개시결정일로부터 2주 이상 2월 이하의 기간 범위 내에서 개인회생채권에 대한 이의기간을 정한다.
  ㉡ 이의기간 말일부터 2주 이상 1월 이하의 기간 범위 내에서 개인회생채권자 집회기일을 정하여 채권자에게 통지한다.

③ 변제계획안 인가
  변제계획 인가가 폐지되면 채무자가 납부한 임치금은 기 신고된 채무자 명의 금융기관계좌로 송금하고 인가결정이 되면 회생위원은 임치하고 있던 가용소득을 채권자 앞 분배한다.

(6) 인가결정

① 인가결정 요건

- 변제계획이 법률의 규정에 적합할 것
- 변제계획이 공정하고 형평에 맞아야 하며, 수행 가능할 것
- 변제계획 인가 전에 납부되어야 할 비용·수수료 그 밖의 금액이 납부되었을 것
- 변제계획의 인가 결정일을 기준일로 하여 평가한 개인회생채권에 대한 총변제액이 채무자가 파산하는 때에 배당받을 총액보다 적지 아니할 것(단, 채권자가 동의한 경우에는 그러하지 아니함)

② 채권자집회에서 채권자의 이의가 제기되거나 개인회생위원이 이의를 제기하는 경우에는 다음의 요건을 추가로 충족해야 한다.

- 변제계획의 인가 결정일을 기준일로 하여 평가한 이의를 진술하는 개인회생채권자에 대한 총변제액이 채무자가 파산하는 때에 배당받을 총액보다 적지 아니할 것
- 채무자가 최초의 변제일부터 변제계획에서 정한 변제기간 동안 수령할 수 있는 가용소득의 전부가 변제계획에 따른 변제에 제공될 것
- 개인회생채권에 대한 총 변제액이 다음의 요건을 충족할 것
  - 변제계획 인가결정일을 기준일로 한 개인회생채권 총 금액이 5,000만원 미만인 경우에는 그 총금액의 5%, 개인회생채권 총 금액이 5,000만원 이상인 경우에는 그 총 금액의 3%에서 100만원을 더한 금액. 단, 최저 변제액은 3,000만원을 초과할 수 없음. 다만, 채무자가 면제재산결정을 신청하여 면제재산결정을 받은 경우 면제결정된 금액은 청산가치 즉, 채무자가 파산하는 때에 해당받을 총액에서 이를 공제하므로, 개인회생채권에 대한 총변제액이 면제결정 된 금액을 공제한 청산가치를 초과하면 변제계획안 인가요건을 충족한다고 할 수 있다.

(7) 가용소득 전부제공의 원칙

① 가용소득의 산정

ⓐ 가용소득의 산정은 최근 1년간의 평균소득을 원칙으로 하되, 부득이한 경우 최근 3개월간 평균소득에서 본인 및 부양가족의 최저생계비를 제외한 금액으로 산정한다.

ⓑ 부양가족의 범위는 직계존속(배우자의 부모 포함), 직계비속, 배우자, 형제자매에 한정되고, 채무자와 상당기간 동거하면서 생계를 같이 해야 한다.

ⓒ 부양가족의 연령은 만 19세 미만이거나 만 65세 이상이어야 한다. 다만, 연령범위에 포함되지 않더라도 소득능력이 없는 배우자와 자력으로 생계유지가 불가능한 장애인은 연령제한에서 제외한다.

② 동거가족 중 수입이 있는 경우 부양가족 수

ⓐ 동거가족 중 1인 최저생계비 이상의 수입이 있는 가족은 피부양자에서 제외한다.

ⓑ 독립수입이 있는 동거가족의 수입 합계액에 따른 부양가족 수 판단

- 채무자의 월평균 소득금액의 70% 이상 130% 이하 범위 내에 있는 경우 → 채무자는 피부양자에 해당하는 가족구성원의 1/2을 부양하는 것으로 판단
- 채무자의 월평균 소득금액의 70% 미만의 경우 → 피부양자에 해당하는 가족구성원 전부를 채무자가 부양하는 것으로 판단
- 채무자의 월평균 소득금액의 130%를 초과할 경우 → 채무자는 피부양 가족이 없으므로 1인 가구로 판단

(8) 청산가치보장원칙

① 의 의

청산가치란 채무자가 파산할 경우 파산절차에서 채권자가 배당받을 수 있는 가치를 말하며, 개인회생절차에서는 채무자의 재산을 감안하여 최소한 청산가치 이상은 채권자에게 변제를 보장해주어야 한다는 원칙이다.

② 청산가치 범위

ⓐ 보유재산의 청산가치 범위

채무자가 보유한 재산이 상당하여 청산가치가 변제계획안에 의한 총 변제금보다 클 경우 가용소득을 변경(생계유지에 지장이 없는 범위 내에서 증액)하여도 총 변제금액이 청산가치 보장이 되지 않는다면 재산을 처분하여 초과금액을 변제해야 한다.

ⓑ 퇴직금의 청산가치 범위

- 급여소득자의 경우 예상퇴직금의 1/2은 압류금지 재산에 해당되므로 이를 변제의 재원으로 삼지 아니하고 청산가치에서도 공제할 수 있다.
- 공무원의 경우 공무원연금법에서 퇴직금에 대한 압류를 금지하고 있으며, 군인, 교직원의 경우에도 같은 내용의 규정을 적용한다.

(9) 변제계획의 공정·형평의 원칙

① 개인회생재단채권은 개인회생절차에 구애를 받지 아니하고 수시로 변제할 뿐만 아니라 개인회생채권보다 우선 변제하도록 변제계획안을 작성하여야 한다.

② 일반 우선권이 있는 개인회생채권은 채권액 전액을 우선 변제하여야 한다.

> **TIP** ▸ 우선권이 있는 개인회생채권이란
>
> 국세, 지방세, 기타 국세징수법 또는 동법으로 징수할 수 있는 청구권(의료보험료 등)으로 개인회생재단에 속하지 아니하는 채권이다.

③ 후순위 개인회생채권을 일부라도 먼저 변제하는 것은 공정·형평의 원칙에 반하게 되므로 통상적으로 후순위 개인회생채권을 가용소득으로 변제하는 변제계획안은 없다.

(10) 개인회생 신청 시 급여(가)압류, 공탁금의 처리

① 개인회생 신청 시까지 급여(가)압류절차가 진행되지 않은 경우
  ㉠ 법원에 개인회생신청 서류를 접수하면서 법 제593조에서 규정하는 금지명령을 신청하여 법원의 결정에 의해 (가)압류절차가 진행되지 않도록 할 수 있다.
  ㉡ 서류접수 후 개시결정이 있게 되면 강제집행 및 추심절차가 중지(금지)되므로 별도의 중지(금지)명령이 필요하지 않다.

② 개인회생 신청 전 급여에 (가)압류절차가 진행된 경우
  ㉠ 급여의 (가)압류 효력은 변제계획안 인가시점까지 유효하게 인정되므로 동 시점까지 급여의 적립은 계속되며 인가시점에서 일시에 변제금에 투입한다.
  ㉡ 변제계획안 인가 후 제3채무자가 적립하는 급여는 (가)압류의 효력이 상실된 이후 적립된 금액이므로 채무자가 이를 청구할 수 있다.

③ 압류적립금이 공탁되어 있는 경우
  급여담당자가 압류의 경합 등으로 압류적립금을 공탁한 경우에도 공탁금을 조기에 투입하는 변제계획안을 작성하여야 한다.

(11) 변제기간의 산정

① 원칙적 변제기간
  ㉠ 변제기간은 변제계획일로부터 3년을 초과할 수 없다. 다만, 청산가치 보장의 원칙을 충족하기 위하여 필요한 경우 등 특별한 사정이 있는 때에는 5년을 초과하지 않는 범위에서 변제기간을 정할 수 있다.
  ㉡ 채무자는 변제계획안에서 정하는 변제기간 동안 그 가용소득의 전부를 투입하여 우선 원금을 변제하고 잔여금으로 이자를 변제하도록 하고, 이와 같은 방법으로 5년 이내의 변제기간 동안 청산가치 보장원칙 요건 등을 충족할 수 있는 때에는 그때까지를 변제기간으로 정하는 것이 바람직하다.

② 변제개시일
  ㉠ 법은 변제계획인가일로부터 1월 이내에 변제를 개시하도록 규정하고 있다.
  ㉡ 지침은 변제계획안의 수행가능성을 소명하기 위하여 변제계획안 제출일로부터 60일 후 90일 이내에 일정한 날을 제1회로 하여 매월 일정한 날에 변제계획안상의 매월 변제액을 회생위원에게 임치할 뜻을 기재할 수 있다고 규정하고 있다.

(12) 최저변제액 제도

통합도산법은 변제계획인가결정일을 기준일로 하여 평가한 개인회생채권의 총금액에 따른 최저변제액 제도를 신설하였다.

개인회생채권의 총금액	최저변제액
5,000만원 미만인 경우	총 금액의 5%
5,000만원 이상인 경우	총 금액의 3% + 100만원

* 다만 개인회생채권자에 대한 총 변제액이 3,000만원을 초과하는 경우에는 이를 적용하지 않는다.

(13) 변제계획의 수행

① 변제계획이 인가되면, 채무자는 인가된 변제계획에 따라 채권자에게 변제할 금원을 회생위원에게 임치하여야 하며, 이를 위해서 개인회생위원은 채무자에게 개인 회생절차개시 결정문을 송달하면서 회생위원의 은행 계좌번호를 고지하고 동 계좌에 변제금을 송금하도록 한다.

② 개인회생위원은 변제계획에 따른 변제가 지체되고 그 지체액이 3개월분 변제액에 달한 경우 이를 법원에 보고하도록 규정하고 있으므로, 특별한 사정이 없는 한 3개월 이상 변제계획의 수행을 지체할 경우 개인회생절차가 폐지될 수 있다.

(14) 개인회생의 신용정보관리

법원은 변제계획 인가 시 그 채무자의 인적사항과 인가결정사실 등을 한국신용정보원에 통보하고, 한국신용정보원은 이미 등록되어 있는 연체정보 등을 해제하고 공공정보인 '개인회생절차의 변제계획 인가결정을 받은 자(등록코드 : 1301)'를 등록한다. 공공정보는 변제계획에 따른 변제를 완료한 때, 개인회생절차 폐지결정이 확정된 경우 및 등록사유일로부터 5년이 경과한 경우 해제된다.

(15) 개인회생 폐지

① 개인회생 폐지는 변제계획 인가 전 폐지와 인가 후 폐지로 구분된다.

변제계획 인가 전 폐지	• 채무자가 신청 자격을 갖추지 아니하였거나 신청 전 5년 이내 면책을 받은 사실이 있는 경우 • 채무자가 제출한 변제계획을 인가할 수 없는 경우 • 채무자가 서류를 제출하지 아니하였거나 허위로 작성하여 제출한 경우 및 채무자가 채권자 집회기일에 정당한 사유 없이 참석하지 아니한 경우
변제계획 인가 후 폐지	• 면책불허가 결정이 확정된 때 • 채무자가 변제계획을 이행 할 수 없음이 명백할 때 • 채무자가 재산의 은닉 그 밖의 부정한 방법으로 인가된 변제계획을 수행하지 아니한 때

② 개인회생절차가 폐지결정이 확정되면 개인회생 채권자는 원래 채권의 내용대로 채권을 행사할 수 있고 변제수령도 가능하다.

③ 인가 전 개인회생절차의 폐지 효력은 중지, 금지되었던 담보권 실행을 위한 경매가 속행되고, 강제집행, 가압류, 가처분 등에 기인한 개인회생채권의 변제 청구가 가능해진다.

(16) 면 책

① 면책허가 및 불허가 결정

    ㉠ 채무자가 변제계획에 따라 변제를 완료하면 법원은 채무자의 신청 또는 직권으로 개인회생채권에 대하여 면책하게 된다.

    ㉡ 변제계획을 완료하였으나 채무자가 악의로 개인회생 채권자 목록에 기재하지 아니한 채권이 있는 경우와 개인회생절차에 정해진 의무를 이행하지 아니한 경우에 법원은 면책 불허가 결정을 할 수 있다.

> **TIP** ▶ 면책의 공고와 송달
>
> • 면책결정 : 공고를 하여야 하고 송달은 하지 않을 수 있다.
> • 면책불허가 결정 : 공고를 하지 않고 송달만 실시한다.

② 면책은 채무에 대한 책임이 면제되는 것으로 채무자체가 없어지는 것은 아니지만 채무 상환 독촉, 법적조치 등 채권청구를 할 수 없게 된다.

③ 채무자가 면책을 받은 경우에도 채무자가 부정한 방법으로 면책을 받은 경우에는 법원은 이해관계인의 청구 또는 직권으로 면책을 취소할 수 있다.

    * 면책 취소 신청은 면책결정의 확정일부터 1년 이내에 신청하여야 한다.

(17) 신용회복위원회 · 법원 채무자 구제제도 장 · 단점 비교

구 분	신용회복위원회 개인채무조정 제도	법원 채무자 구제제도

장 점	• 간편하고 신속한 절차 진행
	• 행정 정보 공동이용망을 통한 정보 확인으로 제출 서류 간소화
	• 저렴한 신청비용(5만원)
	• 보증인에 대한 추심 중지
	• 접근성 양호
	  – 전국 50개 서민금융통합지원센터
	  – 비대면 채널(Web, APP)
	• 공공정보 미등록 / 등록기간이 짧음(1년)
	• 성실상환자 혜택(소액금융지원 등)
		• (개인회생)짧은 상환기간(3~5년)
		• 사채 등 비금융채무 조정 가능
		• 채권자 동의를 필요로 하지 않음
		• 감면 폭이 신용회복위원회 개인채무조정 대비 큼

단 점	• 사채 등 비금융채무 조정 불가 • 상환기간이 상대적으로 장기(최장 10년) • 채무감면 폭이 개인회생 대비 적음 • 채권금융회사 부동의 가능성	• 신청절차 및 제출서류 복잡 • 신청비용 과대(50~200만원) • 보증인 앞 채권자 추심 행위 가능 • 소액채무 기각 가능성 • 공공정보 등록기간 김(최장 5년)

1. 개인회생절차 개시신청서

① 관할법원

채무자의 주소지를 관할하는 지방법원 본원에 신청해야 한다.

예 서울 ⇨ 서울중앙지방법원에 신청

② 신청인

신청인의 성명 등 인적사항을 모두 기재한다.

③ 신청이유

- 급여소득자 또는 영업소득자인지 여부를 신청이유 1항의 해당란에 ☑표시를 한다.
- 변제계획안에 예정되어 있는 변제기간과 월변제예정액을 각 기재하고 변제계획안 제출일로부터 60일 후 90일 내의 일정한 날(급여소득자의 경우 급여일, 영업소득자의 경우 매출채권 회수일 등)을 정하여 그 날을 제1회의 납입 개시일로 하고 이후 매월 같은 날을 매월 변제일로 기재 한다. 변제계획인가시의 월변제예정액은 여기서 기재하는 금액과 다를 수 있다.
- 개인회생절차 개시 후 변제계획이 불인가될 경우 그 동안 적립된 금액을 반환받을 예금계좌를 기재한다.
- 개인회생절차 개시신청 후 회생위원과의 면담을 통하여 개인회생채권자목록의 잘못된 부분과 누락된 부분을 수정하는 등으로 최종적인 개인회생채권자 목록을 작성한 후 그 원본과 채권자수에 2통을 더한 부본을 회생위원이 지정한 날까지 이 법원에 제출해야 한다.

2. 개인회생채권자목록

① 채권현재액 산정기준일

채권현재액을 산정함에 있어서 기준이 되는 일자로 신청일 또는 신청예정일을 기재한다.

② 채권의 기재순서

채권의 기재는 발생일자에 따라 오래된 것부터 먼저 기재하되 여러 채권을 가진 동일한 채권자는 연속하여 기재한다.

③ 채권현재액 총합계 등

채권자목록에 기재된 채권현재액의 원금과 이자를 모두 합산하여 '채권현재액총합계'란에 먼저 기재한다.

④ 채권자

법인 등의 경우 법인등기부에 기재된 정식명칭을 기재한다. 개인영업자의 경우 개인의 이름을 기재하되 실제 영업상 사용되는 명칭을 괄호에 넣어 병기한다. 예 홍길동(○○상사)

⑤ 채권의 원인

채권의 발생당시를 기준으로 차용금, 매매대금 등의 채권의 발생원인, 시기 또는 기간 등을 간략히 기재하되 대여금 등의 경우 최초의 원금을 같이 기재한다.

예 2003. 1. 1.자 대여금 10,000,000원

⑥ 채권현재액

채권현재액 산정기준일 현재의 원금과 이자(지연손해금포함)를 구분하여 기재한다.

⑦ 채권현재액 산정근거

산정근거를 기재할 때에는 잔여 원금과 이자 등으로 크게 구분하고, 이자 등의 계산에 있어서 산정 대상 원금, 이자율이 변경되는 경우에는 원금, 이자율이 달라지는 기간별로 나누어 계산한 근거를 기재한다.

참조 채무자 회생 및 파산에 관한 규칙 제82조, 개인회생사건 처리지침 제4조

⑧ 보증인

채무자의 채무에 대하여 연대보증인 등이 있는 경우에는, 연대 보증인등을 채권자목록에 기재하고, 채권의 원인은 보증의 구체적인 내역을, 채권 현재액란에는 '장래의 구상권'으로, 채권의 내용란에는 '보증채무를 대위변제할 경우 구상금액'이라고 기재하되, 채권 번호는 보증한 채권의 채권번호에 가지번호를 붙여 표시하고 보증한 채권 바로 다음에 기재한다.

⑨ 소명자료 제출

채권자목록상의 채권자 및 채권금액에 관한 각 소명자료를 1통씩 제출하는 것이 절차의 신속한 진행을 위하여 바람직하다.

3. 재산목록

① 현 금

10만원 이상인 경우에 기재한다.

② 예 금

- 잔고가 소액이라도 반드시 기재한다.
- 정기예금·적금·주택부금 등 예금의 종류를 불문하고 모두 기재한다.
- 개인회생절차 신청 시의 잔고가 기재된 통장 사본을 첨부한다.

③ 보 험

- 가입하고 있는 보험은 해약환급금이 없는 경우에도 전부 기재한다.
- 보험증권사본 및 개인회생절차 신청 시의 해약반환금예상액(없는 경우에는 없다는 사실)을 기재한 보험회사 작성의 증명서를 첨부한다.

④ 자동차(오토바이 포함)

자동차등록원부와 시가 증명자료를 첨부한다.

⑤ 임차보증금

- 반환받을 수 있는 금액을 적어 주고, 계약상의 보증금과 반환받을 수 있는 금액이 차이 나는 경우에는 '차이 나는 사유'란에 그 사유를 기재한다.
- 임대차계약서 사본 등 임차보증금 중 반환예상액 알 수 있는 자료를 첨부한다.

⑥ 부동산

- 등기부등본 등과 재산세과세증명서 등 시가증명자료를 첨부한다.
- 저당권 등 등기된 담보권에 대하여는 은행 등 담보권자가 작성한 피담보 채권의 잔액 증명서 등의 증명자료를 첨부한다.

⑦ 사업용 설비, 재고품, 비품 등

- 급여소득자의 경우에는 기재할 필요가 없다.
- 영업소득자의 경우에 그 영업에 필요한 것들을 기재한다.

⑧ 대여금 채권
- 계약서의 사본 등 대여금의 현재액을 알 수 있는 자료를 첨부한다.
- 변제받는 것이 어려운 경우에는 그 사유를 기재한 진술서를 첨부한다.

⑨ 매출금 채권
- 영업소득자의 경우 영업장부의 사본 등 매출금의 현재액을 알 수 있는 자료를 첨부한다.
- 변제받는 것이 곤란한 경우에는 그 사유를 기재한 진술서를 첨부한다.

⑩ 예상 퇴직금
- 현재 퇴직할 경우 지급받을 수 있는 퇴직금 예상액(다만, 압류할 수 없는 부분은 기재하지 아니하고, 비고란에 표시)을 기재한다.
- 사용자 작성의 퇴직금 계산서 등 증명서를 첨부한다.

⑪ 면제재산 결정 신청금액
- 면제재산 결정을 신청한 재산의 금액과 그 내역을 기재한다.
- 재산 합계액에서 면제 재산 결정신청금액을 공제한 잔액을 청산가치로 기재한다.

⑫ 압류 및 가압류 유무
- 재산 항목에 대하여 압류·가압류 등 강제집행이 있는 경우에는 그 유무를 해당란에 표시한다.
- 압류·가압류의 결정법원, 사건번호, 상대방 채권자, 압류된 금액 등 상세한 내용은 [신청서 첨부서류] 진술서에 기재하고 관련 자료를 첨부한다.

⑬ 기재할 사항이 많은 항목은 그 항목에 "별지 기재와 같음"이라고 적은 후, 별지를 첨부한다.

4. 수입 및 지출에 관한 목록

① 현재의 수입목록
- 급여소득자와 영업소득자를 구분하여 수입상황에 기재한다.
- 연금 등의 일정수입이 있는 경우에는 그 내역을 기재하고 연간수령금액을 환산하여 해당란에 기재한다.
- 영업소득자의 경우, 수입 명목을 부동산임대소득·사업소득·농업소득·임대소득 또는 기타소득으로 구분하여 최근 1년간의 소득을 평균한 연간 소득금액에서 소득세등 위 법률 제579조 제4호 나목 소정 금액과 같은 호 라목 소정의 영업의 경영, 보존 및 계속을 위하여 필요한 비용을 공제한 순소득액을 산출하여 이를 월 평균수입으로 환산(소수점 이하는 올림)하여 기재한다.
- 최근 1년 동안 직장이나 직업의 변동이 있었던 경우는 변동 이후의 기간 동안의 소득을 평균한 소득금액을 기준으로 산정하고, 변동 후의 기간에 대한 소명자료를 제출한다.
- 수입에 대하여, 압류나 가압류 등 강제집행이 있는 경우에는 그 유무를 해당란에 표시하고, 그러한 압류·가압류의 결정법원, 사건번호, 상대방 채권자, 압류된 금액 등 상세한 내용은 [신청서 첨부서류 4] 진술서의 해당란에 기재하고 관련서류를 첨부한다.

② 변제계획 수행 시의 예상 지출목록
- 채무자가 신고하는 지출예상 생계비가 보건복지부 공표 최저생계비의 150% 이하인 경우에는 그 금액 대로 인정받을 수 있으므로 해당란에 V표를 하고 그 내역만을 기재한다.
- 채무자가 신고하는 지출예상 생계비가 보건복지부 공표 최저생계비의 150%를 초과하는 경우에는 해당란에 V표를 하고 뒷면 표에 각 항목별로 나누어 추가로 지출되는 금액과 그 사유를 구체적으로 기재한다. 이 경우 생계비가 추가 소요되는 근거에 관하여 구체적인 소명자료 제출한다.
③ 가족관계
- 채무자와 생계를 같이 하는 가족을 기재하고 동거 여부와 채무자의 수입에 의하여 부양되는지 유무를 표시한다.
- 가족 중 수입이 있는 자에 대하여는 급여명세서사본, 종합소득세확정신고서 등을 첨부한다.
- 동거 여부 및 기간의 소명을 위해 주민등록등본 및 가족관계증명서를 제출한다.
④ 기 타
기재할 사항이 많은 항목은, 그 항목에 "별지 기재와 같음"이라고 적은 후, 별지를 첨부한다.

5. 변제계획안
① 변제기간
- 변제계획안에서 정하는 변제기간 동안 그 가용소득의 전부를 투입하여 우선원금을 변제하고 잔여금으로 이자를 변제한다.
- 3년 이내의 변제기간 동안 원금과 이자를 전부 변제할 수 있는 때에는 그 때까지를 변제기간으로 한다.
- 3년 이내의 변제기간 동안 원금의 전부를 변제할 수 있으나 이자의 전부를 변제할 수 없는 때에는 변제기간을 3년으로 한다.
- 3년 이상 5년 이내의 변제기간 동안 원금의 전부를 변제할 수 있는 때에는 이자의 변제 여부에 불구하고 원금의 전부를 변제할 수 있는 때까지를 변제기간으로 한다.
- 5년 이내의 변제기간 동안 원금의 전부를 변제할 수 없는 때에는 그 변제기간을 5년으로 한다.
- 채무자가 위의 규정에서 정한 기간보다 단기간을 변제기간으로 작성하여 제출한 경우에는 법원은 위각 기간으로 변제기간을 수정하도록 명령할 수 있으며, 채무자는 수정명령에 응해야만 한다.
② 변제에 제공되는 소득
- 개인회생절차 개시신청서에 첨부한 '수입 및 지출에 관한 목록'의 현재의 수입 목록으로부터 월 평균 수입을 옮겨서 기재한다.
- 위 '수입 및 지출에 관한 목록'의 변제계획 수행 시의 예상 지출목록으로부터 지출예상 생계비를 옮겨서 기재한다.
- 총 가용소득란에는 월 평균 가용소득에 변제횟수를 곱한 금액을 기재한다.

③ 일반 개인회생채권에 대한 변제
- 우선 변제예정액표의 작성요령을 잘 읽고 그에 따라서 표를 완성한다. 변제예정액표의 월 변제예정액 합계란의 금액과 총 변제예정액합계란의 금액을 그대로 월 변제예정액과 총 변제예정액으로 각 기재한다.
- 변제방법
  - 변제기간 및 횟수는 1항의 변제기간을 그대로 기재한다.
  - 변제월 및 변제일은 최초 변제개시일부터 변제계획 인가일 직전까지의 기간과 변제 계획 인가일 직후부터 최종 변제일까지의 둘로 나누어 기재한다.
  - 매월 변제할 날짜를 정하여 그 날짜에 변제하는 것으로 기재한다.

6. 변제예정액표

① 기초사항

채무자의 월평균 가용소득, 변제횟수 및 총가용 소득을 기재한다.

② 채권자별 변제예정액의 산정내역
- "채권번호"와 "채권자" 및 "개인회생채권액(원금)"을 개시신청서에 첨부한 개인회생 채권자목록으로부터 옮겨서 기재한다.
- 각 채권별 월변제예정액에 변제횟수를 곱한 총변제예정액을 산정하여 기재한다.

③ 변제율

총변제예정(유보)액을 개인회생채권 합계액으로 나눈 비율 × 100을 기재(소수점 이하는 반올림)한다.

2 개인파산

(1) 개 요

① 개인파산제도란 개인채무자가 사업 또는 소비활동의 결과 자신의 재산으로 모든 채무를 변제할 수 없는 상태에 빠진 경우 채무의 정리를 위하여 채무자 또는 채권자에 의해 파산신청을 하는 제도이다.

② 면책불허가 사유로는 사기, 도박 등 파산자가 의도적으로 채권자를 해하는 경우, 파산 절차상의 의무 이행을 해태한 경우, 과거 7년 이내에 면책 판결을 받은 경우 등이 있다.

③ 면책판결 시 파산자는 잔여채무에 대한 변제의무가 없어짐과 동시에 파산선고에 따른 권리 및 자격의 제한 등의 불이익이 소멸되고 원래의 법적지위를 회복하게 된다.

④ 신용정보 상에는 5년 동안 파산기록이 남게 된다.

⑤ 개인파산의 경우 채무액 한도의 제한이 없다.

(2) 요 건

개인파산을 신청하기 위해서는 파산원인으로서의 지급불능 즉, 변제능력이 부족하여 변제기가 도래한 채무를 일반적·계속적으로 변제할 수 없는 객관적인 상태가 인정되어야 한다.

> **TIP** ▸ 지급불능 여부 판단
>
> 단순히 채무가 보유재산액을 초과한 것만으로는 지급불능을 판단할 수 없으며, 구체적으로 채무자의 재산, 학력, 현재의 수입, 채무의 액수, 연령, 장애유무, 부양가족 수 등에 따라 지급불능 여부가 결정된다.

(3) 신청방법

채무자는 파산 및 면책 신청서류를 작성하여 자신의 주소지를 관할하는 지방법원 본원의 접수계에 접수하면 되고, 파산 및 면책신청서가 없는 경우에는 파산신청서와 면책신청서를 각각 작성하여 함께 제출하여도 된다.

> **TIP** ▸ 개인파산제도의 신청권자와 관할법원
>
> | 파산신청은 채권자도 할 수 있는데 반하여 면책신청은 개인인 채무자만이 할 수 있다. | |
> |---|---|
> | 신청권자 | 파산절차는 채권자, 채무자 및 채무자에 준하는 재(법정대리인, 파산회사 대표자, 이사, 지배인)가 신청할 수 있다. |
> | 관할법원 | 파산신청 관할은 채무자의 주소지 관할 지방법원 본원이 된다. |

(4) 신청서류

파산 및 면책을 동시에 신청할 경우 호적등본, 주민등록등본 및 진술서*를 신청서에 첨부해야 한다.

* 진술서 포함 사항 : 채권자목록(채권자주소록), 재산목록, 현재의 생활상황, 가계수지표

(5) 신청비용 및 관재인 선임비용

파산과 면책을 동시에 신청한다 하더라도 원칙적으로 사건은 파산사건 및 면책사건이라는 별개의 두 사건이기 때문에 동시신청의 경우에도 실제 절차비용을 납부할 경우에는 사건별로 구분하여 납부한 후 각 절차에 해당하는 '정부수입인지', '송달료납부서'를 별개로 제출해야 한다.

(6) 신청절차

① 파산선고와 동시에 파산절차를 종결하는 동시폐지결정을 하면 면책절차로 넘어가게 된다.

② 면책심문기일이 지정된 경우에는 면책심문종결일부터 30일 이내에, 면책 심문기일이 지정 되지 아니한 경우에는 법원이 정한 이의신청기간 내에 채권자로부터 이의가 없는 경우에는 위 이의기간이 경과된 후에, 이의가 있는 경우에는 신청인(채무자)과 이의 채권자 쌍방이 출석하는 의견청취기일 등을 거친 후에 면책 여부에 관한 결정을 한다.

③ 환가 분배할 재산이 없는 경우

> 파산 및 면책 동시신청 → 파산선고 및 파산관재인 선임 또는 파산선고 및 파산폐지(동시폐지) → 채권자집회 → 파산폐지(이시폐지) → 면책결정

④ 환가 분배할 재산이 있는 경우

> 파산 및 면책 동시신청 → 파산선고 및 파산관재인 선임 → 채권자집회 → 파산재단의 환가 · 배당 → 파산종결 → 면책결정

⑤ 파산재단의 환가

　㉠ 개인회생절차 상 개인회생재단의 처분권은 채무자가 처분하도록 정하고 있으나, 파산절차 상의 파산재단 환가는 파산관재인이 담당한다. 단, 중요한 재산*의 환가는 법원의 허가를 받아야 한다.

　　* 부동산, 선박, 광업권, 어업권, 특허권, 서비스권 및 저작권 임의매각 등은 법원의 허가가 필요한 사항이다.

　㉡ 부동산의 환가 방법은 경매에 의하되 임의매각이 더 높은 가격으로 환가할 수 있는 경우 법원의 허가를 얻어 임의매각 할 수 있다.

　㉢ 채무자가 파산신청 전 보유한 매출대금 및 대여금의 경우 파산관재인은 임의변제를 청구하거나 소송 등의 법적절차를 통하여 환가하도록 한다.

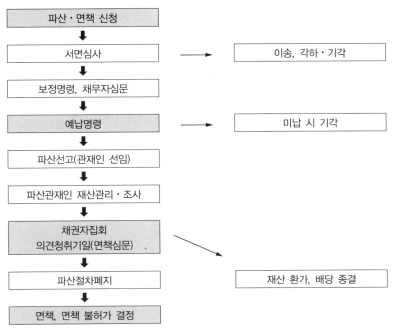

[개인파산 절차도]

(7) 신청대상과 채무한도

① 개인파산 및 면책은 자신의 모든 채무를 변제할 수 없는 지급불능 상태에 빠진 사람이라면 영업자와 비영업자 모두 신청할 수 있다.

② 은행대출, 신용카드사용, 사채 등 원인을 불문하고, 금액의 많고 적음도 상관없으며 연체 정보 등록 여부와 관계없이 신청이 가능하다.

(8) 면제재산

① 의 의

통합도산법은 최소한 생계유지를 위해 다음의 재산 평가액이 청산절차 비용을 초과한다고 하더라도 이를 파산재단에 산입하지 아니하는 면제재산제도를 신설하였다.

> • 채무자 또는 그 피부양자의 주거용으로 사용되고 있는 건물에 관한 임차보증금반환청구권 중 일정 부분(주택가격의 1/2을 초과하지 않는 범위에서)
>   – 서울특별시 : 5,500만원까지
>   – 「수도권정비계획법」에 따른 과밀억제권역(서울특별시 제외), 세종특별자치시, 용인시 및 화성시, 김포시 : 4,800만원까지
>   – 광역시(「수도권정비계획법」에 따른 과밀억제권역에 포함된 지역과 군지역 제외), 안산시, 이천시, 평택시, 광주시 및 파주시 : 2,800만원까지
>   – 그 밖의 지역 : 2,500만원까지
> • 6월간의 생계비에 사용 할 특정한 재산으로서 일정 부분
>   – 4인가구 기준 중위소득의 100분의 40에 6을 곱한 금액(회생·파산선고 당시 기준)

② 면제재산 결정의 효력

> • 파산절차에서 면제재산결정은 파산재단에서 제외되어 환가 · 배당되지 않는다.
> • 개인회생 면제재산의 결정은 개인회생재단에서 제외되어 청산가치 계산 시 면제재산만큼 차감되므로 경우에 따라서는 개인회생 변제금에 영향을 미친다.
> • 또한 면제재산은 개인회생채권에 의하여 강제집행, 가압류, 가처분을 할 수 없을 뿐만 아니라 개인회생채권에서 누락된 채권에 대하여도 강제집행 금지의 효력이 있다.

(9) 파산선고 효과

파산선고가 내려지면 채무자는 공 · 사법상의 자격 제한과 면책을 받지 못할 경우 신원조회 시 파산선고 사실이 나타나는 등의 불이익을 받게 된다.

① 공법상 자격제한

채무자가 파산선고를 받아 복권되지 않은 경우, 공법상 공무원(국가 · 지방공무원), 사립학교 교원, 변호사, 공증인, 법무사, 공인회계사, 변리사, 공인노무사, 감정평가사, 세무사, 행정사, 학원설립 · 운영자, 부동산중개사무소 개설등록 등의 결격사유에 해당하여 각 자격을 취득 할 수 없고 해당 자격을 취득한 이후 파산을 선고받은 경우 당연 퇴직(공무원, 지방 공무원, 사립학교 교원의 경우) 또는 자격 · 면허의 취소사유에 해당 한다.

② 사법상 자격제한

채무자가 파산선고를 받은 경우 채무자는 사법상 후견인, 친족회원, 유언집행자, 수탁자가 될 수 없다. 다만, 민사상 권리능력, 행위능력, 민사소송법상 소송능력은 제한받지 않는다.

(10) 면 책

① 의 의

㉠ 면책이란 파산법원의 재판에 의하여 자연인인 채무자가 파산절차에 의하여 배당되지 아니한 잔여 채무에 관한 책임을 면제하는 것을 말한다.

㉡ 면책신청은 파산선고가 확정된 날로부터 1개월 이내에 할 수 있다.

② 면책심리

법원은 파산절차단계에서 파산원인으로서의 지급불능 이외에 면책불허가사유를 사전에 심사하여 면책불허가사유가 있는 것으로 판단될 경우 파산심문기일을 지정하여 채무자에게 이에 대한 해명을 요구하고 취하를 종용하며, 면책불허가사유가 없는 것으로 판단될 경우 파산을 선고하고 채권자의 이의를 기다려 이의가 없는 경우 면책심문기일을 지정하지 않고 바로 면책결정을 선고한다.

③ 면책불허가사유

법원은 다음과 같은 면책불허가사유 유무를 확인하여 면책불허가사유가 없는 경우 법원의 재량으로 면책을 허가해야 한다.

- 채무자가 파산선고의 전후를 불문하고 자기 또는 타인의 이익을 도모하거나 채권자를 해할 목적으로 파산재단에 속하는 재산을 은닉, 손괴 또는 채권자에게 불이익하게 처분하는 행위
- 채무자가 파산선고의 전후를 불문하고 자기 또는 타인의 이익을 도모하거나 채권자를 해할 목적으로 파산재단의 부담을 허위로 증가시키는 행위
- 채무자가 파산선고의 전후를 불문하고 자기 또는 타인의 이익을 도모하거나 채권자를 해할 목적으로 법률의 규정에 의하여 작성해야 할 상업장부를 작성하지 아니하거나 이에 재산의 현황을 알 수 있는 정도의 기재를 하지 아니하거나 또는 부실한 기재를 하는 행위 또는 이를 은닉하거나 손괴하는 행위
- 채무자가 파산선고의 전후를 불문하고 신용거래로 상품을 구입하여 현저히 불이익한 조건으로 이를 처분하는 행위
- 채무자가 파산선고의 전후를 불문하고 지급불능을 알면서 어느 채권자에게 특별한 이익을 줄 목적으로 한 담보의 제공 또는 채무의 소멸에 관한 행위로서, 채무자의 의무에 속하지 아니하거나 그 방법 또는 시기가 채무자의 의무에 속하지 아니하는 행위(아직 변제기가 도래하지 않은 일부 채권자에게만 변제하거나 원래 대물변제 약정이 없는데도 일부 채권자에게 대물변제 하는 행위를 포함)
- 채무자가 파산선고 전 1년 내에 지급불능임에도 불구하고 그 사실을 속이거나 감추고 신용거래로 인하여 재산을 취득한 사실이 있는 때
- 채무자가 허위의 채권자목록 그 밖의 신청서류를 제출하거나 법원에 대하여 그 재산상태에 관하여 허위의 진술을 한 때
- 개인파산을 통해 면책을 받아 그 면책허가결정 확정일부터 7년이 경과되지 아니하거나, 개인채무자 회생절차에서 면책을 받아 그 면책허가결정 확정일부터 5년이 경과되지 않은 때
- 채무자가 채무자회생및파산에관한법률에서 정하는 채무자의 의무를 위반한 때
- 채무자가 파산선고 전후를 불문하고 과다한 낭비 또는 도박 기타 사해행위를 하여 현저히 재산을 감소시키거나 과대한 채무를 부담한 사실이 있는 때

④ 면책결정의 효력

㉠ 면책결정은 확정되어야 그 효력이 발생한다.

- 면책결정이 선고되면 법원은 그 주문과 이유의 요지를 공고해야 하고, 공고가 있은 다음날부터 14일이 경과할 때까지 즉시 항고가 제기되지 않으면 면책결정은 확정된다.
- 면책신청에 대하여 법원이 각하·기각 또는 면책불허가결정을 선고하여 채무자가 즉시 항고를 제기하여 인용된 경우 재항고기간이 도과되면 면책결정은 확정된다.

㉡ 면책결정이 확정된 경우 채무자는 파산채권자에 대하여 채무를 변제할 책임이 면제된다.

> **TIP** 면책의 법적성질은 채무 자체가 소멸하는 것이 아니라, 채무 자체는 존속 하나 채무자에게 변제의 책임을 물을 수 없다는 견해이다(자연채무화).

ⓒ 보증인 등에 대한 효력
- 파산채권자는 주채무자가 면책결정을 받더라도 보증인 등에게 채무의 이행을 청구할 수 있다.

> **참고**
>
> 면책의 효력이 미치지 않는 보증인
>
> - 채무자와 더불어 채무를 부담하는 자(인적 보증)로서 연대채무자, 보증인, 연대보증인, 중첩적 채무인수인
> - 물상보증인이 파산채권자를 위하여 제공한 담보(물상 보증)

- 채무자의 면책으로 보증인 등이 파산채권자에게 채무를 이행하고 채무자에 대하여 구상채권을 취득하더라도, 보증인 등의 장래 구상권은 파산채권으로서 파산절차에 참가하여 배당을 받을 수 있고, 보증인 등의 구상권은 이러한 장래 구상권이 채무이행을 통해 현실화 한 것일 뿐이므로 채무자는 보증인 등의 구상금채권에 대해서도 당연히 면책의 효력을 주장할 수 있다.

ⓔ 비면책채권

> - 조 세
> - 벌금, 과료, 형사소송비용, 과징금, 과태료
> - 채무자가 고의로 가한 불법행위에 기한 손해배상청구권
> - 채무자가 중대한 과실로 타인의 생명 또는 신체를 침해한 불법행위로 인하여 발생한 손해배상청구권
> - 채무자의 근로자의 임금·퇴직금 및 재해보상금, 임치금 및 신원보증금
> - 채무자가 악의로 채권자목록에 기재하지 아니한 청구권. 다만, 채권자가 파산선고가 있음을 안 때에는 그러하지 아니하다.
> - 양육비 또는 부양료

(11) 면책결정의 취소

면책결정이 확정된 후에도 사기파산죄에 관하여 채무자에 대한 유죄의 판결이 확정된 때와 채무자가 부정한 방법으로 면책을 받은 경우에는 면책이 취소될 수 있다.

① 사기파산죄

> - 파산재단에 속하는 재산을 은닉 또는 손괴하거나 채권자에게 불이익하게 처분을 하는 행위
> - 파산재단의 부담을 허위로 증가시키는 행위
> - 법률의 규정에 의하여 작성해야 하는 상업 장부를 작성하지 아니하거나, 그 상업 장부에 재산의 현황을 알 수 있는 정도의 기재를 하지 아니하거나, 그 상업 장부에 부실한 기재를 하거나, 그 상업 장부를 은닉 또는 손괴하는 행위
> - 제481조의 규정에 의하여 법원사무관 등이 폐쇄한 장부에 변경을 가하거나 이를 은닉 또는 손괴하는 행위

② 부정한 방법[*]으로 면책을 받은 경우

[*] 부정한 방법이란 파산채권자 또는 파산관재인 등에 대하여 사기, 협박, 뇌물의 교부 등으로 면책을 받은 경우를 말한다.

(12) 복 권

① 복권의 의의

복권이란 채무자가 파산선고로 인하여 받고 있는 여러 가지 공·사법상자격·권리에 대한 제한을 소멸시켜 그 본래의 법적지위를 회복하는 것을 말하며, 당연복권과 신청복권으로 구분된다.

㉠ 당연복권

파산선고를 받은 채무자가 다음의 어느 하나에 해당하는 경우 별도의 재판 없이도 당연히 복권의 효력이 발생한다.

- 면책의 결정이 확정된 때
- 동법 제538조의 규정(동의에 의한 파산폐지의 신청)에 의한 신청에 기한 파산폐지의 결정이 확정된 때
- 파산선고를 받은 채무자가 파산선고 후 동법 제650조의 규정에 의한 사기파산으로 유죄의 확정판결을 받음이 없이 10년이 경과한 때

㉡ 신청복권

당연복권 규정에 의하여 복권될 수 없는 파산선고를 받은 채무자가 변제, 대물변제, 공탁, 상계, 경개, 면제, 혼동, 소멸시효 등의 방법으로 파산채권자에 대한 채무의 전부에 관하여 그 책임을 면한 때 채무자는 파산법원에 복권을 신청할 수 있다.

② 복권의 효력

복권결정은 확정된 후부터 그 효력이 발생하며, 복권결정 확정효력으로 채무자에 대한 파산선고의 불이익 즉, 공·사법상의 신분제한이 소멸한다. 복권결정이 확정되면 법원은 채무자의 등록기준지 시·구·읍·면장에게 그 사실을 통보하여 신원증명사항에서 복권자에 대한 파산선고사실을 삭제하도록 한다.

3 개인워크아웃, 개인회생 및 개인파산의 비교

(1) 채무자구제제도의 비교

구 분	채무조정 (개인워크아웃)	이자율채무조정 (프리워크아웃)	연체전채무조정	개인회생	개인파산
운영주체	신용회복위원회			법 원	
대상채권	신용회복지원협약 체결 금융회사에 부담한 채무			제한 없음(사채 포함)	
채무범위	(무담보) 5억원 이하, (담보) 10억원 이하			• (무담보)10억원 이하, • (담보) 15억원 이하	제한 없음
대상 채무자	연체기간 3개월 이상 최저생계비 이상 소득자	연체기간 30일 초과 3개월 미만 채무자	연체기간 30일 이하 채무자	채무상환이 어려운 채무자로서 고정소득이 있는 급여소득자 또는 영업소득자	소득이 없거나 소득이 적어 채무상환이 곤란한 자

보증인에 대한 효력	보증인에 대한 채권 추심 불가			보증인에 대한 채권 추심 가능	
채무조정 수준	• 무담보채무 이자 전액 감면 • 상각채무 원금 최대 70% 감면 • 사회취약계층 원금 최대 90% 감면 • 원금상환 전 유예지원 가능	• 원금·이자 감면 없음 • 신청 전 발생한 연체이자만 감면 • 원금상환 전 유예지원 가능		원칙적으로 3년간 가용소득으로 변제 후 전액 면책	보유재산 처분 후 잔여채무 전액 면책
변제기간	• (무담보) 최장 10년 • (담보) 최장 35년	(무담보) 최장 10년		원칙적으로 3년 이내	재산청산 후 면책
연체정보 해제	• 채무조정확정 시 연체 해제 • 1년간 신용회복지원정보 등록	–		• 변제계획인가 시 연체 해제 • 변제완료 또는 5년간 개인회생정보 등록	• 파산면책결정 시 연체 해제 • 5년간 개인파산 정보 등록
서민금융	• 6개월 이상 성실상환 → 미소금융, 햇살론, 바꿔드림론, 소액대출 • 24개월 이상 성실상환 → 소액신용카드	지원가능		• 18개월 이상 성실상 → 소액대출 • 미소금융, 바꿔드림론 등은 면책결정 후 가능	지원불가
자활지원	취업지원(행복잡(Job)이, 취업성공 패키지, 드림셋 등) 및 신용교육 등 제공			–	

(2) 채무상환 부담

상환부담은 대체로 개인워크아웃·개인회생·개인파산의 순으로 적어지나, 개인회생의 상환부담이 개인워크아웃에 비해 반드시 적은 것은 아니다.

① 개인워크아웃

개인워크아웃이 확정된 채무자는 가용소득을 재원으로 조정 후 채무액을 최장 8년(차상위 계층 이하 소득인자 10년)이내에 상환하게 된다.

② 개인회생

개인회생을 신청하는 채무자는 변제기간 동안 모든 가용소득을 변제에 투입하여야 하고, 변제액 합계가 신청 당시의 청산가치 이상이어야 한다.

③ 개인파산

개인파산은 파산선고보다는 채무면책이 목적이고, 최근에는 면책율이 높은 수준이므로 파산을 신청하여 면책에 이른 개인채무자는 상환부담이 거의 없다.

(3) 신청자격

① 채무조정의 신청자격

> - 채무불이행 기간이 3개월 이상인 자
> - 총채무액이 15억원(담보채무 10억원, 무담보채무 5억원) 이하인 자
> - 최저생계비 이상의 수입이 있는 자

② 개인회생의 신청자격

> - 파산의 원인인 사실이 있거나 그러한 사실이 생길 염려가 있는 자
> - 총채무액이 무담보채무 10억원·담보채무 15억원 이하인 자
> - 급여소득자 또는 영업소득자인 개인채무자

③ 개인파산

파산을 신청하는 채무자에게는 파산의 원인(지급불능상태)인 사실이 있어야 한다. 개인파산의 경우 개인회생과는 달리 채무자의 총채무액에 대한 제한이 없다.

(4) 대상채무

① 개인워크아웃의 경우 협약 미체결 금융회사 채무나 사채, 조세 등은 채무조정에서 제외되므로, 사채 등 비협약기관 채무가 많은 채무자는 채무조정 불가 채무로 인하여 변제부담이 크기 때문에 채무조정의 실익이 감소할 수 있다.

② 반면, 개인회생이나 파산의 경우 신청대상 채무에 대한 제한은 없으므로 대부업 등 사금융 채무도 포함 가능하다.

(5) 신청절차 및 비용

신청절차의 복잡성과 신청비용 부담을 고려한 채무자의 접근성은 개인워크아웃, 개인파산, 개인회생절차의 순으로 떨어진다.

(6) 채무자구제제도의 장·단점

① 개인워크아웃의 장·단점

장 점	• 신청절차가 간편(One-stop 지원체계)하고 상각채권은 원금감면 가능 • 신청일 다음날부터 채무자 및 보증인에 대한 채권추심 중단 • 급여가 압류된 경우 압류를 해제토록 함으로써 정상적 급여수령 가능 • 최장 8년(차상위계층 이하 소득자의 경우 10년)의 계획 중 1년 이상 채무상환을 성실히 이행한 경우 '신용회복지원확정자정보'를 삭제하여 신용등급 상향과 금융활동이 가능토록 지원 • 소액금융지원·취업지원·신용관리교육 등 채무자의 경제적 회생에 필요한 입체적 지원이 가능 • 변제기간 중 긴급 상황 발생 시 재조정을 통한 상환계획 변경 가능 • 신청 채무자를 시장의 실패자로 보는 사회적 낙인 효과가 적음
단 점	• 개인회생이나 파산에 비해 상환부담이 클 수 있음 • 비협약기관 채무 및 개인사채는 채무조정이 어려움

② 개인회생의 장·단점

장 점	• 사채를 포함하여 모든 채무를 신청할 수 있음 • 채무액의 크기와 관계없이 가용소득으로 원칙적으로 3년 이내의 기간 동안 채무를 상환하면 잔여채무의 상환의무가 면제됨 • 파산에 비해 신분상 불이익이 적음
단 점	• 신청절차가 복잡하여 채무자 스스로 신청하기 어렵고, 전문가의 조력을 받는 데 많은 비용 소요 • 신청자격을 급여소득자나 영업소득자로 한정하여 정기적인 수입이 없거나 수입이 적어 가용소득이 없는 경우 신청 불가 • 보증인에 대해서는 개인회생 인가의 효력이 없음

③ 개인파산의 장·단점

장 점	• 사채를 포함하여 모든 채무를 신청할 수 있음 • 면책결정 시 채무상환 책임을 면제
단 점	• 신청절차가 복잡하여 채무자 스스로 신청하기 어렵고, 전문가의 조언을 받는데 많은 비용 소요 • 파산자에 대한 사회적 낙인이 크고 오래 지속 • 파산자에 대한 공·사법상 자격제한이 있음 • 면책이 되더라도 정상적인 금융거래는 사실상 불가능(면책사실을 5년 동안 금융회사 간 공유) • 보증인에 대해서는 파산 면책의 효력이 없음

4 채무자구제제도 선택기준

상환능력·면책에 의한 금전적 편익·불이익 등 제반 조건을 고려하여 자발적인 채무 변제노력을 우선 기울이는 것이 바람직하다.

① 가용소득

ㄱ 가용소득은 제세공과금을 제외한 순소득에서 생계비*를 공제하여 산출한다.

   * 생계비는 국민기초생활보장법에 의거 보건복지부에서 고시하는 기준중위소득 일정비율로 산정한다. 개인회생은 기준중위소득의 60%, 개인워크아웃은 기준중위소득의 40~60%를 인정하고 불가피한 사유가 있는 경우에는 생계비 인정비율의 일부를 가감할 수 있다.

ㄴ 채무자의 가용소득으로 예상 채무조정액을 96개월(차상위계층 이하 소득인 자 120개월) 이내에 변제할 수 있는 수준이라면 개인워크아웃이 우선 선택대상이다.

ㄷ 정기적이고 안정적인 소득이 있고 가용소득을 전부 투입하여 법정 최저변제액** 및 청산가치 이상을 36개월 이내에 변제할 수 있는 경우에는 개인회생 신청대상이 된다.

   ** 최저변제액은 총채무액이 5천만원 미만이면 총채무액의 5%이고, 총채무액이 5천만원 이상이면 총채무액의 3%에 1백만원을 더한 금액이다.

ㄹ 가용소득이 없거나 소득이 안정적이지 못한 채무자는 개인파산을 선택할 수 있다.

② 채무의 특성

ㄱ 개인채무조정에 포함할 수 없는 개인사채·대부업체채무·기타 비협약금융회사채무 등이 과다한 채무자는 개인회생을 선택함으로써 회생가능성을 높일 수 있다.

ㄴ 보증인이 입보된 채무액이 많고 보증인에 대한 채권자의 추심이 부담되는 채무자는 개인워크아웃을 신청하는 것이 바람직하다.

③ 채무의 규모
　㉠ 개인채무조정의 경우 동일하게 총채무액이 15억원을 초과하는 경우 지원을 받을 수 없고 파산의 경우 채무액 제한이 없다.
　㉡ 채무액이 소액으로 개인회생 신청 시 가용소득으로 3년 이내 변제계획을 완료하는 경우 개인워크 아웃 보다 많은 금액을 변제하는 경우도 있으며, 변제계획 인가를 받지 못하는 경우도 발생한다.
④ 직 업
　채무조정 프로그램을 신청하는 채무자는 신청 전의 직업을 유지할 수 없게 되거나 장래 원하는 직업을 갖지 못하게 될 수 있으므로 신중하게 선택하여야 한다.
⑤ 비용 및 절차
　유사한 변제조건일 경우 비용이 저렴하고 절차가 비교적 간소한 개인워크아웃을 통한 채무조정을 지원받는 것이 채무자에게 유리하다.
⑥ 보유재산
　㉠ 개인회생절차의 경우 신청인이 보유한 재산 평가액(부동산, 임차보증금, 자동차, 보험 등) 이상을 변제하여야 한다.
　㉡ 파산절차의 경우 면제재산을 초과하는 재산의 경우 환가하여 채무변제 충당되므로 법원의 공적채무자 구제제도를 통한 이익(채무감면 규모가 큰 경우)이 많은 경우에도 주거공간 이전 등의 문제가 발생하기 때문에 채무자 구제제도를 선택함에 있어 이 또한 고려 대상이다.

01 사적 채무조정제도

1 미국

(1) 사전상담제도

① 개 요

미국의 사적 채무조정제도는 채무관리계획(DMP ; Debt Management Plan)이 있으며, 공적 채무조정제도는 청산형인 개인파산과 재건형인 개인회생으로 구분된다. 미국은 사전상담제도를 운영하여 전국적 규모의 민간 신용상담기구와 「연방 도산법」에 근거한 개인파산제도를 연계함으로써 채무자의 경제적 재기 및 회생을 돕고 있다.

② 사전상담제도

미국은 개인파산 신청 남용을 방지하기 위한 목적으로 '05년 「파산남용방지 및 소비 자 보호에 관한 법(BAPCPA)」을 제정하여 개인파산(Chapter7) 및 회생(Chapter13) 신청 이전 180일 이내에 비영리 신용상담기구와의 사전신용상담을 의무화하였다. 또한 파산 면책을 받기 전 신용 및 재무관리 교육을 반드시 이수하도록 규정하였다.

③ 사적 채무조정제도

채무관리계획(DMP ; Debt Management Plan)은 신용상담기구를 통해 채무변제계획에 대해 채권자와 협상하는 사적 채무조정제도이다. 지원내용은 상환기간 연장, 이자율 조정 등이 있으며 통상 원금 감면 없이 이자율을 저리로 하여 3~5년간 상환한다. DMP에 따라 채무를 상환하는 채무자는 신용상담기 구를 통해 매월 변제금을 상환하고 신용상담기구는 채무자가 납입한 변제금액을 각 채권금융회사에 송금한다.

DMP를 통해 정상적인 채무상환이 이루어지면, 채무조정에 참가하는 채권자는 채권추심을 중단하는 것이 일반적이며 일부 특정채권자의 경우 해당 채무를 정상적인 여신으로 관리하기도 하며, DMP의 경우 채무자에 대해 채권을 보유한 채권자가 모두 참 여하여 채무가 빠짐없이 조정안에 포함된 경우 매우 효과적일 수 있으며, 채무자는 모든 채권자에 대해 개별 상환하지 않고 신용상담기구를 통해 상환할 수 있으므로 예산 지출관리를 단순하게 하는데 도움을 받을 수 있다.

2 일 본

(1) 사적채무조정제도

① 개 요

일본의 채무조정제도는 사적제도인 임의정리제도와 공적제도인 특정조정제도, 개인 회생제도, 개인 파산제도로 나누어지며, 법적제도를 이용하는 개인은 '03년 이후 지속 적으로 감소하고 있는 반면, 사적 채무조정제도 이용자는 상대적으로 증가 추세이다.

② 사적 채무조정제도 : 임의정리제도

임의정리제도란 법원의 개입 없이 신용상담기구 또는 법률 대리인을 통해 채무 변제 계획에 대해 채권자와 협상하는 사적 채무조정제도이다. 주요 지원내용은 「이자제한 법」 상의 상한금리에 따라 채무를 감액하고 장래 이자 부리를 중단하여 통상 3~5년 간 분할상환 할 수 있도록 지원한다.

③ 일본의 채무조정제도 비교

구 분	임의정리	민사재생	특정조정
목 적	경제적 회생		
지원대상	개 인		개인 및 법인
수입자	JCCO(중개), 수임변호사	수임변호사	간이재판소, 조정위원 및 수임변호사
자격요건	계속, 반복적 수입이 있는 다중채무자	계속, 반복적 수입이 있고, 총 채무액이 5천만엔 이하인 다중채무자	계속, 반복적 수입이 있는 특정채무자
변제조건	채권자-채무자간 합의 (JCCO가 채무상환조건에 대해 교섭하고 화해유도 가능)	• 민사재생(소규모개인재생) : 총 채권자의 1/2 이상 동의, 총 채무액의 1/2 이상 동의 • 급여소득자재생 : 채권자 동의 불필요	채권자-채무자 간 화해 (단, 법원에 의한 조정도 성립)
효 력	당사자 간에만 유효	인가된 재생계획은 다른 채권자에게도 유효	당사자 간에만 유효
변제총액	「이자제한법」상의 상한금리에 따라 채무를 감액하고 채권자-채무자 간 합의한 채무액	• 채무총액 3천만엔 이하 : 기준 채무총액의 20% 또는 100만엔 중 큰 금액 • 채무총액 3천만엔 초과 5천만엔 이하 : 기준채무총액의 10% 단, 재산처분액 또는 2년분 가처분소득이 상기 최저변제액을 상회하는 경우, 가장 큰 금액	• 「이자제한법」상의 상한금리에 따라 감액한 채무(원금+미수이자+지연손해금) • 장래 이자를 붙이는 경우도 있음
변제방법	통상 3~5년간 분할상환	• 원칙상 3년 이내(최장 5년) 분할 또는 일괄변제 • 소규모개인재생 : 변제총액 • 급여소득자재생 : 가처분소득 2년분 이상 • 주택담보대출이 있는 경우 : 10년까지 변제유예 가능(단, 채무자연령 70세까지)	조정조건에 의거 원칙상 3년 내 상환
면책조건	변제총액의 완제	재생계획에 기초한 변제총액 완제	조정조건에 기초한 변제총액 완제
소요기간	• 개입부터 2개월 경과 후 변제총액, 변제조건 제안 • 개입부터 화해 시까지 3~4개월 소요	통상 6개월 소요	통상 3개월 소요
제한사항	직업상·자격상 제한 없음	• 직업상·자격상 제한 없음 • 단, 주택담보대출이 있는 경우해당 주택에 대한 저당권 실행은 정지	직업상·자격상 제한 없음

③ 프랑스

(1) 개 요

프랑스는 개인의 과중채무(Overindebtedness)로 인한 사회적 부담을 줄이기 위한 목적으로 '89년 파산 관련 법률에 사적조정제도를 도입하였다. 개인파산제도는 3단계 절차로 구성되어 있으며 사전조정 전치 절차 운영으로 모든 채무조정은 과채무위원회의 사적채무조정과정을 거치도록 의무화하였다.

(2) 사적 채무조정제도 : 1단계 절차

프랑스는 법원의 파산 절차 이전에 과채무위원회를 통해 채권자–채무자 간 채무변제 계획을 조정하는 사적 채무조정(Out-of-court Settlements)을 의무화하고 있다. 과채무위원회는 개인채무자에 대한 채무조정 신청을 접수하고 개인의 소득수준 등을 고려한 채무변제계획안을 수립하여 채권자 동의절차를 수행한다.

채권자와 합의를 이루지 못할 경우 채무자의 요청에 의하여 과채무위원회는 법원의 승인을 얻은 채무변제계획(Court-imposed Plan)을 강제할 수 있다. 이러한 조치를 취한 후에도 채무변제계획에 따라 채무를 상환할 수 없는 경우 법원에 의한 파산절차 가 진행되지만, 위원회에 접수된 신청 건 중 채무부담이 매우 과중한 경우에는 변제 계획안 작성 및 채권자 동의절차를 생략하고 법원의 파산절차(개인회복절차)를 즉시 진행할 수 있다.

> **참고**
>
> 과채무위원회(Commission des surendetementts)
> 과채무위원회(파산위원회)는 '89년 개인파산절차 제정과 함께 설립되었으며, 파산절차 이전 단계에서 채권자–채무자 간 사적 조정을 담당하는 공적 기구이다. 세 차례의 파산 관련 법률 개정을 통하여 그 기능이 점차 강화되어 왔다. '95년 파산 관련 법률 개정 시 과채무위원회는 파산절차 전 단계에서 법원에 제출되는 채무조정안을 수립하는 권한을, '98년도 개정 시 위원회는 과채무자의 채무 일부 또는 전부탕감 및 지불정지할 수 있는 권한을, 위원회는 회복불가능한 개인의 과채무 상황에 대하여 법원의 파산절차(개인 회복절차)로 이양할 수 있는 권한을 부여받게 되었다. 청산 또는 면책일변도의 채무자 지원보다는 최대한의 변제노력을 강구하고 경제적 재기의 기회를 제공하려는 데에 목적이 있다.

> **참고**
>
> 프랑스의 2단계 채무조정 절차
>
> | 1 단계
사적 채무조정(과채무위원회)
(Out-of-court Settlements) | • 사적 채무조정을 사전조정제도로 운영
• 위원회가 변제계획 작성
• 채권자의 동의 필요 |
> |---|---|
> | 2 단계
공적 채무조정(과채무위원회+법원)
(Court-imposed Settlements) | • 사적 채무조정 실패 시 진행
• 위원회가 변제계획 작성
• 법원의 승인을 득함으로써 강제적 효력발생 |
> | 3 단계
청산절차(법원)
(Insolvency by court) | • 치유불능의 채무상황 및 2단계 절차 실패 시 진행
• 채무의 완전한 면책인정
• 법원의 결정으로 효력발생 |

4 독 일

(1) 개 요

독일은 '94년 회생형과 청산형으로 이원화된 기존의 「도산법」을 청산형으로 일원화하였으며, '99년 파산 신청에 앞서 재판 외 합의과정을 반드시 거치도록 의무화하였다. 이 과정에서 모든 채무자는 합당한 전문가나 기관의 도움을 반드시 받도록 하고 있다. 사적 채무조정을 돕는 중재기관에서는 파산절차에 대한 정보를 제공하고, 상담 신청자의 부채, 자산, 소득 등을 분석하여 채무변제계획 수립 및 채무재조정 등을 위 한 채권자와의 협상을 돕는다.

(2) 사적 채무조정제도 : 재판 외 합의과정(Out-of-court Settlement)

독일은 특별한 사적 구제제도를 두고 있지 않으나, 파산 신청 이전 6개월 이내에 채 권자와 채무자 간 재판 외 합의노력이 있었음을 증명하는 서류를 제출하도록 요구 하여 재판 외 합의과정을 필수적으로 거치도록 의무화하고 있다. 재판 외 합의과정 을 의무화한 것은 소비자들에게 올바른 경로에 대한 정보를 제공하고 자신에 맞는 절차와 계획을 수립할 수 있도록 돕고 최선의 노력을 다해 부채를 해소하도록 유도하려는 목적이다.

> **참고**
>
> VZBV(Verbraucherzentrale Bundesverband), SB(Schuldnerberatung)
>
> 독일의 사적 채무조정과 관련된 업무를 수행하는 기구로 VZBV와 SB가 있다. VZBV는 소비자단체 성격을 지니고 있으며 채무상담뿐만 아니라 전반적인 금융소비자 문제에 대한 상담서비스를 제공하고 있다. SB는 채무자상담기구로 사적조정절차에서 채무자의 채무변제계획 수립과 채권자와의 협상을 지원하며 채무자의 파산 신청을 조력하고 파산 신청 전 신용상담을 수행하고 있다.

5 영 국

(1) 개 요

영국은 다른 유럽 각국과는 달리 사적조정제도를 도입하지 않았으나 민간 신용상담기구를 통한 신용상담 및 채무조정이 활발하게 이루어지고 있다. 사적 채무조정제도로 미국과 유사한 DMP(Debt Management Plan)가 있으며, 공적 채무조정제도 로는 DRO, IVA, BO가 있다.

(2) 사적 채무조정제도 : 채무관리계획(DMP ; Debt Management Plan)

미국의 사적 채무조정제도인 DMP와 유사하며 신용상담기구를 통해 채무의 상환조건을 변경하는 채무조정안을 작성하여 채권자-채무자의 이해를 사적으로 조정하는 제도이다. 지원내용은 채무의 상환기간 연장, 장래 이자 부리 중단 등을 지원하며 통상 상환기간은 10년 이내이다.

참고

주요 국가별 사적 채무조정기구 및 채무조정제도

구 분	미 국	일 본	프랑스	독 일	영 국
대표적 사적 채무조정기구	NFCC	JCCO	과채무위원회	VZBV, SB	CA, SCDC
사전상담 및 조정절차 의무화 여부	O (사전신용상담)	X	O (사전조정)	O (사전조정)	X
사적 채무조정제도	DMP	임의정리제도	1단계 절차	재판 외 합의과정	DMP
사적 채무조정제도 변제기간	통상 3~5년	통상 3~5년			통상 10년

02 공적 채무조정제도

1 미 국

(1) 개 요

미국의 「연방도산법」은 개인채무자에 대한 공적 채무조정제도로 청산형인 개인파산과 재건형인 개인회생제도를 두고 있다.

개인회생 및 파산 모두 채권자의 동의를 필요로 하지 않으며, 법원 재판부가 인가 여부에 대해 결정한다. 또한 개인회생 및 파산 신청 시 개시결정의 효력이 발생하여 채권자의 추심 및 강제집행 등이 금지되는 자동정지제도(Automatic stay)를 운영하고 있다. 개인회생 및 파산의 신청요건으로 신청일 기준 180일 이내에 사전 신용상담 이수를 규정하였으며, 소득심사(Means-testing)를 받도록 하는 등 파산의 남용을 막기 위한 장치를 두고 있다.

(2) 개인회생제도

미국의 개인회생제도는 정기적인 소득이 발생하는 채무자로서 최저생계비 등을 제외한 가용소득으로 청산가치 이상을 변제할 수 있는 자를 대상으로 한다. 주(State)별 중위소득 이상 보유자는 가용소득 전액으로 5년간 변제, 주(State)별 중위소득 이하인 자는 가용소득 전액으로 3년에 걸쳐 변제를 완료하면 잔여채무에 대하여 면책하는 제도이다. 기록은 개인신용정보에 7년간 유지된다.

(3) 개인파산제도

개인파산제도는 채무상환능력이 없는 채무자를 대상으로 하며 채무자가 보유한 면제재산을 제외한 모든 재산을 청산하여 채권자에게 배당하고, 파산절차가 종료되면 별도의 면책 신청 없이 법원의 허가만으로 잔여 채무가 면책되는 제도이다.

「연방도산법」은 면책을 받은 개인채무자의 원활한 경제활동 복귀를 위해 고용상 차별을 할 수 없도록 규정하여 파산채무자를 보호하고 있으나, 파산 기록이 개인신용정보에 10년간 유지됨에 따라 정상적인 금융 거래는 제약을 받는다.

> **참고**
>
> 채무자 입장에서 본 미국의 개인회생 및 파산제도의 장단점
>
> | 구 분 | 장 점 | 단 점 |
> |---|---|---|
> | 개인파산 | • 면책 범위에 제한이 없음
• 배당 후 잔여채무는 면책
• 파산신청 후 취득한 임금과 재산은 채무자가 소유(단, 상속재산은 예외)
• 부채규모가 작아도 무관
• 절차가 신속(3~6개월 정도) | • 관재인에 의해 매각된 비면책재산 상실
• 주택담보융자 등 몇 가지 채무는 절차가 종료된 후에도 존속
• 추심, 차압 등 채권자의 저당권행사는 일시적으로만 정지
• 면책효과는 연대보증인에게 미치지 않음
• 6년에 한번 밖에 신청할 수 없음
• 신용등급에 악영향
• 일단 신청하면 기각이 곤란 |
> | 개인회생 | • 면책/비면책에 관계없이 모든 재산권을 유지
• 변제기간이 김
• 채권자의 추심, 임금차압 등이 금지(자동정지)
• 완전변제를 전제로 하는 한 면책 효과는 연대보증인에게도 미침
• 개인파산에 의해 잔여채무를 면책 받은 후 개인회생신청이 가능
• 연속 신청이 가능
• 채권자를 여러 클래스로 분리하여 배당률을 달리할 수 있음 | • 가처분소득으로부터 채무를 변제해야 하는 관계로 변제기간 중 현금흐름을 압박
• 주택담보융자자 등 몇 가지 채무는 절차가 종료된 후 에도 존속
• 신청절차가 복잡하기 때문에 법률수수료가 비쌈
• 부채해소에 시간이 걸려 미래수입에 부담이 될 가능성
• 증권브로커, 상품브로커는 신청할 자격이 없음 |

2 일 본

(1) 개 요

일본의 공적 채무조정제도는 특정조정, 개인회생(민사재생, 급여소득자재생), 개인파산제도로 구성된다.

(2) 특정조정제도

특정조정제도는 법원의 조정위원회가 채권자와 채무자간 채무조정에 관하여 합의를 유도하는 제도로서 정기적으로 수입이 발생하는 채무자를 대상으로 「이자제한법」 상한금리에 따라 채무를 감액하고 장래 이자 부리를 중단하여 통상 3년 내지 5년간 분할상환 하는 제도이다.

특정조정제도는 확정된 채무조정안이 법원의 판결과 동일한 법적 효력을 가져 채무자의 변제의무를 강제하게 되나 채권자가 합의하지 않는 경우 법원이 합의를 강제할 수 없다는 점에서 개인파산과는 차이가 있다.

(3) 개인회생제도

일본의 개인회생 제도는 민사재생(소규모 개인회생)과 급여소득자 재생으로 구분된다.

민사재생 제도는 주택담보대출을 제외한 총 채무액이 5,000만엔 이하이며 계속적으로 수입이 발생하는 개인채무자를 대상으로 한다. 변제기간은 원칙적으로 3년으로 규정하고 있으며 법률에서 정한 (1) 최저 변제액 또는 (2) 청산가치 중 큰 금액을 최소 변제요건으로 정하고 있다. 채권자 동의 요건으로는 채권자 수의 1/2 이상의 동의 및 총 채무액 기준 1/2 이상의 동의를 규정하고 있다.

급여소득자 재생 제도는 안정적인 소득이 발생하는 급여소득자를 대상으로 하며, (1) 최저 변제액 또는 (2) 청산가치 또는 (3) 가처분 소득의 2년분 중 큰 금액을 최소 변제요건으로 정하고 있다. 급여소득자 재생의 경우 민사재생에서 요구하는 채권자 동의 요건은 규정하고 있지 않다.

(4) 개인파산제도

개인파산제도는 민사재생제도 등 여타 구제수단을 통해 회생하기 어려운 채무자를 대상으로 운영되는 청산형제도이다. 채무자 또는 채권자의 신청에 의해 시작되며 파산신청 시 법원은 채무자의 재산처분 및 채권자의 강제집행을 금지하고, 파산선고 후 채무자의 면책 신청에 대해 법원이 면책 여부를 결정하게 된다.

3 프랑스

(1) 개 요

프랑스의 채무조정제도는 3단계 절차로 구성되어 있다. 1단계는 앞서 살펴본 것처럼 과채무위원회를 통한 재판 외 합의(Out-of-court Settlement)절차이며, 2단계는 채권자와 합의를 이루지 못할 경우 과채무위원회는 채무자의 요청으로 법원의 승인을 얻은 채무변제계획(Court-imposed Plan)을 강제할 수 있는 절차이다. 2단계 절차 후에도 채무변제계획에 따라 채무를 상환할 수 없는 경우 3단계인 법원에 의한 파산 절차가 진행된다.

① 프랑스 채무조정제도의 1단계 절차는 사적 채무조정에 해당하고, 2단계와 3단계 절차는 공적 채무조정에 해당한다.

② 2단계 절차

1단계 절차에서 채권자와 합의를 이루지 못할 경우 15일 이내 채무자는 과채무위원의 채무변제계획을 요청할 수 있으며, 과채무위원회는 법원의 승인을 얻어 채권자 동의 없이 변제계획안을 강제할 수 있다. 다만, 과채무위원회가 채권자에게 강제할 수 있는 수단은 제한적인 수준으로 이자 면제, 상환기간 연장 또는 일정기간 채무 상환 유예를 권고하는 정도이며, 채무자의 상황에 따라 채무 일부 감면이 가능할 수 있다.

③ 3단계 절차

2단계 절차 후에도 채무변제계획에 따라 채무를 상환할 수 없는 지급불능 상태에 이르는 경우 3단계 파산 절차(개인회복절차)가 진행된다. 한편 과채무위원회에 접수된 신청건 중 채무가 매우 과중한 경우에는 채무변제계획안 작성 및 채권자 동의 절차를 생략하고 집행 판사의 결정으로 법원의 파산절차를 즉시 진행할 수 있다.

프랑스의 3단계 개인파산 절차는 미국의 개인파산과 유사하게 진행된다.

4 독 일

(1) 개 요

독일은 개인파산 남용을 막기 위해 개인채무자가 파산 신청 시 재판 외 합의(Out-of Court Settlement) 과정을 필수적으로 거치도록 규정하였다. 즉, 채무자가 법원에 채무변제계획안 제출 시 과거 6개월 이내 채권자와 채무자 간 재판 외 합의노력이 있었음을 증명하는 서류를 제출하도록 요구하고 있다.

채무자와 채권자 간 재판 외 합의에 실패하여 채무자가 법원에 파산을 신청하면 법원의 감독을 전제로 하는 재판 상 합의절차가 진행된다. 재판 상 합의절차에도 불구하고 채무변제계획안에 대해 과반수 이상의 채권자가 부동의 하는 경우 간이파산 절차가 진행된다.

(2) 재판 상 합의절차

재판 외 합의실패로 채무자가 법원에 파산을 신청하면 법원은 청산절차의 개시를 3개월간 보류하고 법원의 감독 하에 채권자와 채무자 간 재판상 합의절차를 진행한다.

법원은 채권자에게 채무변제계획을 송달하여 채권자 동의 절차를 진행하고, 채권자 과반수 이상 동의 및 총 채무액 기준 과반수 이상 동의와 법원 승인 시 채무변제계획안이 확정된다. 이는 재판상 화해의 효력이 발생하여 간이파산 신청은 취하된 것으로 간주된다.

(3) 간이파산절차

재판 외 합의와 법원 감독 하의 재판상 합의절차에 의하여 채무상환계획이 확정되지 못하는 경우 간이파산절차가 개시된다. 간이파산절차는 채무자의 잔존자산이 파산 차에 소요되는 제반비용을 감당하기에 충분한 경우에만 개시되며, 법원은 채권자의 재산권 보호를 위해 채무자의 잔여채무를 즉시 면책하지 않고 면책유예결정을 내린다. 동 유예결정에 따라 채무자는 6년 동안의 성실이행기간 중 생계비를 제외한 가용소득 및 재산취득액의 일정 비율을 파산재단에 변제하여야 한다. 법원은 동 면책유예기간 만료 시 채권자 및 파산관재인의 의견을 청취한 후 결격사유를 심사하여 잔여 채무에 대한 면책을 최종 결정한다.

5 영국

(1) 개 요

영국의 「파산법」은 파산절차 이전 단계의 공적 구제제도로 자발적 정리절차(IVA ; Individual Voluntary Arrangement)와 부채구제명령(DRO ; Debt Relief Order)를 두고 있으며 파산절차에는 개인파산(BO ; Bankruptcy Order)이 있다.

영국의 DRO와 IVA는 엄밀한 의미에서 공적 절차이나 신용상담기구 및 사적 채무조정기구에서 신청이 가능하다. 앞서 살펴본 영국의 대표적 신용상담기구인 CA는 DRO의 최대 취급기관이며, SCDC는 회생절차에 해당하는 IVA를 상당 부분 접수하고 있다.

(2) 자발적 정리절차(IVA ; Individual Voluntary Arrangement)

IVA는 파산 선고 없이 법원의 중재를 통해 채무자의 경제적 회생을 유도하는 제도이다. IVA의 집행인(IP ; Insolvency Practitioner)의 감독 하에 채무정리안(Proposal)이 작성되며 채권자 의결 및 법원의 승인을 통해 최종 확정되어 법적 강제력을 가지게 된다. 채권자 집회에 참석한 채권자의 채권액 75% 이상 동의로 채무조정안이 확정되며 이후 채무조정안에 따라 성실하게 변제한 경우 잔여 채무에 대해 면책받게 된다.

IVA를 통한 채무변제기간은 통상 5년이며 무담보채무 조정 및 가처분소득 전액 투입 등 우리나라의 개인회생 제도와 유사하다.

(3) 부채구제명령(DRO ; Debt Relief Order)

DRO는 사회취약계층 및 저소득층을 대상으로 운영하는 제도로 파산청의 승인을 얻은 비영리 채무자지원기구를 통해 신청하여 법원 재판절차 없이 채무 면책을 받는 제도이다. 2,000파운드 이하의 소액재산을 보유하고 있으며 월 가용소득이 75파운드 이하인 개인 채무자를 대상으로 운영하는 제도로, 통상 1년의 상환 유예기간이 주어지며 동 유예기간 종료 후에도 지급 불능 시 법원으로부터 채무 면책을 승인받는다.

(4) 개인파산(BO ; Bankruptcy Order)

BO는 채무자가 파산을 신청하면 법원의 심사를 거쳐 파산절차가 진행되며 관재인(Office Receiver)이 선임된다. 채무자의 재산 등에 대한 정리와 배당절차가 완료되면 파산결정 후 1년이 경과한 시점에서 자동으로 면책된다.

법원은 파산면책 후 채무자의 장래 소득에 대해 채무상환에 충당할 것을 명령할 수 있으며(Income payments order), 이러한 경우 채무자는 생계비를 제외한 가처분 소득을 통상 3년 이내에서 변제금으로 납입할 의무를 부담한다.

참고

주요 국가별 공적 채무조정제도

구 분	미 국	일 본	프랑스	독 일	영 국
공적채무 조정제도	개인파산, 개인회생	특정조정, 개인회생(민사재생, 급여소득자재생), 개인파산	2단계, 3단계 절차	재판상 합의 절차, 간이파산 절차	IVA, DRO, BO
재건형제도 변제기간	통상 3~5년	원칙상 3년 (예외적으로 5년까지 연장 가능)	최장 8년	최장 6년	통상 5년

채무자 금융 · 복지지원제도

01 금융지원 | 신용회복위원회 금융지원

1 소액금융

(1) 목 적

신용회복위원회 소액금융사업은 신용회복지원과 연계하여 생활안정자금, 학자금 및 기타 긴급자금 등 소액금융을 지원함으로서 신용회복지원 확정자들의 변제의지와 채무상환능력을 제고시켜 경제적 재기를 지원하기 위해 마련되었다.

2 지원대상

(1) 신청요건

① 변제계획안을 성실하게 이행 중이거나 이행을 완료한 자
  ㉠ 위원회 또는 타 기관에서 채무조정을 통해 신용회복지원을 받아 미납 없이 6개월 이상 변제계획을 성실하게 이행하고 있거나 이행을 완료한 채무자가 신청할 수 있도록 하였다. 단, 채무재조정 이후 변제금 납입 개월 수가 6개월 미만이나 최초 채무조정에 의한 변제 개월 수와 채무재조정에 의한 변제 개월 수를 합산하여 6개월 이상이고 실직, 질병, 재난 등 재조정 사유가 정당한 경우에는 융자 위원회의 승인을 받아 융자지원도 가능하다.
  ㉡ 한편, 변제계획 이행 완료자의 경우는 변제금 완제일로부터 3년 이내인 자로 신청자격을 제한하고 있다.
  ㉢ 법원의 개인회생 인가자의 경우 12개월 이상 변제계획을 이행하고 있거나 이행을 완료한 자 중 면책결정일로부터 3년 이내인 자도 지원대상에 포함한다.
② 변제 가능한 소득이 있는 자
  ㉠ 월 소득에서 생계비 및 채무조정에 의한 매월 변제금을 공제한 후 대출금에 대한 분할변제가 가능한 소득이 있어야 한다. 본인 소득으로는 분할변제가 불가능한 경우에도 제3자로부터 소득제공을 받아 분할변제가 가능한 경우에는 신청자격을 인정하며, 만일 부부가 각자 대출금을 신청하는 경우에는 부부(가족) 소득을 합산하여 신청자격을 판단한다.

ⓛ 한편, 간이과세자 또는 면세사업자에게도 신청자격이 주어지며 또한 일반사업자의 경우에도 채무조정변제금 월 납입액, 제외채무 월 납입액, 위원회 대출금 월납입액, 기타 지출액 등을 제외한 월평균 순소득액이 부양가족을 고려한 기준중위소득의 60% 이하인 경우에는 신청자격을 인정한다.

ⓒ 이때 신청인이 사업자등록증 미개설, 휴업, 폐업 중이나 실질적으로 영업을 하고 있는 자는 신청자격을 인정한다. 단 운영자금 대출 및 시설개선자금대출 등 용도제한이 있는 대출은 지원대상에서 제외한다.

(2) 소액금융 부적격자

① 생계형 이외의 보유재산이 과다한 자

　ⓞ 본인 및 동거가족 보유재산이 긴급복지지원법에 의한 긴급생계비 지원 대상자의 재산 합계액 기준을 초과하는 경우는 소액금융 신청대상에서 제외한다.

　ⓛ 그러나 상가건물임대차보호법상 우선변제 받을 수 있는 임차인의 범위 이내의 생계형 영업장 임차보증금액은 보유재산으로 합산하지 아니한다.

　ⓒ 또한 전, 답, 임야, 잡종지 등을 소유하고 있는 경우에도 환가실익이 없거나 매수자가 없어서 불가한 경우 또는 실질적으로 종친회 등의 소유이나, 그 대표자격으로 해당 부동산을 소유하고 있거나 공동소유 하고 있는 경우도 소액금융 신청자격을 인정한다.

　ⓟ 한편, 소득원과 관련 없는 차량을 소유하고 있는 경우는 소액금융 신청 대상자격에서 제외하나 소유차량의 실질적인 소유자가 타인인 경우 또는 사용실익이 없으나 폐차처리를 하지 못하여 보유하고 있는 경우에는 신청자격을 인정한다.

② 채무조정 효력 상실자

　ⓞ 신용회복위원회 또는 타 기관의 신용회복지원 효력을 상실한 자는 지원신청 자격에서 제외 된다.

　ⓛ 효력을 상실한 경우라도 신용회복지원 재신청 후 6회차 이상 변제 계획을 성실하게 이행하고 있거나 이행을 완료한 자는 지원신청 자격을 인정한다.

　ⓒ 한편, 동거가족이 신용회복지원 효력을 상실하였거나 개인회생, 소비자파산 등을 신청한 경우에는 그 사유 등을 면밀히 검토하여 제한적으로 신청자격을 인정하고 있다.

③ 개인회생 및 파산 신청자

대출금 지급일 기준 개인회생 12개월 미만 납입자 또는 폐지자 및 파산신청자의 경우 대출약정을 체결한 경우에도 대출금 실행을 취소한다.

④ 연체 등 정보 등재자

한국신용정보원 신용정보전산망에 연체 등 정보, 채무불이행자 및 금융질서문란자로 등재된 경우 지원신청 자격에서 제외된다. 그러나 연체 등 정보가 등록되어 있더라도 채권금융기관이 채무조정 채권에 대한 오류등록 또는 해제지연 등의 사유가 있는 경우에는 신청자격을 인정한다.

⑤ 어음・수표 부도거래처로서 동 사유를 해소하지 아니한 자

한국신용정보원 신용정보전산망에 어음・수표부도 거래처로 등록되어 있는 경우도 소액금융 신청 제외대상으로 분류된다.

⑥ 책임재산 도피, 은닉 등 감소행위를 초래한 자

　　형사상 채무면탈죄에 해당하거나 조세 또는 채권기관 등으로부터 채무이행을 회피하기 위하여 재산을 도피하거나 은닉, 기타 책임재산의 감소행위를 초래한 경력이 있는 자도 지원신청이 제한된다.

⑦ 기 타

　　국민행복기금(한국자산관리공사, 한마음금융주식회사, 희망모아유동화전문회사, 상록수 유동화전문회사 포함)으로부터 금융지원을 받은 자도 지원신청이 제한된다.

3 대출상품

(1) 생활안정자금 및 학자금

① 개 요

　　저소득층의 생활안정을 위한 자금지원으로 의료비, 재해복구비, 생활비 등의 생활안정자금대출 및 본인 또는 부양가족의 학자금대출이 있다.

② 생활안정자금의 대출한도

의료비	• 차입신청일 기준 3개월 이내 지출한 금액 또는 현재 지출하고 있는 의료비 범위 내에서 지원가능 • 본인 및 생계비를 같이하는 부양가족의 치료비, 수술비, 약제비 등 급여, 비급여를 포함하여 본인 부담금 범위 내로 지원
임차보증금	• 신규 또는 재계약으로 인하여 증액되는 보증금 범위 내로 대출상담 및 차입신청일 기준 3개월 이내 임대차계약 체결분을 포함 • 주거를 목적으로 한 주택 임대차보호대상인 주택에 한함 • 계약서상 임차인이 부양가족인 경우 신청인과 임차인은 동일세대를 구성하여야 함 • 임차물건에 근저당을 제외한 (가)압류, 가처분, 가등기 등 채권 보전조치가 등기되어 있는 경우에는 지원이 불가
재해복구비	화재, 풍수해 등으로 인한 피해복구비로 특별재난지역 선포 등으로 국가 등으로부터 이미 재해복구비를 지원받은 경우에는 지원 대상에서 제외
생활비	차입신청일을 기준으로 재취업에 성공하였거나 재취업 훈련 중인 자가 본인을 포함한 부양가족의 최대 3개월 생계비 범위 내에서 지원받을 수 있다.
결혼자금	본인 또는 부양가족이 대출상담 차입신청일로부터 3개월 이내 결혼하였거나 결혼할 예정인 경우 예식비용, 혼수비용 등 지출액에 대하여 지원이 가능
기타 생활안정자금	• 임금체불 등으로 월세, 기타 생활비의 부족 또는 전기료, 공과금, 국세 등의 미납으로 궁박한 상황에 처해 있는 등 소요자금 용도가 명확한 생활자금이 지원대상 • 실질적으로 자영업을 운영하고 있으나 휴업, 폐업 중인 영세 자영업자의 제품 등 구입 또는 집기, 비품, 영업용차량 등의 구입·보수·교체자금도 지원이 가능

③ 학자금

　　본인 및 부양가족의 정규교육과정의 대학등록금을 지원 대상으로 하며, 등록금 고지서상의 총액 이내로 지원한다. 생계를 같이하는 부양가족의 학자금을 지원하는 경우에도 신용회복지원 확정자(신청인)를 채무자로 하며, 차입 신청일 기준 3개월 이내 지출한 등록금 또는 현재 지출예정인 등록금에 한해 지원 가능하다.

(2) 영세자영업자 시설개선자금 및 운영자금

① 개 요

시설개선용 장비구입비 등의 시설개선자금과 원재료 구매 등을 위한 운영 자금으로 영세 자영업자를 대상으로 한다.

② 시설개선자금

㉠ 개인사업자를 등록하고 정상영업 중인 자영업자의 영업장 시설개선을 위해 필요한 집기, 비품, 영업용차량 등의 구입·교체·보수자금을 대상으로 한다.

㉡ 대출상담 및 차입신청일 기준 3개월 이내에 외상 또는 차입금으로 구입한 집기, 비품, 영업용차량 등의 경우에도 지원 대상에 포함한다.

③ 운영자금

㉠ 개인사업자를 등록하고 정상영업 중인 자영업자의 제품, 반제품, 원재료의 구매자금을 대상으로 한다.

㉡ 대출상담 및 차입신청일 기준 3개월 이내 외상 또는 차입금으로 구입한 제품, 반제품, 원재료의 구매자금을 포함한다. 신청인이 부양가족 명의를 차용하여 운영하고 있는 경우에도 시설개선자금 및 운영자금지원이 가능하다.

> **참고**
>
> 시설개선자금 및 운영자금 대출조건
>
> | 대출과목 | 대출한도 | 금 리 | 융자기간 |
> |---|---|---|---|
> | 시설개선자금 | 15백만원 | 연 4% 이내 | 5년 이내 |
> | 운영자금 | | | |

---

(3) 고금리차환자금

지원대상	• 소액금융지원 차입신청일 기준 6개월 이전에 차입한 고금리채무의 상환을 목적으로 하며, 비록 고금리대출[*]이 소액금융지원 차입 신청일 기준 6개월 이내인 경우에도 동 고금리대출로 소액금융지원 차입 신청일 기준 6개월 이전에 차입한 고금리 대출금을 대환한 경우라면 지원 가능하다. * 고금리대출이란 채무자가 현재 부담하고 있는 연 이자율이 18% 이상인 채무로 대출한도는 15백만원 이내에서 지원한다. • 대출금의 만기일이 경과한 경우에는 연체이자율을 적용하여 지원대상 여부를 판단한다. • 한편, 생계를 같이하는 부양가족이 고금리를 부담하고 있는 대출에 대해서도 고금리차환자금대출 지원이 가능하다.
지원 부적격	• 대출금이 개인사채인 경우 또는 미등록 대부업자인 경우는 비록 고금리대출이라 하더라도 지원 대상에서 제외된다. 　**예외** 최초 차입기관이 금융기관이었으나, 자산유동화 및 기타 매각으로 현 채권자가 개인사채 또는 미등록 대부업체인 경우에는 차환자금 지원이 가능하다. • 채권자가 신용회복지원을 목적으로 여타 채권자로부터 채권을 매입 또는 대환하여 보유하고 있는 경우에 동 대출금 상환을 목적으로 한 차환자금은 지원이 불가하다.

4 동일인 대출한도

- 동일인 1인당 최저 대출금액은 50만원 이상으로 하며, 대출종류별 대출한도 범위 내에서 소요자금의 만 단위를 절상하여 십만 단위로 대출금을 지원한다.
- 동일인 대출한도는 최대 15백만원 범위 내에서 대출과목별 한도를 초과할 수 없도록 하였으며, 동일인 한도 범위 내에서 소요자금이 타당한 경우에는 기 취급 대출금 외에 추가대출이 가능하다.
- 하지만, 동일인 대출한도 및 대출과목별 한도 이내인 경우에도 소요자금별 융자한도를 초과해서는 안 되며, 생계를 같이하는 가족(부부)의 경우 동일 소요자금으로 동일대출은 지원할 수 없다.

5 신청서류

- 징구서류는 지원 대상 여부 판단을 위한 심사 관련 서류로서 누락서류가 있어서는 안 된다.
- 관공서 등에서 발급받는 서류의 경우 2개월 이내 발급분을 징구하며, 소득증빙서류는 가능한 소득증명 서 제출을 원칙으로 하나 일용직 등 증명 서류의 제출이 어려운 경우에는 소득 진술서로 대체토록 할 수 있다.

6 새희망힐링론

- 금융회사 등이 고객이 사용하지 아니한 법인카드 포인트를 신용회복위원회에 기부하고 동 재원으로 보이스피싱 피해자, 불법 사금융 피해자, 저축은행 후순위 피해자, 무인가 투자자문 및 선물업자 관련 피해자, 보험사고 사망자 유자녀 등 금융 피해자 중 연간 소득액이 2,000만원 이하인자(개인신용평점 이 하위 20%에 해당하는 경우 4,000만원 이하인 자 포함)를 대상으로 생활안정자금, 학자금 등을 지원 한다.
- 1인당 대출한도는 피해금액 범위 내에서 최대 5백만원 이내로 제한하고 대출기간은 5년 범위 내에서 2년 이내의 거치기간을 둘 수 있다. 거치기간 중에는 이자만 상환하고 상환기간 도래 시 원리금을 상환 하게 된다.
- 이자율은 연 3%를 적용하되 원금 상환을 24개월 이상 성실변제자에 대하여는 잔여기간에 대하여 연 2%를 적용한다.

1 추진배경

- 2008년 3월 금융회사 휴면예금 출연금을 재원으로 하여 설립된 소액서민금융재단을 마이크로크레딧 전국 네트워크의 중추기구로 확대·개편하며, 조직을 미소금융중앙재단으로 확대·개편하였으며, 2016년 9월에 서민의 금융생활지원에 관한 법률에 의해 서민금융진흥원으로 재출범하였다.
- 서민금융진흥원은 은행과 보험업권의 휴면예금, 기부금 등의 재원을 활용하여 미소금융 대출과 저축은행, 신협 등에서 지원하는 햇살론 보증 등 금융지원과 자활, 교육, 취업알선 등의 업무를 담당하고 있다.

2 미소금융

(1) 지원대상

창업(예정)자 중 개인신용평점이 하위 20%에 해당하거나, 기초생활수급 및 차상위계층 이하, 또는 근로장려금 신청자격요건에 해당하는 자를 지원 대상으로 하며, 은행과 기업에서 설립한 미소금융재단이 서민들을 대상으로 금융지원 사업을 수행한다.

> **참고**
>
> 미소금융지원 부적격자
> - 한국신용정보원 신용정보전산망에 신용도판단정보 및 공공정보가 등재된 자
> - 서민금융진흥원(복지사업자, 미소금융 지역 지점 포함), 정부·지방자치단체 등으로부터 금융지원을 받은 자
> - 개인회생·개인파산 신청자 및 법원에서 개인회생·개인파산을 인가한 자
> - 어음·수표 부도거래처로서 동 사유를 해소하지 아니한 자
> - 책임재산을 도피, 은닉, 기타 책임재산의 감소행위를 초래한 자

(2) 미소금융 대출상품의 종류

구 분	창업자금	운영자금	시설개선자금	긴급생계자금
대 상	창업(예비)자	자영업자	자영업자	미소금융이용자
지원조건	• 상품성 있는 소규모업체를 발굴, 창업희망자가 있는 경우 연계 • 창업 시 임차자금, 권리금 등 지원	• 6개월 이상 운영중인 자영업자 • 원재료 구입 등 운영자금	• 6개월 이상 운영중인 자영업자 • 시설보수가 필요한 집기 및 구입자금	• 의료비 등 긴급 생계자금 • 1년 이상 미소금융 상환자
대출한도	7,000만원 이내	2,000만원 이내	2,000만원 이내	500만원 이내
이자율 (원금 상환기간)	연 4.5%	연 4.5%	연 4.5%	연 4.5%
상환방법	원리금균등분할	원리금균등분할	원리금균등분할	원리금균등분할
상환기간	최대 6년 (거치 1년 이내)	최대 5.5년 (거치 6개월 이내)	최대 5.5년 (거치 6개월 이내)	최대 5년 (거치 1년 이내)

* 사업자를 등록하지 아니하였거나 등록대상에 해당하지 아니하는 영세자영업자의 창업에 소요되는 자금 및 제품, 생계형차량, 비품, 집기 구입 등을 위한 무등록사업자지원자금은 2% 이자조건으로 지원되고 있음

3 햇살론

(1) 개 요

① 햇살론은 신용보증재단중앙회에서 근로자와 개인사업자들에게 서민금융을 제공하기 위하여 10년 7월부터 신용보증 사업을 시행하였고, 16년 9월 서민의 금융지원 사업을 일원화하기 위하여 서민금융진흥원으로 근로자 신용보증 사업을 분리하여 이관하였다.

② 햇살론은 저신용·저소득 서민에게 최대 연 11.5%대(보증료 약 1%~2% 별도)의 중·저금리로 대출하여 서민 가계 부담을 완화하기 위한 보증부 가계 일반대출이다.

(2) 햇살론 대출상품의 특징

대상자	• 연소득 45백만원 이하인 개인신용평점 하위 20% • 연소득 35백만원 이하인 저소득 자영업자(무등록·무점포 포함)·농림어업인·근로자(일용직·임시직 포함) • 기초생활수급자 및 차상위 계층
대상 제외	연체, 부도 등 건전한 신용질서를 저해하는 경우 또는 개인회생·파산절차 진행 중인 경우 등 채무상환 능력이 없는 자
대출한도	용도에 따라 차등을 두고 있음 • 사업운영자금 : 최고 2천만원 • 창업자금 : 최고 5천만원 • 생계자금 : 최고 15백만원 • 긴급생계자금 : 최고 5백만원
금 리	상한선을 두어 서민금융회사가 자율적으로 정하도록 함
대출금 상환방법	• 사업운영자금 및 창업자금 : 1년 거치 4년 이내 원금균등분할상환식 • 긴급생계자금 : 1년 거치 4년 이내 원금균등분할상환식

4 햇살론 youth

• 만 34세 이하의 취업준비생 및 사회초년생의 금융부담 경감을 지원하기 위한 보증부 대출상품이다.

• 대학(원)생, 학점은행제 학습자, 미취업청년, 중소기업 1년 이하 재직자를 대상으로 하며, 최대 8년 거치, 7년 이내 원금균등분할상환 방식으로 최대 1,200만원 범위 내에서 연 3.6~4.5%(보증료 포함) 금리로 지원한다.

• 자금용도는 일반 생활자금과 특정용도자금(학업·취업준비자금, 의료비, 주거비)으로, 특정용도자금의 경우 별도증빙서류 제출을 통해 지원이 가능하다.

• 서민금융진흥원에서 100% 보증을 제공하며, 대출은 협약 은행인 기업, 신한, 전북은행을 통해 가능하다.

5 햇살론 15

- 대부업 등 고금리 대출 이용이 불가피한 사람들이 제도권 금융에서 쉽고 편리하게 이용할 수 있도록 출시한 보증부 대출상품이다.
- 14개 은행과 협약 체결 후 위탁보증(은행에서 보증서 발급) 또는 특례보증(서금원에서 보증서 발급)으로 보증서를 발급하여 은행에서 대출 실행하는 구조이다.
- 지원대상은 연소득 3천 5백만원 이하 저소득자 또는 연소득 4천 5백만원 이하인 저신용자(개인신용평점 하위 20% 이하)로, 금리 15.9%(보증료 포함), 한도 700만원(단일금리·단일한도)이며, 서금원에서 운영하는 특례보증은 정밀심사 후 1,400만원까지 지원한다.
- 보증기간은 3년 또는 5년으로 매월 원리금균등분할상환이며, 보증 비율 100%로 운영 중이다.
- 성실상환자에 대해 3년 약정 3.0%p, 5년은 1.5%p씩 매년 금리 인하 인센티브를 부여하고, 중도상환수수료를 미부과하는 특징이 있다.

03 금융지원 Ⅲ 기타 금융지원

1 (한국주택금융공사)신용회복지원자 전세자금보증(특례)

시행기관	한국주택금융공사
대상자	한국주택금융공사에서 인정하는 신용회복 지원기관(57)의 채무조정을 통해 24회차 이상(이자율(사전)채무조정은 12회차 이상) 변제금을 납입한 자 중 임차보증금 7억원(지방 5억원) 이하인 전세 주택에 임대차 계약을 체결하고 임차보증금의 5% 이상 지급한 세대주
대상자 제외	한국주택금융공사의 구상권 또는 유동화 미수채권 등이 회수되지 아니한 주채무자와 그 배우자 및 채무관계자, 기타 연체정보등 등록자
대출금 지원	보증금액의 80% 범위 내에서 5,000만원 한도로 지원

2 (근로복지공단)근로자 생활안정자금 대출

시행기관	근로복지공단
대상자	• 의료비, 혼례비, 장례비, 부모요양비, 자녀학자금, 임금감소생계비, 소액생계비 : 신청일기준 소속사업장에 3개월 이상 근속자이며 월평균소득이 중위소득의 2/3의 70% 이하인 자
대출한도	• 의료비, 장례비, 임금감소 생계비 : 1,000만원 범위 내(혼례비 : 1,250만원) • 요양비 : 부양자 1인당 연 500만원 • 자녀학자금 : 1자녀당 연 500만원까지 • 소액생계비 : 200만원
금리	연 1.5%의 금리 적용

상환방법	1년 거치 3년 원금균등분할상환, 1년 거치 4년 원금균등분할상환 중 선택으로 한다(소액생계비는 1년 거치 1년 원금균등분할 상환).
보증료	연 0.9%(임금체불 생계비 1%)는 신청인이 부담하고, 기업은행에서 대출을 받는다.
기 타	거치기간과 상환기간 변경은 불가하고 대출 만기 전 조기상환은 가능하다.

❸ (근로복지공단)직업훈련생계비 융자

시행기관	근로복지공단
대상자	고용노동부에서 인정하는 훈련과정으로서 총 140시간 이상의 훈련과정인 대부대상 훈련에 참여중이면서 남은 훈련기간이 15일 이상인 대부대상자로 한다. 대부대상자는 실업자 혹은 비정규직 근로자, 무급휴직자, 자영업자인 피보험자로서 전년도 20세 이상 가구원 합산 월소득이 신청년도 가구별 기준 중위소득의 80% 이하인 자의 훈련기간 중 생계비를 지원
대출금 지원	• 1인당 1천만원 범위 내에서 월별 한도 2백만원으로 제한된다. • 연 1.0%의 금리 하에서, 상환 스케줄을 택한다(1년 거치 3년 분할, 2년 거치 4년 분할, 3년 거치 5년 분할 중 택1). • 보증요율은 연 1.0%이고 기업은행을 통해 신청한다.
상환방법	1년 거치 3년 분할상환
금 리	연 1%이자, 보증료 연 1%이고 기업은행을 통해 신청할 수 있다.

❹ (국민행복기금)소액대출

시행기관	국민행복기금
대상자	• 한국자산관리공사, 국민행복기금, 한마음금융, 희망모아, 상록수제일차유동화전문유한회사, 신용회복위원회에서 채무조정을 받고 6개월 이상 성실히 상환하고 있거나 완제(3년 이내) 한 자 • 바꿔드림론을 지원받고 6개월 이상 성실하게 상환중이거나 완제(3년 이내)한 자 • 개인회생절차에 따라 인가된 변제계획을 24개월 이상 이행 중 또는 이행을 완료한 후 3년 이내인 자
대상자 제외	• 신용정보 조회기록 상 채무연체·대위변제·금융질서문란정보가 등록 되어있는 자 • 최근 3개월 이내 30일 이상 계속된 연체기록을 보유한 자 • 바꿔드림론 신청 후 여타 고금리 채무의 신규차입을 받은 자 • 바꿔드림론 신청 후 상환불이행으로 대위변제가 발생한 자 • 미소금융중앙재단, 신용회복위원회, 신용보증재단중앙회에서 소액대출을 지원받아 상환 중인 자 • 소액대출을 받은 후 신용보험회사에 신용보험을 청구하여 완제된 자
대출한도	최대 1,500만원
금 리	연 3~4%, 원리금균등분할방식
기 타	5년 이내에 상환

5 **(은행)새희망홀씨대출**

시행기관	16개 국내은행
대상자	연소득 3천 5백만원 이하인 자, 개인신용평점 하위 20%이면서 연소득 4천 5백만원 이하인 자
대출한도	최대 3,500만원
금 리	금리는 다양하게 적용

6 **(은행, 저축은행)사잇돌대출**

시행기관	은 행
대상자	상환능력이 있는 근로자(재직기간 3개월 이상, 연봉 1천 5백만원 이상), 사업자(6개월 이상 사업영위, 연소득액 1천만원 이상) 및 연금 소득자(1회 이상 수령, 연간 수령액 1천만원 이상)이다.
대출금 지원	1인당 대출한도는 최대 2천만원 이내
상환방법	5년 이내 원(리)금 균등분할 상환방식
금 리	• 연 6.0~10.0% 사이 • 서울보증보험이 원금을 전액 보장하되, 보증료를 대출 금리에 포함하는 구조이다.

참고 정책서민금융상품 운영 현황

상 품	개 요	취급기관 (보증기관)	재 원	지원대상	재원내용 (만원)
미소금융 ('08.7)	영세자영업자, 취약계층 자활을 위한 micro-credit	미소재단	기업·은행 기부금 휴면예금	차상위계층 이하이거나 신용평점 하위 20%	(금리) 4.5% 내 (한도) 창업 7,000 내 / 생계 1,200 내
근로자햇살론 ('10.7)	정부 재원 지원 상품	저축, 상호 (진흥원)	복권기금, 저축·상호금융 출연금	연소득 3.5천만원 이하이거나 연소득 4.5천만원 이하이면서 신용평점 하위 20%	(금리) 11.5% 내 (한도) 1,500 내
햇살론15 ('21.7)	15.9% 단일금리로 최저신용자 지원	은행 (행복기금)	국민행복기금 여유재원		(금리) 15.9% (한도) 700 (특례 1,400)
햇살론유스 ('20.1)	'19.1월 중단 후, '20.1월 재출시	은행 (진흥원)	복권기금 출연금	연소득 3.5천만원 이하이면서 만 34세 이하인 미취업청년 등	(금리) 3.6~4.5% (한도) 1,200 내 (반기 300)
사업자햇살론 ('10.7)	자영업자 운영 및 창업자금 지원	저축, 상호 (지신보)	지자체, 복권기금, 저축·상호금융 출연금	연소득 3.5천만원 이하이거나 연소득 4.5천만원 이하이면서 신용평점 하위 20%	(금리) 10.5% 내 (한도) 2,500 내
새희망홀씨 ('10.11)	은행 자율공급	은 행	은행 자체재원		(금리) 10.5% 내 (한도) 3,000 내

※ 참조 : 금융위원회 보도자료 정책서민금융 공급체계 개편 방안('21.3.30)

1 기초생활보장수급자 지원

(1) 기초생활보장 지원대상

① 기초생활보장 지원대상은 소득인정액이 급여별 선정기준 이하인 가구이고 부양의무자 기준이 다음 중 어느 하나에 해당하는 경우이어야 한다. 단, 교육급여와 주거급여는 부양의무자 기준을 적용하지 아니한다.

- 부모(계부모 포함), 자녀(사위, 며느리 포함) 등 부양의무자가 없는 경우
- 부양의무자가 있어도 소득과 재산이 적어 부양할 수 없는 경우
- 부양의무자와 가족관계 해체(이혼, 폭력, 학대) 등을 이유로 부양을 거부·기피하여 부양을 받을 수 없다고 인정한 경우
- 부양의무자가 군복무 중 교도소 수감, 해외이주, 행방불명 등인 경우
  → 교육급여의 경우 부양의무자 기준을 적용하지 않음

* 소득인정액

개 념	소득과 소유하고 있는 재산을 소득 환산율로 환산한 금액을 합산한 것으로, 그 가구의 전체적인 생활수준을 평가하는 지표
계산방법	소득인정액 = 소득평가액(실제소득 − 가구특성별 지출비용 − 근로소득공제) + 재산의 소득환산액 [(재산−기본재산액−부채)x소득환산율]

** 기준중위소득 : 총 가구 중 소득 순으로 순위를 매긴 후 정확히 가운데를 차지한 가구의 소득을 말한다. 기준중위소득은 복지사업 대상자 선정기준 등에 활용되며, 보건복지부 장관이 매년 가구원수별 기준중위소득을 고시한다.

② 단, 타 법령에 의하여 생계급여를 지원받는 다음의 경우에는 지원대상에서 제외한다.

- 노숙인 자활시설 및 청소년 쉼터 또는 한국법무보호공단 시설 거주자
- 하나원에 재원중인 북한이탈주민 등 타 법령에 따라 국가 또는 지방자치단체 등으로부터 생계를 보장받는 사람

(2) 지원내용

① 생계급여

지원대상자	가구의 소득인정액이 생계급여 선정기준 이하일 경우
선정 대상	소득인정액이 기준중위소득의 32% 이하인 자
생계급여액	생계급여 선정기준(급여기준)에서 가구의 소득인정액을 차감한 금액 → 현금으로 지급 예 소득인정액이 15만원인 1인 가구의 경우 → 생계급여 지급기준인 713,102원에서 15만원을 뺀 563,102원을 지급(원단위 올림)

② 의료급여

질병, 부상, 출산 등의 상황에서 필요한 의료서비스를 적은 금액의 본인부담으로 이용하도록 의료급여를 지급한다. 소득인정액이 기준중위소득의 40% 이하인 의료급여수급권자 중에서 의료급여대상의 본인부담금 기준액을 초과하는 금액을 지원하며, 1종 수급권자와 2종 수급권자로 구분하여 지원이 이루어진다.

※ 1종 의료급여수급자 자격기준

- 국민기초생활보장수급자 : 근로무능력가구, 산정특례 등록한 결핵질환자, 희귀질환자, 중증난치질환자 및 중증환자(암환자, 증증화상환자만 해당) 등록자, 시설수급자
- 행려자
- 타법적용자 : 이재민, 의상자 및 의사자의 유족, 입양아동(18세 미만), 국가유공자, 국가무형문화재의 보유자, 북한이탈주민, 5·18 민주화운동 관련자, 노숙인

※ 2종 의료급여 수급자 자격기준

국민기초생활보장수급자 중에서 의료급여 1종 수급권자 기준에 해당되지 않는 자

③ 주거급여

주거급여 수급자에게 주거안정에 필요한 실제임차료와 수선유지비 등을 포함하여 주거급여를 지급한다. 소득인정액이 기준중위소득의 48% 이하인 자가 선정 대상이 된다. 임차가구는 전월세 비용을 지원하며, 자가가구의 경우 노후된 주택에 대한 수리비를 지원하게 된다.

임차가구	지역 및 가족 수에 따라 산정한 기준임대료를 상한으로 실제임차료(월임차료+보증금 환산액(연 4% 적용))를 지원
자가가구	주택의 노후도에 따라 도배, 난방, 지붕 등 종합적인 수리비를 지원

④ 교육급여

입학금, 수업료, 학용품비 등을 지원한다. 소득인정액이 기준중위소득의 50% 이하인 자가 선정 대상이 된다.

⑤ 해산급여
  ㉠ 해산급여란 조산(助産) 및 분만 전과 분만 후의 필요한 조치와 보호를 위해 생계, 의료, 주거급여 수급자가 출산(출산예정 포함)한 경우 지급하는 급여이다.
  ㉡ 소득인정액이 기준 중위 소득의 47%이하인 자가 선정 대상이 되며 교육급여만 지급받는 수급자는 제외된다.
  ㉢ 의료기관의 진단서 등으로 증명된 사산 또는 유산한 경우도 포함하여 1인당 700,000원을 지급한다.
⑥ 장제급여
  ㉠ 수급자가 사망하였을 경우 사체의 검안, 운반, 화장 또는 매장 등의 기타 장례조치를 행하는데 필요한 금품을 지원한다(교육급여만 지급받는 수급자는 제외함).
  ㉡ 소득인정액은 기준중위소득의 47% 이하이며, 금액은 1구당 800,000원을 지급한다.

2 차상위계층 지원

차상위계층이란 소득인정액이 기준중위소득의 50% 이하인 저소득 가구를 말하며, 저소득 가구임에도 불구하고 부양의무자로 인하여 기초수급대상자에서 제외되는 등 기초생활보호제도의 사각지대에 놓여있는 대상이다.

3 한부모가족 지원

한부모가족이란 모자가족* 또는 부자가족**, 조손가족, 청소년 한부모가족을 말한다.
* 모자가족 : 모가 세대주(세대주가 아니더라도 세대원을 사실상 부양하는 자 포함)인 가족
** 부자가족 : 부가 세대주(세대주가 아니더라도 세대원을 사실상 부양하는 자 포함)인 가족

(1) 지원대상

한부모가족 지원법에 따른 지원대상자는 만 18세 미만(취학 시 만 22세 미만을 말하며, 병역법에 따른 병역의무를 이행하고 취학 중인 경우에는 만 22세에 병역의무를 이행한 기간을 가산한 연령 미만의 자)의 아동을 양육하고 소득인정액이 기준중위소득 63% 이하에 해당하는 한부모가족의 경우 한부모가족 지원법에 따른 한부모가족 지원대상자로 지원받을 수 있다.

(2) 지원내용

① 아동양육비 등 지원
  정부의 한부모가족 지원법 대상인 저소득 한부모 및 조손가족*은 아동양육비·추가 아동양육비·아동교육지원비·생활보조금 등의 복지 급여를 받을 수 있으며, 지원액은 다음과 같다.

> - 아동양육비 : 저소득 한부모가족의 만 18세 미만 자녀 1인당 아동양육비 월 20만원 지급
> - 추가아동양육비 : 조손가족 및 만 35세 이상 미혼 한부모의 만 5세 이하 자녀 1인당 월 5만원 지급
> - 학용품비 : 한부모가족(조손가족 포함)의 중학생 및 고등학생 자녀 1인당 연 93,000원의 학용품비 지급
> - 생활보조금 : 한부모가족 복지시설에 입소한 저소득 한부모가족(조손가족 포함)에 대해 가구당 월 5만원 지급

* 조손가족이란 사실상 부모가 부양하지 못하는 아동(이혼, 유기, 행방불명, 실종, 사망, 경제적 사유 등)을 (외)조부 또는 (외)조모가 양육하는 가족을 말한다.

② 청소년한부모 교육비 등 지원

소득인정액이 기준중위소득의 65% 이하이면서 부모의 나이가 만 24세 이하인 청소년한부모의 경우에는 아동양육비 외에도 부 또는 모를 위한 검정고시 학습비·고등학생 교육비 등이 지원된다.

> - 아동양육비 : 자녀가 2세 미만이면 월 40만원, 자녀가 2세 이상이면 월 35만원 지급
> - 검정고시 학습비 : 전국의 지역교육청에 등록된 검정고시 학원, 대안학교 또는 원격평생교육시설로 신고된 온라인 학원 강좌 수강 시 최대 154만원까지 수강비와 교재구입비 지급
> - 고교생 교육비 : 청소년한부모가족의 모 또는 부가 고등학생인 경우 수업료 및 입학금 지원
> - 자립지원촉진수당 : 자립활동에 참여한 청소년한부모, 월 10만원 지급

③ 주거 지원

주거 지원으로는 국민주택 우선 분양, 우선순위로 입주할 수 있으며, 일정기간 주거와 생계를 지원해 주는 한부모 가족복지시설을 이용할 수 있고, 입소대상별로 모자가족복지시설, 부자가족복지시설, 미혼모자가족복지시설에 입소할 수 있다.

④ 법률 지원

법률 지원 등 기타 서비스로 아동을 양육하고 있는 이혼가족, 별거가족, 미혼모·미혼부 가족 등 한부모가족 및 조손가족은 인지청구 및 자녀양육비 청구 등을 위한 법률상담, 소송대리 등 법률구조서비스를 받을 수 있으며 아동의 양육 및 교육 서비스, 부양 서비스, 가사서비스, 가족 관계 증진 서비스 등 가족상담·치료 및 정서지원과 같은 가족력 회복서비스도 받을 수 있다.

⑤ 기타 지원

이동 통신 요금 감면, 민원서류 발급 수수료 면제, 과태료 경감, 문화이용권 지급 등의 추가 민간지원을 받을 수 있다.

4 다문화가족(결혼이민자) 지원

(1) 지원대상

다문화가족이란 결혼이민자[*]와 대한민국 국민으로 이루어진 가족과 「국적법」에 따라 인지[**], 또는 귀화로 대한민국 국적을 취득한 자와 대한민국 국민으로 이루어진 가족을 말한다.

[*] 결혼이민자란 대한민국 국민과 혼인한 적이 있거나 혼인관계에 있는 재한외국인(대한민국의 국적을 가지지 않은 자로서 대한민국에 거주할 목적을 가지고 합법적으로 체류하고 있는 자)을 말한다.
[**] 인지란 혼인 외에 출생한 자녀에 대하여 친아버지나 친어머니가 자기 자식임을 확인하는 것을 의미한다.

(2) 지원내용

다문화가족지원에 대한 총괄기관인 다문화가족지원센터는 다문화가족지원을 위하여 여러 가지 사업을 진행하고 있다.

① 다문화가족을 위한 교육·상담 등 지원사업의 실시

다문화가족을 대상으로 집합 또는 방문을 통해 다음과 같은 교육을 한다.

- 다문화가족 구성원 간의 가족 내 역할을 익히고 가족문화에 대한 이해를 향상시키는 교육
- 가족, 배우자, 부부, 자녀 등 대상을 세분화하여 대상에게 적합한 가족관계 증진교육
- 언어, 문화차이 등으로 자녀양육에 어려움을 겪고 있는 결혼이민자를 위한 부모교육
- 학업 성취가 낮고 자아발달 및 정서, 사회성 발달에 어려움을 겪고 있는 다문화가족의 자녀를 대상으로 한 자녀생활 서비스
- 다문화가족의 부부, 부모, 자녀관계 개선을 도모하고 가족 갈등의 완화 및 가족의 건강성 증진을 위한 상담
- 이주여성의 정착단계 및 다문화가족의 생애주기에 따른 맞춤형 종합서비스를 제공하기 위한 상담 및 폭력피해 이주여성에 대한 상담

② 결혼이민자 등에 대한 한국어교육

생활언어를 익히고 문화를 이해할 수 있도록 체계적이고 단계적인 한국어 교육을 지원한다.

③ 다문화가족지원관련 기관·단체와의 서비스 연계

지역사회내의 다문화가족 지원사업이 통합적, 체계적, 효율적으로 추진될 수 있도록 서비스 전달 체계를 구축하고 서비스 제공 기관을 연계한다.

④ 일자리에 관한 정보제공 및 일자리 알선

다문화가족의 경제활동 참여를 위해, 지역 특성과 결혼이민자의 수요 등을 고려하여 취업에 연계되는 준비 프로그램을 지원한다.

⑤ 기타 사업

다문화가족 지원서비스 정보제공 및 홍보, 다문화가족을 위한 통역·번역지원 사업 등 다양한 사업을 진행 중이다.

다문화가족 지원을 위하여 총괄적으로 여성가족부장관은 관계 중앙행정기관의 장과 협의 하여 5년마다 다문화가족정책에 관한 기본계획을 수립해야 하며, 다문화가족에 대한 이해 증진을 위해 국가와 지방자치단체는 다문화 이해교육, 홍보 등 필요한 조치를 실행해야 한다.

5 긴급복지지원

'긴급지원'이란 생계곤란 등의 위기상황에 처하여 도움이 필요한 사람 또는 그의 생계 및 주거를 같이하고 있는 가구 구성원에게 「긴급복지지원법」에 따라 일시적으로 신속하게 지원하는 것을 말한다.

(1) 지원대상

갑작스러운 위기사유 발생으로 생계유지 등이 곤란한 저소득층으로 위기사유와 소득, 재산 기준 등 요건을 충족하는 가구를 지원한다.

① 위기사유

- 주소득자가 사망, 가출, 행방불명, 구금시설에 수용되는 등의 사유로 소득을 상실한 경우
- 중한 질병 또는 부상을 당한 경우
- 가구구성원으로부터 방임 또는 유기되거나 학대 등을 당한 경우
- 가정폭력 또는 성폭력을 당한 경우
- 화재 등으로 인하여 거주하는 주택 또는 건물에서 생활하기 곤란한 경우
- 보건복지부령에 따라 지자체 조례로 정한 사유가 발생한 경우
- 그 밖에 보건복지부 장관이 정하여 고시하는 경우 예 이혼, 단전, 휴·폐업, 실직, 출소, 노숙
- 타 법률(「전세사기피해자 지원 및 주거안정에 관한 특별법」 제 28조 54)를 적용받는 경우 등)

② 소득·재산

- 소득 : 기준중위소득 75% 이하
- 재산 : 대도시 2억 4,100만원 이하, 중소도시 1억 5,200만원 이하, 농·어촌 1억 3,000만원 이하
- 금융재산 : 가구원수별 일상생활유지를 위해 필요한 금액(생활준비금)에 600만원을 합산한 금액 이하(단, 주거지원은 가구원수별 금융재산 금액에 200만원을 추가한 금액 이하)

(2) 지원종류 및 지원내용

구 분	지원내용	지원횟수
생계 지원	1,833,500원(4인 기준)	최대 6회
의료 지원	300만원 이내	최대 2회
주거 지원	66만 2천 5백원 이내(대도시, 4인 기준)	최대 12회
사회복지시설 이용지원	149만 4천 1백원 이내(4인 기준)	최대 6회
교육 지원	초등학생 127,900원, 중학생 180,000원, 고등학생 214,000원 및 수업료·입학금	최대 2회
연료비 지원	150,000원(10월~3월)	최대 6회
해산비 지원	70만원	1회
장제비 지원	80만원	1회
전기요금 지원	50만원 이내	1회
민간단체 등 연계지원	사회복지공동모금회, 대한적십자사 등 민간 프로그램으로 연계하여 상담 등 기타 지원	제한 없음

6 국민취업지원제도

(1) 지원대상

지원대상은 Ⅰ유형(요건심사형/선발형)과 Ⅱ유형(특정계층/미취업청년/중장년)으로 구분되며, 신용회복지원자는 고용노동부기준에 따라 Ⅱ유형 참여 신청이 가능하다.

① Ⅰ유형(만 15세~69세)

요건심사형은 만 15세~69세 구직자 중 가구단위 중위소득 60% 이하이고 재산 4억원 이하이면서, 최근 2년 안에 100일 또는 800시간 이상의 취업경험이 있는 사람이 지원 요건이다.

선발형은 요건심사형 중 취업경험요건을 충족하지 못한 사람(단, 18세~34세 청년은 중위소득 120% 이하, 취업경험 무관)이 지원 요건이다.

② Ⅱ유형(특정계층, 청년, 중장년)

특정계층은 결혼이민자, 위기청소년, 월 소득 250만원 미만인 특수형태근로종사자, 영세자영업자, 신용회복지원자 등이 지원대상이다.

청년은 18세~34세 구직자가 지원대상이며, 중장년은 35세~69세 구직자 중 중위소득 100% 이하인 사람이 지원대상이다.

(2) 지원내용

구 분		Ⅰ유형	Ⅱ유형
내 용	취업지원 서비스	• 취업의욕 고취를 위한 각종 심리·취업·진로 상담 • 직업능력개발을 위한 직업훈련, 창업지원 및 일경험프로그램 • 취업장애요인 해소를 위한 각종 고용/복지 연계 프로그램	
	구직촉진 수당	구직활동을 성실히 이행할 경우 (월50만원 × 6개월 + 부양가족 1인당 10만원씩 월 최대 40만원 추가지원)	–
	취업활동 비용	–	참여수당 최대 1,954천원(직업훈련 참여 시)
	취업성공 수당	취(창)업 시 최대 150만원(중위소득 60% 이하 해당 시)	
	조기취업 성공수당	Ⅰ유형 수급자가 구직촉진수당 3회차 수급 이내 취(창)업 시 1회 50만원 지급	–
취업지원기간		12개월(6개월 연장 가능)	
구직촉진수당 지원 제외 경우		• 생계급여 수급자 • 실업급여·자치단체 구직지원수당(청년수당) 수급 후 6개월이 경과되지 않은 자 • 재정지원일자리 중 직접일자리 사업 참여 종료 후 6개월이 경과되지 않은 자 • 신청인 본인의 월평균 총소득이 1인 가구 기준 중위소득의 60% 이상인 자	

※ 참고 : 고용노동부 국민취업지원제도 홈페이지(www.kua.go.kr)

문항 수
50문항

시간
50분

✔ 실제 신용상담사 자격시험은 「4과목 다양한 채무자구제제도」에서 총 25문제가 출제되며, 각 문항의 배점은 1점이다.

01 다음은 금융채무불이행자 증가로 인한 사회·경제적 문제에 대한 설명이다. 틀린 것은?

① 금융채무불이행자 증가는 다양한 형태의 사회적 문제를 야기한다.
② 금융채무불이행자 증가는 금융회사의 부실채권의 증가를 의미하고 이는 수익성과 자산건전성을 훼손한다.
③ 금융채무불이행자 증가는 거시경제적인 문제도 유발한다.
④ 금융채무불이행자의 증가는 신용거래를 제약하는 보증 및 담보관행으로 이어져 신용도가 낮은 사람들을 대상으로 하는 고금리 사채, 카드깡 등의 불법대출이 성행하게 된다.
⑤ 금융채무불이행자 증가는 단순한 개인 차원의 문제이다.

02 다음 중 신용회복위원회 개인채무조정에서 제외되는 채무가 아닌 것은?

① 채무자와 채권금융회사가 합의하여 협약에 의한 개인채무조정에 준하는 정도로 이미 상환조건이 변경되어 있는 채권
② 법령에 의해 개인채무조정이 제한되는 채권
③ 조세에 대한 보증, 채무자의 근로자 임금·퇴직금에 대한 보증, 재해보상금·임치금 및 신원에 대한 보증 등에 의한 대지급금 채권
④ 고의 또는 불법행위로 이한 손해배상에 따른 구상채권
⑤ 연체정보 등록 후 7년 경과에 따른 자동해제와 같이 동 해제 사유가 채무자의 실질적 경제회생에 의한 것이 아닌 채무

03 신용회복위원회의 설립 배경과 목적으로 옳지 않은 것은?

① 신용회복지원의 극대화를 통하여 채무불이행자의 경제적 재기를 지원하고 가계파산을 예방하기 위함이다.
② 금융채무불이행자 급증에 대한 대책의 일환이다.
③ 금융채무불이행자의 채무를 전면 감액하여 줌으로써 서민의 회생을 돕기 위함이다.
④ 신용관리에 대한 상담 및 교육 등 공익적인 업무 수행과 채무조정업무의 공정성과 객관성을 확보하기 위함이다.
⑤ 참여금융회사의 부실채권 축소 및 회수비용 절감을 통하여 자산건전성 제고에 기여하기 위함이다.

04 다음 중 신용회복위원회의 기능과 역할이 아닌 것은?

① 신용관리교육   ② 상담 및 채무조정

③ 취업지원   ④ 창업지원

⑤ 소액금융지원

05 신용회복지원 지원절차에 대한 설명으로 옳지 않은 것은?

① 통지 등의 효력은 상대방에 도달 시 발생하는 것이 원칙이다.

② 채권기관은 위원회로부터 통지를 받은 날로부터 1주일 내에 총 채권액, 담보 및 보증, 채무자가 제출한 변제계획에 대한 의견 등을 위원회에 제출한다.

③ 채권기관의 신고채권에 대한 채무조정안에 대하여 심의위원회는 심의·의결사항을 의결일로부터 1주일 내에 채권기관에 통지하고, 채권기관은 당해 통지를 받은 날로부터 10일 이내에 동의 여부를 심의위원회에 회신한다.

④ 신용회복지원이 확정된 채무자는 확정일로부터 2주일 이내에 위원회가 정한 채무조정합의서에 기명날인 또는 서명함으로써 위원회와 채무조정에 대하여 합의서를 작성한다.

⑤ 채무조정합의서 작성이 완료되면 위원회는 즉시 동 내용을 채권기관에 통지하고 한국신용정보원의 신용정보망에 등록하고, 등록된 당해 채무자의 연체 등 정보를 해제하게 된다.

정답 및 해설

01 ⑤ 금융채무불이행자 증가 문제는 단순한 개인의 차원을 넘어 사회·경제적 대응이 필요한 중대한 사안이다.

02 ⑤ 채무조정 신청 당시 연체정보가 등록되었으나 지원절차 진행과정에서 연체정보가 해제되었다 하더라도 연체정보 등록 후 7년 경과에 따른 자동해제와 같이 동 해제사유가 채무자의 실질적 경제회생에 의한 것이 아닌 경우에는 채무조정 신청자격을 인정한다.

03 ③ 금융채무불이행자의 채무를 전면 감액해 주는 것은 설립의 목적에 해당하지 않는다.

04 ④ 창업지원은 신용회복위원회의 기능과 역할이 아니다.

05 ② 채권기관은 위원회로부터 통지를 받은 날로부터 2주일 내에 총 채권액, 담보 및 보증, 채무자가 제출한 변제계획에 대한 의견 등을 위원회에 제출한다. 동 기간 내에 상계권 행사도 가능하다.

06 다음 중 신용회복위원회의 심의위원으로 선임될 수 없는 사람은?

① 대학, 신용평가회사의 임원 경력자
② 금융기관에서 10년 이상 근무 경력자
③ 변호사, 공인회계사
④ 소비자단체의 임원 및 직무경력자
⑤ 금융 관련 공무원 10년 이상 경력자

07 빈칸에 들어갈 단어를 적절하게 나열한 것은?

> 신용회복위원회는 채무자의 채무조정 신청을 접수한 경우 특별한 사유가 없으면 이를 채권금융회사에 (　　) 통지하는 것이 원칙이고, 채권금융회사는 신용회복위원회로부터 통지를 받은 날로부터 (　　)에 총채권액, 담보 및 보증, 채무자가 제출한 변제계획에 대한 의견 등을 신용회복위원회에 제출한다.

① 1주일 내, 1주일 내
② 2주일 내, 1주일 내
③ 즉시, 1주일 내
④ 즉시, 2주일 내
⑤ 1주일 내, 2주일 내

08 다음 중 신용회복위원회(개인워크아웃) 지원신청 대상이 아닌 것은?

① 채권기관의 총 채무액이 15억원 이하인 채무자
② 수입원이 없어져 1개월 이상 채무불이행이 예상되는 채무자
③ 최저생계비 이상의 수입이 있는 자
④ 약정기일 내 채무변제를 하지 아니한 자
⑤ 채무불이행 기간이 3개월 이상인 경우

09 개인채무조정 공통 신청 제외 대상자에 대한 설명으로 옳지 않은 것은?

① 재산을 도피하거나 은닉, 기타 책임재산의 감소행위를 초래한 자

② 개인채무조정 신청 전 6개월 이내에 발생한 채무의 원금이 원금총액의 20/100 이상인 경우

③ 이미 개인채무조정을 받았으나 개인채무조정 내용에 따른 채무상환을 정상적으로 완료하지 못하여 효력이 상실되고 3개월 이상 경과하지 않은 자

④ 어음·수표 부도거래처로서 부도사유를 해소하지 못한 자

⑤ 보유재산 평가액이 무담보채무 총액을 초과하는 자

10 채권추심행위 금지에 대한 설명으로 옳지 않은 것은?

① 신용회복지원 신청 이전부터 진행 중인 채권회수조치 및 법적절차 등은 채권기관이 채무자의 상환의지 및 상환능력 등을 고려, 채무자와 협의하여 중단할 수 있다.

② 재산의 도피, 은닉, 기타 채무 관련인의 책임재산이 감소될 우려가 있는 경우에 당해 채무자 및 그 보증인의 급여 및 가맹점 매출채권에 대하여 가압류, 가처분 등의 보전처분은 가능하다.

③ 채권기관은 위원회로부터 신용회복지원 신청사실을 통지받은 이후부터 채무자 또는 그 보증인 등에 대한 채권추심의뢰, 소송제기 등 일체의 채권행사 및 담보권행사를 금지한다.

④ 채권양도는 신용회복지원에 따른 채무조정 내용을 승계하는 조건으로 양도하는 경우에는 가능하다.

⑤ 주택임대차보호법상 우선변제권을 인정받을 수 있는 소액보증금과 6개월간의 생계비에 사용할 특정재산 등은 가압류·가처분을 할 수 없다.

제4과목

06 ⑤ 금융 관련 공무원은 신용회복위원회의 심의위원으로 선임될 수 없다.

07 ④ 신용회복위원회는 개인채무조정 신청을 접수한 경우 특별한 사유가 없으면 이를 채권금융회사에 즉시 통지하며, 채권금융회사는 그 통지를 받은 날부터 2주 내에 채권신고서를 제출해야 한다.

08 ② 신용회복위원회 지원 신청대상은 연체기간 3개월 이상이다.

09 ② 개인채무조정 신청 전 6개월 이내에 발생한 채무의 원금이 원금총액의 30/100 이상인 경우 개인채무조정을 신청할 수 없다.

10 ② 재산의 도피, 은닉, 기타 채무 관련인의 책임재산이 감소될 우려가 있는 경우에 당해 채무자 및 그 보증인의 급여 및 가맹점 매출채권을 제외한 재산에 대하여 가압류, 가처분 등의 보전처분은 가능하다.

11 개인워크아웃의 채무조정에 대한 설명으로 옳지 않은 것은?

① 무담보채권은 최장 8년, 담보채권은 최장 35년까지 연장 가능하다.

② 무담보채권의 이자율은 상사법정이율인 연 6% 이내에서 분할상환기간에 따라 단계별로 이자율을 연 2%까지 인하하여 적용할 수 있다.

③ 담보채권이 채무조정에 포함되는 경우에 거치기간과 원리금상환기간에 적용되는 이자율을 약정이자율의 1/2 범위 내에서 인하하되, 최저이자율은 연 5.0%를 적용하여 분할상환을 지원한다.

④ 무담보채권인 경우 담보채권과 다르게 조정 후 이자율에 의한 이자금액 감면지원은 불가능하다.

⑤ 채무자가 소득감소, 실직 등으로 일시적으로 채무상환이 불가한 경우 총 원금 납입횟수가 12회 이상이라면 최장 2년까지 채무상환 유예를 지원할 수 있다.

12 개인워크아웃의 채무감면에 대한 내용으로 옳지 않은 것은?

① 이자 또는 연체이자만으로 구성된 채권은 당해 채권의 최대 90%까지 감면할 수 있다.

② 담보채권이 상각채권인 경우에는 담보설정액을 초과하는 연체이자에 한하여 감면할 수 있으며, 채권원금과 이자는 감면하지 아니한다.

③ 일반채권의 경우 원금감면은 불가하나, 국가 사회보장제도 의존율이 높은 기초수급자, 중증장애인에게는 일반채권의 원금도 최대 30% 범위 내에서 채무감면을 지원할 수 있다.

④ 채권기관은 채권신고 이후부터 신용회복지원 확정시점까지의 이자에 대해 경과이자를 적용하지 않는다.

⑤ 채무감면은 연체이자, 이자, 원금(상각채권의 경우)의 순으로 하며, 비용은 감면율 산정에서 제외한다.

13 1인 가구인 A는 총 급여 170만원을 받는다. 이 중 국민연금 10만원, 소득세 등 7만원을 공제하는데 복권이 당첨돼서 20만원이 들어왔다. 중위소득 60%를 적용한 가처분소득은?

① 19만원
② 170만원
③ 36만원
④ 56만원
⑤ 190만원

14 신용회복지원확정 후 성실이행자의 우대 내용으로 옳은 것은?

① 변제계획대로 1년 이상 성실히 납부한 자가 잔여채무액의 전부 또는 신용회복위원회의 승인을 받고 채권기관에 개별 변제하는 경우 추가로 감면해준다.

② 성실납부자에 대한 추가감면은 잔여 상환기간이 12개월 이상인 경우에만 적용된다.

③ 24개월 이상 성실납부자에 대하여는 납부금액의 80% 이내 대출을 지원한다.

④ 잔여채무액이 전체변제금액의 20% 이내일 경우 성실납부자로 판정되면 감면할 수 있다.

⑤ 신용회복지원내용에 따른 변제를 완료하지 못한 경우에는 신용회복지원이 취소된다.

정답 및 해설

11 ④ 담보채권인 경우 무담보채권과 다르게 조정 후 이자율에 의한 이자금액 감면지원은 불가능하다.

12 ② 담보채권은 담보설정액을 초과하는 연체이자에 한하여 감면할 수 있으며, 채권원금과 이자는 감면하지 아니한다. 다만, 담보채권이 상각채권인 경우에는 담보설정액 초과여부와 관계없이 이자와 연체이자를 전액 감면하며, 유효담보가액을 초과하는 채권원금은 최대 20~70%까지 감면할 수 있다.

13 ① 170만원(총급여) − 17만원(공제금) = 153만원
153만원(실소득) − 134만원(2024년 중위소득의 60% : 1,337,067원) = 약 19만원
복권 당첨금 20만원은 1회성 소득이므로 가처분소득에 포함하지 아니 한다.

14 ① 신용회복지원확정 후 변제계획대로 1년 이상 성실히 납부한 자가 잔여채무액의 전부 또는 신용회복위원회의 승인을 받고 채권기관에 개별 변제하는 경우 추가로 감면해준다.
참고 ② 성실납부자에 대한 추가감면은 잔여 상환기간이 6개월 이상인 경우에만 적용된다.

15 사회취약계층에 대한 신용회복지원에 대한 설명으로 가장 거리가 먼 것은?

① 가계수지가 열악하고 채무불이행기간이 3개월 이상인 자로서 본인 소득이 연 46백만원 미만으로 신용회복위원장이 사회소외계층으로 인정한 자를 지원 대상으로 한다.

② 이자채권은 전액 감면하고 원금채권의 경우 원금 채무액이 15백만원 미만인 기초수급자 중 생계급여를 지원받는 자에 대하여는 상각채권의 경우 최대 90%까지 감면지원한다.

③ 일반 기초수급자, 중증 장애인, 만 70세 이상인자에 대하여는 상각채권의 최대 80%, 기타 사회취약계층은 상각채권의 최대 70%까지 감면 지원할 수 있다.

④ 상각하지 아니한 일반채권의 경우에도 기초수급자, 중증장애인의 경우에는 원금 최대 30%까지 감면하되 신청일 기준 6개월 이내 발생한 채무는 감면하지 아니한다.

⑤ 분할상환은 최장 8년 이내로 하되 기준중위소득의 100분의 50 이하인 경우 최장 20년까지 분할상환 지원이 가능하며, 채무 분할변제가 일시적으로 어려운 경우 6개월 단위로 최장 10년까지 채무상환 유예를 지원한다.

16 신용회복위원회의 연체전채무조정을 신청하는 채무자는 다음의 요건을 모두 충족하여야 한다. 요건에 맞지 않는 것은?

① 채권금융회사에 채무를 부담하고 있는 자로서 총채무액이 15억 원(무담보채무 5억원, 담보채무 10억원) 이하인 자

② 채권금융회사에 대한 채무 중 어느 하나라도 채무불이행기간이 30일 이하이거나 변제하지 못할 우려가 있는 자

③ 최근 6개월 이내에 발생한 채무의 원금이 원금총액의 30/100 미만인 자

④ 실직·휴직·폐업·질병·신용도 하락 등이 발생한 채무자 중 연체전채무조정 지원 없이는 정상적인 채무상환이 어려운 자

⑤ 최근 1년 이내 실업자, 무급휴직자, 폐업자

17 다음 괄호 안에 들어갈 금액으로 옳은 것은?

> 중소기업인의 재기 지원을 위한 신용회복지원 대상은 주채무와 실패한 중소기업에 대한 보증채무의 합계 금액이 원금기준 (   )억원 이하인 대표로 한다.

① 10
② 20
③ 30
④ 40
⑤ 50

18 다음 중 압류금지 물건이 아닌 것은?

① 채무자 등의 생활에 필요한 2월간의 식료품·연료 및 조명재료
② 공표되지 아니한 저작 또는 발명에 관한 물건
③ 채무자 또는 그 친족이 받은 훈장·포장·기장, 그 밖에 이에 준하는 명예증표
④ 채무자의 생활 또는 직업에 없어서는 아니 될 시설기계
⑤ 채무자의 생활 또는 직업에 없어서는 아니 될 상업 장부, 그 밖에 이에 준하는 물건

19 특별법에 의한 압류금지 재산이 아닌 것은?

① 국민건강보험법상 보험급여를 받을 권리
② 국가유공자 예우 및 지원에 관한 법률에 의한 대부재산
③ 장애자 이동용 자동차
④ 선원법상 실업수당·퇴직금·송환비용·송환수당·상병보상 또는 재해보상을 받을 권리
⑤ 형사보상법에 의한 보상청구권

20 다음 중 개인회생채권에 해당하지 않는 것으로만 모두 묶인 것은?

> 가. 개인회생절차개시결정 전의 원인으로 생긴 것
> 나. 개인회생절차개시결정 후의 원인으로 생긴 것
> 다. 채무자에 대한 인적청구권
> 라. 채무자에 대한 재산상 청구권
> 마. 채무자의 일반재산으로부터 만족을 얻을 수 있는 청구권으로 금전채권

① 나
② 가, 다
③ 가, 다, 라
④ 나, 라, 마
⑤ 나, 다, 라, 마

21 다음 연체전채무조정(신속채무조정)에 대한 설명 중 맞지 않는 것은?

① 채권금융회사에 채무를 부담하고 있는 자로서 총채무액이 15억원(무담보 채무 5억원, 담보채무 10억원) 이하인 자
② 채권금융회사에 대한 채무 중 어느 하나라도 채무불이행기간이 30일 이하이거나 변제 하지 못할 우려가 있는 자
③ 최근 6개월 이내에 발생한 채무의 원금이 원금총액의 30/100 미만인 자
④ 실직·휴직·폐업·질병·신용도 하락 등이 발생한 채무자 중 연체전채무조정 지원 없이는 정상적인 채무상환이 어려운 자로서 최근 6개월 이내 실업자, 무급휴직자, 폐업자
⑤ 실직·휴직·폐업·질병·신용도 하락 등이 발생한 채무자 중 연체전채무조정 지원 없이는 정상적인 채무상환이 어려운 자로서 채무조정 신청일 현재 최근 6개월 이내 금융회사에 30일 이상 연체한 횟수가 5회 이상인 채무자

22 개인회생의 장단점에 대한 설명으로 옳지 않은 것은?

① 사채를 포함하여 모든 채무를 신청할 수 있다.
② 개인회생은 개인워크아웃에 비해 상환부담이 대체로 많다.
③ 채무액의 크기와 관계없이 가용소득으로 일정기간 채무를 상환하면 잔여채무의 상환의무가 면제된다.
④ 개인파산에 비해 신분상 불이익이 적다.
⑤ 신청절차가 복잡하여 전문가의 조력을 받는데 많은 비용이 소요된다.

23 개인회생의 변제기간 산정에 대한 설명으로 옳지 않은 것은?

① 변제기간은 원칙적으로 변제개시일로부터 2년을 초과할 수 없다.

② 채무자가 3년 이내의 변제기간 동안 원금과 이자를 전부 변제할 수 있는 때에는 그 때까지를 변제기간으로 한다.

③ 채무자가 3년 이내의 변제기간 동안 원금의 전부를 변제할 수 있으나 이자의 전부를 변제할 수 없는 때에는 변제기간을 3년으로 한다.

④ 채무자가 3년 이상 5년 이내의 변제기간 동안 원금의 전부를 변제할 수 있는 때에는 이자의 변제 여부에 불구하고 원금의 전부를 변제할 수 있는 때까지를 변제기간으로 한다.

⑤ 법은 변제계획인가일로부터 1월 이내에 변제를 개시하도록 규정하고 있으나 이는 변제개시일의 종기를 정한 것으로 해석할 수 있다.

정답 및 해설

제4과목

20 ① 개인회생채권은 반드시 개인회생절차개시결정 전의 원인으로 생긴 것이어야 한다.

> **참고** 개인회생재단채권의 개념 및 종류
>
> • 개념 : 개인회생재단채권이란 개인회생절차의 수행에 필요한 비용 또는 형평의 관념이나 사회정책적인 이유로 법이 특별히 개인회생재단채권으로 정한 채권으로서, 개인회생절차에 의하지 아니하고 일반 개인회생채권자보다 우선하여 변제받을 수 있는 권리가 인정된 채권
> • 종 류
>   – 개인회생위원의 보수 및 비용의 청구권
>   – 개인회생절차개시 당시 아직 납부기한이 도래하지 아니한 원천징수하는 조세, 부가가치세, 특별소비세, 주세 및 교통세, 특별징수의무자가 징수하여 납부하여야 하는 지방세, 본세의 부과 징수의 예에 따라 부과 징수하는 교육세 및 농어촌특별세
>   – 채무자의 근로자의 임금, 퇴직금 및 재해보상금
>   – 개인회생절차개시결정 전의 원인으로 생긴 채무자의 근로자의 임치금 및 신원보증금 반환청구권
>   – 채무자가 개인회생절차개시신청 후 개시결정 전에 법원의 허가를 받아 행한 자금의 차입, 자재의 구입 그 밖에 사업을 계속하는데 불가결한 행위로 인하여 생긴 청구권
>   – 그 밖에 채무자를 위하여 지출하여야 하는 부득이한 비용청구권

21 ⑤ 채무조정 신청일 현재 최근 6개월 이내 금융회사에 5일 이상 연체한 횟수가 3회 이상인 채무자

22 ② 상환부담은 대체로 신용회복위원회 채무조정·개인회생·개인파산의 순으로 적어지나, 이러한 순서가 반드시 성립하는 것은 아니다. 제도별 상환부담은 채무자의 가용소득, 변제기간, 채무액 등에 따라 달라진다.

23 ① 변제기간은 변제개시일로부터 3년을 초과할 수 없다.

24 다음 중 개인회생 인가 전 폐지 사유가 아닌 것은?

① 채무자가 신청 자격을 갖추지 아니하였을 경우

② 신청 전 5년 이내 면책을 받은 사실이 있는 경우

③ 채무자가 채권자 집회기일에 정당한 사유 없이 참석하지 아니한 경우

④ 채무자가 5년 전에 개인회생을 인가 받고 변제를 완료한 경우

⑤ 채무자가 제출한 변제계획을 인가할 수 없는 경우

25 연체정보 등 등록 및 해제와 관련하여 채무조정(개인워크아웃)에 대한 설명으로 틀린 것은?

① 채무조정 신청 이전에 채권금융회사가 법원에 허가를 득하여 채무불이행자로 등재한 경우 채무조정이 확정되면 채권 금융회사는 채무불이행자 등록정보를 해제하도록 조치하여야 한다.

② 신용회복지원협약에 따라 신용회복지원이 확정된 자로 등록되면 채권금융회사가 등록한 '연체정보등'은 일괄 해제된다.

③ 채무조정이 확정된 채무자이나 '연체정보등'이 등록되어 있지 아니한 경우 '신용회복지원 협약에 따라 신용회복지원이 확정된 자'로 등록한다.

④ 등록된 공공정보는 채무조정확정 후 1년이 경과하거나 조정된 채무를 모두 변제하면 해제된다.

⑤ 채무조정이 확정된 후 채무조정합의서에 기명날인 또는 서명한 채무자에 대하여 신용회복위원회는 한국신용정보원에 채무조정 확정자 명단을 통지하고, 한국신용정보원은 신용회복지원이 확정된 자(등록코드: 1101)로 등록한다.

26 사적 채무조정제도를 시행하는 주요 국가 중 파산 신청 전 사전상담 또는 사전조정절차가 의무화되지 않은 국가들로 알맞게 짝지어진 것은?

① 미국 – 일본

② 일본 – 영국

③ 프랑스 – 독일

④ 미국 – 영국

⑤ 독일 – 영국

27 다음 중 면책불허가사유에 해당하지 않는 것은?

① 개인파산을 통해 면책을 받아 그 면책허가결정 확정일부터 10년이 경과되지 아니한 경우
② 개인회생을 통해 면책을 받아 그 면책확정일부터 5년이 경과하지 아니한 경우
③ 신용카드에 의해 구입 한 물품을 즉시 매각하여 현금으로 융통하는 행위를 한 경우
④ 시세차익을 목적으로 한 과도한 주식투자 등의 행위를 한 경우
⑤ 모험적 투자행위로써 과도한 다단계 판매 매출행위 등이 있는 경우

28 채무자가 파산선고를 받고 복권되지 아니하여 공법상 자격 · 면허가 제한되지 않는 것으로 짝지어진 것은?

① 공무원, 사립학교교원, 학원설립 · 운영자
② 변호사, 법무사, 공인회계사, 변리사
③ 세무사, 행정사, 감정평가사, 공인노무사
④ 의사, 한의사, 약사, 한약사, 건축사
⑤ 공인중개사, 부동산중개사무소 개설등록

정답 및 해설

24 ④ 채무자가 5년 전에 개인회생을 인가 받은 사실이 있는 경우 개인회생 재신청이 가능하다.

> **TIP** ▶ 개인회생 인가 후 폐지 요건
>
> • 면책불허가 결정이 확정된 때
> • 채무자가 변제계획을 이행 할 수 없음이 명백할 때
> • 채무자가 재산의 은닉 그 밖의 부정한 방법으로 인가된 변제계획을 수행하지 아니한 때

25 ③ 채무조정이 확정된 채무자이나 '연체정보등'이 등록되어 있지 아니한 경우 '신용회복지원협약에 따라 신용회복지원이 확정된 자'로 등록되지 아니한다.

26 ② 미국, 프랑스, 독일에서는 사적 채무조정이 파산 신청 전 사전상담 혹은 사적 조정절차로 의무화되어 있다. 반면, 일본과 영국에서는 파산 신청 전 사전절차가 의무화되어 있지 않다.

27 ① 개인파산을 통해 면책을 받아 그 면책허가결정 확정일부터 7년이 경과되지 않은 경우가 면책불허가사유에 해당된다.

28 ④ 의사, 한의사, 약사, 한약사, 건축사는 면허가 제한되지 않는다.

29 다음은 개인파산에 따른 면책불허가 사유이다. 틀린 것은?

① 과거 7년 이내에 면책판결을 받은 경우
② 사기, 도박 등 파산자가 의도적으로 채권자를 해하는 경우
③ 개인채무자회생절차에서 면책을 받아 그 면책허가결정 확정일부터 3년이 경과되지 않은 경우
④ 파산절차상의 의무이행을 해태한 경우
⑤ 채무자가 사해행위를 하여 채권자를 해한 경우

30 면책결정이 확정된 후에도 사기파산죄에 관하여 채무자에 대한 유죄의 판결이 확정된 때와 채무자가 부정한 방법으로 면책을 받은 경우에는 면책이 취소될 수 있다. 다음 중 사기파산죄에 해당하지 않는 것은?

① 실수로 인하여 채무를 누락시킨 행위
② 파산재단에 속하는 재산을 은닉 또는 손괴하거나 채권자에게 불이익하게 처분을 하는 행위
③ 파산재단의 부담을 허위로 증가시키는 행위
④ 법률의 규정에 의하여 작성해야 하는 상업 장부를 작성하지 아니하거나 은닉 손괴하는 행위
⑤ 법원사무관 등이 폐쇄한 장부에 변경을 가하거나 이를 은닉 또는 손괴하는 행위

31 다음 중 비면책채권에 해당하지 않는 것은?

① 벌금, 과료
② 양육비 또는 부양료
③ 임치금 및 신원보증금
④ 채무자가 고의로 가한 불법행위에 기한 손해배상청구권
⑤ 채권자가 파산선고가 있음을 안 때 채무자가 악의로 채권자목록에 기재하지 아니한 청구권

32 다음 복권에 대한 설명으로 옳지 않은 것은?

① 면책의 결정이 확정된 때에는 별도의 재판 없이도 당연히 복권의 효력이 발생한다.

② 동의에 의한 파산폐지의 신청에 의한 파산폐지의 결정이 확정된 때에는 별도의 재판 없이도 당연히 복권의 효력이 발생한다.

③ 채무자는 복권신청 시 책임면제를 증명할 수 있는 서면을 제출해야 하며, 법원은 그 뜻을 공고하고, 이해관계인이 열람할 수 있도록 신청에 관한 서류를 법원에 비치해야 한다.

④ 채무자가 파산채권자의 채무 전부에 관하여 그 책임을 면한 사실을 인정할 수 있는 경우 법원은 필요적으로 복권(허가)결정을 해야 한다.

⑤ 채무자가 파산선고를 받은 후 법 규정에 의한 사기파산으로 유죄의 확정판결을 받음이 없이 10년이 경과한 경우 채무자는 파산법원에 복권을 신청할 수 있다.

정답 및 해설

29 ③ 개인채무자회생절차에서 면책을 받아 그 면책허가결정 확정일부터 5년이 경과되지 않은 경우가 면책불허가사유에 해당한다.

30 ① 실수로 인하여 채무를 누락시킨 행위는 사기파산죄의 성립이 안 된다.

31 ⑤ 채무자가 악의로 채권자목록에 기재하지 아니한 청구권은 비면책채권에 해당한다. 다만, 채권자가 파산선고가 있음을 안 때에는 그러하지 아니하다.

> **TIP** ▶ 비면책채권
>
> - 조세
> - 벌금, 과료, 형사소송비용, 추징금, 과태료
> - 채무자가 고의로 가한 불법행위에 기한 손해배상청구권
> - 채무자가 중대한 과실로 타인의 생명 또는 신체를 침해한 불법행위로 인하여 발생한 손해배상청구권
> - 채무자의 근로자의 임금・퇴직금 및 재해보상금, 임치금 및 신원보증금
> - 채무자가 악의로 채권자목록에 기재하지 아니한 청구권. 다만, 채권자가 파산선고가 있음을 안 때에는 그러하지 아니하다.
> - 양육비 또는 부양료

32 ⑤ 파산선고를 받은 채무자가 파산선고 후 법 규정에 의한 사기파산으로 유죄의 확정판결을 받음이 없이 10년이 경과한 때에는 별도의 재판 없이도 당연히 복권의 효력이 발생한다.

> **TIP** ▶ 당연복권이 발생하는 경우
>
> - 면책의 결정이 확정된 때
> - 동의에 의한 파산폐지의 신청에 의한 파산폐지의 결정이 확정된 때
> - 파산선고를 받은 채무자가 파산선고 후 법규정에 의한 사기파산으로 유죄의 확정판결을 받음이 없이 10년이 경과한 때

33 다음 채무자구제제도에 따른 보증인에 대한 효력이 바르게 연결된 것은?

구 분	프리워크아웃	개인워크아웃	개인회생	개인파산
①	채권추심 가능	채권추심 불가	채권추심 가능	채권추심 불가
②	채권추심 불가	채권추심 불가	채권추심 가능	채권추심 가능
③	채권추심 불가	채권추심 가능	채권추심 불가	채권추심 가능
④	채권추심 가능	채권추심 가능	채권추심 불가	채권추심 불가
⑤	채권추심 가능	채권추심 불가	채권추심 불가	채권추심 가능

34 개인회생 신청 시 실무상 문제되는 경우에 해당하는 항목을 모두 고르시오.

> ㉮ 청산가치 보장을 위한 가용소득의 변경
> ㉯ 배우자 명의 주택임대차보증금
> ㉰ 가용소득의 증액
> ㉱ 6개월간의 생계비에 사용할 특정 재산의 범위
> ㉲ 재산처분을 통한 변제

① ㉮, ㉯, ㉱
② ㉮, ㉯, ㉰
③ ㉮, ㉰, ㉱
④ ㉮, ㉯, ㉰
⑤ ㉱, ㉲

35 다음 채무조정(개인워크아웃) 신청 시 개인채무조정에서 제외 되는 채무가 아닌 것은?

① 채무자와 채권금융회사가 합의하여 협약에 의한 개인채무조정에 준하는 정도로 이미 상환 조건이 변경되어 있는 채권
② 법령에 의해 개인채무조정이 제한되는 채권
③ 조세에 대한 보증, 채무자의 근로자 임금·퇴직금에 대한 보증, 재해보상금·임치금 및 신원에 대한 보증 등에 의한 대지급금 채권
④ 고의 또는 불법행위로 인한 손해배상에 따른 구상채권
⑤ 채권금융회사에서 발송한 연체독촉장상 채무불이행 기간이 3개월 이상 또는 연체기간이 3개월 이상 경과하여 타 금융회사에 매각된 채무

36 개인회생절차 폐지는 그 절차를 종료하지 못하고 중도에 절차를 종료하는 것을 말한다. 다음 요건에 해당하지 않는 것은?

① 채무자가 신청권자의 자격을 갖추지 아니하였거나 신청 전 5년 이내 면책을 받은 사실이 있음에도 채무자가 그러한 사유를 밝히지 않아 개시결정이 내려졌다가 뒤늦게 그러한 사유가 밝혀진 경우

② 채무자가 제출한 변제계획을 인가할 수 없는 경우

③ 채무자가 서류를 제출하지 아니하거나 허위로 작성하여 제출하거나 또는 법원이 정한 제출기한을 준수하지 아니한 경우

④ 채무자가 정당한 사유 없이 법에 의한 출석 또는 설명을 하지 않거나 허위의 설명을 한 경우

⑤ 채무자가 변제 계획을 인가 받은 이후 소득이 20% 이상 늘어난 경우

정답 및 해설

33 ② 프리워크아웃, 개인워크아웃은 모두 채권추심이 불가능하며, 개인회생과 개인파산은 모두 채권추심이 가능하다.

34 ① ㉯ 가용소득의 증액과 ㉰ 재산처분을 통한 변제는 ㉮ 청산가치 보장을 위한 가용소득의 변경을 위한 방법에 속한다.

35 ⑤ 한국신용정보원 전산망에 '연체정보'가 등록되어 있지는 않으나 채권금융회사에서 발송한 연체독촉장상 채무불이행 기간이 3개월 이상 또는 연체기간이 3개월 이상 경과하여 타 금융회사에 매각된 채무가 있는 경우에는 채무조정 신청 자격을 인정한다.

36 ⑤ 채무자가 변제 계획을 인가 받은 이후 소득이 20% 이상 늘어난 경우는 개인회생절차 폐지 사유에 해당하지 않는다.

37 다음 보기 중 개인회생절차신청 시 채무자가 충족해야 할 요건을 모두 묶은 것은?

> 가. 파산의 원인인 사실이 있거나 그러한 사실이 생길 염려가 있는 자
> 나. 총채무액이 무담보채무 10억원, 담보채무 15억원 이하인 자
> 다. 최저생계비 이상의 수입이 있는 자
> 라. 급여소득자 또는 영업소득자인 개인채무자

① 가, 나   ② 나, 다
③ 가, 나, 라   ④ 나, 다, 라
⑤ 가, 나, 다, 라

38 변제계획안 산정 기준에 부합하지 않는 것은?

① 가용소득은 원칙적으로 채무자의 소득에서 기준 중위소득의 60%인 생계비를 공제한 금액으로, 최근 1년간의 평균소득을 기준으로 산정한다.

② 우선권 있는 개인회생채권은 채권액 전액을 우선 변제하여야 한다. 실무상 법원은 일반 개인회생채권자의 이익을 위해 우선권 있는 개인회생채권의 변제기간을 제한하고 있다.

③ 배우자에게 1인 기준 중위소득의 60% 이상 소득이 있는 경우 배우자의 소득이 채무자 소득의 70% 이상 130% 이하 범위라면 미성년 자녀는 채무자와 배우자가 함께 부양하는 것으로 판단하고, 70% 미만이라면 미성년 자녀는 채무자가 부양하는 것으로 판단하며, 130%를 초과할 경우 미성년 자녀는 배우자가 부양하는 것으로 판단하여 생계비를 산정한다.

④ 부양가족은 원칙적으로 상당기간 동거하면서 생계를 같이 하는 직계존속, 직계비속, 배우자, 형제자매로서 미성년자이거나 60세 이상이어야 한다.

⑤ 변제기간은 변제개시일로부터 3년을 초과할 수 없지만, 청산가치 보장원칙을 준수하기 위한 경우 등 특별한 사정이 있는 경우에는 최대 5년의 범위에서 변제기간을 정할 수 있다.

39 채무자구제제도 선택에 대한 설명으로 적합하지 않은 것은?

① 채무자의 가용소득으로 예상 채무조정액(조정 후 채무액)을 96개월(차상위계층 이하 소득인 자 120개월) 이내에 변제할 수 있는 수준이라면 개인워크아웃이 우선 선택대상이 된다.

② 정기적이고 안정적인 소득이 있고 가용소득을 전부 투입하여 법정 최저변제액 및 청산가치 이상을 36개월 이내 최장 60개월 이내에 변제할 수 있는 경우에는 개인회생 신청대상이 된다.

③ 가용소득이 없거나 소득이 안정적이지 못한 채무자는 개인파산을 선택할 수 없다.

④ 동거가족 중 20세 이상 60세 미만의 부양가족 중 최저생계비 미만의 배우자, 대학생, 직계 존속이 있는 경우 개인워크아웃에서는 부양가족으로 인정받을 수 있어서 개인회생절차 보다 월변제금(가용소득)이 적어 실질적인 생계비를 보장 받을 수 있다.

⑤ 국민연금, 건강보험, 국세, 지방세 체납액이 있는 경우 우선권이 있는 개인회생채권으로 해당 채권에 대하여 30개월 이내에 변제할 수 있는 가용소득이 있어야 개인회생절차 신청이 가능하다.

정답 및 해설

37 ⑤ 보기 가, 나, 다, 라 항목 모두 개인회생 신청 시 충족 요건이다.

> **TIP** ▶ 개인워크아웃 신청대상
>
> • 채무불이행기간이 3개월 이상인 자
> • 채권기관에 대한 총 채무액이 15억원 이하인 자
> • 최저생계비 이상의 수입이 있는 자

38 ④ 부양가족은 원칙적으로 상당기간 동거하면서 생계를 같이 하는 직계존속, 직계비속, 배우자, 형제자매로서 미성년자이거나 65세 이상이어야 한다.

39 ③ 가용소득이 없거나 소득이 안정적이지 못한 채무자는 개인파산을 선택할 수 있다.

40 주요 국가의 채무조정 제도에 관한 설명 중 옳지 않은 것은?

① 미국은 21세기 초 파산신청 남용방지 및 소비자 보호법(BAPCPA)을 제정하여 개인회생 및 개인파산 신청 전 신용상담을 의무화하였다.

② 미국은 민간 신용상담기구들이 사적채무조정 제도인 '채무관리계획(DMP)'을 지원하고 있다.

③ 일본의 비영리 채무상담기구로 JCCO가 있으며, JCCO 소속 변호사와 소비자 상담사가 2인 1조로 구성되어 채무상담과 채무조정을 지원 하고 있다.

④ 영국의 채무상담기구인 CA(Citizens Advice)는 채무조정에 집중하고 있으며, 채무, 주거, 복지, 세금, 취업 등 종합적인 소비자 상담은 지원하지 않는다.

⑤ 독일은 파산신청 시, 파산신청 이전 6개월 내 채권자와 채무자가 재판 외 합의노력이 있었음을 증명하는 제출을 의무화하고 있다.

41 채무자 입장에서 본 미국의 개인파산제도의 장점으로 맞지 않은 것은?

① 면책 범위에 제한이 없다.

② 배당 후 잔여채무는 면책된다.

③ 파산신청 후 취득한 임금과 재산은 채무자가 소유(단, 상속재산은 예외)한다.

④ 부채규모가 일정 금액에 도달해야 한다.

⑤ 절차가 신속(3~6개월 정도)하다.

42 신용회복위원회의 소액융자 부적격자에 해당하지 않는 자는?

① 신용회복지원 효력 상실자

② 어음, 수표 부도거래처로써 동 사유를 해소하지 아니한 자

③ 연체 등 정보 등재자

④ 신용회복지원을 받아 미납 없이 1년 이상 변제계획을 성실하게 이행하고 있는 자

⑤ 생계형 이외의 보유재산이 과다한 자

43 다음 중 신용회복위원회 소액금융사업 융자가 불가능한 경우를 모두 고르면?

> 가. 전, 답, 임야, 잡종지 등을 소유하고 있는 경우 환가실익이 없거나 매수자가 없는 경우
> 나. 소유차량의 실질적인 소유자가 타인인 경우
> 다. 효력을 상실한 경우 신용회복지원 재신청 후 9회차 이상 변제계획을 성실하게 이행하고 있는 경우
> 라. 대출금 지급일 기준 개인회생 24개월 미만 납입자의 경우
> 마. 책임재산 도피, 은닉 등 감소행위를 초래한 경우

① 가, 나
② 나, 라
③ 라, 마
④ 가, 다, 라
⑤ 다, 라, 마

44 다음은 취약계층 지원제도에 대한 설명이다. 틀린 것은?

① 차상위계층이란 소득인정액이 기준 중위소득의 50% 이하인 저소득 가구를 말한다.

② 한부모가족이란 모자가족, 부자가족, 조손가족을 말한다.

③ 다문화가족이란 결혼이민자와 대한민국 국민으로 이루어진 가족과 국적법에 따라 인지 또는 귀화로 대한민국 국적을 취득한 자와 대한민국 국민으로 이루어진 가족을 말한다.

④ 부양능력이 없더라도 부양의무자가 있다면 기초생활보장 지원대상자가 될 수 없다.

⑤ 기초생활보장 지원대상 선정 시 소득인정액은 소득과 소유재산에 대한 소득환산율을 적용하여 환산한 금액을 합산한 금액을 말한다.

45 신용회복위원회의 소액금융 상품 중 개인사업자 등록을 하고 정상 영업 중인 영세자영업자를 대상으로 한 금융지원으로 시설개선자금과 운영자금의 대출한도는 각각 얼마인가?

① 1,000만원, 1,000만원

② 1,000만원, 1,500만원

③ 1,500만원, 1,500만원

④ 1,500만원, 2,000만원

⑤ 2,000만원, 2,000만원

46 다음 중 저신용자 대상 지원기관과 금융지원내용의 연결이 틀린 것은?

① 근로복지공단 – 근로자 생활자금대부

② 주택금융공사 – 주거안정 임차보증금 특별보증

③ 국민행복기금 – 소액대출

④ 신용회복위원회 – 새희망힐링론

⑤ 미소금융 – 임대보증금

47 다음 중 기초생활보장수급자 지원 대상이 아닌 것은?

① 부모(계부모 포함), 자녀(사위, 며느리 포함) 등 부양의무자가 없는 경우

② 부양의무자가 있어도 소득과 재산이 적어 부양할 수 없는 경우

③ 부양의무자와 가족관계 해체(이혼, 폭력, 학대) 등을 이유로 부양을 거부·기피하여 부양 받을 수 없다고 인정한 경우

④ 생계지원을 받는 하나원에 재원중인 북한이탈주민인 경우

⑤ 부양의무자가 있어도 부양을 받을 수 없는 경우

48 다문화가족을 위한 교육·상담 등 지원 사업에 해당하지 않는 것은?

① 다문화가족을 위한 임대주택 지원 사업

② 결혼이민자등에 대한 한국어 교육

③ 다문화가족지원관련 기관·단체와의 서비스 연계 사업

④ 다문화가족을 위한 통역·번역 지원 사업

⑤ 일자리에 관한 정보제공 및 일자리 알선

정답 및 해설

44 ④ 기초생활보장 지원대상의 부양의무자 기준은 부양의무자가 있어도 부양능력이 없거나 미약한 경우를 포함한다. 또한, 생계급여, 주거급여는 부양의무자 기준을 적용하지 않는다.

45 ③ 영세자영업자 대상 시설개선자금 및 운영자금 모두 대출한도가 1,500만원이다.

46 ⑤ 미소금융 대출상품은 창업자금, 운영자금, 시설개선자금, 기타 생계자금 등이 있다.

47 ④ 생계지원을 받는 하나원에 재원중인 북한이탈주민은 기초생활보장수급자 지원대상이 아니다.

48 ① 다문화가족을 위한 임대주택 지원 사업은 실시하지 않고 있다.

49 다음 중 긴급복지 지원대상의 위기사유에 해당하지 않는 것은?

① 중한 질병 또는 부상을 당한 경우

② 가구구성원으로부터 방임 또는 유기되거나 학대 등을 당한 경우

③ 가정폭력 또는 성폭력을 당한 경우

④ 화재 등으로 인하여 거주하는 주택 또는 건물에서 생활하기 곤란한 경우

⑤ 장기 실직으로 최저생활이 어려워진 경우

50 다음 중 법률약어와 정식명칭이 잘못 연결된 것은?

① 감평 – 부동산가격공시 및 감정평가에 관한 법률

② 상 – 상법

③ 신탁 – 신탁법

④ 세무 – 세무사법

⑤ 민 – 민사집행법

정답 및 해설

49 ⑤ 실직은 위기사유에 해당하지 않는다.

50 ⑤ 민 – 민법, 민집 – 민사집행법

부록

최종모의고사

최종모의고사

정답 및 해설

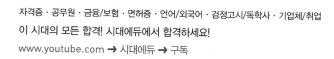

제1과목 신용상담의 이해 25문항

01 신용문제의 단계별 분류에 대한 설명으로 옳지 않은 것은?

① 신용등급에 대한 문제는 신용거래 전의 문제에 해당한다.

② 사람들은 신용거래를 하기 전에 주로 금융회사에서 제공되는 팸플릿이나 안내문 또는 금융회사 직원의 안내를 통해 금융상품의 탐색과정을 거치게 된다.

③ 신용거래 과정 중 거래 내용상의 가장 큰 문제는 금융상품의 경우 실체가 있는 상품이 아니라 거래조건을 통해 구매하게 된다는 사실에 기인한다.

④ 신용거래 과정 중 신용거래 형식상의 문제는 가계에 대한 금융회사의 우월적 지위에 기인한다.

⑤ 신용거래 후의 문제는 보다 다양하고 영향력이 넓게 나타나며 거래 당사자들이 직접적으로 피해를 경험하게 된다.

02 신용상담의 특징으로 옳은 것은?

① 재무설계는 경제적으로 취약한 개인과 가계를 돕거나 효율적인 신용관리를 돕는 목적을 가진다.

② 일반적으로 재무설계는 문제의 평가로부터 시작하지만 신용상담은 재무목표로부터 시작한다.

③ 재무설계의 내용은 투자자산을 재조정한 포트폴리오를 개발하는 것인 반면, 신용상담은 고객의 재무적 안정성을 위협하는 당면한 신용문제를 해결하는 내용으로 구성된다.

④ 재무상담은 과다채무, 다중채무, 채무불이행 등 신용문제 해결에 초점이 맞추어져 있으며 신용문제 유발의 근원적인 문제를 해결하기 위해 재무 관련 내용을 다루게 된다.

⑤ 신용상담은 자원을 관리하는데 있어서 주어진 상황에 따라 의사결정을 합리적으로 할 수 있는 능력 혹은 역량을 고객에게 제공함으로써 고객 스스로 신용문제를 예방하고 신용문제를 해결할 수 있는 능력을 개발하는 것이 목적이다.

03 신용상담의 형태에 대한 설명으로 옳지 않은 것은?

① 신용상담은 치료적인 신용상담, 생산적인 신용상담, 예방적인 신용상담으로 분류되며, 3가지 모두 고객과 친밀한 관계를 형성하여 고객들이 욕구를 분명히 하고 목표를 설정하여 행동계획을 고안할 수 있도록 도와준다는 것이 동일하다.

② 치료적인 신용상담은 고객에 대한 배려, 이해, 계획, 그리고 사후관리에 그 기반을 두고 있다.

③ 치료적인 신용상담에서 신용상담사의 역할은 자신의 행동에 대한 책임감을 가지는 것이다.

④ 생산적인 신용상담은 신용상태가 안정되어 있지만 좀 더 신용등급을 높일 때 적용할 수 있는 방법이다.

⑤ 예방적인 신용상담은 치료적, 생산적 측면을 모두 포함하고 있으며 고객 스스로 신용문제에 대한 예방이 필요하다고 느낄 때 적용될 수 있다.

04 신용이용 주체별 필요성에 대한 설명으로 옳지 않은 것은?

① 금융회사는 고객만족의 한 방편으로 신용상담을 제공하기도 한다.

② 상대적으로 신용제공자보다 약자의 위치에 있는 신용이용자에게 합리적인 문제해결을 위해 도와 줄 사람이나 기관이 필요하다.

③ 신용이용자는 신용문제를 예방하고, 신용문제로 인한 피해구제에 대한 도움을 받기 위해 신용상담을 필요로 한다.

④ 신용사회의 구축과 신용이용자의 보호를 위해 정부측면에서의 공적 신용상담 역시 필요로 한다.

⑤ 신용상담은 원활한 금융활동을 위한 개인만 받는다.

05 고객의 문제를 해결하기 위해 탐색된 대안들을 비교·평가하여 특정 대안을 선택하는 과정에 대한 설명으로 옳지 않은 것은?

① 비보상적 원칙이란 한 평가기준에 대한 긍정적 평가가 다른 평가기준의 부정적 평가를 보상할 수 없는 평가방법으로 비교적 간편한 방법이다.

② 비보상적 원칙에는 피시바인 다속성태도모델과 피시바인의 행위의도모델이 있다.

③ 순차제거원칙은 가장 좋은 점수를 받은 대안을 선택하는 사전편찬식과 달리, 최소 수용수준의 충족 여부를 기준으로 대안을 제거해 나가는 방식이다.

④ 결합적 원칙에서 평가기준으로 선정된 모든 속성은 최소 수용수준을 충족시킬 수 있는 대안이 선택된다.

⑤ 피시바인이 제안한 다속성태도모델은 소비자의 태도가 대상의 속성에 대한 소비자의 신념강도와 속성에 대한 중요도 평가에 의해 결정된다는 것이다.

06 정보처리과정에 대한 설명으로 옳지 않은 것은?

① 정보처리과정의 첫 단계는 노출이며, 이 단계에서 개인은 자극이나 정보에 물리적으로 접근한다.

② 일반적으로 소비자는 관심이 있는 일부 자극에만 선택적 주의를 기울인다.

③ 소비자가 외부자극의 요소들을 조직화하고 나름대로 의미를 부여하여 하나의 전체적 형상을 갖게 되는 지각과정은 의식적으로 이루어진다.

④ 기억과정은 부호화 → 저장 → 인출의 순서를 거치게 된다.

⑤ 장기기억은 비교적 영속적인 저장 시스템이며, 용량은 제한을 받지 않는다.

07 다음 MBTI의 선호경향을 순서대로 바르게 연결한 것은?

> • 외향 – (　　)
> • 감각 – (　　)
> • 사고 – (　　)
> • 판단 – (　　)

① 내향, 감정, 직관, 인식
② 내향, 직관, 감정, 인식
③ 내향, 인식, 직관, 감정
④ 내향, 직관, 인식, 감정
⑤ 내향, 감정, 직관, 인지

08 다중채무원인별 다중채무자유형에 해당하지 않는 것은?

① 현실도피형 　　　　② 생계유지형
③ 사업투자형 　　　　④ 위기대처형
⑤ 사치낭비형

09 다중채무자가 재무적 파산에 이르게 되는 단계를 순서대로 나열한 것은?

> 가. 금융채무불이행 이전 연체단계
> 나. 금융채무불이행자로 등록된 단계
> 다. 연체이전 채무자 단계
> 라. 파산단계로 전락하는 단계

① 가 → 나 → 다 → 라　　　　② 가 → 다 → 나 → 라
③ 나 → 가 → 다 → 라　　　　④ 나 → 다 → 가 → 라
⑤ 다 → 가 → 나 → 라

10 다음 중 고객의 평가 요인이 아닌 것은?

① 신체적·심리적 평가　　　　② 지적 기능·발달 수준의 평가
③ 정서적 상태의 평가　　　　④ 자아개념의 평가
⑤ 학력 수준의 평가

11 이상적인 상담관계에 필요한 사항으로만 모두 묶인 것은?

> 가. 개방성　　　　　　나. 현실적인 기대
> 다. 고객의 태도　　　　라. 상담사의 자세
> 마. 다양성의 인정　　　바. 영향력

① 가, 나, 다　　　　　　② 가, 라, 마
③ 나, 마, 바　　　　　　④ 가, 나, 마, 바
⑤ 나, 다, 라, 마

12 상담의 시작 단계에 대한 내용으로 옳지 않은 것은?

① 상담 초기 단계에는 개방형 질문을 적절히 사용하여 고객의 이야기를 충분히 이끌어내는 것이 중요하다.

② 상담의 초기에는 고객의 여러 가지 주제에 관한 이야기를 한꺼번에 듣는 것이 중요하다.

③ 상담사는 제스처, 고개 끄덕임, 핵심단어 반복 등을 통해 고객의 이야기를 잘 듣고 있음을 보여주어 고객의 계속적인 반응을 촉진시키는 것이 좋다.

④ 고객의 침묵은 문제 해결방안에 대해 생각하는 시간이거나 감정을 추스르는 시간일 수 있다.

⑤ 어떤 특정한 시점에서 상담사와 고객 사이에 진행되고 있는 무언가를 깨닫고 이를 건설적으로 전달해 주는 즉시성은 가정이나 하나의 의견으로 표현되어야 한다.

13 상담의 진행 과정에 대한 설명으로 가장 거리가 먼 것은?

① 상담은 「상담의 시작 → 문제의 명료화 → 목표설정 → 상담의 발전 → 행동변화」의 순으로 진행된다.

② 상담사는 고객에게 충고나 해결책을 제시하려고 하기보다는 고객의 말을 잘 들으면서 고객 스스로 문제를 해결할 수 있도록 도와주는 조력자의 역할을 해야 한다.

③ 6하 원칙을 사용하여 문제 상황을 정리해보면 보다 쉽게 문제를 명료화시킬 수 있다.

④ 상담목표를 설정하기 위해서는 고객과 함께 성취상태 및 실패의 전망을 예측해보는 것이 반드시 필요하다.

⑤ 목표행동은 상담사 중심으로 기술되어야 하며, 목표행동이 구체적일 때 성취가능성이 높아진다.

14 상담목표 설정에 대한 내용으로 틀린 것은?

① 목표행동은 고객이 호소하는 문제의 해결과정을 반영하여 기술되어야 하는 상담과정형이다.

② 목표행동은 고객과 상담사의 능력, 상황적인 제약들을 고려하여 현실적으로 성취 가능하게 기술되어야 한다.

③ 목표행동을 수행하는 상황조건은 설정된 목표행동을 행동으로 옮기는 상황적 여건을 말한다.

④ 목표행동을 성취했는지의 여부를 나타내는 준거인 수락기준이 명시되어 있어야 관찰 및 측정, 성취여부 판단, 평가 및 조정과 같은 상담목표 관리가 용이해진다.

⑤ 수락기준에는 목표행동을 언제까지 완결할 것인지를 명시하도록 한다.

15 신용상담의 실제에 대한 설명으로 틀린 것은?

① 고객의 언어에 함축된 의미를 파악하고 고객의 심리평가를 정확하게 해야 한다.
② 상담사는 자각을 확장하고 본보기를 보이며, 고객과 함께 함을 보여주어야 한다.
③ 고객을 끊임없이 격려하고 구체적인 상담목표도 설정해야 한다.
④ 고객이 신용문제를 해결하기 위하여 자세한 가족구성을 면밀히 파악해야 한다.
⑤ 고객의 신용문제를 해결해야 하며, 고객이 문제해결을 위한 행동 변화를 유도해야 한다.

16 다음은 상담에서의 치료적 요인에 대한 설명이다. 옳지 않은 것은?

① 효과적인 상담을 위해서는 상담사와 고객과의 긍정적인 치료적 관계, 즉, 고객과 상담사 간의 친밀하고 신뢰할 수 있는 협력적 관계가 잘 형성되어 있어야 한다.
② 효과적인 상담을 위해서는 정서적 발산(Emotional release)현상이 강조되고 있으며, 특히, 상담사가 고객의 감정적 표출에 대해서 수용적이고 공감적인 반응을 보이게 되면 감정적 정화의 효과가 더욱 커지게 된다.
③ 자기문제에 대한 주관적인 태도를 견지하는 둔감화 과정은 정서적 발산에 비해서 오랜 시간에 걸쳐 덜 극적인 방식으로 나타난다.
④ 효과적인 상담을 위해 상담사는 바람직한 행동에 대해서는 긍정적으로 강화하고, 바람직하지 못한 행동에 대해서는 그러한 행동이 나타나지 않았을 때 보상을 주는 방법으로 부정적인 강화를 해준다.
⑤ 불안하고 두렵기 때문에 회피하려고 했던 상황에서 접근적인 행동을 하도록 유도하는 것이 직면(Confrontation)이며, 직면을 통해 고객은 더 나은 방향으로 변화할 수 있다.

17 상담의 일반적인 기법에 대한 설명으로 가장 거리가 먼 것은?

① 직면은 고객에게 위협적인 것으로 느껴질 수 있기 때문에 조심스럽게 사용되어야 한다.
② 상담에서 경청은 매우 소극적인 과정이며 다른 상담활동과 밀접한 연계를 갖게 된다.
③ 반영은 고객이 상담과 상담사에 대한 인상을 형성하는데 중요한 역할을 하기 때문에 상담 초기에 특히 중요하다.
④ 자기주장이나 기타 사회적 기술에 문제가 있는 고객의 경우에 역할연습은 매우 효과적일 수 있다.
⑤ 고객에 대한 기본적인 정보는 상담초기에 질문하기를 통해서 주로 얻을 수 있다.

18 수퍼비전의 체계접근 모델을 제안한 할러웨이(Holloway, 1995)가 제시한 수퍼비전의 주요한 기능으로 거리가 먼 것은?

① 수퍼바이저는 공감적 주의, 격려, 건설적 직면 등을 통해 상담사가 자기의 과업을 수행하면서 가질 수 있는 어려움들을 극복하고 자신감을 갖도록 공유해 주는 기능을 한다.

② 수퍼바이저는 전문적 행동에 대한 모델로서 상담사에게 영향을 주는 본보기의 기능을 한다.

③ 수퍼비전 회기에서 수퍼바이저는 상담사의 상담기술의 적용과 수행에 대해 조정하고 평가하는 기능을 한다.

④ 발달단계 내에서의 수퍼비전을 받은 상담사의 성장을 향상시키는 기능을 한다.

⑤ 수퍼바이저는 상담사에게 질문하여 견해나 정보를 추구하여 임상적, 전문적 상황의 문제를 해결하도록 촉진하고 상담사와 신뢰할 수 있는 관계에서 주요한 문제에 대해 자문하는 기능을 한다.

19 다음 중 집단상담에서 나타나는 현상과 거리가 먼 것은?

① 집단상담은 참여자들의 자기소개로부터 시작된다.

② 집단상담은 예방적인 역할이 강조된다.

③ 집단상담은 비슷한 문제를 겪고 있는 사람들끼리 형성된다.

④ 집단상담에서 고객의 변화는 주로 상담사에 의해 초래된다.

⑤ 상담사는 집단상담의 촉진자로 활동하게 되는데, 조용하고 수동적인 사람들에게는 집단에 참여하도록 고무시켜 나가며 반대로 너무 말을 많이 하거나 다른 사람들을 지배하는 위치에 있으려는 사람에 대해서는 조정을 해야 한다.

20 고객의 심리상태에 따른 상담 내용으로 가장 거리가 먼 것은?

① 불편 자유형의 고객에게는 스스로 해결점을 찾을 수 있도록 대화의 내용을 효과적인 탐색과 논의로 전환할 수 있게 상담사 쪽에서 대화의 방향을 주도하는 것이 중요하다.

② 불편 자유형 고객에게는 우선 억지로 이끌려서 온 고객이라 하더라도 고객이 상담실에 오기까지 시간과 노력을 들인 점에 대해 충분히 칭찬하고 호감을 표시해준다.

③ 비참해 하는 고객에게 가장 효과적인 방법은 우선 고객이 다른 측면으로 재무문제에 접근하도록 유도하는 것이다.

④ 상담사는 저항적인 고객의 행동을 반항이라고 생각하지 말고, 그러한 행동이 그 고객만의 독특한 대응방법이라고 생각해야 한다.

⑤ 회피하거나 숨기는 고객에게는 변명이나 합리화, 또는 정보를 숨기는 것이 문제해결에 도움이 되지 않음을 이해시켜야 한다.

21 비합리적 소비성향에 따른 상담에 대한 내용으로 옳지 않은 것은?

① 충동구매, 과시소비, 구매중독, 모방소비, 과소비 등이 비합리적 소비성향에 해당한다.

② 충동구매는 소비자행동의 특성을 감정적, 인지적, 반사적 측면으로 나누어 보고, 이 3가지 중 하나라도 나타날 경우를 말한다.

③ 과시소비는 인구밀도가 높은 곳, 빈부격차가 심한 곳, 경제적 성장이 높은 지역에서 나타날 가능성이 높다.

④ 구매중독은 제품 자체에 대한 욕구는 적고 주로 낮은 자아존중감이나 심리적 긴장해소를 위해 구매한다.

⑤ 과소비를 막기 위해서는 우선 예산을 세워야 하는데, 이 때 예산은 현실적으로 융통성 있게 세워야 예산을 지킬 수 있다.

22 다중채무자 상담에 고려하지 않아도 되는 것은?

① 고객의 어려운 입장과 태도를 이해해야 하며 상담사의 역할을 명확하게 설정해야 한다.

② 상담사는 고객에 대한 긍정적 존중, 공감적 이해, 진솔성 또는 솔직성을 기반으로 고객과의 래포 형성에 노력해야 한다.

③ 고객의 자존심과 관련된 정보를 탐색할 때는 직접적으로 탐색하는 것이 바람직하다.

④ 원칙적으로 상담사는 공감적인 태도를 취하는 동시에 객관적인 태도를 잃지 말아야 한다.

⑤ 고객에게 현실성 있는 희망을 심어주어야 한다.

23 신용상담의 전망에 대한 설명 중 틀린 것은?

① 신용거래가 증대될수록 신용상담에 대한 수요는 꾸준히 증가할 것이다.

② 현대사회문제 대부분이 채무와 관련된 것이므로 신용상담의 필요성은 증가할 것이다.

③ 신용문제 해결을 위해서는 정부기관이 전담해야 하기 때문에 한시적으로 필요할 것이다.

④ 일반적인 상담을 하는 기관에서도 신용상담 전문자격을 요할 것이다.

⑤ 사회단체나 학교에서도 신용이용에 대한 교육의 필요성이 증가할 것이다.

24 다음은 신용상담사의 직업윤리 및 윤리강령에 대한 설명이다. 틀린 것은?

① 법률적으로 공개가 필요한 정보에 대해서도 비밀유지원칙이 적용된다.

② 신용상담사는 고객의 경제적 복지를 위하여 고객의 요구를 차별 없이 동등하게 대우하며 부당한 요구를 해서는 안 된다.

③ 직업적인 행동기준이 되는 가치가 필요하며 전문가적인 자질을 갖추기 위해서도 직업윤리가 필요하다.

④ 직업윤리는 직무수행 중의 갈등을 어떻게 처리해야 하는지에 대한 기본입장을 결정하는 토대가 된다.

⑤ 직업윤리에 대한 판단은 상담사 개인의 욕구, 태도, 가치관에 의해 크게 영향을 받게 되므로 구체적인 윤리강령을 통해 실천되어야 한다.

25 다음은 외국의 신용상담기구 운영 실태이다. 틀린 것은?

① 영국은 파산 신청 전 자발적 정리절차를 두고 있으며 파산집행인인 IP는 비교적 높은 수수료를 받으며 독자적으로 영업을 할 수도 있고 CCCS와 같은 채무상담기관에 소속되어 일할 수도 있다.

② 프랑스에서 채무와 관련된 문제를 대부분 상담하고 있는 과채무위원회는 금융회사, 지방자치단체 인사들로 구성되어 있으며, 별도의 자격제도가 있다.

③ 미국의 가장 대표적인 신용상담사자격제도 운영기구는 NFCC, AFCPE 등이 있으며, NFCC와 AFCPE의 신용상담사 자격증은 대부분의 연방주에서 사전상담을 할 수 있는 자격으로 채택하고 있다.

④ 일본의 가장 대표적인 민간주도의 신용상담기구인 일본크레디트카운슬링협회(JCCO)는 소비자 보호의 입장에서 공정하고 중립적인 카운슬링을 통해 개인 채무자의 회생을 도모하고 소비자신용의 건전한 이용을 유도하여 다중채무자의 발생을 미연에 방지하는 역할을 수행하고 있다.

⑤ 캐나다는 파산신청 및 면책을 받기 위해서는 신용상담을 반드시 받아야 하며 상담은 주로 상담사자격증을 보유한 상담사나 파산관재인에 의하여 이루어진다.

26 고객의 개인 혹은 가계 재무문제를 진단하고 해결방안을 모색하기 위해 거치는 재무관리를 위한 단계에 대한 설명으로 옳지 않은 것은?

① 정보수집은 양적(재무적)인 자료뿐만 아니라 질적(비재무적)인 자료도 수집하여야 한다.

② 일반적인 재무목표의 우선순위는 「악성단기부채 상환 → 긴급예비비 마련 → 장기부채상환 → 투자 → 저축」의 순으로 긴급하거나 중요도가 높은 순서로 정한다.

③ 재무목표 달성을 위해서는 고객의 가족상황, 현재의 재무상태, 가치관, 시장경제상황, 기회비용 등을 고려하여 대안을 모색해야 하며, 위험에 대한 평가도 반드시 따라야 한다.

④ 재무행동 계획의 실행에서는 적절한 자기통제와 융통성이 필요하다.

⑤ 재무관리를 위해서는 정확하고 정기적인 기록이 필요하며 개인적, 사회적, 경제적 요인의 변화에 따라 계획의 재평가와 수정이 지속적으로 필요하다.

27 다음 중 잘 설정된 재무목표가 포함하고 있는 SMART한 요소가 아닌 것은?

① S(Speed) : 재무목표는 가능한 빠르게 설정하여야 한다.

② M(Measurable) : 재무목표는 양이나 횟수로 측정 가능해야 한다.

③ A(Attainable) : 목표는 달성 가능해야 한다.

④ R(Relevant) : 재무목표는 자신의 가치에 부합해야 하며, 자신에게 중요하고 자신이 추구하는 바와 밀접한 연관이 있어야 한다.

⑤ T(Time-related) : 재무목표 달성을 위한 정해진 기한이 있어야 한다.

28 재무상태평가표 작성 및 분석의 실제에 대한 설명으로 옳지 않은 것은?

① 자산상태표는 현재 가지고 있는 자산과 부채규모가 어느 정도인지 파악하는 표로서, 일정기간 자산과 부채규모를 기록하고 검토해야 한다.

② 자산상태표에서 금융자산이란 유동성이 있는 자산으로 현금화가 쉽게 되는 자산을 말한다.

③ 자산상태표에서 순자산이란 총자산에서 총부채를 차감한 금액으로서 자산을 처분하여 부채를 모두 갚고 남는 실제의 자산을 말한다.

④ 가계수지상태표는 수입과 지출을 정리한 것으로 수입, 지출, 손익결산(총수입과 총지출의 차액)으로 구성된다.

⑤ 가계재무상태를 평가하기 위해 가장 중요한 지표는 가계소득이다.

29 각 재무비율의 통계량과 재무상태 평가지표의 준거기준에 대한 설명으로 옳지 않은 것은?

① 재무비율에 기초한 가계의 안정성지표에는 가계수지지표, 비상자금지표, 위험대비지표, 부채부담지표 등이 포함된다.

② 비상자금지표는 금융자산을 월평균 생활비로 나눈 값으로, 이 수치가 클수록 비상사태에 대한 적응력이 높은 것을 의미한다.

③ 부채부담지표는 매월 지출하는 부채상환액이 가계소득에서 차지하는 비중, 금융자산 대비 총부채, 총자산 대비 총부채의 3가지 유형으로 측정이 가능하며, 모두 수치가 낮을수록 바람직하다.

④ 가계의 성장성지표에는 저축성향지표, 투자성향지표, 유동성지표가 포함된다.

⑤ 유동성지표는 총자산에서 실물자산이 차지하는 비중으로 측정하며, 이 비율은 높을수록 바람직하다.

30 가계재무관리 관련 기초 경제개념에 대한 설명으로 가장 거리가 먼 것은?

① 기회비용은 돈과 시간적인 면에서 고려되는 개념으로 개인의 심리적인 측면을 고려하지 못한다는 단점을 가진다.

② 한계효용이란 소비자가 재화나 용역의 소비량을 1단위 추가 소비함으로써 얻을 수 있는 만족감을 나타내고, 단위가격 당 한계효용은 소비량의 추가 1단위의 단위가격 만족감을 의미한다.

③ 돈의 시간가치는 시간의 흐름에 따라 증대되는 돈의 가치를 의미하며, 돈의 현재가치는 미래에 받게 될 돈을 현재가치로 환산한 것을 말한다.

④ 돈의 실질적인 시간가치는 이자율에서 물가상승률을 차감하여 구해진다.

⑤ 이자는 수중에 있는 돈을 현재 써버리는 것의 기회비용이 된다.

31 가계재무관리 관련 외부 경제환경에 대한 설명으로 가장 거리가 먼 것은?

① 경기종합지수(CI)를 이용하여 경제주기의 방향을 이해하고 예측할 수는 있으나, 속도를 측정하기는 어렵다.

② 구직활동을 포기한 실망노동자는 비경제활동인구에 속하게 되어 실업률 산출시 제외된다.

③ 마찰적 실업과 탐색적 실업은 노동자 자신의 의사에 의한 실업이므로 사회적, 경제적으로 큰 문제가 아니다.

④ 자금에 대한 수요가 공급보다 많으면 금리는 상승하고, 반대로 수요보다 공급이 많으면 하락한다.

⑤ 인플레이션이란 여러 가지의 개별 상품가격이나 서비스요금을 종합하여 평균한 가격수준이 상승하는 현상을 말하며, 이와 반대되는 현상으로 물가가 하락하고 경제활동이 침체되는 현상을 디플레이션이라고 한다.

32 다음 중 구매 전 합리적인 소비전략에 해당하는 것이 아닌 것은?

① 예산작성
② 구매시점의 결정
③ 정보탐색과 대안평가
④ 구입비용과 자금 비교
⑤ 필요와 욕구파악

33 다음 중 방문판매에 의한 구매 시 소비자 주의사항이 아닌 것은?

① 특약사항은 구두로 하지 말고 계약서에 적어 놓는다.

② 미성년자가 부모의 동의 없이 계약한 것은 즉시 서면으로 해약을 요구하고, 부모는 미성년자인 자녀가 계약한 사실을 알게 될 경우 서면으로 이의를 제기할 수 있다.

③ 충동구매를 하였다고 판단되면 제품을 받은 후 7일 이내에 청약철회가 가능하다.

④ 소비자는 청약철회 요청서를 우체국에서 내용증명을 통하여 판매자와 신용카드사에 보내면 되고, 방문판매로 구매한 제품을 판매자에게 착불로 보내고 이미 지불한 돈은 판매자로부터 돌려받는다.

⑤ 계약서를 교부하지 않았거나, 계약서 등에 판매자의 주소가 미기재 되었거나 주소가 변경되어 판매자의 주소를 알 수 없는 경우에는 주소를 안 날로부터 14일 이내에 청약철회가 가능하다.

34 1,000만원을 2년 동안 5%의 단리이자를 받고 저축한 경우 받게 되는 이자는?

① 50만원
② 100만원
③ 150만원
④ 200만원
⑤ 250만원

35 복리일 경우 저축한 돈에 이자가 붙어서 2배가 되는데 걸리는 시간을 계산하는 방법으로 옳은 것은?

	기 간	이자율
①	72 + 이자율	기간 − 72
②	이자율 ÷ 72	기간 ÷ 72
③	72 × 이자율	기간 ÷ 이자율
④	72 − 이자율	72 − 시간
⑤	72 ÷ 이자율	72 ÷ 시간

36 라이프사이클별 돈 관리에 대한 설명으로 옳지 않은 것은?

① 미성년인 자녀 명의로 가입하는 적금은 증여세 문제를 고려하여 10년 동안에 2,000만원을 넘지 않도록 한다.
② 20대 청년기에는 많이 공부하고 자신의 능력을 향상시키는데 주력해야 한다.
③ 30대 신혼기에는 결혼으로 인한 부채가 있으면 우선적으로 갚아야 한다.
④ 50대 자녀 독립기의 재무관리는 안전을 최우선으로 해야 하므로 주식형 펀드 등 원금 손실이 예측되는 금융상품에 가입해서는 안 된다.
⑤ 60대 노후기에는 자산의 유동성을 높이는 것이 중요하며, 주택연금(역모기지)을 이용하는 것도 바람직하다.

37 20대의 금융상품으로 적합하지 않는 것은?

① 장기저축성 보험
② 개인연금저축
③ 조합예탁금
④ 주가지수연동 정기예금
⑤ 주택청약종합저축

38 다음 중 개인위험관리에 대한 설명으로 옳은 것은?

① 순수위험은 손실의 가능성도 있지만 이익의 가능성도 있는 위험을 의미한다.
② 투자위험에는 인적위험, 재산위험, 배상책임위험이 있다.
③ 위험관리의 첫 번째 단계에서는 위험이 실제로 발생했을 경우를 예측하여 잠재적 손실의 내용과 발생빈도, 규모 등을 평가한다.
④ 위험발생 시 손실규모가 크면서 손실빈도가 높은 경우에는 손실통제전략을 사용한다.
⑤ 손실규모가 작으면서 자주 발생하거나, 자주 발생하지 않아도 손실규모가 큰 경우에는 보험 등과 같은 위험전가수단을 사용한다.

39 투자위험관리에 대한 설명으로 옳지 않은 것은?

① 투자위험의 유형에는 시장위험, 이자율위험, 인플레이션위험, 경영위험, 유동성위험, 투자자 관련 위험이 있다.
② 투자자에 따라 위험을 기피하는 위험회피형과 위험을 찾는 위험선호형으로 이분화할 수 있다.
③ 채권은 이자율위험, 인플레이션위험, 유동성위험 수준이 높은 편이다.
④ 투자위험을 줄이기 위해서는 우선 투자대안 간 분산투자를 해야 하며, 분산투자 시 고려해야 할 요소는 투자대안의 수익성, 안전성, 유동성이다.
⑤ 요구불예금성 저축상품은 거의 현금과 가까운 유동성을 가지며, 부동산은 금융회사의 예금, 주식, 채권 등에 비해 유동성이라는 측면에서 가장 취약하다.

40 다음 중 사회보험의 종류에 속하지 않은 보험은?

① 국민연금보험

② 산업재해보상보험

③ 보증보험

④ 고용보험

⑤ 건강보험(노인장기요양보험 포함)

41 공공정보 등록기준 및 해제사유에 대한 설명으로 옳지 않은 것은?

① 공공요금에 대한 채무불이행 등록사유는 법원의 판결에 의해 결정되며, 등록사유발생일로부터 7년이 경과한 경우 경과한 날을 당해 정보의 해제사유 발생일로 본다.

② 신용회복지원 정보는 신용회복지원이 확정되고 1년 이상 변제한 경우, 신용회복지원 효력이 상실된 경우에도 해제와 동시에 삭제된다.

③ 국세·지방세·과태료의 경우 체납발생일로부터 1년이 경과하고 체납액이 5백만원 이상인자, 1년에 3회 이상 체납하고 체납액이 5백만원 이상인 자, 체납결손처분액이 5백만원 이상인 자는 공공정보가 한국신용정보원에 등록된다.

④ 법원의 개인파산의 경우도 개인회생인가 결정과 같이 파산면책 결정을 받으면 해당 법원에서 한국신용정보원에 인가결정일을 발생일로 하여 공공정보를 등록하며, 파산면책정보는 등록사유 발생일로부터 5년이 경과한 때 삭제된다.

⑤ 법원의 개인회생인가 결정을 받으면 개인회생 대상이 된 연체정보를 등록한 금융회사에서 일괄 자동 해제된다.

42 다음은 개인신용평가와 개인신용평점에 대한 설명이다. 옳지 않은 것은?

① 개인신용평가제도는 개인의 상환의지와 상환능력을 판단할 수 있는 개인신용정보에 대한 조사, 분석 및 평가를 통해서 이루어지는 개인의 신용도를 계량화하는 제도이다.

② 개인신용평점 상승을 위해 부채상환, 공과금 등의 자동이체 등의 방법을 시행한다.

③ 우리나라는 한국신용정보(NICE), 한국신용평가정보(KIS)에서 신용보고서, 신용평점 서비스, 조기경보 서비스 등 신용평가 서비스를 제공하고 있다.

④ 대출거래가 없고 신용카드를 보유하지 않을 때 신용점수가 상승한다.

⑤ 연체규모보다는 연체기간이 개인신용평가 시 가중치가 높기 때문에 연체기간이 긴 것부터 상환하도록 한다.

43 다음 중 신용점수 관리 방법으로 옳지 않은 것은?

① 카드대금결제, 공과금이체, 통신요금납부, 급여수령 등 금융거래는 가급적 주거래 은행을 정해놓고 집중적으로 거래하는 것이 좋다.

② 자동이체를 최대한 활용하여 하루라도 연체를 발생시키지 않는 것이 최선이다.

③ 신용카드 현금서비스 이용은 개인의 신용도에 부정적 영향을 미칠 수 있으므로 꼭 필요한 경우에만 사용하도록 한다.

④ 영수증을 챙기는 대신에 각종 금융거래 알람(SMS) 서비스를 신청한다.

⑤ 주소, 연락처 등이 변경되면 거래하고 있는 금융회사에 반드시 통보해야 한다.

44 신용카드에 대한 설명으로 옳지 않은 것은?

① 국내에서는 국내카드만을 사용하도록 한다.

② 최근에 많이 이용되는 하이브리드 카드는 계좌에 잔액이 있는 경우에는 체크카드로 사용되다가 잔액이 없으면 일정 한도액까지 신용카드처럼 사용할 수 있다.

③ 유통업체 등이 신용카드를 발행하는 경우, 유통업체 등은 신용카드에 기록된 개인 소비자의 구매정보를 기초로 소비자의 욕구에 기능적으로 대응하기 위한 기초자료로 사용한다.

④ 신용카드 사용 기록은 단기적으로 가계부 정리 및 예산수립에 도움이 되며, 장기적으로 신용거래의 축적으로 신용을 쌓을 수 있는 원천이 된다.

⑤ 해외에서 신용카드 이용 시 환율이 오르는 경우에는 신용카드가 현금(현지통화)보다 유리하다.

45 신용카드 사용 시 주의해야 할 사항으로 거리가 먼 것은?

① 가능한 하나의 카드만 집중적으로 사용한다.

② 주소변경 시 즉시 카드회사에 신고한다.

③ 카드를 분실하거나 도난당한 경우에는 즉시 전화로 카드사에 통지하고 지체 없이 그 내용을 서면으로 신고한다.

④ 회원의 가족에 의한 부정사용의 경우라면 신고 접수일로부터 60일 전 이후에 카드사로부터 보상을 받을 수 있다.

⑤ 채무를 3개월 이상 연체하면 채무불이행정보가 등재되어 신용대출을 받기가 불가능해지므로 연체를 발생시키지 않아야 하며, 대출금의 만기일을 정확히 체크해야 한다.

46 다음 중 대출선택 시 고려해야 할 사항이 아닌 것은?

① 이자율과 대출한도
② 상환방법
③ 대출한도
④ 대출기간
⑤ 대출담보비용

47 다음 상환방식 중 대출 이용고객에게 가장 유리한 방법은?

① 만기일시상환방식
② 할인식
③ 원리금균등상환법
④ 원금균등상환법
⑤ 거치식 원리금균등상환법

48 다음의 적정부채의 기준을 산출하는 계산식으로 옳은 것은?

① 총월부채상환액/총월가계소득 < 0.8
   총부채/총자산 < 0.25
② 총월부채상환액/총월가계소득 < 0.25
   총월가계소득/총자산 < 0.8
③ 총월부채상환액/총월가계소득 < 0.25
   총부채/총자산 < 0.8
④ 총월부채상환액/총월가계소득 < 0.8
   총월가계소득/총자산 < 0.25
⑤ 총월가계소득/총월부채상환액 < 0.25
   총부채/총자산 < 0.8

49 다음 중 원리금균등상환방법의 계산식으로 옳은 것은?

① (원금 × 이율(1 − 이율)연수) / ((1 − 이율)연수 + 1) × 연수

② (원금 × 이율(1 + 이율)연수) / ((1 + 이율)연수 + 1) × 연수

③ (원금 × 이율(1 − 이율)연수) / ((1 − 이율)연수 − 1) × 연수

④ (원금 × 이율(1 + 이율)연수) / ((1 + 이율)연수 − 1) × 연수

⑤ (원금 × 이율(1 − 이율)연수) / ((1 + 이율)연수 − 1) × 연수

50 부채상환계획 수립에 대한 내용으로 거리가 먼 것은?

① 변제 가능액 계산하기

② 소득증대를 통한 부채상환

③ 지출감소를 통한 부채상환

④ 부채상환을 위한 행동계획

⑤ 적금가입을 통한 상환계획

51 다음 중 성질이 다른 채권은?

① 의사표시를 구하는 채권
② 인도 또는 명도를 구하는 채권
③ 금전채권
④ 노력의 제공을 구하는 채권
⑤ 부작위를 구하는 채권

52 채권을 발생시키는 계약에 대한 설명으로 틀린 것은?

① 민법 등의 법률에서는 실제로 체결되고 있는 여러 계약을 일정한 기준에 따라 정형화하여 그 성립요건과 효력을 명시함으로써 계약내용이 불명료하거나 불완전함으로 인한 당사자간의 분쟁발생 소지를 최소화 하려고 한다.
② 법정이자보다 높은 계약은 인정되지 않으므로 무효계약이다.
③ 재산권을 대상으로 하는 계약으로는 재산권의 소유권을 이전시키는 계약으로 소비대차 · 사용대차 · 임대차 등을 들 수 있다.
④ 영리를 목적으로 하는 금전의 수요 · 공급에 관한 경제현상을 금융이라 한다.
⑤ 노력을 대상으로 하는 계약으로서 고용 · 도급 · 위임 · 임치 등을 들 수 있다.

53 본인의 동일성 확인에 대한 설명으로 옳지 않은 것은?

① 금융거래계약의 상대방이 외국인인 경우의 본인 확인은 외국인이 외국인등록을 한 자이면 외국인등록증에 의하여 하고, 외국인등록을 한 자가 아니면 여권에 의하여 하면 된다.
② 금융거래계약의 상대방이 재외동포인 경우의 본인 확인은 국내거소신고를 한 자이면 국내거소신고증에 의하여 하면 되고, 국내거소신고를 한 자가 아니면 여권 또는 외국인등록증에 의하여 하면 된다.
③ 금융거래계약의 상대방이 내국인인 경우, 본인 확인을 하는데 가장 일반적인 수단으로 사용되는 것은 주민등록증과 운전면허증이다.
④ 학생증, 사원증, 공무원증 등을 본인 확인수단으로 사용할 수 있으나 금융거래계약에 있어서의 본인 확인 수단으로 사용하기에는 적절하지 않다.
⑤ 국내거소란 재외동포가 60일 이상 거주할 목적으로 체류하는 장소를 말한다.

54 미성년자와 금융거래계약을 체결한 상대방보호를 위한 제도가 아닌 것은?

① 취소권의 보호   ② 취소권의 단기소멸

③ 계약의 철회권   ④ 법정추인

⑤ 추인여부에 대한 최고권

55 다음 중 A에 해당하는 내용으로만 모두 묶인 것은?

> 취소할 수 있는 미성년자의 계약에 관하여 추인을 할 수 있는 법정대리인(미성년자가 성년자가 된 때에는 그 자신)이 (A)와 같은 행위를 한 때에는 추인한 것으로 간주되어 완전히 유효한 계약으로 확정된다. 이를 묵시적 추인 또는 법정추인이라고 한다. 다만 법정대리인(미성년자가 성년자가 된 때에는 그 자신)이 이의를 보류하고서 (A)와 같은 행위를 한 때에는 추인한 것으로 간주되지 않는다.

> 가. 계약상 의무의 전부나 일부의 이행
> 나. 계약상 권리의 이행청구
> 다. 계약상 권리·의무의 경개(更改)
> 라. 계약상 의무에 대한 담보의 제공
> 마. 계약상 취득한 권리의 전부나 일부의 양도
> 바. 강제집행의 실시 또는 용인

① 가, 나, 라   ② 가, 다, 마

③ 가, 나, 다, 라, 마   ④ 나, 다, 라, 마, 바

⑤ 가, 나, 다, 라, 마, 바

56 피성년후견인의 행위능력에 대한 설명과 거리가 먼 것은?

① 가정법원은 취소할 수 없는 피성년후견인의 법률행위의 범위를 정할 수 있다.

② 일용품의 구입 등 일상생활에 필요하고 그 대가가 과도하지 아니한 피성년후견인의 법률행위는 취소할 수 없다.

③ 피성년후견인은 스스로는 완전히 유효한 법률행위를 할 수 없는 것이 원칙이다.

④ 본인, 배우자, 4촌 이내의 친족, 성년후견인, 성년후견감독인, 검사 또는 지방자치단체의 장의 청구에 의하여 일단 정한 취소할 수 없는 법률행위의 범위를 변경할 수 없다.

⑤ 피성년후견인이 한 법률행위는 피성년후견인 자신이나 그 법정대리인이 취소할 수 있으며, 취소하면 처음부터 무효인 것으로 된다.

57 하자 있는 의사표시의 효력에 대한 설명으로 틀린 것은?

① 강박이 당사자 일방의 의사결정에 관한 자유를 완전히 박탈하는 정도이면 금융거래계약체결 시 다른 당사자가 제3자의 강박을 알았거나 알 수 있었는지 여부와 상관없이 그 금융거래계약은 처음부터 유효인 것이 된다.

② 강박이 당사자 일방의 의사결정에 관한 자유를 완전히 박탈하는 것이 아니고 제한하는 정도에 그친 때에는 은행 등 대여자가 제3자의 강박을 이유로 취소를 하여야 비로소 그 금융거래계약이 계약체결 시로 소급하여 무효인 것으로 된다.

③ 금융거래계약이 당연 무효이거나 당사자 일방이 취소함으로써 계약체결 시로 소급하여 무효로 된 경우에는 이미 이행을 완료한 부분(대출금의 일부 지급)이 있다면 잔여부분의 이행이나 이행청구를 중단하고 이행된 부분의 원상회복을 하여야 한다.

④ 금융거래계약이 당사자 일방이나 제3자의 사기에 의하여 이루어진 경우라도 당연 무효는 아니고 은행 등 대여자가 이를 취소할 수 있을 뿐이다.

⑤ 금융거래계약이 당사자 일방의 사기에 의하여 이루어진 경우는 은행 등 대여자는 그 금융거래계약을 취소하는데 아무런 제한이 없다.

58 공정증서란 그 작성기관인 공증인 등이 법률이 정하는 바에 따라 법률행위 그 밖에 사권(私權)에 관한 사실에 대하여 작성한 증서를 말한다. 다음 중 공정증서에 의한 계약체결에 대한 설명으로 옳지 않은 것은?

① 공정증서의 집행력은 모든 공정증서에 부여되어 있다.

② 은행 등 대여자가 그 거래처에 대한 여신거래와 관련하여 작성할 수 있는 집행증서에 해당하는 공정증서로는 금전소비대차 공정증서, 어음 또는 수표 공정증서, 유체동산의 인도 또는 반환 청구권 공정증서의 3가지이다.

③ 금전소비대차 공정증서는 공증인 등이 대출거래약정서의 내용에 대출원리금의 상환의무 불이행 시 즉시 강제 집행할 수 있다는 이른바 집행인낙문구 등을 추가하여 작성한다.

④ 유체동산의 인도 또는 반환 청구권 공정증서는 기계·기구 등 유체동산을 점유개정 방식으로 양도담보 취득하는 경우에 작성한다.

⑤ 약속어음이나 당좌수표 공정증서의 정본은 약속어음이나 당좌수표상의 채권자에게 내주고, 그 등본은 약속어음이나 당좌표상의 채무자에게 내주며, 그 원본은 공증인 등이 보존하는 방식으로 작성한다.

59 사문서(私文書)의 작성일자 확정을 위하여 공증인 또는 법원서기가 확정일자부(確定日字簿)에 청구자의 주소, 성명 및 문서명목을 기재하고 그 문서에 기부번호를 기입한 후 찍은 일자인을 확정일자라고 한다. 다음 중 확정일자의 효력에 대한 설명으로 옳지 않은 것은?

① 확정일자 있는 사문서는 그 작성일자에 대한 공증력이 있는 것일 뿐 그 문서의 내용에 대한 공증력은 없다.

② 당사자가 확정일자가 있는 사문서의 내용에 관하여 다툴 때에는 입증책임에 대한 별도의 증명이 필요 없다.

③ 지명채권의 양도에 있어서 그 양도인 또는 양수인이 양도 또는 양수의 효력을 채무자 이외의 제3자에게 대항하려면 채권자의 채무자에 대한 양도통지나 채무자의 양도승낙을 확정일자 있는 증서로 하여야 한다.

④ 지명채권을 대상으로 하는 질권설정에 있어서도 질권설정자 또는 질권자가 질권설정의 효력을 제3채무자 이외의 제3자에게 대항하려면 제3채무자에 대한 질권설정의 통지나 제3채무자의 질권설정승낙을 확정일자 있는 증서로 하여야 한다.

⑤ 주택임차권의 대항요건인 주택의 인도를 받고 전입신고를 함과 아울러 임대차계약서상에 확정일자를 받아 둔 임차인에 대하여서는 민사집행법에 의한 경매 또는 국세징수법에 의한 공매시에 대지를 포함한 당해 임차주택의 환가대금에서 후순위권리자가 기타 일반채권자보다도 우선하여 보증금의 변제를 받을 권리가 인정되어 있다.

60 다음은 협의의 무권대리의 법률관계에 대한 설명이다. 틀린 것은?

① 본인과 대리인의 관계에서 협의의 무권대리 행위는 본인이 추인하지 않으면 본인에 대하여 효력이 생기지 않으므로 본인과 대리인 사이에는 아무런 법률관계가 생기지 않는다.

② 무권대리 행위의 상대방은 상당한 기간을 정하여 본인에게 그 추인여부의 확답을 최고할 수 있으며, 이 경우 본인이 그 기간 내에 확답을 발하지 아니한 때에는 추인을 거절한 것으로 본다.

③ 무권대리인의 상대방이 계약 당시에 그 대리인의 대리권 없음을 알지 못한 때에는 본인이나 그 대리인에 대하여 그 계약을 철회할 수도 없다.

④ 타인의 대리인으로 계약을 한 자가 그 대리권을 증명하지 못하고 또 본인의 추인도 얻지 못한 때에는 상대방의 선택에 따라 그 계약을 이행하거나 손해배상을 할 책임을 부담하게 된다.

⑤ 대리인에게 책임을 묻기 위하여서는 그 대리인에게 행위능력이 있어야 하고 또 그 상대방이 계약체결시에 대리인의 대리권 없음에 관하여 선의·무과실이어야 한다.

61 자연인이 사망한 경우 사망한 자의 재산관리 및 유언집행자·상속재산관리인과의 여신거래계약 등에 관한 설명으로 옳지 않은 것은?

① 자연인은 사망으로 권리능력을 상실하게 되고 그가 보유하였던 재산은 우선 사망한 자의 유언이 있으면 그 유언과 민법에서 규정하는 유류분의 내용에 따라 처분하게 되고, 유언이 없으면 민법이 규정하는 상속의 내용에 따라 상속인에게 상속된다.

② 유언의 집행에 은행 등 여신공여자로부터의 자금차입 등이 필요한 경우 유언집행자는 은행 등 여신공여자와 여신거래계약을 체결할 수 있다.

③ 유언집행자라고 칭하는 자가 진정한 유언자인지 여부는 유언자의 유언 또는 가정법원의 유언집행자 선임심판서 등본에 의하여 확인할 수 있다.

④ 공정증서, 자필증서, 녹음, 비밀증서 및 구수증서의 경우는 모두 법원의 검인절차를 거치므로 적법한 검인절차를 거친 것인지 확인하는 방법으로 유언의 진정성을 확인할 수 있다.

⑤ 은행 등 여신공여자가 상속인을 대리한 상속재산관리인과 여신거래계약을 체결하려면, 상속재산관리인으로 하여금 그 여신거래계약을 체결하는데 대한 가정법원의 허가를 받도록 한 후 그 허가심판서등본을 제출받아 두어야 한다.

62 부부간의 일상가사에 관한 법률행위의 일방 대리인과의 여신거래계약 등에 관한 설명으로 틀린 것은?

① 법률행위가 일상의 가사에 관한 법률행위인지 여부를 판단함에 있어서는 그 법률행위를 한 부부공동체의 내부 사정이나 그 행위의 개별적인 목적만을 중시한다.

② 금전차용행위도 금액, 차용 목적, 실제의 지출용도, 기타의 사정 등을 고려하여 그것이 부부의 공동생활에 필요한 자금조달을 목적으로 하는 것이라면 일상가사에 속한다고 보아야 한다.

③ 여신거래계약이라도 그것이 일상의 가사에 필요한 자금을 조달하기 위한 것이라면 부부 일방이 다른 일방을 대리하여 체결할 수 있다.

④ 부부의 일방이 일상의 가사에 관하여 제3자와 법률행위를 한 때에는 다른 일방은 이로 인한 채무에 대하여 연대책임이 있다.

⑤ 법률혼이란 가족관계의 등록에 관한 법률에 정한 바에 의하여 신고함으로써 그 효력이 생기는 혼인을 말하고, 사실혼이란 당사자 사이에 주관적으로 혼인의 의사가 있고, 객관적으로도 사회관념상 가족질서적인 면에서 부부공동생활을 인정할 만한 혼인생활의 실체가 있으나 가족관계의 등록에 관한 법률에 정한 바에 의하여 혼인신고를 하지 않은 혼인을 말한다.

63 다음 중 법정담보물권에 해당하지 않는 것은?

① 유치권
② 전세권
③ 조세 기타 공과금의 우선특권
④ 주택임차인의 최우선변제권
⑤ 근로자의 임금우선특권

64 보증의 종류에 대한 설명으로 옳지 않은 것은?

① 주채무자가 그의 채무를 이행하지 않는 경우에 이를 이행해야 할 채무를 보통보증이라 하며, 채권자가 보증인에게 보증채무의 이행을 청구할 때에 보증인이 최고의 항변권과 검색의 항변권을 행사할 수 있다.
② 연대보증은 채권자의 청구에 대하여 보증인이 최고의 항변과 검색의 항변을 할 수 없다.
③ 주채무가 주채무자의 상행위로 생긴 때 또는 보증이 상행위인 때에는 보증이 앞에 연대라는 용어가 붙어 있지 않아도 연대보증이 된다.
④ 보통공동보증의 경우 채권자의 청구에 대하여 보증인이 최고의 항변과 검색의 항변을 할 수 있으나, 공동보증인 사이에 분별의 이익이 없어 각 보증인이 주채무 전액에 대하여 보증채무를 부담한다.
⑤ 장래의 특정채무에 대한 보증에 있어서는 담보되는 채권액이 확정되어 있지만, 근보증에 있어서는 담보되는 채권액이 확정되어 있지 않고 증감·변동한다.

65 보증인 보호를 위해 민법과 보증인 보호를 위한 특별법에서 두고 있는 규정으로 거리가 먼 것은?

① 금융기관이 채권자로서 보증계약체결을 할 때에는 채권자는 주채무자가 원본, 이자 그 밖의 채무를 3개월 이상 이행하지 아니하는 경우에는 지체 없이 그 사실을 보증인에게 알려야 하는 규정
② 민법에서 보증계약이나 보증인에게 불리한 보증의 변경계약을 보증인의 의사가 기명날인 또는 서명이 있는 서면으로 표시되어야 그 효력을 발생하는 것으로 하고 있는 규정
③ 민법에서 근보증의 경우 보증하는 채무의 최고액을 서면으로 특정하여야 그 효력이 발생하는 것으로 하고 있는 규정
④ 보증기간의 약정이 없는 보증계약 체결이나 보증계약시의 간주 보증기간과 보증인에 대한 고지의무에 관한 규정
⑤ 보증인의 승낙 없이 채무자에 대하여 변제기를 연장하여 준 경우에는 이를 보증인에게 알려야 하는 규정

66 다음 중 보증인의 권리에 속하지 않는 것은?

① 부종성에 기한 항변권
② 보증인의 구상권
③ 보증인의 대위권
④ 보증채무 면탈권
⑤ 보충성에 기한 항변권

67 포괄근저당권설정의 금지사항에 대한 설명으로 옳지 않은 것은?

① 차주가 해당 은행과 장기적으로 지속적인 거래관계가 있는 기업(개인기업을 포함한다)이어야 한다.
② 은행이 포괄근저당권의 설정효과에 대해 담보제공자에게 충분히 설명하고 담보제공자가 포괄근저당권의 설정에 동의해야 한다.
③ 은행은 포괄근저당권이 담보제공자에게 객관적으로 편리하다는 사실을 구체적으로 입증할 수 있는 자료를 작성하여 보관해야 한다.
④ 소비자여신에 있어서는 포괄근저당권을 설정하는 것이 허용되어 있다
⑤ 한정근저당권의 형식을 취하면서 담보되는 채무의 종류와 범위를 포괄적으로 정하여 사실상 포괄근저당권을 요구하는 행위도 금지되어 있다.

68 저당권의 효력이 미치는 목적물의 범위에 해당하지 않는 것은?

① 저당부동산의 지상권자나 전세권자 또는 임차인이 저당토지에 식재한 수목 또는 저당건물에 축조한 부속건물이나 증축건물
② 사회관념상 토지로부터 독립성을 전혀 가지지 못하는 정원수·정원석 등과 건물로부터 독립성을 가지지 못하는 창틀·베란다 샷시·싱크대
③ 저당부동산에 대한 압류가 있은 후에 저당권설정자가 그 부동산으로부터 수취한 과실 또는 수취할 수 있는 과실
④ 저당부동산의 종물
⑤ 가치대표물

69 질권에 대한 설명으로 옳지 않은 것은?

① 질권설정 후에는 질권설정자가 질물을 사용·수익할 수가 없다.
② 동산질권설정의 요건으로서의 인도에는, 점유개정의 방식에 의한 인도가 금지되어 있다.
③ 유체동산질권의 효력은 설정계약에서 다른 약정을 하지 않는 한 질권자에게 인도된 종물에도 미친다.
④ 질권에 의하여 담보되는 채권의 범위는 저당권에 의하여 담보되는 채권의 범위와는 다르다.
⑤ 질권자는 질물에서 생기는 천연과실을 수취하여 다른 채권보다 먼저 자기의 채권의 변제에 충당할 수 있다.

70 공사채는 그 발행자가 반드시 채권 현물을 발행하여 권리자에게 교부하여야 하는 것은 아니며, 채권자·질권자(質權者) 및 그 밖의 이해관계자가 원하는 경우에는 발행자가 미리 지정해둔 등록기관에 등록을 함으로써 현물 발행이나 교부를 하지 아니하고 권리의 이전이나 변경 또는 설정을 할 수 있다. 등록기관은 해당 공사채의 발행자가 지정할 수 있는데, 다음 중 등록기관으로 지정될 수 없는 자는?

① 한국예탁결제원
② 은행법에 따른 은행
③ 금융위원회
④ 한국산업은행법에 따른 한국산업은행
⑤ 중소기업은행법에 따른 중소기업은행

71 채권자가 수령할 의무가 있음에도 수령하지 않는 경우에 발생되는 효력에 해당하지 않는 것은?

① 채무자에 대하여 채무불이행을 이유로 하는 손해배상이나 지연배상금의 청구를 할 수 없게 된다.
② 채무의 완전한 상환까지의 연체이자는 채무자가 부담한다.
③ 약정이자의 발생이 정지된다.
④ 채무자가 후일 다시 변제를 하게 됨으로써 증가된 비용을 채권자가 부담한다.
⑤ 채무자가 그 변제금액을 공탁함으로써 채무를 면할 수 있다.

72 다음 중 상속인별 유류분이 잘못 짝지어진 것은?

① 피상속인의 직계비속은 그 법정상속분의 2분의 1
② 피상속인의 배우자는 그 법정상속분의 2분의 1
③ 피상속인의 직계존속은 그 법정상속분의 3분의 1
④ 피상속인의 형제자매는 그 법정상속분의 3분의 1
⑤ 피상속인의 손자녀는 그 법정상속분의 3분의 1

73 채무자 또는 채권자가 배당표에 대하여 이의를 함에도 불구하고 배당을 실시해야 하는 경우가 아닌 것은?

① 이의신청인이 이의를 철회한 경우
② 이의신청채무자나 채권자가 배당기일로부터 1주 이내에 배당이의의 소를 제기하고 그 소제기증명을 하지 아니한 경우
③ 배당이의의 소에 대한 판결이 확정되지 않은 경우
④ 배당이의의 소가 취하 또는 취하 간주되거나 그 소송에 있어 소각하 또는 청구기각의 판결이 확정되었음이 증명된 경우
⑤ 집행력 있는 집행권원의 정본을 가진 채권자의 채권에 대하여 이의신청한 채무자가 1주 이내에 청구에 관한 이의의 소를 제기하였음을 증명하는 서면과 그 소에 관한 집행정지재판의 정본을 제출하지 아니한 경우

74 상계의 금지 사항에 해당하지 않는 것은?

① 고의의 불법행위로 인한 손해배상채권을 자동채권으로 하는 상계는 금지된다.
② 채권이 압류하지 못할 것인 때에는 그 채무자는 상계로 채권자에게 대항하지 못한다.
③ 사용자는 전차금(前借金)이나 그 밖에 근로할 것을 조건으로 하는 전대(前貸)채권과 임금을 상계하지 못한다.
④ 지급을 금지하는 명령을 받은 제3채무자는 그 후에 취득한 채권에 의한 상계로 그 명령을 신청한 채권자에게 대항하지 못한다.
⑤ 압류가 금지되는 채권은 양도 또는 대위되더라도 여전히 이를 수동채권으로 한 상계로써 채권양수인 또는 대위채권자에게 대항할 수 없는 것으로 보아야 한다.

75 소멸시효의 관리에 대한 설명으로 옳지 않은 것은?

① 소멸시효기간의 일반적인 기준은 민사채권은 10년이고 상사채권은 5년이며, 그 밖에 3년, 2년, 1년, 6월의 단기시효기간을 정하고 있다.

② 금융거래에서 발생하는 여신채권 중 증서대출에 의한 채권의 소멸시효기간은 원금은 5년, 약정이자는 3년, 연체이자는 5년이다.

③ 소멸시효의 이익은 시효기간의 완성 후에는 포기하지 못한다.

④ 소멸시효의 중단의 사유로는 재판상의 청구, 재판외의 청구(최고), 지급명령·재판상의 화해·조정의 신청, 압류·가압류·가처분, 승인, 소송고지 등이 있다.

⑤ 소멸시효가 다시 진행하는 경우의 소멸시효기간은 판결에 의하여 확정된 채권과 판결과 동일한 효력이 있는 것에 의하여 확정된 채권은 단기의 소멸시효기간에 해당하는 것이라도 10년으로 연장된다.

76 개인워크아웃제도에 대한 설명으로 옳지 않은 것은?

① 개인채무자의 파산을 방지하고 경제적 회생을 지원함으로써 서민가계의 안정과 채권기관의 자산 건전화를 도모한다.

② 법원의 확정판결에 의한 판결효력을 가진다.

③ 기초수급자 및 중증장애인이 채무원금이 15백만원 이하인 경우에는 상각채권에 한하여 최대 원금 90%까지 감면한다.

④ 채무자가 채권금융회사에 대하여 부담하는 채권의 상환기간을 연장하여 분할상환 할 수 있도록 무담보채권은 최장 8년, 담보채권은 최장 20년까지 연장 가능하다.

⑤ 담보채권은 담보설정액을 초과하는 연체이자에 한하여 감면할 수 있으며, 채권원금과 이자는 감면 하지 아니한다.

77 다음 신용회복위원회 설립배경 및 목적과 거리가 먼 것은?

① 상담 및 채무조정
② 소액금융지원
③ 신용관리교육
④ 취업지원
⑤ 창업지원

78 신용회복지원 신청 구비서류가 잘못 짝지어진 것은?

① 소득 증명 - 연금소득자 - 연금수령계좌 거래내역

② 소득 증명 - 보험설계사 등 사업소득자 - 급여계좌 거래내역

③ 부양가족 증명 - 가족관계증명서 등

④ 재산 증명 - 토지/건물 등기사항전부증명서

⑤ 급여(가)압류에 따른 적립금액 증명 - 급여(가)압류 결정문 사본

79 다음 중 신용회복 신청이 불가능한 경우는?

① 금융기관에 대한 채무불이행기간이 3개월 이상인 경우
② 1개 채권기관에만 채무를 부담하고 있는 경우
③ 총 채무액이 1백만원 미만인 경우
④ 최저생계비 이상의 수입이 있는 경우
⑤ 채권기관이 신용정보(채권추심)회사와 채권회수위임계약을 체결하여 추심을 의뢰한 경우

80 다음 중 신용회복 신청제외 대상자가 아닌 경우는?

① 신용회복지원 절차가 진행 중인 채무자의 경우
② 개별 채권기관으로부터 채무조정을 받은 후 동 채무조정 조건을 이행하고 있는 경우
③ 채무조정 신청 전 6개월 이내의 대출실적이 총 채무액의 30% 이상인 경우
④ 채권기관이 신용정보(채권추심)회사와 채권회수위임계약을 체결하여 추심을 의뢰한 경우
⑤ 보유재산 평가액이 무담보 채무 총액을 초과하는 경우

81 다음 중 개인회생의 기각사유가 아닌 것은?

① 채무자가 신청일 전 10년 이내에 면책결정을 받은 사실이 있는 경우
② 채무자가 신청권자로서 자격을 갖추지 않은 경우
③ 채무자가 신청서에 첨부해야 할 서류를 제출하지 않거나 허위로 작성한 경우
④ 채무자가 절차비용을 납부하지 않은 경우
⑤ 개인회생절차가 채권자의 일반의 이익에 적합하지 않은 경우

82 다음 중 신용회복지원의 효력상실 사유에 해당하지 않는 것은?

① 채무자 또는 채권기관의 요청에 의해 심의위원회가 효력상실 결정을 하는 경우
② 채무자가 특별한 사정없이 3개월 이상 신용회복지원조건에 다른 채무의 이행을 하지 않은 경우
③ 신용회복지원 신청 시 제출한 자료나 진술 등이 허위로 판명된 경우
④ 신용회복지원조건을 이행하는 과정에서 허위신고, 재산도피, 은닉 사실이 발견된 경우
⑤ 신용회복지원확정 이후 채무자의 수입이 과도하게 늘어나는 경우

83 신용정보관리에 대한 설명으로 옳지 않은 것은?

① 신용회복위원회는 사전채무조정제도를 통해 신용회복지원이 확정된 신청인에 대하여 신용정보등록(등록코드 : 1101)을 통하여 회원기관 등에게 공시한다.

② 신용회복지원이 확정된 거래처 등록코드(1101)는 채무 변제계획에 따라 2년 이상 성실하게 채무를 변제하는 경우 삭제한다.

③ 채무자가 신용회복지원 조건을 이행하는 과정에서 허위신고, 재산의 도피, 은닉, 기타 책임재산의 감소행위 등의 사실이 발견되는 경우(등록코드 : 0951) 금융질서문란자로 등록한다.

④ 신용회복지원 확정 이후 누락된 채무를 추가로 채무조정에 포함하여 지원하는 경우 당해 채무로 인하여 등록된 연체정보는 정보등재 금융기관이 해제하여야 한다.

⑤ 채권기관은 신용회복지원확정 이후 신용회복지원 효력상실 통지를 받은 경우 대상 채무자에 대한 연체정보를 신규로 등록한다.

84 다중채무자에 대한 사전채무조정 지원 대상이 아닌 것은?

① 보유 자산가액이 10억원 이하인 채무자

② 신청 전 6개월 이내 신규발생 채무가 총 채무액의 30/100 이하인 채무자

③ 1개 이상의 금융기관에 대하여 채무불이행기간이 30일 초과 90일 미만인 채무를 보유한 자

④ 2개 이상 금융기관에 15억원 이하의 채무를 부담하고 있는 자

⑤ 사업자금 용도로 차입한 부동산 담보대출이 있는 자

85 다음 법률약어의 정식명칭이 틀린 것은?

① 채무자 – 채무자회생및파산에관한법률

② 감평 – 부동산가격공시및감정평가에관한법률

③ 중개 – 공인중개사부동산거래신고에관한법률

④ 공무연 – 공무원연금법

⑤ 민집 – 민사집행법

86 개인회생제도에 대한 설명으로 옳지 않은 것은?

① 장래 일정한 수입이 있을 것을 전제로 그 수입을 변제의 재원으로 삼아 원칙적으로 원금을 일부 성실히 변제하면 개인채무자의 잔존 채무를 면책 받을 수 있는 갱생형 제도이다.

② 채무자가 최장 5년간 수입 중 생계비를 공제한 금액을 변제하면 잔존채무는 면책을 받을 수 있다.

③ 개인회생채권자는 개인회생개시결정 당시 채무자가 부담하여야 할 채무가 있는 경우에는 개인회생절차에 의하지 아니하고 상계할 수 있다.

④ 파산원인이 있는 개인채무자, 채권자, 외국인은 모두 신청이 가능하다.

⑤ 조합이나 주식회사, 사단법인, 재단법인 등 법인은 개인회생절차를 이용할 자격이 없다.

87 개인회생재단채권이란 개인회생절차에 의하지 아니하고 일반 개인회생채권자보다 우선하여 변제받을 수 있는 권리가 인정된 채권을 말한다. 다음 중 개인회생재단채권에 해당하지 않는 것은?

① 외국통화로 표시된 채권

② 개인 회생위원의 보수 및 비용의 청구권

③ 본세의 부과 징수의 예에 따라 부과 징수하는 교육세 및 농어촌특별세

④ 채무자의 근로자의 임금, 퇴직금 및 재해보상금

⑤ 채무자가 개인회생절차개시신청 후 개시결정 전에 법원의 허가를 받아 행한 자금의 차입

88 개인회생제도에서 법원이 필수적으로 변제계획인가결정을 하는 요건이 아닌 것은?

① 변제계획이 법률의 규정에 적합할 것

② 변제계획인가 기준일 현재 소득이 없을 것

③ 변제계획이 공정하고 형평에 맞아야 하며, 수행가능 할 것

④ 변제계획 인가 전에 납부되어야 할 비용·수수료 그 밖의 금액이 납부되었을 것

⑤ 변제계획의 인가 결정일을 기준일로 하여 평가한 개인회생채권에 대한 총변제액이 채무자가 파산하는 때에 배당받을 총액보다 적지 아니할 것

89 다음 중 면책불허가사유에 해당하지 않는 것은?

① 개인파산을 통해 면책을 받아 그 면책허가결정 확정일부터 7년이 경과되지 아니한 때

② 채무자가 채권자목록 그 밖의 신청서류의 제출이 늦어지거나 법원에 대하여 그 재산 상태에 관하여 진술이 늦어진 때

③ 개인채무자회생절차에서 면책을 받아 그 면책허가결정 확정일부터 5년이 경과되지 않은 때

④ 채무자가 파산선고 전후를 불문하고 과다한 낭비 또는 도박 기타 사해행위를 하여 현저히 재산을 감소시키거나 과대한 채무를 부담한 사실이 있는 때

⑤ 채무자가 파산선고 전 1년 내에 지급불능임에도 불구하고 그 사실을 속이거나 감추고 신용거래로 인하여 재산을 취득한 사실이 있는 때

90 다음 중 비면책채권에 해당하는 것으로만 모두 묶인 것은?

> 가. 조세채권
> 나. 과징금, 과태료
> 다. 양육비, 부양료
> 라. 기초생계비 수급 채무자의 병원 치료비
> 마. 채무자의 근로자의 임금·퇴직금 및 재해보상금

① 가, 나, 라   ② 나, 다, 마

③ 가, 다, 라, 마   ④ 가, 나, 다, 마

⑤ 가, 나, 다, 라, 마

91 사전채무조정(프리워크아웃), 개인워크아웃 신청 시 채무범위는 담보채무의 경우 (A), 무담보채무의 경우 (B)이다. 다음 중 괄호 안에 들어 갈 금액을 바르게 나열한 것은?

	A	B			A	B
①	5억원	5억원		②	5억원	10억원
③	10억원	5억원		④	10억원	10억원
⑤	10억원	15억원				

92 사적 채무조정제도에 대한 설명으로 틀린 것은?

① 미국은 채무자가 파산을 신청하기 위해서는 파산신청 전 180일 내 공인된 비영리 신용상담기구로부터 신용상담 내역을 기재한 증명서를 발급받아 법원에 제출하여야 한다.

② 일본의 임의정리제도의 운영주체인 JCCO는 소비자보호의 입장에서 법원에 의한 강제합의하에 채무조정을 수행 한다.

③ 프랑스는 개인의 과채무로 인한 사회적 부담을 줄이기 위하여 파산 관련 법률에 사전조정제도를 도입·운영하고 있다.

④ 독일은 파산법에 의거 채무조정을 통한 자력갱생의 유도를 위하여 재판 외 합의 과정 및 신용상담을 반드시 받도록 하고 있다.

⑤ 영국의 사적 채무조정 기구인 소비자상담센터(CAB)와 소비자신용상담기구(CCCS)는 채무자를 대리하여 채무변제계획을 작성하여 채권자와 채무재조정 협상을 수행한다.

93 개인파산자 입장에서 본 채무조정제도의 장점으로 가장 거리가 먼 것은?

① 보증인에 대해서는 파산·면책의 효력이 없다.
② 채권자의 추심행위나 채무자의 임의변제행위가 전면금지된다.
③ 변제기간이 길다(최장 5년).
④ 완전변제를 전제로 하는 한 면책 효과는 연대보증인에게도 미친다.
⑤ 채권자를 여러 클래스로 분리하여 배당률을 달리할 수 있다.

94 신용회복위원회 소액금융지원에 대한 설명으로 옳지 않은 것은?

① 신용회복지원과 연계하여 생활안정자금, 학자금 및 기타 긴급자금 등 소액금융을 지원함으로서 신용회복지원 확정자들의 변제의지와 채무상환능력을 제고시켜 경제적 재기를 지원한다.

② 채무조정을 통해 신용회복지원을 받아 미납 없이 12개월 이상 변제계획을 성실하게 이행하고 있는 채무자는 신청 가능하다.

③ 변제계획 이행 완료자의 경우는 변제금 완제일로부터 3년 이내인 자로 신청자격을 제한하고 있다.

④ 부부가 각자 대출금을 신청하는 경우에는 부부 소득을 합산하여 신청자격을 판단한다.

⑤ 간이과세자 또는 면세사업자에게도 신청자격이 주어진다.

95 다음 중 대학생 전환대출 신용보증지원 프로그램에서 신용보증 부적격자에 해당하지 않는 것은?

① 어음·수표 부도거래처로서 동 사유를 해소하지 아니한 자
② 고금리대출 미보유자
③ 개인회생 절차 및 파산절차 신청자 또는 인가(선고)자
④ 신용정보사(CB사) 단기 연체정보 보유자
⑤ 제한능력자(미성년자, 피성년후견인, 피한정후견인, 피특정후견인)

96 주거안정 임차보증금 특별보증 지원에 대한 설명으로 거리가 먼 것은?

① 신용회복지원자의 주거안정지원을 위해 주택금융공사에서 시행하는 보증사업이다.
② 임차보증금 4억원(지방 2억원)이하인 전(월)세 주택에 계약을 체결한 자 중 신용회복기관의 채무조정을 통해 24회차 이상(사전채무조정은 12회차 이상) 변제금을 납입한 신용회복지원자를 대상으로 한다.
③ 임차보증금 전(월)세 계약체결자로서 보증금액의 80% 범위내에서 3,000만원 한도로 지원된다.
④ 부양가족이 없는 단독세대, 주택금융공사 구상채무관계자, 기타 연체정보 등록자를 지원대상으로 한다.
⑤ 금리는 임차보증금이 2억원 이하인 경우 최저 보증료율(연 0.05%)을 적용하며 2억원 초과일 경우 연 0.08%~0.12%를 적용한다.

97 다음 중 근로복지공단에서 지원 받을 수 있는 융자를 모두 묶은 것은?

> 가. 주거안정 임차보증금 특별보증
> 나. 근로자 생활자금대부
> 다. 임금체불 근로자 생계비 융자
> 라. 직업훈련 생계비 융자
> 마. 소액대출

① 가, 나, 다
② 나, 다, 라
③ 다, 라, 마
④ 가, 나, 다, 라
⑤ 나, 다, 라, 마

98 기초생활보장수급자 지원 대상에서 급여별 수급자 선정기준 이하인 가구로서, 부양의무자 기준에 해당하지 않는 경우는?

① 부양의무자가 군복무 중 교도소 수감, 해외이주, 행방불명 등인 경우
② 부양의무자가 있어도 소득과 재산이 적어 부양할 수 없는 경우
③ 부모(계부모 포함), 자녀(사위, 며느리 포함) 등 부양의무자가 없는 경우
④ 부양의무자와 가족관계 해체(이혼, 폭력, 학대) 등을 이유로 부양을 거부·기피하여 부양을 받을 수 없다고 인정한 경우
⑤ 부양의무자가 해외에 거주하고 있는 관계로 실제 부양을 받을 수 없는 경우

99 다음 중 다문화가족(결혼이민자) 지원 내용이 아닌 것은?

① 다문화가족을 위한 교육·상담 등 지원사업의 실시
② 일자리에 관한 정보제공 및 일자리 알선
③ 다문화가정 주거안정 자금 지원
④ 다문화가족지원관련 기관·단체와의 서비스 연계
⑤ 결혼이민자 등에 대한 한국어교육

100 생계곤란 등의 위기상황에 처하여 도움이 필요한 사람 또는 그의 생계 및 주거를 같이 하고 있는 가구 구성원에게 「긴급복지지원법」에 따라 일시적으로 신속하게 지원하는 긴급복지지원제도에서 위기사유로 볼 수 없는 것은?

① 개인사업자가 경영난으로 폐업을 하여 생계가 곤란한 경우
② 화재 등으로 인하여 거주하는 주택 또는 건물에서 생활하기 곤란한 경우
③ 가구구성원으로부터 방임 또는 유기되거나 학대 등을 당한 경우
④ 주소득자가 사망, 가출, 행방불명, 구금시설에 수용되는 등의 사유로 소득을 상실한 경우
⑤ 가정폭력 또는 성폭력을 당한 경우

제1과목 신용상담의 이해

01	02	03	04	05	06	07	08	09	10	11	12	13	14	15	16	17	18	19	20
①	③	③	⑤	②	③	②	①	⑤	⑤	④	②	⑤	①	④	③	②	④	④	②

21	22	23	24	25
②	③	③	①	②

01 신용등급의 문제는 신용문제의 단계별 분류에 속하지 않는다.

02 ① 신용상담에 대한 설명이다. 재무설계는 고소득, 고학력 계층을 대상으로 하는 적극적인 재무관리에 관한 조언을 하는 것이다.
② 일반적으로 재무설계는 재무목표로부터 시작하지만 신용상담은 문제의 평가로부터 시작한다.
④ 신용상담에 대한 설명이다. 재무상담의 경우 지출관리, 신용관리와 부채의 감소, 세금, 저축과 투자 등 생애기간 동안의 전반적인 돈관리를 다루고 있다.
⑤ 신용관리교육에 대한 설명이다.

03 고객의 역할은 자신의 행동에 대한 책임감을 가지는 것이고, 신용상담사의 역할은 고객이 스스로 문제를 해결하도록 체계적인 수단을 제공하는 것이다.

04 신용상담은 개인은 물론 단체, 정부기관도 받을 필요가 있다.

05 피시바인 다속성태도모델과 피시바인의 행위의도모델은 보상적 원칙에 해당한다. 비보상적 원칙에는 사전편찬식 원칙, 순차제거원칙, 결합적 원칙, 가중제거원칙, 비결합적 원칙이 있다.

06 지각과정은 무의식적으로 이루어진다.

07 외향 – 내향, 감각 – 직관, 사고 – 감정, 판단 – 인식

　※ MBTI의 선호경향

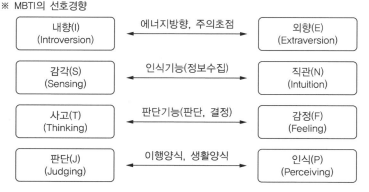

내향(I) (Introversion)	◄── 에너지방향, 주의초점 ──►	외향(E) (Extraversion)
감각(S) (Sensing)	◄── 인식기능(정보수집) ──►	직관(N) (Intuition)
사고(T) (Thinking)	◄── 판단기능(판단, 결정) ──►	감정(F) (Feeling)
판단(J) (Judging)	◄── 이행양식, 생활양식 ──►	인식(P) (Perceiving)

08 다중채무원인별 다중채무자유형은 생계유지형, 사업투자형, 위기대처형, 투기도박형, 사치낭비형, 유흥방탕형 등 6가지로 구분된다.

　※ 채무불이행 후의 대응행동별 유형에 따른 심리적 특성

노력형	신용회복을 위해 구체적인 대책을 추구하며 꾸준한 노력을 기울이는 유형으로 생계유지형, 투자사업형, 위기대처형에 속하는 금융채무불이행자의 대다수가 속함
회피형	재무적 불안이 매우 높고 채권추심에 대한 두려움을 지니며 채권추심직원과의 통화나 면담을 회피하는 유형으로 좌절형이나 배짱형으로 전환될 수 있음
좌절형	채무이행에 대한 무력감과 절망감을 지니고 있는 유형으로 의욕이 감소하고 사고력과 판단력이 저하되며 동굴시야를 갖게 되어 자살과 같은 극단적인 선택을 할 수 있음
배짱형	채권추심 행위에 대해서 무감각한 감정반응을 보이거나 오히려 분노반응을 나타내는 동시에 채무상환과 신용회복을 위한 적극적인 노력을 기울이지 않는 유형으로 유흥방탕형, 사치낭비형, 투기도박형 등이 속함
위장형	재산과 채무상환 능력이 있으면서도 거짓말을 하거나 재산을 타인명의로 이전시키거나 형식적인 이혼을 하는 등 채무상환 의지가 없는 유형

09 다중채무자는 「연체이전 채무자 단계 → 금융채무불이행 이전 연체단계 → 금융채무불이행자로 등록된 단계 → 파산단계로 전락하는 단계」의 순서를 거쳐 재무적 파산에 이르게 된다.

10 상담의 진행에 있어서 학력 수준은 참고사항은 되지만 필요사항은 아니다.

11 이상적인 상담관계에는 6가지 요소인 개방성, 현실적인 기대, 체계, 영향력, 다양성의 인정, 고객의 참여가 포함된다.

12 여러 가지 주제에 관한 이야기를 한꺼번에 듣기보다는 현재 이야기되고 있는 주제 이야기를 충분히 듣고 나서 다음 이야기를 듣는 것이 좋다.

13 상담은 본질적으로 고객의 변화를 지향하기 때문에 목표행동은 상담사 중심이 아니라 고객 중심으로 기술되어야 한다.

14 목표행동은 고객이 호소하는 문제의 해결상태를 반영하여 기술되어야 하는 상담결과형이다.

15 신용문제 해결을 위해 가족구성을 면밀히 파악하는 것은 윤리규정에 어긋난다.

16 자기문제에 대한 객관적 태도를 견지하는 둔감화 과정은 즉각적인 정화효과를 보이는 정서적 발산에 비해서 오랜 시간에 걸쳐 덜 극적인 방식으로 나타나게 된다.

> **TIP** ▸ 둔감화(Desensitization)의 개념
>
> 행동치료에 사용하는 기법으로 부적응적인 과잉반응을 나타내던 환경적 상황에 반복적으로 노출시킴으로써 과잉반응을 약화 또는 감소시키는 것을 말한다.

17 상담에서 경청은 매우 적극적인 과정이며 다른 상담활동과 밀접한 연계를 갖게 된다. 이렇듯 경청하기는 단순한 활동이 아니며 상당한 훈련을 필요로 하는 고도의 기술을 요하는 상담기법이다.

18 수퍼비전의 발달모델에서 설명하는 수퍼비전의 기능에 해당한다.
※ 수퍼비전의 발달모델에 근거하여 제시한 수퍼비전의 기능

> • 고객의 복지를 위해 감독하는 기능
> • 발달단계 내에서의 수퍼비전을 받은 상담사의 성장을 향상시키는 기능
> • 현 단계에서 다음 단계로의 전환을 돕는 기능
> • 수퍼비전을 받은 상담사를 평가하는 기능

19 집단상담에서는 개인상담과 달리 고객의 변화가 상담사에 의해서가 아니라 주로 다른 고객들과의 교류에 의해 초래된다.

20 방문 자유형 고객에 대한 상담 내용이다.

21 3가지의 특성 모두가 나타날 경우를 충동구매라고 한다. 3가지 중 하나라도 나타나지 않으면 단순한 무계획적 구매가 된다고 본다.

22 고객의 자존심과 관련된 정보를 탐색할 때는 우회적인 접근을 하는 것이 바람직하며, 직접적인 탐색은 고객으로 하여금 방어적인 태도를 취하게 할 수 있다.

※ 신호탐지이론(Signal Detection Theory)에 따른 개인워크아웃의 판정

구 분	신용회복 혜택 적격 판정	신용회복 혜택 부적격 판정
채무상환이 가능한 다중채무자	올바른 수용 (Hit)	잘못된 기각 (False Alarm)
채무상환이 불가능한 다중채무자	잘못된 수용 (Miss)	올바른 기각 (Correct Rejection)

- 판정의 목표는 올바른 수용과 올바른 기각의 비율을 높이는 대신, 잘못된 수용과 잘못된 기각의 비율을 낮추는 것이다.
- 판정기준은 판정의 목표와 관련된 여러 가지 요인을 고려하여 설정되어야 한다.

23 신용상담은 신용사회의 확대로 인하여 개인은 물론 경제 관련 금융기관, 정부단체, 기업, 학교 등 사회 전체적으로 더욱 필요성이 요구될 전망이다.

24 신용상담사는 고객의 사생활보호권을 존중해야 하며 사생활과 관련해서 불법적인 정보유출이나 비밀유지가 필요한 정보를 안전장치 없이 유출해서는 안 된다. 다만, 자살의 위험, 치명적이고 감염우려가 있는 질병 등 명백하게 현존하는 위험에 대처하기 위해서 또는 법률적으로 공개가 필요한 정보에 대해서는 비밀유지원칙이 적용되지 않는다.

25 프랑스의 경우 채무와 관련된 문제는 대부분 과채무위원회에서 상담하고 있으며 다중채무자에 대한 변제노력을 강구하고 갱생의 기회를 제공하는 것이 과채무위원회의 주목적이다. 과채무위원회의 법적 성격은 행정위원회이며 금융회사, 지방자치단체 인사들로 구성되어 있으며 별도 자격제도는 없는 실정이다.

제2과목 신용상담을 위한 재무관리

26	27	28	29	30	31	32	33	34	35	36	37	38	39	40	41	42	43	44	45
②	①	①	⑤	①	①	②	③	②	⑤	④	④	⑤	③	③	⑤	④	④	⑤	④

46	47	48	49	50
⑤	④	③	④	⑤

26 저축을 하여 종자돈을 모으고 나서 투자를 할 수 있는 방안을 마련하는 순서가 일반적이다.

※ 가계재무관리 과정

STEP 1. 관련 자료수집 및 재무상태의 평가
STEP 2. 재무목표의 설정
STEP 3. 재무목표 달성을 위한 대안모색 및 평가
STEP 4. 재무행동 계획의 실행
STEP 5. 재무행동 계획의 재평가와 수정

27 S(Specific) : 재무목표는 구체적이어야 한다.

28 자산상태표는 일정한 시점을 정하여 자산과 부채규모를 기록하고 주기적으로 검토해야 한다. 반면 가계수지상태표는 일정기간 소득과 지출액을 파악한다.

29 유동성지표는 총자산에서 금융자산이 차지하는 비중으로 측정한다. 유동성지표는 높을수록 바람직하며 특히 노년가계에서 중요하다. 한편 투자성향은 총자산에서 실물자산이 차지하는 비중으로도 파악될 수 있는데, 자산에서 실물자산이 차지하는 비중이 지나치게 높은 것은 유동성을 저해하는 요인이 된다.

30 기회비용은 주로 돈과 시간적인 면에서 많이 고려되지만 개인의 심리적인 측면 또는 가계의 선호와도 관계된다.

31 경제주기의 방향을 이해하고 예측하기 위해 국내총생산(GDP)과 경기종합지수(CI)가 이용된다. 경기종합지수(CI)는 경기의 진행방향과 속도를 동시에 측정하는 지표이다.
※ 국내총생산(GDP)과 경기종합지수(CI)

국내총생산(GDP)	국내의 모든 근로자(외국인 포함)와 설비가 생산한 재화 및 서비스의 생산물 총합
경기종합지수(CI)	생산, 투자, 고용, 소비, 금융 등 경제 각 분야에서 경기에 민감한 자료를 선정, 이들의 움직임을 통계기법으로 종합하여 산출한 지수로서 경기의 진행방향과 속도를 동시에 측정하는 지표

32 구매시점, 구매처, 결제방법 결정은 구매 시 합리적인 소비전략에 해당한다.

33 충동구매를 하였다고 판단되면 제품을 받은 후 14일 이내에 청약철회가 가능하므로 이를 이용한다. 다만, 광고 내용과 다른 상품을 받았을 때는 상품을 받은 후 3개월 이내에, 혹은 광고 내용과 다른 사실을 안 날로부터 30일 이내에 청약을 철회할 수 있다.

34 단리법에 따른 이자는 「이자 = 원금 × 이자율 × 기간」의 공식으로 산출되므로 100만원(= 1,000만원 × 0.05 × 2년)이다.

35 기간 = 72 ÷ 이자율(복리일 경우), 이자율 = 72 ÷ 시간

36 50대 자녀 독립기의 재무관리는 안전을 최고 우선으로 하나, 여유자금의 일정 부분은 주식형 펀드 혹은 부동산투자신탁(리츠) 등 원금 손실이 예측되지만 좀 더 높은 수익 역시 예상되는 투자방법도 고려해야 한다.

37 주식형 펀드상품, 지수연동 정기예금, 주가지수연동증권(ELS) 혹은 주가지수연동펀드(ELF)는 40대 자녀교육기에 다소 공격적으로 여유자금을 운용해볼 수 있는 금융상품 포트폴리오에 해당한다.

① 장기저축성 보험 상품은 10년 동안 유지할 경우 비과세 혜택이 주어진다.

② 개인연금저축은 근로자의 경우 2016년 4월 현재 연 400만원까지 12%의 세액공제 혜택이 주어진다. 또한 공무원, 군인, 교직계 이외의 일반기업에 근무하는 근로자의 경우 개인형 퇴직연금계좌(IRP)를 개설할 수 있으며, 개인연금 저축과 통합하여 2016년 4월 현재 연 최대 700만원까지 12%의 세액공제 혜택이 주어진다.

③ 조합예탁금은 지역농협, 새마을금고, 신용협동조합이 취급하고 있는 비과세 상품으로 3천만원까지 비과세 혜택이 주어진다.

38 ① 투자위험에 대한 설명이다. 순수위험은 손실만을 얻게 되는 위험을 말한다.

② 인적위험, 재산위험, 배상책임위험은 순수위험에 속한다.

③ 위험관리의 두 번째 단계에 해당한다. 위험관리의 첫 번째 단계에서는 경제적 손실을 가져올 가능성이 있는 위험의 존재를 인식하고 이와 관련된 정보를 수집하여야 한다.

④ 위험회피전략을 사용한다. 손실통제전략은 손실규모가 작으면서 손실빈도가 높은 경우에 사용한다.

※ 개인위험 관리전략의 4가지 유형

위험회피전략	위험발생원인 자체를 제거하는 방법 예 자동차사고를 피하기 위해 운전을 하지 않거나, 흡연으로 인한 질병예방을 위해 금연을 하는 것과 같은 전략	
위험보유전략	위험의 발생가능성이 낮거나 또는 발생하더라도 위험의 크기가 작은 경우에 주로 택하는 전략	
손실통제전략	손실예방전략	손실발생가능성을 줄이는 전략 예 특수열쇠를 장착하여 도난의 가능성 줄이는 전략
	손실감소전략	손실이 일어나더라도 손실의 크기를 감소시키는 전략 예 안전벨트, 에어백, 소화기 설치 등
위험전가전략	위험 발생 시 손실부담의 일부 또는 전부를 타인에게 이전하는 전략 예 보장성보험, 공적보험 등	

39 채권은 이자율위험과 인플레이션위험은 높은 수준이나, 유동성위험은 낮은 수준이다.

40 사회보험에는 국민연금보험, 건강보험(노인장기요양보험 포함), 산업재해보상보험, 고용보험이 있다.

41 법원의 개인회생인가 결정을 받으면 한국신용정보원에 등록된 연체정보 중 개인회생 대상이 된 연체정보는 일괄 자동 해제 되지만 개인회생절차가 완료되는 시점(일반적으로 5년)에 정보등록 한 금융회사에서 해제처리를 한다.

42 적정수준의 대출이 존재하며 5일 이상의 연체 없이 대출금을 꾸준히 상환하는 경우, 적정 수(2~3개)의 신용카드를 보유하고 연체 없이 사용대금을 상환하는 경우가 신용점수 상승의 요인이 된다.

43 영수증은 신용거래취소, 물품반환, 이중청구 시 거래 사실을 입증하는 자료로 활용할 수 있으므로 영수증도 꼭 챙기도록 한다.

44 환율이 오르는 경우에는 현금(현지통화)이 유리하고 환율이 하락하는 시점에서는 신용카드가 현금(현지통화)보다 유리하다. 환율이 하락할 때 신용카드가 유리한 이유는 해외에서 카드를 사용한 경우 환율은 물건 구입시점이 아니라 약 3~4일 뒤 환율이 적용되기 때문이다.

45 회원의 가족에 의한 부정사용의 경우에는 카드사로부터 보상을 받을 수 없다. 제3자의 부정사용이 물품을 구입한 경우라면 신고 접수일로부터 60일 전 이후(현금인출, 현금서비스의 경우는 신고시점 이후, 이 경우에는 비밀번호를 필요로 하며 비밀번호관리의 책임을 묻는 차원에서), 현금인출을 한 경우라면 신고시점 이후에 발생한 부정사용 금액에 대하여, 다음에서 정한 회원의 과실사유를 제외하고 카드사로부터 보상을 받을 수 있다.

- 회원의 고의에 의한 부정사용의 경우
- 카드의 미서명, 관리소홀, 대여, 양도, 이용위임, 불법대출 등으로 인한 부정사용의 경우
- 회원의 가족에 의한 부정사용의 경우
- 회원이 분실·도난사실을 알고 정당한 사유 없이 신고를 지연한 경우
- 회원이 부정사용조사를 위한 카드사 요청에 협조하지 아니한 경우
- 카드비밀번호 유출로 인한 부정사용의 경우
- 분실, 도난 신고일로부터 1년 이내에 정당한 이유 없이 보상신청을 하지 않은 경우

46 대출조건으로 담보를 요구하는 경우 추가적인 비용이 소요되므로 담보를 필요로 하지 않는 대출상품을 찾아보는 것이 좋다.

47 원금균등상환법은 대출원금을 대출기간으로 나누어 매월 일정한 금액의 원금을 갚고 이자는 대출잔액에 대해 계산하는 방식으로, 뒤로 갈수록 남아있는 원금이 줄어들기 때문에 이자도 점점 줄어든다.

※ 대출상환방식과 대출비용의 계산

만기일시 상환방식	대출기간을 정하고 기간 중에는 매월 이자만 내다가 대출만기일에 원금을 한꺼번에 갚는 방식이다.	원금 × (1 + 이율 × 연수)
할인식	대출을 받을 때 대출원금에서 이자를 미리 떼는 방식이다.	원금 × 이율 × 연수
원리금균등 상환법	매월 원금과 이자를 합해서 같은 금액을 갚아 나가게 되는 방식으로 주로 주택자금대출에 많이 이용되고 있다.	(원금 × 이율(1 + 이율)연수)/((1 + 이율)연수 − 1) × 연수
원금균등 상환법	대출원금을 대출기간으로 나누어 매월 일정한 금액의 원금을 갚고 이자는 대출잔액에 대해 계산하는 방식으로 주로 신용카드 할부구매 시 할부금 상환 방법에 많이 이용되고 있다.	{(원금 × (1 + 연수) × 연수)/(연수 × 2)} × 이율

48 일반적인 가이드라인은 총월가계소득에서 총월부채상환액(월이자비용+신용카드 할부금+모기지상환액 등)이 차지하는 비율이 25%를 초과하지 않아야 한다. 또한 유동성 측면을 고려하여 총부채규모(부채원금+이자총액)가 총자산의 80%를 넘지 않도록 해야 한다.

※ 적정부채의 기준을 산출하는 계산식

> • 총월부채상환액/총월가계소득 < 0.25
> • 총부채/총자산 < 0.8

49 원리금균등상환방법의 이자계산식은 「(원금 × 이율(1 + 이율)연수)/((1 + 이율)연수 − 1) × 연수」이다.

50 적금가입은 부채의 대부분을 상환한 후에 가입 계획을 세운다.

제3과목 신용상담 관련 법규

51	52	53	54	55	56	57	58	59	60	61	62	63	64	65	66	67	68	69	70
③	③	⑤	①	⑤	④	①	①	②	③	④	①	②	④	①	④	④	①	④	③

71	72	73	74	75
②	⑤	③	①	③

51 채권은 크게 금전채권과 금전 이외의 채권으로 구분되며, 금전 이외의 채권은 다시 물건의 인도 또는 명도를 구하는 채권, 의사표시를 구하는 채권, 노력의 제공을 구하는 채권 및 부작위를 구하는 채권 등으로 나뉜다.

52 재산권을 대상으로 하는 계약으로는 재산권의 소유권을 이전시키는 계약으로 매매·교환·증여 등을 들 수 있으며, 타인의 재산권을 빌려서 사용하는 계약으로 소비대차·사용대차·임대차 등을 들 수 있다.

53 국내거소란 재외동포가 30일 이상 거주할 목적으로 체류하는 장소를 말한다.

54 취소권의 배제를 통해 미성년자와 금융거래계약을 체결한 상대방을 보호한다. 즉, 미성년자가 속임수로써 자기를 성년자로 믿게 한 경우에는 취소권이 박탈되어 그 행위를 취소할 수 없게 된다. 또한 미성년자가 속임수로써 법정대리인의 동의가 있는 것으로 믿게 한 경우도 마찬가지이다. 단, 미성년자와 계약을 체결한 상대방이 미성년자의 취소권을 배제하기 위하여 민법 제17조 소정의 미성년자가 사술(속임수)을 썼다고 주장하는 때에는 그 주장인 상대방 측에 그에 대한 입증책임이 있다.

55 모두 해당한다.

56 본인, 배우자, 4촌 이내의 친족, 성년후견인, 성년후견감독인, 검사 또는 지방자치단체의 장의 청구에 의하여 일단 정한 취소할 수 없는 법률행위의 범위를 변경할 수 있다.

57 강박이 당사자 일방의 의사결정에 관한 자유를 완전히 박탈하는 정도이면 그 당사자에게는 금융거래계약을 체결할 내심의 의사가 결여된 것이어서 당연 무효이므로 금융거래계약체결 시 다른 당사자가 제3자의 강박을 알았거나 알 수 있었는지 여부와 상관없이 그 금융거래계약은 처음부터 무효로 된다.

58 공정증서의 증명력은 모든 공정증서에 다 부여되어 있으나, 공정증서의 집행력은 다음의 3가지 경우로 한정되어 있다.

> • 일정한 금액의 지급이나 대체물 또는 유가증권의 일정한 수량의 급여를 목적으로 하는 청구권에 관하여 채무불이행 시에 즉시 강제집행할 수 있다는 이른바 집행인낙문구를 넣어 작성한 공정증서
> • 어음·수표에 첨부하여 강제집행을 인낙(認諾)한다는 취지를 적은 어음·수표 공정증서
> • 건물이나 토지 또는 대통령령으로 정하는 동산의 인도 또는 반환을 목적으로 하는 청구에 대하여 강제집행을 승낙하는 취지를 기재한 공정증서. 다만, 임차건물의 인도 또는 반환에 관한 공정증서는 임대인과 임차인 사이의 임대차 관계 종료를 원인으로 임차건물을 인도 또는 반환하기 전 6개월 이내에 작성되는 경우로서 그 증서에 임차인에 대한 금원 지급에 대하여도 강제집행을 승낙하는 취지의 합의내용이 포함되어 있는 경우에 한함

59 당사자가 확정일자가 있는 사문서의 내용에 관하여 다툴 때에는 입증책임의 일반원칙에 따라 별도로 증명하여야 한다.

60 무권대리인의 상대방이 계약 당시에 그 대리인의 대리권 없음을 알지 못한 때에는 본인의 추인이 있을 때까지 본인이나 그 대리인에 대하여 그 계약을 철회할 수도 있다.

61 유언의 진정성은 유언의 5가지 방식 중 공정증서의 경우는 공증인의 서명 또는 기명날인이 있으므로 공증인의 서명 또는 기명날인의 진위를 확인하는 방법으로 확인할 수 있고, 그밖에 자필증서, 녹음, 비밀증서 및 구수증서의 경우는 모두 법원의 검인절차를 거치므로 적법한 검인절차를 거친 것인지 확인하는 방법으로 확인할 수 있다.

62 법률행위가 일상의 가사에 관한 법률행위인지 여부를 판단함에 있어서는 그 법률행위를 한 부부공동체의 내부 사정이나 그 행위의 개별적인 목적만을 중시할 것이 아니라 그 법률행위의 객관적인 종류나 성질 등도 충분히 고려하여 판단하여야 한다.

63 전세권은 법정담보물권에 해당하지 않는다.

※ 약정담보물권 VS 법정담보물권

구 분	약정담보물권	법정담보물권
개 념	당사자간의 약정에 의하여 성립	법률의 규정에 의하여 당연히 성립
종 류	• 민법에서 규정 　– 질권 　– 저당권 　– 전세권 • 동산·채권 등의 담보에 관한 법률에서 규정 　– 동산담보권 　– 채권담보권	유치권, 법정질권, 법정저당권, 조세 기타 공과금의 우선특권, 주택임차인의 최우선변제권과 순차적우선변제권, 상가건물임차인의 최우선변제권과 순차적우선변제권, 근로자의 임금우선특권 및 국민건강보험료의 우선징수권, 국민연금보험료의 우선징수권, 고용보험료와 산재보험료의 우선징수권 등

64 보통공동보증은 채권자의 청구에 대하여 보증인이 최고의 항변과 검색의 항변을 할 수 있는 이외에 공동보증인 사이에 분별의 이익이 있다.

> **TIP** ▸ 분별의 이익
>
> 각 보증인이 채권자에게 주채무액을 평등으로 배분한 액만의 보증책임을 부담한다는 것을 말한다.

반면 연대공동보증의 경우는 공동보증인 사이에 분별의 이익이 없어 각 보증인이 주채무 전액에 대하여 보증채무를 부담하고 또한 최고의 항변권과 검색의 항변권도 가지지 않는다.

65 3개월 이상 → 1개월 이상

※ 채권자가 금융기관인 경우 적용되는 특칙
  • 채권자는 주채무자가 원본, 이자 그 밖의 채무를 1개월 이상 이행하지 아니하는 경우에는 지체 없이 그 사실을 보증인에게 알려야 하는 규정
  • 보증계약을 체결할 때에 채권자는 「신용정보의 이용 및 보호에 관한 법률」에 따라 종합신용정보집중기관으로부터 제공받은 채무자의 채무관련 신용정보를 채무자의 동의를 받아 보증인에게 제시하고 그 서면에 보증인의 기명날인이나 서명을 받아야 하는(보증기간을 갱신할 때에도 또한 같다) 규정
  • 보증인의 채권자에 대한 채무자의 채무관련 신용정보를 제시요구권과 이에 응하지 않는 경우의 보증계약해지권에 관한 규정

66 보증채무의 면탈권은 보증인의 권리가 아니다.

67 소비자여신에 있어서는 포괄근저당권을 설정하는 것이 금지되어 있다.

68 부합물이라 하더라도 타인이 그 권원에 의하여 부속시킨 것에는 저당권의 효력이 미치지 아니한다.

② 타인이 그 권원에 의하여 부속시킨 것이라 하더라도 부속된 물건이 사실상 분리 복구가 불가능하여 거래상 독립한 권리의 객체성을 상실하고 부동산과 일체를 이루게 된 경우에는 부속된 물건에도 저당권의 효력이 미친다.

③ 과실에는 저당권의 효력이 미치지 않는 것이 원칙이나, 저당부동산에 대한 압류가 있은 후에 저당권설정자가 그 부동산으로부터 수취한 과실 또는 수취할 수 있는 과실에 대하여는 저당권의 효력이 미친다. 다만 이 경우에도 그 부동산에 대한 소유권, 지상권, 전세권을 취득한 제3자에 대하여는 압류한 사실을 통지한 후가 아니면 이로써 대항하지 못한다.

69 질권에 의하여 담보되는 채권의 범위는 저당권에 의하여 담보되는 채권의 범위와 대체로 같다.

70 등록기관은 해당 공사채의 발행자가 지정할 수 있으며, 등록기관으로 지정될 수 있는 자는 한국예탁결제원, 은행법에 따른 은행, 한국산업은행법에 따른 한국산업은행, 중소기업은행법에 따른 중소기업은행이다. 다만 이들이 공사채의 발행자로부터 지정을 받아 공사채의 등록업무를 취급하려면 공사채등록법에 의하여 미리 금융위원회에 등록을 하여야 한다.

71 채권자가 수령할 의무가 있음에도 수령하지 않는 경우 채무의 완전한 상환까지의 연체이자는 채무자가 부담하지 않는다.

72 피상속인의 손자녀는 그 법정상속분의 2분의 1이다.

73 배당이의의 소에 대한 판결이 확정되지 않은 경우는 배당을 실행하지 못한다. 참고로 배당이의의 소에 대한 판결이 확정되었음이 증명된 경우에 배당을 실시한다.

74 고의의 불법행위로 인한 손해배상채권을 수동채권으로 하는 상계는 금지되나, 고의의 불법행위로 인한 손해배상채권을 자동채권으로 하는 상계는 금지되지 않는다.

75 소멸시효의 이익은 시효기간이 완성하기 전에는 미리 포기하지 못하나, 소멸시효 완성 후의 포기는 소멸시효 완성 전의 포기와는 달리 유효하다.

76	77	78	79	80	81	82	83	84	85	86	87	88	89	90	91	92	93	94	95
②	⑤	②	③	④	①	⑤	①	⑤	③	④	①	②	②	④	③	②	①	②	②

96	97	98	99	100
④	②	⑤	③	①

76 법원의 개인파산제도와 달리 금융기관 간 자율협약에 의해 마련되었기 때문에 법원의 확정판결에 의한 판결효력은 없으나 채권·채무 당사간의 채무조정 합의에 의한 민법상 계약의 효력이 발생하고 협약에 가입한 금융기관의 연체채무 (15억원 이하, 실패한 중소기업인의 경우 30억원 이하)에 대해서만 지원하도록 되어있다.

77 창업지원은 신용회복위원회 설립배경 및 목적과 거리가 멀다. 신용회복위원회는 신용회복지원의 극대화를 통하여 채무불이행자의 경제적 재기를 지원하고 가계파산을 예방하며, 서민의 금융상담 및 신용관리교육을 전담하는 신용관리전문기구로서의 기능을 수행함으로써 서민생활 안정에 기여함을 목적으로 하고 아울러 참여금융회사의 부실채권 축소 및 회수비용 절감을 통하여 자산건전성 제고에도 기여함을 목적으로 설립되었다.

78 보험설계사 등 사업소득자는 위촉증명서, 연말정산용 사업소득원천징수영수증 등을 징구한다.

79 총 채무액이 1백만원 미만인 경우에는 신청이 불가능하다.

80 채권기관이 신용정보(채권추심)회사와 채권회수위임계약을 체결하여 추심을 의뢰한 경우에는 채권의 소유권은 여전히 채권기관에게 있으므로 신청대상에 포함된다.

81 채무자가 신청일 전 5년 이내에 면책결정을 받은 사실이 있는 경우 개인회생이 기각된다.

82 신용회복지원확정 이후 채무자의 수입이 과도하게 늘어나는 것은 신용회복지원의 효력상실 사유에 해당하지 않는다.

83 사전채무조정제도를 통해 신용회복지원 확정이 된 신청인에 대해서는 연체정보를 해제할 필요가 없기 때문에 신용정보 등록(등록코드 : 1101)을 별도로 하지 않는다.

84 사업자금 용도로 차입한 부동산 담보대출이 있는 자는 사전채무조정 지원 대상이 아니다.

85 중 개 – 공인중개사의업무및부동산거래신고에관한법률

86 파산원인이 있는 개인채무자와 외국인은 신청이 가능하지만 채권자는 개인회생제도를 이용할 수 없다.

87 외국통화로 표시된 채권은 개인회생절차 개시결정 당시의 외환시세에 따라 내국통화로 환산하여 개인회생채권에 포함한다.

88 변제계획인가 기준일 현재 소득이 없으면 법원은 변제계획인가결정을 하지 않을 수 있다.

89 법원에 서류 제출이나 진술이 정당한 사정으로 늦어질 경우 법원으로부터 사전 허락을 받은 경우 진행이 가능하다. 단, 채무자가 허위의 채권자목록 그 밖의 신청서류를 제출하거나 법원에 대하여 그 재산상태에 관하여 허위의 진술을 한 때는 면책불허가사유에 해당한다.

90 라. 채무자의 병원 치료비는 비면책채권에 해당하지 않는다.

91 '담보채무–10억원, 무담보채무–5억원' 범위에서 담보한다.

92 일본의 임의정리제도의 운영주체인 JCCO는 소비자보호의 입장에서 공정하고 중립적인 카운슬링을 통해 개인채무자의 회생을 도모하고 소비자신용의 건전한 이용을 유도하여 다중채무자의 발생을 미연에 방지하는 역할을 수행한다.

93 채무조정제도의 단점에 해당한다.

94 채무조정을 통해 신용회복지원을 받아 미납 없이 6개월 이상 변제계획을 성실하게 이행하고 있는 채무는 신청 가능하다.

95 고금리대출 미보유자는 지원대상 부적격자에 해당하지 아니한다.

96 부양가족이 없는 단독세대, 주택금융공사 구상채무관계자, 기타 연체정보 등록자는 지원대상에서 제외된다.

97 가. 주택금융공사의 지원을 받는다.
마. 국민행복기금의 지원을 받는다.

98 부양의무자가 해외에 거주하고 있어 부양을 받을 수 없는 경우는 기초생활보장수급자 지원 대상이 될 수 없다.

99 현재 다문화가정 주거안정 자금 지원 정책 제도는 마련되어 있지 않다.

100 단순히 개인사업자가 경영난으로 폐업을 하여 생계가 곤란한 경우는 위기상황으로 볼 수 없다.

배우기만 하고 생각하지 않으면 얻는 것이 없고,
생각만 하고 배우지 않으면 위태롭다.

– 공자 –

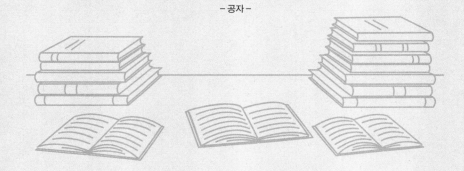

신용상담사 한권으로 끝내기

개정7판2쇄 발행	2024년 09월 05일 (인쇄 2024년 08월 27일)
초 판 발 행	2017년 09월 15일 (인쇄 2017년 08월 09일)
발 행 인	박영일
책 임 편 집	이해욱
편 저	구자헌
편 집 진 행	김준일 · 이경민
표지디자인	박수영
편집디자인	하한우 · 최미림
발 행 처	(주)시대고시기획
출 판 등 록	제10-1521호
주 소	서울시 마포구 큰우물로 75 [도화동 538 성지 B/D] 9F
전 화	1600-3600
팩 스	02-701-8823
홈 페 이 지	www.sdedu.co.kr
I S B N	979-11-383-7560-3 (13320)
정 가	27,000원

시대에듀 금융자격증 시리즈

시대에듀 금융자격증 도서 시리즈는 짧은 시간 안에 넓은 시험범위를 가장 효율적으로
학습할 수 있도록 구성하여 시험장을 나올 그 순간까지 독자님들의 합격을 도와드립니다.

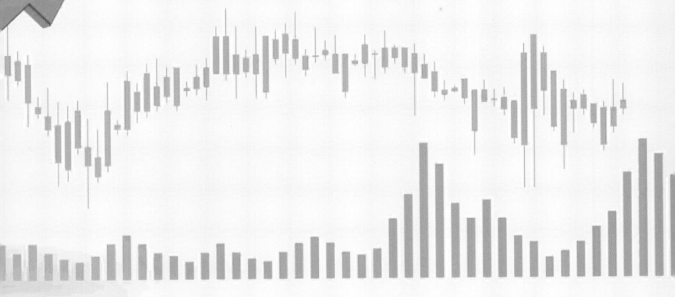

투자자산운용사
한권으로 끝내기 &
실제유형 모의고사 + 특별부록 PASSCODE

펀드투자권유자문인력
한권으로 끝내기 &
실제유형 모의고사 PASSCODE

매경TEST & TESAT
단기완성 & 한권으로 끝내기

매회 최신시험 출제경향을 완벽하게
반영한 종합본과 모의고사!

단기합격을 위한 이론부터 실전까지
완벽하게 끝내는 종합본과 모의고사!

단순 암기보다는 기본에 충실하자!
자기주도 학습형 종합서!

※ 도서의 제목 및 이미지는 변동될 수 있습니다.